U0599473

Annual Report of
Overseas Humanities
and Social Sciences, 2006

海外人文社会科学发展
年度报告
2006

 武汉大学中国高校哲学社会科学发展与评价研究中心 组编

顾海良　主编

WUHAN UNIVERSITY PRESS
武汉大学出版社

图书在版编目(CIP)数据

海外人文社会科学发展年度报告:2006/武汉大学中国高校哲学社会科学发展与评价研究中心组编. —武汉:武汉大学出版社,2007.1
ISBN 978-7-307-05414-1

Ⅰ.海… Ⅱ.武… Ⅲ.社会科学—研究报告—外国—2006
Ⅳ.C11

中国版本图书馆 CIP 数据核字(2006)第 163708 号

责任编辑:舒　刚　　　责任校对:程小宜　　　版式设计:杜　枚

出版发行:**武汉大学出版社**　　(430072　武昌　珞珈山)
　　　　(电子邮件:wdp4@whu.edu.cn　网址:www.wdp.com.cn)
印刷:湖北省通山县九宫印务有限公司
开本:720×1000　1/16　　印张:40.75　字数:584千字　插页:3
版次:2007 年 1 月第 1 版　　　2007 年 1 月第 1 次印刷
ISBN 978-7-307-05414-1/C·172　　　定价:55.00 元

版权所有,不得翻印;凡购我社的图书,如有缺页、倒页、脱页等质量问题,请与当地图书销售部门联系调换。

目　　录

序言 ……………………………………………………… 顾海良（1）

海外经济学若干前沿研究进展述评 …………………… 邹　薇（1）

欧美国际私法前沿追踪

　　………………… 肖永平　袁发强　邹国勇　王承志　王葆莳（82）

欧美 WTO 研究动态

——以制度挑战滋生的理论问题为核心 ……余敏友　陈喜峰（176）

后 TRIPS 初期国际知识产权研究述评 ……………… 陈传夫（274）

情报科学核心领域研究进展 …………………… 李　纲郑　重（347）

海外媒介环境与媒介改革新近研究动态 …………… 王瀚东（410）

西方史学研究前沿追踪 ……………… 向　荣宫艳丽蒋　焰（457）

英语世界的先秦儒学研究 ……………… 丁四新 华云超（516）

英美科学哲学研究动向 ………………………………… 朱志方（588）

序　言

顾海良

　　考察近现代世界上许多国家人文社会科学发展的基本历史过程，我们可以得出的重要结论之一就是，各个国家人文社会科学的发展与异域人文社会科学的交流、交往、交融是密切地联系在一起的。对于当代中国人文社会科学界来讲，高度关注海外人文社会科学的发展状况和基本趋势，吸纳海外人文社会科学发展的优秀成果和成就，应该是繁荣和发展我国人文社会科学的重要的、也是必要的前提之一。

　　我们现在强调创立有中国特色、中国风格、中国气派的人文社会科学。其实，一个国家人文社会科学的"特色"、"风格"和"气派"，往往体现在这个国家人文社会科学的"精品"、"上品"上。"精品"、"上品"是一个国家人文社会科学发展水平的象征，是一个社会文化上综合国力的集中体现，是一个民族文化积累的基石，同样也是人类文明与进步发展的瑰宝。对于我国人文社会科学界来讲，以树立"精品"、"上品"为提升人文社会科学研究水平的极为有效的切入点本身，已经包含了对海外人文社会科学发展优秀成果和成就的借鉴、吸收和吸纳。

　　"精品"、"上品"的产生，同学习和借鉴世界各国优秀的、有价值的、相应的人文社会科学成果和成就是密不可分的。在经济思想史上，18 世纪中叶有过法国重农学派，这一学派的思想不仅源于法国经济文化的发展，也源于其他国家经济思想的发展，特别是对中国重农思想和制度的吸纳和吸收。有些西方学者把法国重农学

1

派的代表人物魁奈誉为"欧洲的孔子",认为他的重农思想在很大程度上吸纳和吸收了中国古代的理学思想。米拉波是法国重农学派的成员,他在魁奈去世时发表的演说中明确提到:"孔子的整个教义,在于恢复人受之于天,而为无知和私欲所掩蔽的本性的光辉和美丽。因此他劝国人信事上帝,存敬奉戒惧之心,爱邻如己,克己复礼,以理制欲。非理勿为,非理勿念,非理勿言。对这种宗教道德的伟大教言,似乎不可能再有所增补;但最主要的部分还未做到,即行之于大地;这就是我们老师的工作,他以特别聪睿的耳朵,亲从我们共同的大自然母亲的口中,听到了'纯产品''秘理'。"我国有的学者在评论这一演说时认为:"这段演说词与其说是为魁奈而作,倒不如说更像是在颂扬一位中国理学大师。惟其如此,以承继孔子事业作为魁奈的盖棺之论,确是反映了魁奈学说的重要特征。"① 这说明我们只有站在世界各国人文社会科学发展的成果和成就的基础上,透彻理解与深入了解世界各国的成果和成就,才能有中国自己的"精品"、"上品"的产生。

经济上的开放和文化上的交流是并行不悖的。记得改革开放之初,邓小平同志在强烈批评有些人盲目接受西方社会腐朽思想文化时,十分敏锐地指出:"西方如今仍然有不少正直进步的学者、作者、艺术家在进行各种严肃的有价值的著作和创作,他们的作品我们当然要着重介绍。"② 实际上,现在我们对国外包括西方的这些"正直进步的学者"思想的介绍是很不够的,更不用说"着重介绍"了。

我们现在也强调人文社会科学研究的创新。其实,人文社会科学的创新集中体现于学术观点创新、学科体系创新和研究方法创新这三个主要方面。研究方法的创新具有首位重要的意义,没有研究方法的创新就不可能有学术观点的创新,更不可能有学科体系的创新。研究方法的创新是学术观点和学科体系创新的前提,更是人文

---

① 参见谈敏著:《法国重农学派学说的中国渊源》,上海人民出版社 1992 年版,第 73 ~ 74 页。

② 《邓小平文选》第 3 卷,第 44 页。

社会科学理论创新体系的基础。我认为,马克思主义历时一个半世纪仍然具有强大的生命力,就在于它拥有这种独特的理论创新品质。

例如,马克思经济学理论体系的创立就是以方法论的创新为基础的。马克思的经济学方法自然源于德国黑格尔的辩证法,正如马克思自己在《资本论》第一卷"第二版跋"中所说:"我要公开承认我是这位大思想家的学生……有些地方我甚至卖弄起黑格尔特有的表达方式。"但是,马克思也明确地告诉人们:"我的辩证方法,从根本上来说,不仅和黑格尔的辩证方法不同,而且和他截然相反。"① 马克思经济学的方法创新并不限于此,它也是对英国经济学方法的吸收与吸纳,特别是对英国古典政治经济学家大卫·李嘉图经济学方法的吸收与吸纳。19世纪40年代初,与恩格斯一样,马克思对李嘉图研究劳动价值论的抽象分析方法持否定观点,从而否定了劳动价值论,所以无法实现经济学理论上的创新。后来,随着对经济学研究的深入,特别是随着唯物史观的创立,马克思对李嘉图的抽象方法作了扬弃,充分肯定了这一方法的科学价值,由此在许多理论观点上实现了对李嘉图理论的超越。经济学研究方法的创新,不仅使马克思由劳动价值论的异议者转向了赞成者,而且还使他实现了劳动价值论上的科学革命。

马克思在进行经济学说观点和理论体系创新时,适逢西方主流经济学变革时期。马克思批判地继承了当时欧洲主要国家,特别是英国、法国等国家的经济学发展的思想精华。马克思是德国人,他对德意志民族文化极其崇敬,以至他在为《资本论》第一卷做最后润色时,不无自豪地对恩格斯讲过这样一些动情的话:"你明白,在像我这样的著作中细节上的缺点是难免的。但是结构、整个的内部联系是德国科学的辉煌成就。"② 但是,马克思从来不拒绝对德国之外文化的吸收。他在经济学的研究中,高度评价了英国和法国在这些方面取得的巨大成就,甚至调侃和讽喻德国政治经济学在这些方面的无能。在《资本论》第一卷"第二版跋"中,马克

---

① 《马克思恩格斯全集》第23卷,第24页。
② 《马克思恩格斯全集》第31卷,第185页。

思认为，对德国来说，政治经济学一直是外来的科学，是作为成品从英国和法国输入的。他说："当他们能够公正无私地研究政治经济学时，在德国的现实中没有现代的经济关系。而当这种关系出现时，他们所处的境况已经不再容许他们在资产阶级的视野之内进行公正无私的研究了。"① 马克思以开放的学术视野，实现了经济科学上的一系列重大发现。

我们现在还强调人文社会科学发展中的"百花齐放"和"百家争鸣"。其实，"百花齐放"和"百家争鸣"的实质就是在人文社会科学研究中形成不同学术流派、学术观点和理论体系共同发展的良好氛围。中华民族的优秀文化之所以传承不息、延续世代，我认为其中的重要原因之一就是不同学术流派、学术观点和理论体系能并存于文化发展的整体历史过程之中。不同学术流派、学术观点和理论体系的形成和发展，是我们推进中国特色、中国风格、中国气派的人文社会科学建设的基本前提。不同学术流派、学术观点和理论体系的百家争鸣、同时并存与共同发展，曾创造了中华民族文化发展的华彩乐段、辉煌时代。

当前，需要我们努力践行的是，尊重不同的学术流派、学术观点和理论体系的形成和发展。没有不同的学术流派、学术观点和理论体系，就不会有人文社会科学研究的真正的创新，也不会有反映时代特色、挺进学术高峰的"精品"、"上品"的产生。这里讲的不同的学术流派、学术观点和理论体系并不限于中国国内，而应是世界的。我们还应努力增强人文社会科学学人之间在学术研究中的尊重、互助和协作。现时代的人文社会科学发展，正经历着重大的变化，假如说18、19世纪人文社会科学的发展是以学科的分解为特征的，那么近半个多世纪以来，人文社会科学的发展则以学科的融合、学科的交叉为特征，这就是我们现在看到的边缘学科、交叉学科、新兴学科不断出现的现象。这也就从根本上要求不同学科的教师，能够相互尊重，共同协作来研究一些重大的理论问题和实际问题。实际上，按人文社会科学的学科划分进行的研究，是有其先

---

① 《马克思恩格斯全集》第23卷，第16页。

天不足的。人文社会科学的任何一门专门学科，都是对整体世界的局部现象的研究，都是对这些局部现象本质和规律的研究。对局部现象的研究固然可以形成一门一门单独的学科；但反过来，从单一的学科来看整体世界，就会产生单一学科的片面性。所以，要研究整体世界，要研究综合性的重大的实践和理论问题，就需要多个学科研究的合作，形成较好的协作气氛。需要建立比较良好的学术环境和学术条件，特别需要有一种尊重学术、尊重学者，积极向上、团结奋进的学术氛围。这里所讲的人文社会科学学人之间在学术研究中的尊重、互助和协作，不仅就国内而言，也是就世界而言的。对海外各国各地的学人，我们不仅要尊重他们，而且还要充分理解和了解他们的学术观点与学术取向，加强与他们之间在学术研究中的协作与交流。

"海纳百川，有容乃大。"我们先哲的这一至理名言，不仅是千百年来中国人为人处事的圭臬，是道德修养的基本原则，而且也是学人治学、著书立说的基本要求。我们应该明白的道理是：人文社会科学的任何一门学科的发展，不只是一个国家或一个民族范围内学科和学术的传承和积累、发展和创新的结果，而且是世界范围内多个国家和多个民族之间学科和学术碰撞、借鉴和吸纳的结果。

以上所说的这些话题，就是为了说明我们编写出版《海外人文社会科学发展年度报告》的初衷。通过"年度报告"的方式，我们力图把海外年内的人文社会科学发展的最新动态和最新发展趋势作最初介绍和简要评介，我们希望能够涉及人文社会科学的主要学科和一些交叉学科的内容，因此，有的直接以学科发展的方式编写，有的则以综合性问题的方式编写。

现在奉献给读者的是 2006 年的年度报告，是《海外人文社会科学发展年度报告》的第一本，各专题的作者基本是武汉大学的学者，涉及的问题可能不够广泛。实际上，要能写出高质量的、高水平的年度报告，只靠一校学者的力量是远远不够的。我们希望以后能有更多的海内外的学者来参与年度报告的编写工作，增强年度报告的权威性和全面性。

海外经济学若干前沿研究进展述评 *

邹　薇

一、引　言

进入 21 世纪以来，经济学领域中出现了热点纷呈，承先启后，纵横交错的局面。一方面，许多重要问题，例如新经济增长理论、新贸易理论、人力资本的计量与实证研究等，在 20 世纪 80 年代末和 20 世纪 90 年代就引起广泛关注，而这些研究的热潮一直延续到现在，以递增的速度涌现了一大批有重要影响的研究成果；另一方面，现实经济生活中出现的许多问题，例如公司金融与公司治理结构的关系、现代经济增长中制度、文化等因素的内生化研究问题等，促使经济学界拓宽研究视野、创新研究方法，在理论和实证研究两个层次上推出了一系列重要研究成果。这些研究成果分别从不同侧面，更好地阐释了市场经济的运行机制、长期经济增长的源泉和动态机制、人力资本在经济增长中的作用机制、现代公司治理结构对于公司融资和资本配置效率的作用、经济发展进程中制度因素的内生作用等重要现象或问题，极大地丰富了经济学研究的空间，

＊ 本项研究得到了武汉大学"海外人文社会科学前沿追踪"计划、国家社会科学基金项目（编号 06BJL048）的资助，特此感谢。本课题组成员包括作者目前正在指导的博士研究生，张芬、钱雪松、周浩等同学在收集、整理资料、讨论相关文献等方面付出了大量努力。

并且对各国经济政策提出了可行的建议。

我们认为，对海外经济学前沿问题的追踪研究要立足两个维度，一是时间维度，即以 21 世纪以来的研究前沿为关注焦点，向前延伸到 20 世纪末的一些研究成果；二是空间维度，即把握住海外理论经济学中最为引人注目的若干研究领域①，探讨其前沿进展。在筛选、整理、分类和评议经济学重要前沿问题时，我们主要考虑的是以下五个方面的要素。

其一，关注权威刊源杂志的近期动态。目前各种语言的世界主要经济学期刊两千余种，其中被国际经济学界认可的（例如 SCI，Econ-lit 检索期刊）有 100 多种。而被著名经济学家和经济学会公认的、具有较高学术水准的经济学杂志有 20 多种，其中最为权威的要数 *American Economic Review*（*AER*），*Journal of Political Economy*（*JPE*），*Journal of Economic Literature*（*JEL*），*Journal of Monetary Economics*（*JME*），*Journal of Economic Perspective*（*JEP*），*Quarterly Journal of Economic*（*QJE*），*Economic Journal*（*EJ*），*International Economic Review*（*IER*），*Review of Economic Studies*（*RES*）等等。我们主要关注这 20 余种杂志近年来发表的重要文章。

其二，关注海外有影响的工作论文。国外大多数经济学期刊的审稿周期长达 1 ~ 2 年，因此，2005 年发表的许多文章是作者在更早的时候完成、并曾以工作论文形式发表的。因此有影响的工作论文系列实际上提供了世界上最新的前沿研究成果，对于未来的研究具有方向性作用。美国国民经济研究局（National Bureau of Economic Research，NBER）汇集了世界上大多数著名学者的最新研究成果，是一个非常有影响力的经济学研究机构。许多 2005 年重要期刊上发表的文章都在较早时候已出现在 NBER 上。NBER 2005 年的工作论文以每周大约 20 篇的规模发表，共计 1000 多篇，涉及国外经济学分类目录（JEL）的各个分支领域，形成了一批有

---

① 由于视野、时间和篇幅所限，本文不拟研究应用经济学、管理学领域中的进展。

影响的热点研究领域。

其三，关注世界级经济学重要年会。世界经济学界最重要的会议是每年一月初举行的"美国经济学年会"（AEA），来自世界各地的经济学家在年会上围绕多达上百个专题展开讨论，这些专题体现了在经济学各领域最新的研究成果和未来走向，值得特别关注。例如，2004 年《美国经济评论》（AER）5 月号结集发表了当年美国经济学年会（AEA）上的 24 个重要专题，包括"人力资本理论的新发展"，"社会保障改革"，"货币政策与资产泡沫"等；2005年《美国经济评论》5 月号结集发表了当年美国经济学年会上的22 个重要专题成果，包括"民主制度转型与经济增长"、"健康经济学的新发展"、"技能、政策与不同人群的劳动市场结果"等专题，这些论题引起了理论界广泛关注，引导了 2004～2005 年的研究方向。

其四，关注一批具有世界影响的重要学者近年来的研究成果。近年来，海外经济学界有一大批十分活跃的经济学家。一方面，许多获得了诺贝尔奖的经济学家不断推出新的、具有重要影响的研究成果，例如 Lucas（2004）基于"终身收益"假说，探讨了农村—城市间的人口流动问题，堪称这个领域的划时代之作；Heckman（2005）通过微观计量分析，揭示了生命周期中技能形成的动态机制；Becker 2005 年分别在《政治经济学杂志》和《美国经济评论》上发表文章，并出版了个人论文集，他在人力资本积累、内生生育及其对经济增长的促进作用等方面的研究；Engerman（2005）在 NBER 发表的论文探讨了经济发展的长期路径问题。此外，Barro（2005），Feldstein（2005），Lazear（2005）等从不同侧面研究了经济增长、社会保障、人力资本积累和激励机制等问题，都称得上是大家之作。另一方面，我们也发现许多年轻经济学家十分活跃，频频在世界顶级杂志上推出重要论文，呈现了十分旺健的研究活力，Andrer Sheleifer，Daron Acemouglu，Francesco Casseli，Gregory Mankiw，David Weil，Guido Tabellini 等等就是年轻一代经济学家的代表。

其五，关注重要的现实经济问题。经济学研究具有十分突出的现实关怀，纵览 2005 年重要国际机构的关注焦点、全球经济发展报告和主要国家官方经济展望，凸现出以下重要问题：减轻贫困与经济增长问题、能源与可持续发展问题、反腐败与建立市场秩序问题、解决收入分配不均等问题、体制、宪政与经济发展问题、人口转型、人力资本积累问题、资本的跨国流动问题、公司治理结构与金融市场秩序问题以及社会保障与公共品供给问题等。经济学家从不同角度对上述问题进行了研究，从中也形成了若干研究热点。

综合考虑了时间与空间两个维度，考虑了以上五个方面的因素，我们将从不同方面逐次讨论海外理论经济学近年的前沿进展，同时为了追踪理论线索的完备性和连续性，对相关理论的整体演进进行简短梳理。本文探讨的海外学术前沿领域包括：人力资本理论及其与经济增长关系研究的新发展；现代公司治理结构与资源配置效率问题研究的新发展；人口转型、技术变迁与长期经济增长研究的新发展。

二、人力资本及其与经济增长关系研究的新发展

人力资本是通过对人力投资形成的一种资本，它涵盖了体现在劳动者身上的后天获取的、以数量和质量来衡量的知识、技能、智能以及体能等决定劳动者整体生产效率的全部因素。从货币形态看，它表现为提高人力的各项开支，主要有健康保健支出、学校教育和在职培训支出、劳动力迁徙的支出，等等。在经济学中，探讨人力资本的影响及其形成的一整套理论，被称为人力资本理论。

（一）人力资本理论：思想渊源

人力资本理论体系兴起于 20 世纪 60 年代，完善于 20 世纪 70 年代，自 20 世纪 80 年代中期以来，随着新经济增长理论蓬勃兴起，以人力资本投资及其内生化作为长期经济增长源泉的研究成为一条重要理论线索，引起了经济学理论界的极大关注。进入 21 世纪后，关于人力资本的研究在宏观经济学、微观经济学等各个理论层面均取得了更为令人瞩目的发展。

虽然"人力资本"理论相对来说是一个较新的研究领域，但

其思想的萌芽却非常久远。英国古典政治经济学创始人威廉·配第（William Petty）是第一个运用人力资本概念的人。早在 1676 年他就比较了战争中军备、器械等物质的损失和人的生命的损失。配第在论述人力价值时指出："有的人，由于他有技艺，一个人能够做许多没有本领的人所能做的许多工作。"① 配第认为人力和物质资本同样对生产起作用，人力的作用甚至大于物质资本的作用。配第的这些思想一般被认为是人力资本思想的萌芽。

第一个将"人力"看作资本的是亚当·斯密（Adam Smith）。在《国富论》中，斯密将工人技能的提高视作经济进步和福利增加的基本源泉。他还论证了人力资本投资和劳动者的技能是如何影响个人收入和工资结构的。

剑桥学派的创始人阿尔弗雷德·马歇尔（Alfred Marshall）认为"知识是我们最有力的生产动力②"。他强调教育和培训对个人和国家的经济价值，认为对人力的投资是创造物质生产财富的重要手段。他强调了人力投资的长期性以及家庭在人力投资中的作用。

然而直到 1906 年，Irving Fisher（欧文·费雪）在《资本和收入的性质》一书中才明确而令人信服地提出了一个全面包含人力资本在内的完整的资本概念，资本是能够产生一个收入流的任何资产。累积的人类工作能力可以在与物质资本同样的意义上被视为一种资产，这才结束了资本仅限于实物形态的历史。不过，此时人力资本的分析力量在 Fisher 的资本定义中还只是隐含着的。1935 年，美国经济学家、哈佛大学教授 J. R. Walsh（沃尔什）在一篇名为《人力资本观》（亦译《把资本概念用到人身上》）的论文中才第一次正式阐述了人力资本概念。

（二）人力资本理论的兴起及其在微观经济学领域的应用

人力资本理论在 20 世纪 60 年代的兴起有两个历史背景：其一是 Schultz, T. W.（舒尔茨，1976）和 Denison, E. F.（丹尼森，1961）等人对国民经济增长动因的探究。Schultz 对美国和其他国

---

① 威廉·配第：《政治算术》，商务印书馆 1960 年版。
② 马歇尔：《经济学原理》（上），商务印书馆 1997 年版，第 157 页。

家 20 世纪 50 年代产出的增长和用传统方法计量的劳动和资本投入的增长进行考察，发现两者之间出现了明显的差异，前者要远远大于后两者。这就说明传统的均质劳动和物质资本不足以构成经济增长的全部要素。他认为出现的这一增长余值是由人力资本带来的。其二是对个人收入分配差异形成原因的考察。这一时期，有关个人收入分配的资料也有了详尽的微观数据，它表明个人收入不均等的主要因素是劳动收入的变化，而不是劳动和资本间"职能分配"的差别。可以说人力资本理论的发展正是对上述两个问题的回应和答复。

早期的人力资本理论研究主要集中于微观领域的经济分析。其间做出了开创性成就的代表人物主要是 T. W. Schultz（舒尔茨，1961）、Gary Becker（加里·贝克尔，1964，1966）和 J. Mincer.（雅各布·明赛尔，1958，1974）。Schultz 在芝加哥大学开创了关于人力资本投资对于经济增长影响和教育的收益率的研究工作。在 Schultz 研究的基础上，Becker 把人力资本理论运用于各微观层次，用经济方法来考察人本身智力与体力变化对经济的影响，极大地拓宽了经济学的研究领域和经济分析的解释力。Mincer 则主要探讨了人力资本在收入（工资）分配中的作用。

1. 微观领域中人力资本的早期研究

20 世纪 60、70 年代，微观领域的人力资本理论侧重分析人力资本投资的回报率以及家庭的生育抉择，但是这些研究具有开创性意义，至今具有深远影响。

（1）人力资本投资的回报率分析

Schultz 认为教育是最重要的人力资本投资形式，因而重点研究了教育性人力资本投资。他抛弃了认为教育目的仅具文化性（培养持有各种价值观的社会公民，并使之具备合格的能力与责任感）的传统观点，明确提出教育更具有经济性，主张把教育当作一种对人的投资，把教育所带来的成果当作一种资本。并且还分析了教育的成本构成，认为高校学生所放弃的收入占其教育总成本的一半以上。在教育资源的配置方面，Schultz 主张应根据各类投资的收益率来制定计划和筹措资金。Schultz 还提出了高等院校教学的公平和效率问题。就穷国的经济发展问题，Schultz 认为关键在于提高人口质量，提高知识水平。

Becker（1964，1966）集中研究了大学教育和中学教育的回报率，并在此基础上进一步考察了年龄、收入、人力财富与人力资本间的各种关系。他还首次将人力资本投资（主要指学校教育投资）和个人能力联系起来，他在假定每个人投资的融资条件相同的前提下，认为教育水平和能力水平一般呈正相关关系。能力和教育之间的这种互补关系，使得对人力资本投资越多的人会越有才能，而越有才能的人会明智地选择更多的教育投资，这些投资则会带来将来更大的收入。对两者之间的关系，Willis 和 Rosen（1978）认为，每个人能力的表现都不同，都有自己的相对优势。人们应该选择自己的相对特点和优势所在进行人力资本的投资，这样适合于个体的专业化人力资本投资将会使得该个体在自己优势所在的行业比别人更有才能。Willis 和 Rosen 的观点引起了人们很大的注意，因为教育和以后的职业选择息息相关。这也是很多国家重视职业技术教育的理论依据。如果按照他们的理论，对个人的综合能力进行的人力投资应该很少，但事实却大相径庭。同样是关于教育和能力的关系，Spence（1973）① 则提出了教育投资的信号传递和筛选功能。和以往对教育作用的认识不同，Spence 强调教育对个人技能的提高并没有直接的影响，教育更多地作为区分才高才低的一种信息设施而存在。

Mincer（1958）首创性地采用收入函数方法分析教育投资的收益率。Mincer（1974）的收入模型是实证经济学的基石。它是发展中国家对教育的经济含义进行研究的基础，得到了很多国家的跨国横截面数据以及时序数据的检验。其模型的基本假定为：假定经济环境是静态，并具有完全的确定性；假定学校和工作经验之间是可分的，且与工人工资保持线性关系；忽略教育真实收益率的主要决

---

① 参见 Mas-Colell, A., Whinston, M. D. and Green, J. R. *Microeconomic Theory*. New York, Oxford, Oxford University Press, Vol1: Chap 13, 1995, pp. 436-456.

定因素，例如学校教育的直接和间接成本、税收、工作寿命的长度以及在作是否受教育决策时对未来收益的不确定性等。个体受教育年限是外生给定的。在上述假定条件基础上，Mincer 得出了推断人力资本投资收益率的基本方程式：

$$\ln\left[w\left(s,x\right)\right]=\alpha_0+\rho_s s+\beta_0 x+\beta_1 x^2+\varepsilon$$

其中，$w\left(s,x\right)$ 为受教育年限为 s、工作经验（代表通过在职培训进行人力资本积累）为 x 年的工人的工资，ρ_s 为"学校教育投资的收益率"（假定在各教育阶段都是相同的），且 $E\left(\varepsilon\mid s,x\right)$ $=0$。但只有在上述假设前提下，回归模型中学校教育的系数才等于学校教育投资的收益率。

从 Mincer 的假定条件和他得出的收入方程，可以看出，收入和工龄曲线在不同教育水平之间是相同的，不管工人所受教育水平有多高，只要他们具有相同的工龄，那么工作经验对收入的贡献弹性是相同的。而收入年龄曲线则在不同教育水平人群中随年龄出现分化，且在个体生命周期中，其收入变化表现出 U 型曲线形状。

（2）家庭的生育率分析和代际联系

Becker 从家庭和个人的角度出发，在人力资本研究方面做了许多开创性研究工作，奠定了人力资本理论的微观经济学基础。在研究贫困和收入的规模分布时，Barry Chiswick（1978）发现父母的财富和地位和其子女的财富地位间往往有着很强的代际联系。Becker and Barro（1988）和 Barro and Becker（1989）在考虑如何决定出生率的基础上研究了生育选择与经济增长的相互关系。父母和子女通过利他主义联系在一起。父母关于孩子数目的决定是与消费和代际让与的选择一起做出的。孩子的生产和抚养是有成本的，但他们所带来的边际效用随着他们的数目增加而递减，或者如果孩子的抚养成本随着其数目的增加而上升，那么模型就能由标准的一阶条件确定出生率。对孩子的选择也与对其质量的决定互动影响，正如把消费和资本存量数额分配给每个人的模型所显示的那样。

Becker 等人建立的微观化模型以一个代表性的家庭作为研究对象，假定生产函数中的生产要素有两类：体现知识与技能的人力资本与无需知识与技能的原始劳力资本（raw labor），主要分析了家庭中由投资回报率决定的父母对孩子数量和质量（人力资本）的投资，从而确定人力资本投资、生育率和经济增长之间的关系。他们认为一种经济可能处于两种均衡，在低水平的均衡上人力资本很少，人力资本水平和经济的长期水平处于停滞状态；在高水平的均衡上，人力资本水平较高或保持持续增长，经济也处于长期稳定的增长。受到冲击后两种均衡可以发生转变。两种均衡的分析可以解释世界各国经济的状况。

2. 人力资本理论微观研究的新发展

（1）对于人力资本投资回报率的进一步分析

Mincer（1974）在其特定假设前提下，采用 1960 年统计数据进行实证分析，得出了与其模型含义一致的结论，而且教育投资的回报率也正好等于回归模型中教育年限的系数。但由于 Mincer 的假设忽视了现实生活中很多真实影响要素，如不确定性、学校教育的直接和间接成本等，后人在使用该模型作回归分析时，往往得出与事实相违背的结论。此后，Murphy 和 Welch（1992）、Katz 和 Murphy（1992）、Katz 和 Autor（1999）以及 Heckman、Lochner 和 Todd（2003）对 Mincer 的假定条件作了一些放松，将 Mincer 的静态模型动态化，对不确定性和人们心理预期对投资收益率的影响做出了相关分析。

此外，由于政府有关教育和培训等政策法规的制定有赖于社会就人力资本投资对个体价值的判断，因而人力投资收益率的测度，还具有重要的政策导向作用。它有助于指导一国确定合适的教育和培训计划，以调解收入不平等，促进社会和谐发展。因而很多人在 Mincer 模型基础上，进一步考察不同收入水平、家庭背景、种族等社会背景因素对人力资本投资回报率的影响，并以此来指导政策建议。

Altonji 和 Dunn（1996）以及 Ashenfelter 和 Rouse（2000）发现，来自条件更优越家庭的人具有更高的教育回报。Carneiro，Heckman 和 Vytlacil（2003）也发现，能力越强的人，其教育回报率越高。Heckman 和 Carneiro（2004）以及 Krueger（2004）的分析表明，学校教育的平均回报率为 10%，且工人工资变化的 1/3

来自个体之间人力资本方面的差异。对此，他们呼吁政府通过教育和培训政策等来刺激低技能工人的工资增长。对低收入家庭和弱势群体的教育进行补贴，有助于提高这部分人的人力投资回报，进而缩减收入差距。

但是对于不同人群教育投资回报率的看法也存在争议。Ashenfelter 和 Rouse（1998）就提供了一些劣势个体教育投资的回报可能更高的证据，Card（2001）运用工具变量分析方式也得出了类似结论。Lisa Barrow（2005）在考察美国不同种族人群的收入时就发现，不同种族群体之间几乎不存在教育投资回报率方面的差异，非裔美国人或西班牙裔人的教育投资回报率并不比其他主流种族更低。对此，他们认为，政府相关教育政策的制定不应以种族人群为导向。旨在增加低技能群体的教育水平的政策，可能会增加经济福利并减少收入不平等。

总的来说，西方一些学者对发展中国家和发达国家的教育投资的收益率进行了大量的经验比较研究，得出了几个重要的结论：第一，发展中国家的教育投资收益率很高，不仅高于发达国家，而且一般高于物质资本的投资收益率。因此，在大多数发展中国家，教育投资在经济意义上是值得的。第二，教育投资社会收益率按三级教育依次递减，即高等教育的社会收益率低于中等教育，而中等教育的社会收益率又低于初等教育。在教育的私人收益率中，初等教育最高，高等教育和中等教育比较接近。初等教育的私人收益率高，是由于初等教育低成本与小学毕业生的生产率同文盲生产率巨大差距相互作用的结果。第三，所有国家的教育私人收益率都高于教育社会收益率，而且越是贫穷的国家，这种扭曲的现象越严重。出现这种情况的原因，在于政府对高等教育成本的补贴。

当然，这也不是一成不变的定律。Douglas North（1990）就曾对平均收入水平会随个体受教育程度的提高而增加这一结论提出质疑。他对发展中国家初级教育和中级教育的升学率进行了考察，发现在很多发展中国家，虽然入学率和教育普及度得到了扩张，但人均 GDP 水平却并没有随之增加，反而下降了。对此，North 提出了自己的见解，他认为对此存在着三种可能的解释：其一，学校质量并没有随教育的普及而得到提升，学校教育并没有提高学生的认知技能和生产能力。其二，受教育劳动力的供给的增加，会由于需求的停滞不前而使得教育的收益率迅速下降，因而导致事后的产出贡献率大大小于事前的预期回报率。其三，即使教育提高了生产力，也需要有对这种生产力的足够需求才能实现该种教育的回报，否则对个人来说，教育只是一种生产资源的浪费。

对于在职培训的收益率分析，标准的劳动供给理论认为，工资率只有在那些被雇佣的人身上才能观察到，而雇佣状态本身又受培训计划的影响。由于工资预测和雇佣概率之间的相关性，因而在对培训计划的收益率进行分析时，存在着样本选择上的偏差问题，因而这方面的分析并不多见。在少有的分析文献中，往往也只是考虑培训计划对总收入的影响，而没有进一步分析收入的增加的机制，究竟是通过提高工人的人力资本进而增加了参与者的工资率，还是通过增加工人的就业概率导致劳动供给增加。David S. Lee（2005）对上述问题的微观计量分析方法进行了讨论，并认为培训计划对工资率的影响是一种人力资本投资效应。

（2）家庭因素对个体人力资本形成的影响研究

Becker 对于家庭生育率的经济学分析开启了一个全新的经济学研究新领域。沿着他的思路，20 世纪 90 年代以来，大量经济学家开始分析家庭因素（家庭收入、规模、父母受教育水平等环境或背景因素）对于子女人力资本形成的影响。一般而言，父母受教育程度越低，越倾向选择大的家庭规模，子女的人力资本投资受家庭收入的约束越强。

分析家庭规模大小对子女人力资本形成的文献，大体上可分为三种解释思路："资源稀释论"，即由于受到家庭教育和财务资源分配的限制，家庭只能在子女的质量和数量之间进行权衡选择（Becker，1964，2005）；"汇合模型"（confluence model），认为并不是家庭中子女的数目影响着他们的智力发展，而是同胞间的年龄分布决定了家庭内部的智力氛围（Grotevant et al，1977）；"无影响假定"，认为家庭规模大小对子女的人力资本形成没有必然联系，但父母的受教育水平越低、认知能力越低，越倾向于选择较大的家

庭规模 (Downey, 1995)。

Dalton Conley 和 Rebecca Glauber (2005) 分析了有关家庭规模对子女人力资本形成影响的经验分析文章的发展历程。他们认为，早期的 OLS 估计方法控制了一些对回归结论存在潜在偏置的因素（如父母的 IQ 或受教育水平），容易高估家庭规模对孩子教育成就的影响。事实上，在家庭规模、孩子的教育成就，以及诸如家庭环境、邻里条件、孩子的抱负、能力、基因和健康状态之间等不可测因素之间存在大量联系的可能性。而随后的固定效应模型 (Guo 和 Van Wey, 1999) 虽然纠正了 OLS 估计中存在的高估倾向，排除了不可测因素对依赖变量（教育或认知能力）的影响，但忽视了父母对于家庭规模的能动选择，父母可以按照先出生的孩子的"质量"随机对生育模式进行调整，也可以有计划地进行生育和人力投资决策等问题。Angrist 和 Evans (1998) 首次采用工具变量法来估计父母生育的劳动供给弹性。沿用 Angrist 和 Evans 的工具变量分析方法，以家庭子女的性别构成作为工具变量，Dalton Conley 和 Rebecca Glauber (2005) 从外生变化的生育率角度分析了家庭规模和子女出生顺序对儿童教育投资结果的影响。他们认为，家庭规模的增加确实会降低父母对孩子的人力资本投资（以私人学校就学率来衡量），并增加孩子留级的可能性。更有意思的是，他们发现家庭规模的变化对最早出生的孩子并无影响，但对晚出生的孩子影响较大。

总体上而言，大量从信贷市场的不完善角度出发，考察不同收入阶层的家庭对子女人力资本投资差异的文献都属于"资源稀释论"（如 Galor 和 Zeira, 1993; Banerjee 和 Newman, 1993; Freeman, 1996; Aghion 和 Bolton, 1997 等）。当然，家庭所面临的信贷约束一方面限制了父母对子女在学校教育上的直接投资，另一方面，也通过限制对子女的健康投资从而影响着子女的人力资本形成。

作为人力资本形式之一的健康，对于家庭之间的代际收入差异和不平等的作用考察是从以下方面展开的：首先，个体的健康状况直接影响其寿命，而生命周期的长短是收入的直接影响因素。第二，对健康性人力资本的投资不仅可以提高生活质量，还具有正外部性：可以提高劳动生产率；两者之间的联系是多维的，一方面健康投资可以直接提高生产率，另一方面可以通过增强劳动者的营养摄入量从而增强工作量。此外，在生命周期的早期阶段，更好的营养和改善的健康状况强化了儿童的认知能力，间接影响着未来的劳动生产率。

私人的健康投资提高了从生命的上一阶段存活到下一阶段的概率，与教育一起强化着个体的生产率。个体存活概率和私人健康投资之间存在正相关关系。Lantz et al（1998）在控制了年龄、种族、城乡、性别、教育程度和生活方式等因素后，发现收入对死亡率还是存在强而显著的影响。Shankha Chakraborty（2005）认为当前这代人所面临的死亡风险对后代福利有着深远影响。在存活概率取决于健康支出这一内生死亡率的情况下，父母的低收入状态通过两条直接渠道传递给子女。其一是，越穷的人对于能带来未来效用的经济活动的关注越少，他们的时间偏好率更高。因而，他们不仅留给自己未来的更少，遗留给子女的财产占收入的比例也更低；其二是，在内生死亡率的情况下，收入和健康冲击与健康水平相关。父母的收入状况决定了其健康支出的大小，从而内生决定了他们的死亡率。而父母的死亡率又影响着子女所继承的收入和健康状况。正是作为人力资本形式之一的健康状况和家庭收入、财富之间的这一动态联系，导致了不同收入阶层的家庭之间持续不平等性的存在。

（3）对能力的经验测度和相关人力投资的政策建议

早期人力资本理论（如 Becker，1964）在用人力投资的回报率来解释个体之间存在的收入分配差异时，往往假定个体之间不存在先天能力上的差异，由于投资能带来回报，因而后天对教育投资选择的不同带来收入分配上的差异。而事实上，人与人之间在能力上确实存在偏差，因而这一假定偏离客观现实。在对人力投资的收益率进行实证分析时，这种假定会高估特定人群（尤其是低能力、低收入的劣势或少数群体）的人力投资回报率，容易引致错误的政策导向。Griliches（1977）认为，先天能力是人力资本形成的一种要素投入。可以从两个方面理解先天能力对人力资本形成的影响：一方面，如果学校教育的目的是要教会人某些必要的技能，则

13

先天能力越强的人，受教育时间越短；另一方面，信号选择模型认为，受教育水平越高的人，往往也是能力越强的人。但对能力的界定，早期人力资本理论是将之作为对不随年龄而变化的认知技能的测度，而诸如动机、毅力、时间偏好、自律自控等非认知性情感能力均被忽略不计。

21 世纪伊始，大量文献开始考察非认知情感方面能力的重要性。Bowles，Gintis 和 Osborne（2001）和 Duncan 等（2004）讨论了坚持、自尊、乐观和面向未来等不可测因素对于收入和学校教育结果的影响。Heckman（2000）、Heckman & Rubinstein（2001）、Carneiro 和 Heckman（2003，2005）以及 Heckman et al（2004）认为不仅认知能力，而且非认知能力，两者都会影响个体的教育和社会经济结果。而基因和家庭背景等环境因素又决定了认知能力和非认知能力的形成。沿着这一思路，一些对人力资本理论进行研究的学者们开始探讨能力的决定因素并倡导政策建议。

能力的形成是一个动态过程，人力资本正是由各种类型的技能和能力所组成。Shonkoff 和 Phillips（2000）认为，不同的能力（主要指认知能力和非认知能力）在生命周期的不同阶段形成。而经验研究也表明，一旦错过了形成各种能力的最佳时机，补救措施可能代价高昂（Cameron，2004；Knudsen，2004；Cameron，Heckman 和 Knudsen，2005），因而有必要全面考察人在生命周期过程中各种技能的形成阶段，以便确定生命周期各阶段的投资分布，并针对处于劣势家庭环境儿童的教育计划提供政策参考和依据。Carneiro 和 Heckman（2002，2003）分析了家庭对于儿童的人力资本形成的两种类型约束：第一类是最明显的来自家庭收入方面的短期信贷约束；第二类是与更高的家庭收入相联系的一些长期因素，例如更高质量的教育、更好地培养认知能力与非认知能力的环境等。而长期的家庭和环境因素在儿童能力的形成过程中发挥着关键作用。Stinebrickner（2004）、Cameron 和 Taber（2004）、Keane 和 Wolpin（2001）等人的研究也表明，短期信贷约束对教育选择的影响有限。

Heckman et al（2005）进一步分析了人力资本（技能或能力）

形成过程中的自我强化特性和互补性。他们认为前一阶段形成的技能可以扩大后阶段的技能，这是所谓的技能形成的自我强化特性；前期形成的能力能提高后期投资的生产率，这是所谓的互补性特性。这两种特性使得在年龄的早期阶段进行投资具有更高的经济回报，当然这些早期投资必须辅以后期投资才会有效。而且，对早期人力投资缺失的补救措施越晚，越缺乏效率。正因为此，在设计和制定旨在面向家庭的公共政策时，要考虑技能形成的这两种特性，投资于低收入家庭儿童的早期人力资本形成。

（4）关于人力资本—物质资本之间的互补性问题的研究

21 世纪以来，分析方法从静态转向动态，框架从局部均衡分析转向一般均衡分析，许多文献考察了人力投资所带来要素价格的变化以及资本—劳动或人力资本—物质资本之间的互补性问题。

教育融资系统的改革在多大程度上能减少不平等，改革政策如何影响不同类型的受教育者（贫穷者或富裕者），这一规范分析问题是人力资本研究领域的一个热点。早期文献对此在局部均衡框架下进行分析，即在要素价格外生给定情况下，考察教育融资系统对投向教育资源量的影响，以及这些资源的具体分配（Westhoff，1977；Benabou，1996；Fernandez 和 Rogerson，1998）。Massimo Giannini（2000）从微观角度深入细致地分析了以工资表示的单位人力资本的收益对动态收入分配的影响。如果这种收益很低，则无论初始收入分配状况如何，整个社会的收入分配状况将趋于静态。反之，则经济体会产生内生增长而且收入的动态分布将取决于其初始状态。Tosun 和 Holtz-Eakin 等人（2000）通过考察认为人口转变对公共教育支出具有内生决定作用。他们构造了一个代际迭代模型，认为在一个民主社会中，人口变化改变了选民的比例，从而影响到公共教育支出。如果这种人口变化使得人力资本水平更高的选民占多数比例，则公共教育支出会增加；反之则会减少。

Jorge Soares（2005）分析了将教育融资范围从社区转向国家的福利效应，以及教育资金的公共筹集所带来的在一代人之间的收入再分配效应和跨代影响。Jorge Soares 认为当要素价格可以进行内生调整时，资本—劳动间的互补性意味着教育通过提高劳动者的未来工作技能从而增加了资本回报；而劳动者当前技能水平的高低还间接影响着未来社会保障水平的高低。在 Jorge 的分析中，由父母对后代的教育进行价值评价以及同代人之间的异质性假定是需要以公共教育系统的理论为前提的。

Coen N. Teulings（2005）将李嘉图的比较优势原理运用到要素替代模型中。他认为，劳动的供给和需求均为异质，因而市场均衡中存在的问题在于不同类型工人（人力资本水平不一）和工作任务之间如何匹配，以及这种最优配置所带来的不同类型工人的工资差异问题。Teulings 认为不同工作类型工人之间的替代性随他们所掌握技能水平（人力资本水平）的差距而递减，也即技能差距越大，替代性越弱。因而高技能工人在复杂工作中具有相对比较优势。他还进一步分析了，工人人力资本的增加对相对工资的一般均衡影响，任何针对工人的培训计划由于改变了工人的类型（人力资本水平），从而导致不同类型工人的供给和需求发生变化，由于技能差距与替代性之间的关系，使得较低技能水平的工人工资会提高，接受培训工人的人力资本存量每增加1%，其 Mincer 人力投资回报率将减少2%。即便所有工人的人力资本存量同比增加不会改变相对工资，但也会缩小工资的分布范围，减少不平等程度。

Papageorgious et al（2005）构建了一个技能工人工资占总工资账单份额与技能工人相对非技能工人工资溢价比和资本产出比之间的线性回归模型。如果资本和技能工人之间是互补的，则资本密度的增加（资本产出比更大）会导致技能工人占总工资账单份额的比重加大。而实证结果正好验证了这一论点。他们还进一步发现，在一些初始识字率较低而人均产出较高的国家，资本和技能之间的互补性更强。

（三）人力资本理论在宏观领域应用的新发展

人力资本理论的兴起对宏观经济学领域也产生了较大的影响。Schultz 和 Becker 对人力资本的开创性研究，使人们认识到人力资本在经济增长中所起的决定作用：首先，一国人力资本存量越大、人口的素质越高（人口受教育程度、科技文化水平和生产能力越高），它将导致人均产出或劳动生产率的提高；其次，人力资本本身具有收益递增的重要特点；再次，人力资本还会导致其他物质资本生产效率的改善。它可以通过提高劳动者的技能、技术操作的工艺水平，从而增进物质资本的使用效率。同时人力资本的不断发展，不断积累，能直接推动物质资本的不断更新。可以说人力资本是经济增长的原动力。

在 Schultz 和 Becker 等人研究的基础上，增长经济学家们的不断努力使得人力资本投资的内容得到了不断的充实和完善。传统的新古典 Solow 模型是一个外生技术进步、规模报酬不变和资本边际报酬递减（只包括物质资本）的模型。为了找到促使经济长期增长的内在动因，消除新古典模型中经济增长的外生决定因素，一些经济学家扩展以往单纯的物质资本范畴，将人力资本涵盖到资本中，通过人力资本和知识的溢出效应所产生的递增收益，修改了新古典的规模报酬不变和资本边际收益递减的假定。

Arrow（1962）和 Sheshinski（1967）通过假设知识的创造是投资的一个副产品，即"边干边学"（learning-by-doing）效应，来消除掉报酬递减的趋势。从 20 世纪 80 年代中期开始，以 Romer 的《收益递增与长期增长》（1986）及 Lucas 的《论经济发展的机制》（1988）的论文为标志，经济增长理论研究发生了深层变化，即"内生经济增长理论"的出现，学术界称其为"新增长理论"，"新"增长理论工作的核心在于修正新古典模型中的生产函数。柯布-道格拉斯生产函数对劳动生产要素的引入，使得有关人力资本因素在经济增长中的作用的研究在技术上成为可能。但柯布-道格拉斯生产函数中的劳动投入是指一般的劳动投入，看不出不同质量或不同技术熟练程度的劳动的投入对于产量所起的作用大小的差异，需要对生产要素的投入进行进一步的区分，以说明人力投资在经济增长中的作用。在新古典的生产函数中加入人力资本的投入，不仅给人力资本理论增添了新的内容，而且为阐释经济增长源泉开辟了一个新思路。

1. 人力资本（主要是教育）投资与经济增长

长期以来，许多文献，例如 Nelson 和 Phelps（1966），Lucas（1988），Mankiw、Romer、和 Weil（1992），Barro 和 Sala-I-Martin

(1995)，Benhabib 和 Spiegel（1994）等都考察了人力资本（主要是教育）投资与经济增长的关系。

Lucas（1988）做出了一个包含人力资本积累部门（主要是教育部门）和产品生产部门的两部门模型，对人力资本尤其是学校教育对经济增长的"发动机"作用进行考察。Lucas 的分析思路有一个潜在假定：即教育对个体生产率的影响在所有行业都是相同的，不管个体所从事的工作是常规性的或是创新性的。换句话说，人力资本是作为其生产函数中的一种普通投入而出现的，不管生产技术是否静止，教育的边际生产率始终为正。Lucas 模型中的这一思路主要是考察人力资本（教育程度）的积累和经济增长率之间的关系，认为各国之间增长率上的差异主要取决于其人力资本积累率（accumulation rate of human capital）的差异。按照这种思路，一些经济学家在实证研究领域对此进行了检验。Barro 和 Sala-I-Martin（1995）收集了 1965～1985 期间很多国家的统计数据，对平均增长率和包括教育程度、公共教育支出占 GDP 比重在内的几种宏观经济变量进行了宏观分析。其主要结论是，以平均教育年限测度的教育程度和各国随后的增长存在显著正相关性，公共教育支出也对增长有着明显的正向影响。

而按照 Nelson 和 Phelps（1966）的观点，教育的主要作用是提高个人的能力，这不仅表现在其创新能力的提高，还表现在其对新技术的适应性增强，并大大加快经济体中新技术的发散速度，从而提高经济增长速度。与 Lucas 的分析思路不同，Nelson 和 Phelps（1966）、Benhabib 和 Spiegel（1994）的思路是，认为教育不仅仅只是一种普通的投入品，它还和技术变革过程紧密联系。因而，各个国家人力资本存量（stock of human capital）上的差异决定了各国经济增长率的不同。

这两种思路对教育与增长关系的主要分歧在于：提高人力资本水平是否能一劳永逸地增加产出或提高经济增长率。按照 Lucas 思路，增加人力资本存量的主要方式是要提高整个社会的各级教育水平，而 N-P 思路则认为可以通过再教育提高整个社会的人力资本的存量。前者主张的人力资本投资只是一种普通的投入品，而后者则与创新相关联①。

关于人力资本与经济增长间关系的实证分析，一般存在两种分析思路：一种是对各国人力资本存量数据和经济增长率的横截面分析（Baumol，1986），这种思路所采用的标准回归方法往往只关注收入分配平均值的变化或收敛趋势，无法解释现实生活中存在的收入分配"双峰"或两极分化趋势。另一种源自 Solow（1957）开创的收入分解法。随着国际间可比较的数据越来越多（Heston 和 Summers，1991，1996），采用这种收入分解方法分析国际间收入增长趋势以及增长贡献因素的文章也越来越多（Barro 和 Sala-I-Martin，1995；Temple，1999 等）。但这种分解方式依赖于特定生产函数，也即依赖于一些有关技术、市场结构、技术变化和增长过程其他方面的特定假定条件。Henderson 和 Russell（2005）采用后一种思路，将劳动生产率的增长进行分解，他们的结论表明，收入的极化分布主要是由物质和人力资本的积累所引起的生产效率变化所致，而生产率方面扩大的国际差异主要来自物质资本积累，技术变化和人力资本积累也发挥着一定作用。在非中性技术变化前提下，他们还分析了不同的资本/劳动比对技术变化的影响程度。

2. 人口迁移、人力资本与经济发展

人力资本理论认为，经济增长中的迁移活动——移民是使一个经济的人口和劳动力发生变化的机制之一。Lucas（2004）在《终身收益与乡—城人口流动》一文中，把农民从乡村到城市的移民过程解释成从一个传统的土地密集型技术向一个有着无止境的增长潜力的人力资本密集型技术的转移过程。在他所建立的模型中，城市的作用就是充当乡—城移民学习现代生产技术和积累人力资本的场所。Lucas（2004）是纪念 Shewin Rosen 提出"终身收益"概念30 年的经典之作，它开创了以规范的经济学方法，把人口流动（迁移）与长期经济增长路径联系起来的思路，具有十分深远的影响。

---

① 参见 Philippe Aghion & Peter Howitt. *Endogenous Growth Theory*. The MIT Press, Chap 10, 1999, p. 354.

随后，Christopher R. Berry 和 Edward L. Glaeser（2005）也分析了美国的人力资本和城市发展的联系，他们考察了美国大都市高技能人口比重的变化与初始技能人口比重之间的联系，并从技能水平不同的部门在城市之间的产业转移角度，来解释城市技能水平的增加。他们的研究表明，在一些具有更高初始教育水平的城市，具有大学教育水平的成年人口比重上升更快。制造业越发达的城市，高技能人口比重更大。初始收入更高的地方，高技能人口增长比重更快。因为有技能的人日益倾向于向初始技能水平更高的地区迁移。其作用机制和原理在于，技能更高的经济部门往往更具有创造性，有技能的企业家总是为有技能的工人提供更多的就业机会。

Jesse M. Shapiro（2005）分析了人力资本对城市生活质量和生产率的影响。他认为人力资本的影响机制为：城市中的受高等教育人口通过知识外溢或工作搜寻过程中的外部性，产生了更大的地区生产率增长，从而带来城市就业的增长；城市中大量汇聚受过更多教育的人口，往往会带来城市生活质量（主要体现在服务业上）的更快增长，从而带来城市的发展。Shapiro 运用工资、租金和房屋价值方面的数据构造了一个新古典的城市增长模型，其分析表明，拥有较高技能水平的都市地区，在工资、租金价格和房屋价值方面增长更快，且租金和房屋价值受影响的程度大于工资受影响的程度。其实证分析还表明，都市地区受大学教育程度的人口每增加10%，会带来城市就业增长0.8%。而且在大学毕业生的增长效应中，60%源于强化了的劳动生产率，剩余部分可归因于城市生活质量的增长。

3. 关于健康、生育率、死亡率与经济增长关系的研究

提高穷人的健康和寿命是经济发展的最终目标，也是实现其他减轻贫困的发展目标的手段。健康状况对个体生产率的影响有直接和间接之分。直接影响是指，更健康的人是更好的工人，他们可以更努力地、更长时间地工作，而且他们的思维更清晰。间接影响体现在三个方面：由于对学校教育的投资可以在一个更长工作期限内摊销，因而健康状况的改善提高了获得学校教育的激励；更健康的学生缺课率更低，认知能力更强，在同等教育水平下能有更好的表

现；死亡率的降低还能引导人们为年老退休后的生活多作储蓄，由此能提高每个工人所使用的物质资本存量。

在考察健康和经济结果之间的联系时，通常有两种类型的健康测度：健康投入和健康结果。健康投入是所有能影响个体健康的物质要素，最重要的健康投入是生命中不同时点的营养补充（健康投入对健康结果自身以及与人力资本属性相关的结果的影响，参见Behrman et al, 2003；Alderman，Hoddinott 和 Kinsey, 2003；Maccini 和 Yang, 2005 等）。健康结果由健康投入和基因禀赋共同决定，包括生命预期、身高、努力工作的能力、认知能力等。在考察健康结果和收入差异之间的联系时，最重要的健康结果是对生产能力的影响，也即健康形式的人力资本。通常宏观经济学领域在分析健康对收入差异的影响时，往往采用健康结果作为指标来测度健康状况。

关于健康与经济增长的关系，并没有一致的认识。Pritchett 和Summers（1996）曾用贸易条件冲击、投资占 GDP 的比重、黑市溢价以及汇率对 PPP（购买力平价）的偏离作为工具变量来测度国民收入与健康之间的关系，他们衡量健康的指标是婴幼儿死亡率，结果发现国民收入高低对健康状况存在显著的影响。Gallup 和Sachs（2001）对热带地区糟糕的健康环境进行过考察，他们认为痢疾等疾病在当前富裕地区（如西班牙和美国南部等）而不是在贫困地区（如次撒哈拉非洲）得以消除并不能反映这些地区在收入方面的差距，而只是说明了对痢疾的控制在非洲更难一些而已。他们认为穷国在健康环境方面的落后阻碍了这些热带国家的经济增长。对此，Acemoglu，Johnson 和 Robinson（2000）持不同看法，他们认为不同国家之间在基本健康环境方面的差距并不大，热带国家的高疾病发生率是贫困的结果而非原因。David Weil（2005）在控制了物质资本水平、教育、制度等变量后，考察了更好的健康状况（身高、成人存活率等指标）对工人更努力勤奋工作的影响，也即考察了健康对收入的直接影响。他对这一影响的定量评估表明，工人在健康状况方面的差异能解释人均 GDP 方面差异的22.6%。

21

Isaac Ehrlich 和 Jinyoung Kim（2005）还首次尝试在马尔萨斯人口理论框架下，考虑了一个带人力资本（内生生育率和死亡率）因素的人口转型和经济发展模型，将死亡率和生育率作为代际之间健康和人力资本投资的结果内生化，考察了生育率、死亡率和经济的生产方面的动态均衡，这是关于经济增长和个人收入决定（基于微观基础）的首次系统尝试。

人力资本理论无疑是现代西方经济学领域中极为引人注目的一个重要领域，它对传统的理论前提提出了两点重要修正，一是拓宽资本的概念范畴，给资本赋予了一个包括人力资本和物质资本的更一般化的定义；二是打破了传统经济学分析中的均质劳动假定，认为每个人由于先天的禀赋和后天的培养所具备的素质和劳动技能（即人力资本含量）是大有差异的。

总的来说，人力资本研究框架已经逐步摆脱了它的某些早期的朴素表述，在微观领域对人力资本形成、收益率和生育率等问题的探讨日益深入；在宏观领域，也为经济增长理论的发展开辟了一个新视角，为解释长期经济增长的源泉和各国经济增长水平的差异提供了广阔的认识空间。人力资本理论仍具有很大的扩展潜力，理论界还面临着许多相关的重要理论和实证问题，例如，如何选择合适的可量化测度指标来度量无形的人力资本，如何详细分解人力资本的形成机制、如何探讨人力资本的外部性及其与创新的关系等，都有待于进一步研究。

三、公司治理和企业资本配置研究

自从莫迪格利安尼和米勒（Modigliani & Miller，1958）的开创性著作《资本成本、公司融资和投资理论》发表以来，人们从各种资本市场不完美因素（包括信息不对称、代理问题、税收等）出发对企业投资问题的研究持久不衰。而且，研究者在详尽考察了外部资本市场在企业之间配置资本的基础上，逐渐将视野扩展到了企业内部资本市场的运作，探讨了企业内部资本市场能否增进资本配置效率、公司治理和微观资本配置之间存在什么联系等一系列问题，相关文献可谓汗牛充栋。

同时，国内外的经济实践也给理论研究者提出了新的挑战。世纪之交美国资本市场上爆出了一系列公司丑闻，给投资者造成了巨大损失；在中国等发展中国家的资本市场上普遍存在着重融资、轻投资回报、资本使用效率低下等现象。无疑地，把握企业资本配置相关研究的发展脉络，不仅大大充实了公司金融理论，而且对于揭示经济增长的黑箱具有重要意义。

这里我们将从完美资本市场运作、外部资本市场运作、内部资本市场运作以及内部、外部本市场之间的相互作用等四个方面对研究文献进行梳理、总结；在此基础上展望了研究趋势。

（一）关于投资的早期研究和完美资本市场下的资本配置

公司金融研究领域面临的一个基本问题是：在多大程度上资本被配置到适宜的投资项目上？现在看来，经济学家之所以热衷于企业投资问题是源于他们对资本配置效率的关心。但值得指出的是，企业投资行为的效率问题进而微观资本配置问题并不是一开始就成为经济学家关注的焦点，人们对企业资本配置问题的研究和认识是伴随着经济学分析方法和分析范式的发展而不断深入的。

实际上，以莫迪格利安尼和米勒合写的《资本成本、公司融资和投资理论》（1958）的发表为分水岭，经济学家研究企业投资问题的出发点是不同的。

在此之前，经济学家虽然也相当关注企业投资问题，但是由于假设资本市场是完善并且有效的，企业被当作一个能够解决跨期最优化问题的经济主体，如果不考虑调整成本因素和税收因素，追求利润最大化的企业能够理性地实施投融资行为，并且自然而然地实现有效率的资本配置。那时，经济学家更多地是从宏观经济学的角度审视企业微观投资问题的，他们关注的是：作为社会有效需求的重要组成部分，企业投资需求如何使市场实现均衡（如费雪的资本理论（Irving Fisher，1930）、投资加速数模式（Samuelson，P. A.，1939）等。

在此之后，一方面，对公司投资行为的实证研究发现已有的企业投资理论不能够很好的解释企业的投资行为；另一方面，经济学家对信息问题、代理问题的研究表明资本市场不是想象中的那么完美，企业的财务状况、融资决策和投资决策不再是毫无联系。此时，和企业投资相关的资本配置效率问题才凸现出来。

已有研究表明：如果资本市场是完美的①，而且是完备的（Complete Market）②，那么可以得到与企业投资问题相关的两个重要结论。

第一个是由莫迪格利安尼和米勒（1958）给出的 MM 第三定理：在满足完美资本市场假设以及"只有财富水平发挥影响"假设（Only Wealth Counts）③ 的条件下，企业投资决策的选择点只能是和其所处风险等级相对应的纯粹权益现金流量资本化率，它完全不受投资所用的证券类型的影响。该定理将企业投资决策和融资决策完全分离开来，企业管理者在选择投资项目的时候，可以完全不考虑运用何种证券融通投资所需资金的问题。该定理的影响不仅仅局限于公司金融领域，实际上，它表明：在一定条件下，经济绩效和具体的金融体制安排无关。

第二个是费雪分离定理（Fisher Separation Theorem）：如果资本市场是完美而且完备的，生产决策只取决于客观的市场准则（就是最大化股东财富水平），不必考虑进入消费者消费决策的主

① 完美资本市场（Perfect Capital Market）必须满足以下四个前提条件：第一，不考虑资本市场上的各种摩擦因素：投资者和企业发行证券以及交易证券过程中不存在交易成本、没有税收、破产无成本等等；第二，不存在代理问题；第三，所有个人和所有企业利用资本市场的机会平等；第四，同质预期假设，这是一个关于资本市场上信息问题的假设，不仅要求资本市场上的信息分布对称，不存在信息搜寻和信息分析成本，而且要求所有投资者和管理者都拥有足够的经济理性做出正确的判断。

② 当资本市场上存在一组状态依存支付向量线性无关的证券，而且该线性无关支付向量中向量个数等于将来可能出现状态的数目，我们就称该资本市场是完备的。

③ 当资本市场完备时，无论是企业的融资决策还是企业的投资决策，都不会改变投资者（同时也是消费者）面临的选择集，这样一来，企业融资决策和企业投资决策只能通过影响投资者财富水平来改变其效用水平或者福利状况。这就是经济学家经常提到的"只有财富水平发挥影响"假设。

观偏好。该定理表明，不论企业股东们的主观偏好如何，他们会一致同意运作企业的管理者追求企业价值最大化这一客观目标。

完备资本市场的条件是非常严格的，它意味着经济中所有的机会都已经包含在资本市场上，或者都能够通过资本市场上已有的证券、资产复合而成。Stiglitz，J. C.（1969，1974）证明了，只要企业发行的负债没有风险，或者企业债权人能够不花费成本地实施自我首先获偿（Me-first Rule），那么即使不要求"只有财富水平发挥影响"假设（亦即不需要完备市场假设），MM 定理仍然能够成立。同时，Makowski，L.（1983）证明了，在资本市场不完备情形下，只要对证券的需求曲线是完全弹性的，而且不允许卖空，那么企业股东会一致同意最大化企业市场价值的目标，这时企业投资决策的原则仍然是净现值最大化。

综上所述，如果资本市场是完美的，再加上完备资本市场或者其他一些更弱的假设，那么企业的投资决策和企业融资政策无关，而且企业投资能够实现股东财富的最大化，资源配置一定是符合经济学效率原则的。

在现代公司金融理论兴起和发展过程中，如同 Stiglitz（1988）所说，正是一篇声称人们不需要在意资本结构的文章却使经济学家的注意力集中到了公司金融理论上，由此涌现出了大量关于企业资本结构的研究。这在经济学界一度传为美谈，已经并仍将激发更多的理论和实证考察。

现在，既然我们已经揭示了在一定条件下企业投资决策能够有效率地配置资本，那么我们也就暗含地表明了影响企业投资和资本配置效率的各种潜在因素。可以说，过去 40 多年关于企业投资行为以及资本配置效率问题的讨论，都是根据真实经济中的实际情况不断放松完美资本市场所需要的假设条件，而不断丰富和发展起来的。

（二）公司治理和外部资本市场运作的经济分析

莫迪格利安尼和米勒等人的开创性研究极大激发了经济学家研究企业投资问题的兴趣。后续研究者在 MM 定理基础上逐步引入现实世界中资本市场的不完美因素，扩展了相关研究。首当其冲的扩展体现在，研究者关注了资本市场不完美因素对外部资本市场运行的影响。20世纪70年代以来，人们开始引入信息不对称、代理问题等因素考察外部资本市场如何在企业之间配置资本，该研究视角成为公司金融研究领域的一大亮点。

1. 信息不对称对外部资本市场运作的影响

在放松完美资本市场假设条件过程中，经济学家首先关注的问题是：资本市场上资金提供者和融通资金者之间信息分布不均衡对企业投资行为以及融资方式选择产生了怎样的影响。一旦考虑到现实资本市场上普遍存在的信息不对称，企业内源资金和外源资金就不再是完美的替代品，而且，和企业内源资金相比，企业向外部投资者融通资金要花费相对而言更大的成本。企业的适意资本存量不再仅仅取决于客观投资机会的盈利前景以及市场利率水平，还和信息不对称导致的融资成本密切相关。

Myers 和 Majluf（1984）假设企业管理者代表企业原有股东的利益，分析了企业管理者和企业外部投资者之间信息不对称对公司投资、融资决策的影响。他们指出，引入信息不对称因素之后，即使拥有好的投资机会，企业也可能不愿意发行股票融通所需资金，这样就会出现投资不足问题，这时企业投资决策就不再是有效率的。

Stiglitz 和 Weiss（1981；1983）在考察债券市场时指出：当银行提高贷款利率时，一方面获得贷款的贷款人可能会提高所投资项目的风险，另一方面，拥有风险较小投资项目的贷款人会退出借贷市场，总的结果是银行实施的债券投资风险将上升，如果贷款风险上升导致的成本大于银行调高利率水平得到的收益，那么银行就会在引致超额资金需求的利率水平下达到利润最大化。此时会出现信贷配给（Credit Rationing）现象：在现行市场利率水平下，企业的债券融资需求不能得到全部满足。

Myers（1977）考察了企业债务融资对企业后续投资行为的影响。他认为，债务负担较重的企业没有激励实施新投资，当企业希望发行优先级低于现有负债的金融工具为新投资提供资金的时候，企业更加不可能获得投资所需资金。原因在于，如果企业现有负债的市场价值低于其面值，那么根据偿还的优先次序，实施新投资赚取的利润首先应该清偿原有债券，这相当于对现有投资产生的回报征收了一定税收。麦耶斯强调：由于负债融资受到可能产生"债务悬置"（Debt Overhang）问题的威胁，即使企业拥有很好的投资机会，企业也可能不愿意优先考虑负债为该投资机会融资。这样一来，企业的投资行为又会出现效率损失。

以上研究在给定存在股权、负债等融资工具的前提条件下考察企业融资和投资问题，不考虑企业如何设计、选择金融证券的问题。后来，研究者将特定代理问题引入分析框架，试图将金融契约内生化。大部分此类研究表明，由于企业管理者偏好而且有能力将企业财富转移到自己的口袋（一般假设企业收益不可证实或者无法观察、或者只有付出一定成本才能得到证实），均衡时不会存在外部股权融资，企业的最优融资契约是标准的负债契约。此时，企业的股东同时也是企业的管理者，故而我们将这类企业称为"企业家型企业"（Entrepreneurial Firms）。

Towndend（1979）、Aghion 和 Bolton（1992）的研究都表明，对于企业家型企业而言，由于担心自身利益被企业管理者的自利行为侵害，负债契约不足以为企业投资提供充足的资金。而且，企业家型企业投资不足问题的严重程度是企业家自有财富水平的减函数。

上述研究表明：对企业而言，外部融资和自有资金不是完美替代的，企业获得外部融资（股权融资或者债权融资）要付出和信息不对称相关的溢价，信息不对称这一不完美因素导致企业外部资本市场不能够在企业之间实现最优的资本配置。

2. 代理问题对外部资本市场运作的影响

以上讨论的文献有一个共同特点，那就是均衡时管理者和股东之间不存在利益冲突。但是这并不是说现实经济生活中不需要考虑股东和管理者之间的利益协调问题。实际上，之所以能得到以上结果，要么来自于研究者的特定假设：管理者按照股东的利益行事；要么是管理者对外部股东利益的侵占威胁如此之大以至于产生以下极端情形：均衡时不会存在外部股权融资，所有企业都是管理者所有的企业。然而，经济学中有关注代理问题的传统，从斯密

(Smith, Adam, 1776) 到 20 世纪早期的 Berle 和 Means (1932)，再到 20 世纪中期的 Jensen 和 Meckling (1976)，人们早就认识到：在现代工商业企业的运作实践中，一个普遍存在的现象是所有权与控制权、经营权的分离，而且，在经营管理公司过程中，公司管理者可能追逐自己的私人利益，此种私人利益不一定和公司所有者的利益一致。特别是在 Jensen 和 Meckling (1976) 引入代理问题探讨公司资本结构以及企业理论之后，公司金融领域一个主要研究思路就是，管理者和所有者之间的代理问题（尤其是他们之间的利益冲突）对企业投资行为以及企业资本结构决定、融资方式选择产生何种影响。下面，我们分别从"营造帝国"倾向导致的过度投资、企业管理者对声誉以及职业的考虑、过于自信等角度探讨代理问题对市场运作的影响。

首先，企业管理者可能偏离企业股东利益的一个原因是，管理者可能特别钟爱运作大规模企业，而不是仅仅简单地考虑企业是否盈利的问题。Jensen (1986; 1993) 强调了企业管理者"营造帝国"（Empire-building）偏好导致的负面影响。他分析到，扩大企业规模能够增大企业管理者掌管的资源，进而提高其报酬，故而企业上层管理者有盲目扩张企业的激励，同时，因为企业规模扩大可以为中下级管理者提供晋升机会，所以企业内部也存在扩大企业规模的冲动。这样一来，企业管理者会将企业所有可得资金都用于投资，而不管投资项目是否能够增进企业的市场价值。Jensen 进一步指出，负债能够强迫企业管理者将富余现金流（Free Cash Flow）返还给资本市场并受到资本市场的监督，这会降低企业管理者随意处置资源造成的损失。

其次，作为代理人的企业管理者会面临两类典型的激励：货币激励和非货币的隐性激励。其中，隐性激励的一个重要组成部分就是经理人对职业的关注。Dewatripont 和 Tirole (1999a; 1999b) 指出，作为代理人的经理人总是希望自己能够在公司内和经理人市场上树立良好的口碑，从这个意义上看，代理人对声誉和职业的关注是一种正面积极的激励。但是，此种激励也可能引发负面消极的影响。具体地，在一定的环境下，经理人可能有充分的激励采取特定行动以提高短期业绩，而这些行动常常是以长期业绩的损失为代价的（Narayanan，1985）。同时，经理人之间可能会产生"羊群效应"（Herding）：经理人可能忽视自己的私人信息和判断而倾向于模仿和复制其他经理人的决策（Scharfstein & Stein，1990）。而且，对于那些已经建立起一定声誉的经理人而言，基于职业生涯的考虑可能会导致他们趋于保守和短视。

再次，心理学领域的研究早就发现：一般而言，人们倾向于过于自信（Overconfidence），当人们认为自己能够控制最终结果，或者人们对最终结果的实现非常忠诚地付出，那么这些人就愈加容易过度自信。这些心理学发现非常符合企业管理者的情形。企业管理者通常对企业经营面临的潜在不确定性轻描淡写，相信自己能够控制决定企业最终经营绩效的大部分因素（March & Shapira，1987）。同时，可能由于企业管理者的财富、声誉、受雇就业能力等等都取决于企业经营的好坏，所以经理人会竭诚付出并坚信好的结果会出现（Gilson，1989）。Heaton（2002）全面地考察了经理人过于自信因素对公司投资、融资行为的影响。他得出了两个重要结论：第一，如果过于自信经理人认为资本市场低估了其公司发行的风险证券，那么他就会放弃一些净现值为正的投资项目；第二，如果过于自信经理人过高评价其负责的投资项目，那么，即使其忠于作为委托人的投资者，他也可能投资那些净现值为负的项目。显然，前者会导致投资不足问题；后者会导致过度投资问题。

3. 公司治理结构与外部资本市场运作

在外部资本市场上，由于信息不对称和代理问题的影响，外部投资者不一定愿意为需要资金的企业提供资本，导致企业受到融资约束而不能实施净现值为正的投资项目；同时，拥有富余现金流量的企业可能不愿意将多余现金流量支付给投资者，而是将其浪费在组织的无效率运营或者将其投资于净现值为负的投资项目上。此时，着力于保护投资者的公司治理机制就显得非常重要了。一方面，只有存在相应机制安排能够对其实施正确投资行为的意愿和能力给出"置信承诺"，外部资本市场上的投资者才会放心地向企业提供资本。另一方面，一旦企业的投资行为出现了问题，应该有相应的治理机制能够矫正企业管理者的无效率行为。下面分别从法律保护、资本结构、接管并购等方面展开探讨。

（1）法律保护。为了激励外部投资者向企业提供资金，仅仅依靠企业在资本市场上建立声誉的初衷以及对投资前景极度乐观的投资者是远远不够的，根本措施在于制定法律赋予并保护投资者相应的控制权：股票投资者拥有对企业重要事务（如选举董事、购并、清偿）进行投票表决的权利，而债权投资者在企业资不抵债的时候会取代股东成为企业的控制者。

大量的实证研究表明，一方面，世界各国在保护投资者利益方面存在显著差异，具体地，企业管理者应该向投资者承担哪些义务和责任？司法系统如何对这些责任、义务进行司法解释？进一步，法院使这些责任、义务发挥实际作用的效果怎样？另一方面，法律对投资者利益保护程度的高低和外部资本市场的发达程度密切相关。

已有研究发现，一国的法律制度包含的法律内容、执法质量和其承继的法律渊源联系紧密。在对股东、债权人等投资者的利益保护方面，英、美等国家实施的普通法最为得力，德国民法和斯堪的纳维亚民法次之，法国民法最差（La Porta，Lopez-de-Silanes，Shleifer & Vishny，1997；1998）。而且，一国法律内容、执法质量等法律环境方面的差异确实影响了该国外部资本市场的发达程度，法律制度不同的国家在资本市场规模、深度等方面存在显著差异。具体而言，法律制度对投资者利益的保护得力程度和以下指标呈现正相关关系：（1）股票市场价值（La Porta, et al. ,1997）；（2）上市公司数目（La Porta, et al. , 1997）；（3）上市公司的资产或者销售额（Kumar et al. , 1999）；（4）上市公司市场价值和其资产账面价值的比例（La Porta et al. , 2002）；（5）红利支付数量（La Porta et al. , 2000）；（6）投资机会和实际投资的相关性（Wurgler，2000）。

这些研究表明，在投资者利益得到良好保护的国家，企业管理者剥夺外部投资者投资资产的可能性较小，因而投资者更加愿意向企业提供资金换取金融证券，从而促进外部资本市场不断发展。但是，值得强调的是，作为经济制度的重要组成部分，法律制度是经过长期经济实践演化而成的，各个国家之间由于历史、文化等方面的原因形成了各自的法律系统，短时间内难以改变。而且，即使是在对投资者利益保护方面做得最好的英、美等普通法传统国家，也经常出现侵害投资者利益的问题。所以，仅仅依靠法律保护是远远不够的，我们还需要运用更加直接的公司治理机制来改善外部资本市场上的资本配置效率。

（2）资本结构。在莫迪格尼安尼和米勒（1958）运用套利的证明方法论证了企业价值和企业资本结构无关的定理以后，研究者就相继引入了信息不对称和代理问题等因素探讨了"什么时候资本结构与企业价值有关"的问题。大量研究表明，资本结构确实对企业的融资能力以及企业价值产生了不容忽视的作用。已有研究大致从以下三个角度分析了资本结构在提高企业之间资本配置效率方面发挥的作用。

首先，只关注于企业和外部投资者之间的信息不对称因素，不考虑企业所有权与管理权、控制权分离带来的委托代理问题。此时，资本结构充当企业管理者和外部投资者沟通信息的工具。Ross（1977）和 Leland 和 Pyle（1977）的研究表明，企业资本结构传递着企业收入流或新投资项目好坏的信息，它缓解了企业和外部资本市场上投资者之间信息分布的不均衡，能够提高企业投资机会和融通资本之间的匹配程度，最终增进外部资本市场上的资本配置效率。

其次，引入企业管理者与企业所有者之间的委托代理问题，考察资本结构选择如何预防并矫正企业的无效率投资行为。Jensen（1986）指出，负债能够强迫企业管理者将富余现金流返还给资本市场并受到资本市场的监督，这会降低企业管理者随意处置资源造成的损失。

Stulz（1990）、Hart 和 Moore（1995）先后将 Jensen 的思想模式化，他们假设管理者能够从管理控制企业中获得私人收益，而且私人收益要么和企业投资规模成比例（Hart & Moore，1995），要么和企业总产出成比例（Stulz，1990）。这些模式分析指出，无论此种代理问题的严重性程度大小，从管理者的"营造帝国"偏好出发不一定会得出企业必定会过度投资的结论。问题的关键在于理性投资者能够为企业设定一个内生的负债水平（即资本结构），并运用资本结构来平衡事后的过度投资或者投资不足。但是，由于将来的现金流和投资机会都存在不确定性，所以，事后，在某些状态下会出现过度投资问题，在另外一些状态下会出现投资不足问题。企业管理者就需要在权衡过度投资和投资不足问题的基础上，为企业制定相匹配的融资政策以最小化管理自由度导致的代理成本。

简而言之，选择合适的负债水平可以强迫一部分富余现金流量流出企业，由外部资本市场重新按照效率原则进行配置，这不仅减少了拥有多余资金企业损害价值行为的负面影响，而且可以为其他融资受到限制的企业提供新的资金来源。

最后，引入金融契约包含有不同的控制权这一因素，进一步分析资本结构对外部资本市场运作的影响。Aghion 和 Bolton（1992）强调了负债契约本质上含有控制权的配置这一特征，Dewatripont 和 Tirole（1994）、Berglof-von 和 Thadden（1994）则进一步指出，通过证券设计（即为企业选择一定的资本结构）能够实施"胡萝卜一大棒"机制约束企业管理者。因此，企业的资本结构成为约束管理者的工具，企业的资本结构在某种意义上就是企业的治理结构。

从此视角看，资本结构发挥着两个方面的作用。一方面，金融契约不仅包含有对现金流的索取权，而且还有一定的控制权含义，因而资本结构不仅在不同投资者之间分割企业收益，而且为代理人（即企业管理者）提供了努力工作的激励，促使他们实施有效率的投资决策。另一方面，股东作为企业的所有者拥有企业的剩余索取权，当企业经营状况良好时他还拥有对企业的最终控制权；但是当企业管理者经营活动（其中一个重要方面是企业实施的投资行为）失败导致企业资不抵债时，债权人会取代股东控制企业。这时候债权人可以通过对企业实施资产重组、促使破产等方式介入企业经营，将企业资本、土地、劳动等生产要素释放出来交由市场重新配置。这种强制机制不仅会增加外部资本市场的资本流动，还能提高资本配置效率。

（3）公司控制权市场上的接管、并购机制。企业可以通过内生化负债水平的方法来预防企业实施无效率的投资行为。其中，破产是最严厉的解决方法。但是，只要企业积累起来的组织能力、声誉等无形资产本身是有价值的，那么对于矫正无效率投资这一目的而言，破产就不是首选的机制。实际上，接管（Takeovers）、尤其是敌意接管（Hostile Takeovers）、杠杆收购（LBO）、并购（Merger & Aquisition）等公司控制权市场上常见的规制手段都是可供选择的治理机制。

从企业的投资行为角度来看，外部资本市场上的收购、接管等机制发挥着两个重要作用：第一，收购、接管等公司治理机制促使美国公司向专业化经营回归，这消除了集团企业运用内生现金流补贴低效率业务部门等损害企业价值的行为（Shleifer & Vishny，1990）；第二，收购、接管等机制大量使用负债方式融通资金，这迫使企业管理者将企业富余现金流量交给资本市场重新配置，而且强迫企业管理者珍视资本、制定有效率投资决策（Jensen，1993）。

但是，作为一种公司治理机制，接管并不总是有效的。原因在于以下几个方面：第一，实施接管的成本高昂，所以一般而言只能用来矫正企业比较严重的运营错误。第二，为了给出价方（即收购方）提供大量的资金，接管要求资本市场流动性较强，即使是在拥有发达资本市场的美国，这一条件也不一定能够时刻满足。第三，接管，尤其是敌意接管非常脆弱，特别是在企业管理层等院外集团的游说和政治压力下，政府可能通过立法禁止敌意接管。

综上所述，已有研究揭示：信息不对称、代理问题等因素对外部资本市场的运作产生了实质性影响，它们通过多种机制扭曲了资本在企业之间的资本配置，既可能出现过度投资问题，又可能出现投资不足现象。虽然法律保护以及资本结构、接管、并购等公司治理机制能够在一定程度上缓解信息不对称、代理问题的负面影响。但是正如上文所讨论的那样，这些公司治理机制不能完全消除企业之间资本配置的扭曲。简言之，考虑信息不对称、代理问题等资本市场不完美因素以后，外部资本市场在企业之间的资本配置不再是帕雷托最优的。那么人们自然地提出以下问题：是否存在与外部资本市场不同的资本配置机制？如果存在，其是否能够增进资本的配置效率？对以上问题的关心是讨论企业内部资本市场运作的主要动力所在。

（三）公司治理和内部资本市场运作的经济分析

实际上，理论界很早就认识到：经济运行过程中，除了外部资本市场在企业之间配置资本之外，企业内部存在一个竞争激烈、信息充分的资本市场（Alchian，1969；Williamson，1975；Donaldson，G. 1984）。特别是在格鲁斯曼、哈特和莫尔（Grossman & Hart，1986；Hart & Moore，1990）等人开创的企业理论产权思路为内部资本市场的规范经济分析提供了分析工具之后，公司金融领域涌现出了大量关于企业内部资本市场的研究。

早期考察企业内部资本市场研究的主要兴趣在于：与外部资本市场实施的资本配置相比，企业内部资本市场如何增进资本配置效率？Lewellen（1971）指出，由于企业中不完全相关的子部门能够互相担保，因而多元化能够提高企业的借贷能力。Hadlock，Ryngaert 和 Thomas（2001）强调，企业将拥有差异性信息的项目网罗到企业内部能够在一定程度上缓解发行股票时面临的逆向选择（Adverse Selection）问题。该机制被形象的称为"多钱效应"（More Money Effect）。Gertner，Scharfstein & Stein（1994）率先认识到内部资本市场上控制权差异增进资本配置效率的可能性。Stein（1997）从企业面临融资约束的角度考察了内部资本市场如何优化资本配置的问题。他认为，正是 CEO 有能力而且有激励实施"挑选优胜者"① 行为，与外部资本市场相比，内部资本市场上才能增进资本配置效率、进而创造新的价值，内部资本市场得以存在的经济原理也在于此。

但是，关于多元化企业的实证研究（Lang & Stluz，1994；Berge & Ofek，1995）却表明多元化企业存在"多元化贴水"

---

① 所谓的"挑选优胜者"行为是指对企业资产拥有完全控制权的 CEO 有能力重新安排企业的内部资本配置，具体的，CEO 在企业内部挑选出资本投资回报率相对较高的部门，并且将投资回报率相对较低部门的资源转移给回报率相对较高的部门。参见第三章第二节有关论述。

（Diversification Discount）。此后研究者更多地关注扭曲企业内部资本市场运作的机制。Meyer，Milgrom 和 Roberts（1992）强调了企业管理权威对企业内部资本配置带来的负面影响，他们指出内部管理者的影响行为会导致租金的耗散。Rajan，Servaes 和 Zingales（2000）指出企业内部的权利斗争会导致企业内部配置资本出现"平均主义"（Socialism）① 倾向。Scharfstein 和 Stein（2000）对一个两层次委托代理模型的分析表明，寻租行为迫使企业内部资本配置偏向企业内部的弱小业务部门，而且企业内部资本配置效率和公司的治理结构密切相关。Brusco 和 Panunzi（2005）强调企业内部资本市场上"挑选优胜者"行为本身降低了企业内部管理者生产现金流的激励。Inderst 和 Laux（2003）进一步指出：企业内部资本市场运作对企业管理者搜寻投资机会的激励产生了消极影响。

但是，上述关于企业内部资本配置的研究没有将组织设计问题放到核心位置。实际上，当我们把注意力从企业之间的资本配置转移到企业内部资本配置之后，关注的核心也从保护外部投资者的公司治理机制转变为引导、塑造企业各层次管理者行为的公司治理机制：组织架构②（Organizational Architecture）。关于公司治理机制如何增进企业内部的资本配置效率，可以从组织结构设计、权力配置、绩效测度和激励契约等方面来探讨。

首先，从企业内部资本配置的视角看，组织结构设计关注的核心问题是：什么样的组织结构能够把稀缺资本合理配置到相互竞争

---

① Socialism 的本意有两个，第一是指社会主义，第二是指社会主义的方针、政策和实践（参见《英语高阶英汉双解词典》第 1442 页）。但是在内部资本市场文献中，Socialism 的真实含义是指，企业内部资本配置过程中存在从高生产率子部门向低生产率子部门转移资本、进而出现资本配置平均化。显然，以上两个本意都不能确切地表达其真实意义，因而笔者将其意译为"平均主义"。

② 组织架构是布瑞克里等人（Brickley，Smith & Zimmerman，2001）首先提出的一个概念，它大致包含以下内容：（1）组织内部的决策权配置；（2）对企业内部个人和业务部门业绩的评价体系；（3）对企业内部员工的激励方法。本文扩大了组织架构的内涵，用其代表协调企业内部运作的所有机制，不仅包括以上三个内容，而且还将组织结构设计包括在内。

的投资项目上？具体地，为了增进企业内部资源配置效率，我们应该如何选择企业内部组织的分散或者集中程度？进一步，我们应该怎样设计组织科层结构？

Stein（2002）将评价不同类型项目所需的信息大致分为"软信息"①（Soft Information）和"硬信息"②（Hard Information）两类，在此基础上考察了组织结构选择如何影响企业内部信息生产和资本配置的问题，并比较了科层型企业组织（Hierarchical Firms）和分权型企业组织（Decentralized Firms）的相对优越性。他强调，组织结构设计对企业内部生产不同类型信息的激励产生了实质性影响；在给定企业规模和范围的前提条件下，软信息对企业投资越重要，企业将越倾向于采取扁平的组织结构。

Inderst，Muller和Warneryd（2005）将企业组织视为存在严重利益冲突的政治组织，考察了企业组织结构设计对企业内部影响行为以及权力争斗行为的影响。他们将组织结构设计当作一种特别形式的契约，在契约不完备的情形下，激励契约、权力分配等机制无法完全解决企业内部的代理和信息不对称问题，此时企业相关各个经济主体可以选择合适组织结构（单一层次组织（Single-tier Organizations）或者多分部企业组织（Multi-divisional Organizations））来最小化组织的影响成本。

其次，企业内部运作机制与市场运作机制的一个明显区别在于：企业内部存在拥有各种权力的管理权威。他们可以运用命令或者指示的方式要求下属实施某项任务，可以赞同或者否决下属的决定和建议；此外，在相当程度上他们决定着下属的升迁和报酬的多寡。这样一来，企业内部的权力配置对塑造企业内部员工行为、激励有着不可忽略的实质性影响。

---

① 软信息指那些很难在不同经济主体之间证实、传递的信息，虽然信息生产者本人能够理解该信息对评价投资项目以及资本配置决策的重要作用，但是其他人不能够直接证实该信息的真伪和价值。

② 硬信息指那些能够证实并且易于传递的信息，信息生产者不仅自己明白该信息对投资决策的含义，而且其他人也能够非常容易地加以证实，并且能够非常清楚地认识其价值进而在管理决策过程中加以运用。

Milgrom（1988）最早考察了企业内部决策权的配置。他指出，有效率的组织设计应该以如下方式来引导企业组织内部员工的自利行为：尽可能地将单纯争夺利益的行为转变为对社会有益的有序生产性行为。他强调，企业管理者不应该对那些重要性不大、但对利益分配施加影响的决策拥有自由决断权。

Aghion 和 Tirole（1997）区分了组织内部的正式权力（Formal Authority）和实际权力（Real Authority），在此基础上分析了组织内部正式权力配置对组织内部信息生产的影响。他们指出，正式权力对委托人的相对重要性越小，委托人越倾向于将其下放给代理人；正式权力对代理人的相对重要性越大，委托人越倾向于将其下放给代理人；和委托人相比，代理人拥有某一决策所需的技能和信息越多，委托人越倾向于将此决策的正式权力赋予代理人。

如果说 Aghion 和 Tirole 的研究关注的是权力配置对企业内部信息生产和信息结构的影响，那么 Dessei（2002）考虑的则是权力配置对企业内部现有信息运用效率的影响。Dessei 认识到企业管理决策所需信息分散在企业组织科层中，配置权力过程中企业有以下两种选择：其一，没有相关信息的委托人拥有制定决策的正式权力，其依赖和下级管理者展开策略性信息传导（Strategic Information Transmission）获得决策需要的信息；其二，委托人将决策的正式权力授予掌握相关信息的代理人。他强调，企业的最优选择将取决于在控制权损失与信息损失之间的权衡。

以上研究从一般意义上来考察组织内部的权力配置问题，还有一些研究特别关注企业内部资源配置的决策权。Boot，Milbourn 和 Thakor（2005）从企业内部资本预算决策的角度考察了资本预算体系中权力如何配置的问题。他们认识到，为了缓解组织中普遍存在的"向日葵管理"（Sunflower Management）现象①，应该因地制宜地制定资本预算体系的适宜分散程度。Marino 和 Matsusaka

---

① 所谓"向日葵管理"是指，组织中管理者密切关注其上司的所作所为，并试图揣测出其上司的想法，以便实施相应行为满足上司的期望并迎合上司的信念。

（2005）认识到，在企业内部配置资本的过程中，权力的划分并不是要么授权、要么自己制定决策二分法这么简单。实际上，企业组织中各层次管理者拥有的决策权力一般是一定条件之下的权力，而且被精巧地分割开来。不仅如此，企业组织中决策制定过程本身的程序也有实质性经济含义。

再次，从绩效测度和激励契约层面来看，由于它们界定了人们行为的后果，因此为企业内部员工行事构造了一个博弈规则，故而会对企业内部员工的行为施加作用。

Keating（1997）认识到：现实经济实践中评价企业子部门管理者行为绩效的时候，会运用多种绩效测度，包括企业股票价格、企业会计数据、子部门会计数据等等，而且不同企业的具体实践存在明显差异。他指出，各种绩效测度指标都不能完美地反映出企业管理者行为对企业价值的影响，都存在噪音和传递错误信息的可能，而且各种绩效测度指标度量不同行为的精确性存在差异，所以下述因素会对绩效测度的选择产生影响：企业内部子部门的相互依存性、子部门的相对规模、子部门和企业拥有的增长机会、子部门收益和子部门价值的相关性等等。他强调，为了激励企业员工努力工作，企业组织确实根据具体情况相应地构造了不同的绩效测度体系。但是，这些研究没有把企业内部资本配置问题当作分析的重点。

Wulf（2002）把企业内部的资本配置当作核心问题来考察，他的研究表明，为了控制企业内部资本配置过程中的信息和激励问题，企业组织可以通过构造绩效测度、设计资本预算等多种机制来达到目的。

由上述讨论可知，关于企业组织架构的研究文献十分丰富。特别是 20 世纪 90 年代中期以来，涌现出了一大批相关研究。这些研究将公司金融和组织理论融合起来，期望能够增进我们对企业投、融资行为以及企业组织运作的认识。一方面，企业投资、融资问题在相当程度上是一个组织问题，特别地，要想弄清楚企业内部资本配置决策，就必须深入组织内部分析相关经济主体行为的动机和激励；另一方面，对企业组织运作的探讨不能仅仅停留在规范理论层面,我们还需要相应实证研究告诉我们经济实践中的实际运作,这不仅能够检验相关理论结果,而且还能为将来的理论研究理清思路。然而以往关于企业组织运作的实证研究十分匮乏,主要原因是得不到相关数据,将公司金融的投资、融资问题引入组织理论领域,部分地解决了这一缺陷。我们能够运用企业披露的投、融资数据来做相关实证研究,进而将组织理论研究推向深入。

现有研究表现出以下两个趋势:

第一,对关注"应该如何解决代理问题"的规范代理研究的兴趣逐渐减退,相反地,关于代理的实证分析日益兴起。在后者研究范式下,人们对经济实践中的现实因素非常重视,特别关注契约不完备情形下人们如何应对信息分布不均衡和代理问题导致的经济问题。

第二,人们已经不满足于将单个机制分离出来单独考察的研究思路,而是倾向于将组织结构设计、权力配置、绩效测度和激励契约等机制结合起来,把组织架构当作一个相互联系的整体来研究。

总的来看,人们对企业组织和企业内部资本配置的研究将更多地考虑企业现实运作中遇到的问题,从而更加深入、更加细致,而且倾向于把企业组织视作一个约束企业管理者、应对代理问题的丰富工具箱,其中各种工具相互联系、相互影响,构成一个有别于市场的有机整体。这些研究将为比较企业和市场的差异、进而为打开企业的黑箱创造条件。

(四) 外部资本市场与内部资本市场相互作用:一个新的研究框架

在考察企业投资行为以及资本配置效率的早期研究中,人们倾向于将外部资本市场的运作和企业内部的资本配置过程分割开来研究。当然,这样处理能够简化问题,使我们能够将主要精力放在理解单个资本配置方式的运作机制之上。但是以上两种资本配置机制不是由相互独立的经济主体完成的。恰恰相反,一方面,企业时常需要到外部资本市场上向投资者和银行等金融中介机构寻求外部融资;另一方面,企业管理者履行的一个基本管理职能就是将企业拥有的资源(包括资本)在企业内部各个分部之间进行分配。简言之，企业管理者自身扮演着两个角色，一个是外部资本市场上的融资者，一个是企业内部资本市场上的资本配置者。

这样一来，要想得到对企业微观资本配置以及企业投资行为的全面认识，仅仅在分析外部资本市场运作的基础上考察企业内部资本市场是否能够改进资本配置效率的问题是远远不够的。我们应该突破将两种资本配置机制分裂开来研究的传统思维，重点考察以下问题：它们之间是否存在联系？如果存在联系，那么它们之间有怎样的相互作用和影响？进一步地，两者的相互作用对资本配置效率有何种含义？实际上，近年来已有一些研究者认识到上述问题的重要性，并做出了初步的尝试，得出了一些有益的结论。

1. 内部资本市场对外部资本市场的作用

Nanda 和 Narayanan（1999）、Habib, Johnsen 和 Naik（1997）的研究考察了不同组织形式（单一企业或者多元化企业）对外部资本市场上的可得信息的影响。前者强调，可以运用分立、出售等手段将多元化企业的部分业务剥离出去，这样就能够缓解资本市场和企业之间的信息不对称，并且能够更加精确地给相应企业定价。后者指出，通过分立手段将多元化企业分拆的直接后果是证券市场上供投资者交易的股票数目会增加，这会促进相关信息在资本市场上的传播，进而使得价格体系的运作更加富有效率。

但是，以上研究没有考虑外部资本市场收集、分析信息的激励。Goldman（2005）的研究将信息生成过程内生化，考察了不同组织形式对资本市场上信息数量、信息质量以及企业价值的影响。他的分析表明，企业组织形式对资本市场上信息生产的最终影响取决于企业内部各个业务部门的夏普比率（Sharpe Ratio）和企业股票的市场流动性，既可能增加也可能减少资本市场上的信息生产。

Aron（1988）、Laux（2001）以及 Inderst 和 Muller（2003）等人从企业管理者和投资者之间的代理问题入手，考察了构建内部资本市场对企业管理者和外部资本市场上投资者之间激励问题施加了何种影响。Aron（1988）指出，多元化是企业面对所有权、管理权分离导致代理问题的最优反应，企业实施多元化经营战略可以通过提高企业管理者绩效测度的方式改善投资者和企业管理者之间的委托代理关系。Laux（2001）从代理人只承担有限责任（Limited Liability）的现实出发，指出企业投资者和管理者之间的激励问题是企业范围经济的一个自然源泉，并强调，企业资本配置决策内部化能够在一定程度上缓解有限责任问题对激励契约的负面影响，增大企业的融资概率和融资数量，改善外部资本市场运作过程中普遍存在的融资约束问题。Inderst 和 Muller（2003）采用最优契约思路，分析了企业的组织结构和企业在外部资本市场上面临的融资约束之间的相互关系。他们指出，资本配置决策内部化使得公司首脑能够运用现金流量丰裕项目的过剩现金流量来购买现金流量短缺项目的延续权，这是积极的一面。但是，构建内部资本市场集中融资也可以使企业自行投资而不再受资本市场的约束，那么要求企业管理者将不可证实的现金流量返还给投资者就更加困难了，预期到这种结果的理性投资者事前就不大愿意提供融资，这是消极的一面。故而他们强调，和独立企业相比，构建内部资本市场然后到外部资本市场上融资的企业面临的融资约束是更紧、还是相对较宽松，不能一概而论，两种情况都可能出现。

2. 外部资本市场对内部资本市场的作用

Goldman（2004）假设企业管理者制定投资决策时以最大化企业的股票价格为目的，考察了股票市场信息生产对企业内部资源配置的影响。他构建了一个股票市场结构模型将股票价格包含的信息内生化，指出负责收集相关信息的知情交易者（Informed Trader），会根据企业各个子部门将来回报的方差以及信息收集处理的难易程度来分配花费在各个分部信息处理上的投资，理性的企业管理者会看透股票市场上投资者的行为模式，并且会理性预期到股票市场对其投资选择的反应，并相应地在投资上做出调整。这样一来，知情交易者在信息生产上的行为选择就会对企业管理者的资本配置决策产生实质性影响，并会导致以下特殊现象：企业内部各个子部门之间的投资存在相互依存性。

Goldman（2004）的研究仅仅考虑到多元化企业最高管理者的行为如何受到外部资本市场影响的问题，没有关注企业内部各个子部门管理者的行为。而 Motta（2003）将注意力集中到企业内部各个分部管理者身上，考察企业构建内部资本市场之后他们努力工作的激励会发生怎样的变化。他指出，如果分部管理者实施了一项提高其所在部门利润的行为，就会产生两个效应：第一，由于其所在分部的期望利润会上升，所以负责配置资本的企业首脑将增加其资本配置，这显然对激励分部管理者努力工作有积极意义；第二，由于整个企业的期望利润也会增加，所以外部资本市场愿意提供的融资数量会变大，但企业增加的融资将由所有分部共享，这会引发"搭便车"（Free Riding）问题，进而降低分部管理者努力工作的激励。Motta 的分析表明，如果外部投资者按照效率原则在企业之间配置资本，那么在企业分部管理者之间就存在搭便车的可能，这会降低分部管理者努力工作的激励，进而减少企业内部资本市场创造的经济价值。

3. 一个新分析框架和展望

以上研究成果为把外部资本市场与内部资本市场结合起来进行研究，开辟了一个新思路，同时，经济现实中暴露的许多问题也呼吁着这种新的分析框架的出现。在经过百余年的发展和不断改进之后，美国资本市场被公认为世界上最为完善的资本市场，成为世界各国学习的典范。而且，良好的法律体系和完善的资本市场一起为美国企业构建了强大的公司治理结构。然而众所周知的是，从 20世纪末到 21 世纪初期，美国相继爆出了安然、世通等一系列丑闻。同时，理论界和实业界有很多人都认识到，在出现欺诈丑闻之前，IT、网络等行业的企业股票价格因为受到投资者追捧而上涨，外部资本市场给上述公司股票的定价都偏离了其内在的真实价值，存在严重的股价高估（Overvalued Equity）。股价高估与公司丑闻之间是否存在某种不为人知的联系？这些疑问使许多关注美国公司丑闻问题的学者感到困惑。

Jensen（2002；2003；2004）做了一些初步的研究，尝试解开上述谜团。Jensen（2003）对企业内部预算过程的考察表明：现有的预算过程和报酬方案会激励人们说假话、惩罚人们说真话，所以在企业内部造成了撒谎成风的不良氛围，使得企业组织内部缺乏诚信。

Jensen（2004）将上述出现的公司丑闻和外部资本市场的运作联系起来分析。他认为，如果价值高估股票的市场价格和其真实价值之间的差异变得越来越大，股票价值高估这一因素会对企业组织产生一系列的激励效应。首先，对于企业而言，融通资金的成本下降，资本变得廉价了，在靠收取费用为生的投资银行的怂恿下，企业会过度地发行股票和债券筹集资本。其次，股价高估会影响企业各层次管理者的福利状况，进而扭曲企业管理者的行为。股价高估使得企业拥有大量闲散资金，此时控制、实施企业内部的资本预算将更加困难；同时，股价高估会诱发"收入博弈"（Jensen，2002)①，并使企业管理者对其产生依赖而不能自拔。

基于这些研究，Jensen 做出判断：20 世纪末和 21 世纪初期美国之所以发生一系列公司丑闻，原因不能简单地归结于公司治理出了问题，外部资本市场上对股票价格的高估也是重要因素之一；股价高估至少加剧了公司治理缺陷对企业的负面影响，最终给企业和广大投资者造成了巨大的价值损失，Jensen 将其称为股价高估的代理成本（Agency Costs of Overvalued Equity）。

这里需要特别强调的是，股票价格偏离其内在真实价值的现象以及引发的一系列问题并不是存在于美国发达资本市场上的特殊事件，在许多国家、尤其是在发展中国家也存在类似的现象和问题。

实际上，在新兴市场国家，资本市场发展是非常晚近的事情，远没有达到以美国为首的发达资本市场的水平。从宏观上看，法律、监督、审计制度都有待进一步完善，而且资本市场的体系很不完整，存在结构性缺陷，举例来说，在发展中国家，投资银行业、风险投资和审计领域都不发达，缺乏拥有丰富从业经验的人才，合格的机构投资者也处于缺位状态，同时，无论是政府对资本市场的

---

① 在股票价格高估的情形下，为了支撑并进一步拉升股票价格，外部资本市场上的投资者、投资银行以及金融分析师等市场主体会给企业管理者施加提高公司业绩的压力。如果管理者能够达到资本市场的预期，那么股票价格会进一步上升，管理者也会得到相应的奖励。如果管理者不能够实现资本市场为之设定的目标，那么股票价格就会下降，管理者的声誉和个人财富都会受损。我们把外部资本市场和企业管理者之间的这种互动机制形象地称为"收益博弈"。

监管，还是从业者的自律监管，都远远不能满足投资者的要求，导致资本市场上频繁出现信息披露不充分、内部交易等问题。从微观上看，对于资本市场这一新生事物，人们还比较陌生，投资理念和技能都存在缺陷，其素质和能力都有待加强。

因而，在新兴市场国家的资本市场上，企业的股票价格完全有可能偏离其内在真实价值。事实上这种现象确实发生了。例如，在中国资本市场上，一方面，由于政府限制民营企业的融资权力，并鼓励国有企业通过融资走出困境；另一方面，为了保持国家对上市国有企业的控股地位，在建立资本市场的初期，人为地将企业股票分割为国有股、法人股和流通股，其中大部分国有股和法人股要么完全不能流通，要么只能在一定条件下才能流通①。以上两个因素使得资本市场上过多资金追逐较少的股票，从而导致股票价格偏高，上市企业的融资成本非常低廉，严重偏离企业应该支付的、与投资项目相符的成本。

虽然中国资本市场上出现的融资成本偏低现象和美国资本市场上的股票价格高估现象的根源存在一定的差异，但是，股价偏离股票内在真实价值现象以及其引发的一系列问题却有一定的普遍性和共同性。这样一来，为了考察股价高估现象对企业的影响，我们就有必要采取一个有别于传统研究思路的全新分析框架：从外部资本市场和企业内部运作（其中一个重要组成部分是企业内部资本市场的运作）的相互作用着手，探究企业资本配置行为、资本配置效率以及其对企业价值的影响。

但是，值得强调的是，对于此类现象和问题的研究才刚刚拉开帷幕。一方面，詹森的初步研究只是勾勒出了一幅股票价值高估如何影响企业行为的粗略图景，对于股价高估降低企业价值的具体作用机理没有深入探讨；另一方面，对于新兴市场国家（比如中国）而言，股票价格偏离内在真实价值现象会产生何种影响，关注发达资本市场的 Jensen 以及其他经济学家也没有论及。虽然已经有研

---

① 我国政府 2005 年推出的股权分置改革就是希望能够改变股权割裂的现状。

究构造了一个两层次委托代理模型，考察运作不完善的外部资本市场和企业内部资本配置的相互作用，分析表明：外部资本市场运作的不规范不仅扭曲了企业层面的资本配置，而且对企业内部资本市场的运作产生了消极影响，具体表现是加剧了企业内部管理者的寻租行为，并使得内部资本配置的扭曲程度更加严重①，但是，正如Jensen自己评论的那样："为了从理论上和实证经验证据上理解股价高估的代理成本，我们还有很长一段路要走。"②

综上所述，无论是在外部资本市场不发达的新兴市场国家，还是在已经拥有较完善资本市场的发达国家，外部资本市场和企业之间的相互影响、相互作用都广泛存在，这对企业管理者的行为、微观资本配置都产生了实质性影响。从资本配置的视角考察公司治理、金融体系构建、金融制度设计等问题将是一个前景广阔的领域。我们期待着涌现出更多的理论分析和实证研究来丰富认识、指导实践。

四、人口转型、技术进步与长期经济增长研究的新发展

在漫长的经济发展历程中，人口增长和人口转型、技术变化、人们生活水平的提高、经济增长速度加快和人均收入水平提高等是一系列相互关联的现象，因此，考察在经济增长的长期过程中，人口转型与技术变化的关系，以及对经济增长的影响，成为经济学家一直关注的一个问题。亚当·斯密在《国富论》（1776）中就已经指出："任何国家富庶的最显著标志就是其国民数量的增加。"对人口、技术和长期经济增长的理论和实证研究持续了几个世纪之久。

人口增长与技术进步有什么关系，收入水平和生活水平的提高

① 邹薇和钱雪松（2005）构造了两层次委托代理模型，试图探讨外部资本市场和内部资本市场之间的相互作用及其影响，得出了许多有益的结论。

② 引自詹森（Jensen, 2004），p. 564 第 25～26 行。

45

对人口增长产生了什么影响，在长期经济增长过程中，人口转型的轨迹是怎样的，技术进步会对人口转型和经济增长产生怎样的影响，诸如此类的问题可以说是经济学中古老而常青的问题。随着内生经济增长理论的兴起，尤其是关于生育内生化、技术创新内生化的研究，对这些问题的探索进入了一个新阶段。Galor 和 Weil（1997，1998，2000），Kremer（1993），Lucas（1999），Livi-Bacci（1997），Jones（1999）等一大批当代文献极大地推进了这个领域的研究，同时为目前正处在人口转型过程中的广大发展中国家提出了许多有价值的经验或政策建议。

（一）人口转型与长期经济增长：一个恒久的论题

在经济思想史上追溯起来，关于人口增长与收入增长最早的并且影响深远的描述来自马尔萨斯（1798）。马尔萨斯的模式有两个核心要素，其一是某些生产要素（例如土地）的供给是固定的，这就意味着对于所有其他生产要素而言，具有规模收益递减的现象。其二是生活水平的提高对于人口增长率会产生积极的影响。根据马尔萨斯的分析，当人口规模较小时，生活水平会较高，而人口会出现自然的增长。当人口规模较大时，生活水平会较低，这时人口会由于有意识地降低生育率（他称为"抑制性的效应"），或者由于营养不良、疾病和饥饿（他称为"积极的效应"）而出现减少。

马尔萨斯模式隐含地表明，如果缺乏技术进步或没有获取到更多的土地的话，人口的规模应该是"自我均衡的"（self-equilibrating）。不仅如此，即使可获得的资源得到了增长，在长期而言，这种增长还是会被人口的增长所抵消。因此那些具有较高技术的国家会出现更密集的人口，但是不论是从长期看，还是从跨国比较而言，生活水平与技术水平之间没有直接联系。马尔萨斯的模式还表明，如果不出现技术进步，人口的增长按照几何级数增长，经济则是按照算术级数增长的，因此，人口庞大的经济可能会落入一种增长的陷阱，这就是所谓的"马尔萨斯陷阱"。几个世纪以来，许多学者根据历史的和经验的观察，寻找证据来检验马尔萨斯的一些推断或预言。

　　首先，对于大多数人类历史时期而言，马尔萨斯的预言与技术、人口和人均产出的演进状态是一致的。几千年来，生活水平大体上是不变的，而且在各国之间也没有出现太大的差距。Maddison（1982）估计到，在 500～1500 年间，欧洲人均 GDP 的增长率大约为零（参见图 1）。Lee（1980）研究发现，英国的实际工资在1800 年与 1300 年大致是一样的。而根据 Chao（1986）的研究，中国的实际工资水平在 18 世纪末甚至比 1 世纪初的水平还要低。Mokyr（1990），Prichett（1997）和 Lucas（1999）则指出，即使在当前最富有的国家，生活水平出现可持续的增长也仅有几个世纪的历史而已。换言之，正如马尔萨斯所预言的，绝大多数历史时期和多数国家都徘徊在人口增长与经济增长停滞的陷阱中。

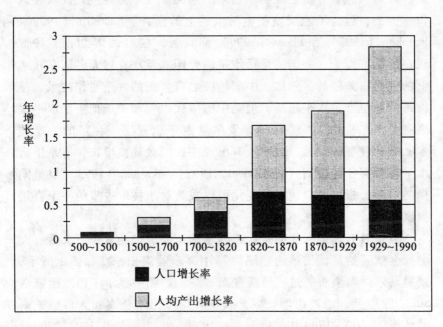

图 1　西欧的产出增长：500～1990 年

　　其次，人口变化的路径也印证了马尔萨斯的预计。马尔萨斯认为，如果技术进步极其缓慢的话，人口增长就几乎等于零。实际上，如图 1 所示，Maddison（1982）研究表明，欧洲在 500 ~ 1500 年之间人口的增长率仅为每年 0.1% 。而且，Livi-Bacci（1997）的研究还表明，在 1 ~ 1750 年间，世界人口的增长率仅为每年 0.064% 。

再次，关于人口和工资波动的经验分析也证实了马尔萨斯的预言。Lee（1997）考察了大量前工业化国家的历史，证明人口生育率相对于收入具有正的弹性，而死亡率相对于收入的弹性是负的。类似地，Wrigley 和 Schofield（1981）发现，英国在 1551 ~ 1801 年期间，实际工资与结婚率之间存在很强的正相关关系。还有的学者发现对人口增长的负面冲击（例如欧洲黑死病）也会引起实际工资上升和人口增长率加快（Livi-Bacci，1997）。

最后，经验分析还证实了马尔萨斯关于技术差距应该反映在人口密度上，但是不能反映在生活水平上的预言。Easterlin（1999），Pritchett（1997）和 Lucas（1999）都表明，在 1800 年以前，按照现在的标准而论，各国间生活水平的差距非常小；然而各国在技术上的确是有差距的。例如，中国传统上有复杂的农业耕作技术，使得每亩单位产量水平很高，但是中国近代以前却未能把生活水平提高到温饱水平以上。类似地，爱尔兰由于出现了一种新的生产技术，即马铃薯的种植，致使人口出现持续的大规模增长，但是生活水平却没有任何提高（Livi-Bacci，1997）。Kremer（1993）根据同样的推断，指出人口规模的变化可以成为对于技术进步的一个直接测度指标。

但是具有讽刺意味的是，在马尔萨斯完成他的著作不久后，人类社会就开始从他描述的"陷阱"中逐步脱离出来。如图 1 所示，摆脱马尔萨斯陷阱的过程是缓慢而艰难的。图中显示了西欧国家在 500 ~ 1990 年间总产出增长率，以及人均产出增长率和人口增长率的分解。1500 ~ 1700 年间欧洲总产出增长率为每年 0.3% ，1700 ~ 1800 年间为每年 0.6% 。在这两个时期内，总产出增长的 2/3 与加快了的人口增长相同步，因此人均收入的增长分别仅为 0.1% 和 0.2% 。在英国，经济增长较快些，但是也可以观察到类似的总产出增长与人口增长的大致区分关系，即在 1700 年后的 120 年间，总产出年增长率为 1.1% , 而同期人口年增长率为 0.7% 。

所以可以看到，收入增长加快的一个初始效应就是人口更快地增长。人均收入的增长比总产出的增长要缓慢得多，并且随着人均收入增长，人口的增长会更加快速。只有产出以加速度增长，人均收入才能持续增长。在这个后马尔萨斯时代，要使"马尔萨斯式"的更高的收入与更高的人口增长相关联的机制持续发挥作用，则更高的人口增长率会稀释人均资源、因而降低人均收入，但是所幸技术在进步，可以部分地抵消这些负面影响，总体上看，人均收入水平会持续上升。

在 1820 年以后，人口与人均收入水平都持续增长，但是渐渐地，总产出的增长越来越与人均收入的增长一致了。实际上，一方面，总产出始终在增长；另一方面，人口的增长率却在 19 世纪达到了顶峰，此后开始下降。在 1820 ~ 1870 年间，人口的增长幅度大约是总产出增长速度的 40%；而到 1929 ~ 1990 年，人口增长幅度仅相当于总产出增长速度的 20% 了。在接下来的几个世纪中，预计西欧大部分国家都会出现人口负增长。

人口增长的动态变化过程可以表现为，由于经济环境而引起的居民户行为的约束发生变化，以及一些定性的变化。马尔萨斯时代的人口特征是高生育率和高死亡率。随着生活水平提高，人口死亡率下降，在 1740 ~ 1840 年间，人口在出生时的预期寿命在英国由 33 岁上升到 40 岁，在法国由 25 岁上升到 40 岁 （Livi-Bacci，1997）。Fogel （1997） 则进一步表明，在 1785 ~ 1870 年间，法国死亡率的下降基本上是营养状况改善的结果。死亡率下降导致人口增长率上升，因为更多的人进入生育年龄，而且人们普遍地会生存更长时期。

此外，收入增加的另一个初始效应是通过提高人们的结婚意愿，进而直接提高了生育率。在西欧大多数国家，直到 19 世纪后期才出现生育率的上升，在英格兰和威尔士于 1871 年达到顶峰，在德国于 1875 年达到顶峰 （Dyson & Murphy，1985；Coale & Treadway，1986）。因此，用马尔萨斯的语言来说，影响人口增长的"积极效应"被削弱了，而"抑制性效应"则得到了加强。但是随着收入继续增长，人口增长率就下降到大大低于在给定的死亡率条件下，能够持续的最高速度。在 19 ~ 20 世纪之交，生育率在欧洲的下降最为显著。例如在英格兰，每 1 000 名年龄为 15 ~ 44 岁的妇女生育子女数目在 1871 ~ 1880 年是 153. 6，而到 1901 ~ 1910 年下降到 109. 0（Wrigley，1969）。显然，之所以会出现与马尔萨斯关于收入与人口增长关系的论述相反的变化趋势，是因为投入到每个孩子身上的资源水平发生了变化。例如，在英格兰和威尔士，出生于 1801 ~ 1805 年的人的平均受教育年限是 2. 3 年，出生于 1852 ~ 1856 年的人的平均受教育年限则是 5. 2 年，出生于 1897 ~ 1906 年的人的平均受教育年限达 9. 1 年（Mathews et al. 1982）。

历史事实表明，区分马尔萨斯时代与后马尔萨斯时代的关键因素是技术进步速度的加快，而区分后马尔萨斯时代与现代经济增长时代的关键性事件是伴随着工业革命而出现的人口转型。但是如何从马尔萨斯陷阱中摆脱出来，如何开始人口转型，由此又引起了一系列饶有兴趣的问题。人均收入与人口增长之间的关联曾经在相当长的历史时期中都是一个不变的因素，这种关联是怎样出现激烈的变化和逆转的呢？人们怎样才能解释经济增长率出现的激烈变化呢？能否建立一种一致的理论框架，解释人类历史上人口、技术和经济增长的复杂变化呢？这些问题引起了当代许多经济学家的极大兴趣，同时也成为当代经济增长理论研究中的一个重要思路。

把人口变化当作外生变量的新古典经济增长理论显然不能把握住人口转型的复杂过程。同时，关于人口增长与产出增长的既有文献主要只考察了一个时期的状况，即大多数文献要么通过跨国横截面分析，要么通过某个国家不同时期的分析，都明确地研究了人口增长与产出增长之间的负相关关系（例如 Barro & Becker，1989）。许多学者认为产生上述关系的机制是在发达国家对子女质量的回报率较高，致使父母用子女的质量替代了数量（Becker et al.，1990）。也有的学者认为，发达国家对妇女支付的工资相对较高，以致提高了生育子女的机会成本（Galor & Weil，1996），还有的学者认为随着国家的经济增长，由父母向子女的净财富转移也增加了，或许是由负的转变成了正的（Cardwell，1976）。还有的模式研究高收入对于生育率的负效应，认为高生育率会造成资本稀释，进而对收入增长产生不利影响。

近期出现了一些对马尔萨斯时代进行了全面规范考察的文献（Kremer, 1993；Galor & Weil, 1996；2000；Lucas, 1999）。Kremer（1993）指出在技术与人口之间有一个反馈环，一方面，由于技术具有排他性，这意味着高人口会激发更多的技术变化；另一方面，由于马尔萨斯的假定，技术又会对人口增长形成抑制。他认为在长期，人口增长率与人口自身的水平成比例。他采用经验分析表明，从历史上看，在没有可能接触新技术的经济中，那些具有较大初始人口水平的经济会出现更快的技术变化和人口增长。Kremer（1993）大致上解释的是从马尔萨斯均衡向后马尔萨斯时代的转变。Lucas（1999）提出了一个马尔萨斯式的模式，其中居民户在生育率和消费水平上均谋求最优化，由此解释了欧洲工业革命过程中的人口转型、一系列的重要技术变化和经济增长轨迹的变化。Galor & Weil（2000）全面分析了人口增长、技术变迁和生活水平变化之间关系的历史演进过程。文章建立了一个一致的模式，用来解释经济发展由马尔萨斯时代转变到后马尔萨斯时代，再转变到现代经济增长时代的历程。这篇文章从宏观经济的角度，集中关注了这些时代之间的两个最重要的差异，其一是人均收入的表现；其二是人均收入水平与人口增长率之间的关系。在马尔萨斯时代，技术进步和人口增长按照现代观点来看都非常小，人均收入几乎是不变的。在后马尔萨斯时代，人均收入出现增长，但是没有现代增长那么快速，同时仍然存在马尔萨斯式的人均收入与人口增长关系，即人均收入水平的提高反映为人口增长率的提高。在现代经济增长时代，人均收入和技术水平均出现稳定增长，收入的增长与人口增长之间出现了反向关联，结果在那些最贫穷的国家的人口增长很快，而许多富裕国家的人口增长率却几乎是零。

在此，我们进一步回顾一下，研究人口转型和经济增长问题的几个主要理论板块。

其一，考察技术进步对人口转型产生的是怎样的影响。在研究长期人口增长与经济增长的模式中，一个很大的问题是要解释人口生育率为什么会由上升转变为下降，进而使得人均收入增长到大大超过维持生存所需要的水平。人口转型的多数研究都认为，高的收入水平会使得父母转向只要数目较少的、质量更高的子女。

为什么父母会用子女的质量替代数量呢？许多学者认为是由于发生了技术进步，由于技术进步带来的"非均衡"提高了人力资本的收益率，因而引导人们用人口质量来替代数量。诺贝尔奖得主舒尔茨很早就清楚地阐述了技术进步本身会提高人力资本的收益率这一观点（T. W. Schultz，1964）。他指出，当生产性的技术长期保持不变时，农民就会学会更有效地使用他们的资源。孩子们会通过直接观察父母的行为，学会如何应对这样的生活环境，而学校教育的经济价值就会较低。但是当技术出现迅速变化时，通过观察前辈行为和试错过程而获得的知识就不那么有价值了，那些在静态环境下非常有效的生产方式和技术传播途径（面对面、手把手，直接观察和试错等）就越来越失去了用武之地。新技术的出现要求人们有能力去分析和评价各种新的生产可能性，这就提高了学校教育的收益率。Schultz（1975）引用大量事实支持了他的这个观点。Foster & Rosenzweig（1996）发现在印度的农业绿色革命期间，大量的技术进步提高了学校教育的收益率，反过来，又刺激了学校入学率的持续上升。从欧洲来看，技术进步的上述效应可以非常好地解释，为什么在整个 19 世纪，学校教育出现了显著发展。还有的学者关注了技术进步对人力资本收益率的短期效应（Galor & Tisddon，1997；Goldin & Katz，1998）。他们认为，刚引入的新技术大多是"有技能偏向的"，如果技术进步在长期也是有技能偏向的，那么就会加强技术进步对人力资本收益率的效应；如果技术在长期是"技能节约型"的，那么就会稀释这种效应。

其二，考察父母对于子女教育水平的选择是怎样影响技术进步速度的。教育水平与技术进步之间的关系的研究最早是由 Nelson & Phelps（1966）提出的，此后，Easterlin（1981）和 Domes et al.（1997）提供了大量的经验支持。理论和经验研究俱已表明，后代接受了更高的教育，具有了更高的人力资本，就会更倾向于推进技术的前沿，或者接受和采用更先进的技术。

其三，考察人口的规模与技术进步速度、与如何从马尔萨斯时期实现经济起飞之间的关联。假设保持教育水平不变，则技术进步的速度也是人口总体规模的一个正相关函数。对于给定的教育水平而言，更大的人口规模会带来更多的供给、更多的需求，同时也造成新知识新思想更快地扩散。

其四，考察维持生存水平的马尔萨斯时期是怎样转变到现代经济增长时期的。通常地，在马尔萨斯时期，假定一个经济中存在固定数量的生产要素土地，以及一个人们维持生存所必需的消费水平。如果技术进步使得人均产出超过了维持生存的水平，则人口上升，土地/人口比下降，那么在不出现进一步技术进步的情况下，工资水平会下降到维持生存所必需的消费水准上。所以人均收入是自我均衡的。然而，如果出现了可持续的技术进步，就能够克服人口增长对于总产出增长的抵消影响，并且使得人均收入也能够持续增长。

（二）人口转型、技术进步与整个经济的动态变化

Galor & Weil（2000）构造了一个模式，它能够产生在相当长的时期都很稳定的所谓"马尔萨斯假性稳定状态"（Malthusian pseudo steady state），但是这种状态必将在长期内生地消失。在这种马尔萨斯时期，人均产出是稳定的。技术只是发生缓慢的进步，并且这种进步反应在产出和人口的同比例变化上。对土地/人口比的冲击会引起实际工资和生育率发生短暂的变化，而这反过来又使得人均收入退回到稳定均衡的水平。由于技术进步很慢，人力资本的收益率就很低，父母没有什么动力用子女的质量来替代数量。但是，由于人口规模对技术进步的速度会产生影响，因此这种"马尔萨斯假性稳定状态"在长期一定会消失。在人口规模足够大的情况下，人口引起的技术进步的速度就足够快，父母会发现让孩子得到更好的教育、积累更多的人力资本是最优的选择。这时就出现了一个良性循环：更高的人力资本提高了技术进步速度，而技术进步又反过来提高了人力资本的价值。

下面，简要概述在最近的经济理论中，是怎样分析整个经济如何从"马尔萨斯时代"，通过"后马尔萨斯时代"的人口转型，最

后转变到现代经济增长时代的。

1. 相位图分析

对整个经济的分析是基于一系列相位图来实现的，它们描述了在每个时代中经济体系的演进状况，以及在不同时代之间的转型过程。如图2所示，这些相位图是以三个核心要素为基础的。

（1）马尔萨斯边界（MM）

当潜在收入超过临界水平时，经济就会从维持生存的消费水平产生转变。这种转变从根本上改变了动态体系的性质。令"马尔萨斯边界"是以下三维变量（教育水平、每个工人的有效资源水平、技术水平）的集合(e_t, x_t, g_t)，其中个人的收入等于临界水平$\bar{z}$。那么，马尔萨斯边界MM表示如下：

$$MM = \{(e_t, x_t, g_t): \alpha(1-\beta)x_t^{(1-\alpha)}h(e_t, g_t)^\alpha = \bar{c}/(1-\gamma)(1+\bar{r})\}$$

假设"有条件的马尔萨斯边界"是在临界收入水平上，以给定的技术水平为条件，表示为所有(e_t, x_t)的组合。同样根据对收入及其临界水平的定义，有条件的马尔萨斯边界$MM\big|_{g_t}$可以在图2A中刻画出来，也可以表示为：

$$MM\bigg|_{g_t} = \{(e_t, x_t): \ \alpha(1-\beta)x_x^{(1-\alpha)}h(e_t, g_t)^\alpha$$
$$= \bar{c}/(1-\gamma)(1+\bar{r})\big|g_t\}$$

由图2A可见，有条件的马尔萨斯边界在(e_t, x_t)平面中是严格凸的、下斜的曲线。进一步地，它与纵轴x_t相交，而随着x_t趋于无限，逐渐逼近横轴e_t。当该经济向现代经济体系转型时，随着技术水平g_t的提升，这个边界也会向上移动。

（2）每个工人的有效资源（XX）轨迹

令XX是所有三维变量(e_t, x_t, g_t)的组合，使得在稳态时，每个工人的有效资源数满足以下关系：

$$XX = \{(e_t, x_t, g_t): \ x_{t+1} = x_t\}$$

为了简化表达，同时不影响动态体系的性质，这个模式的参数是受到限制的，以便当收入超过临界水平时，确保XX轨迹是非空的。

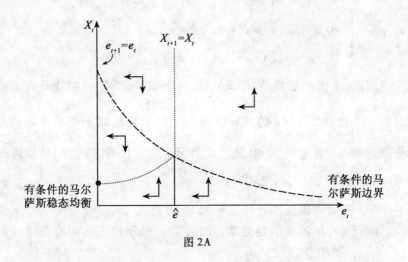

图 2A

那么,对于 $z_t \geqslant \bar{z}$,存在着惟一的值 $0 < \hat{e} < e^H$,满足 $x_t \in XX$。进一步地,对于 $z_t \geqslant \bar{z}$,有以下关系成立:

$$x_{t+1} - x_t \begin{cases} > 0 & e_t > \hat{e} \\ = 0 & 若\, e_t = \hat{e} \\ < 0 & e_t < \hat{e} \end{cases}$$

因此,在图 2A 中的 XX 曲线是固定在 $\hat{e}$ 水平的一条垂直线。只要消费高于维持生存水平,上述关系式就成立。假如消费就处在维持生存的水平上,那么 x_t 的变化将取决于技术进步率 g_t,每个工人的有效资源 x_t,以及劳动力的质量(教育水平)e_t。

假设对于给定的技术进步率 g_t,满足 $x_{t+1} - x_t = 0$ 的所有组合 (e_t, x_t) 记为:$XX\bigg|_{g_t}$,即:

$$XX\bigg|_{g_t} = \{\,(e_t, x_t):\ x_{t+1} = x_t\,\big|\,g_t\,\}$$

那么,容易得到,对于 $z_t \leqslant \bar{z}$ 和 $0 \leqslant \hat{e} \leqslant e^H$,存在一个单值的函数 $x_t = x(e_t)$,使得 $(x(e_t), e_t) \in XX\bigg|_{g_t}$。进一步地,对于 $z_t \leqslant \bar{z}$,

$$x_{t+1}-x_t \begin{cases} >0 \\ =0 \\ <0 \end{cases} \quad \begin{array}{l} (e_t,x_t)>(e_t,x(e_t)),\forall 0\leqslant e_t\leqslant\hat{e}, \\ \\ 若\ x_t=x(e_t),\forall 0\leqslant e_t\leqslant\hat{e}, \\ \\ [(e_t,x_t)<(e_t,x(e_t)),\forall 0\leqslant e_t\leqslant\hat{e}],or[e_t>\hat{e}] \end{array}$$

因此,不失一般性,在图 2A 中,对于 $e_t\leqslant\hat{e}$,$XX\Big|_{g_t}$ 曲线是向上倾斜的。并且对于 $e_t<\hat{e}$ 的所有值,$XX\Big|_{g_t}$ 都严格地低于有条件的马尔萨斯边界,二者在 $\hat{e}$ 处相交。此外还看到,图中描述的 XX 轨迹与 $XX\Big|_{g_t}$ 曲线在 $(\hat{e},\hat{x})$ 处相交。

（3）劳动力质量或教育水平（EE）轨迹

假设 EE 轨迹是满足劳动力的质量 e_t 处于稳态的所有三维变量 (e_t,x_t,g_t) 的组合,即:

$$EE=\{(e_t,x_t,g_t):e_{t+1}=e_t\}$$

根据前面的分析, e_t 的稳态值不取决于 x_t 和 g_t。EE 轨迹在经济发展的过程中是通过三个阶段来演进的。

在第一阶段,经济发展处在早期,人口规模非常小,教育与技术的联合演进可以表示为一个全域范围的暂时的稳态均衡。相应地,在图 2A 中,对于非常小的人口,EE 曲线在 $e=0$ 的水平上是垂直的。进一步地,对于这种人口规模,e_t 的全域动态特征可以概括为:

$$e_{t+1}-e_t \begin{cases} =0,若\ e_t=0, \\ <0,若\ e_t>0。 \end{cases}$$

在第二阶段,随着人口出现较大增长,经济发展也进入新的阶段,教育与技术的联合演进体现为多个局部稳态的暂时均衡。因此相应地,在图 2B 中描述的 EE 曲线就包括三条垂直的直线,分别对应于三个稳态的均衡值 e_t。即 $e=0$,$e=e^u$ 和 $e=e^h$。当人口增加时,直线 $e=e^u$ 和 $e=e^h$ 将向右边移动。进一步地,e_t 的全域动态特征可概括为:

$$e_{t+1}-e_t \begin{cases} >0 \\ =0 \\ <0 \end{cases} \quad \begin{array}{l} e^u<e_t<e^h, \\ \\ 若\ e_t=(0,e^u,e^h) \\ \\ 0<e_t<e^u;e_t>e^h \end{array}$$

56

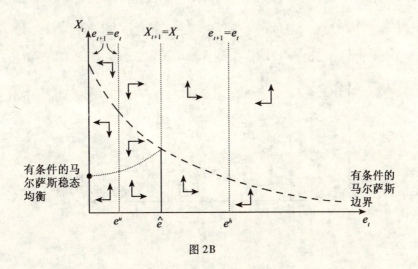

图 2B

在第三阶段,发展进入到非常成熟的阶段,人口规模也相当大,则教育与技术的联合演进体现为全域范围的稳态均衡。相应地,在图 2C 中,*EE* 轨迹体现为在 $e = e^h$ 处的一条垂直线。当人口增大时,这条直线会向右边移动。而 e_t 的全域动态特征可概括为:

$$e_{t+1} - e_t \begin{cases} >0 & 0 \le e_t < e^h, \\ =0 & \text{若} \quad e_t = e^h, \\ <0 & e_t > e^h \end{cases}$$

2. 理论分析

由相位图分析可以看到,随着人口的变迁和经济发展,一个经济体系从马尔萨斯阶段,经过后马尔萨斯阶段的人口转型,逐步进入到现代增长阶段。试考虑一个经济处在发展的初期,人口很少,技术进步水平也很低,父母没有什么动力为子女提供教育。因此,该经济的特征可以概括为惟一的一个暂时稳态均衡情形,其中技术进步缓慢,子女教育水平为零。这个暂时稳态均衡对应于全域的、稳定的、有条件的马尔萨斯均衡(如图 2 A)。对于给定的技术进步水平,每个工人的有效资源数、子女教育水平等都是不变的,因此,人均产出也是不变。不仅如此,在经典的马尔萨斯体系中,对

57

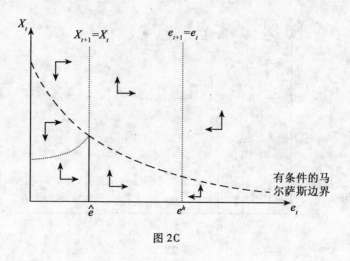

图 2C

人口或资源的冲击都不起作用，人口与技术的增长会很慢。只要人口规模持续很小，这个体系中就不会出现显著变化。图 2 A 中的马尔萨斯稳态均衡是根据不变的技术进步率而作出的，它会随着技术进步而向上垂直移动。然而，人均产出却始终处在维持生存的水平上。

随着时间的推移，在马尔萨斯阶段发生的人口的缓慢增长会逐渐提高技术进步率，这时，教育与技术的动态系统出现的特征是多个取决于历史的稳态。其中一个稳态均衡是马尔萨斯稳态均衡，即人均资源不变，技术进步缓慢，对子女没有教育。另一个稳态均衡的特征是较高的教育水平，迅速的技术进步不断提高人均收入水平和适度的人口增长。分析表明，这种多重均衡其实不能说明不同体系之间能够"自然"转型，因为一个体系既然是从马尔萨斯体系出发的，这个体系就会相当稳定地持续处在那个状况。但是，人口规模的不断提高会持续地提高技术进步，当人口达到某个水平时，低水平的稳定状态消失了，经济开始从马尔萨斯体系进行转型。技术进步率的提高与教育的提高相互促进，直到经济收敛到图 2 C 所示的惟一的稳态均衡。

一般地，一旦经济离开了马尔萨斯体系，则技术进步与教育的变化过程是单调的，但是，人口增长率和生活水平的变化要复杂一些。之所以如此，是因为技术进步对于人口增长有两种效应。一方面，在其他条件不变时，技术进步促使父母更愿意对子女进行教育投资，而这会降低人口增长率。但是另一方面，技术进步提高人们的潜在收入，因而父母可以把更多的时间花在抚养子女上。在初始状态，整个经济处在马尔萨斯体系，技术进步对于父母的预算约束的影响占主导地位，于是人口就会增长，这就出现了后马尔萨斯体系。

但是，技术进步的这种正的收入效应只是在马尔萨斯阶段起作用。如图 2 A 所示，这个经济最终会与马尔萨斯边界相交。一旦出现这种情况，技术进步就不再改变父母投入到抚养子女上的时间了，更快的技术进步只会提高父母提供给每个孩子的教育的数量。于是，一旦经济已经穿越了马尔萨斯边界，人口增长就会下降，教育和技术进步则会继续上升。

在现代增长阶段，技术进步会超过人口增长，因此人均资源拥有量上升。规范的模式分析表明，只要人口规模不变（人口增长为零），则在稳态时，教育和技术进步水平是不变的。这意味着人均资源的增长率、进而人均产出的增长率也是不变的。然而，假如在现代增长阶段的人口增长率是正的，教育和技术水平就会不断上升；类似地，假如人口增长是负的，后者就会下降。实际上，模式没有就现代增长阶段的人口究竟怎样变化提供非常明确的预测，只是推断了当经济离开马尔萨斯阶段时，人口增长率会下降。甚至也有可能人口增长是零，这样在现代增长阶段就会出现一个全域的稳态均衡，教育和技术进步都是不变的。在现代增长阶段，假如人口增长是正的或者负的，则教育和技术进步水平都相应地变化。

（三）扩展与展望

从总体上看，上述以 Galor & Weil（1998，2000）为基础的模型之所以非常有代表性和创意，是因为它构造了一个整体性的内生经济增长模型，其中人口演进、技术进步和产出增长都得到了综合的考察，并且较好地阐释了在过去一个多世纪所观察到的这些因素的变化历程。这个模型从内生增长的角度提供了一个经济起飞的框架，从中可以看到一个传统的马尔萨斯体系是怎样通过后马尔萨斯体系和人口的转型，最后过渡到现代经济增长阶段的。在经济发展的早期，即马尔萨斯体系中，经济始终处在所谓"马尔萨斯陷阱"中，人均产出几乎静止不变，偶尔出现的技术变化只会带来产出水平与人口的同比例变化。在经济发展的中期，即后马尔萨斯体系中，在此前积累下来的人口规模的扩大导致了更加密集的技术进步，使得经济开始起飞。生产是在技术不均衡的状态下发生的，这时对技能的相对回报持续上升，导致父母把对子女的花费由注重子女数量转向注重子女的质量。人均产出水平随着人口增长率和人力资本积累的提高而上升。最后，由于高度人力资本积累而引起的迅速技术进步导致了人口的转型，使得人口生育率出现持续下降。

这个模型抽象出了对于经济增长十分重要的一些因素。不同国家在人口增长或技术进步的决定因素上有什么差别，这都反映在它们能否摆脱马尔萨斯陷阱，以及它们实现经济起飞的速度上。类似地，不同国家政策的差异，例如对于教育的公共支出或对于生育的政策等，也会改变该模型的动态过程。

但是这个模型也有它的局限性，因为它主要是基于欧洲国家的经济发展进程而构造的，对于目前正在发展和转型之中的许多国家的状况则难以给出具体解释。例如该模型认为殖民地统治促进了更加有效地利用可获得的土地资源，因而为欧洲国家从马尔萨斯陷阱中较快地脱离出来发挥了重要作用。对于当前的发展中国家而言，它们可以通过进口获得大量既有的技术，因此，在人口规模与技术进步之间的关系就可能呈现出完全不同于欧洲国家的情形。类似地，由于能够进口既有的技术，收入水平与人口增长之间的关系也会发生改变。一些国家即便按照 19 世纪欧洲的标准来看都极其贫穷，但是这些国家的人口增长率却大大超过欧洲在任何时期的水平。

近年来，许多研究者试图把现代技术的国际扩散、技术引进等现象与人口增长的变化结合起来，解释更多的人口转型与经济增长问题。Hansen & Prescott（1998）发表在 NBER 的论文《从马尔萨斯到索罗》提供了另一种理解问题的思路。这篇文章建立了一个完整的经济增长模式，其中既考虑了世界上在 1800 年以前几乎不变的生活水平，也考虑了由于现代经济增长带来的生活水平的迅速提高。这个模式试图把工业革命解释为由人均收入持续停滞到进入可持续增长阶段的一个关键性的转型。他们运用标准的经济增长模式，包括一种商品和两种可获得的技术。第一种技术称为"马尔萨斯技术"，它要求以劳动、土地和可再生产的资本作为投入品；第二种技术称为"索罗技术"，它不再需要土地作为投入品。在经济发展的早期，只有马尔萨斯技术可以采用，同时由于人口的增长，即使出现了技术进步，人均生活水平也始终停滞不变。随着不断的技术进步，索罗技术终于成为一种有利可图的技术，但是这时两种技术同时得到采用。从这时开始生活水平出现提高，因为人口增长对于人均产出提高的影响不那么大了。最后，整个经济只采用索罗技术，于是经济增长可以用标准的索罗增长模式来刻画。这个模式从结论上看，与 Galor & Weil（2000）有异曲同工之处，但是这个模式没有对人口转型本身进行深入的探讨，例如没有把对子女的教育、对自身的人力资本积累等因素引入到对于人口转型的考察中去，也没有看到在现代经济增长阶段，人口增长可能会出现下降的趋势。Hansen & Prescott（1998）只是把人口演进当作某种给定的现象，通过技术进步来带动经济由一个阶段向另一个更高阶段的演变。

Beaudry & Green（2001）发表在 NBER 的一篇论文《人口增长、技术引进与经济后果：一个信息时代的跨国差异分析理论》对此做了一些新的尝试。这篇文章说明了人口增长通过与近期的技术和组织发展相互作用，能够解释过去 20 多年间经济发展的许多国际差异。特别地，这个模型说明了信息技术价格的显著下降能够为那些高人口增长的经济创造出一种比较优势，使它们能够更快地采用计算机密集型的和技能密集型的技术，以便更好地开发它们在人力资本、而不是物质资本上的一些相对优势。这个模式预见到，在信息革命的时代，那些人口增长较高的工业化国家将会更快更多地吸收新技术，在提高就业率方面会有更好的表现，服务部门会出现较快发展，教育和人力资本投资的收益率也会有较大幅度的提高，但是那些技能较差或者缺乏技能的工人的工资水平则不会有显著提高。他们考察了自 20 世纪 70 年代以来，美国、英国和德国的发展历程，同时研究了在同样的时间段，18 个 OECD 国家中工资水平与就业变化的经验数据，认为他们构造的模式的基本结论能够得到经验支持。这篇文章的缺陷是只考察了发达国家的经验事实，实际上，目前大量的跨国技术外溢是由发达国家向发展中国家的技术流动，因此，非常值得深入考察的恰恰是这种跨国技术流动对于发展中国家的人口转型和经济增长会有什么影响。同时，发达国家目前在人口增长率方面都出现了停滞或甚至下降的现象，在 OECD 国家内部进行人口增长方面的比较本身就是有局限性的。

Jones（1999）发表在 NBER 的论文《工业革命是在所难免的吗？超长期的经济增长》是又一篇非常有意义的文章。这篇文章研究的几个增长模式能够包容经济史中的一些关键性因素。在数千年的历史中，尽管也出现了许多技术发明和较显著的人口增长，但是平均生活水平却几乎没有多大改变。他通过对模式的定量分析表明，有两个因素有助于理解这段历史。第一个是一种良性循环，即更多的人口会产生更多的思想，而这反过来又会加快人口增长。第二个是制度的改善提高了创新水平，例如产权保护制度就起到了决定性作用。Jones（1999）对大量经济进行模拟分析表明，在促进传统经济向现代经济增长阶段转型过程中，有一个因素发挥了最重要的作用，那就是在产出中有相当大的一个部分都作为回报支付给了那些从事发明和创新的人。这篇文章的可贵在于，从制度角度为技术发明和创新的出现（在工业革命期间则是迅速涌现）提供了有说服力的诠释。而且，正是由于对于创新有制度保障的激励和高回报，因此人们更愿意在创新、子女教育等方面进行投入，从而推动了在超长期的人口转型和经济增长。

建立一个长期经济演变的模式，解释人类由数千年的马尔萨斯停滞时期，通过人口转型过程，变化到现代经济增长时期，是"所有对经济增长和发展感兴趣的经济学家面临的最显著的学术挑战"（Galor & Weil，2000）。目前有更多学者加入到对这个问题的探讨中。Chamon & Kremer（2005）探讨了在过去几个世纪中，经济转型、人口增长与全球长期收入分配之间的关系。Ventura（2005）则建立了一个考察经济增长的全球视野，通过对各国的实证分析，探讨了人口转型、技术进步在长期经济增长中发挥的作用。Mundlak（2005）以两个世纪以来的美国农业经济为例，考察了人口增长与经济转型的关系。获得了诺贝尔奖的经济史学家福格尔在 Fogel（2005）中，站在 2004 年的视角，重新审视了自"二战"以来的全球经济增长和人口变迁。另一位诺贝尔奖得主恩格尔曼则在 Engerman et al（2005）中详细考察了殖民地、人口增长与长期经济发展路径。可以期待，在未来若干年间，还会出现更多的理论成果，更深刻地揭示人口转型、技术进步与长期经济增长之间的关系。

参 考 文 献

Acemoglu, D. A Microfoundation for Social Increasing Returns in Human Capital Accumulation. *Quarterly Journal of Economics*, 1996, 111 (3): 779-804.

Acemoglu, D., S. Johnson, J. Robinson. The Colonial Origins of Comparative Development: An Empirical Investigation. *American Economic Review*, 2001, 91:1369-1401.

Acemoglu, D. & Zilibotti, F. Was Promoteus Unbound by Chance? Risk, Diversification, and Growth. *Journal of Political Economy*, August, 1997, 105(4): 709-751.

Aghion, P. & Howitt, P. A Model of Growth Through Creative Destruction. *Econometrica*, March, 1992, 60(2): 323-352.

Aghion, P. et al. Competition and Innovation: An Inverted - U Relationship. *Quarterly Journal of Economics*, 2005, Vol. 2:701-728.

Aghion, P. and P. Bolton. An Incomplete Contracts Approach to Financial Contracting. *Review of Economic Studies*, 1992, 59: 473-494.

Aghion, P. and J. Tirole. Formal and Real Authority in Organizations. *Journal of Political Economy*, 1997, 105:1-29.

Alchian, A. A. Corporate Management and Property Rights. In H. Manne, ed.. *Economic Policy and Regulation of Corporate Securities*. 1969, pp. 337-360.

Amihud, Y. and B. Levy. Risk Reduction as a Managerial Motive for Conglomerate Mergers. *Bell Journal of Economics*, 1981, 12: 605-617.

Aron, D. Ability, Moral Hazard, Firm Size, and Diversification. *Rand Journal of Economics*, 1988, 19 (Spring): 72-87.

Alderman, Harold, John Hoddinott and Bill Kinsey. Long-term Consequences of Early Childhood Malnutrition. FCNDP working paper No. 168, International Food Policy Research Institue, 2003.

Altonji, Joseph, and T. Dunn. The Effects of Family Characteristics on the Return to Education. *Review of Economics and Statistics*, 1996, 78 (4): 692-704.

Angrist, Joshua D. and William N. Evans. Children and Their Parents' Labor Supply: Evidence from Exogenous Variation in Family Size. *American Economic Review*, 1998 (88): 477-450.

Arrow, K. J. The Economic Implications of Learning-by-Doing. *Review of Economic Studies*, 1962, 29 (1): 155-173.

Barrow, L., Rouse C. E.. Do Returns to Schooling Differ by Race and Ethnicity?. NBER working paper, 2005.

Baumol, W. J. Productivity Growth, Convergence, and Welfare. *American Economic Review*, 1986 (76): 1072-1085.

Barro, R. J. and Sala-I-Martin, X. *Economic Growth*. New York: McGraw-Hill, 1995.

Barro, R. Religions and Growth. *Journal of Economic Growth*, Nov., 2005.

Bartel, A. & Lichtenberg, F. The Comparative Advantage of Educated Workers in Implementing New Technologies. *Review of Economics and Statistics*, February, 1987, 69 (1): 1-11.

Beaudry, P. & Green, D. Population Growth, Technological

Adoption and Economic Outcomes: A Theory of Cross-Country Differences for the Information Era. NBER working paper 8149, 2001.

Bebchuk, L. A. and L. A. Stole. Do Short-Term Objectives Lead to Under-or Over-investment in Long-Term Projects. *Journal of Finance*, 1993(48): 719-729.

Becker, G. S. *Human Capital*. New York: Columbia University Press for the National Bureau of Economic Research, 1964.

Becker, G. S. and Chiswick, B. R. Education and the Distribution of Earnings. *American Economic Review*, Proceedings, 1966 (56): 358-369.

Becker, G., Murphy, K., and Tamura, R. Human Capital, Fertility and Economic Growth. *Journal of Political Economy*, 1990, 98 (5), part 2: S12-S37.

Becker, G. An Economic Analysis of Fertility. In Ansley J. Coale (ed.). *Demograthic and Economic Change in Developed Countries*. Princeton, N. J.: Princeton University Press, 1960, pp. 209-240.

Behrman, Jere R., John Hoddinott et al. The Impact of Experimental Nutritional Interventions on Education into Adulthood in Rural Guatemala: Preliminary Longitudinal Analysis. working paper, 2003.

Benabou, R. Heterogeneity, Stratification, and Growth: Macroeconomic Implications of Community Structure and School Finance. *American Economic Review*, 1996(86): 584-609.

Benhabib, J., and Spiegel, M. M. The Role of Human Capital in Economic Development: Evidence from Aggregate Cross-Country Data. *Journal of Monetary Economics*, 1994, 34(2): 143-173.

Berger, Phillip, and Eli Ofek. Diversification's Effect on Firm Value, *Journal of Financial Economics*, 1995(37): 39-65.

Berglof-von, E. and E. L. Thadden. Short-Term versus Long-Term Interests: A Model of Capital Structure with Multiple Investors. *Quarterly Journal of Economics*, 1994(109): 1055-1084.

Berle, A. and G. Means. *The Modern Corporation and Private Property*. *Macmillan*, *New York*, *1932*.

Berry Christopher R. , Glaeser Edward L. The Divergence of Human Capital Levels Across Cities. NBER working paper 11617, 2005.

Bils, M. and P. Klenow. Does Schooling Cause Growth? . *American Economic Review*, 2000, 90(5), 1 160-1 183.

Birdsall, N. Economic Approaches to Population Growth. In Hollis Chenery and T. N. Srinivasan (eds.). *Handbook of Development Economics*, Amsterdam: North Holland, 1988: 477-542.

Bolton, P. , and D. S. Scharfstein. Optimal Debt Structure and the Number of Creditors. *Journal of Political Economy*, 1996(104): 1-25.

Bolton, P. and D. S. Scharfstein. Corporate Finance, the Theory of Firm, and Organization. *Journal of Economic Perspectives*, 1998 (12): 95-114.

Boot, A. W. . Why Hang on to Losers? Divestitures and Takeovers. *Journal of Finance*, 1992(47): 1401-1423.

Boot, Arnoud W. , Milbourn, Todd T. and Thakor, Anjan V. Sunflower Management and Capital Budgeting. *Journal of Business*, Vol. 78 (2005): 501-528.

Bowles Samuel, Howard Gintis, and Melissa Osborne. The Determinants of Earnings: A Behavioral Approach. Journal of Economic Literature, 2001, 39(4): 1137-1176.

Brennan, M. Corporate Investment Policy. In G. M. Constantinides, M. Harris and R. M. Stulz(eds.). *Handbook of the Economics of Finance*, Volume1A, North-Holland, 2003.

Brickley, J. , C. Smith & J. Zimmerman. *Managerial Economics and Organizational Architecture*. McGraw-Hill, 2001.

Brusco, Sandro & Panunzi, Fausto. Reallocation of Corporate Resources and Managerial Incentives in Internal Capital Market. *European Economic Review*, 2005(49): 659-681.

C. Papageorgious et al. Nonlinearity in Capital-Skill Complementarity. *Journal of Economic Growth*, Nov. ,2005.

Cameron, Judy. Evidence for An Early Sensitive Period for the Development of Brain Systems Underlying Social Affiliative Behavior. Working paper,2004.

Cameron, Stephen and J. Heckman. Life Cycle Schooling and Dynamic Selection Bias. *Journal of Political Economy*,1998,106(2): 262-333.

Cameron, Stephen and C. Taber. Borrowing Constraints and the Returns to School. *Journal of Political Economy*, 2004,112(1).

Card, David. Estimating the Return to Schooling: Progress on Some Persistent Econometric Problems. *Econometrica*, 2001, 69(5): 1127-1160.

Card, D. , and Krueger, A. Does School Quality Matter? Returns to Education and the Characteristics of Public Schools in the United State' s. *Journal of Political Economy*,1992(100): 1-40.

Carneiro Pedro, Karsten Hansen, and J. Heckman. Removing the Veil of Ignorance in Assessing the Distributional Impacts of Social Policies. *Economic Journal*,2001, 112(482):705-734.

Chakraborty Shankha, Mortality, Human Capital and Persistent Inequality. *Journal of Economic Growth*,2005(10):159-192.

Chamon, M. & M. Creker. Economic Transformation, Population Growth and the Long-run World Income Distribution. NBER working paper, No. 12308,2005.

Conley, Dalton and Glauber, Rebecca. Parental Educational Investment and Children's Academic Risk: Estimates of the Impact of Sibship Size and Birth Order from Exogenous Variation in Fertility. NBER working paper,2005.

Dessein, W.. Authority and Communication in Organizations. *Review of Economic Studies*,2002(69):1731-1762.

Dewatripont, M. and J. Tirole. A Theory of Debt and Equity: Diversity of Securities and Manager-Shareholder Congruence. *Quarterly*

Journal of Economics,1994（109）:1027-1054.

Dewatripont, M. , I. Jewitt and J. Tirole. The Economics of Career Concerns, Part I: Comparing Information Structures. *Review of Economic Studies*, 1999（66）: 183-198.

Dewatripont, M. , I. Jewitt and J. Tirole. The Economics of Career Concerns, Part Ⅱ: Application to Missions and Accountability of Government Agencies. *Review of Economic Studies*,1999（66）: 199-217.

Donaldson, G. *Managing Corporate Wealth*. Praeger, New York, 1984.

Downey, Douglas. When Bigger Is not Better: Family Size, Parental Resources, and Children's Educational. *American Sociological Review*, 1995（60）:746-761.

Denison, E. F.. *The Sources of Economic Growth in the United States*. Committee for Economic Development, New York,1961.

Duncan et al. The Contributions of Hard Skills and Socio-Emotional Behavior to School. Working paper, Northwestern University,2004.

Durand, J.. The Labor Force in Economic Development and Demographic Transition. In Leon Tabah. (ed.). *Population Growth and Economic Development in the Third World*, Dolhain, Belgium: Ordian Edition, 1975:47-78.

Dyson, T. & Murphy, M. The Onset of Fertility Transition. *Population and Development Review*,1985,11（3）:399-440.

Easterlin, I. & Lui, F. The Problem of Population and Growth: A Review of the Literature from Malthus to Contemporary Models of Endogenous Population and Endogenous Growth. *Journal of Economics Dynamics and Control*, 1997（21）:205-242.

Eatwell, J., Milgate, M. and Newman, P.. *The New Palgrave——A Dictionary of Economics*, 1990,Volume 2:733-744.

Edlin, A. S. and J. E. Stiglitz. Discouraging Rivals: Managerial Rent-seeking and Economic Inefficiencies. *American Economic Review*, 1995（85）:1301-1312.

Eugene F. Fama. The Effects of a Firm's Investment and Financing Decisions on the Welfare of Its Security Holders. *American Economic Review*, 1978, 68(3):27-43.

Ehrlich, Isaac & Kim, Jinyoung. Endogenous Fertility, Mortality, and Economic Growth: Can a Malthusian Framework Account for the Conflicting Historical Trends in Population? . NBER working paper, 11590, 2005.

Engerman, S. Colonialsm, Inequality and Long-run Paths of Development, NBER working paper, 2005, No. 11057.

Fama, E. F. Agency Problems and the Theory of the Firm. *Journal of Political Economy*, 1980(88): 288-307.

Fauver, L. J. Houston and A. Naranjo. Capital Market Development, International Integration, Legal Systems, and the Value of Corporate Diversification: A Cross-Country Analysis. *Journal of Financial and Quantitative Analysis*, 2003, Vol. 38: 135-157.

Fernandez, R. , Rogerson, R.. Public Education and Income Distribution: A Quantitative Evaluation of Education Finance Reform. *American Economic Review*, 1998(88):813-823.

Fisher, Irving. *Theory of Interest.* Macmillan, New York, 1930.

Fogel, R. New Findings on Secular Trends in Nutrition and Mortality: Some Implications for Population Theory. In Mark Rosenzweig and Oded Stark (eds.). *The Handbook of Population and Family Economics*, Vol. 1A, Amsterdam: North Holland, 1997.

Fogel, R.. Reconsidering Expectations of Economic Growth after WWII from the Perspective of 2004. NBER working paper, 2005, No. 11125.

Foster, A. & Rosenzweig, M. Technical Change and Human-Capital Returns and Investments: Evidence from the Green Revolution. *American Economic Review*, 1996, 86(4):931-953.

Fuller, Joseph and M. Jensen. Just Say No To Wall Street. *Journal of Applied Corporate Finance*, 2002, Vol. 14(4): 41-46.

Gallup, J. L. , J. D. Sachs. . The Economic Burden of Malaria. *Supplement to the American Journal of Tropical Medicine & Hygiene*, 2001,64(1):85-96.

Galor, O. & Weil, D. The Gender Gap, Fertility and Growth. *American Economic Review*, 1996,86(3):374-387.

Galor, O. & Tsiddon, D. Technological Progress, Mobility, and Growth. *American Economic Review*,1997,87(3):363-382.

Galor, O. & Weil, D. Population, Technology, and Growth: From the Malthusian Regime to the Demographic Transition. NBER working paper 6 811,1998.

Galor and Weil. Population, Technology, and Growth: From Malthusian Stagnation to the Demographic Transition and Beyond. *American Economic Review*, September,2000.

Gertner R. H. , D. S. Scharfstein and J. C. Stein. Internal Versus External Capital Markets. *Quarterly Journal of Economics*, 1994(109): 1211-1 230.

Giannini, M. . Human Capital and Income Distribution Dynamics. *Research in Economics*, 2000(55): 305-330.

Glomm, G. , and Ravikumar, B. Public vs Private Investment in Human Capital: Endogenous Growth and Income Inequality. *Journal of Political Economy*, 1992,100 (4): 818-834.

Goldman, Eitan. The Impact of Stock Market Information Production on Internal Resource Allocation. *Journal of Financial Economics*, 2004 (71):143-167.

Goldman, Eitan. Organization Form, Information Collection and the Value of the Firm. *Journal of Business*,2005(78):817-839.

Goldin, C. The U-Shaped Female Labor Force Function in Economic Development and Economic History. NBER working paper 4707,1994.

Goodfriend, M. & McDermott, D. Early Development. *American Economic Review*, 1995,85(1): 116-133.

Grossman, S. J. and O. D. Hart. The Cost and Benefits of Ownership: A Theory of Vertical and Lateral Integration. *Journal of Political Economics*, 1986(94): 691-719.

Griliches, Z.. Estimating the Returns to Schooling: Some Econometric Problems. *Econometrica*, 1977(45): 1-22.

Grotevant, H. D. , Sandra Scarr and R. Weinberg. Intellectual Development in Families with Adopted and Natural Children: A Test of the Zajonc and Markus Model. *Child Development*, 1977 (40): 1699-1703.

Guaitoli, D.. Human Capital Distribution, Growth and Convergence. *Research in Economics*, 2002(54): 331-350.

Guo, Guang and Leah K. VanWey. Sibship Size and Intellectual Development. *American Sociological Review*, 1999(64): 169-187.

Habib, M. , Johnsen, D. , and Naik, N. Spinoffs and information. *Journal of Financial Intermediation*, 1997(6): 153-176.

Hadlock, C. , M. Ryngaert and S. Thomas. Corporate Structure and Equity Offerings: Are There Benefits to Diversification? . *Journal of Business*, 2001(74): 613-635.

Hansen, G. & Prescott, E. Malthus to Solow. NBER working paper 6 858, 1998.

Hanson, J. R. Human Capital and Direct Investment in Poor Countries. *Explorations in Economic History*, 1996(33): 86-106.

Hanushek, E. The Economics of Schooling: Production and Efficiency in Public Schools. *Journal of Economic Literature*, 1986(24): 1141-1177.

Harris, M. and A. Raviv. The Theory of Capital Structure. *Journal of Finance* 1991(46): 297-355.

Hart, O. Financial Contracting. *Journal of Economic Literature*, 2001 (39): 1079-1100.

Hart, O. and J. Moore. Property Right and the Nature of Firm. *Journal of Political Economy*, 1990(98): 1119-1158.

Hart, O. and J. Moore. Debt and Seniority: An Analysis of the Role of Hard Claims in Constraining Management. *American Economic Review*, 1995(85): 567-585.

Hart, O. and J. Moore. Default and Renegotiation: A Dynamic Model of Debt. *Quarterly Journal of Economics*, 1998(113): 1-41.

Hart, O, and Moore, J.. On the Design of Hierarchies: Coordination versus Specialization. *Journal of Political Economy*, 2005 (113): 675-702.

Heaton, J. B. Managerial Optimism and Corporate Finance. *Financial Management*, Summer, 2002: 33-45.

Heckman, J. J. et al. Interpreting the Evidence on Life Cycle Skill Formation. NBER working paper 11331, 2005.

Heckman, J. J. and Lochner, L. J. & Todd, P. E. Fifty Years of Mincer Earnings Regression. NBER working paper 9732, 2003.

Heckman, J. J. and S. Urzua. Concognitive Skills. working paper, University of Chicago, 2004.

Henderson D. J. and R. Robert Russell. Human Capital and Convergence: A Production-Frontier Approach. *Internatioanl Economic Review*, 2005, Vol. 46, No. 4.

Heston, A. and R. Summers. International Price and Quantity Comparisons: Potentials and Pitfalls. *American Economic Review: Papers and Proceedings*, 1996: 20-24.

Holmstrom, B.. The Firm as a Subeconomy. *Journal of Law, Economics, and Organization*, 1999(15), 74-102.

Holmström, B. and J. Ricart i Costa. Managerial Incentives and Capital Management. *Quarterly Journal of Economics*, 1986(101): 835-860.

Holmström, B. and S. N. Kaplan. Corporate Governance and Merger Activity in the U. S. : Making Sense of the 1980s and 1990s. *Journal of Economic Perspectives*, 2001(15): 121-124.

Inderst, Roman and Christian Laux. Incentives in Internal Capital

Markets: Capital Constraints, Competition, and Investment Opportunities. *Rand Journal of Economics*, 2005, Vol. 36(1): 215-228.

Inderst, R. and H. M. Muller. Corporate Borrowing and Financing Constraints. *Journal of Finance*. 2003(58): 1033-1062.

Inderst, R., Muller, H. M., Warneryd, K. Distributional Conflict in Organizations. *European Economic Review*, 2005.

Jensen, M. C. Agency Costs of Free Cash Flow, Corporate Finance, and Takeovers. *American Economic Review*, 1986(76): 323-329.

Jensen, M. C. The Modern Industrial Revolution, Exit, and the Failure of Internal Control Systems. *Journal of Finance*, 1993(48): 831-880.

Jensen, M. C. Paying People to Lie: The Truth about the Budgeting Process. *European Financial Management*, 2003, Vol. 9: 379-406.

Jensen, M. C. The Agency Costs of Overvalued Equity and the Current State of Corporate Finance. *European Financial Management*, 2004, Vol. 10, No. 4: 549-565.

Jensen, M. C. and W. H. Meckling. Theory of the Firm: Managerial Behavior, Agency Costs and Ownership Structure. *Journal of Financial Economics*, 1976(3): 305-360.

Jones, C. Was An Industrial Revolution Inevitable? Economic Growth over the Long Run. NBER working paper 7375, 1999.

Jones, C. R&D-Based Models of Economic Growth. *Journal of Political Economy*, 1995, 103(4): 759-784.

Jorgenson, D. et al. Industry Origins of Japanese Economic Growth. NBER working paper, 2005, No. 11800.

Katz, L. F; Autor, D. H. Changes in the Wage Structure and Earnings Inequality, in *Handbook of Labor Economics*, 1999, Vol. 3A.

Katz, L. and K. Murphy. Changes in Relative Wages, 1963-1987: Supply and Demand Factors. *Quarterly Journal of Economics*, 1992, 107(1): 35-78.

Keane, M. and K. Wolpin. The Effect of Parental Transfers and

Borrowing Constraints on Educational Attainment. *International Economic Review*, 2001,42(4):1051-1103.

Keating, A. Scott. Determinants of Divisional Performance Evaluation Practices. *Journal of Accounting and Economics*, 1997(24): 243-273.

Klein, Benjamin, Robert Crawford, and A. Alchian. Vertical Integration, Appropriable Rents, and the Competitive Contracting Process. *Journal of Law and Economics*,1978(21):297-326.

Kumar, K., Rajan, R., Zingales, L.. What Determines Firm Size? NBER working paper 7208,1999.

Kremer, M. Population Growth and Technological Change: One Million B. C. to 1990. *Quarterly Journal of Economics*, 1993,108(3): 681-716.

Lamont, O. Cash Flow and Investment: Evidence from Internal Capital Markets. *Journal of Finance*, 1997(52):83-109.

Lang, Larry, and René Stulz. Tobin's q, Corporate Diversification and Firm Performance. *Journal of Political Economy*, 1994 (102), 1248-1280.

Lantz P. M., J. S. House et al. Socioeconomic Factors, Health Behaviors and Mortality. *Journal of the American Medical Association*, 1998(279):1703-1708.

La Porta, R., Lopez-de-Silanes, F., Shleifer, A., Vishny, R.. Legal Determinants of External Finance. *Journal of Finance*, 1997 (52):1131-1150.

La Porta, R., Lopez-de-Silanes, F., Shleifer, A., Vishny, R.. Law and Finance. *Journal of Political Economy*,1998(106):1113-1155.

La Porta, R., Lopez-de-Silanes, F., Shleifer, A., Vishny, R.. Agency Problems and Dividend Policies around the World. *Journal of Finance*,2000(55):1-33.

La Porta, R., Lopez-de-Silanes, F., Shleifer, A., Vishny, R.. Investor Protection and Corporate Valuation. *Journal of Finance*,

2002(57):1147 - 1170.

Laux, C. Limited Liability and Incentive Contracting with Multiple Projects. *Rand Journal of Economics*,2001(32):514-526.

Leland, H. and D. Pyle. Information Asymmetries, Financial Structure and Financial Intermediation. *The Journal of Finance*, 1977 (32):371-388.

Lee, David. S.. Training, Wages, and Sample Selection: Estimating Sharp Bounds on Treatment Effects. NBER working paper 11721,2005.

Lewellen, W. G. A Pure Financial Rationale for the Conglomerate Merger. *Journal of Finance*,1971(26):521-537.

Lucas, R.. On the Mechanics of Economic Development. *Journal of Monetary Economics*, 1988,22(1):3-42.

Lucas, R.. Life Earning and Rural-urban Migration. *Journal of Political Economy*,2004,112(51):529-559.

Maddison, A.. *Monitoring the World Economy*, 1820-1992, Paris: OECD,1995.

Maddison, A.. *Phases of Capitalist Development*, Oxford University Press,1982.

Malthus, T. R. (1798), *An Essay on the Principle of Population.* Oxford: Oxford University Press (1993 reprinting).

Mankiw, N. G., Romer, D., and Weil, D. N.. A Contribution to the Empirics of Economic Growth. *Quarterly Journal of Economics*, 1992,107(2): 407-437.

March, J. G. and Z. Shapira. Managerial Perspectives on Risk and Risk Taking. *Management Science*,1987(33): 1404-1418.

Marino, A. M. and Matsusaka, J.. Decision Processes, Agency Problems, and Information: An Economic Analysis of Capital Budgeting Procedures. *Review of Financial Studies*, 2005, Vol. 18, No. 1:301-325.

Matsusaka, J. G.. Takeover Motives During the Conglomerate

Merger Wave. *Rand Journal of Economics*, 1993, Vol. 24: 357-379.

Matsusaka, J. . Corporate Diversification, Value Maximization, and Organizational Capabilities. *Journal of Business*, 2001 (74) : 409-431.

Matsusaka, J. and V. Nanda. Internal Capital Markets And Corporate Refocusing. *Journal of Financial Intermediation*, 2002 (11) : 176-211.

Meyer, M. , P. Milgrom and J. Roberts. Organizational Prospects, Influence Costs, and Ownership Changes. *Journal of Economics and Management Strategy*, 1992 (1) : 9-35.

Meier, G. M. . *Leading Issues in Economic Development*, New York, Oxford University Press, Sixth Edition, 1995.

Milgrom, P. R. . Employment Contracts, Influence Activities, and Efficient Organization Design. *Journal of Political Economy*, 1988 (96) : 42-60.

Milgrom, P. R. , Roberts, D. J. . Bargaining Costs, Influence Costs, and the Organization of Economic Activity. In: Alt, J. E. , Shepsle, K. A. (eds.) *Perspectives on Positive Political Economy*. Cambridge University Press, Cambridge, 1990.

Modigliani, F. and M. H. Miller. The Cost of Capital, Corporate Finance, and The Theory of Investment. *American Economic Review*, 1958 (48) : 261-291.

Mincer, J. . Investment in Human Capital and Personal Income Distribution. *Journal of Political Economy*, 1958, 66 (4) : 281-302.

Mincer, J. . *Schooling, Experience, and Earnings*, New York: NBER Press, 1974.

Mincer, J. and S. Polachek. Family Investment in Human Capital: Earnings of Women. *Journal of Political Economy*, 1974, Vol. 82 (2, part ②) : S76-S108.

Motta, A. D. . Managerial Incentives and Internal Capital Markets. *Journal of Finance*, 2003 (58) : 1 193-1 220.

Myers, S. C. . Determinants of Corporate Borrowing, *Journal of*

Financial Economics, 1977(5): 147-175.

Myers, S. C. and N. C. Majluf. Corporate Financing and Investment Decisions when Firms Have Information that Investors Do Not Have. *Journal of Financial Economics*, 1984(13): 187-222.

Myers, Stewart C. The Capital Structure Puzzle. *The Journal of Finance*, 1984(39): 575-592.

Mundlak, Y.. Economic Growth: Lessons from Two Centuries of American Agriculture. *Journal of Economic Growth*, 2005(4).

Murphy, K. and F. Welch.. Empirical Age-Earnings Profiles. *Journal of Labor Economics*, 1990, Vol. 8(2): 202-229.

Murphy, K. and F. Welch. The Structure of Wages. *Quarterly Journal of Economics*, 1992, Vol. 107(1): 285-326.

Nanda, V. and M. P. Narayanan. Disentangling Value: Financing Needs, Firm Scope, and Divestitures. *Journal of Financial Intermediation*, 1999(8): 174-204.

Narayanan, M. P.. Managerial Incentives for Short-Term Results. *Journal of Finance*, 1985(40): 1469-1484.

Nelson, R. , and Phelps, E. . Investment in Humans, Technological Diffusion, and Economic Growth. *American Economic Review*, 1966 (61): 69-75.

Ozbas, O. . Integration, Organizational Processes, and Allocation of Resources. *Journal of Financial Economics*, 2005(75): 201-242.

Pritchett, L.. *Where Has All the Education Gone?*. The World Bank, Revised, December 21, 1999.

Prichett, L.. Divergence, Bid Time. *Journal of Economic Perspectives*, 1997, 11(3): 3-17.

Pritchett, L. , Lawrence H. Summers. Wealthier is Healthier. *Journal of Human Resources*, 1996, 31(4): 841-868.

Rajan, R. , H. Servaes and L. Zingales. The Cost of Diversity: The Diversification Discount and Investment. *Journal of Finance*, 2000(55): 35-80.

Ranjan, P. . Dynamic Evolution of Income Distribution and Credit-constrained Human Capital Investment in Open Economics. *Journal of International Economics*, 2001(55):329-358.

Roll, R. . The Hubris Hypothesis of Corporate Takeovers. *Journal of Business*, 1986(59):197-216.

Romer, P. . Increasing Returns and Long-run Growth. *Journal of Political Economy*, October, 1986.

Romer, P. . Endogenous Technologic Change. *Journal of Political Economy*, October(supplement), 1990.

Ross, S. A. . The Determination of Financial Structure: The Incentive-Signaling Approach. *Bell Journal of Economics*, 1977(8):23-40.

Rosen, S. . Human Capital: A Survey of Empirical Research. *Research in Labor Economics*, Vol. 1, ed. R. Ehrenberg, Greenwich: JAI Press, 1977:3-40.

Shapiro Jesse M. . Smart Cities: Quality of Life, Productivity, and The Growth Effects of Human Capital. NBER working paper 11 615, 2005.

Scharfstein, D. S. and J. C. Stein. Herd Behavior and Investment. *American Economic Review*, 1990(80): 465-479.

Scharfstein, D. S. and J. C. Stein. The Dark Side of Internal Capital Markets: Divisional Rent-Seeking and Inefficient Investment. *Journal of Finance*, 2000(55):2537-2564.

Schultz, T. W. . *Transforming Traditional Agriculture*, New Haven: Yale University Press, 1964.

Schultz, T. W. . The Value of the Ability to Deal with Disequilibria. *Journal of Economic Literature*, 1975(13):827-846.

Shleifer, A. and R. W. Vishny. Management Entrenchment: The Case of Manager-Specific Investments. *Journal of Financial Economics*, 1989(25): 123-139.

Shleifer, A. and R. W. Vishny. The Takeover Wave of the

1980s. *Science.* August 1990,17(249): 745-749.

Shleifer, A. and R. W. Vishny. A Survey of Corporate Governance. *Journal of Finance*,1997(52):737-783.

Simon, C. J. and Nardinelli, C.. Human Capital and the Rise of American Cities, 1900-1990. *Regional Science and Urban Economics*, 2002 (32): 59-96.

Soares. J.. Public Education Reform: Community or National Funding of Education. *Journal of Monetary Economics*,2005(52), 669-697.

Stein, J. C.. Efficient Capital Markets, Inefficient Firms: A Model of Myopic Corporate Behavior. *Quarterly Journal of Economics*, 1989 (104): 655-669.

Stein, J. C.. Internal Capital Markets and the Competition for Corporate Resources. *Journal of Finance*,1997(52):111-133.

Stein, J. C.. Information Production and Capital Allocation: Decentralized vs. Hierarchical Firms. *Journal of Finance*, 2002, Vol. 57:1 857-2 406.

Stein, J. C.. Agency, Information and Corporate Investment. in G. M. Constantinides, M. Harris and R. M. Stulz(eds.), *Handbook of the Economics of Finance*, 2003 Volume1A, North-Holland.

Stiglitz,J. C.. A Reexamination of the Modigliani-Miller Theorem. *American Economic Review*,1969(59):784-793.

Stiglitz, J. C.. On the Irrelevance of Corporate Financial Policy. *American Economic Review*, 1974(64):851-866.

Stiglitz,J. E.. Why Financial Structure Matters. *Journal of Economic Perspectives*,1988(2):121-126.

Stiglitz, J. E. and A. Weiss. Credit Rationing and Markets with Imperfect Information. *American Economic Review*, 1981 (71): 393-411.

Stiglitz, J. E. and A. Weiss. Incentive Effects of Terminations: Applications to the Credit and Labor Markets. *American Economic*

Review, 1983(73): 912-927.

Stokey, N. L.. Human Capital, Product Quality and Growth. *Quarterly Journal of Economics*, 1991,106(2): 587-616.

Stulz, R. M.. Managerial Discretion and Optimal Financing Policies. *Journal of Financial Economics*, 1990(26): 3-27.

Tamura, R.. Human Capital and the Switch from Agriculture to Industry. *Journal of Economic Dynamics & Control*, 2002(127): 207-242.

Teulings, Coen N.. Comparative Advantage, Relative Wages, and The Accumulation of Human Capital. *Journal of Political Economy*, 2005,113(2):425-454.

Tobin, James. A General Equilibrium Approach to Monetary Theory. *Journal of Money, Credit and Banking*,1969(1):15-29.

Townsend, R. M.. Optimal Contracts and Competitive Markets with Costly State Verification. *Journal of Economic Theory*, 1979(21): 265-293.

Tirole, J.. Corporate Governance. *Econometrica*, 2001(69):1-35.

Walsh, J.. Capital Concept Applied to Man. *Quarterly Journal of Economics*, February,1935.

Weil David. Accounting for the Effect of Health on Economic Growth. NBER working paper 11455,2005.

Westhoff, F.. Existence of Equilibria in Economies with a Local Public Good. *Journal of Economic Theory*, 1977(14):84-112.

Willis, R. J. and S. Rosen. Education and Self-selection. *Journal of Political Economy*, 1979,87(5): part 2, S7-S36.

Winston, G. C. and Zimmerman D. J.. Peer Effects in Higher Education. NBER working paper 9501,2003.

Wulf, J.. Internal Capital Markets and Firm-Level Compensation Incentives for Division Managers. *Journal of Labor Economics*, 2002, Vol. 20, No. 2:219-262.

Z. Yang, Dennis. Education and Allocative Efficiency: Household

Income Growth During Rural Reforms In China. *Journal of Development Economics*, 2001.

　　Zingales, L. Corporate Governance in *The New Palgrave Dictionary of Economics and the Law*. London：Maemillan, 1998：497-502.

欧美国际私法前沿追踪*

肖永平 袁发强 邹国勇 王承志 王葆莳

人类社会进入 21 世纪以后，欧美国际私法均取得了长足的进展。近几年来，欧洲和美国的国际私法学界除了关注一些共同的议题以外，① 美国在讨论起草《第三次冲突法重述》、探讨互联网背景下的管辖权和法律适用问题、研究集团诉讼和同性婚姻中的国际私法问题等方面，取得了很多成果。限于篇幅，本文主要介绍欧洲国际私法的前沿发展动态②、《选择法院协议公约》和《欧共体关于设立无争议债权欧洲支付令的规则》的主要内容、美国关于同性婚姻和集团诉讼的国际私法问题研究等 5 个问题，最后对欧美国际私法的前沿作简单的总结和评论。

一、欧洲国际私法的前沿发展动态

在欧洲大陆，欧盟层面的国际私法制度和理论研究比欧盟各成员国国内国际私法的发展更引人注目。首先来看《阿姆斯特丹条

＊ 本文由肖永平教授设计框架、修改、定稿，并完成最后一部分的总结和评论。武汉大学 WTO 学院教师邹国勇博士和武汉大学国际法研究所博士研究生王葆莳合作完成第 1~3 部分初稿，华东政法大学讲师袁发强博士完成第 4 部分初稿，中山大学法学院王承志博士完成第 5 部分初稿。

① 如海牙国际私法会议组织起草的《选择法院协议公约》。

② 由于时间、篇幅和资料所限，对"美国国际私法的前沿发展动态"将在下一年度的报告中详细介绍。

约》生效后欧盟国际私法统一化的主要成果。

（一）《阿姆斯特丹条约》生效后欧盟国际私法统一化的主要成果

1999 年 5 月 1 日，《阿姆斯特丹条约》正式生效。该条约旨在逐步建立一个自由、安全的司法区域，并为此实现民事司法合作方面立法权的共同体化。根据修订后的《欧洲共同体条约》，在满足该条约第 61 条（c）款和第 65 条的前提下，欧共体在国际民事程序法和国际私法领域享有立法权。而且，在 1999 年 5 月至 2004 年 5 月的 5 年过渡期内，各成员国与欧盟委员会共同享有向欧盟理事会提出制定条例的建议权，5 年后成员国统一国际私法的权力将完全让渡给欧洲共同体。2001 年 2 月 26 日签署的《尼斯条约》扩大了欧盟成员国的范围，改革了欧盟的机构设置，完善了立法程序，使得欧盟国际私法的统一化在立法程序上更具有公开性和透明度，提高了立法速度和效率。2004 年 5 月 1 日，捷克、爱沙尼亚、塞浦路斯、拉托维亚、立陶宛、匈牙利、马耳他、波兰、斯洛文尼亚和斯洛伐克等 10 国正式加入欧盟，使欧盟国际私法统一化所涉及的成员国范围进一步扩大。2004 年 10 月 29 日签署的《欧盟宪法条约》在第 4 章第 3 节（"民事司法合作"）第 III-269 条对欧盟成员国之间进行民事司法合作做了详细规定，一旦该条约正式生效，将为欧盟国际私法的统一化提供宪法保障。

自《阿姆斯特丹条约》生效以来，欧盟在与共同市场密切相关的领域进行了国际私法的统一化，并取得了丰硕的成果，主要有：（1）2000 年 5 月 29 日《关于破产程序的第 1346/2000 号（欧共体）条例》，① 已于 2002 年 5 月 31 日生效，是欧盟各国在破产程序的国际私法统一化方面迈出的关键一步。（2）2000 年 5 月 29 日《关于婚姻事项及夫妻双方子女的父母亲责任事项的管辖权及

---

① Council Regulation（EC）No. 1346/2000 of 29 May 2000 on Insolvency Proceedings.

判决的承认与执行的第 1347 号（欧共体）条例》，① 又称为《布鲁塞尔条例Ⅱ》，已于 2001 年 3 月 1 日生效，为成员国制定了统一的婚姻事项和父母亲责任事项的管辖权规则以及判决的承认与执行规则。（3）2000 年 5 月 29 日《关于在成员国之间送达民事或商事司法及司法外文书的第 1348/2000 号（欧共体）条例》，② 简称《关于送达的第 1348/2000 号条例》，已于 2001 年 5 月 31 日生效，在除丹麦之外的欧盟成员国之间取代了 1965 年《海牙送达公约》。（4）2000 年 12 月 22 日《关于民商事管辖权及判决的承认与执行的第 44/2001 号（欧共体）条例》，③ 又称为《布鲁塞尔条例》或者《布鲁塞尔条例Ⅰ》，已于 2002 年 3 月 1 日起生效。（5）2001 年 5 月 28 日《关于成员国法院之间在民商事取证方面进行合作的第 1206/2001 号（欧共体）条例》，④ 简称《关于取证合作的第 1206/2001 号条例》。该条例旨在改进成员国法院之间在民商事取证方面的合作，共 3 章 24 条，已于 2001 年 7 月 1 日生效。（6）2001 年 5 月 28 日欧盟理事会《关于建立欧洲民商事司法协助网络的决定》⑤，旨在除丹麦之外的欧盟成员国之间建立民商事司法协助网络，自 2002 年 12 月 1 日起执行。（7）2001 年 10 月 8 日《关于欧

---

① Council Regulation (EC) No. 1347/2000 of 29 May 2000 on Jurisdiction and the Recognition and Enforcement of Judgment in Matrimonial Matters and Matters of Parental Responsibility for Children of Both Spouses, Official Journal L 160, 30/06/2000, p. 19.

② Council Regulation (EC) No. 1348/2000 of 29 May 2000 on the Service in the Member States of Judicial and Extrajudicial Documents in Civil and Commercial Matters, Official Journal L160, 30/06/2000, p. 37.

③ Council Regulation (EC) No. 44/2001 of 22 December 2000 on Jurisdiction and the Recognition and Enforcement of Judgments in Civil and Commercial Matters, Official Journal L 12, 16/01/2001, p. 1.

④ Council Regulation (EC) No. 1206/2001 of 28 May 2001 on Cooperation between the Courts of the Member States in the Taking of Evidence in Civil or Commercial Matters, Official Journal L 174, 27/06/2001, p. 1.

⑤ Council Decision of 28 May 2001 Establishing a European Judicial Network in Civil and Commercial Matters, Official Journal L 174, 27/06/2001, pp. 25-31.

洲公司章程的第 2157/2001 号（欧共体）条例》，已于 2004 年 10 月 8 日生效，为在欧盟范围内设立公司提供了统一的法律基础。(8) 2002 年 4 月 25 日《关于为便利民事司法合作而采取共同体行动的一般框架规定的第 743/2002 号（欧共体）条例》，已于 2002 年 5 月 1 日生效。尽管该条例本身不包括国际私法或者国际民事程序规范，但其为欧洲共同体确定了 2002 年 1 月 1 日至 2006 年 12 月 31 日这 5 年期间的总体行动框架，并在该条例基础上建立一个欧洲法院数据库，包括所有法院送达、取证和判决承认的信息。该数据库自 2004 年 3 月起可以在互联网上使用，并且提供欧共体所有语言的文本，① 这极大地便利了各国在民事诉讼领域的合作。② (9) 2003 年 11 月 27 日《关于婚姻事项及父母亲责任事项的管辖权及判决的承认与执行并废除第 1347/2000 号（欧共体）条例的第 2201/2003 号（欧共体）条例》③，又称为《布鲁塞尔条例 IIa》，已于 2004 年 8 月 1 日生效。(10) 2004 年 4 月 21 日欧洲议会及理事会通过的《关于为无争议债权设立欧洲执行令的第 805/2004 号（欧共体）条例》④，已于 2005 年 1 月 21 日生效，其目的是为那些无争议的债权（uncontested claims）设立一种欧洲执行令。无争议债权包括债务人认可的或者无争议的货币债权、涉及债务人支付义务的法院调节和公证书，并由法院根据债权人的申请颁布统一格式的欧洲执行令予以确认，债权人可以持该执行令到执行国法院直接

---

① http: //www. europa. eu. int/comm/justice _ home/judicialatlascivil/html/index _en. htm.

② Rolf Wagner, Zur Vereinheitlichung des Internationalen Privat-und Zivilverfahrensrechts: sechs Jahre nach In- Kraft-Treten des Amsterdamer Vertrags, NJW 2005, Heft 25, S. 1755.

③ Council Regulation (EC) No 2201/2003 of 27 November 2003 Concerning Jurisdiction and the Recognition and Enforcement of Judgments in Matrimonial Matters and the Matters of Parental Responsibility, repealing Regulation (EC) No 1347/2000, Official Journal L 338, 23/12/2003, pp. 1-29.

④ European Parliament and Council Regulation of 21 April 2004 Creating a European Enforcement Order for Uncontested Claims, OJ L143 of 30. 04. 2004.

请求强制执行,而不再需要其他任何程序;各成员国将基于司法上的相互信任而免除对该执行令的审查。

上述成果表明,《阿姆斯特丹条约》生效后,欧盟理事会通过颁布条例和指令的方式进行国际私法统一化,实现了欧盟国际私法的"共同体化",标志着欧洲共同体在民事司法合作方面进行直接立法时代的到来,为欧洲共同体内部市场的顺利运作提供了司法保障。

(二) 2000 年坦培雷《措施纲领》和 2004 年《海牙纲领》

为完成《阿姆斯特丹条约》所赋予的历史使命,欧洲联盟理事会在轮值主席国芬兰的推动下,于 1999 年 9 月 15~16 日通过了《坦培雷决议》。该决议促使理事会和委员会在 2000 年 11 月 30 日制订了《关于实施互相承认民商事方面的法院判决原则的措施纲领》(以下简称《措施纲领》),目的在于执行其他成员国的民事判决时普遍取消审查程序。

坦培雷《措施纲领》将时间确定为 5 年。欧盟委员会在 2004 年 6 月 2 日向理事会和欧洲议会提交的题为《自由、安全和司法区域:坦培雷纲领的回顾和展望》的汇报中对 1999 年至 2004 年的国际私法统一化工作进行了回顾,并阐述了将来着重开展的工作领域。在 2004 年 6 月 17~18 日举行的会议上,欧盟理事会对委员会为实施《措施纲领》取得的成就给予了高度评价。同时,欧盟理事会还请求理事会和委员会在 2004 年底之前为制订下一步纲领提出建议。随后,欧盟委员会下设的司法和内务理事会制订了《为强化欧洲联盟内自由、安全和司法的海牙纲领》(建议稿),并提交给欧盟理事会。欧盟理事会在 2004 年 11 月 4~5 日的会议上对《海牙纲领》给予了充分肯定。《海牙纲领》共 32 页,它以《坦培雷决议》为基础,仍对建立自由、安全的司法区域予以高度重视。虽然该纲领的重点是移民、庇护权、警察和刑事司法合作,但也涉及民事司法合作,阐述了将来工作的详细计划,指出以后工作的另一个重点是对已在民事司法合作方面颁布的法律文件进行评估,要求委员会和理事会与海牙国际私法会议、欧洲理事会加强合作。①

（三）欧盟在国际私法统一化方面开展的其他工作

虽然在 1999 年 5 月至 2004 年 5 月，欧盟国际私法的统一化以国际民事程序法为重心，但在冲突法立法方面的准备工作也在紧锣密鼓地进行，司法合作的领域从单纯的国际程序法，包括判决的承认和执行，转移到了冲突法。② 自 2004 年 5 月以来，欧盟在国际私法方面颁布的条例和指令虽然不像前段时间那么多，但在很多项目的准备工作上有了很大进展。

1. 合同之债的法律适用：《罗马条例 I》

2004 年 5 月 5 日，比利时批准了关于 1980 年《罗马公约》由欧洲法院解释的《布鲁塞尔第二议定书》。这样，该公约的两个议定书由于获得了足够的批准国数量，于 2004 年 8 月 1 日起开始生效。这两个议定书生效后，欧洲法院就有权对该公约及其加入公约作出解释。2005 年 4 月 14 日，新加入欧洲联盟的 10 个成员国签署了 1980 年《罗马公约》的第 4 个加入公约，使《罗马公约》扩展适用于这 10 个新成员国。

为了将《罗马公约》与《欧洲共同体条约》第 61 条规定的国际私法统一化措施紧密联系起来，将公约的解释权移交给欧洲法院以便为新成员国适用统一的合同冲突法规则，欧盟委员会早在 2003 年 1 月 14 日就提交了《关于将 1980 年〈关于合同之债的法律适用公约〉转换为共同体立法及其现代化的绿皮书》。③ 该绿皮书阐述了欧洲国际合同法的发展现状、存在的问题以及解决的可能性，列举了 20 个值得讨论的问题，以问卷调查的方式征求各方面

---

① Rolf Wagner, Die Aussagen zur Justiziellen Zusammenarbeit in Zivilsachen im Haager Programm, IPRax 2005, Heft 1, S. 66-67.

② Rolf Wagner, Zur Vereinheitlichung des Internationalen Privat-und Zivilverfahrensrechts: sechs Jahre nach In-Kraft-Treten des Amsterdamer Vertrags, NJW 2005, Heft 25, S. 1755.

③ Green Paper on the Conversion of the Rome Convention of 1980 on the Law Applicable to Contractual Obligations into a Community Instrument and Its Modernization, COM（2002）654 final.

的建议，引起了各界的注意和兴趣，并引发了热烈讨论。欧盟委员会计划在 2005 年将《罗马公约》的内容转化为《罗马条例Ⅰ》，并提交其建议稿。

2. 非合同之债的法律适用：《罗马条例Ⅱ》

在非合同之债的法律适用方面，欧盟委员会于 2003 年 7 月 22 日向欧盟理事会和欧洲议会提出了一项建议，要求制订有关非合同之债法律适用的规则，以统一欧共体各国有关非合同之债的国际私法，① 即《欧洲议会及理事会关于非合同之债的法律适用的条例（建议稿）》② （《罗马条例Ⅱ》）。在该建议中，委员会考虑了学者们对第一次草案的批评意见，作出了相应的改进。该建议稿分为 4 章：第 1 章包括第 1 ~ 2 条，规定了条例的适用范围；第 2 章为主体部分，规定了侵权行为（第 3 ~ 8 条）、不当得利和无因管理（第 9 条）的法律适用规范。第 10 ~ 17 条规定了一些共同适用条款，如法律选择和强行法的适用；第 3 章为一般条款，规定了该条例对反致的态度和与共同体其他法律的关系。第 4 章为该条例在时间上的适用范围和最后条款。目前，该草案已经通过了欧盟理事会的审查，正由欧洲议会审议。虽然该建议在欧盟理事会获得肯定，③ 但遭到了欧洲议会的批评。欧洲议会法律委员会对该建议作

---

① 早在 1972 年，委员会就拿出了一个关于统一债权法律适用的建议文件，该文件的一部分获得通过，形成了 1980 年《关于合同之债法律适用的公约》（《罗马公约》），而关于非合同之债的部分没有被通过。直到 1996 年，委员会才重新着手处理这项工作，并于 1999 年拿出了一个内部草案。在这期间，欧共体通过《阿姆斯特丹条约》将共同体的权力扩张到民事司法合作领域。因此，这个内部草案就不再以条约的形式通过，而将以条例的形式颁布。委员会在 2002 年曾将该内部草案在网上公布，很多学者对其提出批评意见。参见胡伯（Peter Huber）：《罗马Ⅱ规则：欧洲委员会关于罗马Ⅱ规则的建议稿和最新发展情况》，载《国际私法和国际程序法实务 IPRax》，2005 年卷，第 73 页。

② Proposal for a Regulation of the European Parliament and the Council on the Law Applicable to Non-contractual Obligations（"ROME Ⅱ"），COM/2003/0427 final-COD 2003/0168.

③ Official Journal 2004/C 241/01. http：//europa. eu. int/eur-lex/lex/JOHtml. do？uri = OJ：C：2004：241：SOM：EN：HTML

出了一份报告草案（以下简称报告），① 要求对建议中的若干重要问题进行修改。虽然议会内部对该建议的意见不一致，尤其是英国代表对建议表示怀疑态度，② 但该建议稿还是经过细微修改后于 2005 年 7 月 6 日在欧洲议会获得通过。

3. 其他方面的新进展

2004 年 3 月 19 日，欧盟委员会公布了《欧洲催告程序条例》③（建议稿）。2004 年 5 月 5 日，欧盟理事会的一个工作组开始处理该建议案。④ 2004 年 10 月 22 日，欧盟委员会提交了一份有关调解的条例建议稿，⑤ 理事会只用了一个星期，就通过了该提案的审议。同时，理事会还审议通过了欧盟委员会在 2005 年 3 月 15 日提交的《为小额债权引入欧洲程序的欧洲共同体条例（建议稿）》。⑥ 该条例希望对那些争议额在 2000 欧元以下的民商事债权诉讼提供一种简易快速的欧洲程序，并允许采用传真和电子邮件送

① See Draft Report on the Proposal for a Regulation of the European Parliament and of the Council on the Law Applicable to Non-contractual Obligations (Rom Ⅱ). http：//europa. eu. int/eur-lex/lex/Notice. do? val = 278642：cs&lang = en&list = 278642：cs, &pos = 1&page = 1&nbl = 1&pgs = 10.

② Rolf Wagner, Zur Vereinheitlichung des Internationalen Privat- und Zivilverfahrensrechts：sechs Jahre nach In- Kraft-Treten des Amsterdamer Vertrags, NJW 2005, Heft 25, S. 1756.

③ Verordnungsvorschlag für ein Europäisches Mahnverfahren, KOM (2004), 173 endg.

④ Proposal for a Regulation of the European Parliament and of the Council creating a European Order for Payment Procedure / ＊ COM/2004/0173 final-COD 2004/0055. http：//europa. eu. int/eur-lex/lex/LexUriServ/LexUriServ. do? uri = CELEX：52004PC0173：EN：HTML

⑤ Proposal for a Directive of the European Parliament and of the Council on Certain Aspects of Mediation in Civil and Commercial Matters. http：//europa. eu. int/eur-lex/lex/Result. do? T1 = V5&T2 =2004&T3 =718&RechType = RECH_ naturel&Submit = Search.

⑥ Proposal for a Regulation of the European Parliament and of the Council Establishing a European Small Claims Procedure / ＊ COM/2005/0087 final-COD 2005/0020 ＊/. http：//europa. eu. int/eur-lex/lex/LexUriServ/LexUriServ. do? uri = CELEX：52005PC0087：EN：HTML.

达，程序应采用书面方式进行；如果在例外情况下采用口头形式谈判，则允许采用音像、声响和电子邮件形式的会议；法院判决立即在该条例的适用范围内得到承认和执行。

2005 年 9 月 20 日，欧洲共同体理事会根据欧盟委员会的建议，发布 2005 年第 790 号决定，决定以欧洲共同体的名义签署《欧洲共同体和丹麦王国之间有关民商事管辖权和判决的承认与执行的协定》，① 将《布鲁塞尔条例》扩展适用于丹麦。

（四）关于欧盟国际私法发展的学术研讨会

在欧洲联盟国际私法统一化开展得如火如荼的同时，欧洲学术界、实务界也给予了极大的关注。欧洲学者围绕欧盟国际私法的发展现状和前景等主题举行了多次研讨会。

1. 关于国际合同法绿皮书的耶纳专家会议②

欧盟委员会在 2003 年 1 月 14 日提交了《关于将 1980 年〈关于合同之债的法律适用公约〉转换为共同体立法及其现代化的绿皮书》。③ 该绿皮书阐述了欧洲国际合同法的发展现状、存在的问题以及解决的可能性，并提出了主要讨论点，引起了各方面的注意和兴趣。2003 年 6 月 27 ~ 28 日，在 Ernst-Abbe 基金会的赞助下，由 Stefan Leible 教授牵头，在位于耶纳的 Friedrich-Schiller 大学举行了一次专家会议，会议非常成功，来自学术界、律师界、经济界和各种协会的人士就欧洲国际合同法的发展现状等有关问题进行了热烈讨论，交流有关信息和看法，并就下列 10 个专题进行了报告发言：（1）《罗马第一条例》的必要性、立法基础、可能适用的广度及其与国际公约的关系；（2）指令冲突法的统一化和如何确保以

---

① Beschluss 2005/790/EG, Amtsblatt der Europäischen Union vom 16. 11. 2005, L299/61.

② Susanne Deißner, Jenaer Expertentagung: Das Grünbuch zum internationalen Vertragsrecht, IPRax 2004, Heft 2, S. 163-165.

③ Green Paper on the Conversion of the Rome Convention of 1980 on the Law Applicable to Contractual Obligations into a Community Instrument and Its Modernization, COM (2002) 654 final.

共同体法为标准；（3）国际抵消；（4）《罗马条例 I》的适用范围；（5）默示的法律选择和可供选择的法律；（6）客观的合同准据法和形式；（7）冲突法上对消费者的保护的改善；（8）有关雇佣合同的冲突法的晚近发展；（9）单一和国际强行规范；（10）国际债权转让。

2. 欧洲冲突法的当前发展——德国国际私法参议会成立 50 周年庆典大会①

2003 年 9 月 10 日，在位于德国柏林的联邦司法部举行了德国国际私法参议会成立 50 周年庆典大会，德国国际私法参议会下设的两个委员会成员全部到会。来自法国的 Paul Lagarde 教授做了题为"欧洲国际私法的未来展望"的专题报告。在庆典大会上，各位代表还就欧盟委员会在 2003 年 1 月 14 日提交的《关于将 1980 年〈关于合同之债的法律适用公约〉转换为共同体立法及其现代化的绿皮书》进行了讨论，赞成将《罗马公约》转化为条例，并形成了德国国际私法参议会的整体意见。此外，与会代表还就"国际公司法的当前发展"进行了小组讨论。

3. 程序法的欧洲化——国际程序法学术联合会会议②

2003 年 4 月 9 ~ 12 日，国际程序法学术联合会在德国图宾根举行会议，来自几乎所有欧洲国家和日本的近 130 名代表与会。会议主要有两个议题：（1）关于承认家庭财产法和继承法中的判决的条例（《布鲁塞尔条例 III》）的内容与问题；（2）计划中的欧洲执行令及其对欧洲执行法的后果。

---

① Frank Bauer, Aktuelle Entwicklungen im europäischen Kollisionsrecht-Festsitzung anlässlich des 50 jährigen Bestehens des Deutschen Rates für IPR, IPRax 2004, Heft 3, S. 275-277.

② Johannes Steinbach / Christiane Tödter, Europäisierung des Verfahrensrechts: Tagung der Wissenschaftlichen Vereinigung für Internationales Verfahrensrecht, IPRax 2004, Heft 4, S. 372-373.

4. 关于欧洲冲突法的维也纳研讨会①

2003 年 9 月 19～21 日，在维也纳召开了以"欧洲冲突法的现状"为主题的学术研讨会和"国际私法欧洲工作组"年会。其主题是"欧洲冲突法——法律适用、法院管辖权和判决在内部市场的执行"。该研讨会由奥地利联邦司法部以及路特维希·波尔茨曼司法和公证研究院（Ludwig Boltzmann- Institut für Rechtsvorsorge und Urkundenwesen）和欧洲法研究所举办。德国 Erik Jayme 教授和 Kreuzer 教授分别做了题为"欧洲合同公约的共同体（罗马条例 I）化"、"非合同之债冲突法的共同体化（罗马条例 II）"的学术报告。Kohler 教授以《布鲁塞尔条例》和《关于为无争议债权实施欧洲执行令的条例（建议稿）》② 为对象进行了有关"民商事判决的承认与执行"的报告，Siehr 教授做了"婚姻事项的程序法"（布鲁塞尔条例 II）。这些报告表明，在政治设想、目标及其在法律领域的实施之间存在一些紧张关系，问题的要害在于计划制定的《欧洲执行令条例》③。就欧洲法院在执行人权方面的最近判例而言，尽管欧洲执行令的发布要经过判决国的确认程序，但要求承认国在执行程序中取消公共政策条款是有疑虑的。

在 Gaudemet Tallon 主席的主持下，"国际私法欧洲工作组"主要讨论了离婚和经注册登记的同性伴侣的国际私法问题，完成了条例草案的第一部分，并特别涉及荷兰和比利时允许同性婚姻的现状。工作组还就研讨会上的一些问题进行了发言，就人权对国际私法和国际程序法的影响进行了讨论。大部分与会者对将来的欧洲执行令持批判态度，原因在于执行令取消了执行国的监督。工作组的讨论还涉及以下主题："工作组对《罗马公约》共同体化的疑问的

① Erik Jayme, Wiener Tagungen zum europäischen Kollisionsrecht, IPRax 2004, Heft 1, S. 68-69.

② Vorschlag für eine Verordnung des Rates zur Einführung eines europäischen Vollstreckungstitels für unbestrittene Forderungen, KOM (2002) 159 endg. Vom 18. 4. 2002.

③ Vgl. Hierzu auch Dagmar Coester-Waltjen, EinigeÜberlegungen zu einem künftigen europäischen Vollstreckungstitel, Festschrift Beys, Athen, 2003, S. 183ff.

答复"、"欧洲冲突法与海牙国际私法会议公约的关系"、"宪法草案建议稿中的国际私法和国际民事诉讼法"以及"派生性共同体法中的冲突规范"。

5. 国际私法的共同体化：里斯本会议①

2004 年 5 月 7 ~ 8 日，在 Lima Pinheiro 教授的领导下，里斯本大学法学院举办了关于国际私法和程序法的共同体化的学术专题研讨会。研讨会主要就国际私法的一般问题，财产法、家庭法和继承法进行了研讨。该研讨会的各位代表一致表示：在欧洲联盟内，国际私法和国际财产法的共同体化只是一个时间问题。

6. "西班牙和欧洲国际私法"学术研讨会

2004 年 9 月 15 ~ 19 日，在 Alegría Borrá（巴塞罗纳）教授的组织下，国际私法欧洲工作组在 La Luguna 和 Puerto de la Cruz 举行了两次有关欧洲国际私法的研讨会。会议的主要议题是"西班牙和欧洲国际私法"。第一次会议于 2004 年 9 月 16 日召开，会议的主题是"欧洲共同体和国际性的私法关系"（Europäische Gemeinschaft und die internationalen Beziehungen des Privatrechts）；第二次会议于 2004 年 9 月 17 ~ 19 日在 Puerto de la Cruz 召开，会议的主题主要涉及"经注册登记的同性伴侣与欧洲冲突法"、"人权保护的联结点标准和适用规则"、"派生性共同体法，尤其是指令中的冲突规范"。②

7. 欧洲联盟的国际继承法——协调的前景③

2004 年 5 月 11 ~ 12 日，应德国公证研究院的邀请，来自几乎所有欧洲国家的学术界、国家有关部门、法院以及欧洲联盟委员会的代表共计 90 余人参加了主题为"欧洲联盟成员国国际继承法的

---

① Erik Jayme, Die Vergemeinschaftung des Internationalen Privatrechts: Tagung in Lissabon, IPRax 2004 Heft 5, S. 473-474.

② Erik Jayme, Spanien und das Europäische Internationale Privatrecht: Tagungen der Europäischen Gruppe für Internationales Privatrecht in La Luguna und Puerto de la Cruz auf Tenerife, IPRax 2005 (1), S. 62-64.

③ Markus Voltz, Internationales Erbrecht in der EU – Perspektiven in Brüssel, IPRax 2005 (1), S. 64-66.

统一化"的国际学术研讨会。会议主要围绕"继承准据法的客观连结点"、"通过法律选择确定继承的准据法"、"管辖权、承认与执行继承法案件判决"、"统一的欧洲继承证"等 4 个主题展开。

此外,欧洲学术界还召开了下列会议:(1)欧洲破产法:特里尔欧洲法学研究院会议①,于 2004 年 1 月 26 ~ 27 日在特里尔欧洲法学研究院举行。研讨会由特里尔欧洲法学研究院和欧洲司法培训网络(Europäische Justitielle Fortbildungsnetzwerk, EJTN)共同举办。会议参加者包括来自欧洲各国从事破产业务的实务界人士和学者。(2)在威尼斯举行的关于《罗马条例 II》研讨会,2004 年 4 月 16 ~ 17 日由特里尔欧洲法学研究院举办的"关于非合同之债的泛欧国际私法"学术研讨会。(3)"欧洲共同体国际私法的当前发展"的学术会议,2002 年 6 月 27 ~ 28 日由特里尔欧洲法学研究院举办。会议的中心是根据《欧洲共同体条约》第 61 条(c)和第 65 条颁布和计划制定的国际民事诉讼法和国际性的私法条例。来自欧盟成员国以及准备加入欧盟的国家的与会人员就欧洲共同体内国际私法的最新发展的有关信息进行了交换,并就有关问题进行了探讨。②(4)欧洲家庭法和继承法的当前发展③。2004 年 9 月 27 ~ 28 日,来自欧洲 20 个国家的律师、公证员、法官和学者 100 多名代表在特里尔欧洲法学研究院举行了主题为"欧洲家庭法和继承法的当前发展"的学术研讨会。(5)国际公法和国际私法:耶纳会议④。2005 年 1 月 20 ~ 21 日,在 Stefan Leible 和 Matthias Ruffert 教授的带领下,在 Friedrich-Schiller 大学举行了关于国际公

① Peter Huber, Euroäisches Insolvenzrecht: Tagung der Europäischen Rechtsakademie in Trier, IPRax 2004, Heft 5, S. 562.

② *Andreas Engel*, Aktuelle Gemeinschaftsentwicklungen im Internationalen Privatrecht: Tagung der Europäischen Rechtsakademie in Trier, IPRax 2003, Heft 6, S. 558-560.

③ Kristin Kohler, Aktuelle Entwicklungen im Europäischen Rechtsakademie in Trier, IPRax 2005 (2), S. 180.

④ Erik Jayme, Heinz-Peter Mansel, Völkerrecht und Internationales Privatrecht: Tagung in Jena, IPRax 2005 (4), S. 389-390.

法和国际私法的学术研讨会。会议第一部分涉及国际公法和国际私法的基本问题，Erik Jayme（国际公法和国际私法：发展史考察）、Karl-Heinz Ziegler（外国法：作为国际法义务去适用还是"友好尊重"——当今的礼让说）、Heinz-Peter Mansel（国际私法和国际公法的国家性）。会议第二部分涉及与国际公法适用领域相关的冲突法问题。（6）欧洲民事诉讼法的当前发展：特里尔欧洲法学研究院会议①。在 Angelika Fuchs 教授的领导下，特里尔欧洲法学研究院在 2004 年 6 月 17 ~ 18 日举行了一次有关欧洲民事诉讼法的当前发展的国际专家会议，来自 17 个国家的代表与会。会议主要围绕 3 个主题：《布鲁塞尔条例》、《欧洲执行令条例》和欧洲民事诉讼法的未来发展。（7）共同体法体系下的国际私法：Macerata 会议②。2005 年 10 月 7 ~ 8 日，在 Macerata 举行了主题为"共同体法体系下的国际私法"研讨会。随着欧洲联盟国际私法的共同体化，各国学者在研讨会中共同商讨共同体法体系下的新冲突法的内涵和性质。作为国际私法的新一代国际主义学派学者，他们更愿意从共同体法出发，并从欧洲法的角度考察国际私法。

（五）欧洲国家国际私法的立法和修订状况

1. 葡萄牙通过 2003 年 8 月 22 日的第 31 号法律③对《葡萄牙民法典》第 4 卷和 185/93 号法律中第 3 ~ 27 条有关收养法的冲突法规定进行了改革。改革的目的在于便利儿童收养以及简化复杂的收养程序。

2. 2001 年 4 月 11 日，荷兰颁布了包括 10 个条文的《关于因侵权行为引起的债务关系的冲突法》（简称《侵权冲突法》），该法于 2001 年 6 月 1 日生效。2004 年 7 月 6 日，荷兰又颁布了包括 31 个

---

① Michael Klemm, Aktuelle Entwicklungen im Europäischen Zivilverfahrensrecht: Tagung der Europäischen Rechtsakademie in Trier, IPRax 2005 (5), S. 472-474.

② Erik Jayme, Das Internationale Privatrecht im System des Gemeinschaftsrechts: Tagung in Macerata, IPRax 2006 (1), S. 67-68.

③ Gesetz Nr. 31/2003, Diário de República 2003 I A, 5313 (22. 8. 2003).

条文的《关于经登记的同性伴侣的国际私法的立法》。①

3. 保加利亚通过 2003 年 2 月 24 日的《关于补充〈债务和合同法〉的立法》修订了其《债务和合同法》和 1999 年的《关于消费者保护和商业规则的法律》，在《债务和合同法》增加了第 437～449 条，在《关于消费者保护和商业规则的法律》增加了第 37a 条，旨在将 1980 年《罗马公约》的有关规定纳入保加利亚相关立法中，② 为保加利亚将来加入欧盟进行法律上的准备。

4. 2004 年 7 月 16 日通过的《比利时国际私法典》于 2004 年 10 月 1 日生效。此外，通过 2003 年 4 月 24 日的立法对国际收养法进了重新规定。

5. 自 2003 年 6 月 23 日起，乌克兰新国际私法立法③生效，该立法同时对乌克兰《民事诉讼法典》、《家庭法典》等法律进行了修改。

6. 为了在法制上与欧洲联盟接轨，为以后加入欧盟进行法律上的准备，斯洛文尼亚共和国在 1999 年 7 月 8 日颁布了《斯洛文尼亚共和国关于国际私法与诉讼的法律》。该法共 119 条，分为总则(1～12 条)、法律适用(13～47 条)、管辖权与诉讼程序(48～93 条)、外国判决的承认与执行(94～111 条)、特别规定(112～117 条)与附则(118～119 条)等 6 章，内容包括调整涉外私法关系的冲突规范、涉外民事诉讼程序的管辖权规则与程序规则，以及承认及执行外国法院判决和仲裁裁决及其他机关决定的规则。

7. 规定在《俄罗斯联邦民法典》第 3 部分第 6 编中的"俄罗斯联邦国际私法"于 2001 年 11 月 1 日由俄罗斯联邦杜马通过，2001 年 11 月 4 日由联邦议会批准，2002 年 3 月 1 日起生效。

8. 白俄罗斯在新《白俄罗斯共和国民法典》第 7 编中编纂了

---

① Wet van 6 juli 2004, houdende regeling van het conflictenrecht met betrekking tot geregisteerd partnershap (Wet conflictenrecht geregisteerd partnershap), Staatsblad 2004, 334 (21. 7. 2004).

② Christa Jessel-Holst, Zur Übernahme des Römischen EG-Schuldvertragsübereinkommen in Bulgarien, IPRax 2004, Heft 2, S. 150-153.

③ http://zakon. rada. gov. ua/cgi-bin/laws/main. cgi.

国际私法规范，并于 1999 年 7 月 1 日起施行。立陶宛也在 2001 年 7 月 1 日生效的《立陶宛共和国民法典》（2001 年 7 月 1 日生效）第 1 卷第 1 编第 2 章中规定了国际私法条款。

二、海牙国际私法会议《选择法院协议公约》

在过去的几十年中，由于科技的进步和经济全球化的发展，跨国交易规模日益扩大，国际社会迫切需要一套统一的国际民商事管辖权以及外国判决的承认和执行规则来进行调整。欧洲的《布鲁塞尔公约》和《洛迦诺公约》以及 1979 年美洲国家间的《关于外国判决和仲裁裁决的域外有效性公约》在这方面已经初有成就。尽管海牙国际私法会议多年来致力于国际私法的统一化，但无类似的全球性公约。1925 年的《承认与执行法院判决公约》因没有达成统一未能生效；1958 年 4 月 15 日《国际有体动产买卖协议管辖权公约》① 虽然有缔约国签署，但一直未能生效；1971 年 2 月 1 日《承认及执行外国民商事判决公约》② 仅仅在葡萄牙、荷兰和塞浦路斯三国境内得到实施。自 1992 年开始起草，于 1999 年形成的、计划在 2000 年召开的第 19 届外交大会完成起草、通过的《管辖权与外国判决的承认和执行公约》因为欧洲国家与美国之间的尖锐对立而夭折。③

在这种背景下，海牙国际私法会议并没有放弃，仍然孜孜以求地制定一部旨在国际范围内统一民商事管辖权和外国判决的承认与执行方面的公约。海牙国际私法会议坚韧不拔的工作精神最终取得了成就：在 2005 年 6 月召开的第 20 次外交会议上，通过了《选择

---

① Convention of 15 April 1958 on the Jurisdiction of the Selected Forum in the Case of International Sales of Goods.

② Convention of 1 February 1971 on the Recognition and Enforcement of Foreign Judgments in Civil and Commercial Matters.

③ 胡斌、田妮：《十字路口的海牙管辖权公约》，《中国国际私法与比较法年刊》，2002 年卷，第 541～561 页。

法院协议公约》①，成为迄今为止国际社会在法院管辖权和外国法院判决的承认和执行方面意义最为深远的一个公约，标志着海牙国际私法会议在制定国际统一的民商事管辖权和外国判决的承认与执行公约方面取得了可喜的成就。②

（一）公约的结构

海牙《选择法院协议公约》共5章34条。第1章为"范围和定义"，分4条规定公约的适用范围和公约中一些重要概念的解释性规定。第2章是"管辖权"，分3条分别规定被选择法院行使管辖权的义务、未被选择法院不得行使管辖权的义务以及公约不适用于临时保护措施。第3章称为"承认和执行"，共有8条，是本公约最核心的部分。它规定其他缔约国有义务承认和执行排他性选择法院协议中所指定的缔约国法院做出的判决，以及此种判决获得承认和执行的先决条件。同时，公约明确列举了公约成员国可以拒绝承认和执行外国判决的7种情形。此外，公约还对先决问题、惩罚性损害赔偿、司法和解、应提供的文件、承认和执行程序应适用的法律以及判决可分割承认和执行等问题作了规定。第4章是"一般条款"，共11条，主要是关于适用公约的一些特殊事项的规定。这些事项包括过渡性规定、保险和再保险合同、无认证要求、限制管辖权的声明、限制承认和执行的声明、对公约的解释、对公约执行情况的审查、法制不统一国家以及本公约与其他国际公约的关系等。本章的规定，尤其是在较广泛的事项和程度上赋予缔约国对于本公约的适用做出声明的规定，是本公约能否获得国际社会的广泛接受，以及公约能否在实践中得到顺利执行的关键。第5章为"最后条款"，共8条，系海牙国际私法公约的通常条款，主要是关于公约加入、批准、生效和保存等缔约程序性规定。

（二）公约的适用范围

根据公约第1条第1款，本公约的适用范围是就国际性民商事

---

① Convention on Choice of Court Agreements（June 2005）．

② 徐国建：《建立国际统一的管辖权和判决承认与执行制度——海牙〈选择法院协议公约〉述评》，载《时代法学》，2005年第5期，第7页。

项缔结的排他性法院选择协议。该规定包括以下几层含义：

首先，公约适用的对象是选择法院协议。尽管人们习惯上仍然将本公约称为"管辖权公约"或者"承认与执行公约"，但是，本公约的制定者只从选择法院协议的角度出发，确定公约适用的是当事人之间缔结的选择解决其争议的法院的协议。由于公约的主要目的是确定管辖权规则和建立统一的判决承认与执行制度，公约并没有对选择法院协议本身进行详细规定，只是简单地在公约第3条对排他性选择法院协议进行了界定。

公约中所谓的排他性选择法院协议是指当事人以书面形式或"客观证明方式"达成的为解决与某一特定法律关系有关的业已产生或可能产生的争议为目的，指定一个缔约国法院，或者一个缔约国的一个或者多个特定法院，以排除其他任何法院管辖权的协议。从形式上说，这种法院选择协议必须采取书面形式或"客观证明方式"。当然，这种书面形式并不附公证要求。这种"客观证明方式"实际上应是指"与纸张具有同等功能"的证明方式，它应被理解为包括电话录音、录像等方式在内的提供未来能够获取信息的联系方式。证人证言并不属于公约规定的这种形式要求。在海牙外交会议上讨论选择法院协议的形式要求时，不少代表还提出了公约所规定的这种形式要求是对这种协议最低要求还是最高要求的问题，但与会代表的基本共识是：此种形式要求应是对形式的最高要求。至于从实体问题上看，选择法院协议是否达成并不是该公约的适用范围，而应适用有关国家的国内法解决。

第二，本公约只适用于国际性案件中的法院选择协议。公约在规定确定其适用范围的国际性标准时，并没有给国际性划定一个统一标准，而是就民商事管辖权和判决的承认与执行两大板块，设定认定国际性的不同标准。一方面，就民商事管辖权的国际性而言，除下列案件外，所有案件均是国际案件：当事人在同一缔约国居住，而他们之间的关系和除被选法院的地点外与争议相关的所有其他因素都只与该国相联系。不难看出，公约确定的这一国际性标准实际上是非常宽泛的。另一方面，就判决的承认与执行而言，公约只确定了一个最为简单的标准，即只要被寻求承认和执行的是外国

99

的判决，此种案件便是国际性案件。这就是说，就本公约的适用而言，并不需要进一步审查外国法院所判决的案件是否必须符合上述确定管辖权时应予衡量的国际性标准。

第三，公约适用于民商事性质的法律关系。公约第 1 条第 1 款规定，其所适用的法律关系是民商事。鉴于国际上对民事和商事法律关系的区分并不十分清晰，公约的起草者在公约适用的法律关系性质问题上采取了宽泛灵活的措辞方式——"民事或商事事项"，从而避免了公约的适用者对案件性质的定性困难。

第四，选择法院协议的排他性质。本公约的立法初衷是为排他性选择法院协议制定国际统一的适用规则。所以，在本公约于第 20 届海牙外交大会上通过前的草案的名称中均加有"排他性"字样。公约第 1 条第 1 款中仍然规定本公约所适用的选择法院协议是排他性选择法院协议。至于什么样的选择法院协议是排他的，公约第 3 条 b 款规定：指定一个缔约国法院，或一个缔约国的一个或多个特定法院的选择法院协议便应认为是排他性质的。这说明，当事人如果没有明确选择法院协议是排他性的还是非排他性的，就应该认为是排他性的。

必须注意的是，公约第 22 条规定缔约国可以通过互惠声明，使公约适用于非排他性质的法院选择协议。这也是公约在最后通过时"排他性"措辞从公约标题中删去的重要原因。通过缔约国的互惠声明将公约的适用范围扩大适用于非排他性选择法院协议的建议是公约起草委员会在本公约获得外交大会通过前两天才提出来的。由于该建议实际上只是给缔约国提供一种灵活地自行决定扩大公约适用范围的机会，并没有给缔约国增加额外的公约义务，加之公约适用范围扩大还以互惠为前提条件。所以，公约起草委员会提出该建议后并没有遭到很多反对，而顺利获得通过。

第五，公约明确规定了不予适用的事项。公约在第 1 条确定其适用范围的总框架后，在第 2 条列举了公约不予适用的领域和事项。这些事项包括 16 项特殊事项。由于这些特殊事项可能成为诉讼中的先决问题，为了明确起见，公约第 2 条第 3 款规定，诉讼不因为这些被排除事项是先决问题而被排除在公约的适用范围之外。

从公约的整个谈判过程，尤其是第 20 届海牙外交会议上的激烈争论来看，大多数国家对公约第 2 条限制公约适用的范围的规定表现出极大的关注。因此，在统一国际私法的过程中，各个国家均会从自己国家利益出发，将那些对本国利益重大或者与本国法律相冲突的事项不交给国际公约管辖，而使自己能够保留一些"自留地"。①

第六，公约规定，缔约国可以通过声明，将除上述公约第 2 条第 2 款所排除事项外的任何特殊事项排除在公约的适用范围之外。公约第 21 条的这一规定实际上是各国就公约的适用范围激烈争论，并最终达成妥协的产物。由于各国对公约的适用范围立场极不一致，如我国代表团在公约起草过程中极力反对将知识产权事项列入公约的适用范围，而美国等西方国家则极力主张将该事项列入公约的适用范围，在公约中规定这一"一般声明条款"是必要的，因为它是透明度和灵活性的要求，并且为那些本国法律限制公共政策适用的国家提供了拒绝承认判决的机制。它是一个安全阀，可以使不愿意将公约适用于某些特殊事项的国家，不适用公约的规定。可以毫不夸张地说，没有公约的这一条规定，公约不可能如此顺利地获得通过。根据公约的这一规定，缔约国可以在签署、批准、接受、核准或加入时或其后任何时间做出声明，声明该国就一些特殊事项不适用公约的规定。②

（三）统一管辖权规定

国际民商事案件的管辖权问题是本公约的重要内容之一。但是，公约在该问题上的规定并不多，仅有 3 条，贯穿公约关于管辖权规定的主线仍然是排他性选择法院协议。

1. 被选择法院的管辖权——权利和义务

排他性选择法院协议中指定的缔约国的一个或多个法院应对协议所适用的争议行使管辖权是本公约在管辖权问题上确定的一个基

---

① 徐国建：《建立国际统一的管辖权和判决承认与执行制度——海牙〈选择法院协议公约〉述评》，载《时代法学》，2005 年第 5 期，第 9 页。

② 徐国建：《建立国际统一的管辖权和判决承认与执行制度——海牙〈选择法院协议公约〉述评》，载《时代法学》，2005 年第 5 期，第 9 页。

本原则。尽管公约在相关条文中并没有明确上述法院依据本公约所享有的管辖权是否为排他性管辖权，但从公约的立法意图来看，既然公约适用的是排他选择法院协议，这种协议所指定的法院显然享有排他性管辖权。尽管根据第 22 条规定，本公约还可以适用于非排他性选择法院协议，但本公约所适用的非排他选择法院协议仅限于判决的承认与执行，不包括管辖权。因此，被选择法院依据本公约所享有的管辖权应该是排他性质的管辖权，即公约第 3 条意义上的选择法院协议。

公约赋予被选择法院排他性管辖权的同时，在第 5 条第 2 款也规定它们对这些案件行使管辖权是一种义务，"不得以争议应由另一国法院判决为理由而拒绝行使管辖权。"公约这样规定的理由是，既然合同当事人约定排他选择一国法院对他们间业已或可能出现的争议排他地行使管辖权，当事人的这种愿望便应得到尊重，且应能够实现，不能由于非当事人所能控制的、属于法院的原因使这种愿望落空。公约第 5 条第 1 款对被选择法院行使管辖权的义务做了一个例外规定：如果排他选择法院协议依据被选择法院国家的法律属于无效协议，则该国法院便不具有管辖权。由于被选择法院行使管辖权的依据实际上是选择法院协议的当事人对法院的一种管辖权授权，选择法院协议无效对法院的选择也便无效，对被选择法院的授权也便无效，被选择法院便不应享有管辖权。公约规定，认定选择法院协议是否有效的准据法是被选择法院国家的国内法。但值得注意的是，公约这里所谓的被选择法院国的国内法，应是该国关于此种协议有效性的程序法律规范，而不是公约第 3 条 c）项对协议形式要求之外的其他形式方面的规定，因为公约第 3 条 c）项对选择法院协议形式的要求是最高要求。

公约在第 5 条第 3 款中规定了两项被选择法院管辖权的例外，即涉及客体或者索赔金额的管辖，以及对缔约国国内法院间管辖权的划分。当事人不能通过选择法院协议决定确定这些问题的法院。对这两条例外规定，尤其是关于管辖权划分的规定，海牙外交大会上曾有较为激烈的辩论。辩论的焦点主要是该款原草案括号中的内容"（除非当事人指定了一个特定法院）"是否存留的问题。在该问题上，我国代表发言认为应该删除该内容，因为国内法院间管辖权的分配是包括中国在内的不少国家的强行法规定，不应在该问题上给当事人留有意思自治的空间。由于大多数国家代表建议删除该内容，第二委员会决定删除原来括号中的内容，但是，采纳新西兰代表的建议，加进了现在"但书"措辞：被选择法院在判断是否将案件移送时应合理考虑当事人的选择。①

2. 未被选择法院不行使管辖权的义务

由于选择法院协议指定的法院享有对案件的排他管辖权，被选择法院之外的其他法院自然就不享有对案件的管辖权。公约第6条明确了这一点：被选择法院外的缔约国的法院应中止或者拒绝排他选择法院协议所适用的诉讼。也就是说，未被选择法院如果业已受理了此种案件，应该中止审理，如果还没有受理的，则应该拒绝受理此种案件。但是，公约也给未被选择法院不行使管辖权的义务规定了几种例外情形，只是公约并没有明确规定在这几种情形下，未被选择法院是有权行使管辖权，还是必须行使管辖权。

公约规定未被选择法院可以行使管辖权的几种例外情形均是基于法院选择协议的原因。首先，选择法院协议属于无效协议。这包括两种情形：即根据被选择法院国家的法律，协议属于无效（第6条a项），以及协议当事人根据受理案件法院国家的法律不具有缔约能力，因而协议无效（第6条b项）。其次，赋予协议效力导致不可接受的后果。公约进一步规定，如果赋予协议效力将导致明显的不公正，或者将会明显地违背案件受理法院国家的公共政策，则未被选择法院可以对案件行使管辖权。由于这一规定实际上是一个主观性很强的规定，为了避免实际适用过程中出现理解偏差，外交大会上讨论该项规定时对这一规定的表述方式，尤其是公约中使用"明显不公正"（manifest injustice）还是"非常严重的不公正"（very serious injustice）或相似措辞，曾有过激烈争论。欧盟、美国和新西兰提议将原来的措辞"非常严重的不公正"改为"明显不

① 徐国建：《建立国际统一的管辖权和判决承认与执行制度——海牙〈选择法院协议公约〉述评》，载《时代法学》，2005年第5期，第11页。

公正"。总之，由于这一规定的作用在于限制被选择法院的管辖权，理解这一规定的真实含义，尤其是"明显不公正"以及明显地不相容（manifest incompatibility）的含义，对于公约的正确适用和其在不同国家的统一适用具有重要意义。再次，基于当事人不可控制的原因，协议不能合理地执行。该规定的含义较为模糊，因此，在外交大会上，欧盟、美国和新西兰曾建议删除此规定。关于该规定中所谓的"特殊"原因究竟包括哪些情况，有必要在公约适用实践中予以合理解释。最后，公约还规定，如果被选择法院业已决定不审理该案件，则未被选择法院可以对案件行使管辖权（第6条e项）。

3. 临时保护措施不受公约的约束

根据第7条规定，本公约不适用于临时保护措施。本公约既不要求，也不排除缔约国法院给予、拒绝或者终止临时保护措施，也不影响一方当事人可以要求，或者法院是否给予、拒绝或者终止此种保护措施。

这里所谓的"临时保护措施"是指法院在诉讼之前或者进行中所采取的为保证诉讼顺利进行，或者诉讼当事人的权利得以实现或维护的措施。例如，对被告财产的保全、禁止被告从事对原告权利构成侵害的行为的临时禁令（interim injunction），阻止一方当事人在选择法院外的其他法院提起诉讼的对抗诉讼禁令（anti-suit injunction）以及收集为在被选择法院进行诉讼而使用的证据命令。但是，在外交大会上讨论该条时曾有代表提出疑问，该条是否表明上述所谓的对抗诉讼禁令不应该包含在临时措施的范围内。对此，公约报告人 Hartley 教授、英国、美国以及澳大利亚的代表纷纷发言阐述了自己的观点。大家对该问题的看法基本一致，即认为对抗诉讼禁令会削弱公约的目标，因而，不应成为本条所允许的临时保护措施。[1]

（四）外国法院判决的承认与执行

建立统一的外国法院判决的承认与执行制度是本公约追求的目

---

① 徐国建：《建立国际统一的管辖权和判决承认与执行制度——海牙〈选择法院协议公约〉述评》，载《时代法学》，2005年第5期，第12页。

标之一。在这方面，公约首先规定了缔约国承认和执行排他选择法院协议所指定的其他缔约国法院所做判决的义务。然后，列举了可以拒绝承认或执行判决的一些例外情形。公约还就涉及外国法院判决承认和执行的几个特殊问题，即先决问题和损害赔偿问题，进行了特别规定。最后，公约还确定了承认和执行外国法院判决的几个程序事项问题。

1. 承认与执行外国判决的一般义务

除公约规定的特殊原因外，缔约国必须承认和执行由排他选择法院协议指定的缔约国法院所做出的判决（第 8 条第 1 款）。该条规定是公约的一个关键条款（key provision），通过这一所谓的盖帽规定（the chapeu），公约缔约国建立了统一的判决承认和执行制度。当然，承认和执行外国判决的前提条件是指定受理案件法院的排他选择法院协议的存在。

外交大会的讨论草案将该规定以统括性的盖帽规定附设 5 项例外的形式列出。经过外交大会的讨论，决定将例外规定单独列出来，自成一个条款，即公约现在的第 9 条。这样的安排显然就更为清晰，条理更为清楚。

对于公约意义上的判决的概念，公约第 4 条第 1 款规定，"判决"指法院就争议事实所做的任何决定，而不管其称谓，包括裁决、裁定以及法院（包括法院官员）对费用或者开销的决议，只要决定涉及争议事实，并可以依据本公约获得承认和执行。但是，临时保护措施并不是本公约意义上的判决。

2. 承认和执行外国判决的例外情形

公约第 9 条规定了可以拒绝承认或执行判决的例外情形，大致可归纳为以下几类：（1）选择法院协议无效，即选择法院协议本身无效和一方当事人缺乏缔约能力均可导致选择法院协议无效。（2）送达缺陷，即诉讼中的被告如果没有被适当送达，以至于不能行使其享有的诉讼权利，则对相关判决不予以承认。（3）欺诈，即如果判决系通过与程序相关事项的欺诈而取得，如原告故意或故意让他人向被告的错误地址发传票，故意向被告提供错误的开庭时间和地点，或者诉讼一方贿赂法官、陪审员、证人或者隐匿证据，则可拒绝承认和执行此种判决。（4）公共政策，即如果承认和执行将明显不符合被请求国的公共政策，就可以违反公共政策为由拒绝承认和执行判决。（5）判决不相容，即如果被请求承认和执行的判决和被请求国法院就相同当事人之间的同一争议所做的判决不一致，或者被请求承认和执行的判决与另一国就相同当事人之间同一争议的先前判决不相容，而且该先前判决满足在被请求国获得承认所需要的前提条件，则可以此为由拒绝承认和执行判决。

3. 审查禁止和先决性问题

公约禁止法院在承认和执行法院判决的时候对判决事实进行审查（第 8 条第 2 款）。如果没有这样的规定，被申请承认和执行判决的法院很容易演变成为上诉或者再审法院。公约还规定被请求法院应当认可原审法院对于管辖权基础的事实认定（第 8 条第 2 款）。这里所谓的事实认定，主要是有关管辖权协议有效性的事实认定，例如当事人的缔约能力等。①

法院在审理民商事案件时，常常必须首先对案件的有关事实或法律方面的问题予以裁定。如法院审理一个专利侵权的案件时，可能必须首先确定相关专利权是否有效，这就产生一个问题：被请求承认和执行判决的法院是否必须对法院就先决问题的裁定做出承认？公约在第 10 条第 1 款明确规定，如果那些被公约第 2 条第 2 款或者第 21 条排除适用的事项在诉讼中作为先决问题产生，对这些先决问题的裁决不应当根据本公约获得承认和执行。公约第 10 条第 2 款和第 4 款又规定了拒绝承认和执行关于先决问题裁判的情形。公约第 10 条第 3 款还就知识产权作为先决问题作了专门的规定。

4. 损害赔偿问题

损害赔偿判决的承认和执行问题规定在公约第 11 条，根据其第 1 款的规定，如果一个判决裁定损害赔偿，不属于实际损失或者损害的补偿，在该范围内可以拒绝承认或执行该判决。在这里，普

---

① Masato Dogauchi and Trevor C. Hartley, Preliminary Draft Convention on Exclusive Choice of Court Agreements: Draft Report, p. 37.

通的损害赔偿或损失赔偿包括：客观损失，推定损失，精神损失和利润损失。所谓的"非补偿性质的损害赔偿"包括惩戒性质的损害赔偿（exemplary damages）和惩罚性质的损害赔偿（punitive damages），二者都是指那些旨在惩罚被告的过错行为，并且阻止他们进行此种行为的损害赔偿。

5. 承认和执行程序适用被请求国法律

公约第 14 条规定，外国法院判决的承认和执行应当适用被请求国的法律。这是一条关于程序问题法律适用的规定。但是，如果被请求国法律对外国判决的承认没有专门的规定，可以根据公约第 8 条第 1 款自动承认。

（五）欧洲学者对《选择法院协议公约》的评价

海牙国际私法会议本来准备制定一个全面的管辖权公约，由于多种原因，《选择法院协议公约》只规定了协议管辖权依据，没有全面规定行使管辖权的依据；对判决的执行也限于那些根据排他性管辖权协议做出的判决。因此，在这个目的上，《选择法院协议公约》未能实现最初的目的，具有一定的滞后性。但是，《选择法院协议公约》毕竟是海牙国际私法会议多年来努力的结果，并确定了世界各国在管辖权与判决的承认和执行规则方面的共同点，即各国的最小公分母，虽然这个公分母很小。① 因而，在这个意义上，该公约具有一定的进步性。

另外，从公约的内容上看，也是值得肯定的。首先，公约的适用范围虽然不大，但它加强了当事人意思自治的效力，从而保证了法律的确定性。从欧洲和其他成文法国家的角度来看，公约排除了不方便法院理论的适用。这样，排他性管辖权协议确定的法院一般都会对案件做出判决，这对于在美国法院的诉讼有重要的意义。其次，公约不允许发布禁诉令（antisuit injunction）。这维护了法律的确定性，而且和欧洲法院适用《布鲁塞尔条例》的态度是一致的。遗憾的是，这种对禁诉令的阻止没有规定在公约本身，而是在公约

① Giesela Rühl, Das Haager Übereinkommen über die Vereinbarung gerichtlicher Zuständigkeiten: Rückschritt oder Fortschritt, IPRax 2005, Heft 5, S. 415.

的评注中提到，而且公约本身并没有准备建立一个类似于欧洲法院的机构监视公约的统一解释和适用。第三，公约允许对"非补偿性损害赔偿判决"的有限承认，特别是那些惩罚性损害赔偿判决。在大多数欧洲国家，损害赔偿重在补偿当事人实际遭受的损失和损害，而美国侧重于对加害人的惩罚。在这里，协调利益压倒了法律确定性利益。①

三、《欧共体关于设立无争议债权欧洲支付令的规则》

（一）《规则》的对象及其与相关条约的关系

欧洲议会和理事会于2004年4月21日通过了2004年805号规则，（以下简称《规则》)②针对那些无争议的债权（uncontested claims）设立一种欧洲执行令。如果一个成员国相关机关作出的裁判符合该规则的条件，债权人可以在裁判作出机关申请一个证明，证明该裁判为一个欧洲执行令，债权人可以持该证明到执行地所在国法院直接要求强制执行，而不需要其他任何程序；各成员国将基于互相的司法信任免除对该执行令的审查。③这就进一步加强了欧共体各国在判决承认与执行方面的合作，对于欧洲私法的统一化具有重大意义。因此，本文对该《规则》做详细的介绍。

1.《规则》对一些重要概念的定义

为了保证《规则》在各个成员国的统一适用，它对一些重要的概念做了规定，以避免在适用中出现歧异。《规则》第3条规

---

① Giesela Rühl, Das Haager Übereinkommen über die Vereinbarung gerichtlicher Zuständigkeiten: Rückschritt oder Fortschritt, IPRax 2005, Heft 5, S. 415.

② Regulation (EC) No 805/2004 of the European Parliament and of the Council of 21 April 2004 Creating a European Enforcement Order for Uncontested Claims, Official Journal L 143, 30/04/2004 P. 0015 – 0039. http://europa.eu.int/eur-lex/lex/LexUriServ/LexUriServ.do? uri = CELEX: 32004R0805: EN: HTML.

③ 瓦格纳（Wagner）：《关于欧洲执行令的欧共体规则》，载《国际私法和国际程序法实务》2005年版，第190页。

定，该《规则》中的"裁判"包括对无争议请求权的法院判决、法院调解和公示文件（judgments, court settlements and authentic instruments on uncontested claims）。根据其第 4 条第 1 款的解释，这里的判决可以理解为"成员国法院作出的任何决定"，包括判决、决议、裁定、支付命令、执行通知以及有关法院服务费用的裁定等；法院调解包括经法院批准或者在法院程序中作出的法院调解；公示文书指那些在特定机关登记的，或者在该机关公证的文书。① 需要特别说明的是，根据《规则》第 4 条第 3 款 b 项的规定，在管理机关缔结的，或者由管理机关公证的关于抚养义务的安排，也可以根据《规则》申请欧洲执行令。这说明，《规则》的适用范围已经扩展到抚养请求权领域。

《规则》中的债权（Claims）是指支付特定数额金钱的请求权，且该请求权已经到期或者其期限规定在判决、法院调解或者公示文书之中。② 裁判作出国（Member State of Origin）指的是判决作出国、作出或者批准调解的法院所在国、或者作出和登记公示文书的机关所在国。执行国（Member State of Enforcement）指的是一个裁判获得欧洲执行令证明后，在其法院寻求执行的国家。③

2. 《规则》的适用范围及其与《布鲁塞尔规则 I》的关系

（1）《规则》的适用范围

《规则》第 2 条第 1 款第 1 项明确规定，该规则适用于民商事领域，它还规定了规则不适用的情形。因此，《规则》的适用范围与 1968 年《布鲁塞尔公约》，以及 2001 年《布鲁塞尔规则 I》是一致的。这样，欧洲法院在适用《布鲁塞尔公约》和《布鲁塞尔规则 I》时，对"民商事"的解释，也适用于该《规则》。④ 既然《规则》的适用范围和《布鲁塞尔规则 I》一致，根据后者规定的

---

① 参见《规则》第 4 条第 3 款。

② 《规则》第 4 条第 2 款。

③ 《规则》第 4 条第 4~5 款。

④ 参见古德瓦尔德（Gottwald）主编：《欧盟民事领域的司法合作》2004 年版，第 120 页。

管辖权——包括《布鲁塞尔规则 I》所规定的过分管辖权——作出的判决，都有可能按照该《规则》申请欧洲执行令，并在其他欧盟成员国得到执行。这看起来虽然不是很合理，但在欧共体内部保证了相关规定的一致。①在生效时间方面，该《规则》自 2005 年 1 月 21 日起实施，即适用于所有在该日期后作出的裁判，但这些裁判只有在 2005 年 10 月 21 日之后才能作为欧洲执行令得到证明。②在地域适用范围方面，该《规则》适用于除丹麦之外的所有欧共体成员国，包括 2004 年 5 月 1 日加入欧盟的新成员。③

（2）《规则》与《布鲁塞尔规则 I》的关系

《规则》不影响《布鲁塞尔规则 I》和欧共体中其他有关执行的规定，④这样一来，债权人需要在一个成员国提出强制执行的时候，可以自行选择是按照《规则》提出，还是按照《布鲁塞尔规则 I》提出强制执行。债权人甚至可以同时提出两个申请，即一方面按照《规则》在裁判作出国法院申请一个执行证明，同时按照《布鲁塞尔规则 I》在裁判执行国法院提出执行申请。

虽然《规则》并没有排除《布鲁塞尔规则 I》的适用，但在实践中，当事人一般会优先按照《规则》要求强制执行。因为，《规则》和《布鲁塞尔规则 I》的最大不同在于，根据《规则》要求强制执行时，债权人只需提供一份证明，说明该裁判符合《规则》中的要求，由于裁判已经作出，这一证明的申请相对比较简便；而根据《布鲁塞尔规则 I》申请强制执行时，需要提供多份材料。⑤另外，债权人可以在提起诉讼或者诉讼中就要求提供这样一份证明，只要申请及时，债权人一般可以在主裁判作出的同时，或者几

---

① 瓦格纳：《关于欧洲执行令的欧共体规则》，载《国际私法和国际程序法实务》2005 年版，第 191 页。

② 参见《规则》第 26 条和第 33 条。

③ 瓦格纳：《关于欧洲执行令的欧共体规则》，载《国际私法和国际程序法实务》2005 年版，第 192 页。

④ 《规则》第 27 条和第 28 条。

⑤ 参见《布鲁塞尔规则 I》第 5 部分和第 6 部分。

天之后就拿到执行令证明，这就节约了时间和费用。① 因此，该《规则》对债权人更为有利。

（二）申请欧洲执行令证明的条件和程序

1. 申请欧洲执行令证明的条件

该《规则》规定，一个裁判只有符合下列条件，才能申请欧洲执行令证明：

（1）无争议债权

《规则》所指的裁判必须针对"无争议债权"的裁判。"无争议债权"的含义是《规则》起草中的一个重点问题。在《规则》看来，一个无争议债权首先是指那些债务人在公证文书中、或者法院程序中明确承认的债权。②《规则》中的无争议债权也包括缺席判决中的债权，即债务人在法院程序中没有按照裁判作出国的法令对债权提出过异议，或者虽然在程序之初提出过异议，但在程序进行中没有出庭。③ 例如，在德国，有的债务人为了赢得时间，往往首先在催告令中提出异议，然后在正式的程序中拒不出庭，这就是一个《规则》意义上的无争议债权。进一步的问题是，如果一个判决在被证明为欧洲执行令后又被撤销，其后作出的新判决是否可以申请执行令。有的学者认为，根据第3条第2款和第6条第3款的规定，只要符合第3条第1款第1项和第4条第2款的条件，就可以被证明为欧洲支付令，即所谓的替代证明，④要使用附件5中的表格。

（2）可执行的债权

裁判必须在裁判作出国是可执行的（enforceable），才能申请欧洲执行令证明。⑤一个具体裁判是否具有可执行性，由裁决作出

---

① 瓦格纳：《关于欧洲执行令的欧共体规则》，载《国际私法和国际程序法实务》2005年版，第190页。

② 《规则》第3条第1款a项和d项。

③ 《规则》第3条第1款a项和d项。

④ 瓦格纳：《关于欧洲执行令的欧共体规则》，载《国际私法和国际程序法实务》，2005年版，第193页。

⑤ 参见《规则》第6条第1款第1项，第24条第1款和第25条第1款。

国法律确定。在该《规则》草案中，原本还规定，只有那些具有既判力（Rechtskraft）的裁判才可以申请欧洲支付令证明。①但是，由于各国对于既判力的概念无法达成一致，《布鲁塞尔公约》和《布鲁塞尔规则 I》都没有规定这个条件，立法者也不想使债权人的执行手续比《布鲁塞尔规则 I》体系下更麻烦，最后放弃了这个条件。②

（3）符合管辖权规则

根据《规则》第 6 条第 1 款，作出裁判的法院必须遵守相关的管辖权规则，特别是《布鲁塞尔规则 I》中有关专属管辖和保险事项管辖的规定。只有这样，其作出的判决才能得到证明。这个规定只针对法院判决，不涉及法院调解和公示文书。

2. 欧洲执行令的申请和执行程序

只要符合《规则》的规定，债权人可以在任何时候提出申请，要求将裁判证明为欧洲执行令。对于判决，要向作出判决的法院提出申请。至于何人可以提出这个申请，则由各成员国法律规定；对于法院调解，则要向批准或达成该调解的法院提出，提出者的身份也由各成员国自行决定；对于公示证书，其提出机关和提出者的身份均由各国自己决定。③该证明程序是一个单方程序，债务人不参与其中。如果判决的一部分符合《规则》的条件，被申请的机关可以就该部分颁布一个欧洲执行令证明。④

债权人拿到证明后，可以到其他成员国要求强制执行。具体的执行程序则由各成员国自行规定。在申请执行时，债权人原则上只需要出示两项文件，即原始裁判和欧洲执行令证明。⑤如果证明的

---

① 古德瓦尔德（Gottwald）主编：《欧盟民事领域的司法合作》2004 年版，第 121 页。

② 例如，在德国法律中，具有既判力的判决是指那些不能上诉、申诉和要求再审的判决，即终局的判决。参见瓦格纳：《关于欧洲执行令的欧共体规则》，载《国际私法和国际程序法实务》2005 年版，第 193 页。

③ 参见《规则》第 6 条第 1 款，第 24 条和第 25 条第 1 款。

④ 《规则》第 8 条。

⑤ 《规则》第 20 条第 2 款 a 项和 b 项。

文字不属于执行国的通晓语言，还需要进行翻译，但翻译并不是一个必备条件。①

欧洲执行令证明对执行机构有约束力，它不能对证明进行实质性审查。②因此，执行机构无权审查原判决是否涉及一个无争议债权，或者是否遵守《规则》中的最低保护条款。裁判在成员国一旦被承认，则其后由其他成员国作出的关于同一请求权的欧洲执行令就不能在该国承认了。《规则》第20条第3款规定，持有欧洲执行令要求执行的债权人，不得因为他是外国人，或者他在执行国没有住所而受到歧视，该判决应该和执行国的内国判决具有同等效力。③这里，《规则》只是要求不能给欧洲执行令设置更差的待遇，但没有要求对其设立比内国判决更优先的条件。在英国，英格兰的判决要在苏格兰执行，必须首先进行登记。因此，欧洲执行令需要在英国进行强制执行时，首先要进行登记。

（三）对债务人的救济

由于《规则》中的欧洲执行令为债权的强制执行提供了一种快速、简便的途径，它取消了原本在执行国首先要进行的宣布该判决为可执行的程序，这就使债务人失去了再次提出异议的机会，④执行国也无权对该执行令进行审查。因此，它对债务人具有很大的杀伤力。但如何在具体案件中保护债务人的合法权益，也是《规则》的起草者必须解决的问题。《规则》在如下几个方面为债务人提供了保护。

1. 缺席判决情形下对债务人的保护

（1）最低保护条款

《规则》第3章规定了最低保护条款，旨在保证被告在程序中有充分的时间和机会主张自己的权利，从而保护缺席判决下债务人

---

① 《规则》第20条第2款c项。

② 《规则》第21条第2款。

③ 参见瓦格纳：《关于欧洲执行令的欧共体规则》，载《国际私法和国际程序法实务》2005年版，第198页。

④ 参见海斯（Heβ）：《德国和欧洲的新送达法律》，载《新法律周刊》2002年，第2426页。

的合法权益，避免欧洲执行令可能被滥用。这个限制也适用于第 6 条第 3 款意义上的替代证明（replacement certificate）。①因此，一个缺席判决只有符合下列最低保护条款，才能根据《规则》申请欧洲执行令证明：

第一，起诉文书和传唤的送达。诉讼文书和传唤必须按照《规则》规定的形式进行送达，最后的判决才可以得到欧洲执行令证明。《规则》第 13 条规定了 3 种基本的送达方式，即直接送达、邮寄送达和电子送达。这三种方式都需要债务人签名且注明接收日期。如果无法邮寄送达，或者邮寄送达已经失败，就可以采用第 14 条规定的替代方式进行送达。但各国国内法中常见的公示送达，没有被《规则》采纳。关于送达的这些规定，同样适用于债务人的代理人（第 15 条）。

第二，对债务人特殊的说明和指示义务。《规则》第 16 条规定，为了保证债务人正确理解针对他提出的诉讼，起诉文书中应当包括必要的信息，包括当事人的姓名和地址、债权数额、利息的计算方法以及债权的起因。要对请求权提出异议，债务人应对程序进展有必要的了解。因此，《规则》第 17 条规定了债务人应有的知悉权：在送达相关文书时，应当说明提出异议的程序要求（如提出的时间限制、律师代理要求等），以及不提出异议或缺席审判的后果。

由于这些最低保护条款针对的只是判决的证明程序，即作为取得欧洲支付令证明的条件，它们原则上不影响其他相关规定的适用。因此，《欧共体 2000 年第 1348 号关于民商事司法及司法外文书的送达规则》仍然适用。②

（2）不符合最低保护条款时的补救

《规则》希望尽可能多的判决可以作为欧洲执行令得到执行。因此，它在第 18 条中规定了不符合最低保护标准时的补救措施。

---

① 《规则》第 12 条第 2 款。

② 瓦格纳：《关于欧洲执行令的欧共体规则》，载《国际私法和国际程序法实务》2005 年版，第 195 页。

如果一个裁判不符合《规则》中的最低标准，但符合第 18 条的附加规定，也能获得欧洲执行令证明。这样一来，最低保护条款对债务人的实际意义就大大降低了。①

根据该条规定，在下列两种情况下，不符合最低保护条款的缺席判决可以补救。第一，如果作出的缺席判决按照《规则》第 13 条和第 14 条的规定送达了债务人，而被告仍有申请复审的机会，但他没有要求复审时，该判决可以获得欧洲执行令（第 18 条第 1 款）。第二，如果债务人在法院诉讼中的行为能证明，他已经收到相关文件，且有足够的时间提出异议，这种不符合也可以被补救（第 18 条第 2 款）。

（3）对消费者的特殊保护

《规则》还对缺席判决下的消费者提供了特殊保护。其第 6 条第 1 款 d 项规定，只有消费者住所地所在国的法院作出的关于消费事项的判决，才可以被认证为欧洲支付令，这是对消费者的特殊保护。《规则》中的消费事项指的是，消费者非为盈利性或职业性目的而缔结的合同。这个表述比《布鲁塞尔规则》第 15 条第 1 款中消费事项的定义要宽泛。因为其不限于特定类型的合同，也不考虑消费者住所地的联系。据此，如裁决作出国没有遵守《布鲁塞尔规则 I》有关消费者保护的规定，消费者就可以在本国法院根据《布鲁塞尔规则 I》阻止判决的执行。这样，《规则》中针对消费者缺席判决的欧洲执行令只能在消费者住所地之外的国家强制执行。

《规则》对消费者的保护仅限于缺席判决情形，如果消费者在法院判决中承认债务，据此作出的欧洲执行令可以在各个成员国得到承认和执行。其立法取向是，如果一个消费者在程序中明确承认了该债务，就没有必要再给他特殊保护了。②

2. 在裁判作出国寻求救济

在裁判作出国，债务人可以针对一个已经作出的欧洲执行令证

---

① 参见戈鲍尔（Gebauer）和威德曼（Wiedermann）主编：《欧洲化下的私法》2005 年版，第 31 章 57 目。

② 瓦格纳：《关于欧洲执行令的欧共体规则》，载《国际私法和国际程序法实务》2005 年版，第 194 页。

明提出修改或撤销申请。首先，如果由于实质性错误，使证明和原裁判不一致，债务人可以申请修改该证明。例如，由于笔误，证明中的金钱数额和判决不一致的情况。①其次，如果证明不符合《规则》规定的条件，债务人还可以申请撤销该证明。②提出修改或者撤销时可以采用附录6的表格，其具体程序由各个成员国自行决定。

3. 在裁判执行国寻求救济

如果一个证明已经提交执行国法院，要求强制执行，债务人也可以到执行国法院提出抗辩。若该项裁判的执行与执行国法院已经作出的判决，或者其以前执行过的另一个成员国（第三国）作出的判决相抵触，执行国法院可以按照债务人的申请拒绝执行该执行令。③例如，该裁判与执行国已经作出的一个判决中的当事人和标的一致，执行国就可以不执行这个裁判。这个限制也只限于法院判决，不涉及法院调解和公示文书。债务人还可以根据执行国的法律，向执行国有管辖权的机构提出阻止或限制执行的申请，即在《规则》之外，债务人可以根据执行国的内国法寻求保护。④

四、美国关于同性婚姻的国际私法问题研究

过去20年，美国男女同性恋者不断通过司法诉讼方式寻求对他们同性婚姻的合法承认。1996年，夏威夷州最高法院在 Baehr v. Lewin 案中首次裁决认为，根据夏威夷州宪法，只对异性之间发放结婚登记构成歧视。该判决结果预示着未来美国某些州可能会承认

---

① 《规则》第10条1款 a 项。
② 《规则》第10条1款 b 项。
③ 《规则》第21条。
④ 见第23条规定的"对执行的限制和阻却"：如果债务人对被证明为欧洲判决令的判决提出质疑，包括要求对其进行第19条意义上的审议，或者申请改正或撤回欧洲判决令时，则执行国的法院和机关可以将执行程序限制于保护性措施，或者要求为执行提供担保，或者在特殊情况下暂时中止执行程序。

同性婚姻的合法地位。事实确是如此。1996 年，马萨诸塞州开始承认同性婚姻。① 1999 年，佛蒙特州最高法院要求州立法机关将对婚姻的承认延伸到同性婚姻。② 康涅狄格州承认"家庭结合"(Civil Union) 的合法地位。③ 这些变化直接涉及在一州合法成立的同性婚姻是否应当在另一州获得承认与执行的问题，引发了美国国际私法学界关于同性婚姻的热烈讨论。

（一）背景——美国同性恋者争取合法婚姻地位的诉讼

传统上，美国所有 50 个州和哥伦比亚特区都承认婚姻是一个男人和一个女人的结合。42 个州明确将此规定在其成文立法中。在剩下的 8 个州和哥伦比亚特区中，婚姻的定义也可以明确地隐含是一个丈夫和一个妻子。所有这些州法院都认为婚姻只包括异性夫妇。1979 年，Rhonda Rivera 教授在 Hastings Law Journal 发表一篇文章认为：许多同性恋夫妇试图使他们的婚姻合法化，但直到今天，还没有一个法院承认这样的结合。④ 同样的结论持续了 25 年，直到 1993 年马萨诸塞州最高法院的裁决改变了普通法国家的婚姻定义。⑤

自 1971 年开始有 13 个涉及要求承认同性婚姻合法地位的诉讼，其中 12 个发生在州法院系统，有 9 个案件涉及州宪法的规定。

---

① See In re Opinions of the Justices to the Senate, 802 N. E. 2d 565, 570 (Mass. 2004); Goodridge v. Dep't of Pub. Health, 798 N. E. 2d 941, 948 (Mass. 2003).

② See Halpern v. Toronto [2003] C. A. 2159.

③ Section 14 of the Connecticut Act declares that parties to a civil union shall have all the same benefits, protections and responsibilities under law, whether derived from the general statutes, administrative regulations or court rules, policy, common law or any other source of civil law, as are granted to spouses in a marriage, which is defined as the union of one man and one woman. 2005 Conn. Pub. Act No. 05-10.

④ Rhonda R. Rivera, Our Straight-Laced Judges: The Legal Position of Homosexual Persons in The United States, 30 Hastings L. J. 799, 874 (1979).

⑤ Goodridge v. Dept. of Publ. Health, 798 N. E. 2d 941 (Mass. 2003).

在 1972 年的 Baker v. Nelson 案中，① 美国联邦最高法院裁决明尼苏达州的婚姻法不涉及任何联邦宪法问题而驳回了上诉。案件中有关管辖权的诉状主张，一个州没有为同性恋者颁发结婚登记违反了宪法关于平等保护、正当程序和隐私权保护的宪法条款。尽管没有书面意见作出，缺乏实质性的联邦问题仍构成了裁决的主要意见。这样，下级联邦法院将遵从这样的裁决意见直到联邦最高法院自己推翻。因此，有关同性婚姻的问题就只能依赖于各州自己的宪法了。

20 世纪 70 年代的同性婚姻案件始于 1970 年的 Baker v. Nelson 案。在该案中，当 Hennepin County 婚姻登记官员拒绝为 Richard Baker 和 James McConnell 发放结婚登记以后不久，他们即向联邦法院提起了诉讼。70 年代末发生的其他 4 个案件与此相同，都是质疑州婚姻法的合宪性问题。一个在州最高法院，一个在州中级上诉法院，一个在联邦地方法院。② 这些案件都没有获得成功。

20 世纪 90 年代的婚姻诉讼变得很难预测。在 5 个案件中，每个都对州婚姻法提出了是否合宪的问题，尽管有 3 个案件中止了诉讼程序。在 Baehr v. Lewin 案中，夏威夷最高法院做出了连原告都感到震惊的裁决，认为州婚姻立法违反了州宪法，构成了性歧视，要求对州婚姻法进行严格的司法审查。作为被告的州政府准备不充分，未能证明传统的婚姻构成符合宪法定义的结婚自由。到 1996 年 12 月，夏威夷州似乎要成为世界上第一个承认同性婚姻的州。然而，夏威夷州立法机关和人民拒绝了司法机关的裁决意见。立法机关提出了宪法修正案供人民投票。该修正案规定：立法机关有权规定婚姻只能在男女异性之间。1998 年 11 月 3 日，投票结果以 69% 对 29% 的多数通过，长达 8 年的诉讼就此终止了。与此同时，

---

① 409 U. S. 810 (1972).

② Jones v. Hallahan, 501 S. W. 2d 588 (Ky. 1973); Singer v. Hara, 522 P. 2d 1187 (Wash. Ct. App. 1974); Adams v. Howerton, 486 F. Supp. 1119 (D. C. Cal. 1980); See also William C. Duncan, Same-Sex Marriage Litigation: An Historical Overview, 18 BYU J. Pub. L. 623 (2004).

纽约和哥伦比亚特区的法院在各自处理的案件中驳回了州婚姻法违反州宪法的诉讼请求。①

在 20 世纪 90 年代的 5 个案件中，Baker v. State 案的判决对婚姻做出了重新定义。在 1999 年 12 月的裁决意见中，佛蒙特州最高法院没有仅针对该州婚姻法，而是裁决认为该州宪法中的"平等利益"应当扩大适用于同性婚姻，因而要求州立法机关制定为同性婚姻提供婚姻福利的制度。它同时指出，未来的诉讼可能会因婚姻法歧视同性婚姻者而违宪。为了达成一致意见，法院避免对婚姻下定义，该州法院使用了"家庭结合"（Civil Union）这一术语。②

2000 年以后的同性婚姻案件出现了一些新情况。一些同性恋组织和支持同性婚姻合法化的组织开始有意识和有选择地在一些州提起要求承认同性婚姻合法地位的诉讼。2003 年 11 月，马萨诸塞州最高法院首次在 Goodridge v. Dept. of Publ. Health 案的判决中承认同性婚姻的合法性。③ 在新泽西州，同性婚姻者没有那么幸运。在 Lewis v. Harris 案中，④ 地方法院的法官认为，有关婚姻的定义应当由立法机关确定，而不应当由法院根据宪法决定。

到目前为止，虽然只有少数几个州承认了同性婚姻的合法地位，但关于同性婚姻的态度正在松动。当在承认同性婚姻合法地位的州成立的同性婚姻者要求在其他州获得合法承认时，与此有关的国际私法问题便产生了。在 Mueller 案中，⑤ 原告因为税务问题对于婚姻保护法提出了质疑，要求承认其合法婚姻地位。但这不是一个跨州承认的典型案例。另一个案例发生在内布拉斯加州联邦法

---

① Constitutional Amendment: Legislative Power to Reserve Marriage to Opposite Sex Couples, Nov. 3, 1998, available at http://www. state. hi. us/elections/reslt98/general/ 98swgen. html.

② Baker v. State, 744 A. 2d 864, 886 (Vt. 1999).

③ Goodridge v. Dept. of Publ. Health, 798 N. E. 2d 941, 949 (Mass. 2003).

④ No. 15-03 (N. J. Mercer Co. Super. Ct. Nov. 5, 2003).

⑤ Mueller v. C. I. R., 2002 WL 1401297.

院,① 原告质疑州婚姻法修正案违反了联邦宪法中有关平等保护的规定。该案件没有直接针对同性婚姻的承认，而是针对在外州成立的"民事结合"（Civil Union）或家庭伙伴关系（Domestic Partnership）。因为原告不是直接就同性婚姻要求承认而提起的诉讼，联邦法院认为不涉及联邦法律问题，拒绝审理该案件。

从目前已经发生的要求承认的案件来看，虽然只有少数，但已经引发美国国际私法学界的关注和热烈讨论。在 2003 年和 2004 年，有关承认同性婚姻的冲突法问题都被作为美国国际私法的热门话题而列入了会议中心议题。②

（二）识别和先决问题——对"民事结合"的认识

由于佛蒙特州法院在 Baker 案中避免使用"同性婚姻"一词，而是使用了"民事结合"（Civil Union），使得在该州被合法承认的同性夫妇在外州面临法律地位问题。当一对这样的同性恋者迁移到不承认或没有"民事结合"制度的州并发生要求解除这种关系的诉讼时，法院就面临识别和先决问题等冲突法难题。

由于"民事结合"不是"婚姻"，法院在处理这类案件时首先需要考虑两个问题：一是对"民事结合"进行识别，以决定这种结合是不是本州法律意义上的婚姻。如果不是婚姻，法院可能认为没有拒绝承认的基础。在这种情况下，法院在处理时存在 3 种可能性：（1）将民事结合作为婚姻承认；（2）将民事结合视为内部关系或契约关系；（3）拒绝承认。第二个问题是，在民事结合不被视为婚姻或类似婚姻的情况下，法院是否有义务基于美国宪法中的充分诚信条款或普通法中的礼让原则承认民事结合的合法地位。从目前已经公开报道的案件来看，法院普遍认为没有义务必须承认民

---

① Complaint, Citizens for Equal Protection v. Att'y Gen., 290 F. Supp. 2d 1004 (D. Neb 2003) (No. 4: 03CV3155).

② 2003 年在 Brigham Young University 召开了"婚姻与同性伴侣的未来研讨会"；2004 年 11 月在宾夕法尼亚大学法学院召开了冲突法研讨会，有关同性婚姻承认的国际私法问题被作为 3 个热点问题之一进行讨论。See Kermit Roosevelt III, *Symposium: Current Debates In The Conflict Of Laws: Foreword*, 153 U. Pa. L. Rev. 1815, June, 2005.

事结合的合法性，而是对法院地州的公共政策进行分析以判断承认这种民事结合是否违反了本地的公共秩序。

在 Burns v. Burns 案中，①当事人 Darian 和 Susan 的离婚协议中规定，任何一方都不能在子女在场的情况下留成年人过夜。2000年，Susan 和其女同性恋伴侣一起到佛蒙特州获得了"民事结合"登记，然后返回佐治亚州。他们认为：这样做符合离婚协议的内容，但 Darian 认为违反了该离婚协议，于是向法院提起诉讼。一审法院裁决构成了违反。在上诉中，Susan 认为，佐治亚州应当基于宪法中的充分诚信而承认在佛蒙特州成立的民事结合，她还认为佐治亚州婚姻保护法违反了联邦宪法中的隐私权保护条款。佐治亚州最高法院在 2002 年的裁决中认为，在佛蒙特州取得的民事结合不是佛蒙特州法中的婚姻，因此无权取得佐治亚州对婚姻的承认；即使女同性恋者根据佛蒙特州法缔结了合法婚姻，这种婚姻也与佐治亚州的公共政策相违背，因为佐治亚州立法不承认这种婚姻；佐治亚州宪法中的隐私权规定并不要求州法院对这种同居关系予以承认。

在 Rosengarten v. Downes 案中，② Glen Rosengarten 是一个康涅狄格州居民，Peter Downes 是一个纽约州居民。在他们取得佛蒙特州民事结合的证书几个月以后，他们的关系破裂了。由于佛蒙特州法律规定一方在该州居住满 12 个月以上才可以发给离婚证书，Peter Rosengarten 于是向康涅狄格州高等法院提起诉讼要求离婚。康涅狄格州高等法院以 Burns v. Burns 案中佐治亚州法院相同的理由，即同性婚姻违反了该州的公共政策，拒绝作出离婚判决。Peter Rosengarten 向州最高法院提起上诉，最高法院受理了上诉，但在审理过程中，Peter Rosengarten 因淋巴瘤死亡，法院撤销了案件。值得注意的是，州最高法院在决定受理上诉时认为，即使康涅狄格州法律不承认按照佛蒙特州法律成立的民事结合，也不妨碍该州家事法院受理这类民事案件。这样一来，该案件不仅存在识别问题，还

---

① Burns v. Burns, 560 S. E. 2002, 2d at 48.
② 802 A. 2d 170 (Conn. App. Ct. 2002).

有先决问题。首先需要考虑按照什么地方的法律对民事结合进行分类，其次只有解决民事结合是否合法有效才能决定是否判决解除这种民事关系。虽然在该案中，因当事人的突然死亡而使法院没有继续审理该案，但可以想象，如果当事人没有死亡，法院必然面临识别和先决问题。

Langan v. St. Vincent's Hospital 是另一起涉及佛蒙特州民事结合域外承认问题的案件。① Neal Spicehandler 因侵权而死在医院，其同性伴侣向医院提起赔偿诉讼。这对同性伴侣在佛蒙特州领取了民事结合证书。一审法院法官认为同性伴侣有权提起这样的诉讼。案件上诉到纽约上诉法院，目前正在审理过程中。可以想见，继续审理下去，也会涉及识别和先决问题。

奇怪的是，虽然实践中已经发生这样的案件，但学术界在探讨同性婚姻的冲突法问题时很少涉及识别和先决问题，而是把焦点集中在公共秩序和宪法因素的影响方面，也许学术界认为民事结合和同性婚姻是一回事，但司法实践却作出了区分。

（三）公共秩序保留——婚姻适用婚姻举行地法院原则的例外

1. 问题的提出——在外州合法取得的同性婚姻应当在法院地州获得承认与执行吗

1991 年，三对同性恋者请求夏威夷州政府当局发给结婚证书，但被拒绝，于是向州法院巡回法庭提起诉讼，认为政府拒绝发给结婚证书的行为构成了性别歧视，因而违反了夏威夷州宪法中有关平等保护的规定。巡回法庭拒绝了原告对州卫生机构负责人的指控，驳回起诉。1993 年，原告向夏威夷最高法院提起上诉。1996 年，夏威夷最高法院裁决改变了一审法院的裁决，认为该州婚姻立法中有关异性结婚的规定违反了州宪法平等保护的规定，因为结婚是州宪法保护的人的基本权利，判决要求州立法机关重新界定婚姻的定义。判决作出后，引起了其他各州的迅速反应。为了避免承认在外州（承认同性婚姻的州）成立的同性婚姻在本州（法院地州）获

---

① Langan v. St. Vincent's Hosp., 765 N. Y. S. 2d 411 (N. Y. Sup. Ct. 2003).

得承认和执行，各州很快重新制定或修订了本州婚姻法，明确婚姻的传统定义。同时，美国联邦国会还通过了《联邦婚姻保护法》(The Federal Defense of Marriage Act)。① 该法明确各州有权根据自己的法律决定是否承认在外州缔结的婚姻。

依据美国联邦宪法关于联邦与各州分权的规定，每个州都有权决定本州内什么形式的婚姻是合法婚姻。普遍的规则是根据婚姻成立地的法律判断婚姻的有效性。承认在外州成立的婚姻合法既是传统冲突法规则，也是现代法律选择方法所支持的。两次《冲突法重述》都规定要适用婚姻成立地法决定婚姻的效力。② 这有助于对婚姻的可预测性、确保子女的合法性、保护当事人的合理期待，以及促进州际礼让等。传统的冲突法规则是，一州应当承认在另一州合法成立的婚姻。这样，即使被要求承认与执行的州本身是反对同性婚姻的，但如果有的州承认同性婚姻合法，被要求承认的州将不得不承认同性婚姻的合法性。当然，这也存在例外。传统的法律选择规则受到公共秩序保留的限制，即一州可以基于本州成文立法的明确规定而拒绝承认在外州订立的婚姻；或承认在外州有效成立的婚姻会严重违背法院地的公共秩序。这也是两次《冲突法重述》明确规定的。因此，美国国际私法学者首先从公共秩序保留的角度探讨同性婚姻在外州的承认与执行问题。

2. 区分积极的公共秩序和消极的公共秩序以确定是否适用公共秩序保留

美国马里兰大学法学院的约瑟夫教授（Joseph W. Hovermill）将公共秩序分为积极的公共秩序和消极的公共秩序。③ 他认为，积极的公共秩序是明确的成文法禁止性规定，如《统一婚姻规避

① 28 U. S. C. 1738C (2000).

② See *Restatement (Second) of Conflict of Laws* § 283 (1971), and also see Restatement (First) of Conflict of Laws § 121 (1934).

③ See Joseph W. Hovermill, , *A Conflict of Laws And Morals: The Choice of Law Implications of Hawaii's Recognition of Same-sex Marriages*, 53 Md. L. Rev. 450, 1994.

法》,① 该法第1条明确禁止规避住所地婚姻法。消极的公共秩序是虽然没有明确的立法条文规定，但可以从法院地州的宪法、立法或判例中推导出来的重要（strong）公共政策。因此，公共秩序保留在婚姻问题上的适用可能基于以下两种情况：婚姻与自然法相违背；婚姻与法院地的积极性法律规定相违背。从自然法角度看，由于时代的变化，鸡奸过去被认为是刑事犯罪，现在开始承认同性恋合法。因此，单纯从自然法角度分析无法判定同性婚姻违反了法院地州的公共秩序。只有在法院地州制定了明确禁止同性婚姻的立法时，才能以公共秩序保留的理由拒绝承认在外州合法成立的婚姻。即使在这种情况下，被请求承认的法院也不能仅仅因为外州与法院地州有关婚姻的立法不同而随意适用公共秩序保留。公共政策例外受到联邦宪法中充分诚信条款、正当程序条款和平等保护条款的限制。

与1950年至1960年间的民权运动相同，赞同同性恋者积极争取联邦最高法院为同性恋提供宪法性保护。因为反对同性婚姻的州，会产生面对姊妹州法律的问题，在决定是否依照本州法律承认外州婚姻时，必须符合联邦宪法的要求和限制。联邦宪法中可能有两条涉及限制各州以公共秩序保留拒绝承认外州婚姻的规定：（1）充分诚信条款；（2）正当程序或第14修正案中的平等保护条款。运用正当程序条款适用被申请承认的法院地法，从而拒绝承认同性婚姻的合法性，一般不太会被认为违反宪法中的充分诚信条款或正当程序条款。因为这两个条款要求法院在根据本州的冲突规范或法律选择方法适用本地法时，案件应当与本地法之间存在重要联系，因为同性婚姻往往与被要求承认的州之间存在一定联系，或者是同性婚姻的一方当事人居住在该州，或者是当事人寻求法院地州法律所赋予的权利或利益。而平等保护要求审查法院地法是否对外来人构成歧视。对于本身禁止同性婚姻的州而言，这似乎也不成问题，因为在禁止同性婚姻的问题上，法院地法是一视同仁的。

通过上述分析，约瑟夫教授认为，只有在法院地州明确禁止同

----

① 9 U. L. A. 480 (1942).

性婚姻，通过立法表明这是本州重要的公共政策时，法院才可以运用公共秩序保留拒绝承认同性婚姻的合法性。只有这样，才能保证州际礼让以及婚姻的稳定性和可预测性。

从约瑟夫教授的文章可以看出，美国的公共秩序保留制度已经打上了现代的烙印。所谓积极的公共政策常常表现为"直接适用的法"，消极的公共政策包含了政府利益分析等内容。同时，由于婚姻关系涉及人的基本权利和其他有关内容，州宪法和联邦宪法的规定成为检验法院地公共政策的重要标准。

3. 区分被请求承认的同性婚姻种类，确定公共秩序保留适用的范围

对于同性婚姻在法院地州的承认问题，美国西北大学教授安德鲁·考伯曼（Andrew Koppelman）在考虑公共秩序保留时，主要从政府利益分析的角度考察法院地州在被请求承认的不同种类的同性婚姻中，法院地州的政府利益或政策。① 他认为，在不同情况下，法院地的政府利益是不同的。他将法院面临的申请承认的同性婚姻分为四类：规避婚姻（"evasive" marriages）、迁徙婚姻（"migratory" marriages）、游客婚姻或访问婚姻（"visitor" marriages）、域外效力的婚姻（"extraterritorial" marriages）。

"规避婚姻"是指当事人有意离开其住所地州以规避该州禁止他们婚姻的规定，在结婚后立即返回本州的情况。安德鲁认为，这样的婚姻如果违反了他们所在州的重要公共秩序，将被认为是无效的。美国有40个州明文立法禁止同性婚姻，因此，在这些州判断公共秩序是很容易的，因为州立法明确规定他们将不承认同性婚姻。在其他州，因为缺乏明文的禁止性立法，因而是不明确的，需要根据法律的具体规定才能判断。

"迁徙婚姻"是指那些当事人并非有意规避本州法律，而是在

---

① See Andrew Koppelman, *Symposium: Current Debates in The Conflict of Laws: Recognition And Enforcement of Same-Sex Marriage: Interstate Recognition of Same-Sex Marriages and Civil Unions: A Handbook for Judges*, 153 U. Pa. L. Rev. 2143, June, 2005.

结婚地缔结了合法婚姻，然后迁移到禁止该等婚姻的州生活。例如，一对在马萨诸塞州的同性恋居民，在该州结婚后迁移到宾夕法尼亚州。这是最困难的案件。如果宾州没有禁止同性婚姻的成文立法，将很难通过公共政策例外的理由拒绝承认这种婚姻的合法性。即使宾州有这样的成文立法，在涉及这种婚姻的附带问题时，宾州公共政策的强度也不一定足以重要到超过保持夫妇婚姻有效的利益。例如，基于婚姻而提起的财产诉讼不能简单地因配偶决定移居到外州而无效，该婚姻必须是配偶一方再结婚的障碍时才可以。一州的公共政策不能因为夫妇基于另一州的法律而利用了现在州的法律空白而被违反。

第3类是最迫切需要澄清和解决的问题，即"游客婚姻"或称"访问婚姻"。在这种情况下，一对夫妇或其中一方临时性地出现在需要被承认的州。在现代美国，几乎所有人都会旅行跨过州的边界，这种跨界旅行的比例在诸如马萨诸塞或佛蒙特这样的小州比例更高。尽管目前还没有这方面的权威意见，但这种婚姻应当是被承认的。任何其他结果都将是与公民可以自由旅行的宪法性权利相违背的。在这种类型的案件中，不承认的法则将会带来严重后果。试想那些居住在马萨诸塞州的同性夫妇，他们并不想逃避任何州的法律，只是做了他们本州法律允许的事，他们在联邦制度下的状况是什么样的呢？假设一对女同性婚姻夫妇居住在加利福尼亚州，他们抚养了一个小孩。孩子的生母带着孩子去另一个州度周末。在那里，孩子和母亲遭遇了一次车祸，并且都受了伤。当配偶的另一方得知这个消息后乘飞机迅速赶到该州医院，根据不承认的法则，她将被告知以下内容：你不能和这些病人见面，因为只有本州承认的家人才可以。你不能参与其中任何一人的治疗方案的决定。如果孩子的母亲死亡了，你对孩子没有父母的权利，如果没有任何血缘上的亲属存活，孩子将被作为孤儿送往专门看护中心。美国任何冲突法的选择方法都不会希望出现这样的结果。

第4类是域外效力的婚姻，在这种情况下，夫妇从来没有居住在该州，但与婚姻有关的诉讼发生在该州。例如，配偶一方没有留下遗嘱而死亡在该州，另一方寻求通过在法院地的诉讼以继承配偶财产。在这种情况下，有明确的权威意见认为应当承认这种婚姻。在这个问题上，判例法是一致的。婚姻无一例外地被承认，理由是法律的宗旨在于防止法院地州内的禁止性通婚。在其中一方死亡的情况下，承认这种婚姻仅仅是为了允许活人继承位于法院地州的财产，或允许孩子作为合法的后代继承财产。这对于法院地州的公共政策没有危害。大家都认为法院地州的法律对此没有域外效力。①

自 Baehr v. Lewin 案后，要求承认同性婚姻的运动通过各种方法正在其他州取得进展。同性婚姻夫妇已经在至少另外 4 个州提起了反对禁止同性婚姻成文立法的诉讼。② 例如，加利福尼亚州的出庭律师公会已经建议对州民事立法进行修改，以适应承认同性婚姻。③ 同性恋者要求得到法律承认的努力并不令人意外。一个被法律承认的婚姻会带来一系列实际的好处，包括个人所得税减免、卫生保健福利、遗产继承权、因配偶被侵权死亡而以配偶身份提起赔偿诉讼的权利、为无能力的配偶安排医疗保健的决定等。正是由于婚姻附带的复杂问题，安德鲁·考伯曼教授没有停留在法院地公共政策的表面，而是从法院地的立法利益与当事人之间利益的比较方面权衡法院实施公共秩序保留的影响。

（四）对同性婚姻的承认仍然适用婚姻缔结地法吗

与大多数讨论公共秩序保留的学者不同，纽约大学法学院的琳达·西伯曼教授（Linda Silberman）认为，即使是对同性婚姻的承认，法院仍然应当适用婚姻缔结地法。④ 这种看法显然有利于对同性婚姻的承认，表明该学者对同性婚姻持肯定的立场。他采取了与考伯曼教授（Andrew Koppelman）相类似的做法，将需要承认的同

---

① Miller v. Lucks, 36 So. 2d 140, 142 (Miss. 1948).

② See Miriam Davidson, *Four Same-Sex Pairs Suing to Marry*; *Claim State Denies Their Rights*, ARIZ. REPUBLIC, Dec. 20, 1993.

③ See Phillip G. Gutis, *Small Steps Towards Acceptance Renew Debate on Gay Marriage*, N. Y. TIMES, Nov. 5, 1989, § 4, at 24.

④ See Linda Silberman, *Symposium*: *Current Debates in The Conflict of Laws*: *Recognition and Enforcement of Same-Sex Marriage*: *Same-Sex Marriage*: *Refining The Conflict of Laws Analysis*, 153 U. Pa. L. Rev. 2195, June, 2005.

性婚姻分为三种不同的情况进行分析：（1）"规避场所"的婚姻（The Evasion Scenario），（2）"迁徙"的婚姻（The Mobile Marriage），（3）临时效果的婚姻（Transient Effects）。

这种分类与安德鲁·考伯曼（Andrew Koppelman）教授的分类非常相似，但他只分3种情况。第一种情况是，当事人逃避住所地州关于禁止同性婚姻的规定，到允许同性恋婚姻的州登记结婚，然后回到本地。在这种情况下，由于当事人的生活环境是在住所地，住所地的政府利益（或称立法利益）大于登记地的政府利益，登记地不能根据其当地法律为当事人办理结婚登记。这可以从法官在Goodridge v. Department of Public Health 案的判决中找到理由。① 在该案中，Greaney 法官解释说：法院裁决要求马萨诸塞州为同性婚姻发放登记许可是限制在该州本地居民的范围内的。Greaney 法官要求注意两个可能影响结论的成文立法：一是禁止登记在外州有住所并一直定居在外州的同性婚姻，如果该外州法律规定同性婚姻是无效的话；二是官方在向非本州居民发放婚姻登记许可时，只有在该外州居民依据其住所地法是可以缔结这样的婚姻时，才可以予以结婚登记。② 根据这项判决意见，马萨诸塞州司法部长已经要求政府登记官员不向住所地不在本州的居民发放结婚登记。当然，这项决定又遭到质疑，已经有人提起诉讼，认为这构成了对非本地居民的歧视。③

在迁徙婚姻情形，当事人在允许同性婚姻的州登记结婚，后来迁徙到不承认同性婚姻的州生活。在这种情况下，当事人并非故意规避住所地的婚姻法。这时就有必要支持当事人对婚姻的合理期待，尊重姊妹州的立法利益。因为，当事人原来的住所地和婚姻缔结地是一致的，原来居住的州的立法利益高于迁徙州（法院地）的立法利益。正如《第二次冲突法重述》所规定的："婚姻的效

---

① 798 N. E. 2d 941 (Mass. 2003).

② Id. 12.

③ See Yvonne Abraham, Two Lawsuits to Challenge 1913 Law, Boston Globe, June 17, 2004, at B5, Available at 2004 WLNR 3603779.

力，取决于与配偶和婚姻有最密切联系州的法律。"①

就临时效果的同性婚姻而言，琳达教授的观点与安德鲁·考伯曼一样，认为应当承认这种"域外"的婚姻效力。例如，一对在住所地州登记结婚的同性夫妇，无意离开其住所地而规避其他地方的婚姻法，但因为在其他州（不承认同性婚姻的州）发生的事件，使得他们的婚姻需要得到法院地的承认，如继承问题。在这样的案件中，法院地只是为了处理继承问题而临时承认同性婚姻的效力。这种承认是对域外婚姻效力的承认，不涉及该婚姻在法院地州的承认，因此与本地的公共秩序不发生严重对立。

琳达·西伯曼教授总结这 3 种情况后认为，出于合理依赖和期待，以及诚信的冲突法价值观，对同性婚姻的承认仍然应当主要根据婚姻缔结地法。只有在法院地与受理的案件之间存在密切联系，因而会发生法院地法与婚姻缔结地法的冲突时，才能考虑法院地的公共政策，排除婚姻缔结地法的适用。

（五）利益分析方法的运用

利益分析方法作为法律选择适用的方法之一，在上述学者思考婚姻缔结地法和公共政策例外时已经使用过。完全从利益比较的角度看待同性婚姻的承认问题，则主要是加利福尼亚大学戴维斯法学院的沃尔夫教授（Tobias Barrington Wolff）。他从管辖权冲突的利益分析角度，探讨了对同性婚姻的承认。②

沃尔夫认为，法院不承认在外州成立的同性婚姻，主要基于 3 种利益考虑：一是法院地州关于亲密行为的立法；二是当地社会道德不允许同性婚姻；三是防止同性婚姻者从外州移民。他从 Lawrence 案，Romer 案和 Saenz 案的判决演进出发，分析这 3 种利益是否足以使法院拒绝承认外来的同性婚姻。

首先是各州有关禁止特殊性行为的立法，这是各州法院考虑的

① See section 283 （1）of the Restatement（Second）of Conflict of Laws（1971）.

② See Tobias Barrington Wolff, *Symposium：Current Debates in The Conflict of Laws：Recognition and Enforcement of Same-Sex Marriage：Interest Analysis in Interjurisdictional Marriage Disputes*, 153 U. Pa. L. Rev. 2215, June, 2005.

中心利益。婚姻法的发展伴随着对各种性行为承认的变化。从规定鸡奸为刑事犯罪到承认同性恋的合法地位，使得在外州成立同性婚姻虽然不符合法院地的立法规定，但很难说与法院地禁止同性婚姻的立法利益有激烈冲突。在 Lawrence v. Texas 案中，① 联邦最高法院将宪法正当程序中的实质性权利"自由"扩展到了对同性恋性行为的保护，宣布那些禁止在成年人之间非为盈利而进行鸡奸（包括口交和肛交）的立法是违反宪法的。尽管 Lawrence 案本身并不涉及同性恋的同居问题，但该案判决所表达的有关性行为自由的含义可以延伸到同性婚姻者。这就使得禁止同性婚姻的各州立法利益受到影响。

道德上不允许也是各州不原意承认的主要理由。沃尔夫认为，道德上的不允许和法律上的无效是两回事。如果一州法律仅规定同性婚姻无效，但并不禁止同性性行为，这种道德上的不允许就法院地的利益而言，是比较弱的。在 1996 年的 Romer v. Evans 案中，联邦最高法院首次确认了男女同性恋者的权利。② 联邦最高法院认为，对男女同性恋者的敌意不能成为州利益的体现和借口，相反这种敌意或借口构成了对同性恋者的歧视。③

阻止同性婚姻夫妇迁移到法院地州的立法意图是否可以构成法院地的利益呢？与前两种理由不同，第 3 种理由很少在法院的判决中直接表达出来。在 Saenz v. Roe 案中，④ 联邦最高法院推翻了加利福尼亚州关于向依赖子女的家庭提供帮助的立法，认为没有对外州迁移来的居民进行平等保护，违反了宪法。虽然这个判决不是专门针对同性婚姻的，但有一定的借鉴意义。

考虑到法院地州的立法利益，沃尔夫主张法院地州仅对禁止本

---

① 539 U. S. 558, 578-79 (2003).

② 517 U. S. 620, 632 (1996) (ruling that an expression of "animus" toward gay people is not a legitimate basis for state regulation); id. at 634-635 (stating that a "bare ... desire to harm" or disadvantage gay people does not constitute a legitimate state interest) (citation omitted).

③ Id. at 582 (O'Connor, J., concurring in the judgment).

④ 526 U. S. 489 (1999).

地居民规避住所地婚姻立法有重要的立法利益。对于外来同性婚姻者也适用本地的婚姻法，而不承认他们已经缔结的婚姻并不构成法院地的重要公共秩序。考虑到除性行为以外婚姻所具有的其他意义，如继承、儿童抚养等，法院地禁止同性婚姻的利益并不一定超越其他利益。

（六）宪法因素对同性婚姻承认的影响

美国联邦最高法院法官杰克逊早在半个世纪之前就指出，美国冲突法与生俱来（inherently）就是宪法。① 在美国，联邦宪法中的正当程序条款、充分诚信条款和平等保护条款是影响州际冲突法的主要条款。② 这种可以干预冲突法规则的宪法条款常常被称为宪法的"联邦主义"条款。③ 此外，宪法中有关基本权利保护的规定也对同性婚姻的承认产生制约性影响。不过，这种基本权利条款的影响常常隐含在正当程序条款和平等保护条款之中。

目前，从宪法角度讨论外州同性婚姻承认问题的文章很多，这些文章主要涉及以下几个方面：

1. 同性恋者结婚是否是美国联邦宪法赋予的基本权利

正如前面提到的，美国个别州法院的判例认为同性结婚符合州宪法规定的基本权利（fundamental right）。④ 如果联邦法院在同性婚姻案件中也认为这构成联邦宪法的基本权利的话，各州法院就不可能援引公共政策例外拒绝承认外州同性婚姻的合法地位，因为宪法的基本权利在私法领域具有直接效力。⑤

---

① Robert H. Jackson, *Full Faith and Credit——The Lawyer's Clause of the Constitution*, 45 Colum. L. Rev. 1, 6-7 (1945).

② 其他条款还包括"特权与豁免条款"和"商业条款"，但这两个条款与同性婚姻的关系不大。

③ Peter E. Herzog, *Constitutional Limits on Choice of Law*, Académie de droit international, 1992，Ⅲ, p. 273.

④ 参见美国夏威夷州最高法院在 Baehr v. Lewin 案中的裁决意见，See 852P. 2d . 44 (Haw. 1993).

⑤ See Aharon Barak, *Constitutional Human Rights and Private Law*, (1996) 3 Rev. Const. Stud. 218.

美国佩恩大学法学教授卡洛斯（Carlos A. Ball）从宪法性基本权利的意义出发讨论同性婚姻的承认问题。① 他从联邦宪法的正当程序角度分析结婚是不是人的一项基本权利，如果它构成宪法性基本权利的话，再讨论正当程序条款是否可以迫使各州承认同性婚姻。他认为不需要单独讨论平等保护条款，因为该条款的意义可以在正当程序条款中得到反映。

卡洛斯通过分析总结后认为，法院在婚姻案件中适用宪法性基本权利的案件大致可以分为两类：第一类是"对婚姻的干预"（"interference with marriage" cases）。在这类案件中，当事人提起宪法诉讼，指控州当局干预他们已经存在的婚姻；第二类是"未被承认的婚姻"（"failure to recognize" cases），这类案件由当事人在有关州拒绝承认他们婚姻关系后提出的。

他发现，法院在案件中第一次将结婚视为基本权利是在Skinner v. Oklahoma 案中。② 但 Skinner 案既不是婚姻案，也不是正当程序案。在该案中，俄克拉荷马州的一项成文立法要求为某些惯犯绝育，如夜贼，但不包括侵占公款的犯罪。因而遭到违反宪法平等保护条款的指控。法院在推翻这项成文立法时，指出该立法涉及人的基本权利，结婚和生育是任何种族和民族的人的基本权利。Skinner 案是法院主动干涉婚姻问题的第一案，因为俄克拉荷马州的立法侵犯了已婚犯人的生育权利，也侵犯了未结婚犯人在被释放后可能结婚的权利。

第二起案件是 Poe v. Ullman 案。③ 在该案中，原告质疑康涅狄格州立法禁止使用避孕工具的规定。法庭的大多数法官认为，该案没有需要裁决的联邦法律问题，但哈兰法官认为有，并且认为存在宪法性问题需要裁决。由此引出了他著名的实质性正当程序的观

---

① See Carlos A. Ball, *SYMPOSIUM：GAY RIGHTS AFTER LAWRENCE V. TEXAS：ARTICLE：The Positive in the Fundamental Right to Marry：Same-Sex Marriage in the Aftermath of Lawrence v. Texas*, 88 Minn. L. Rev. 1184, 2004.

② 316 U. S. 535 (1942).

③ 367 U. S. 497 (1961).

点。哈兰法官没有讨论州政府是否有权通过刑法方法维护道德，他关心的是康涅狄格州在婚姻家庭关系上制定禁止避孕法是否侵犯了隐私权问题。他认为，正当程序条款赋予州政府尊重与婚姻关系相伴的性行为的隐私性。

Griswold v. Connecticut 案是最高法院处理的最后一个涉及"干预婚姻"案。自那以后，最高法院处理的三个婚姻案涉及的问题是"未被承认的婚姻"。第一个案例是 Loving v. Virginia。① 该案质疑弗吉尼亚州关于禁止不同人种之间通婚的法律是否符合宪法。它起初被认为是一个平等保护问题，因为禁止不同人种通婚是建立在对个体的不同等级制度上的。然而，该案同时也是一个正当程序案，因为在该案中，法院第一次从正当程序角度而不是从隐私权角度强调婚姻关系的意义。在 Loving 案中，当事人不是要求当局不管，而是要求州当局承认他们之间的关系。法院裁决认为，如果否认政府有承认的义务，那将是政府不作为，因而侵犯原告结婚的基本权利。

卡洛斯认为，正当程序条款保护的基本权利包括积极权利和消极权利两个方面，而不是只保护积极权利。既然结婚权已经被联邦法院肯定为人的基本权利，剩下的问题就只是同性恋者是否可以结婚了。卡洛斯从正当程序保护的自由定义出发，分析司法判例是如何从禁止鸡奸到允许同性性行为的。最后，他分析道，承认同性婚姻的关键问题是目前的主流意见还不认为同性性行为是人的一项基本权利，虽然个别州法院有这样的判例。当同性性行为被大多数人认为是宪法性基本权利时，各州当局就不能再以公共政策例外的理由拒绝承认在外州成立的同性婚姻了。

2. 充分诚信条款与《婚姻保护法》

前面已提及，在 Baehr v. Lewin 案后，美国国会迅速通过了《婚姻保护法》（The Federal Defense of Marriage Act, 1996）。该法授权各州有权自行决定是否赋予同性婚姻以法律效力。为此，有学者认为，该法与美国宪法的充分诚信条款相违背，并损害了州的主

————————

① 388 U. S. 1 (1967).

权。斯丹雷·考克斯（Stanley E. Cox）教授即持这样的观点。①

考克斯认为，联邦宪法中的充分诚信条款要求各州对他州的法律、记录和司法程序给予充分诚信；而联邦政府可以通过一般法律规定这种法律、记录和司法程序的证明方式和效力。《婚姻保护法》的规定却与此存在实质性冲突。按照该法，一州可以根据他州法律或司法判决的内容是否符合本地的公共秩序来决定承认与执行问题。这必然导致被申请承认的州对外州法律和司法判决进行实质性审查，因而会损害另一州的主权。它同时会对各州的冲突法产生影响。例如，婚姻的效力受婚姻缔结地法约束的冲突法规则将不再被适用，法院地法处于优先考虑的地位。《婚姻保护法》为立法利益存在实质性冲突的案件直接提供实体性的解决方法，因而不具有冲突规则的性质。这样一来，该法使得联邦政府取得了干预各州私法的权力，因而侵犯了州的主权。美国宪法对于联邦权力是明文列举的，除州际贸易问题外，联邦议会并无制定普通私法的权力。通过该法，联邦政府实际上干预了各州公共政策例外的内容和行使，其是否符合宪法关于联邦与州分权的规定值得怀疑。

考克斯主张，基于充分诚信条款的限制，国会立法应该更多关注立法管辖权的冲突，而不是实体性内容。对婚姻和家庭领域的传统冲突法规则进行审查和修改是合适的，但不能抛弃，否则会导致冲突法规则的混乱。

3. 充分诚信条款与家庭法的关系

与考克斯的观点不同，李·布里梅尔（Lea Brilmayer）教授并不认为《婚姻保护法》违反了充分诚信条款。他认为，根据宪法第5修正案的规定，国会有权立法规定州法律、记录和司法判决的证明和效力方式。《婚姻保护法》符合这条规定。

由于马萨诸塞州法院在案例中承认同性婚姻的合法性，许多人开始担心承认这种判决是否会导致本州也被迫接受马萨诸塞州同性

---

① See Stanley E. Cox, *Symposium（Part Ii）: Doma and Conflicts Law: Congressional Rules and Domestic Relations Conflicts Law*, 32 Creighton L. Rev. 1063, 1999.

婚姻的效力。虽然美国国会通过了《婚姻保护法》，但仍有许多人要求联邦国会通过联邦宪法修正案，以宪法方式对婚姻进行定义，这样就可以避免因充分诚信条款而不得不承认外州同性婚姻的判决。正是由于这个原因，美国国会参议院司法委员会"宪法、民权和财产权小组"于2004年3月听取了李·布里梅尔教授的证词。布里梅尔教授以"充分诚信、家庭法和宪法修正案"为题对充分诚信与同性婚姻的承认问题进行了分析。① 他认为：根据宪法，马萨诸塞州的法院有权对本州宪法作出解释，赋予同性婚姻以合法权利。这并不意味着充分诚信条款出现了问题。与历史上的情况一样，该条款在适用上有很大的弹性，不需要对该条款进行修改。

他认为，虽然充分诚信条款在文字上要求对他州的法律、记录和司法判决予以尊重和执行，但实际情况是该条款主要针对的是他州的司法判决。② 充分诚信条款的结果是使司法判决具有"域外"效力，这是联邦体制决定的。但有关婚姻的司法判决从来就不是自动具有域外效力的。充分诚信条款不要求一州承认另一州作出的与本地公共秩序相违背的婚姻判决。

布里梅尔接着阐述道，家庭法领域是很复杂的，法院的判决并不总是一成不变的。过去，由于各州在儿童监护问题上常常做出互

---

① See Lea Brilmayer, *Judicial Activism vs. Democracy*: *What are the National Implications of the Massachusetts Goodridge Decision and the Judicial Invalidation of Traditional Marriage Laws*? http: //judiciary. senate. gov/hearing. cfm? id = 1072, 访问日期：2006年5月5日。

② See Pacific Employers Insurance Co. v. Industrial Accident Commission, 306 U. S. 493, 502 (1939) ("[W] e think the conclusion is unavoidable that the full faith and credit clause does not require one state to substitute for its own statute, applicable to persons and events within it, the conflicting statute of another state, even though that statute is of controlling force in the courts of the state of its enactment with respect to the same persons and events"); Alaska Packers Ass' n v. Industrial Accident Comm' n, 294 U. S. 532 (1935) ("[T] here are some limitations upon the extent to which a state will be required by the full faith and credit clause to enforce even the judgment of another state, in contravention of its own statutes or policy").

相矛盾的判决，联邦议会曾通过 1980 年《防止父母绑架法》。①
1996 年《联邦婚姻保护法》是另一个例证。尽管有人怀疑《联邦
婚姻保护法》是否符合宪法，但他认为这符合宪法对国会的授权。
因此，通过宪法修正案的方式给婚姻下定义的做法是不可取的。充
分诚信条款的弹性作用并不要求其他州无条件地承认他州法院做出
的同性婚姻判决。从历史角度看，家庭法长期作为各州的权力范围
运行着。充分诚信条款并不排斥各州运用公共秩序保留制度拒绝承
认他州司法判决的效力。

五、美国关于集团诉讼的国际私法问题研究

集团诉讼的重要性毋庸置疑，但它也是颇受争议的私法诉讼机
制。支持者把它描述为"闪亮的骑士"② （shining knights）。集团
诉讼在一国司法体制中发挥着重要作用，它解决的是集体诉讼的问
题：违法行为导致多数人的较小损害，如果没有集团诉讼机制，受
害者往往会因为单独起诉成本过高，可能超过任何单个当事人能够
获得的利益，从而使其损失无法得到补偿。集团诉讼为这些诉讼请
求提供了一个较低成本的解决途径。

同时，集团诉讼也有其消极的一面，Miller 教授在其论文中将
之形容为"作茧自缚的怪物"（Frankenstein monster）。批评之一来
源于集团诉讼允许律师在没有真实委托人的情况下成为实质上的诉
讼主导者，他们进行的是"合法的敲诈"（legalized blackmail）行
为。③

集团诉讼中的法律选择问题直到 20 世纪 80 年代才开始为人们
所重视。里斯教授（Willis L. M. Reese）在《空难事故准据法》一

---

① Parental Kidnapping Prevention Act of 1980, 28 U. S. C. 1738A (2004).

② See Arthur R. Miller, Of Frankenstein Monsters and Shining Knights: Myth,
Reality, and the "Class Action Problem," 92 Harv. L. Rev. 664 (1979).

③ See Milton Handler, The Shift from Substantive to Procedural Innovations in
Antitrust Suits— The Twenty-Third Annual Antitrust Review, 71 Colum. L. Rev. 1, 9
(1971).

文中首次对这一问题进行了深入分析。① 随后，Phillips Petroleum Co. v. Shutts② 案的判决吸引了大家的广泛注意，大众侵权也开始为人们所知晓。在 1970 年前，美国的侵权法和产品责任法并没有为这些诉讼提供实体法上的理论基础，关于复杂的、跨法域的诉讼程序法的改革也是最近才开始的。集团诉讼在 1966 年《联邦民事诉讼规则》修改之前受到了严格限制，即使是在 1966 年对第 23 条所作的咨询意见，也认为大众性意外事故导致的对多数人的侵权并不适宜采用集团诉讼。

集团诉讼中的法律选择问题其实早就出现了，如空难或其他灾难性事故涉及的法律适用问题。由于美国的冲突法革命直到 20 世纪 70 年代才获得普遍胜利，当时各州法院普遍接受的《第一次冲突法重述》的法域选择规则使得法律选择问题相对比较简单。更重要的是，当时所提诉讼相对较小，往往只涉及少数几个州的当事人，而且，大范围的和解在 1980 年之前还未曾发生过。

当今法律界，要就某一问题达成协议似乎愈来愈难，意欲在集团诉讼的法律选择问题上达成共识更不可思议。对于如何选择准据法，以及选择某一特定法律究竟意味着什么，大家也是观点各异。许多学者认为，在复杂诉讼中应由一个法律支配所有的法律争诉点，即使在某些特殊情形下也会存在漏洞。③ 另外有人支持分割方法，主张对不同的法律问题适用不同的法律，只要能做到对每一争

---

① See Willis L. M. Reese, The Law Governing Airplane Accidents, 39 Wash. & Lee L. Rev. 1303 (1982).

② 472 U. S. 797 (1985).

③ See, e. g., The Multiparty, Multiforum Jurisdiction Act of 1989; Jack B. Weinstein, Individual Justice in Mass Tort Litigation 21, 25, 146 (1995); Peter J. Kalis et al., The Choice-of-Law Dispute in Comprehensive Environmental Coverage Litigation, 54 La. L. Rev. 924, 949-51 (1994); Thomas M. Reavley & Jerome W. Wesevich, An Old Rule for New Reasons: Place of Injury as a Federal Solution to Choice of Law in Single-Accident Mass-Tort Cases, 71 Tex. L. Rev. 1, 43 (1992); Paul S. Bird, Note, Mass Tort Litigation: A Statutory Solution to the Choice of Law Impasse, 96 Yale L. J. 1077, 1094 (1987).

诉点，都仅有一个法律得到适用。①

从程序的角度看，虽然集团诉讼案件各不相同，但在法律选择方面存在相同的问题。在大众侵权案件中，损害结果或来自同一事件，如空难或煤矿瓦斯爆炸；或来自长期的行为或行为结果，如石棉中毒案件。对于前者，由于存在单一的侵权行为地，传统的行为地法（lex loci）规则得以适用，后者则不能适用，传统冲突法中的行为地法规则遭到了猛烈抨击。在大量的大众侵权案件中，这一规则往往指向具有极大偶然性的"侵权行为地"，这种偶然性或者表现在受害者身上（如空难发生地），或者表现在被告身上（如飞机生产商无法控制飞机飞越的区域）。

侵权冲突法中新的方法试图取代机械适用侵权行为地规则的僵化性，通过"利益分析"（interests analysis）、"最密切联系地"（place of the most significant relationship）或者通过"影响法律选择的几点考虑"（place of the most significant relationship）等方法来确定准据法。大家并未就确定合适的侵权法律选择方法达成一致，这一领域至今仍变化多端。其结果是，联邦法院在审理空难案件时不得不根据居住在不同州的旅客的请求，适用不同州的法律。显然，若适用不同州的法律，对于同一空难引起的赔偿责任、赔偿方式、精神损害赔偿等方面将不相同。毫无疑问，这是不公正的，也是滑稽可笑的。

因此，当集团诉讼中的不同请求适用不同州的法律时，各州法院虽声称将遵循各自的法律选择方法，但其往往会根据所涉法律选择方法找到适用单一法律的理由，成功地克服各州法律之间的歧异性。其理由在于，不同的法律选择方法具有共同的目的，即适用最具利益或最密切联系州的法律。因此，在个案中，找到所有各点均指向同一个州的法律也就不足为奇了。此外，法官们还发明了很多

① See, e. g., American Law Inst., Complex Litigation Project 6. 01 cmt. a, at 398-99; Friedrich K. Juenger, Mass Disasters and the Conflict of Laws, 1989 U. Ill. L. Rev. 105; Russell J. Weintraub, Methods for Resolving Conflict-of-Laws Problems in Mass Tort Litigation, 1989 U. Ill. L. Rev. 129, 148.

隐蔽的手法来表达他们对适用单一法律的偏爱，例如，将各种法律选择方法糅合在一起，并用不同的词汇来追求实质上相同的结果。

（一）美国有关集团诉讼的立法

1. 1938 年《联邦民事诉讼规则》

根据国会授权，美国联邦法院制定了适用于联邦法院的《联邦民事诉讼规则》，该规则第 23 条明确而直接地规定了适用于集团诉讼或者代表诉讼的条件，并将集团诉讼分为"真正的"、"混合的"和"虚假的" 3 类。

实践表明，这种根据所涉及的权利的抽象性所作的分类具有强烈的概念法学色彩，因为其界线十分模糊，在一定程度上造成了司法混乱。而且，第 23 条未将集团诉讼的具体程序规范化，对集团诉讼的要件、代表人的资格、集团成员权利的保障等问题缺乏明确规定，导致了司法实践中集团诉讼程序的滥用，致使法院判决相互冲突。这些缺陷直接影响了集团诉讼制度功能的发挥，最终引发了 1966 年对该制度的重大修改。①

2. 1966 年《联邦民事诉讼规则》

为了回应法官和律师对将集团诉讼分为令人迷惑的三种类型而产生的"不耐烦"情绪，② 美国联邦最高法院在 1960 年任命了新的民事诉讼规则咨询委员会，对 1938 年《联邦民事诉讼规则》进行全面审查。1966 年，联邦最高法院发布了修订后的规则，即 1966 年《联邦民事诉讼规则》。该《规则》对集团诉讼的必要条件作了明确规定，法院在授予集团诉讼资格时应考虑"人数众多性"、"共同性"、"典型性"和"代表性"等要素。在修订第 23 条时，咨询委员会曾一度考虑废 1938 年《规则》中对集团诉讼类型三分法的做法而采用单一标准，委员会最终还是保留了对集团诉

---

① 参见范愉编著：《集团诉讼问题研究》，北京大学出版社 2005 年版，第 156 页。

② Deborah R Hensler, Pursuit Public Goals for Private Gain, Executive Summary, Class Action Dilemmas (Santa Monica, CA: Rand Institute For Civil Justice, 1999), p. 12. 转引自范愉：《集团诉讼问题研究》，北京大学出版社 2005 年版，第 157 页。

讼类型的划分，但以不同的形式，根据其功能进行了重述，并对三类集团诉讼的进行作了不同规定。此外，修订后的《规则》明确赋予法院对于集团诉讼拥有广泛的管辖权限，包括对集团诉讼资格的审查权及对和解协议的批准等。

3. 1995 年《私人证券诉讼改革法》和 1998 年《证券诉讼统一标准法》

20 世纪末，随着美国经济及证券市场的发展变化，证券民事诉讼案件激增，当事人滥用证券民事诉权的现象日益普遍，甚至出现只要上市公司披露任何具有负面影响的信息，引起公司股价的突然下跌，立即就有投资者提起集团诉讼的情形。美国众议院专门委员会 1994 年的一份调查报告显示，法院在大部分情况下受理了这些诉讼，但这种诉讼没有任何意义。

上述报告最终导致美国国会于 1995 年制定并通过了《私人证券诉讼改革法》（PSLRA）。该法对美国 1933 年《证券法》和 1934 年《证券交易法》进行了许多实质性修改，对美国证券民事赔偿制度进行了重大改革和调整。1998 年，美国国会又通过了《证券诉讼统一标准法》。在证券欺诈的诉讼方面，这两部新法在现行集团诉讼法律的一般性规定的基础上，对证券民事赔偿的集团诉讼案件的审理和判决作了专门的、特别的规定和调整。PSLRA 在程序方面加大了对当事人以美国证券与交易委员会 1942 年公布的 10b-5 规则为由提起集团诉讼的限制。① PSLRA 的出发点是防止投资者对证券诉讼权利的滥用，消除毫无意义的证券诉讼，以保护投资者、证券发行人以及所有与资本市场相关的人免于陷入没有意义的证券诉讼之中。②

4. 1998 年、2003 年对集团诉讼规则的修改

20 世纪 90 年代以来，随着集团诉讼实践的发展及其问题的日益暴露，要求修改第 23 条的意见逐渐占据了上风。理论及实务界

---

① 主要涉及证券发行和交易中的信息披露、公平交易的规定。

② 参见李响、陆文婷：《美国集团诉讼制度与文化》，武汉大学出版社 2005 年版，第 214～216 页。

纷纷要求加大对集团诉讼司法审查的力度，限制集团诉讼的利用。为了平衡各方利益，美国国会先后于 1998 年、2003 年对第 23 条作了修改。

为了加强对集团诉讼的司法审查，防止当事人滥诉导致对集团诉讼产生不良影响，1998 年的修改增加了对集团诉讼的资格进行中间上诉的规定。当事人对联邦地区法院作出的确认或者否定集团诉讼资格的命令不服的，可以在规定的期间内提起上诉。上诉法院可以根据申请，自由裁量是否予以受理。除非地区法院的法官或上诉法院作出命令，上诉不能中止联邦地区法院的诉讼程序。

为了进一步加强对集团诉讼的控制，防止集团诉讼成为律师损害公共利益、集团成员利益，牟取个人暴利的工具，美国国会于 2003 年通过了新的集团诉讼修正案。① 该修正案除明确法院的通知程序、听证程序以外，还增加了法院对集团诉讼律师的委任权以及律师酬金的规定。

5. 2002 年《多方当事人跨州审判管辖权法》

美国国会于 2002 年通过了《多方当事人跨州审判管辖权法》，根据该法：

对于因单一意外事故引起的最低限度的多州（minimal diversity）当事人之间的任何民事诉讼，联邦地区法院享有一审管辖权，只要该事故至少导致 75 人死亡：

（1）如果某一被告为某州居民，而意外事故的实体部分（substantial part）发生在另外一个州或其他地方，不论该被告是否也居住在事故实质部分发生地；

（2）如果任何两个被告居住在不同的州，无论其是否为同一州的居民；

（3）意外事故的实体部分发生在不同的州。②

对于何谓"最低限度的多州当事人"，该法进一步解释为，如果一方当事人为某州公民，任一对方当事人为外州公民或外国国民

① Federal Rules of Civil Procedure, Rule 23, amended 2003.
② 28 U. S. C. 1369 (2003).

和国家。"最低限度的多州当事人"强调的是公民的身份，也包括在任何州营业的法人。因此，对于规模大的灾难这类容易产生集团诉讼的案件，往往很难被法院授予集团诉讼的资格。然而，由于有些州的法律选择规则支持集团诉讼，联邦法院可以适用该州规则。

6. 2005 年《集团诉讼公平法》

1998 年、2003 年的修订虽加大了法院对集团诉讼进行司法审查和管理的职能，对集团诉讼中的滥诉行为进行了制约，但仍不能满足对集团诉讼，尤其是大众侵权集团诉讼中，律师的行为予以控制的要求。2005 年 2 月，美国国会两院一致通过了新的《集团诉讼公平法》（Class Action Fairness Act of 2005，简称 CAFA）。该法是继 1966 年对集团诉讼规则进行修改以来最为全面的一次立法，将对美国司法制度以及集团诉讼制度产生深远影响。

CAFA 开宗明义，直陈集团诉讼被滥用的现实：一些在全国范围内有重大影响的案件被排除在联邦法院的管辖之外；法院对外州的被告存在偏见或歧视，往往通过判决武断地限制外州居民的权利。这不仅损害了美国的司法体制及各州之间正常的商业交往，也损害了美国宪法所确立的多州管辖制度。CAFA 的目的之一在于：通过赋予联邦法院对具有全国影响跨州案件的管辖权，使美国宪法制定者所设计的对于州籍不同当事人进行多州管辖的意图得到实现，并确保集团成员的合法请求得到公平和迅速的救济。

在集团诉讼管辖权问题上，CAFA 放宽了联邦法院对集团诉讼的多州管辖权。它进一步明确了联邦法院对于集团诉讼行使一审管辖权的标准，规定当诉讼标的总额超过 500 万美元，集团成员超过 100 人，任一集团成员与任一被告的州籍或国籍不同时，联邦法院就具有一审管辖权。在符合上述标准的前提下，联邦法院具有两类不同的管辖权，其一为强制性管辖，其二为任意性管辖。CAFA 另一重大突破是允许将案件由州法院移送至联邦法院，而且，在条件具备的情况下，案件的移送不受关于移送审理的 1 年期限的限制；任一被告可以不经其他被告的同意提出移送申请；移送还不受下列条件的限制：任一被告如果具有起诉地法院所在地的州籍，案件就不得移送。此外，对于人数众多的合并诉讼也可参照集团诉讼的方式移至联邦法院审理。

7. 其他规定

在美国，除了上述立法外，还存在一些与集团诉讼有关的制度或程序。有的属于既有的法院规则，有的属于成文法规定，还有一些属于司法实践中形成的惯常做法，有些州还制定了本州的集团诉讼立法。

其中，跨区诉讼管辖就是一项由成文法确立的制度。根据该项制度，当事人可以向司法部门提出申请，将在不同联邦法院审理的基于同一或类似诉因提起的所有案件予以集中，交由某一联邦法院进行审前程序的处理。在某些情况下，这些被移送的案件可以包括那些在不同联邦法院审理的多重而相互竞争的集团诉讼。这一做法往往会产生鼓励当事人和解的作用，并成为一些当事人提出此种申请的主要动因。①

在州法层面上，2003 年 6 月 2 日，得克萨斯众议院通过了《有关诉讼程序改革及民事诉讼救济法》。② 该法是得克萨斯立法机关通过的规模最大的法令之一，洋洋洒洒 3 万余字，对得克萨斯的民事司法体制的各个方面产生了广泛影响，包括产品责任、医疗过失、集团诉讼、跨区诉讼、多方当事人诉讼、管辖、非方便法院、和解、责任比例、损害赔偿的限额、判决前后的利息、中间上诉等问题。

该法直接规定：得克萨斯最高法院应该采用那些为集团诉讼提供公平有效解决方法的规则。为此，《南得克萨斯法律评论》2005年（第 46 卷）特辟专栏及时讨论这些法律问题。③

（二）有关集团诉讼的研讨会或专题讨论会

1. 1989 年：美国法学院协会新奥尔良年会

20 世纪 80 年代，大规模重复诉讼浪潮的出现给美国法律和社

---

① 参见范愉：《集团诉讼问题研究》，北京大学出版社 2005 年版，第 162页。

② Act of June 2, 2003, 78th Leg., R. S., ch. 204, 2003 Tex. Gen. Laws 847.

③ 46 S. Tex. L. Rev. 729 (2005).

会带来了极大影响。1989 年 1 月，美国法学院协会（AALS）在新奥尔良召开年会，其民事诉讼法分会和冲突法分会皆以"集团侵权诉讼中的法律冲突及复杂诉讼问题"（Conflict of Laws and Complex Litigation Issues in Mass Tort Litigation）为议题展开讨论。本次研讨会的成果集中刊载于《伊利诺斯大学法律评论》第 35 卷。美国法学院协会 1988 年冲突法分会主席、伊利诺斯大学法学院院长 Peter Hay 教授和美国法学院协会 1988 年民事诉讼法分会主席、伊利诺斯大学法学院 Richard Marcus 教授合作撰写了前言。①美国学者对于大众侵权（包括产品责任）案件的法律选择规则和方法提出了若干改良意见。② 3 位著名冲突法学者在本次研讨会上对此作了专题发言。

加利福尼亚大学戴维斯法学院荣格教授对与此有关的学术观点进行了广泛的评述。他特别指出，当事人对准据法的选择应优于法院对利益的分析以及里斯和温特劳布等人所提的类似建议。荣格教授支持赋予联邦法院不受其所在州冲突法限制的自由。并认为，联邦法院一旦被赋予此种自由，它就能对独特的跨州问题选择最恰当（most appropriate）的规则。③

得克萨斯大学法学院温特劳布教授从程序和法律选择两个层面阐述了其观点。他认为，实体的进步能够通过编纂统一的责任法典来实现（如《华沙公约》），或者采用统一的法律选择规则（如

---

① See, eg. , Peter Hay, Richard Marcus, Symposium: Introduction; Deborah R. Hensler, Resolving Mass Toxic Torts: Myths and Realities; Friedrich K. Juenger, Mass Disasters and the Conflict of Laws; Andreas F. Lowenfeld, Mass Torts and the Conflict of Laws: the Airline Disaster; Roger H. Trangsrud, Mass Trials in Mass Tort Cases: A Dissent; Russell J. Weintraub, Methods for Resolving Conflict -of-Laws Problems in Mass Tort Litigation.

② See Bogdan, Conflict of Law in Air Crash Cases: Remarks from a European Perspective, 54 J. Air L. & Com. 303, 325-26 (1988); Kozyris, Choice of Law for Products Liability: Whither Ohio?, 48 Ohio St. L. J. 377 (1987); Reese, The Law Governing Airplane Accidents, 39 Wash. & Lee L. Rev. 1303 (1982).

③ See Juenger, Mass Disasters and the Conflict of Laws, 1989 U. Ill L. Rev.

《海牙产品责任法律适用公约》)。联邦法院基于国家间的交往而对外国的被告享有属人管辖权,如果国会没有授权进行全国或全球送达,国家间的联系不能构成联邦法院行使管辖权的依据,案件必须与法院存在特定的联系。而且,对于当事人州籍不同的案件,应站在联邦层面来衡量不方便法院原则。在大规模产品责任案件中,准据法应该是原告住所地的法律,除非被告的产品通过正常的商业渠道未销往该地,或者为了惩罚或威慑当事人存在更为合适的法律。

纽约大学航空法专家劳温菲尔德教授针对空难问题提交了论文,他在回顾了当今冲突法的复杂性之后,将目光投向了 1988 年被众议院通过但未被参议院通过的《跨州当事人 (Multiperson Jurisdiction) 管辖权法案》。该法案规定,联邦法院在选择支配法律责任的准据法时,不应受制于任何州的法律选择规则。但对什么是"联邦法律选择规则",劳温菲尔德教授认为此种规则尚未形成,因而建议以联邦立法形式通过 1989 年《大众灾难改革法》。这种立法将进一步推动合并诉讼程序,取代各州立法,从而为意外事故的损害赔偿建立系统架构。

2. 1995 年:美国纽约大学法学院司法行政研究所研讨会

1995 年 4 月 21 ~ 22 日,美国纽约大学法学院司法行政研究所就集团诉讼问题主办了专题研讨会,两天的研讨会回顾和分析了美国《联邦民事诉讼规则》第 23 条自 1966 年修订以来 30 年的发展历程,讨论的焦点集中于现代集团诉讼是否需要进行改革;如果需要,应该采取何种形式的改革的问题上。此次研讨会汇集了该领域的著名法学家、律师以及学术界人士,研讨会还特别邀请了美国司法会议民事诉讼规则咨询委员会主席、委员以及法官,为公众了解联邦立法程序提供了绝好的机会。

会议开幕阶段讨论的是"集团诉讼和立法程序",第二阶段的主题为"集体公正和个体公正",第三阶段讨论的是集团诉讼的代表性问题,最后阶段的讨论围绕"集团诉讼与司法界线"展开。研讨会的代表性论文收录于《纽约大学法律评论》第 71 卷,纽约大学法学院司法行政研究所执行所长 Samuel Estreicher 教授特别为此撰写了前言。①

自联邦最高法院对 Matsushita Electric Industrial Co. v. Epstein 案作出判决后，联邦和州的紧张关系日益凸现，该案允许州法院对只有联邦法院才能作出裁决的请求作出处理。②

纽约大学 Geoffrey Miller 教授认为，绝大多数集团诉讼符合平行诉讼模式，允许联邦和州法院的诉讼同时进行，并限制联邦法院和州法院在作出最终判决前发布禁令。③ 在 Miller 教授看来，由于这类诉讼与生俱来的跨州特性（inherently interstate nature），对效率的考虑比对各州独立主权的考虑显得更为重要。④

纽约大学拉里·克莱默（Larry Kramer）教授着重探讨了大规模集团诉讼中的法律选择问题。⑤ 他对某些法院及学者认为联邦法院应该在复杂案件中发展联邦普通法规则以解决法律选择问题的观点提出了批评，并对法院根据相关法律选择方法找到相同准据法予以适用是否符合现行法律理念提出了质疑。

3. 2000 年：日内瓦国际研讨会

2000 年 7 月，来自美洲、亚洲和欧洲 20 多个国家的近 90 位律师、法学专家、法官和法学院学生集聚在日内瓦，就集团诉讼问题召开了一次国际研讨会。研讨会试图对普遍存在的跨国侵权问题作出回应，通过比较分析不同国家采用的不同方法，以期相互借鉴各

---

① See, eg., Samuel Estreicher, Symposium: The Institute of Judicial Administration Research Conference on Class Actions: Foreword: Federal Class Actions after 30 Years, 71 N. Y. U. L. Rev. 1-12（1996）; Thomas D. Rowe, Jr., Class Actions and the Rulemaking Process: Beyond the Class Action Rule: AN Inventory of Statutory Possibilities to Improve the Federal Class Action, 71 N. Y. U. L. Rev. 186-209（1996）; Larry Kramer, Class Actions and Jurisdictional Boundaries: Choice of Law in Complex Litigation, 71 N. Y. U. L. Rev. 547-589（1996）.

② 116 S. Ct. 873（1996）.

③ See Geoffrey P. Miller, Overlapping Class Actions, 71 N. Y. U. L. Rev. 514（1996）.

④ Id. at 517.

⑤ See Larry Kramer, Choice of Law in Complex Litigation, 71 N. Y. U. L. Rev. 547（1996）.

自的经验。研讨会的目的既不是为了推进，也不是为了谴责集团诉讼，而是希望通过来自世界各地与会者的不同观点和方法来综合分析该问题。在研讨会上，来自不同国家的报告人分别介绍了本国集团诉讼的现状及社会评价，并集中探讨了移植美国集团诉讼模式的可能性问题。从报告和讨论中可以看出，各方在此问题上分歧较大。本次研讨会的论文结集刊登于《杜克大学比较法与国际法杂志》2001 年第 2 期（总第 11 卷）。①

4. 2004 年：佩奇·基顿民事诉讼研讨会

2004 年 10 月 28～29 日，在得克萨斯州首府奥斯汀召开了佩奇·基顿民事诉讼研讨会。在该研讨会上，温特劳布教授撰文指出：法律选择问题已成为认定全国性集团诉讼资格的障碍。意欲根据得克萨斯州的法律选择规则获取全国性集团诉讼的资格是不可能的事情，除非该冲突规则不会对跨州集团的确认造成不可克服的障碍。如果相关州法之间存在小小的差异，得克萨斯法院往往会将原告分成若干易于控制的子集团。②

在另外一些州，如俄克拉荷马和加利福尼亚州，其法律选择规则对于全国性集团诉讼则比较友好。第 11 巡回法院以一种更有可

---

① See, eg., Deborah R. Hensler, Revisiting the Monster: New Myths and Realities of Class Action and Other Large Scale Litigation; Edward H. Cooper, Class Action Advice in the Form of Questions; Neil Andrews, Multi-Party Proceedings in England: Representative and Group Actions; Garry D. Watson, Class Actions: The Canadian Experience; S. Stuart Clark Christina Harris, Multi-Plaintiff Litigation in Australia: A Comparative Perspective; Christopher Hodges, Multi-Party Actions: A European Approach; Harald Koch, Non-Class Group Litigation Under EU and German Law; Gerhard Walter Mass Tort Litigation in Germany and Switzerland; Roberth Nordh, Group Actions in Sweden: Reflections on the Purpose of Civil Litigation, the Need for Reforms, and a Forthcoming Proposal; Michele Taruffo, Some Remarks on Group Litigation in Comparative Perspective; Michael Mosier, Causes of Action for Foreign Victims of Economic Espionage Abroad by U. S. Intelligence; Ewan W. Rose, Will China Allow Itself to Enter the New Economy?

② See Miner v. Gillette Co., 428 N. E. 2d 478, 484 (Ill. 1981); Larry Kramer, Choice of Law in Complex Litigation, 71 N. Y. U. L. Rev. 547-585 (1996).

能促成跨州集团诉讼的方式来适用有关集团诉讼的联邦规则。

5. 2005 年：《斯坦福法律评论》研讨会

2005 年 2 月 4～5 日，《斯坦福法律评论》就民事审判问题举行研讨会，讨论美国民事诉讼程序近年来发生的重大变化及其应对措施。参加此次研讨会的代表十分广泛，包括学者、法官和其他实务界人士。此次研讨会的论文收录于《斯坦福法律评论》2005 年4 月刊（总第 57 卷）。

2 月 4 日上午的小组讨论由天普大学法学院 JoAnne Epps 主持，会议围绕联邦民事审判案件数量下降的问题展开，会议代表包括来自威斯康星大学法学院的 Marc Galanter、南加利福尼亚大学法学院的 Gillian Hadfield、第五巡回上诉法院的 Patrick Higginbotham 法官以及西北大学法学院的 Martin Redish 等人。大家就美国联邦法院审结的民事案件数量持续走低的现状及其可能对未来民事诉讼当事人产生的影响进行了讨论。

2 月 4 日下午的讨论则围绕私下管理信托基金问题展开，会议由斯坦福大学法学院院长 Larry Kramer 教授主持。会议代表包括来自纠纷解决管理公司（Claims Resolution Management Corporation）的 David Austern、斯坦福大学法学院的 Deborah Hensler、杜克大学法学院的 Francis McGovern 等人。与会者对运用民事诉讼程序与运用信托基金处理大规模纠纷制度进行了比较和评估，并对公开或私下委任法官组成特别法庭的方式以及信托基金的分配等问题进行了深入探讨。

2 月 5 日的讨论分两个阶段进行，第一阶段主要围绕集团诉讼改革问题展开，后一阶段涉及仲裁问题。有关集团诉讼改革的讨论由斯坦福大学法学院 Janet Alexander 主持，O'Melveny & Myers 律师事务所的 John Beisner、Lieff Cabraser Heimann & Bernstein 律师事务所的 Elizabeth Cabraser、斯坦福大学法学院的 Alan Morrison 以及美国南得克萨斯地区法院法官 Lee Rosenthal 分别作了小组发言，大家着重探讨了集团诉讼所扮演的角色及其改革将会对美国民事司法体制产生何种影响等问题。

6. 2005 年:《南得克萨斯法律评论》专题讨论

针对得克萨斯众议院 2003 年 6 月 2 日通过的《有关诉讼程序改革及民事诉讼救济法》,《南得克萨斯法律评论》(第 46 卷)专门就此组织论文予以讨论。① 涉及集团诉讼的论文包括:《对集团诉讼律师费的限制》、②《集团诉讼的资格要求及既判力》,③ 论文作者皆为实务部门的代表,他们分别从实证角度分析了集团诉讼中律师费的收取和集团资格的认定等实体法律问题。另外,温特劳布教授在修改原来佩奇·基顿民事诉讼研讨会论文的基础上,进一步阐述了法律选择问题对认定全国性集团诉讼的阻碍作用。④

温特劳布教授分析认为,虽然布什总统在 2005 年 2 月 18 日签署了《集团诉讼公平法》,该法允许州法院将案件移送至联邦法院,并以诉讼标的额 500 万美元为最低线赋予联邦地区法院对当事人州籍不同案件享有一审管辖权,但《集团诉讼公平法》并没有关于法律选择问题的规定。因此,联邦地区法院在审理原告提起的全国性集团诉讼或者从州法院移送过来的全国性集团诉讼案件时,不得不适用其所在州的冲突规则,而这事关授予还是拒绝集团诉讼资格的问题。联邦法院往往会绕开法律选择问题,而适用《联邦民事诉讼规则》第 23 条,这有可能导致拒绝授予集团诉讼资格的结果。

(三) 美国集团诉讼司法实践中的法律选择问题

在跨州集团诉讼中,法律选择问题的分析既可以促成也可以毁掉对集团诉讼资格的认定,这已经不是什么秘密了。⑤ 在跨州案件中,如果法律选择指向法律不同的多个州,法院往往会否定集团诉

---

① 46 S. Tex. L. Rev. 729 (2005).

② See Michael Northrup, Restrictions on Class-Action Attorney-Fee Awards, 46 S. Tex. L. Rev. 953 (2005).

③ See Alistair Dawson & Geoff Gannaway, Class-Action Certification Requirements, and Res Judicata, 46 S. Tex. L. Rev. 913 (2005).

④ See Russell J. Weintraub, Choice of Law as an Impediment to Certifying a National Class Action, 46 S. Tex. L. Rev. 893-911 (2005).

⑤ See Ryan, Uncertifiable: The Current Status of Nationwide State Law Class Action, 54 Baylor L. Rev. 467 (2002).

讼资格。近年来，大多数集团诉讼的动议均未能跨越这道坎。而且，上诉法院在审查下级法院授予跨州集团诉讼资格问题时，其对法律选择问题的考察越来越挑剔和严格。① 在 2004 年，绝大多数上诉法院在审查这一问题时认为，下级法院对于集团诉讼资格的认定是不恰当的，因为原告未能举证证明所有原告的诉讼请求究竟是由某一个州的法律支配还是由多个州的法律支配，如果是后者，他们未能证明这些不同法律在实质上有何不同。②

在许多案件中，上诉法院甚至批评下级法院未就法律选择问题进行详细分析，而是想当然地假定这些不同州的法律是相似的。美国新墨西哥州上诉法院甚至对将集团诉讼作为一种可接受的诉讼工具这一趋势表示了"非友好的怀疑主义"（nfriendly skepticism）。③不过，该法院属于少数几个经过严密的法律选择问题的审查最后认

---

① See Symeon C. Symeonides, Choice of Law in the American Courts in 2004: Eighteenth Annual Survey, 52 Am. J. Comp. L. 989 (2004).

② See, e. g., Dragon v. Vanguard Industries, Inc., 89 P. 3d 908 (Kan. 2004); State of West Virginia ex rel. Chemtall Inc. v. Madden, 607 S. E. 2d 772 (W. Va. 2004); State Farm Mut. Auto. Ins. Co. v. Lopez, 156 S. W. 3d 550 (Tex. 2004); Compaq Computer Corp. v. Lapray, 135 S. W. 3d 657 (Tex. 2004); Philadelphia American Life Ins. Co. v. Turner, 131 S. W. 3d 576 (Tex. App. 2004); J. C. Penney Co., Inc. v. Pitts, 139 S. W. 3d 455 (Tex. App. 2004); Ford Motor Co. v. Ocanas, 138 S. W. 3d 447 (Tex. App. 2004); Vanderbilt Mortg. & Finance, Inc. v. Posey, 146 S. W. 3d 302 (Tex. App. 2004); e Machines, Inc. v. Packard, 148 S. W. 3d 695 (Tex. App. 2004); Compaq Computer Corp. v. Albanese, 2004 WL 2954997 (Tex. App. 2004); Spector v. Norwegian Cruise Line Ltd., 2004 WL 637894 (Tex. App. 2004); Bowers v. Jefferson Pilot Financial Ins. Co., 219 F. R. D. 578 (E. D. Mich. 2004); Linn v. Roto Rooter, Inc., 2004 WL 1119619 (Ohio App. 2004). Lower courts are now heeding the message. See, e. g., Lewis v. Bayer AG, 2004 WL 1146692 (Pa. Com. Pl. 2004); In re Currency Conversion Fee Antitrust Litigation, 2004 WL 2750091 (S. D. N. Y. 2004); McIntyre v. Household Bank, 2004 WL 2958690 (N. D. Ill. 2004).

③ Berry v. Federal Kemper Life Assur. Co., 99 P. 3d 1166, 1187 (N. M. App. 2004）

定下级法院授予集团诉讼资格得以成立的法院之一。①

在过去 10 多年中，美国联邦法院极不愿意授予跨州侵权集团诉讼资格。首先，如果受诉法院未能就相关法律选择问题进行深入考虑，上诉法院往往会迅速作出发回重审的决定，实际上，法院不能因为分析的复杂性而拒绝认定集团诉讼资格。第二，当分析的结果显示要适用多个州的法律时，法院倾向认为，适用的复杂性将会超过统一处理带来的便利和益处。

在授予跨州集团诉讼资格之前，联邦法院必须对法律选择问题进行深入分析，以决定对原告的诉讼请求是否应适用多个州的法律；如果是，则须进一步对多州法律之间的相异之处作出决定。原告有义务证明案件满足《联邦民事诉讼规则》第 23 条的要求，如果法院授予集团诉讼资格，原告还有义务向法院提供对于法律选择问题的分析。当然，如果被告认为适用不同州的法律将影响集团诉讼的资格，被告也会向法院提供有关法律选择问题的分析。

在 Spence v. Glock 案中，美国联邦第五巡回上诉法院推翻了地区法院对某集团以手枪设计存在瑕疵为由提起集团诉讼资格的认定，Edith Jones 法官认为，上诉法院的首要问题在于，地区法院是否进行了正确的法律选择的分析，并恰当地决定适用佐治亚州的法律。Edith Jones 法官指出，正确地进行法律选择的分析之后会发现，本案牵涉美国所有州的侵权政策，因为集团成员生活和购买手枪遍布美国各州。

在考虑当事人要求认定跨州集团诉讼资格的动议时，受诉法院必须进行类似的法律选择问题的分析。当然，根据不同州的法律选

---

① 还有一些上诉法院确认了下级法院在授予集团资格时对法律选择问题所作的分析。如 DeCesare v. Lincoln Benefit Life Co. , 852 A. 2d 474（R. I. 2004），discussed supra note 326；Enfield v. Old Line Life Insurance Co. of America, 98 P. 3d 1048（N. M. App. 2004）；Grant Thornton LLP v. Suntrust Bank, 133 S. W. 3d 342（Tex. App. 2004）. For trial court opinions, see In re Lutheran Brother Variable Insurance Products Co. Sales Practices Litigation, 2004 WL 909741（D. Minn. 2004）；Ferris, Baker Watts, Inc. v. Deutsche Bank Securities Ltd. , 2004 WL 2501563（D. Minn. 2004）；In re Relafen Antitrust Litigation, 221 F. R. D. 260（D. Mass. 2004）

择规则和集团诉讼法的不同，各州法院对于这一问题的调查也会有所不同。但即使某州对原告十分友好，对集团诉讼资格的要求较松，这种调查至少应该确保法院没有武断地作出本质上不允许的法律选择。

当法律选择分析的结果显示应适用多个州的法律时，法院往往会拒绝授予集团诉讼资格。上述案件中第五巡回法院在结论中指出，损害结果发生地为集团成员在全国范围内购买枪支的地方。

下面结合具体案例来揭示美国法院对集团诉讼的态度。

1. 含有法律选择协议的合同案件

跨州合同中的法律选择条款要么促成，要么阻碍集团诉讼，这取决于所选择的法律。如果法律选择条款指向某个州（如销售商的主营业地）的法律，针对该销售商的集团诉讼就比较容易；另一方面，如果法律选择条款要求适用不同州（如商品购买者的住所地）的法律，认定集团诉讼资格就困难得多。另外，当原告的诉讼请求并不仅仅是合同性时，该法律选择条款能否指向和涵盖这些请求尚不确定。对这一问题的不同回答，将会促成或阻碍集团诉讼资格的认定。

在 Washington Mutual Bank v. Superior Court① 案中，加利福尼亚州最高法院详细解释了在授予集团诉讼资格之前，应如何解决法律选择问题。法院认为，证明案件符合集团诉讼条件的举证责任应该由原告承担，原告须证明大多数成员的诉讼请求应适用同一州的法律；或者，如果适用不同州的法律，则须证明该案可被分割为若干易于管理的子集团。对于本案中存在的法律选择协议的效力，原告认为该条款已成为被告用以避免全国范围内集团诉讼的手段。法院反对此辩解，认为一条可执行的法律选择协议不能仅仅因为其可能阻碍提起跨州或全国的集团诉讼而被放弃。如果争议问题在法律选择协议的范围之内，且该条款可被执行，原告就必须证明法律选择协议中约定的法律的差异性并不足以使集团诉讼所要求的"共同性"和"人数众多性"无法得到满足。集团诉讼的发起人必须

---

① 15 P. 3d 1071（Cal. 2001）.

通过分析所应适用的法律，充分证明各州法律的差异并不会抹煞案件的"共同性"而使群体优势无效。

与此类似的案件是 Schein v. Stromboe① 案，得克萨斯州最高法院承认了部分原告和被告所签合同中法律选择条款的效力，并认可了得克萨斯法支配这些合同请求的合理性。然而，法院并不认为其他原告的合同主张或者所有原告的侵权主张均应由得州法支配。也就是说，原告提出的每一项赔偿请求并不都适用被告总部所在地的法律。对于那些没有规定惩罚性损害赔偿上限的州的集团诉讼成员必须服从得州法律规定的责任限制，但得州法律不允许惩罚性损害赔偿的集团诉讼成员从中获得其住所地没有给予的利益。法院最后以原告未能证明应由得州法支配所有请求为由，拒绝了集团诉讼的请求。

另外，在 Lewis Tree Service v. Lucent Technologies Inc. ②案中，法院认为被告和集团诉讼成员签订的销售合同中的法律选择条款不能涵盖集团成员以欺诈为由提出的请求，从而否定了集团诉讼。而在 Czabo v. Bridgeport Machines, Inc. ③案中，由于在所有的买卖合同中均包含选择康涅狄格州法律的条款，法院因此认为应依该州法支配违反担保的诉讼请求，但针对欺诈和虚假陈述提起的诉讼请求不应适用该州法律。在 Wurtzel v. Park Towne Place Associates L. P. ④案中，法院认为选择特拉华州法律的条款并不能涵盖侵权请求，而应由宾夕法尼亚州的法律支配原告的侵权请求，并随后确认了集团诉讼。在 Carder Buick-Olds Company, Inc. v. Reynold & Reynolds, Inc. ⑤案中，法院根据合同中的法律选择条款，认为本案合同请求应由马里兰州法律调整，而欺诈请求应由被告本州和行为地州——俄

---

① S. W. 3d, 2002 WL 31425407 (Tex. 2002).

② 2002 WL 31525626, 31619022(S. D. N. Y. 2002) 关于随后的诉讼, 参见 Lewis Tree Srevice v. Lucent Technologies Inc. , 2002 WL 31619027 (S. D. N. Y. 2002)

③ 249 F. 3d 672 (7th Cir. 2002)

④ 2002 WL 31487894(Pa. Com. Pl. 2002)

⑤ 775 N. E. 2d 531 (Ohio App. 2002)

亥俄州的法律支配,法院随后确认了该集团诉讼。

2. 不含法律选择协议的合同案件

在 Wershba v. Apple Computer, Inc. ① 案中, 住所地分布在不同州的苹果电脑用户以电脑公司未按约定提供免费电话技术支持为由提起集团诉讼。与上述 Washington Mutual Bank 案不同, 本案所涉合同没有法律选择条款。区法院确认了集团诉讼资格, 并认为加利福尼亚州的法律将适用于所有诉讼成员的主张。被告在上诉中认为, 加州法适用于所有成员的诉讼请求有违美国联邦宪法。上诉法院遵循 Phillips Petroleum Co. v. Shutts② 案的先例驳回了被告关于合宪性的抗辩, 认为加州有足够的联系对所有成员的诉求适用其法律, 因为本案被告——苹果电脑公司的主要营业地位于加州, 而且, 允诺提供电话技术支持的手册是在加州制作、分发的, 做出和取消允诺的决定也是苹果公司位于加州的总部作出的。

针对被告提出的消费者住所地存在更有利于消费者的法律, 从而有更大利益适用其法律的主张, 法院认为, 加州的消费者保护法是全美国最严格的。根据加州的判例, 当其他州法院因缺乏确定的利益拒绝给予其本州居民全额赔偿时, 加州法院可以适用更有利的加州法律来保护其利益。

上诉法院认为, 当合同当事人没有约定法律选择条款, 且原告证明或法院认为法院地有足够的联系以至于能合宪地遵循 Shutts 案的先例适用其法律时, 举证责任就转移到对授予全国性集团诉讼资格提出质疑的当事人, 他需要证明"适用于集团诉讼请求的应是外州法, 而不是法院地法"。由于本案被告未履行该举证责任, 上诉法院因此认为地方法院授予集团诉讼资格的认定是适当的。③

---

① 110 Cal. Rptr. 2d 145 (Cal. App. 2001).

② 472 U. S. 797 (1985).

③ 关于本案的介绍, 可参见 [美] 西蒙·西蒙尼德斯:《2001 年美国冲突法司法实践述评》, 载《中国国际私法与比较法年刊》 (第 6 卷), 法律出版社 2003 年版, 第 557 页。

3. 侵权案件

第七巡回上诉法院对 In re Air Crash Disaster Near Chicago① 案的判决意见可以作为跨州侵权诉讼中确定准据法的典范，法官在该案判决中巧妙地进行了法律选择问题的分析。在该案中，Mc Donnell Douglas 为飞机的设计和制造商，美国航空公司为营运商，飞机在起飞过程中坠毁，机上 271 人全部丧生，并致地面 2 人死亡。原告分别来自美国 10 个州和其他 3 个国家，他们分别在伊利诺斯、加利福尼亚、纽约、密歇根、波多黎各以及夏威夷等州法院提起 118 项诉讼。这些诉讼后来被合并到空难事故发生地伊利诺斯北区法院审理。

Mc Donnell Douglas 为马里兰州公司，其主要营业地在密苏里州，美国航空公司在特拉华州登记注册，其主要营业地在纽约。而飞机是由 Mc Donnell Douglas 公司在加利福尼亚设计和生产，在俄克拉荷马州进行维修和保养。被告对惩罚性损害赔偿提出了异议。地区法院审查后认为，提起诉讼的各州的法律选择规则均指向同一结论：Mc Donnell Douglas 公司可以被诉要求惩罚性损害赔偿，美国航空公司则不能被要求这种赔偿。② 上诉法院部分推翻了地区法院的判决，认为 Mc Donnell Douglas 和美国航空公司均无须承担惩罚性损害赔偿。③

上诉法院强调，虽然各种选择方法表面上存在差异，但其实质是相同的，其在根本上是为了确定最密切利益（the most significant interest）州，并适用其实体法。在此宗旨下，法院于是对伊利诺斯、加利福尼亚、纽约、密歇根、波多黎各和夏威夷的法律选择规则逐一进行分析。

伊利诺斯州采用《第二次冲突法重述》的最密切联系（the most significant relationship）理论。法院认为被告所在州（home state）及侵权行为发生地在适用其法律确定惩罚性损害赔偿时具有

---

① 644 F. 2d 594 (7ᵗʰ Cir. 1981).

② In re Air Crash Disaster Near Chicago, Ill., on May 25, 1979, 500 F. Supp. 1044, 1054 (N. D. Ill. 1980).

③ Air Crash Disaster Near Chicago, 644 F. 2d at 633.

最大利益。法院认为,根据最密切联系原则,应适用伊利诺斯州的法律。而且,适用该州法律与《第二次冲突法重述》强调的结果的稳定性、可预见性和统一性,准据法易于确定和适用等要求相称。

加利福尼亚州采用的是"比较损害"(comparative impairment)理论。该理论认为,如果某州法律得不到适用,其政策受损将最严重,该州的法律因此得以适用。"最大损害"其实是"最大利益"的另一方面。因此,法院依据前面的逻辑推理认为,由于无法判断被告所在地和侵权行为地中哪一个会因其政策未被适用而致其利益受损较小,最后决定适用损害发生地法。

在分析纽约中的冲突规则时,法院援引了纽约上诉法院在Babcock v. Jackson 案中确立的原则,其和《第二次冲突法重述》的最密切联系原则是等价的。因此,纽约州的冲突法和上述伊利诺斯州的冲突法功能相同,指向的结果也相同。

相比较而言,密歇根的法律选择规则比较复杂。有的学者将密歇根州定位为法院地法范畴或利益分析州的范畴。据此方法,密歇根将会适用其自己的法律,允许给予当事人惩戒性的损害赔偿(exemplary damages)。

对波多黎各和夏威夷法律选择规则的分析相对容易,波多黎各至今保留侵权行为地规则,它将直接导致伊利诺斯州法的适用。对于夏威夷而言,由于当事人和地区法院均无法界定其法律选择的方法,这反而使得问题简化,最合理的推断是,夏威夷仍坚持传统的侵权行为地方法。

复杂诉讼或集团诉讼中法律选择问题的复杂性,由此案可见一斑。因法律选择的复杂性导致跨州集团诉讼资格认定受阻的最好案例是 In re Bridgestone/Firestone Inc. Tires Products Liability Litigation① 案。该案涉及两个集团诉讼。美国 50 个州的轮胎和汽车用户分别起诉了 Bridgestone/Firestone 轮胎及福特汽车的制造商。原告依据联邦法与州侵权法和合同法提出诉讼请求。印第安那地方

---

① 155 F. Supp. 2d 1069 (S. D. Ind. 2001); 288 F. 3d 1012 (7th Cir. 2002)

法院首先分析了原告的侵权诉讼请求，并依法院地，即印第安那州的法律选择方法就其中的法律选择问题发表了看法。根据印地安那州的侵权冲突规则，侵权问题适用侵权行为地法，本案中的侵权行为地为两被告的主营业地——田纳西州（Firestone 公司）和密歇根州（福特公司）。法院驳回了适用损害发生地法和产品取得地法的主张，因为 Firestone 和福特公司在全国各地出售产品，每一个原告购买车辆或轮胎的地方与其侵权主张毫无联系，无论在何处购买或使用，原告遭受的损失是一样的。

随后，法院依据印第安那州关于合同的法律选择方法对其法律适用问题进行了分析。该方法要求适用"最密切联系州的法律"。法院认为，与侵权诉讼请求一样，田纳西州和密歇根州与原告的合同请求有最密切联系，因为被告所有关于产品使用保证书的作出和违反都是在这两个州进行的。

针对印第安那地方法院授予集团诉讼资格的决定，第七巡回法院驳回了原告以合同为由提出的请求，并根据侵权冲突规则的指引，认为本案应适用损害发生地而不是被告主营业地的法律。由于损害发生地位于全国 50 个州，法律适用的结果将使得授予全国性集团诉讼资格具有不可行性。Frank Easterbrook 法官在判决中毫不讳言地重申了巡回法院对广泛型侵权案件进行集团处理的否定（disdain）立场，在侵权行为地法原则得以适用时尤其如此，上诉法院甚至还提出了拒绝授予全国性集团诉讼资格的标准化理由。

虽然适用单个州的法律有助于消除因法律选择问题给集团诉讼资格的认定造成的障碍，但是，正如 Bridgestone/Firestone 案所显示的，许多法院并不愿意在集团诉讼中适用该单个州的法律。2002年，在与本案类似的案件中，有三起涉及美国各地的消费者对药品生产商提起的集团诉讼，① 在这三起案件中，法院均驳回了原告要

---

① See In re Propulsid Products Liabilty Litigation, 208 F. R. D. 133（E. D. La. 2002）；In re Rezulin Products Liability Litigati, 210 F. R. D. 61（S. D. N. Y. 2002）；Cartiglia v. Johnson & Johnson Company, 2002 WL 1009473（N. J. Super. 2002）.

求适用产品制造地法，而不适用损害结果发生地法的主张，并拒绝了原告进行集团诉讼的动议。

在 In re Simon II Litigation① 烟草诉讼案中，几个患上呼吸道疾病的烟民在纽约州联邦法院以共谋隐瞒吸烟的危害性为由对几家烟草公司提起了全国性的集团诉讼。②

Weinstein 法官指出，当侵权行为和损害结果发生在不同州的时候，"侵权行为地法"的推定将无法得以适用，因为此种侵权行为不存在地点，它至少与两个州存在联系。在此情形下，对导致损害的原因行为予以评估是进行利益分析的重要组成部分，在大众侵权和产品责任案件中，当一次性消费品对人体造成伤害时，该原因行为在指引适用何种法律时发挥着重要作用。

Weinstein 法官进一步认为，尽管原告的住所地遍布美国，但有证据表明被告的共谋行为发生在纽约州，该州同时是主要被告的总部所在地，该州因此具有明显的、实质性的主导利益。Weinstein 法官驳回了依据 Shutts 案不能在所有的集团请求上适用纽约州法律的主张，确定由纽约州法律支配所有原告的惩罚性损害赔偿请求，并因此授予集团诉讼资格。Weinstein 法官认为，如果不经过集中审理，原告可能无法获得有效的救济。虽然部分原告的所属州禁止或限制惩罚性损害赔偿，但这并未否定纽约州适用自己的法律，以保护本州居民以及其他与纽约州有联系的外州人的权利。相反，分开审理大众侵权案件对于原告来说比较低效，却能为被告带来诉讼利益，因为被告只需要重复相同的问题。集团诉讼通过诉讼请求的合并使得双方当事人的诉讼权力重新达致平衡，以保证侵权法基本目标的实现，即有效地阻止侵权行为和补偿受害者。

4. 含有排他性选择法院协议的案件

在 Forrest v. Verizon Communications, Inc.③ 案中，原告为哥伦

---

① 211 F. R. D. 86, 2002 WL 31323751 (E. D. N. Y. 2002).

② See Symeon C. Symeonides, Choice of Law in the American Courts in 2002: Sixteenth Annual Survey, 51 Am. J. Comp. L. 36-38 (2003).

③ 805 A. 2d 1007 (D. C. 2002).

比亚特区的网络服务接受者，其在自己的电脑上点击一个数据包下的"接受"按钮与被告弗吉尼亚网络服务商缔结了在线 DSL 网络服务合同，后来发现交易的结果超过了点击时所显示的范围，由此引发纠纷。合同包括选择弗吉尼亚法律的条款和排他性的选择该州法院的条款。原告在哥伦比亚特区地方法院以被告违约、错误陈述和违反佛州消费者保护法等为由提起集团诉讼。

被告未对法律选择条款提出异议，但对排他性法院选择条款提出了强烈质疑，因为该条款缺乏合理的说服力，它没有强调赋予弗吉尼亚州法院排他性管辖的重要性，也未提及弗吉尼亚州没有集团诉讼程序的现状。原告还提出否定弗吉尼亚州的集团诉讼可能导致被告逃避责任，因为由集团成员单独提起请求的成本将超过请求的潜在价值。

法院在对该条款进行分析后指出，由于该条款是标准格式合同的一部分，被告没有义务提供此种信息，法院因此驳回了原告的主张。法院认为，被告选择其主要营业地所在的弗吉尼亚州法院解决争议不存在任何过错，原告应在弗吉尼亚州法院提起诉讼。

5. 美国宪法的限制

在实践中，双方当事人对于集团诉讼资格的争议往往体现在对《美国宪法》"正当程序"的理解上。在许多案件中，被告会以正当程序为由，否定案件与某州存在最低限度的联系，进而否定准据法的适用。

关于这一问题的较早判例是 Phillips Petroleum Co. v. Shutts① 案。该案上诉人是一家在特拉华州注册的公司，其主要营业地位于俄克拉荷马州。该公司在 20 世纪 70 年代主要从事天然气的开发、生产及销售业务，它在美国 11 个州拥有天然气田，其销售业务更是遍及美国各地。本案的被上诉人则是 2.8 万户来自全美各州、哥伦比亚特区以及海外的天然气田的所有者，他们与上诉人订有长期的天然气开采合同。

在初审中，Irl Shutts、Robert Anderson 和 Betty Aderson 以拖欠

---

① 472 U. S. 797 (1985).

特许权费用为由提起诉讼。其中，Shutts 为堪萨斯州居民，另两位都居住在俄克拉荷马州，他们 3 人分别拥有位于俄克拉荷马州及得克萨斯州的几块油气田。堪萨斯地方法院批准了 Shutts 等人要求以堪萨斯法为依据确认集团诉讼的动议。虽然上诉人对集团诉讼的构成提出异议，但被堪萨斯州地方法院驳回，法院最终依据该州法律判决上诉人败诉。但是，法院判决未涉及堪萨斯州法律与其他州法律有无异同，以及是否应该对非堪萨斯州居民的原告适用外州法律等问题。上诉人后来以堪萨斯州地方法院的判决违反宪法第 4 条及第 14 修正案为由上诉至堪萨斯州最高法院，但该州最高法院维持原判。最后，美国联邦最高法院调审此案，驳回了上诉人提出的管辖权异议，但支持了其关于法律选择问题的抗辩。

虽然本案涉及的超过 99% 的合同及 97% 的原告都和堪萨斯州没有什么显著联系，但堪萨斯州地方法院在所有问题上都适用了其本州的合同法和衡平法。上诉人认为本案应当适用合同缔结地的法律，或至少是俄克拉荷马州及得克萨斯州的法律，堪萨斯州地方法院全部适用堪萨斯州实体法的做法违反了《美国宪法》第 14 修正案及第 4 条在法律选择问题上的规定。

美国联邦最高法院 Rehnquist 大法官认为，要处理这一争议，首先必须考虑堪萨斯州的法律和其他州可适用的相关法律有无实质性冲突。如果没有冲突，适用堪萨斯州的法律就不会给上诉人的利益造成任何损害。Rehnquist 大法官随后比较了堪萨斯州法律与其他州法律在利率计算上的差异，认为它们之间存在冲突。

Rehnquist 大法官指出，堪萨斯州必须与集团每一成员所提诉讼请求都有重要联系，并能体现该州利益时才能保证适用堪萨斯州法律是审慎和公正的。如果堪萨斯州缺乏这种利益联系，又由于该州法律与其他州法律存在实质性冲突，堪萨斯州地方法院仅仅适用其本州法的做法是武断和不公的，也有违美国宪法对正当程序的要求。宪法对于法律选择的限制，无论在何时都应该得到尊重，即使在集团诉讼中也不例外。

最后，美国联邦最高法院决定支持堪萨斯最高法院在管辖权问题上的判决，但推翻其在法律选择问题上的结论，将此案发回重审。①

（四）集团诉讼中法律选择问题的理论探讨

1. 对集团诉讼中法律选择问题复杂性的认识

尽管集团诉讼会涉及许多实体法领域，但法律选择问题往往只与跨州侵权或合同案件有关。如果双方当事人事先协议选择适用某州法律以解决可能产生的争议，即可在诉讼中避免复杂的法律选择问题。但由于在侵权纠纷中通常缺少这种协议，而纠纷大多发生在没有任何合同关系的当事人之间。因此，只要存在跨州侵权的集团诉讼，就会伴随着法律选择问题的分析。

在侵权实体法上，跨州侵权集团诉讼存在以下两种情形：一是所谓的"单一本座"（single situs）型的侵权行为，即由在某一特定时间和空间发生的事件而致多数原告损害；二是广泛或分散型的侵权行为，即被告在某一段时间里致多数原告损害。单一本座型集团诉讼可源于任一地方性事件，如空难或建筑物结构的瑕疵。广泛型侵权由于其缺乏单一发生的事件或意外事故导致类似身体伤害或财产损失，缺乏一套行之有效的事实来确定责任的承担，没有一个独立的近因平等地适用于每一个潜在的集团成员和每一个被告，又由于法律选择问题的分析往往隐含于该类侵权案件中，这增加了法律适用的复杂性。因此，进行集团诉讼的主张经常遭到拒绝，集团诉讼的优势往往会因附加的法律选择问题的复杂性而遭损抑。

在跨州集团诉讼中，法律选择的考虑往往会导致两种不同的复杂性，分别为分析的复杂性和适用的复杂性。② 首先，不管采用何种方法，法律选择的分析本身会产生最低层面的复杂性。随着集团的扩大，法院必须从各州法律中进行广泛的选择，当这种集团是全

---

① 关于本案的介绍，可参见李响、陆文婷：《美国集团诉讼制度与文化》，武汉大学出版社 2005 年版，第 57~63 页。

② See Jeremy T. Grabill, Multistate Class Actions Properly Frustrated by Choice-of-Law Complexities: The Role of Parallel Litigation in the Courts, 80 Tul. L. Rev. 306 (2005).

国性的时候，分析的复杂性最大。第二，法律选择分析往往要求法院适用多个州的法律，这种适用的复杂性会因为法律选择方法的不同而不同。如果在跨州集团诉讼中根据侵权行为地法原则进行选择，这种复杂性将会最大化，因为这一原则极有可能会选择多个可以适用的州的法律。法院将不得不进行这种复杂的法律选择问题的分析，但在实践中，如果适用的复杂性过大，法院往往会拒绝授予跨州集团诉讼资格。

2. 法律选择问题对集团诉讼资格认定的阻碍

大家普遍接受的观点是，对于相关的诉讼请求进行合并处理可以防止平行诉讼，避免判决结果的不一致，从而为原告提供同等补偿。然而，在过去的 10 年间，由于法律选择问题的复杂性，阻碍了在联邦和州法院根据州法进行集团诉讼。尤其当某一集团由不同州居民组成时（即跨州集团诉讼），法院不得不对法律选择问题进行分析，以决定是否可以适当选择某一州法适用于集团内所有的诉讼请求，或者是否必须适用多个州的法律。

当法律选择分析的结果要求法院适用多个州的法律时，法院往往拒绝授予这种跨州集团诉讼资格。这种方法在证券诉讼尤其普遍，其虽然依据联邦法律，但经常包含有欺诈和虚假陈述等未决请求。有些法院于是推断，由于要适用的法律过多，导致集团处理不可行。还有些法院通过多种基本原理，确定由某一法律调整所有的未决请求。显然，因法律选择问题的出现而阻碍集团诉讼资格的认定是十分消极的。① 对于这一问题，学者们纷纷以问题为导向，建议对复杂案件由联邦法院统一处理。有学者明确指出，不能仅仅因为法律选择问题的复杂性而排除对全国性集团诉讼资格的认定。② 集团诉讼不仅能节约诉讼成本，还可以防止平行诉讼的发生，避免

---

① See Larry Kramer, Choice of Law in Complex Litigation, 71 N. Y. U. L. Rev. 547, 547-549, 566-567 (1996).

② See, e. g., Ryan Patrick Phair, Comment, Resolving the "Choice-of-Law Problem" in Rule 23(b)(3) Nationwide Class Actions, 67 U. Chi. L. Rev. 835, 836 (2000).

因对州主权的考虑而导致结果的多样性。

法院有时会采用变通策略，当其发现法律选择问题将会使集团诉讼难以控制时，如果可以单独适用某一法律，则临时授予集团诉讼资格；如不能适用单一法律，则将集团拆分成若干子集团。

这种临时授予集团诉讼资格的做法使得法院可以在以后以法律选择问题使争议复杂化为由，撤回对集团诉讼资格的认定。不过在实践中，撤回授权的情形很少发生，因为案件通常会以和解方式结案。临时授予集团诉讼资格的策略可以促使法院创设集团，免受法律选择问题的困扰，当事人也不用担心究竟应适用哪一法律及其适用结果是否确定。很显然，这种方法在和解过程中扮演着重要角色。

对于法院为何会在集团诉讼中不遗余力地变换手法来确定单一准据法的适用，克莱默教授认为原因有三：

首先，在集团诉讼中，对不同的当事人适用不同的法律将有失公允。在同一起合并审理的集团诉讼或复杂诉讼中给予当事人不同的处理违背了"相同境遇的当事人应受到相同对待"的原则。①

其次，也有学者提出了与上述类似的观点，认为大规模诉讼案件的判决应根据单一法律作出，因为适用不同的法律将导致结果的不一致。② 不同的实体法将会导致一些原告能获得补偿，而另外一些不能获得补偿。这除了导致结果的不公之外，还会导致大众对美国侵权法律制度和法律职业的不满。

最后，适用不同的法律将会使案件的合并处理更加复杂，为了避免承受沉重的负担，法院往往会望而却步。而且，适用多州法律的结果将会使法律选择问题偏离公平和效率轨道，而集团诉讼可以确保上述目标的实现。

---

① See In re Rhone-Poulenc Rorer, Inc. , 51 F. 3d 1293, 1297-1302 (7th Cir. 1995); In re Air Crash Disaster at Sioux City, Iowa, on July 19, 1989, 734 F. Supp. 1425, 1429 (N. D. Ill. 1990); In re "Agent Orange" Prod. Liab. Litig. , 580 F. Supp. 690, 713 (E. D. N. Y. 1984).

② See, e. g. , ABA, Mass Torts Report, supra note 2, at 12-13; ALI, Complex Litigation Project, at 389.

理论上大多认为集团诉讼案件应由单一的实体法支配，或者至
少应依据统一的法律选择规则，实践中也是遥相呼应。对此，芝加
哥大学克莱默教授从根本上提出了质疑。他认为，适用不同的法律
虽然意味着对不同的原告会有不同的对待，从而增大了合并诉讼的
成本。但这种不同原告待遇上的差别是否不公正呢？是否不适当地
增加了成本和复杂性呢？不同的原告由于所受伤害不一，因而获得
不同的判决结果，没有人会因此而认为存在不公。虽然要求当事人
进行审前的开示程序会增加诉讼的成本和复杂性，但为了追求判决
的公正性，这种成本也是大家所愿意接受的。所以，问题的关键不
在于是否因为适用多个法律会导致结果的不一致或是否会因此增加
诉讼的成本和复杂性，而在于是否会以不正当的方式作出。①

对于这一点，很少有人能清醒地认识到，大多数人甚至想当然
地认为在集团诉讼中适用不同的法律必然会导致低效和不公。这种
观点的理论前提是：法律选择属于程序问题。这一点并没有被普遍
用来支持他们适用单一法律的观点，而且，他们经常以国会不会制
定实体联邦法作为理由。许多学者进一步解释认为，修改法律选择
规则是一个次佳的、程序性的选择。从美国法学会的《复杂诉讼
计划》可见一斑，它开宗明义指出："考虑到就联邦标准达成一致
的可能性，考虑到历史上国会对属于州法调整领域进行直接立法的
可能性微乎其微，有必要寻找一种可替代的程序方法（procedural
solution）来改进法院对复杂诉讼的处理。本章建议为复杂诉讼案
件制定一部连续性、统一性的联邦法律选择法典，以此作为程序方
法的有机组成部分。"②

以此假定为基础，我们就不难理解法官及学者为何会认为在复

---

① See Larry Kramer, Choice of Law in Complex Litigation, 71 N. Y. U. L. Rev.
567 (1996).

② American Law Inst. , Complex Litigation Project 6. 01 cmt. a, at 375; see
also, e. g. , P. John Kozyris, The Conflicts Provisions of the ALI's Complex Litigation
Project: A Glass Half Full?, 54 La. L. Rev. 953, 954 (1994); Joan Steinman, The
Effects of Case Consolidation on the Procedural Rights of Litigants: What They Are,
What They Might Be, 42 UCLA L. Rev. 967, 993 (1995).

杂诉讼中适用不同的法律将会导致低效和不公了，因为所有当事人皆因同一大众侵权案件提起诉讼，他们都希望以相同的法律标准作出判决，如果仅仅因为某一程序问题而使这一预期受阻，这将对实质上处于不利地位的当事人不公。简言之，大家都希望程序规则不要太复杂，管理成本也不要太高。如果因法律选择程序而增加诉讼的成本和复杂性，这显然不受欢迎，也是效率低下的表现。

但克莱默教授指出：法律选择问题并不是程序问题，它实际上更是实体问题。如果理解了这一问题，认为在复杂案件中适用单一法律的观点就显得十分苍白。[1]

如果法律选择属于实体问题，法院就不能在复杂诉讼中改变法律选择规则。理由很简单：当诉讼请求是根据不同的法律作出决定时，如果我们将这些请求或通过移送或通过授予集团诉讼资格的方式予以合并，我们就能够在一个庞大的程序中高效地解决当事人的权利争议。这意味着我们将通过改变当事人权利的方法来推动合并判决结果的达成。如果合并的目的仅仅是为了更有效地对当事人的权利作出裁判，通过合并来改变这些权利本身就不能证明为正当。[2]

由于在州法院提起跨州集团诉讼受到宪法的限制，美国宪法限制州法院行使全国性的管辖权，大部分州法院受理的集团诉讼仅包含少数州的当事人。尽管如此，在美国，州法院也受理了一定数量的全国性集团诉讼案件，而且，其数量在近年来呈上涨趋势。通常而言，在这些案件中，法院都是根据本州的法律选择规则来确定准据法。因为授予集团诉讼资格并没有改变适用于任何单独诉讼请求的法律，因此往往导致多个法律的适用。

对于法律选择问题，各州遵循其认为合理的方法。但不管采用何种法律选择方法，它对于州内外当事人应该一视同仁，当事人个体的权利不能因为他（她）的诉讼请求与其他人的诉讼请求合并

---

① See Larry Kramer, Choice of Law in Complex Litigation, 71 N. Y. U. L. Rev. 569 (1996).

② Id, at 572.

而有所改变。

3. 美国学者对集团诉讼制度发展和改革的评价

早在 1987 年，美国法学会就通过了由亚瑟·米勒（Arthur Miller）教授起草的《复杂诉讼初步研究》，① 该报告揭示了复杂诉讼中面临的法律选择问题，并指出了美国联邦机制在简化复杂案件、抑制挑选法院等方面所作的努力。它设计了两种可能性：国会要么采用联邦法律选择规则，要么允许联邦普通法的发展。后来的委员会草案呼吁在复合诉讼中实现法律选择的联邦化，将法律选择问题置于联邦体制之下。然而，正如研究报告所指出的："很不幸的是，……在涉及多方当事人和多个法院的案件中，现行的法律选择规则从未提供令人满意结果"。②

对于复杂案件的法律适用，早在美国《联邦民事诉讼规则》诞生之初，1938 年的 Erie 案就引入了此前并不存在的法律选择问题。③ 1941 年的 Klaxon 案确立的原则使得对这些问题的解决变得更加复杂，它要求联邦法院适用州的冲突法。④ 1964 年的 Van Dusen v. Barrack 案甚至要求适用每一移送法院的冲突法。⑤

根据 Erie、Klaxon 案和 Van Dusen 案，相同的案件事实将不得不接受 50 部甚至更多不同法律的审查。这种支离破碎的做法将会导致同一意外事故的受害者之间的死亡或伤害的损害赔偿各不相同。原告的命运不是基于对事故原因的审判，而是基于他们选择开始诉讼程序的法院。

因此，对于大规模的灾难案件，有学者支持适用联邦普通法。亚瑟·米勒教授的研究报告指出，国会有权制定冲突法规，这符合美国联邦宪法充分诚信条款及其他宪法条款的要求。即使缺乏这种国会立法，鉴于联邦司法在复合诉讼中因缺乏统一性而不堪重负，

① Am. Law Inst., Preliminary Study of Complex Litigation (1987).
② Id, at 160.
③ Erie R. R. v. Tompkins, 304 U. S. 64 (1938).
④ Klaxon Co. v. Stentor Elec. Mfg. Co., 313 U. S. 487 (1941).
⑤ 376 U. S. 612 (1964).

联邦最高法院应该抛弃 Klaxon 规则，或者至少应该允许联邦法院为大规模灾难案件创制新的冲突规则。①

但问题的关键在于，美国国会或联邦法院设计的规则是否能充分解决跨州案件中的法律选择问题。理想的做法是由统一的规则来支配大众侵权纠纷引起的诉讼。为此，加利福尼亚大学荣格（Friedrich K. Juenger）教授在《大规模灾难案件与冲突法》一文中逐一分析了传统侵权行为地法方法、最密切联系理论、利益分析方法、比较损害方法、温特劳布的规则以及里斯的空难规则。②

对于传统的侵权行为地法方法，荣格教授认为，它虽然可以确保同一灾难的受害者得到公平的对待，但传统方法简单、公平的特性未必能被国会或者司法部门所接受。一代又一代的学者对其进行了抨击，并对与其相伴的既得权理论予以了批评。侵权行为地法规则越来越不被接受。而且，该规则仅对发生在特定地方的有限的大规模灾难案件（如空难）发挥作用。即使伤害发生在某一特定州，排他地适用侵权行为地法也存在问题。例如，一架飞机有可能在预定航线之外的某州上空发生爆炸，如洛克比空难。而且，传统的法律选择规则造成了许多概念上的问题，至今未能解决。产生这一结果的原因主要基于以下三个问题尚缺乏一致认识：（1）对所用的连结点的精确界定；（2）对各种关系予以正确的定性；（3）确保特定规则的适用不会导致结果的不可接受。上述问题，远未带来操作上的可预见性和公正性，传统规则引起的问题远远超过其所能解决的问题。③

对于最密切联系原则，荣格认为，这种"非规则"的方法甚至在十分简单的案件中也不能很好地运用，在面对诸如石棉案之类的复杂诉讼中涉及的法律选择问题更显得无能为力，这类案件在本质上是跨州案件，但缺乏重力中心。正如里斯自己所承认的，在适

---

① Am. Law Inst. , Preliminary Study of Complex Litigation, 145-160（1987）.

② See Friedrich K. Juenger, Mass Disasters and the Conflict of Laws, 1989 U. Ill. L. Rev. pp. 105-127.

③ Id. , at 112.

用最密切联系州的法律时应避免使用这种模糊不清的标准，是值得期待的……但是，对于法院而言，这种公式难以适用，而且会导致结果的不可预见性。①

对于利益分析方法，有的学者认为，利益分析方法在解决产品责任案件的法律选择问题时切实可行。但对于真正的跨州案件，除了其前提，即认为私法诉讼是为了维护政府利益本身存在问题外，柯里的方法根本不能解决问题。荣格教授甚至认为，在实践中，利益分析就是拒绝适用外国法的一个托辞。② 一起诉讼很少能诉诸一个"无利益"的法院（disinterested forum），因为这种法院通常缺乏行使管辖权的最低限度联系。然而，一个有利益的法院（interested forum）通常会适用其自己的法律。这种方法为那些懂得如何挑选最合适的法院的原告提供了想要的结果。允许当事人规避其他州的利益，利益分析方法提高了对跨州意外事故受害者的保护。

对于比较损害方法，巴克斯特曾提出，在接受州利益事关法律选择问题观点的同时，应该赋予联邦法院解决跨州案件的权力。③他建议放弃 Klaxon 规则，并极力主张采用"比较损害"（comparative-impairment）原则解决政府利益分析理论所提出的"真实冲突"（true conflicts）。该原则主张在特定案件中，通过牺牲某一州的外部目标，而使其内部目标受到最少的损害。巴克斯特的建议存在这样一个假定，即可以对各种政策所受的损害进行衡量。和柯里一样，巴克斯特主要关注的是当事人与某州之间的属人联系。在团体灾难案件中，这一方法引起的问题在于，是否多数当事人所在州的利益受到的损害必定就大于少数当事人所在州的利益遭受的损害。如果是这样，诉讼的结果将随着大多数受害者是来自纽

① See Reese, The Law Governing Airplane Accidents, 39 Wash, & Lee L. Rev. 1304（1982）.

② See Juenger, Choice of Law: A Critique of Interest Analysis, 32 Am. J. Comp. L. 10-13, 43-47（1984）.

③ See Baxter, Choice of Law and the Federal System, 16 Stan. L. Rev. 1（1963）.

约还是来自加州的不同而发生改变。①

里斯早在 1982 年就撰文提出确定团体灾难准据法的方法。② 虽然该文仅限于航空灾难，但他提出了几项与团体灾难案件有关的原则，包括：（1）这些案件需要的是规则而不仅仅是方法；（2）这些规则应有利于原告而不是被告；（3）采用住所地这一连结因素并不恰当；（4）对于涉及的各个问题，这些规则应该提供独立的法律选择规则；（5）原告享有有限的选择准据法的权利。由此可见，里斯原则体现了有利于原告的偏向性。里斯指出，这种偏向应该与实体侵权行为法的倾向性和航空灾难案件造成的实际结果相协调。相同的目的考虑还体现在美国代表团在海牙国际私法会议上对产品责任公约的最初草案中。③ 但是，对于里斯提出的排除住所地连结因素的观点各方反应不一，美国法院公布的数起案例就是采用住所作为连结点。里斯指出，采用住所地这一连结点将会导致以下两个问题：一是对乘坐同一班机的乘客给予不同待遇；二是给法院沉重的负担以处理大量受害者的权利问题。

里斯试图通过调整法律选择程序来减轻司法任务，但其提出的几项规则显得过于重复罗嗦。采用不同的连结点来分别决定乘客、承运人以及第三人各自不同的诉讼请求，将使解决航空灾难所引起的法律选择问题更加复杂，而且，承运人的责任和生产者的责任也会有所不同。为了求得高效和一致，里斯漠视原告所在州的利益，但他强调的是生产商和航空公司所在州的利益，以阻止侵权行为的发生。尽管里斯希望他的方法能在法律选择领域广泛地发挥作用，但其起草的规则并不适合于大众侵权类型案件，因为其构成具有独特性。

随后，荣格教授曾参考《统一商法典》第 105（1）条和《第

---

① See Friedrich K. Juenger, Mass Disasters and the Conflict of Laws, 1989 U. Ill. L. Rev. pp. 114-115.

② See Reese, The Law Governing Airplane Accidents, 39 Wash, & Lee L. Rev. 1303, 1322 (1982).

③ See Reese, Products Liability and Choice of Law: The United States Proposals to the Hague Conference, 25 Vand. L. Rev. 34-35, 37-38 (1972).

二次冲突法重述》第 145 条为跨州产品责任案件的法律适用草拟了条文，分别指出了在选择跨州产品责任及大众灾难案件时法院应考虑适用的法律规则。①

1994 年，美国法学会综合各方面的建议起草了《复杂诉讼计划》，其核心是将基于州法提出的诉讼请求及相关复杂的法律选择问题移转至联邦法院，而不问当事人的州籍，以此来扩大联邦法院的管辖权。美国法学会建议：在诉讼过程中，如果双方当事人主张适用的法律实质上相互冲突，受让法院应该选择某一特定州的法律来支配针对被告提出的所有请求，切实可行地确定准据法。如果在某些情况下，法院不能仅适用某一个州的法律时，对于此类案件，该计划建议将其拆分为若干子集团。

美国法学会建议建立全国统一的法律选择标准，这一观点并非激进。实际上，在 Amchem 案中，第三巡回上诉法院也建议采用相似的方法。② 法官试图通过在跨州集团诉讼中适用"全国一致同意的法律"（national consensus law）以达成判决结果的一致性，如何理解这种意义上的法律呢？最好是所有相关各州法律的平均数（average）。不过，理查德·波斯那法官认为，这一方法在实质上是无法接受的，因为联邦法院针对不同州籍当事人享有的管辖权只是为以州法为根据起诉的当事人提供一个可供选择的法院，并非为当事人州籍不同案件提供可供选择的实体法律体系。

如果仅仅适用某一个州的法律，毫无疑问，无人会怀疑跨州集

①　荣格教授草拟的条文为："在选择跨州产品责任法律适用规则的时候，法院应考虑以下法域的法律：（1）损害结果发生地；（2）产品致害所在地；（3）产品获得地；（4）当事人的本国法（惯常居所地、主要营业所所在地）。对于任何争诉点，法院应该选择与现代产品责任的标准联系最密切的法域的法律。在选择大众灾难案件所适用的法律规则时，法院应该考虑以下法域的法律：（1）侵权行为实施地；（2）侵权结果发生地；（3）当事人住所地。对于任何一个争诉点，法院应选择最合适的规则予以适用。"

②　See Georgine v. Amchem Prods. , Inc. , 83 F. 3d 610, 634 (3d Cir. 1996); see also Linda S. Mullenix, Mass Tort Litigation and the Dilemma of Federalization, 44 DePaul L. Rev. 755 (1995).

团诉讼将会得到极大地简化。在最近的一篇文章里，Stevenson 提出一条可供选择的解决办法，即通过"分割"（depacage）方法可以解决法律选择问题。① 分割方法要求法院在某一法律纠纷中对于不同的争诉点适用不同州的法律，也就是以争议为导向解决法律选择问题。但他同时承认，分割方法将会增加法律选择分析和适用的复杂性。分割方法不仅会使法院的法律分析变得异常复杂，而且，对于法院应该如何分割相关争诉点也存在问题，法院在审查某一争诉点以决定适用某一州的法律时往往会发现其中还隐含着其他争诉点。

最近出现的另一种解决方法《集团诉讼公平法》，它是美国国会对集团诉讼进行 7 年改革和思索的结晶，它在很大程度上是对州法院授予跨州集团诉讼资格的回应。Diane Feinstein 议员认为，CAFA 将扭转现存美国联邦法院拒绝授予集团诉讼资格的趋势。Alan B. Morrison 认为，将集团诉讼案件移转至联邦法院审理能较好地解决集团诉讼的重叠问题。② 曾经在联邦法院和州法院代理若干集团诉讼及集体诉讼案件的 Elizabeth J. Cabraser 律师提出了不同意见，他反对对现行的集团诉讼规则进行改革，认为集团诉讼的改革已进入了死胡同。③ 他认为，CAFA 将大部分的集团诉讼案件从各州法院的分散审理移至联邦法院的集中审理虽然解决了一些问题，如州法院之间的竞争以及州法院和联邦法院之间的重叠，但该法为联邦法院体制带来了沉重的负担和责任。④

对此，Jeremy T. Grabill 站在美国联邦体制的角度指出，可供选择的途径是在美国法院展开平行诉讼，因为在联邦理念下，司法

---

① See Christopher G. Stevenson, Depacage: Embracing Complexity to Solve Choice-of-Law Issues, 37 Ind. L. Rev. 303 (2003).

② See Alan B. Morrison, Removing Class Actions to Federal Court: A Better Way to Handle the Problem of Overlapping Class Actions, 57 Stan. L. Rev. 1521 (2005).

③ See Elizabeth J. Cabraser, The Class Action Counterreformation, 57 Stan. L. Rev. 1475 (2005).

④ Id. at 1520.

体制将会从复杂案件的平行诉讼中获益。① 在任何法律体制下，追求效率是至关重要的目标。在美国，没有什么比效率更具独立价值。② 根据美国的分权结构，对侵权和合同行使立法管辖权由各州保留。实际上，法律选择是当事人的权利，各州对于此项权利的规定并不相同。这种差异是联邦体制使然，并非联邦体制的"代价"，也不意味着联邦体制运作中存在瑕疵。相反，这是联邦体制的目标，它是人们的信仰，并为人们所珍视。联邦最高法院在BMW v. Gore③ 案中明确承认了这一点。尽管联邦最高法院没有直接处理有关法律选择的问题，但其判决结论指出：国会完全有权在全国范围内制定法律选择规则，显然，单独一个州是不可能做到的，而且，任何州都不能将其自身的政策选择强加给其他州。④

Jeremy T. Grabill 进一步分析指出，跨州集团诉讼可以被拆分为单个州的集团诉讼或单独诉讼。从这个意义上说，平行诉讼作为可供选择的途径仍为某些州法院所采用，其效率将会通过州内和解程序得到极大提高。州内和解能够降低多个诉讼案件的重复性，各州法院可以通过协商一致的方式决定适用其本州的实体法。在美国，加利福尼亚州的和解程序是最全面的州内和解体制，它们可以作为模板供其他州参考适用。

实际上，美国联邦宪法确立的双重主权原则固有的预期就是平行诉讼。对于全国性的侵权诉讼在联邦层面进行统一处理，显然有违美国宪法的初衷。通过拒绝授予跨州集团诉讼资格，法院能确保各州法律得到尊重，不能为了追求效率而忽视各州法律的规定。⑤

---

① See Jeremy T. Grabill, Multistate Class Actions Properly Frustrated by Choice-of-Law Complexities: The Role of Parallel Litigation in the Courts, 80 Tul. L. Rev. 319 (2005).

② Thomas Sowell, Knowledge and Decisions 360 (1980).

③ 517 U.S. 559, 568-69 (1996).

④ Id. at 570-71.

⑤ See Jeremy T. Grabill, Multistate Class Actions Properly Frustrated by Choice-of-Law Complexities: The Role of Parallel Litigation in the Courts, 80 Tul. L. Rev. 323 (2005).

由于 CAFA 生效不久，其实施的效果如何、预期的目的能否实现，还有待实践的检验和观察。正如 Jeremy T. Grabill 所言，将绝大多数跨州以及单一州内集团诉讼转移至联邦法院的做法究竟是推动还是阻碍了效率目标的实现，现在下结论还为时尚早。但一个确定无疑的趋势是，集团诉讼的实践和发展还在继续，围绕其利弊的争论也不会停息，只有承认其存在的问题，才能通过不断的改进发挥其应有的功能和价值。①

六、简要结论和评论

通过上面介绍欧美国际私法制度和理论发展的宏观性描述，以及几个问题的详细介绍，我们可以发现：

（一）国际私法理论和制度发展的中心有从美国转移到欧洲的倾向。这主要是由于欧盟的发展和扩张，特别是欧盟在 21 世纪加快建立一个自由、安全的司法区域的过程中面临着越来越多的国际私法问题。而美国的国际私法理论和制度主要着眼于美国国内的州际法律关系，很难为其他国家提供普适性的理论和制度。正是因为如此，欧盟层面的国际私法制度在 21 世纪的发展最突出、最活跃，也最有影响。与此相适应，欧洲学者非常关注国际私法问题的研究，更重视国际私法理论和制度的创新。可以肯定，欧盟成员国国内的国际私法制度将面临一场新的变革。

（二）随着经济全球化的不断深入，国家间的民商事交往日益频繁，各国共同关注的国际私法问题越来越多。海牙国际私法会议在引导欧美学者对一些共同关注的问题展开研究和讨论方面起了重要作用。中国作为海牙国际私法会议的成员国，应该以更积极的态度和方式参加海牙国际私法会议组织的国际会议和有关公约的起草活动。值得高兴的是，中国政府最近几年已经比较注意吸收国内的

---

① 参见范愉编著：《集团诉讼问题研究》，北京大学出版社 2005 年版，第230 页。

学者参加海牙国际私法会议的活动。① 从国际私法理论的流变过程来看，产生于欧洲的国际私法流传到美国以后，20 世纪在美国得到了飞速发展，由于美国在国际政治、经济和文化交往中的强势地位和美国国内冲突法问题的大量出现，美国的国际私法理论反过来影响着欧洲的理论。到了 21 世纪的今天，国际私法理论和制度的发展道路从以前的引进、消化和建立到现在的共同创立，即不同国家通过多种形式创立新的国际私法制度和理论。因此，各国越来越重视参与国际性的立法活动。

（三）综观欧洲和美国国际私法的发展，国际私法的国际性因素越来越多。这不仅表现在任何一个国家的国内立法越来越多地考虑有关国际条约和其他国家立法的规定，还表现在一个新的国际私法制度和理论的传播速度越来越快，影响越来越广。特别是欧盟国际私法效力的增强和范围的扩张是最明显的表现，即使是美国也越来越重视有关国际条约的谈判、制订和作用，一些美国学者也开始重视国际法律冲突问题。相比较而言，我国理论界一直重视国际私法的国际性，因为中国一直是国际私法理论和制度的"输入国"，中国化的国际私法理论还没有形成。但我国实务界似乎忽视了国际私法的国际性，一直不重视国际条约的谈判、缔结和作用。今后需要改进。

（四）比较欧洲学者和美国学者对国际私法的研究，最明显的差别是欧洲学者的研究视角越来越倾向于"欧洲化"，即以区域性的欧洲为中心，使欧盟的法律优先于成员国的法律。美国学者的视角还是以州为基础，即使在考虑联邦与州的关系时也是以州为中心的。正因为如此，美国国际私法的理论创新和制度设计一般是以州际法律冲突为基础的。

---

① 作者就曾在 2004 年应邀参加过海牙国际私法会议关于《海牙管辖权公约》的谈判会议。徐国建博士就参加了海牙国际私法会议第 20 届外交大会，他回国后完成的《建立国际统一的管辖权和判决承认与执行制度——海牙〈选择法院协议公约〉述评》为本文第二部分的写作提供了大量的第一手材料，应对他表示感谢！

（五）纵观近几年欧美国际私法的研究，他们研究的问题更加务实、具体，并不力图建立新的理论或学说。如本文介绍的同性婚姻、集团诉讼、无争议债权欧洲支付令、选择法院协议等，都是这样的问题。从研究方法来看，他们一般以问题为中心，采取综合的方法，分别从宪法、人权、法理学、公法等不同角度展开研究。这种方法为美国学者所推崇，从上面介绍美国关于同性婚姻和集团诉讼的国际私法问题的研究中可以清楚地看出这一点。值得注意的是：美国学者对国际私法问题的研究几乎都要在有关的宪法条款中寻找根据。

（六）从研究的范围来看，欧美国际私法的研究范围不断扩大，从传统的以程序法问题为重点转向其他问题，法律适用问题及有关的冲突规则受到了比以前更多的关注。

（七）比较欧洲和美国的国际私法研究还可以发现：欧洲学者在国际私法的立法和研究中一直起着主导作用，但在美国，法官对国际私法的研究起了主导作用。正因为如此，欧洲的国际私法具有更多的理想主义色彩、国际主义性质；而美国国际私法的实用主义特点和本地（州）主义倾向更明显一些。

（八）跟踪研究欧美国际私法的前沿，不仅仅是为了了解欧美国际私法学术研究的新情况、新进展，而是为了学习他们新的研究方法，分析他们构建的国际私法制度和规则是否值得中国借鉴。随着中国社会、经济的发展，特别是国际地位的提高，欧美国家现在面临或研究的问题可能就是未来中国需要解决的问题。从这个意义上讲，本文对上述问题的介绍仅仅是一个开头而已，我们期待中国国际私法同行的深入研究。

欧美 WTO 研究动态

——以制度挑战滋生的理论问题为核心

余敏友　　陈喜峰

一、引言——WTO 与 WTO 研究

世界贸易组织（the World Trade Organization），简称世贸组织（WTO）；以下称 WTO 或世贸组织，1995 年 1 月 1 日根据《马拉喀什建立世界贸易组织协定》（the Marrakesh Agreement Establishing the World Trade Organization，英文简称 WTO Agreement，中文译为世贸组织协定或 WTO 协定）创立，总部位于瑞士日内瓦，现有 140 多个成员①，设有部长级会议、总理事会、部门性理事会、争端解决机构、贸易政策审查机构和秘书处等主要机关。它是处理国家间贸易规则的惟一全球性政府间国际组织，也是《多边贸易谈判乌拉圭回合结果法律文本》（the Results of the Uruguay Round of Multilateral Trade Negotiations：Legal Texts）建立的多边贸易体系的法定组织基础，还是 WTO 成员讨论贸易关系、谈判新的贸易规则、解决贸易争端的世界舞台。

---

① 鉴于"世贸组织成员国"或"成员方"易于引起争议或误解，本文只用"世贸组织成员"一词。世贸组织成员（the WTO members）是指创立或加入世贸组织的主权国家、关税区（customs territories）和欧共体。迄今为止，世贸组织有 149 个成员。

世界贸易组织研究是 1995 年以来世界社会科学界关注的一个新兴领域。结合多边贸易体制的法律化进程与国际政治经济秩序的演进，兼顾经济全球化进程和国际关系格局的变化，探寻影响世贸组织产生、发展与变革的各种主要因素（包括政治、经济、文化、科技、社会、法律等），弄清推动与制约世贸组织正常运转的决定因素，揭示世界多边贸易体制法律化进程的内在发展规律，推动多哈回合启动的世贸组织改革进程，迎接"9·11"后新安全威胁与全球化的双重挑战，正确认识国家主权、国际合作与国际和平与正义在世贸组织中的表现形式，强化世贸组织的功能与作用，正成为国际社会科学界的共同课题。为了对 WTO 活动的经济效益、政治影响、法律后果、甚至生态和社会代价进行评估与研究，出现了研究世贸组织的各种方法：政治分析，经济分析，政治经济学分析，理性选择理论，公共选择分析，国际体制分析，国际政治经济学分析，法学方法，法与经济学方法，多学科或交叉学科方法。其中，法学、经济学和政治学及其交叉学科的协同作战，日益成为一种主要的研究趋势。

二、欧美世贸组织研究概述

仅就英文文献资料来看,研究世贸组织的文献主要来自欧美等西方国家。英美和欧洲大陆的学者对欧美国家处理世贸组织事务的政策与实践作了较为广泛、深入、全面的分析与总结。欧美国家有关世贸组织的理论与学说,甚至实际上主导和支配着世贸组织研究。相比较而言,不论在广度、深度和力度方面还是在数量和规模方面,欧美各国对世贸组织的参与都远远超过其他国家而居于世界前列。

欧美世贸组织研究在文献资料方面具有下述特点：第一，涉及面广。从具体研究世贸组织的某一特定问题（如争端解决）到综合系统比较研究世贸组织；从法律文件汇编、案例报告、分析索引、使用手册等工具书到大部头的教科书和系列学术著作；出版物形式既有图书、会议录，又有期刊杂志和不定期出版物；不仅有传统形式的出版物，而且还有现代电子多媒体产品；在所涉学科领域方面，从国际法学、国际贸易、国际政治学扩展到社会科学其他学科甚至多学科交叉领域；在研究人员与组织机构方面，既有学者个人的自发研究，又有各种不同形式与层次的有计划的协同合作；既有专家学者、民间团体的研究，也有高校、科研机构，甚至还有政府部门和政府间组织进行的研究。第二，有关研究世贸组织的出版物，主要集中在国际法学和国际贸易学方面。其中法学方面的出版物最多，有关研究文献几乎是汗牛充栋。第三，世贸组织的法学研究已形成了初具规模的核心文献体系。下列文献构成了世贸组织法学出版物的主干：

1. 基本文件（包括组织章程、规章条例）汇编。代表性文献主要有：①*The Legal Texts*：*The Results of the Uruguay Round of Multilateral Trade Negotiations*，Leatherbound edition with Bookmarks（Cambridge，UK；New York，NY：Cambridge University Press，1999）；②*WTO Basic Instruments and Selected Documents*：*Protocols*，*Decisions and Reports*（*BISD*）（Cambridge，UK；New York，NY：Cambridge University Press，1995）；③*WTO Status of Legal Instruments*：*Supplements*，*April* 1998；④*Legal Instruments Embodying the Results of the Uruguay Round*-1-34，*Complete set* 1994；⑤*GATT Basic Instruments and Selected Documents* - *Vol.* 1 - 42，*complete set from* 1953 *up to* 1994.

2. 工具书（分析索引、指南、辞典、案例汇编等）。代表性文献主要有：①*WTO Analytical Index — Guide to WTO Law and Practice*，1st ed.，Geneva：WTO and Bernan Press，2003；②*GATT Analytical Index*：*Guide to GATT Law and Practice*，6th ed.，Geneva：WTO and Bernan Press，1995，Two vols.；③*WTO Trilingual Glossary*，Geneva：WTO，September 2005；④*WTO Appellate Body Repertory of Reports and Awards* 1995-2005，Geneva：WTO and Cambridge University Press，2006；⑤*Dispute Settlement Reports Complete Set*，Volumes 1996-2003，Geneva：WTO and Cambridge University Press，2004；⑥*A Handbook on the WTO Dispute Settlement System*，Geneva：WTO and Cambridge University Press，2004；⑦*A Handbook on the GATS Agreement*，Geneva：WTO and Cambridge University Press，2005；⑧*Resource Book on TRIPS and Development*，by UNCTAD-ICTSD，Cambridge University Press，2005；⑨*A Handbook on Anti-dumping Investigations*，by Judith Czako，

Johann Human & Jorge Miranda, Cambridge University Press, 2003.

3. 教科书。具有一定国际影响的教科书主要有：① *The World Trading System: Law and Policy of International Economic Relations*, by Jackson, John H. Cambridge: MIT Press, 2nd ed. , 1997；② *The Regulation of International Trade*, by Michael J. Trebilcock & Robert Howse, Routledge (UK), 3rd ed. , 2005；③The Political Economy of the World Trading System: WTO and Beyond, by Bernard Hoekman, Michel Kostecki, Oxford University Press, 2nd ed. , 2001；④ *The World Trade Organization Law, Practice, and Policy*, by Mitsuo Matsushita, Thomas J. Schoenbaum, & Petros C. Mavroidis, Oxford University Press, 2nd ed. , 2006；⑤ *International Trade Regulation-Law and Policy in the WTO, the European Union and Switzerland. Cases, Materials and Comments*, by Thomas Cottier, Matthias Oesch & Thomas M. Fischer, Cameron May, London,2005；⑥ *The Law and Policy of the World Trade Organization, Text, Cases and Materials*, by Peter Van den Bossche, Cambridge University Press, 2005.

4. 系列著作。较有代表性的文献主要有：① Kluwer Law International 出版的世贸组织法律指南方面系列,如: *Guide to Dispute Settlement by Peter Gallagher, Guide to GATS, An Overview of Issues for Further Liberalization by WTO Secretariat, Guide to the Uruguay Round Agreements by WTO Secretariat, Guide to the WTO and Developing Countries* by Peter Gallagher, *Guide to the WTO and GATT: Economics, Law and Politics by A. K. Koul*, WTO Antidumping And Subsidy Agreements: A Practitioner's Guide *by Terence P. Stewart, Amy S. Dwyer*, WTO Dispute Settlement Understanding: A Detailed Interpretation *by Bryan Mercurio, Yang Guohua and Li Yongjie*.

②牛津 GATT/WTO 协定评述系列(Oxford Commentaries on the GATT/WTO Agreements), 目前已经和即将出版的有: *Agreement on Agriculture: A Commentary* by Joe McMahon, *Agreement on Subsidies and Countervailing Measures: A Commentary* by Deborah Steger; *Agreement on Technical Barriers to Trade A Commentary* by Robert Howse and Donald Regan, *General Agreement on Trade in Services: A Commentary* by Elizabeth Tuerk and Robert Howse, *Understanding on the Rules and Procedures Governing the Settlement of Disputes: A Commentary* by J. H. H. Weiler, *Agreement on the Application of Sanitary and Phytosanitary Measures* by Joanne Scott, *The WTO Anti-dumping Agreement: A Commentary* by Edwin Vermulst, *The General Agreement on Tariffs and Trade: A Commentary* by Petros C. Mavroidis, *Trade Related Aspects of Intellectual Property Rights: A Commentary on the TRIPS Agreement* by Carlos Correa, *The WTO Agreement on Safeguards: A Commentary* by Alan O. Sykes.

③Brill 学术出版商出版的马普世界贸易法评述系列(*The Max Planck Commentaries on World Trade Law*, set volumes 1-7, edited by Rüdiger Wolfrum and Peter-Tobias Stoll) 包括: *WTO-Trade-Related Aspects of Intellectual Property Rights* edited by Jan Busche and Peter-Tobias Stoll, *WTO- Trade in Services* edited by Rüdiger Wolfrum and Peter-Tobias Stoll, *WTO- Trade in Goods* edited by Rüdiger Wolfrum and Peter-Tobias Stoll, *WTO- Trade Remedies* edited by Rüdiger Wolfrum, Peter-Tobias Stoll and Michael Köbele, *WTO- Technical Barriers and SPS Measures* edited by Rüdiger Wolfrum, Peter-Tobias Stoll and Anja Seibert-Fohr, *WTO-Institutions and Dispute Settlement* edited by Rüdiger Wolfrum, Peter-Tobias Stoll and Karen Kaiser, *WTO-World Economic Order*, *World Trade Law* by Peter-Tobias Stoll and Frank Schorkopf.

④剑桥大学出版社出版的美国法学会报告员研究系列(The American Law Institute Reporters' Studies Series): *The WTO Case Law of* 2001 edited by Henrik Horn & Petros C. Mavroidis, Cambridge University Press, 2004; *The WTO Case Law of* 2002 edited by Henrik Horn, Petros C. Mavroidis, Cambridge University Press, 2005; *The WTO Case Law of* 2003 edited by Henrik Horn, Petros C. Mavroidis, Cambridge University Press, 2006.

⑤Brill 学术出版商出版的 WTO 案例法系列,目前已出版了三卷: *La jurisprudence de l' OMC/ The Case-Law of the WTO*, 1996-1997 edited by Brigitte Stern and Hélène Ruiz Fabri, 2004; *La jurisprudence de l' OMC/ The Case-Law of the WTO*, 1998-1 edited by Brigitte Stern and Hélène Ruiz Fabri, 2005; *La jurisprudence de l' OMC/ The Case-Law of the WTO*, 1998-2 edited by Brigitte Stern and Hélène Ruiz Fabri, 2006.

⑥美国密歇根大学出版社出版的《世界贸易论坛系列》:*World Trade Forum*: *State Trading in the Twenty-First Century* by Thomas Cottier, Petros C. Mavroidis, Krista Nadakavukaren Schefer, P. C. Mavroidis (Editor), University of Michigan Press (1999); *Regulatory Barriers and the Principle of Non-discrimination in World Trade Law*, *Past*, *Present*, *and Future* by Thomas Cottier and Petros C. Mavroidis (Editors), University of Michigan Press (2000); *Intellectual Property*, *Trade*, *Competition*, *and Sustainable Development*, by Thomas Cottier and Petros C. Mavroidis (Editors), University of Michigan Press (2003); *The Role of the Judge in International Trade Regulation*, *Experience and Lessons for the WTO* by Thomas Cottier and Petros C. Mavroidis (Editors), University of Michigan Press (2003); *International Trade and Human Rights*, *Foundations and Conceptual Issues* by Frederick M. Abbott, Christine Breining-Kaufmann and Thomas Cottier (Editors), University of Michigan Press (2005)

就研究热点而言, WTO 争端解决机制是欧美 WTO 研究中的热点。世贸组织争端解决机制不仅被世贸组织法定为向多边贸易体制提供安全及预见性的一种核心要素,① 而且被视为 "世贸组织的最独特贡献", 还被普遍视为迄今为止多边贸易谈判史上的一项最大成就和实施与执行世贸组织协议的一种最有力的法律保障手段。因此, 世贸组织争端解决机制被形象地称为 "世贸组织皇冠上的明珠"。1995 年以来, 瑞士的《世界贸易杂志》 (英文)、英国的《国际经济法杂志》 (英文, 1998 年创刊) 和美国的《国际律师》 (英文) 与《国际商业的法律与政策》 (英文) 等世界性权威刊物均出版过 "WTO 争端解决机制" 专刊; 国际法协会国际贸易法分会出版了 "WTO 争端解决机制" 长篇研究报告和系列专著; 1997

---

① 《世界贸易组织争端解决程序与规则谅解》第 3 条第 2 款。

年 4 月成立的"世界贸易法协会"（总部在伦敦）自成立以来每年均以"WTO 争端解决机制"为年会主题；日内瓦"全球仲裁论坛"每年也以"WTO 争端解决机制"为中心议题；"WTO 争端解决机制"的案例已成为西方出版商竞相出版的畅销书；美国著名 WTO 专家杰克逊教授、胡德克教授，欧洲著名 WTO 专家、前 GATT/WTO 法律顾问、国际法协会国际贸易法分会主席彼特斯曼教授等，发表了大量有关"WTO 争端解决机制"的论文和出版了权威性的专著。美国纽约大学法学院韦勒（Weiler）教授曾指出："世贸组织的其他任何领域都没有得到比争端解决程序——正如可提出证据加以证明的那样，乌拉圭回合最重要的体制性成果——更多的关注。从 WTO 的角度来看，这不奇怪。'争端解决谅解'（DSU）被称为马拉喀什'历史性协定'（historical deal）的组成部分——对乌拉圭回合全部成果都具有根本性影响。而且，多边争端解决机制的各项规定，在性质上是横向的，它们扩展到各适用协定的全部空间。从学术界的角度来看，这也不奇怪。虽然要成为精通全部 WTO 实体法的真正专家日益困难（尽管仍有人主张），但是对 WTO 感兴趣的每个人都是一个假设的争端解决专家——并且这包括那些终于认识到 WTO 的深远重大意义的少数政治学家和那些长期以来关注 WTO 的很多经济学家和政治经济学家以及急剧上升的贸易法专家（其中很多人被金钱的魅力所吸引）……"①

就研究重点来说，世贸组织及其多边贸易体制的基础理论问题是重点之一。围绕世贸组织面临的合法性与正当性危机，欧美学者不仅关注"国际经济法革命"、"国际人权法革命"、"国际环境法革命"、"国际法的全球化"等对世贸组织的冲击，而且试图提出加强和改革世贸组织多边贸易体制的理论和学说，例如：通过贸易保护环境、保障基本人权、强制实施劳工标准；正视社会公正、消除贫困和发展中国家的发展；国际贸易法治，良治，全球治理；纠

---

① See J. H. H. Weiler, The Rule of Lawyers and the Ethos of Diplomats: Reflections on the Internal and External Legitimacy of WTO Dispute Settlement, *Harvard Jean Monnet Working Paper* 09/00, p. 1.

正民主的缺陷, 全球市民社会自治, 国际民主宪政; 自由贸易与政府管制竞争。下文将在简要介绍世贸组织面临的挑战后再对欧美学者有关世贸组织基础理论问题的研究状况进行具体评述。

三、世贸组织面临的挑战与《萨瑟兰报告》的出台

总的来说,冷战终结以来世界贸易及国际关系发生了三大变化: 首先,世界经济重心已逐渐从老的工业化国家转向经济快速发展的国家,尤其是亚洲国家。其次,技术、更激烈的全球竞争和资本的流动性增大,使各国经济日益受到迅速而难以预料的各种变化的影响,有时引起那些易受影响的人群的抵抗。最后,过去数十年的地缘政治框架已随着冷战的结束而解体。虽然这种情况鼓励许多前苏东国家在全球经济中发挥更充分的作用,但也产生了许多不确定因素。这些变化产生的最严重的后果之一是美国在多边贸易体系中发挥原来那样的领导作用的能力已经减弱。前苏东国家的解体及其工业能力相对下降已削弱了人们对美国传统作用的支持,同时也促使基层群众产生了自由贸易究竟是威胁还是机会的矛盾心理。结果是使贸易政策越来越受到折磨:究竟要像过去那样遵守多边原则,还是往往为了国内强大的游说集团而积极追求对本国有利的短期目标。①

自 1995 年成立以来, 世贸组织在建立权威和树立信心方面, 既有成功, 也有失败。1999 年是世贸组织的"灾年"。先是在 9 月 1 日新总干事穆尔上任之前长达 4 个月没有总干事, 后是第三次部长大会在美国西雅图无果而终。2003 年 9 月在墨西哥坎昆举行的世贸组织第 5 次部长级会议不欢而散, 多哈发展议程谈判陷入困境。2005 年第 6 次部长级会议低调落幕, 2006 年 7 月 27 日 WTO 总理事会同意中止多哈回合谈判, 多哈发展议程前景暗淡。虽然世贸组织几近 12 周岁, 但它所遭遇过的挫折、动荡和政治争端以及面临的挑战, 都说明尚处于童年时期的世贸组织远未告别考验。

①　参见:"世界贸易组织仍在受考验",《金融时报》(英文) 1995 年 10 月 6 日。

（一） 实施

乌拉圭回合所达成的 19 项协定、24 项决定、8 项谅解、3 大宣言和 22，500 页的市场准入具体承诺，如何从纸上的文字变成实际的行动，是世贸组织面临的第一大挑战。国际法近四百年的历史（尤其是关贸总协定 48 年的历史）证明，一项普普通通的多边协定，从字面上的法律转化为现实的秩序与法制，其历程之艰难绝非文字所能描述和常人所能预料，更何况世贸组织协定这样如此庞杂的国际协定？当然，从理论上看，一般来说，世贸组织及其全体成员，应该采取协调一致的具体行动加强和巩固乌拉圭回合的各项成果，并确保充分、有效、及时、善意地执行上述法律文件的各项规定。具体而论，一方面，各成员不仅有必要在国内采取相应的立法、行政、司法及其他形式的措施，而且也必须在双边和区域贸易协定与安排方面作一定的调整。另一方面，世贸组织必须开动其所有机器，特别是启动其争端解决、贸易政策审查、通报、谈判甚至世界贸易管理咨询等机制，以便监督和鼓励各成员诚信切实地履行条约义务，从而保证世界多边贸易体制能在基础坚实、互信互赖的和平合作环境中运行。

迄今为止，乌拉圭回合各项协定所规定的世贸组织既定议程（the built-in agenda），其中一些不能按计划开始，另一些虽按计划开始却不能按时结束，真正按计划开始和结束的为数十分有限。世贸组织协定的贯彻实施不能实现世贸组织成员之间权利义务的真正平衡。世贸组织成员中的发达国家，在行使权利方面采取进攻政策甚至于不惜滥用权利以谋取私利，在履行义务方面采取拖延退缩政策甚至于不惜曲解条款以回避义务，特别是对世贸组织成员中的发展中国家所承担的义务。世贸组织成员中的发展中国家，尤其是其中的最不发达国家，由于其自身能力不强和世贸组织体制内在的局限性，不仅不能充分行使世贸组织成员所享有的权利，而且无力履行世贸组织成员所承担的义务。因而，出现发展中国家不仅不能有效地融入世贸组织多边贸易体制，反而有可能被最终排除在世贸组织多边贸易体制之外的危险。诚然，为了帮助发展中国家更充分地融入多边贸易体制，世贸组织一直在加大技术援助和能力建设活动的投入，加强与其他国际机构的合作和政策协调，并且也产生了一定作用，如发展中国家成员不仅在数量上日益增多，而且在参与世贸组织活动方面更加积极。但是这些活动还不足以遏制发展中国家在世贸组织体制中的日益边缘化势头。如何有效地帮助发展中国家成员真正享受世贸组织成员资格所产生的权益，是世贸组织面临的最大挑战之一。2001 年 11 月 14 日世贸组织多哈部长级会议通过了《部长宣言》、《与实施有关的问题和关注》（Implementation-Related Issues and Concerns）和《关于 TRIPS 协议与公共健康的宣言》等 5 项决定，并制定了《多哈发展议程》工作方案，承认与实施有关的问题和关注事项至关重要，决心找到适当的解决办法，要求把发展中国家和最不发达国家的特殊需要和利益实质性地纳入多哈发展议程谈判的所有议题中，对发展中国家提供技术援助和能力建设。《多哈发展议程》谈判发起后，发展中国家的主要关心事项（如实施问题、特殊与差别待遇等）不仅一再搁浅，而且受尽冷落。现在多哈发展议程谈判正处于关键时刻，能否真正解决与实施有关的问题，仍是一个未知数。

（二）扩大

这涉及两方面的问题。首先，世贸组织成员的扩大。一方面，世贸组织只有向世界所有国家开放，吸纳愿意并能够履行世贸组织协定义务的任何合格实体，才能最终建立一个真正的全球性贸易体系（a truly global trading system）。同时，为了维护世界贸易体系的完整性，世贸组织成员的扩大，需要认真、谨慎、周密的运筹和操作。世贸组织成员必须对世贸组织所管理的多边贸易规则承担明确的义务并保证其得到有效的贯彻落实。对此，任何国家概莫能外。因此，世贸组织，在审议每一个主权国家的加入申请并作出接纳决定时，必须且只能根据世贸组织协定的有关规定，不应该因为其经济发展水平、地理位置、社会制度、文化传统甚至政治方面的差异而对其施加另外的苛刻条件。否则，不仅侵犯申请者主权平等的习惯国际法权利，而且完全违背世贸组织所谋求的全球性贸易体系的宗旨。世贸组织虽然在为最不发达国家加入世贸组织确立较为简易的程序方面取得了成功，而且也因在过去十年接纳了 20 多个新成员正在成为一个更具普遍性的国际组织，但是目前仍有 20 多个国家停留在加入世贸组织谈判进程之列。因此，新成员的加入事实上仍然是世贸组织各成员的政府面临的一大政治性挑战。世贸组织各成员有责任建设性地迅速解决这一问题，不仅应根据加入国履行承诺和义务的能力保持对其提出的要求的现实性，而且世贸组织应提供技术援助以促进和推动加入进程。①

其次，世贸组织管辖范围的扩大。除继续乌拉圭回合未完成的服务贸易、与农产品有关的支持和保护措施等方面的谈判外，随着全球经济一体化进程的继续深入与强劲，世贸组织及其成员，既要对环境、劳工或社会标准的普遍关注作出正当合理的反应，又要防止以贸易限制作为合法反应手段从而推行隐蔽的新贸易保护主义政策。贸易与环境的关系、贸易与投资、竞争政策以及贸易与社会标准（尤其是劳工标准和贪污）等问题，或者已经列入世贸组织议程，或者必将列入其未来的工作方案。随着世界多边贸易体制发展方向日益瞄准国家管制性政策（national regulatory policies）而非跨国界障碍（cross-border obstacles），世界多边贸易体制正日益成为一个政治问题，它所面临的挑战也将越来越多地来自政治层面而非技术层面。一方面，世贸组织必将进一步加强和完善与其他国际经济组织的协调合作，以推动国际经济决策的"全球一致"（global coherence）。另一方面，加强和巩固世贸组织的政治基础，必将成为世界多边贸易体制的一项长期而又艰巨的中心任务。十多年来，为了获得对世贸组织活动的尽可能广泛的支持与理解，世贸组织通过因特网迅速及时自动地发布世贸组织的官方文件和其他信息，通过论坛、研讨会、讲习班等形式与市民社会团体开展对话，加强与大众、国际民间组织、国会议员和社会各界的沟通与联系，扩大世贸组织对外开放和加强其活动的透明度，争取在公众中树立一个较好的社会形象和营造一个有利的舆论环境。但是，收效甚微。

（三）双边主义（bilateralism）与区域主义（regionalism）

双边主义认为，贸易政策应该以对等（reciprocity）而不是最

---

① WTO: *"Annual Report* 2000", p. 4.

惠国待遇原则（the MFN principle）为基础。因为某些国家已经达到了的较高程度自由化，在与自由化进程非常缓慢的国家所进行的多边谈判中，没有向它们提供任何真正的保护，因而不存在激发这些国家进行任何进一步自由化以便从最惠国待遇原则中获利的真正动力。这种倡导双边解决办法的观点，不仅理论上有其渊源，而且对国际贸易政策的实践有一定影响，并对多边贸易体制产生了相当消极的作用，因此一直受到多边贸易体制支持者的反击。前任世贸组织总干事鲁杰罗指出，首先，作为最惠国待遇制度替代品的现行对等贸易政策，严重背离了五十年来我们所建立的贸易制度，它正是多边贸易制度奠基人所设计的蓝图的对立面。其次，自认为本身是开放市场的国家或区域集团有权努力奋斗以争取所有贸易伙伴最大可能的自由化，对此，完全可以理解。如果这种论点在策略上临时作为一种谈判手段使用，则不必过于在意它对多边贸易体制整体的影响。但是，如果它成为一种永久性的政策手段，则多边贸易体制的风险可能非常严重。因为贸易就其实体而言是技术性的，而就其后果来说则是高度政治性的。对等贸易政策作为多边贸易制度的结构性替代物等于双边主义；双边主义等于歧视；贸易关系以实力而不是法律规则为基础就是其结果。①

区域性经贸组织或集团的过分扩展，可能造成世界多边贸易体系与其关系的失衡。现在，世贸组织几乎每个成员也都同时是某个区域贸易协定（Regional Trade Agreements, RTAs）的缔约方。在贸易规则方面，区域贸易协定正变得越来越重要；在国际谈判中，区域贸易集团所代表的政治分量也日益加重。与多哈发展议程谈判止步不前相反，区域贸易协定谈判突飞猛进。这些都是可能破坏区域主义与多边主义动态平衡的因素，并且存在区域集团之间的对抗可能使多边体系的任何进展变得更加困难的危险。如任其发展，势必

① See Renato Ruggiero, Growing Complexity in International Economic Relations Demands Broadening and Deepening of the Multilateral Trading System, *FOCUS* (WTO Newsletter) October-November 1995, No. 6, pp. 9-13.

造成南北鸿沟的扩大，直至危及国际政治稳定和世界安全。因此，世贸组织必须强化有关区域贸易协定与组织的规则和程序。区域贸易协定委员会（CRTA）成立以来，到2004年底向世界贸易组织通报的有效的区域贸易协定共有160个，但是对于该委员会审查报告的形式与内容，世贸组织成员一直议而不决、不能达成合意。①2006年7月10日"规则谈判组"正式通过了"区域贸易协定透明度机制"②。没有一个有效的监督机制，使区域贸易协定可能对多边贸易体制在制度方面的挑战更加严峻。多哈发展议程就区域贸易协定的谈判，不仅在坎昆部长级会议期间就区域贸易协定透明度问题取得了重大进展，而且在2004年底将谈判范围扩大到区域贸易协定可能对第三方贸易和整个多边贸易体制的消极影响等体制问题。诚然，多哈发展议程能否最终达成一个监督区域贸易协定的有效机制，尚难预料。

（四）强权政治与单边主义

从1994年11月美国国会与政府围绕批准乌拉圭回合最后文件的舌战，到1995年发生的美日汽车贸易争端；从美国出于政治原因对中国重返关贸总协定和中俄加入世贸组织采取的各种措施，到1996年美国先后颁布制裁古巴③、伊朗和利比亚的新法案，再到美国在解决贸易争端中不是使用301程序，就是拒不执行对其不利的重

① WTO："Annual Report 2005"，pp. 58-59.

② JoB（06）/59/Rev5.

③ 例如，1996年5月29日美国政府正式宣布开始实施赫尔姆斯—柏顿法，并列出了首批予以制裁的外国公司的名单。赫尔姆斯—柏顿法正式名称是"声援古巴自由与民主法"，是1995年美国参议院外交委员会主席赫尔姆斯和众议员柏顿联合提出的。该法目的在于"对古巴进行全面经济封锁"，促使古巴卡斯特罗政府尽快垮台。其主要内容包括：1. 禁止美国公司及其海外子公司与古巴贸易；2. 拒绝给在古巴投资或贸易的外商及其家属发放入境签证；3. 禁止别国向美国出口含有古巴原材料的各种制成品；4. 允许在古巴革命胜利后财产被没收的美国公司，向美国法院起诉目前在古巴利用其财产从事经营活动的外国投资商；5. 阻止国际货币基金组织和世界银行等国际金融机构向古巴提供任何贷款。自1995年以来，该法案就一直遭到各国的强烈反对与抵制。国际社会普遍认为，赫尔姆斯—柏顿法实行治外法权，严重侵犯别国主权，违背了世界贸易组织的宗旨与原则以及美国依据国际条约和国际习惯所承担的义务。

要裁决;世贸组织多边贸易体制一直非常紧张地承受着美国贸易政策所反映出来的国内政治角逐与对外强权政治的压力。甚至连美国报纸也承认,两个令人不安的苗头正在美国贸易政策中显露出来:一个是企图扩大美国法律的管辖权以限制其他国家之间进行合法生意的能力,另一个是当它感到世贸组织协定的规定不符合美国利益时,不愿意遵守这些规定。因此,美国正在破坏世贸组织这个根据华盛顿提出的改革与管理世界贸易体系的建议创建的全球贸易组织。[①]美国上述做法公然违反联合国宪章和世贸组织章程,不仅极大地挫伤了发展中国家对多边贸易制度的信心(这种信心刚刚因乌拉圭回合的胜利结束和世贸组织的顺利成立而有所加强),而且严重地败坏了世贸组织的声誉,还大大地削弱了世贸组织的权威性和法律基础。

(五) 全球化 (Globalization)

全球化 (Globalization) 是当今最含糊不清的一个术语。事实上,"全球化"一词涵盖经济、技术和国际关系中可能相互加强却有不同根源的一系列趋势。全球化并不是我们这个时代特有的或者全新的现象。历史曾经历过阻碍经济活动与人类接触的各种障碍迅速受侵蚀的时期。引发当今全球经济一体化汹涌澎湃的最重要因素之一,可以说是通信和计算机技术的进步与发展。因特网被普遍视为全球化的最有力象征。自由贸易也是过去数十年全球化急剧发展的一种主要因素,世贸组织则是为了一个完全相互依赖的全球经济而创立的惟一最新多边自由贸易组织。虽然全球化既不是某种计划也非某项议程,但是全球化被反全球化者视为一种有害的力量甚至于是一个阴谋,世贸组织则被描绘为全球化的"发电站"。因此,自1998年世贸组织第二次部长级会议以来,世贸组织发现自己已处于反全球化浪潮的中心,1999年在美国西雅图召开的世贸组织第三次部长大会则成为反全球化力量攻击的焦点。第五次部长级会议再次成为反全球化运动攻击的目标。各种反全球化力量在世贸组织第六次部长级会议期间再掀抗议高潮。公众对全球化在认识上的

---

① "美国不能坚持双重标准……华盛顿在自由贸易问题上发出含混不清的信息",《洛杉矶时报》1996年5月3日。

普遍混乱和忧虑，如果不得不用先发制人的方法预防民粹主义者和保护主义分子对全球化的对抗性过激反应，那么各国政府和国际组织就必须制订积极的方案。这才是世贸组织与全球化之间所具有的真正联系。即，世贸组织不是全球化的险恶建筑师，而是谈判规则以帮助指导全球化的一个场所。如何为变化莫测的全球化制定各种必要的规则，是世贸组织面临的一项巨大挑战。

（六）制度性挑战（Institutional Challenges）

世贸组织所面临的各种问题大多均超出了多边贸易体制过去所设定的"贸易问题"（trade matters）的范围。如果说，过去 GATT 面临的是自由贸易与保护主义的争斗，那么，今天世贸组织面临的则是怎样管理全球性经济相互依存的这一全新而更为艰难复杂的难题。世贸组织现在所处的国际环境，大大不同于发起乌拉圭回合时的世界了。首先，冷战已成历史。其次，发展中国家在国际经济活动中日益成为世界经济中的主力军，并事实上与发达国家一起共同承担世界经济的领导责任。现在，世贸组织必须向一种集体色彩更浓的领导体制发展——这不仅是对多极世界现实的反映，而且也是对发展中国家力量的崛起和发达国家不再足以单独担当国际领导责任的事实的承认。再次，全球化使处于不同发展阶段的各国通过技术、信息、思想、观念和经济连成一体。贸易、金融、环境、发展、卫生、人权等等，不再是可以继续分开处理的部门性问题，而是日益成为一种环环相扣的难解之谜的组成部分。世贸组织既不可能成为开发机构、环保警察和人权卫士，也不可能再像过去关贸总协定那样处理贸易关系。显然，世贸组织需要新的政策手段和方案来迎接全球化的挑战，需要与其他国际组织、各国政府和市民社会一起，对全球化采取共同的全球性战略和行动。世贸组织不仅要为全球化建立一种协调一致的全球性机构体系，而且要建立支持全球化的政治基础。归根到底，世贸组织面临的真正挑战是 21 世纪需要什么样的国际贸易体制的问题。① 在经济全球化日益加速发展的

---

① Renato Ruggiero, Reflections from Seattle, in Jeffrey J. Schott（ed.）, *The WTO after Seattle*, Institute for International Economics, 2000, pp. xiii-xvii.

时代，没有安全、可靠和应变力强的世界贸易体制，便没有真正的贸易自由化，开放贸易将只能是公开的掠夺、赤裸裸的战争。是重建世界对世贸组织的信心，还是任其在全球化浪潮中沉没？战胜这些挑战，还是被这些挑战所压垮？这不仅是对世贸组织及其成员的严峻考验，而且也是对国际社会就其集体自身利益问题达成共识并付诸行动的能力与意志的检验。

如何迎接这些挑战？2001 年 2 月前 3 位 GATT/WTO 总干事邓克尔、萨瑟兰和鲁杰罗在世界经济论坛上联合提出了 8 条建议：第一，谋求商界支持多边贸易体系；第二，倾听批评但要坚持原则；第三，承认世贸组织体制的局限性；第四，创造一个公众信任的环境；第五，给争端解决环境降温；第六，满足发展中国家的愿望与关注；第七，处理其他人类发展的挑战；第八，发起新的贸易回合。① 在世贸组织十周年之际，2005 年 1 月 17 日世界贸易组织秘书处发布了一份由 8 位名人②共同撰写的《世贸组织的未来——应对新千年的制度挑战》（The Future of the WTO-Addressing Institutional Challenges in the New Millennium）的报告（下称《萨瑟兰报告》）③。针对优惠贸易安排对国际贸易环境的影响、世贸组织的决策程序、市民社会在世贸组织活动中的作用等制度性问题，该报告指出，第一，全球化进程与世贸组织的作用被广泛误解，多数人既不了解世贸组织的长处也不了解它的局限性；如果发展中国家无法从世贸组织获益，世贸组织在道义上的感召力就会大打折扣。第二，优惠贸易协定（the Preferential Trade Agreements, PTAs）泛滥，不仅侵蚀了多边贸易体制，而且非常危险，是反击侵蚀非歧视原则的行为的时候了！第三，国家因加入世贸组织而成为世贸组织成员所得大于所失，国内政策空间收缩所失与多边合作及法治产生的所

---

① See also "*Joint Statement on the Multilateral Trading System by Arthur Dunkel, Peter Sutherland and Renato Ruggiero on 1 February 2001*", http://www.wto.org

② 其中包括前 GATT 总干事萨瑟兰、著名经济学家巴格瓦蒂、巴西前外长拉佛尔、法学家约翰·杰克逊等。

③ http://www.wto.org/english/thewto_ e/10anniv_ e/future_ wto_ e.htm（visited on July 13, 2006）.

得之间的平衡是积极而继续发展的。第四，加强全球经济决策的协调一致，需要更好的全球治理。第五，加强与市民社会对话，世贸组织成员应在境内建立与市民社会的密切联系与沟通机制，世贸组织应该确立一套处理与各种非政府组织关系的明确清晰的指导方针。第六，加强世贸组织争端解决机制，使它更成功有效。第七，改进决策程序及其他安排，推动多边贸易谈判：（1）改进协商一致的决策方式，区别对待程序性议题与实质性议题，不得阻挠纯程序性议题，对于实质性议题，任何成员如反对一项获得广泛支持的措施，必须事先书面说明该措施涉及其"重大国家利益"。（2）建立执行新协定的资金保障安排，以协助最不发达国家成员履行新义务。第八，在组织制度上进行调整，以保证政治上强而有效的决策过程：（1）今后每5年举行一次世贸组织成员首脑峰会，每年举行一次部长级会议，总干事每半年向部长们书面提交一份贸易政策发展报告；（2）由30个世贸组织核心成员（部分常设、部分轮换）组成"高官磋商机构"，并由总干事主持，每季度或半年召开一次会议，讨论世贸组织的方向性问题；（3）为促进透明与包容性，总干事应探讨在限制性会议上与有关团体加强协调和增进团体代表性的潜力。第九，加强总干事与秘书处：（1）总干事人选的先决条件应该是专业技能与适当经历。建议放弃世贸组织成员只推荐本国人为候选人或只有获得本国政府支持的人才能被提名的作法，避免发达国家人士与发展中国家人士轮流坐庄的倾向。在秘书处各级别，特别是高层，充实最适合的人士。（2）通过任命一位相当于副总干事的首席执行官（CEO）来加强秘书处的管理文化。（3）确认秘书处是世贸组织体制卫士的地位，鼓励秘书处更多的智力产出与政策分析。（4）适当增加预算。

　　诚然，上述各种挑战和问题，其中有些属于技术性的问题并已列入多哈发展议程谈判，因此多哈发展议程谈判的成功将有助于推动世贸组织及其多边贸易体制的改进。但是另一些则属于根本性的问题且与世贸组织及其多边贸易体制的本质特性和国际社会结构密切相关。为了寻求解决这些问题的有效办法，必须对世贸组织及其多边贸易体制的基础理论问题有比较清醒的认识。

四、《萨瑟兰报告》提出的 WTO 理论问题

总体上看,《萨瑟兰报告》的主旨在于增加 WTO 体制发展的政治动力,正如报告所指出:"WTO 被世界各地的政治领导人称之为贸易政策发展的首要工具,然而,对这个机构的经常性的、直接的、正式的、政治性的投入却是最小的——部长级会议每两年召开一次,或仅在危机来临时召开。"萨瑟兰报告出炉后,以 WTO 法为主要研究对象的著名期刊《国际经济法杂志》(英文)连续发表专辑,众多 WTO 研究人员针对《萨瑟兰报告》展开了热烈的讨论。① 就萨瑟兰报告而言,涉及以下主要问题:

---

① 关于研究 2005 年 "萨瑟兰报告" 的著述,参见 Thomas Cottier, The Erosion of Non-Discrimination: Stern Warning without True Remedies, 8 *Journal of International Economic Law* 595-601 (2005); Donald McRae, Developing Countries and The Future of the WTO, 8 *Journal of International Economic Law* 603-610 (2005); Joel P. Trachtman, The Missing Link: Coherence and Poverty at the WTO, 8 *Journal of International Economic Law* 611-622 (2005); Mitsuo Matsushita, The Sutherland Report and its Discussion of Dispute Settlement Reforms, 8 *Journal of International Economic Law* 623-629 (2005); Robert Wolfe, Decision-Making and Transparency in the 'Medieval' WTO: Does the Sutherland Report have the Right Prescription? 8 *Journal of International Economic Law* 631-645 (2005); Ernst-Ulrich Petersmann, Addressing Institutional Challenges to the WTO in the New Millennium: A Longer-Term Perspective, 8 *Journal of International Economic Law* 647-665 (2005); Peter Van den Bossche and Iveta Alexovicova, Effective Global Economic Governance by the World Trade Organization, 8 *Journal of International Economic Law* 667-690 (2005); Gary Clyde Hufbauer, Inconsistency Between Diagnosis and Treatment, *Journal of International Economic Law*, Vol. 8, 2005, pp. 291-297; Patrick A. Messerlin, Three Variations on 'The Future of the WTO', 8 *Journal of International Economic Law* 299-309 (2005); Steve Charnovitz, A Close Look at a Few Points, 8 *Journal of International Economic Law* 311-319 (2005); William J. Davey, The Sutherland Report on Dispute Settlement 8 A Comment, *Journal of International Economic Law* 321-328 (2005); Joost Pauwelyn, The Sutherland Report: A Missed Opportunity for Genuine Debate on Trade, Globalization and Reforming the WTO, 8 *Journal of International Economic Law* 329-346 (2005); Peter Sutherland, The Doha Development Agenda: Political Challenges to the World Trading System-A Cosmopolitan Perspective, 8 *Journal of International Economic Law* 363-375 (2005); Faizel Ismail, A Development Perspective on the WTO July 2004 General Council Decision, 8 *Journal of International Economic Law* 377-404 (2005).

第一，谈判是多边贸易体制的驱动力量，然而近年来的多边谈判似乎举步维艰。尽管有诸多其他方面的理由①，但是 WTO 的决策程序无疑需要加强。在此方面，WTO 虽然规定了投票程序，但自关贸总协定起一直奉行要求没有任何正式反对意见的"协商一致"。这种协商一致方式被认为是造成决策失灵的罪魁祸首之一。另外一个重要原因则是发展中成员参与决策过程的权利经常受到发达国家成员的侵犯。迄今为止，投票表决仅行使过一次，即在厄瓜多尔加入时总理事会以 2/3 多数作出决定。而 WTO 成员也仅在少数不公开的会议上明确表示了反对意见。

第二，与上述相对照，主要以所谓反向协商一致方式进行决策的 WTO 争端解决机制，却在争端解决方面作出了富有成效的发展。而且，正由于在"立法"决策上的难度造成 WTO 争端解决的

①　在 2005 年的"萨瑟兰报告"中指出：近年来，令人焦虑的是谈判缺乏实质性进展，但这一现象可以通过多种途径加以解释。首先，现在参与谈判的成员政府更多（与乌拉圭回合开始时的 86 个成员相比，现在差不多有 150 个成员），所以协商一致变得更加困难。第二，谈判的范围和敏感性。目前，很多较容易处理的问题已得到解决。比如关税壁垒，许多发达国家的关税已降到相当低的程度，而剩下的关税高峰在政治上最为敏感。第三，WTO 的谈判结果比以往任何时候都更深入地涉及到国家的竞争力。在不断开放的全球经济环境下，任何参与竞争者，不管是为了市场还是为了投资，都会从多边贸易谈判中获益。"收益"与"让步"之间的权衡运筹清晰可见：一方面雄心勃勃，另一方面防守态度异常强硬。除此之外，成员国内对于本国竞争力的衡量往往带着浓厚的政治偏见，这给谈判带来很大的负面影响。第四，在乌拉圭回合之前，发展中国家需要承担的义务很少，东京回合达成的一系列诸边协定，是否参与取决于自愿选择。乌拉圭回合完全改变了这一格局，WTO 协定成为一个所有成员必须全盘接受的"一揽子"协定，尽管可以允许部分成员享受不同的实施期。一揽子协定的方式，尽管受到欢迎，却使发展中国家政府背负重担，从而影响它们对多哈回合的态度。对 WTO 主要参与方积极推动谈判议题采取默许态度，再也不是没有代价的了。第五，尽管企业和消费者仍然是也应该是多边贸易谈判的主要受益者，政府需要越来越多地考虑其他因素。在过去的 10 年，发展问题、环境问题、劳工利益问题及其他问题所带来的影响是巨大的。各成员政府必须自行决定，如何在 WTO 谈判中应对这些问题。然而，在许多情况下，其他利益方会影响成员政府是否对多边贸易谈判持支持态度，导致在具体谈判中政府的立场模棱两可。

实践处于一种"超然"的地位,围绕 WTO 争端解决机制所谓"司法能动主义"或司法造法的争议日盛。

第三,受经济全球化的影响,以及 WTO 交叉谈判和交换优势的吸引,贸易关联事项逐渐成为 WTO 所谈判和关注的议题。主要以促进贸易自由化为目标的 WTO 规则,几乎对其他所有的社会和法律方面都产生了重要影响。贸易与环境、人权、劳工标准、发展、公共卫生、竞争和投资,甚至与反腐败、传统文化、反恐怖主义、自然风光或灾害和国际移民等都存在这样或那样的关系。贸易关联问题受到关注,根本原因是自由贸易和社会政策之间存在的紧张关系。一方面,这种紧张关系证明,在与国际贸易管制相关的各种相互竞争的价值之间存在着一定的"关联"("link","linkage"或"related"等)。事实上,考虑到个人、国家及其制度所偏好的价值多种多样,这类关联几乎是不可避免的现象。另一方面,相互竞争价值之间的紧张关系对多边贸易体制的制度统一性造成了威胁。这类议题不仅造成 WTO 规则和其他国际法规则之间协调问题,而且体现了贸易价值和其他社会价值的冲突,从一个侧面凸现了全球化时代国际法不成体系现象的严重性。

对此,根据 2005 年的"萨瑟兰报告"以及相关学者的研究提出了多种解决方案:第一,建议根本性的"宪法"修改。这包括 3种情况,其一,某些人建议,借鉴关贸总协定争端解决程序外交模式的优点,规定可以否决争端解决报告的明确条件①,或者在上诉机构报告的通过上施行协商一致规则。这实际上是一种倒退。其二,某些人建议,更严格地节制上诉机构的行为。上诉机构报告的通过,应采取 WTO 成员的 1/3 通过或者多数表决的方式。② 这显然侧重"节制"。其三,某些人建议,进一步使 WTO "法律化",

---

① Claude E. Barfiled, *Free Trade, Sovereignty, Democracy: the Future of the World Trade Organization*, The AEI Press, 2001.

② Thomas Cottier & Satoko Takenoshita, The Balance of Power in WTO Decision-making: Towards Weighted Voting in Legislative Response, 59 (2) *AUSSENWIRTSCHAFT* 171, 184-6 (2003).

将新义务的立法决策方式修改为 WTO 成员的多数决,对司法造法提供立法上的平衡。① 这显然侧重"平衡"。第二,主张以另外的方式作为新的制衡渠道,例如规定私人当事方的投诉权。② 也有人认为,司法造法或者司法能动主义可以在现行的 WTO 宪法结构中得到节制,其方式是进一步澄清 WTO 协定,或者对裁判机构制定更加限制和遵从的审查标准。等等。

上述建议,在解决 WTO 的上述"宪法问题"上各有所长,也各有不足。但更为严重的问题在于,这类建议彼此掣肘、相互制约。每一种宪法解决方法在解决部分问题的同时又产生了新问题。首先,部分程度甚至完全回到外交性的争端解决机制,已经被关贸总协定的实践证明为问题重重。将根本上削弱多边贸易体制法律化或司法化的根本目的之一,即节制美国针对其他成员的贸易措施单边使用 301 条款等贸易制裁手段。特别是在今天,绝大多数贸易限制都是采取非关税壁垒的形式,深入到成员传统的主权管辖范围内,更不能支持这类提议。第二,多数决可能提高决策程序的效率,可以提高 WTO 短期的输出合法性。但是,由于 WTO 成员丧失了对新规则的否决权,这对于政治和参与施加了更大的限制,进而削弱了对 WTO 及其争端解决机制的支持。在整体上反而造成更大的合法性缺陷。最后,进一步的法律化而没有必要的政治支持,

① 关于通过上诉机构报告的方式问题,参见:Robert E. Hudec, The New WTO Dispute Settlement Procedure: An Overview of the First Three Years, 8 *MINN. J. GLOBAL TRADE* 1 (1999). Claude E. Barfiled, *Free Trade, Sovereignty, Democracy: the Future of the World Trade Organization*, The AEI Press, 2001. 其中巴菲尔德建议 1/3,休德克建议多数决。关于审查标准问题,参见:Stephen P. Croley & John H. Jackson, WTO Dispute Procedures, Standard of Review, and Deference to National Governments, 90 *American Journal of International Law* 193, 213 (1996). Daniel K. Tarullo, The Hidden Costs of International Dispute Settlement: WTO Review of Domestic Anti-dumping Decisions, 34 *LAW & POL' Y INT' L BUS.* 109 (2002).

② John Ragosta, Unmasking the WTO - Access to the DSB System: Can the DSB Live Up to Its Moniker 'World Trade Court'? 31 *Law and Policy in International Business* 739 (2000).

将使政治决策方面面临更大的压力，并要求更高程度的参与。而且，不能使争端解决机制在政治上能够"可持续发展"。

解决上述三重问题的困难在于：这三重问题本身是密切相关的。正如前上诉机构成员巴菲尔德（Claude Barfield）所述，从关贸总协定到 WTO 的立法行为从来就不顺利，因为通过一项新义务要求成员的协商一致。因此，WTO 缺乏对司法造法有效的立法纠正方式。在司法决策上采取较为有效的消极协商一致方式，而立法决策上采取难度颇大的协商一致方式，这两类"协商一致"一并构成了 WTO 的"宪法缺陷"（constitutional flaw）。① 在此基础上，WTO 以协商一致为基础的无效的决策程序和以反向协商一致为基础的高效的争端解决程序之间的不平衡关系，被称为 WTO 的"制度困境"（institutional paradox）。② 该制度困境的"困境"在于，如果立法决策顺利，则所谓司法造法并非不能克制；如果司法决策不顺利，则对立法决策的要求就不那么迫切。然而如本文下述，WTO 在立法和司法上的决策方式经过了历史的发展，各自具有充分的理由。而综合两者来看，又一并对贸易关联问题的解决产生重要影响：立法途径难以有效地为贸易关联问题制定规则，而司法途

---

① Claude E. Barfiled, *Free Trade*, *Sovereignty*, *Democracy*: *the Future of the World Trade Organization*, The AEI Press, 2001.

② 关于"制度困境"的代表性文献，参见 Ignacio Garcia Bercero, Functioning of the WTO System: Elements for Possible Institutional Reform, 6 *International Trade Law and Regulation* 103, 105 (2000). See also Clauded Barfield, *Free Trade*, *Sovereignty*, *Democracy*: *The Future of the World Trade Organization*, The AEI Press, 2001. Frieder Roessler, The Institutional Balance Between the Judicial and the Political Organs of the WTO, in *NEW DIRECTIONS IN INTERNATIONAL ECONOMIC LAW*: *ESSAYS IN HONOUR OF JOHN H. JACKSON*200, 338 (M. Bronckers & R. Quick eds., 2000); Claus-Dieter Ehlermann, Tensions Between the Dispute Settlement Process and the Diplomatic and Treaty-Making Activities of the WTO, 1 *World Trade Review* 301, 305 (2002); John Jackson, The WTO 'Constitution' and Proposed Reforms: Seven 'Mantras' Revisited, 4 *Journal of International Economic Law* 67 (2001).

径又受制于 DSU 在管辖权和适用法上的特殊规定，使贸易价值不可避免地具有较高的法律地位。

从实践来看，关注的焦点在于对 WTO 相关民主性、合法性和问责性的批评。对民主性的批评集中在 WTO 决策的相对封闭和发展中国家在 WTO 中的相对边缘化。对合法性的批评质疑 WTO 在解决贸易关联问题时是否超越了其权力和职能。对责任性的批评主要谴责决策权力从国内到国际的转移，特别是批评 WTO 争端解决机制所作出的决定，认为这些决定侵蚀了国家的权力。换言之，民主性意味着 WTO 对这类贸易关联问题如何决策，合法性意味着 WTO 是否应对这类贸易关联问题进行决策，责任性意味着 WTO、WTO 成员或其他国际法主体承担如何的决策权力和责任。然而，这似乎要求 WTO 同时追求 3 个不同的策略。要求 WTO 推进经济一体化以提高社会福利；推动某种形式的全球政治民主以保证政策是由直接受影响的人来制定；同时要维护国家主权。但是，WTO 一次只能追求上述 3 个策略中的两个。因此，WTO 面临着"三重困境"：要求 WTO 追求三个策略，却无法同时做到。①

实质上，上述问题的困境是"理论困境"的反映：多边贸易体制成功地实现了关贸总协定到 WTO 的转变，但是其基础理论并没有得到足够的发展，尚未形成能够全面解释和说明其理论和实践问题的统领模式。

对关贸总协定运行的特性，具有 3 种较有说明力的理论模式：首先，如国际关系学者基欧汉等人所提出，关贸总协定以国际合作的俱乐部模式（club model）得以成功运行。少数来自国情相似国家的外交官和经济学家就贸易政策问题工作，并没有公众参加或监督。关贸总协定成功地维系着与国际关系外部世界的相对隔绝。在

---

① Jeffrey L. Dunoff, The WTO's Legitimacy Crisis: Reflections on the Law and Politics of WTO Dispute Resolution, 8 *The American Review of International Arbitration* 197-20（2002）. 也参见丹诺夫，《WTO 贸易法公平吗》，陈延忠译，《国际经济法学刊》第 8 卷，北京大学出版社 2004 年版，第 25～29 页。

俱乐部模式中，缺乏对"局外者"的透明度具有关键性意义：部长们可以就难以分解甚至难以理解的事情达成一揽子解决方案。[①] 第二，在 20 世纪下半叶的经济自由化过程中，"根深蒂固的自由主义"（embedded liberalism）模式给予这种发展以合法性和理论基础。根深蒂固的自由主义一词为鲁格于 1982 年第一次提出，本意是指政府与其国民为同意布雷顿森林体系所主导的国际经济秩序而达成的"社会契约"。[②] 根深蒂固的自由主义模式与国际层面的贸易自由化和金融流动密切相关，主权国家根据这种模式降低了参与国际市场的风险，在实现国内政策目标和外向型政策之间取得平衡。这种理论模式被认为是自二战以来国际经济自由化得以持续发展所隐含的"交易"：新的自由贸易协定不能损害国家必须提供的各类社会保障。据此，关贸总协定相当于一种交易和妥协，国家的所有社会部门同意开发市场，而同时分担因开放市场所产生的社会调整成本。最后，关贸总协定本质上是一种契约式平衡（Contractual Balance），成员可以在为保护非贸易价值所必需的情况下减损贸易义务，一般条件是应提供补偿或接受报复，即达成了"契约式平衡"。例如，WTO 的众多例外条款，诸如 1994 年关贸总协定第 6 条"反倾销税和反补贴税"、第 12 条"为保障国际收支

---

① R. O. Keohane, J. S. Nye, The Club Model of Multilateral Cooperation and the World Trade Organization: Problems of Democratic Legitimacy, in R. Porter et al. (eds.), *Efficiency, Equity and Legitimacy: The Multilateral Trading System at the Millenium*, Washington D. C. (2001). 也参见罗伯特·O. 基欧汉，约瑟夫·S. 奈：《多边合作的俱乐部模式与世界贸易组织：关于民主合法性问题的探讨》，门洪华、王大为译，《世界经济与政治》，2001 年第 12 期，第 58～63 页。

② 论述根深蒂固的自由主义模式的代表学者是鲁格，其代表性著述，参见 John Gerard Ruggie, International Regimes, Transactions and Change: Embedded Liberalism in the Postwar Economic Order, 36 *International Organization* (1982); John Gerard Ruggie, Globalization and the Embedded Liberalism Compromise: The end of an Era? *Max-Planck-Institute for the Study of the Societies*, *Working Paper* 97/1, 1997; John Gerard Ruggie, Taking Embedded Liberalism Global: The Corporate Connection, in the David Held & Mathias Koenig-Archibugi Taming (eds.), *Globalization: Frontiers of Governance*, Cambridge: Polity Press, 2003.

而实施的限制"、第18条"政府对发展经济的援助"、第19条"对特殊产品进口的紧急行动"、第20条"一般例外"和第21条"安全例外"等都体现了这种契约式平衡。

上述3种理论模式具有密切的关系,契约式平衡与根深蒂固的自由主义在原理上相似,不过前者更侧重法律,后者更侧重政策,而这两者的运行都依赖于"俱乐部模式"。这类模式有力地论证了关贸总协定如何成功地维持一个基础不甚牢固的多边贸易体制。然而,自20世纪70年代起,这3种模式都不同程度地遭到了质疑和挑战:

就俱乐部模式而言,在关贸总协定大行其道的俱乐部模式是成功的,因为关税和其他贸易壁垒被显著削减,而全球贸易持续增长。但是,俱乐部模式在贸易政策制定上的优势本身也是解体的诱因。第一,逐渐深入的贸易自由化导致所谓公民社会对贸易政策更加敏感,对贸易自由化的复杂前景也更加关注,它们期望自己的声音为人所知。第二,越来越多的发展中国家参与由富国部长主导的俱乐部。在发展中国家开始要求在贸易谈判和政策制定中起到更大作用时,俱乐部模式难以继续维系。许多发展中国家依然被排除在俱乐部谈判之外,这直接导致了部分多边贸易谈判的失败。第三,经济全球化和日益提高的相互依赖使得贸易谈判的议程不得不扩展到贸易政策以外的领域。就跨国贸易而言,作为贸易部长俱乐部,世贸组织的规则运行非常成功。但是,将贸易与其他问题领域的联系考虑在内,则问题就出现了。最后,所谓国际组织的民主赤字问题也进一步激化了对俱乐部模式的反对意见。

从根深蒂固的自由主义和契约式平衡来说,1995年WTO对关贸总协定的转型主要是"法律化"的发展,这在一定程度上削弱了两类模式的基础。根深蒂固的自由主义主张,一国在承担国际经济法律义务的同时,还应考虑国内的各种复杂因素。然而贸易方面的"法律化"使贸易价值具有了强有力的法律保障,特别是经过加强的争端解决机制使贸易价值具有了异乎寻常的法律地位。发展中国家不愿意将人权、劳工权或环境保护之类更直接地置于WTO之内,因为发展中国家担心这类社会条款可能被保护主义滥用为根据。这种主张隐含的推定是社会条款不能被用以成为保护主义的根据。而反全球化的示威者认为,WTO 规则应使 WTO 在各种价值之间取得更适当的平衡。1999 年西雅图第三次部长级会议和 2003 年坎昆第五次部长级会议的反全球化示威活动,是会议失败的主要原因之一。

如上所述,以 WTO 为主导的多边贸易体制,面临着政治、经济和法律的三重挑战:在政治上,随着发展中国家的加入和所谓跨国公民社会的出现,世界范围内加强国际组织民主的呼声高涨,使 WTO 必须考虑透明度、责任和参与之类的要求。在经济上,经济全球化和日益提高的相互依赖,使 WTO 不能回避以其他国内社会政策为目标的需要。在法律上,由于 WTO 争端解决机制的准司法性和有效性,使 WTO 实体规则具有了实际上的优先性,从而加剧了上述政治经济问题的紧迫程度。在此意义上,《萨瑟兰报告》就是 WTO 所面临"三重挑战"的一个回应。

就国际法学对 WTO 理论基础问题的研究而言,这涉及到 WTO 法义务的性质、WTO 法的效力、WTO 法的遵守、WTO 法的调整范围、WTO 争端解决中的适用法、WTO 与其他国际组织、WTO 法与其他国际法规则和制度之间的关系以及 WTO 未来发展的理想前景等问题。

WTO 法和一般国际法之间自始至终存在一些共同要素,而且这些共同的要素是根本性的,是 WTO 法赖以显示其特性的基础。这些根本性的共同要素①包括:第一,社会基础相同。国家间相互依赖、国际社会组织化和经济全球化趋势,是当代国际法和 WTO 法所共有的基础。第二,法律属性一致,都具有"国家间属性"。第三,效力依据同源,都可以归结为"各国意志之间的协调"。因此,WTO法的法律性质是"国际法"的一部分并没有遭到太多质疑。

问题在于,WTO 法秉承了一般国际法和诸多特别国际法的法律发展,并且进一步作出发展,特别体现在国际法的效力、争端解决和实施,以及国际组织法、国际条约法、国际争端解决法和国际责任法方面。同时,由于 WTO 协定并未明确规定 WTO 法和国际法的关系,对于 WTO 及其 WTO 法的法律渊源、性质、地位、作

---

① 参见曾令良《WTO 法在国际法律秩序中的共性与个性》,载曾令良主编《21 世纪初的国际法与中国》,武汉大学出版社 2005 年版,第 115 ~ 118 页。

用、功能和救济等问题，在学理上存在相当的争议和分歧。究其根源，这类问题都涉及到 WTO 法与国际法相比的"特性"问题。

下文将结合欧美学者对这类 WTO 理论基础问题的研究动态进行述评，并给予必要的评论。

五、WTO 法义务的性质、效力和遵守问题

WTO 法规定了什么性质的义务，WTO 法义务是否具有法律效力以及是否需要遵守，是 WTO 理论基础问题中的首要问题。对此，欧美 WTO 研究人员先后形成了四类主要的理论观点，分别为"总体平衡论"、"有效违反论"、"国际法义务论"和"互惠义务论"。其中，前两类认为 WTO 法不需要遵守或者不具有效力，后两类则坚持 WTO 法具有法律约束力，应当遵守。

就前者而言，根据"总体平衡论"，WTO 法义务是总体上的利益和责任的平衡，只要总体上的平衡成立，成员之间可以进行相互调整。因此，没有遵守的义务，成员仅在遵守更加具有实效时才有"义务"遵守。并且，相对于 WTO 实体法的义务，《WTO 争端解决规则及程序的谅解》（以下称"DSU"）规定的是次级或救济性的义务，而后者界定了前者的范围。例如，贝洛和希普乐第一次提出被诉方具有不遵守的自由，并能够选择支付赔偿或者承受中止减让或其他义务，惟一的 WTO 法义务不过是维持成员之间经过谈判的贸易减让的平衡。赖夫-弗罗斯特基本上附和这一观点。赛克斯从普通法系合同法的角度探讨了违反 WTO 法义务的救济问题，认为补偿和报复是遵守的替代方法，甚至是理想的替代方法。① 根据

---

① J. Bello and J. Hippler, The WTO Dispute Settlement Understanding: Less is More, 91 *American Journal of International Law* 416 (1997); T. M. Reiff - M. Forestal, Revenge of the Push-Me, Pull-You: the Implementation Process Under the WTO Dispute Settlement Understanding, 32 *International Lawyer* 755-763 (1998); Alan O. Sykes, The Remedy for Breach of Obligations under the WTO Dispute Settlement Understanding: Damages or Specific Performance? in the M. C. E. J. Bronckers and R. Quick (eds.), *New Directions in International Economic Law: Essays in Honour of John H. Jackson*, pp. 347-357, The Hague: Kluwer, 2000.

"有效违反论"，WTO 法的效力和遵守之间法律关系非常复杂，在条约并未明确规定达成条约目标所必需的权利和义务时，即使救济促进了完美的遵守有时也不能有效地实现条约的目标。如果争端一方或双方认为该条约的目标是明确的，那么就有使争端解决机构进行司法能动的潜在动机。这时，不遵守就有可能在特定时期内就特定问题对条约的目标达成"更有效"的遵守。例如，施瓦茨与赛克斯提出"有效违反"（efficient breach）概念，他们根据在美国国内合同法中，因"有效违反"合同理论而增强了经济效益，因此认为这一概念是 WTO 争端解决机制的关键特征，WTO 协定及其争端解决机制都是旨在便利针对特殊情况的有效调整。①

"总体平衡论"和"有效违反论"在实质上和方法上都是相通的。在实质上，都是主张 WTO 法义务可以根据所谓"平衡"或"效率"之类的理由而忽视"效力"，这类主张在根本上否认、贬低或曲解了 WTO 法的国际法性质。在方法上，显然是以国内法特别是"私法"的某些原理进行论证，而这类私法原理并不适合于作为国际"公法"的 WTO 法。

因此，更多的 WTO 法研究人员主张 WTO 法具有当然的国际法效力，并且应予以遵守：第一，遵守 WTO 法是第一位的，所谓补偿和报复都并不是最优的选择，只是不遵守情况下的一种妥协，而且这并不与一般国际法和合同法中的有关规则相违背。例如，格雷提出，补偿并不是履行的替代方式。② 布朗克斯则指出，赛克斯从普通法系合同法角度的论证存在方法上的缺陷③，部分原因在于相比于国内法中的合同法原理来说，国际贸易法制度仍然是过于粗

---

① Warren F. Schwartz & Alan O. Sykes, The Economic Structure of Renegotiation and Dispute Resolution in the World Trade Organization, 179 *Journal of Legal study* 122 (2002).

② GRAY, CHRISTINE: Types of Remedies in ICJ Cases: Lessons for the WTO? in: WEISS, F. (ed.): *Improving WTO Dispute Settlement Procedures*, pp. 401-415, London: Cameron May, 2000.

③ Marco C. E. J. Bronckers, More Power To The WTO? *Journal of International Economic Law*, pp41-65 (2001).

糙了。① 第二，应当区别，对 WTO 的初级义务（WTO 协定规定的义务）的遵守和对所谓次级义务亦即 DSB 的裁定和建议的遵守。从法学逻辑上说，是初级义务决定了次级义务的范围，而不是相反。所谓次级义务决定了初级义务的范围，实质上相当于认为是WTO 法的遵守决定了 WTO 法的性质。② 第三，一项通过的争端解决报告的法律效力是履行专家组报告的建议的国际法义务，对有关成员确立了改变其行为以便与 WTO 协定相符合的义务。在这点上，从 1997 年至 2004 年，杰克逊持续指出，WTO 法义务设立了遵守 WTO 争端解决报告的国际法义务③："虽然 DSU 的原文没有完全明确地说明这一点，但是，这一点可以通过仔细分析整个 DSU和十几个条款中看出来。"④

在 WTO 法义务的性质方面最令人感到困惑的，是约斯特·鲍威林（Joost Pauwelyn）所提出的"互惠义务论"。一方面，鲍韦林承认，WTO 法义务包括 DSB 的裁定和建议构成国际法义务的一部

---

① Jide Nzelibe, The Credibility Imperative: The Political Dynamics of Retaliation in the World Trade Organization's Dispute Resolution Mechanism, 6 *Theoretical Inquiries in Law* (*Online Edition*): No. 1, Article 7, 2005.

② Jeff Waincymer, *WTO Litigation*, *Procedural Aspecte of Formal Dispute Settlement*, pp. 659-664 (Cameron May, 2002); Nathalie McNelis, What Obligations Are Created by World Trade Organization Dispute Settlement Reports?, *Journal of World Trade* 647-672 (2003).

③ John H. Jackson, The WTO Dispute Settlement Understanding - Misunderstanding on the Nature of a Legal Obligation, 91 *American Journal of International Law* 60-63 (1997); Carlos M. Vazquez and John H. Jackson, Some Reflections on Compliance with WTO Dispute Settlement Decisions, 33 *Law and Policy in International Business* 555-567 (2002); John H. Jackson, International Law Status of WTO Dispute Settlement Reports: Obligation to Comply or Option to "Buy Out"? 98 *American Journal International Law* 109 (2004).

④ Report by the Consultative Board to the Director—General Supachai Panitchpakdi, *The Future of the WTO*, *Addressing Institutional Challenges in the New Millennium*, para. 241 (January 2005).

分。① 另一方面，鲍威林在《国际公法中的规范冲突：WTO 法如何涉及其他国际法规则》（Conflict of Norms in Public International Law：How WTO Law Relates to Other Rules of International Law）② 中又主张大多数 WTO 法义务是一种互惠义务。

鲍威林认为，区分互惠义务和普遍义务的意义在于：第一，确定是否允许在 WTO 有限成员之间，而非由 WTO 全体成员之间，在彼此之间进行修改。因为，根据 1969 年《维也纳条约法公约》第 41 条等规定，多边条约在缔约方彼此之间修改，仅得于此项修改与互惠义务相关联时方可进行。第二，对违反条约行为采取反措施或中止履行义务方面也很重要。根据 2001 年《国家对国际不法行为的责任条款草案》第 49 条第 2 款、第 50 条和第 60 条的规定，作为违约国家承担国家责任的救济，不能中止履行普遍义务。第三，对于所谓诉诸 WTO 争端解决机制的"起诉权"也会产生影响。因为根据《国家对国际不法行为的责任条款草案》第 42 条和

---

① Joost Pauwelyn, The Role of Public International Law in the WTO：How Far Can We Go? 95 *American Journal International Law* 535-538 (2001).

② Joost Pauwelyn, *Conflict of Norms in Public International Law*：*How WTO Law Relates to Other Rules of International Law*, Cambridge University Press, 2003. 中文译著为［比］约斯特·鲍威林，《国际公法规则之冲突：WTO 法与其他国际法规则如何联系》，周忠海等译，法律出版社 2005 年版。对鲍威林该著作的书评包括：Joshua Meltzer, Interpreting the WTO Agreements-A Commentary on Professor Pauweln's Approach, 25 *Michigan Journal of International Law* 917-923 (2004)；Richard B. Bilder and Joel P. Trachtamn, Book Reviews-Pauwelyn, Joost. Conflict of Norms in Public International Law：How WTO Law Relates to Other Rules of International Law, 98 *American Journal of International Law* 855-861 (2004)；Dirk PulkowskiL udwig-Maximilian, Book Reviews-Conflict of Norms in Public International Law：How WTO Law Relates to Other Rules of International Law, 16 *European Journal of International Law* 153-157 (2005)；Piet Eeckhoutdoi, Book Review-Conflict of Norms in Public International Law：How WTO Law Relates to Other Rules of International Law, 8 *Journal of International Economic Law* 583-587 (2005)；Cho Sungjoon, WTO's Identity Crisis, http：//www. globallawbooks. org/reviews/detail. asp? id = 53, 2006 年 6 月 20 日初访。鲍威林对相关书评的回应参见 Joost Pauwelyn, 25 Reply：Reply to Joshua Meltzer, *Michigan Journal of International Law* 924-92 (2004).

第 48 条的规定，援用违反互惠义务责任的法律资格限于在双边关系另一端的国家（亦即受害国）。相反，违反普遍义务，则可以由受害国以外的一国和任何其他国家援用。

接着，鲍威林主要依据各类国际法院和法庭的案例，以及国际条约法和国际责任法方面的发展，对"互惠义务"和"普遍义务"的区别进行了论述。例如，杰拉尔德·菲茨莫里斯在 1958 年关于条约问题的第三次报告中认为，多边条约可以分为"互惠性的"、"普遍性的"和"相互依存性的" 3 类。所谓互惠性多边条约是指"规定缔约国之间进行利益的相互交换，每一国的权利和义务涉及单独出于其他各国之具体待遇及单独指向其他各国的具体待遇"的条约，例如 1961 年《维也纳外交关系公约》。所谓普遍性多边条约是指那些"义务的力量是自我存在的，它对每一国都是绝对的和固有的"，"必须普遍适用"的条约，例如 1948 年《防止及惩治灭绝种族罪公约》。而具有相互依存性质的条约，"所有缔约国的加入是条约具有强制效力的一个条件"，例如裁军条约。

在此意义上，区别互惠义务和普遍义务的标准是"互惠义务可能更偏向于合同或双边契约的结合"，而"普遍义务却使人联想到国内法中的立法或制定法"。在此方面，鲍威林还补充了 4 点解释：首先，不可能定义一种整体上具有互惠性或普遍性的条约，必须分别研究每一项条款和义务。其次，顾及到国家作为国家间的模式及其相应的国家对国家的性质，实际上分析的起点是各种义务都具有双边或互惠性质。再次，互惠义务和普遍义务的区别不是以价值为依据，而是以所做承诺的结构和成因为根据。在这种意义上，普遍义务是那些对国家集体或共同良知所承担的义务，经常是所谓全球共同义务。最后，区别共存的国际法和合作的国际法，可以认为前者大多数由互惠义务构成，而合作的国际法具有逐渐增加的普遍义务。

鲍威林举出了一个模拟的例证：加拿大与欧共体谈判将本国对电脑征收的关税限制在 5% 以下，根据 GATT1994 第 1 条的最惠国待遇义务，当然所有 WTO 成员都可以据此依赖于这一最高税收限额。但是，尽管这一限额具有多边的性质，但加拿大的承诺仍然仅是对每个 WTO 成员作出的。如果加拿大只是对巴西征收 10% 的关税而对其他国家征收 5% 的关税，则巴西当然可以投诉加拿大。但是，其他成员却不能投诉加拿大，它们与加拿大之间所享有权利义务的双边关系并没有受到影响。

据此，鲍威林得出初步结论：追求国家集体达到立法和规则协调一致的国际法，即所谓追求"积极一体化"结构的国际法，往往具有更多的普遍义务。而"大多数"WTO 法只是禁止国家进行歧视，没有实施共同或协调一致的标准，是所谓"消极一体化"结构，主要由互惠义务和双边义务所构成。在此方面，鲍威林补充了 5 点解释：首先，WTO 规则来源于多边条约的事实不足以使 WTO 法义务成为普遍义务。其次，普遍义务不等于未经国家同意而对其具有约束力的义务（即强行法义务）。再次，义务具有互惠性并不一定意味着只影响双边关系的政府，也可能影响到公共机构以外的个人或经济经营者。又次，互惠义务不应与以互惠作为固有条件履行的义务相混淆。虽然属于互惠性质，但是必须履行互惠义务，而不管其他当事国是否履行。在此意义上，互惠义务也可以是无条件的、客观的和独立的。最后，WTO 法义务是互惠义务并不影响 WTO 法义务的约束力。WTO 法义务作为互惠义务的事实并不意味着裁定违反 WTO 规则可以简单地由另一方同样中止履行义务而得到平衡。

然后，鲍威林分析了为什么大多数 WTO 法义务是普遍义务的原因：首先，贸易在实质上是国际性的，但其义务却是双边性的。人权和环境保护在实质上是国家性质的，其大多数义务却是集体性的。其次，与禁止灭绝种族或保护人权或环境不同，贸易和贸易自由化不是一种价值。最后，WTO 法义务的谈判、重新谈判和执行，证明了 WTO 法义务具有互惠性的事实。

在上述结论的基础上，鲍威林还指明，与投票程序、加入程序、主席的提名或某些 WTO 机构的组成等规则，属于普遍或整体性规则。这些程序规则的性质意味着成员之间的偏离必然构成对其他所有 WTO 成员义务的违反。另外的例证是《与贸易有关的知识产权协定》中保持知识产权一致性的规则，这类规则施加了"积极一体化"的要素。

如上所述，互惠义务论的关键结论在于：第一，大多数 WTO 法义务，尽管在形式上是多边的，在性质上却是互惠的（reciprocal）甚至是双边的（bilateral）①，而不是普遍义务或强行法义务。相比之下，绝大多数人权和环境义务都是普遍义务，是整个国际社会（the international community）的义务，任何国家都应遵守和履行此种普遍义务。第二，互惠义务可以双边修改，并不要求相关多边条约的其他当事国允许。普遍义务则不能双边修改。第三，人权或环境条约以及其他普遍义务的规则，修改了 WTO 法，而以前的人权或环境条约，则不能被 WTO 法所修改。

互惠义务和普遍义务的划分，特别是多边条约中互惠义务和普遍义务的划分，的确将影响到该义务规则在有限条约当事国之间的修改、对违反条约行为诉诸国家责任的法律资格等方面。但是这类区别主要是学理上的，在 WTO 协定中，规定了特别的条约修改规则和国家责任的救济规则，这种划分的意义就更加有限。大多数 WTO 法义务即使是互惠义务，而不是普遍义务，也不能就此认为 WTO 协定是互惠性多边协定，更不能认为 WTO 法义务不是多边义务。鲍威林认定"大多数 WTO 法义务是互惠义务"的关键标准不是他所称的"所做承诺的结构和成因"，而恰恰是他不主张的"主观价值判断"。但是，在除了少数涉及国际法的规范等级的规则、原则和制度外，国际法目前主要是"不成体系"的，这类主观价值判断没有明确的国际法依据。传统的国际法原理大多数根源于国家间模式，也不能提供更多的参照。

---

① 鲍威林在 2002 年的著述中提出，WTO 法义务具有两种性质，一为双边性，二为持续性。但是他在《国际公法中的规范冲突：WTO 法如何涉及其他国际法规则》中不仅放弃了"持续性"这一论点，而且很少提及"双边性"而代之以"互惠性"。可对比参见 Joost Pauwelyn, The Nature of WTO obligations, Jean Monnet Working Paper 1/02, 2002.

六、WTO 法和其他国际法规则的关系问题

WTO 法和其他国际法规则之间的关系，是 WTO 理论基础问题中的核心问题。具体地说，这一问题可以分为三个方面：第一，WTO 法律体系作为一种"法律体系"的性质；第二，WTO 争端解决中适用的法律；第三，WTO 法与其他国际法规则相互冲突时的法律后果和解决方法。另外，前述所谓贸易关联问题也在很大程度上涉及到这类问题。

（一）**WTO 法律体系的特性问题**

近年来，WTO 研究人员结合法理学中的分析实证主义法学、国际法委员会关于"国际法不成体系"等方面的理论研究进展，更加侧重从法理上对 WTO 法的"体系"进行深入的探讨。

与关贸总协定的法律体系相比，以 WTO 协定为核心的 WTO 法具有更高程度的统一性和协调性。在"巴西影响脱水椰子措施案"中，上诉机构指出：WTO 协定是一种统一的体系，是由全体成员以单一承诺接受的单一的条约文件。该案中，上诉机构特别提到 WTO 协定的序言："决定建立一个统一的、更可行的和持久的多边贸易体制，以包含《关税与贸易总协定》、以往贸易自由化努力的结果以及乌拉圭回合多边贸易谈判的全部结果"，以及 WTO 协定第 2 条第 2 款"附件 1、附件 2 和附件 3 所列协定及相关法律文件（多边贸易协定）为本协定的组成部分，对所有成员具有约束力"，并指出，单一承诺还表现于 WTO 协定中涉及创始成员、加入、特定成员对于多边贸易协定的不适用、接受以及退出的规定。韩国关于奶制品进口的最终保障措施案的上诉机构报告指出：WTO 协定是一个"单一承诺"，所有的 WTO 法义务一般地说是累积的，除非在这些义务之间存在正式的冲突，成员必须同时遵守 WTO 协定的所有规则。

另一方面，DSU 建立了统一的争端解决机制，允许在一种程序中对所有与某一特定争端相关的 WTO 协定的所有条款进行审查。而且，WTO 争端解决机制的排他性和 WTO 争端解决机制所适

用的其他条约的争端解决方式的关系紧密相关。DSU 第 23 条标题
为"加强多边体制"，规定各成员"应"诉诸且遵守 DSU 的各项
规则和程序，并且除了根据 DSU 诉诸争端解决外"不得对"已发
生的违法等作出决定。第 23 条不仅禁止 WTO 成员采取单边行
动①，而且构成所有 WTO 成员的一般承诺，即 WTO 成员对于与
WTO 有关的争端，只能提交到 WTO 的争端解决机构。②

　　WTO 的主要职责之一是促使 WTO 协定以及各多边贸易协定的
执行、实施与运作并促其目标的实现（WTO 协定第 3 条第 1 款）。
为此，WTO 协定明文规定成员必须一揽子接受除附件 4 外的协定，
并且几乎不允许成员作出保留。③ 这种实现也依赖于 WTO 广泛的
透明程序、WTO 机构的一般审查程序、贸易政策审议机制和争端
解决机制等。作为一种法律体系，关贸总协定及其争端解决程序具
有国际公法本身存在的绝大多数缺陷。④ 在 WTO 法中，凯尔逊所
称的自助与哈特所称的国际法的两个主要缺陷，都有所纠正。⑤ 首
先，WTO 协定是国际公法领域中具有最全面的初级义务的条约体
系之一。第二，在 WTO 协定中，如同任何条约体系，基本的承认
规则是作为多边条约的 WTO 协定本身。第三，在《建立世界贸易
组织协定》中，诸如决策程序（第 9 条）、修正（第 10 条）、创始
成员（第 11 条）、加入（第 12 条）、特定成员之间多边协定的不
适用（第 13 条）、接受、生效和交存批准书（第 14 条）、退出
（第 15 条）被认为是改变规则。第四，具有 27 条 143 款的 DSU，
不仅提供了较为详尽的裁判规则，而且 WTO 争端解决机制的司法

---

① WT/DS 165/AB/R, adopted on 10 January 2001, at para. 111.

② WT/DS 165/R, adopted on 10 January 2001, para. 6.23.

③ 例如，《世界贸易组织协定》第 16 条第 5 款规定：不得对本协定的任何
条款提出保留。对多边贸易协定任何条款的保留应仅以这些协定规定的程度为
限。对一诸边贸易协定条款的保留应按该协定的规定执行。

④ David Palmeter, The WTO As A Legal System, 24 *Fordham International Law
Journal* 444-445（2000）.

⑤ Rene Guilherme S. Medrado, Rengotiating Remedies In The WTO: A
Multilateral Approach, 22 *Wisconsin International Law Journal* 328-335（2004）.

性、强制性和有效性得到了实践的检验。在此意义上，WTO 法具有较为充分的"承认规则"、"改变规则"以及"裁判规则"等次级规则，从而构成了一种比较完备而不是原始的法律体系。

而且，近年来，认为 WTO 法律体系是一种"自足制度"① 的观点，逐渐被欧美 WTO 研究人员所否定。

（二）WTO 争端解决中的法律适用问题

WTO 法之外的其他国际法规则是否可以在 WTO 争端解决中予以适用？这一问题直接涉及 WTO 法和其他国际法规则之间的关系问题。对此，也存在两类针锋相对的主张。

其中一类即以上述鲍威林的互惠义务论为代表，认为 WTO 法不是自足的制度，WTO 法作为国际公法体系的一部分，应授权 WTO 专家组和上诉机构适用所有相关的国际法规则。与此相似的观点包括：WTO 协定的原文并没有穷尽潜在相关的国际法渊源，

---

① 所谓自足制度这一概念，最早出自 1980 年美伊人质案的判决。国际法院在判决中阐述外交关系法的特点时指出："外交法规则，简言之，构成了一个自足的制度，该制度一方面提出了接受国应当给予外交使团便利、特权和豁免的义务，另一方面预见到外交使团滥用这种便利、特权和豁免的可能性，并且指明接受国在应对这种滥用时的处理手段。"在联合国国际法委员会讨论国家责任草案时，对这一概念进行了进一步论述。联合国国际法委员会关于国家责任的特别报告员 W. 里伐根在 1982 年指出，在某些国家之间签订的条约中，建立了违反条约义务时应如何承担责任的特殊制度，该制度对缔约方之间如何解决争端有特别的规定。里伐根将这类制度称为"次级体系"："一个体系是一整套有序的行为规则、程序规则和定位规则，它为事实关系的特定领域构成了一个自我封闭的法律圈子。然后，次级体系与体系一样，但是它与其他次级体系的相互关系上却没有那么封闭。"因此，自足制度或次级体系的本意，是指国际法的某些领域或制度，具有"自成体系"的争端解决和国家责任规则。因此，本文认为，狭义上，所谓次级体系或自足制度，其主要特征是就某些国际法部门、区域国际法或就某一主题事项的国际法制度而言，在相关争端解决和国家责任的承担上具有一整套"自成体系"的规则、原则和制度。其实际法律后果在于，由于在争端解决和国家责任的承担上自成体系，因此就该自足制度内部而言，除非有明确规定，在该自足制度内的法律适用、争端解决和法律救济等方面，一般排除其他国际法规则。广义上，次级体系或自足制度则泛指在规则的制定、执行和争端解决等具有较为全面的规则、原则和制度的特殊国际法。

DSU 第 3 条第 2 款和第 7 条可以作为 WTO 法之外的其他国际法规则并入 WTO 的法律基础。因此，应授权 WTO 专家组和上诉机构适用所有相关的国际法规则。① DSU 第 11 条具有某种隐含权力（implied powers），容许专家组和上诉机构对争端所涉及的所有国际法问题作出裁决。甚至，国际法院规约第 38 条第 1 款（d）规定的所有的法律渊源都是 WTO 法中可适用的潜在法律渊源。②

另一类以塔奇曼等为代表，认为 WTO 争端解决中"直接适用"的法只有 DSU 所规定的"适用协定"。③作为补充，可以采取解释方式避免与其他国际法规则相冲突，以及通过 GATT1994 第 20 条等例外规定将其他国际法规则作为解释的基础。④

产生上述问题的原因之一是 DSU 并未明确规定 WTO 争端解决中只能适用 WTO 法，而且无论是 WTO 协定还是 DSU 都在原文中提到了某些其他国际法规则。⑤ 而其他国际争端解决机制，诸如《联合国海洋法公约》第 293 条⑥和《国际法院规约》第 38 条都明确规定了其争端解决机构适用法的范围，尤其是明确了其他国际法规则可以直接作为适用法的一部分。对此，鲍威林等人主张，应

---

① David Palmeter & Petros C. Mavroidis, The WTO Legal System: Sources of Law, 92 *American Journal of International Law* 398, 399 (1998).

② Thomas J. Schoenbaum, WTO Dispute Settlement: Praise and Suggestions for Reform, 47 *International and Comparative Law Quarterly* 653 (1998).

③ Joel P. Trachtman, The Domain of WTO Dispute Resolution, 40 *Harvard International Law Journal* 333 (1999).

④ E. g. G. Marceau, A Call for Coherence in International Law: Praises for the Prohibition Against "Clinical Isolation" in WTO Dispute Settlement, 33 *The Journal of World Trade* 109-115 (1999).

⑤ 此方面最典型的例证是《与贸易有关的知识产权协定》（TRIPS 协定）。1967 年巴黎公约、1971 年伯尔尼公约、罗马公约和关于集成电路的知识产权公约等公约间或明确出现于 TRIPS 协定的 18 个条款中。

⑥ 根据《联合国海洋法公约》第 293 条的规定：（1）根据本节具有管辖权的法院或法庭应适用本公约和其他与本公约不相抵触的国际法规则；（2）如经当事各方同意，第 1 款并不妨害根据本节具有管辖权的法院或法庭按照公允及善良的原则对一项案件作出裁判的权力。

区别管辖权和适用法,两者之间没有必然的联系,而 DSU 没有明确"否定"就是一种"允许"适用其他国际法规则或者赋予了某种"隐含权力"。然而,国际争端解决机制,特别是 WTO 争端解决机制,一般都是"受成员驱动"的,管辖权和适用法固然可以区分,但管辖权问题显然应优先于适用法问题。的确,DSU 并没有明确禁止根据非 WTO 法所提出的诉请或者适用 WTO 法以外的国际法规则。但是,DSU 更没有明确授权适用 WTO 法以外的国际法规则。鲍威林也承认,WTO 裁判机构并不具有一般管辖权。在这种情况下,WTO 裁判机构的权限,应限于 DSU 明确规定的职权范围(terms of reference)。

因此,多数欧美 WTO 研究人员认为,WTO 争端解决中的适用法只能是相关的 WTO 协定,亦即根据 DSU 所明确规定的 WTO "适用协定"(covered agreements),包括 WTO 协定及其附件 1、附件 2 和附件 4。[1]

(三) WTO 法与其他国际法规则的冲突问题

一般来说,在 WTO 法律体系中,WTO 法排除其他国际法规则、其他争端解决机制和其他法律救济等的适用,在此意义上,可以认为 WTO 法已经构成了一种国际法的自足制度或次级体系。问题是,现有的国际法原理是否足够解决 WTO 法与其他国际法规则之间的关系问题? 特别是在两者相互冲突的情况下?

在此方面,除上述鲍威林的著述外,让·纽曼(Jan Neumann)在 2001 年的博士学位论文《WTO 法与其他国际法秩序的协调》[2]也涉及与此相似的主题,即 WTO 法和其他国际法规则之间的冲突和协调。有趣的是,鲍威林的论文命名为"冲突",关键结论却是可以通过国际条约法、国家责任法、国际组织法以及国际争端解决

---

[1] WT/DS22/AB/R, 21 February 1997, para. 11.

[2] Jan Neumann, *Die Koordination des WTO-Rechts mit anderen volkerrechtlichen Ordnungen* (*The co-ordination of WTO law with other orders of international law*), 2001 年明斯特大学博士学位论文。转引自: Eeckhoutdoi, Book Review-Conflict of Norms in Public International Law: How WTO Law Relates to Other Rules of International Law, *Journal of International Economic Law* 583-587 (2005).

法等所提供的冲突解决方式解决所有的国际法的"冲突";而纽曼的论文命名为"协调",关键结论却是根本的冲突不可能通过法律适用的方式而只能通过政治协调予以解决。

鲍威林认为,WTO 法是国际法"体系"当然的一部分。鲍威林推定国际法能够被描述为一个统一的法律秩序。能否接受他的观点,前提是是否接受国际法是一个统一的体系。鲍威林指出,尽管国际法没有中央立法机构,但是,实际上包括了具有国际立法特征的因素,即一般国际法。一般国际法就其性质而言,对所有国家都具有约束力。在鲍威林看来,诸如环境等方面的考虑再不能仅仅作为 GATT1994 第 20 条所规定一般例外的抗辩理由。专家组必须在相关争端中,通过将环境协定本身纳入到 WTO 法内,确定争端方是否有效地"通过协议排除了"(contracted out)WTO 法所规定的义务。

纽曼则认为,国际法既不成体系又不统一。国际制度和组织,原则上,都是彼此独立的。因此,一项国际法规则并不能在不同的条约体系(Vertragsordnung)中适用,除非该条约体系有这类明确规定。对于绝大多数在不同条约体系中所存在的规范之间的冲突,不可能确定一项规则就比另一规则更特别。以危险废物的出口为例。如果重点在于出口活动之类,则 WTO 规则可能与这一问题更有关,并因此更为特别。但是,这种角度显然忽视了出口危险废物在环境方面的影响。纽曼的结论是,条约体系的"特别性"问题根本上是一种政治和文化价值的判断。特别法原则也仅在相关条约具有这种明确规定时才能适用。

纽曼认为,传统上根据条约法的冲突规则不足以解决 WTO 法和其他国际法规则之间的真实冲突。纽曼提出了"简单的规范抵触"(simple collisions of norms)和"纲领性的冲突"(programmatic conflicts)的概念,并加以区别。当两个不同条约体系的优先目标和合理性相互抵触时,"纲领性的冲突"就发生了。这类冲突不可能转变为"简单的规范抵触",而且,两个矛盾规范间的冲突正是基本的"纲领性的冲突"的表征。解决"纲领性的冲突",不可能通过法律适用的方式而只能通过政治协调。

鉴于纽曼将"纲领性的冲突"视为国际法不成体系的根本，研究范围也必然扩展到规则的冲突之外。纽曼指出，在一项包含了自由贸易理念的规则在被解释为包含了新的全球价值时，无论这类价值是否已经以法律规则的形式编纂，"纲领性的冲突"就在 WTO 法中产生了。例如，在 WTO 案例中，GATT1994 第 3 条国民待遇条款中的"相同产品"，其法律含义就在不断发展之中。先前，一般认为特殊的生产方式本身并不能作为认定相同产品的标准。但是，具有环境保护意识的消费者可能偏好产品 X 而不是产品 Y，因为产品 X 是以环保方式生产，而产品 Y 则是以传统方式生产的。因此，裁定产品 X 和产品 Y 不是相同产品就有了较有力的根据。这一例证表明，即使 WTO 法并没有明确提到与环境协定的冲突，环境方面的事项对 WTO 法的解释来说也具有关联性。这种关联性，其理论基础并不是按照 1969 年《维也纳条约法公约》第 31 条第 3（c）款所要求的条约解释"应参照适用于当事国间关系之任何有关国际法规则"，因而应参照环境规则来解释国民待遇条款；而是一项法律规范应按照所谓新的全球良知（global consciousness）或全球价值予以解释。

在鲍威林看来，国际法不成体系问题，从根本上来讲，是一个规范冲突和冲突规范的问题，因此鲍威林主要关注避免和解决"国际公法中的规范冲突"。纽曼则认为，根本问题在于所称的"纲领性的冲突"，而这种冲突根本不可能通过条约解释技术来解决，因此各种国际法制度之间的协调才是解决不成体系问题的关键。鲍威林完全集中在规范冲突问题上，而尽可能地不涉及国际法的政治和价值之类的复杂问题。鲍威林将国际法看成一种自治而统一的规范性秩序，并因此在论证上获得了逻辑上的内在一致性。

鲍威林在论证上的主要不足在于，并没有为人权或环境保护为何强制性甚至"先天性"地优先于贸易法提供规范性基础。如果不涉及国际法的价值和政治等方面，难以判断贸易权和其他权利之间的关系，更不能假定贸易权必然要在法律等级上低于某些其他权利。正如塔奇曼所指出："鲍威林所采取的方式在'实质正义'上颇不确定，而在程序正义上几乎肯定是不对的"。① 根据 WTO 协定及其争端解决实践，WTO 成员没有表明，他们依据 WTO 协定所享有的权益，应根据其他国际法规则的要求予以减损。在环境保护或人权与自由贸易之间的权衡，以及这类价值之间的可执行关系，并不能仅仅从法律的性质或规范性之类的初级原则直观地得出结论。相反，WTO 协定是政治交换的产物，代表了政治谈判的实际结果。因此，在没有对这方面进行分析的情况下，拒绝 WTO 协定的明文规定是毫无根据的。

相反，纽曼的"纲领性的冲突"，揭示了法律规则特别是国际条约的社会政治环境。与鲍威林相似，纽曼也详细分析了国际法庭在具体争端中可能协调"纲领性的冲突"的技术，并且提出，这类冲突应通过"WTO 法和其他条约体系之间的协调网络"予以解决。而指导法律制度之间进行协调的原则是纽曼所提出的"不侵犯（权利）原则"（the principle of non-disturbance）。但是，问题在于，尽管不侵犯（权利）原则本身并不是一种激进的解决方法，但其规范性基础并不明确。而且，不侵犯（权利）原则与新自由主义的"管制性竞争"（regulatory competition）模式似乎颇为相似，对于阻止某些法律制度因为制度上的优势而获得有利地位的问题仍然是消极的。

纽曼在论证上的主要不足在于，按照 WTO 法之外演进的国际法规则解释 WTO 规则，可以成为反映所谓全球舆论或者公共价值的方式。如果仅有一个或者少数 WTO 成员的意见发生了改变，不可能因此就改变对多边条约的解释，这将削弱 WTO 条约根本的多边性质。然而，如果将国际环境、人权和劳工等领域的新发展，认为是全球舆论和价值的改变，则这的确将成为一种国家在法律信念上的改变。这种观点，实际上与根深蒂固的自由主义相似，而该理论构成了从战后直到 20 世纪 70 年代理解关贸总协定和国内政策关

---

① Joel P. Trachtamn, Book Reviews-Pauwelyn, Joost. Conflict of Norms in Public International Law: How WTO Law Relates to Other Rules of International Law, 98 *American Journal of International Law* 857 （2004）.

系的基础。但是，如果没有所谓全球人民和全球政治共同体，如何能有全球舆论？①

简言之，规则之间的冲突是不同价值的冲突在法律上的表现。核心问题是一种法律选择问题，然而这并不是发生在横向的国家之间，也不是在纵向的地方政治实体和中央政府之间。它是一种功能间的法律选择问题（an interfunctional choice-of-law problem）——发生在国际法体系的不同部门或次级体系之间。国际法的不同部门法具有各自的功能性和制度性背景，这类背景可能重叠甚至相互抵触，并因此导致了不一致和矛盾。如前所述，规范性等级可以提供一定的解决方法，然而就制度性等级而言，国际法所欠缺的最根本规则之一，是如何在这类制度性等级进行协调的"第三级规则"。正如科斯肯涅米（M. Koskenniemi）在 2004 年提交给国际法委员会的初步报告中指出："国际法并没有单一的立法机构。条约和习惯是在相冲突的动机和目标下所形成的，亦即是讨价还价和一揽子交易的产物，并且经常是对周围环境中的事件自发反应的结果。"②塔奇曼甚至提出了一个颇为有趣的观点：尽管鲍威林及其《国际公法中的规范冲突》"努力使这个变动的世界走向有序。但是，不能确定国际法体系是不是最适合于无序状态。也许，我们所看到的变动，正是在这一特殊历史时刻处理国际层面各种价值的最佳方式。"③

---

① Robert Howse, *The Jurisprudential Achievement of the WTO Appellate Body: A Preliminary. Appreciation*, pp. 1-16, Available at http://www. law. nyu. edu/kingsburyb/spring03/globalization/robhowsepaper. pdf, 2006 年 5 月 10 日访问.

② Koskenniemi, "Study on the 'Function and Scope' of the Lex Specialis Rule and the Question of 'Self-Contained Regimes'", *Preliminary Report by the Chairman of the Study Group Submitted for Consideration During the* 2004 *Session of the International Law Commission*, para. 28.

③ Joel P. Trachtamn, Book Reviews-Pauwelyn, Joost. Conflict of Norms in Public International Law: How WTO Law Relates to Other Rules of International Law, 98 *American Journal of International Law* 857 (2004).

（四）贸易关联问题

欧美 WTO 研究人员已经对贸易关联问题进行了较为广泛的研究。① 除了对具体的贸易关联问题本身进行分析外，诸多研究人员的研究的焦点集中在"关联"上，包括为什么关联、是否应关联、如何关联、所关联的内容等角度。

研究人员多从法学之外的角度关注"为什么关联"和"是否应关联"的问题。就关联的原因而言，某些研究人员认为，贸易关联问题不仅是一种由于经济相互依赖所导致的自然现象，而且是一种有目的的运作行为。例如，Frieder Roessler 提出，诸如"绿化"或"蓝化"WTO 之类的建议，目的在于通过贸易限制改变在这类问题领域的国家政策。另外一些研究人员认为，某些主题事项

① 最近的代表著述参见 Sungjoon Cho, Linkage of Free Trade and Social Regulation: Moving beyond the Entropic Dilemma, *Chicago Journal of International Law*, Vol. 5, Winter, 2005, pp. 625-674; GRAHAM MAYEDA, A NORMATIVE PERSPECTIVE ON LEGAL HARMONIZATION: CHINA'S ACCESSION TO THE WTO, *The University of British Columbia Law Review*, Vol. 38, March, 2005, pp. 83-132; Daniel Kalderimis, Problems of WTO Harmonization and the Virtues of Shields over Swords, *Minnesota Journal of Global Trade*, Vol. 13, Summer, 2004, pp. 305-351; Arie Reich, THE WTO AS A LAW-HARMONIZING INSTITUTION, *University of Pennsylvania Journal of International Economic Law*, Vol. 25, Spring, 2004, pp. 321-382; Larry A. DiMatteo, Kiren Dosanjh, Paul L. Frantz, Peter Bowal, Clyde Stoltenberg, The Doha Declaration and Beyond: Giving a Voice to Non-Trade Concerns Within the WTO Trade Regime, *Vanderbilt Journal of Transnational Law*, Vol. 36, January, 2003, pp. 95-160; Sara Dillon, Farewell to "Linkage": International Trade Law and Global Sustainability Indicators, *Rutgers Law Review*, Vol. 55, 2002, pp. 87-154; James R. Simpson and Thomas J. Schoenbaum, *Non-trade Concerns in WTO Trade Negotiations*: *Legal and Legitimate Reasons for Revising the "Box" System*? Paper presented at the International Conference Agricultural Policy Reform and the WTO: Where Are We Heading? Capri, Italy, June 23-26, 2003, pp. 1-23; Dukgeun Ahn, Linkages between International Financial and Trade Institutions: IMF, World Bank and WTO, School of Public Policy and Management, Korea Development Institute, pp. 1-39; Third World Intellectuals and NGOs Statement Against Linkage (TWIN-SAL), www2. bc. edu/ ~ anderson/twin-sal12. pdf, visited on 2/28/2006.

或问题领域能够在谈判议程中予以交换和讨价还价。例如，在乌拉圭回合中，发达国家成功地将诸如知识产权和服务贸易之类新问题纳入 WTO 体制，以此交换发展中国家的特殊和差别待遇。David Leebron 将这类对等性或互惠性的关联称为"战略性关联"或"议题易货交易"。利用 WTO 在某些制度上的优势，是产生这类关联的原因之一。例如，对于劳工标准和人权等贸易关联问题，在国内管制未能满足某些国内选民的要求时，将其纳入 WTO 体制通过其有约束力的执行机制予以解决。在此方面，WTO 就当然地对社会政策具有了公共吸引力。还有一些研究人员提出，某些问题领域的策略性关联是出于道德或伦理上的考虑，例如对人权和劳工标准的尊重。

就是否应关联而言，例如，Jagdish Bhagwati 指出，这类朝向所谓更高程度社会标准的积极一体化，经常起源于"商业"考虑。亦即，这类关联针对的对象不是发展中国家的福利而是发达国家的生产商，因为后者经常鼓吹发展中国家对其出口商"不公平"竞争负有责任，因为发展中国家的经济、社会、环境等管制性标准较低。Jose Alvarez 将这类关联称为在 WTO 内将各种主题"筑巢"，而所导致的对发展中国家不利的结果则属于某种"新帝国主义"。其他研究人员，包括经济研究人员和法律研究人员，也因种种原因反对这类关联。Jim Rollo 和 Alan Winters 指出，通过贸易报复以执行更高的劳工和环境标准，将不仅导致这类标准难以实施，而且还丧失了贸易自由化本身带来的经济利益。Frieder Roessler 认为，维持这类关联，既不能实现贸易自由化，也不能实现对关联事项的管制性目标。Robert Stern 指出，在发展中国家实现更高劳工标准的最佳方式，是发达国家进一步开放其市场并鼓励发展中国家的经济发展。Gregory Shaffer 认为，如果不对发展中国家进行实质性的金融援助，帮助发展中国家符合发达国家所要求的更高的管制性标准，就不可能维持这类关联。

WTO 成员也十分关注"为什么关联"和"是否应关联"的问题。发达国家成员以"滑向谷底的竞争"、"平整竞技场"和"社会倾销"等所谓公平贸易理论，主张应将多数贸易关联事项纳入

WTO 体制。绝大多数发展中国家则强烈反对这类关联，并斥之为新贸易保护主义。不少发展中国家甚至反对将任何贸易关联问题纳入到 WTO 内，在他们看来，就发达国家和发展中国家对比而言，乌拉圭回合谈判的结果及其实施都存在着不对称。例如，在乌拉圭回合中，发达国家凭借自己在多方面的谈判优势，将服务贸易和知识产权等有利于发达国家的新领域和新问题纳入到 WTO 内，而发展中国家则所得无几。在乌拉圭回合协定的实施过程中，发达国家又在与贸易有关的知识产权等方面对发展中国家不断施加压力，而在所承诺的分阶段取消服务和纺织品配额等方面则不断拖延、进展缓慢。

WTO 研究人员多从法学角度分析"如何关联"和"所关联的内容"等问题。就"如何关联"而言，部分 WTO 研究人员，在某些条件下支持这类关联。不少研究人员认为 WTO 的裁判是解决关联问题的主要方式。稳健的主张是，承认贸易和贸易关联问题两方面的义务是共存的，而 WTO 需要根据关联本身的性质和程度，更加敏感地考虑这类关联问题。例如，Gabrielle Marceau 认为，对 WTO 协定进行善意解释的要求，应考虑到其他所有相关的包括人权义务在内的国际法义务，而国际法上也存在着贸易与这类义务之间不冲突的推定。不过，她反对通过 WTO 争端解决机制执行人权义务，因为 WTO 法中的权利和义务具有特殊性和 WTO 裁判机构只有有限的管辖权。较为积极的方式，则是将贸易关联问题所涉及义务的某些核心要素整合到 WTO 规则中。例如，Virginia Leary 建议，以多边方式将最低国际劳工标准之类的社会条款纳入 WTO 法。对于与劳工标准有关的 WTO 争端，可以委托国际劳工组织对这类最低标准进行解释，从而通过事实认定和道德劝说的方式予以解决。然而，另外一些 WTO 研究人员反对这类关联。有研究人员指出，借助 WTO 争端解决机制中的贸易报复，可以使某些本不具有合法性的经济制裁行为合法化。一旦在 WTO 法内确立人权保护之类的实体规则，某些发达国家就可以使目前以人权为理由的单边贸易制裁获得多边授权。Leebron 指出，这类方式只是次优解决方案，因为它并没有改善相关联的国际法制度本身。Alvarez 也指出，以国际人权法不完整为根据将贸易与人权挂钩，只不过是在实体性人权义务方面没有达成普遍共识的反映。Jeffrey Dunoff 则指出，将其他国际法规则纳入 WTO 体制，会不适当地加强这些领域的法律化，因为在这些领域还没有就是否进一步法律化达成共识。

从"所关联的内容"来看，首先，以 WTO 现有的管辖范围为基础，从 WTO 容纳能力的角度对各种问题领域进行初步的分析。例如，Marco Bronckers 提出了"世界经济组织"（WEO）的概念，并且认为，在学理上 WTO 可能包容诸如劳工和环境保护之类的社会价值。不过，Bronckers 提出的一些制度性建议，主要旨在实现 WTO 协定及其附件中的多边贸易协定之间的"内部共存"，《服务贸易总协定》和《与贸易有关的知识产权协定》被认为是这种"内部共存"的协定。同时，也主张 WTO 与其他相关国际组织之间进行"外部合作"，以促进 WTO 有效地处理这类社会价值。Kyle Bagwell，Petros Mavroidis 和 Robert Staiger 以市场准入为角度，认为贸易关联问题的范围应仅限于处理"特殊外部性"的管制性问题，这种特殊外部性例如"滑向谷底的竞争"。从更具有理论分析框架意味的角度，某些研究人员认为，可以就应纳入到 WTO 内的贸易关联问题及其问题领域确立标准。例如，Philip Nichols 提出了 4 个标准：其一，该问题应在 WTO 合法的权限范围内。其二，该问题必须重要，是实质性问题。其三，WTO 有能力执行与该问题有关的多边规则。其四，该问题要求国际协调，而 WTO 可以提供最适合的协调。

从上述研究总体上看，欧美 WTO 研究人员对贸易关联问题的分析相当深刻。就国际法学研究而言，重要地在于能够提炼出其中的国际法问题和以国际法学的方法透视这类问题。例如，WTO 法与一般国际法或者不同国际法分支之间的整体关系问题，和一项特殊贸易措施或环境措施所引发的贸易关联问题，就不应使用完全相同的或大而化之的方法。

七、WTO 争端解决机制及其实践中的理论问题

WTO 争端解决机制是 WTO 法的前沿领域，也经常是引发 WTO 理论基础问题或推动 WTO 基础理论发展的动力之一。而自 WTO 争端解决机制运行以来，这一机制本身先后引起了 3 次较为集中而重大的争议。

（一）WTO 争端解决机制中的"司法决策"问题

根据 1947 年关贸总协定的规定，专家组报告只有在获得包括败诉方在内的缔约方的协商一致通过后，才能获得完全的法律效力。关贸总协定争端解决程序的关键特性不仅在于争端可以在任何时间解决，而且在于被诉方的否决权：对于成立专家组、选择专家组成员和专家组报告的最终通过，被诉方都具有否决权。最后，对于投诉方请求授权报复，被诉方也具有否决权。① 而根据 WTO 协定的规定，由于在争端解决方面采取"消极协商一致"的决策方式，除非包括胜诉方在内的 WTO 成员以协商一致不予通过，裁判机构所作出的报告几乎是自动生效。对于这两种争端解决方面的决策方式，存在两类评价意见。以休德克为代表，强调争端解决的政治影响，认为关贸总协定的方式具有政治上的灵活性和可持续性，对过于法律化的方式持谨慎态度。② 而大多数其他学者，则强调这

---

① John H. Jackson, *The World Trade Organization: Constitution and Jurisprudence*, London: Royal Institute of International Affairs 95 (1998).

② Robert E Hudec, The Judicialization of GATT Dispute System, in the Hart, Michael M and Steger, Debra (ed.) *In Whose Interest? Due Process and Transparency in International Trade*. pp. 9-43, Ottawa: Center for Trade Policy and Law, 1992; Robert E Hudec, *Enforcing International Trade Law: The Evolution of the Modern GATT Legal System*. Salem (NH): Butterworths, 1993; Robert E Hudec, Adjudicative Legitimacy and Treaty Interpretation in International Trade Law: The Early Years of WTO Jurisprudence, in *The EU, the WTO and the NAFTA. Towards a Common Law of International Trade*, ed. Weiler, J. H. H. (Oxford: Oxford University Press, 2000), pp. 35-69.

有助于节制强大成员的单边行动。① 不过，两类意见都支持 WTO
争端解决机制应当加强法律性和有效性，分歧是程度之别。例如，
休德克同样认为司法决策方式应予以改革，他提出应以 WTO 成员
多数表决方式通过争端解决报告。

（二）WTO 争端解决机制中的"司法能动主义"问题

杰克逊在其著作《世界贸易组织：宪法与法理学》中就指出：
国际体系中如何把握实施司法克制（judicial restraint）与司法能动
主义的程度是 WTO "司法实践"中的又一个基本问题。② 斯坦伯
格将 WTO 中的"司法造法"称为司法能动主义，其内容包括填补
空白（filling gaps）和澄清模糊（clarifying ambiguities）。③

从 WTO 争端解决实践来看，在某些争端中上诉机构表现出司
法克制。但是，在更多案件中，上诉机构似乎不可避免地在填补空
白和澄清模糊。迄今为止，WTO 裁判机构尚未运用过"案情不清"
或"责任不明"（non liquet）的司法原则，惟一一次提到过的案例

---

① Robert O. Keohane, Andrew Moravcsik, & Anne-Marie Slaughter, Legalized
Dispute Resolution: Interstate and Transnational, 54 *INT' L ORG.* 457, 457-488 (2000).

② John H. Jackson, *The World Trade Organization: Constitution and
Jurisprudence*, London: Royal Institute of International Affairs 81 (1998).

③ 斯坦伯格在此方面的代表性著述，参见 Richard H Steinberg, Judicial
Lawmaking, Internal Transparency and External Transparency: Recent Institutional
Developments at the WTO, *The International Lawyer*, Vol. 37, No. 1, 2003, p. 28;
Richard H Steinberg, Judicial Lawmaking at the WTO : Discursive, Constitutional, and
Political Constraints, 98 *American Journal of International Law* 247-275 (2004);
Richard H. Steinberg, In the Shadow of Law or Power? Consensus-Based Bargaining at
the GATT/WTO, 56 *INT' L ORG.* 340 (2002); Richard H. Steinberg, The Prospects
for Partnership: Overcoming Obstacles to Transatlantic Trade Policy Cooperation in Asia,
in the Richard H. Steinberg & Bruce Stokes (eds.), *PARTNERS OR COMPETITORS*?
THE PROSPECTS FOR U. S. -EUROPEAN COOPERATION ON ASIAN TRADE 213
(1999); Richard H. Steinberg, Explaining Similarities and Differences Across
International Trade Organizations, in the Richard H. Steinberg (ed.), *The Greening of
Trade Law: International Trade Organization and Environmental Issues* 281 (2002).

是印度对自阿根廷进口的农产品、纺织品和工业产品的数量限制案①，但是专家组和上诉机构都拒绝使用这一原则。"条约不明时，条约义务取其轻"（in dubio mitius）也仅被上诉机构引用过一次，即在"欧共体牛肉案"。②

对此，斯坦伯格提出，对于 WTO 争端解决机制的分析和评价，应考虑上诉机构受到国际法和政治及其宪法结构的限制，并在这一框架下予以分析。如果不从这一更完整的框架中分析司法造法问题，就很容易导致对 WTO 争端解决活动持批评态度，或者过分渲染了司法造法所谓的危险性。而且，上诉机构可能进行司法造法的范围本身又处于 WTO 的宪法范围中，两者都依赖于 WTO 的政治环境。对此，斯坦伯格从"推论空间"、"宪法空间"和"政治空间"对上诉机构所谓司法造法的可能性和可行性进行了分析。

1. 上诉机构的推论空间（Discursive Space）

根据 DSU 第 3 条第 2 款等规定，上诉机构应"按照国际公法解释的习惯规则"澄清 WTO 适用协定的现行规定。在这样做时，上诉机构不能增加或减损各适用协定规定的 WTO 成员的权利和义务。《反倾销协定》还规定了特殊情况，即在专家组认为对该协定的解释存在两种以上可允许的解释时，如主管机关的措施符合其中一种可允许的解释，则专家组应认定该措施符合该协定。

在裁判机构的主要任务仅仅是适用"通常意义"明确的规则时，这类解释规则就提供了较为有力的限制。但是，由于上诉机构所处理的事项，针对的是专家组报告已经涉及过的法律问题和法律解释，相对来说更加棘手，甚至不可避免地需要"澄清模糊"和"填补空白"。如下问题则增加了上诉机构进行司法造法的可能性：第一，在 1969 年《维也纳条约法公约》第 31 条第 1 款规定的解释通则中包括 3 个要素，即"用语"、"上下文"以及"目的和宗

① India—Quantitative Restrictions on Imports of Agricultural, Textile, and Industrial Products, WTO Doc. WT/DS90/R, para. 3. 119 (Sept. 22, 1999).

② European Communities—Measures Concerning Meat and Meat Products (Hormones), WTO Doc. WT/DS26/AB/R, paras. 41-42 (Feb. 13, 1998).

旨"。上诉机构可能偏好其中一个要素，从而对一项条款进行了不适当的解释。第二，就"目的和宗旨"而言，上诉机构可能倾向于认为，WTO 协定的主旨是促进贸易自由化而不是贸易和非贸易目的之间的契约式平衡。第三，可以认为，上述 DSU 第 3 条第 2 款允许 WTO 协定之外的其他国际法规则并入到 WTO 法中，以促进国际法的协调一致性。第四，创造性地解释 WTO 协定，以包容广泛的价值和适应时代的变迁。例如，《维也纳条约法公约》所规定的解释规则可用于界定贸易措施与人权或劳工标准之间的关系。①

因此，尽管在解释规则方面 DSU 规定了必要的限制，但这种"司法克制"本身具有灵活性，给予上诉机构发挥司法能动主义的"推论空间"。

2. 上诉机构的宪法空间

与关贸总协定相比，WTO 协定在对争端解决的宪法制衡方面已经发生了变迁。变迁的结果是赋予了上诉机构更多的宪法空间，在争端解决的司法解释和适用上能够更加灵活，也因此扩大了司法造法的范围和几率。理论上，WTO 协定在立法方面的规则和程序可以对司法造法进行制衡。但是，如前所述，WTO 协定以协商一致为基础的经常无效的决策程序，与以反向协商一致为基础的有效的争端解决程序之间的不平衡关系使得这种制衡颇难发挥作用。②

---

① 上述论点，特别是主要以上诉机构所进行的争端解决活动为研究对象的代表性文献，可以参见：Layla Hughes, Limiting the Jurisdiction of Dispute Settlement Panels: The WTO Appellate Body Beef Hormone Decision, 10 *GEO. INT'L ENVTL. L. REV.* 915, 919-922 (1998); Robert Howse, The Appellate Body Rulings in the Shrimp/Turtle Case: A New Legal Baseline for the Trade and Environment Debate, 27 *COLUM. J. ENVTL. L.* 491, 514-519 (2002); Claus-Dieter Ehlermann, Reflections on the Appellate Body of the WTO, 6 *Journal of International Economic Law* 695, 699-700 (2003); Donald McRae, Claus-Dieter Ehlermann's Presentation on the Role and Record of Dispute Settlement Panels and the Appellate Body of the WTO: Comment by Professor Donald McRae, 6 *Journal of International Economic Law* 709, 716 (2003).

② Claude E. Barfiled, *Free Trade, Sovereignty, Democracy: the Future of the World Trade Organization.* The AEI Press, 2001.

3. 上诉机构的政治空间

WTO 的法律规则和宪法规则都依赖于政治。如上所述，WTO 的宪法规则并没有为司法方面提供有效的制衡。就上诉机构的政治空间而言，这产生了两个后果，首先，由于经常涉及富有争议的问题，上诉机构的司法造法在政治上难以为继。其次，上诉机构的司法造法本身受到政治上的多重制约：第一，选举上诉机构成员的过程。WTO 成员，特别是欧共体和美国通过对上诉机构成员的选举过程施加控制，在一定程度上保证所选举的上诉机构的成员不是"司法能动主义者"，从而限制司法造法的可能性。第二，通过外交声明表达对司法造法的不满。实践中，如果 WTO 成员对上诉机构的某项裁定或司法造法不满，通常可能在 DSB 举行的会议上发表外交声明，以表达对这类裁定的意见。例如，在法庭之友问题上，这类否定意见对上诉机构的做法产生了相当大的影响。第三，拒绝和否认司法造法的合法性。WTO 成员可以在根本上否认司法造法行为的合法性，拒绝遵守上诉机构的裁定。第四，作为最后手段，WTO 成员可以威胁退出 WTO 来表示对司法造法的根本否定。

总之，创立 WTO 协定的权力政治也限制了对 WTO 协定本身的解释，而在立法决策和司法决策上"宪法缺陷"赋予上诉机构以司法造法的便利。尽管上诉机构的解释一般依赖于 WTO 协定原文中的空隙，但司法造法行为已经超出了规则的解释和适用，具有了相当的政治含义。

（三）WTO 争端解决机制改革的方向问题

对所谓司法造法最有效的限制，无疑是 WTO 成员直接修改 DSU 规则，以削弱上诉机构的权限或地位。根据 2001 年 11 月多哈会议的部长宣言，WTO 成员对 DSU 的审查在多哈回合继续进行。虽然审查的最后期限经过两次延长，但 WTO 成员在某些问题上的分歧有增无减，造成谈判日益激烈。目前，WTO 成员仍然在就 DSU 的修改进行谈判。随着 WTO 多边贸易体制内外环境的改变，今天的 WTO 争端解决机制遭到了来自各个方面的挑战，其中的核心问题是：WTO 争端解决机制在法律化的道路上还能走多远？

在历史上，美国和欧共体曾经多次主导了 WTO 宪法规则的修改，而正在进行的多哈回合中，美国也就修改 DSU 在此方面的规则提出了建议。在此方面，2005 年《萨瑟兰报告》的意见值得注意："有些改革建议会造成某种外交否决或允许某些当事方'废止'或改变最终通过的专家组报告的某些内容，而这些报告是经过完整的争端解决程序才形成的。专家组或上诉机构报告是经过相当严谨的争端解决程序谨慎得出的，而允许政治或外交活动干涉这些报告的核心结论将会导致工作重心的偏移，因为这些报告以理服人，是在公平公正基础上听取各方陈述主张和想法后产生的。"

八、WTO 的法律化、宪法化和合法性问题

现有的国际法及其国际组织法原理并没有为 WTO 法及其发展提供足够的理论基础，这是 WTO 宪法化理论之所以兴起在研究方法上的原因之一。这类问题的根本在于，如何解决国际法规则背后的价值问题。也许，对于贸易法和其他国际法之间的关系，只能留给 WTO 争端解决之外的政治交换和外交权衡。但是，这将不可避免地引发 WTO 法的合法性问题。法律化、宪法化和合法性之间的三重关系，构成了分析 WTO 未来发展的理论框架。这一分析框架不仅对于 WTO 所面临的挑战、WTO 未来发展的理想前景具有强大的解释和论证力，而且具有强烈的方法论色彩。

自 WTO 成立以来，主要从法学角度研究 WTO 的理论模式具有几次集中的反映。第一，与 WTO 对关贸总协定在法律方面的加强相对应，"法律化"（legalization）、"法律主义"（legalism）以及"规则导向"（rule orientation）之类术语都用来描述和解释 WTO 的"法律化"。其中，法律主义更侧重制度的意义，规则导向则是杰克逊的发明。法律化意味着，经过从关贸总协定到 WTO 的转变，WTO 法已经扩大了管制领域，具有了"义务性"的法律特征，并且在立法性或政治性过程以及司法解释或适用方面更加准确。[1]

---

① J. L. Goldstein, M. Kahler, R. O. Keohane, and A-M. Slaughter (eds.), *Legalization and World Politics*, Cambridge MA, The MIT Press, 2001; Judith Goldstein et al., Legalization and World Politics, 54 *International Organization* 385 et seq. (2000).

第二，与作为法律化典型的 WTO 争端解决机制相对应，"司法化"（judicialisation）也成为一个较为关键的措辞。司法化意味着争端解决机构具备了与法院相似的结构，并因此按照程序和实体的法律规则解决争端。广义上，司法化也是作为组织或共同体的代理机构吸收和参照司法决定和惯例的过程，并因此使这类机构的行为模式与之相适应。前者指争端解决的司法化，而后者涉及到贸易政治的司法化（judicialisation of trade politics）。① 例如，科蒂尔提出，与 WTO 宪法化相关的因素包括：上诉机构对专家组的裁决全面进行重新审查，较高的上诉率，对上诉机构裁决较缓慢的立法反应以及上诉机构缺乏发回重审的权力等。科蒂尔认为，这些因素将最终导致"经典"的并经国际法和国际关系证明的效力有限的司法模式。②

第三，"制度"一词也成为自关贸总协定以来分析多边贸易体制的措辞。实际上，仅就作为方法的"制度"而言，也包括多种含义。国际法（包括 WTO）研究人员在以制度主义的角度研究国际法或 WTO 法时，通常有两种路径。其一是国际关系的机制理论；其二是制度经济学，特别是其中的交易成本分析。两者都已直接应用于 WTO 法的研究。1995 年，Richard Shell 第一次将机制理论正式适用于 WTO 法的研究，并且从现实主义、机制理论和自由主义对 WTO 及其 WTO 法进行了较为全面的分析。通过对现实主义和机制理论的比较及其适用，Shell 指出，多边贸易体制在争端解决方面的转变，使争端解决程序成为一种更加法律化的制度，代表了现实主义向机制理论的转型。这种贸易法律主义模式的要点在于，

---

① A. S. Sweet, The New GATT: Dispute Resolution and the Judicialization of the Trade Regime, in M. Volcansek (ed.), *Law Above Nations: Supranational Courts and the Legalization of Politics*, Florida, Florida University Press, 1997; Sweet, Judicialization and the Construction of Governance, 32 *Comparative Political Studies* 149 (1999).

② Thomas Cottier, The WTO Dispute Settlement System: New Horizons, 86 *American Society of International Law*, *Proceedings of the 92nd Annual Meeting* 91 (1998).

加入国际制度有利于鼓励多边贸易谈判，促进该制度成员之间对信息的充分交换从而使各自的比较优势得到充分发挥，贸易条约正是国际制度的重要体现。不过，Shell 也承认，以机制理论作为对 WTO 的解释并不完整，因为机制理论缺少对制度和个体偏好之间关系的解释。① 简言之，机制理论的本质是在国际或跨国关系中，制度促进了国际行为者的预期、计划及其执行，并且构成了国家或其他国际行为者进行合作的基础。制度节制了国际行为者的行为，制度能够存在于自利的世界中是因为它们具有对于国际行为者来说的价值。②

塔奇曼是以制度经济学研究 WTO 的最重要代表之一。塔奇曼认为，制度包括 3 类要素，其一，正式的组织性制度，诸如立法、行政和司法机构及其所构成的组织；其二，正式的规则，诸如从宪法规则到普通立法；其三，非正式的制度，由没有法律效力的组织和规则所构成。塔奇曼指出，国家设计和使用国际制度以使成员的净收益最大化，所谓净收益即交易所获得的收益减去交易的损失和成本。塔奇曼认为，制度经济学和国际领域的市场有所不同，在国际领域所交换的物品是"关于权力分配的协议"，这一领域分析的核心是国际经济组织如何有效地使国家的偏好最大化。在以制度经济学分析国际经济组织包括 WTO 后，塔奇曼得出结论，尽管需要进行更多的理论和经验研究，制度经济学为国际经济组织的研究和比较提供了有用的工具。③ 简言之，制度经济学以制度解释理性自利的行为者的行为，行为者在以制度提高了实现行为者偏好的效益

---

① G. Richard Shell, Trade Legalism and International Relations: An Analysis of the World Trade Organization, 44 *Duke Law Journal* 829 (March, 1995); Shell, G. R., Trade Legalism and International Relations Theory: An Analysis of World Trade Organization, In the Howse, R. (ed.), *The World Trading System* 333-416 (1998).

② Naboth van den Broek, Legal Persuasion, Political Realism, and Legitimacy, 4 *Journal of International Economic Law*, pp. 426-429 (2001).

③ Joel P. Trachtman, The Theory of the Firm and the Theory of the International Economic Organization: Toward Comparative Institutional Analysis, 17 *Nw. J. Int'l L. & Bus.* 470, 473-474 (1997).

的基础上创造和调整制度。

上述两类制度主义的共同点在于制度包括正式和非正式的规则，以及所形成的过程、行为者和组织，谋求以交易成本最小化而实现福利最大化；二者的主要区别在于强调效力（机制理论）还是效益（制度经济学）。但是，机制理论和制度经济学并没有穷尽制度分析的路径。例如，历史制度主义（historical institutionalism）和社会逻辑制度主义或建构主义的制度理论（Sociological institutionalism）也为国际法和 WTO 法提供了分析框架。①

尼科尔斯（Philip M. Nichols）第一次从这两类制度主义的理论角度对 WTO 法进行了研究。从历史制度主义来说，要求不仅重申历史来论证改革 WTO 制度的必要性，而且对历史上的制度选择进行细致的历史分析，以此指导 WTO 未来的发展。从社会逻辑制度主义来说，制度被认为是一种文化现象，不仅由谋求最有效力或效益的福利最大化的理性行为者，而且由一系列自执行的和相互构成性的文化影响所创造。例如，对于贸易与人权的关系问题，WTO 成员已经对人权保护形成共识，在其他条件都满足的情况下，这种文化上的影响可以使人权事项纳入到 WTO 内具有合法性。同时，这也决定了贸易与人权相关联的有效性。就这两类制度主义而言，制度由一系列要素所构成，包括对个人行为的正式和非正式的节制、组织和规则、所形成的过程及其社会动力。但是，制度不限于此。制度还深深扎根于一系列广泛的文化因素中。而且，制度的形成和发展还存在"路径依赖"，即受到国家间预先确定的权力分配及其竞争和联合的"先天"影响。简言之，制度由正式和非正式的规则、组织和程序，影响这类规则、组织和程序的文化因素以及预先存在的诸如国家间权力分配之类的因素所构成。

最后，宪法、宪法化或宪政已经成为当前 WTO 研究模式的核心措辞，即使是不主张 WTO 宪法化的部分研究人员，他们的批评

---

① Philip M. Nichols, Forgotten Linkages- Historical Institutionalism and Sociological Institutionalism and Analysis of the World Trade Organization, 19 *University of Pennsylvania Journal of International Economic Law* 461-511 （1998）.

或评论实际上也成为广义上 WTO 宪法化理论的组成部分。宪法化是一套由法律界定的社会惯例即规则、原则和制度变更的过程，以相对一致和统一的安排为表现形式，就特殊的共同体而言达到一定的社会接受程度。宪法化的 6 个核心要素是：对社会和政治的节制、基础规范的改变、共同体、商议、关系的重新组合以及合法性。欧美 WTO 研究人员已经提出了 WTO 宪法化的三大理论模式：

（一）以制度为基础的 WTO 宪法化理论

以制度为基础的 WTO 宪法化理论，包括"WTO 的制度和宪法"、"WTO 与 WTO 成员关系的制度和宪法"以及"作为方法的制度宪法论"等组成部分。该理论模式以杰克逊（John H. Jackson）和塔奇曼（Joel P. Trachtman）为代表，并得到科蒂尔（Thomas Cottier）、吉尔哈特（Peter M. Gerhart）、麦金尼斯（J. O. McGinnis）以及莫维塞西恩（Mark I. Movsesian）等人的积极响应。①

---

① 杰克逊在此方面最近的著述参见 John H. Jackson, Sovereignty-Modern: A New Approach to an Outdated Concept, 97 *The American Journal International Law* 782-802 (2003); *The World Trade Organization: Constitution and Jurisprudence*, Chatham House Papers Series. London: Royal Institute of International Affairs, chapter 4 (1998); The WTO Institution and Constitution: Evolution and Prospects. In *WTO and East Asia: New Perspectives*, edited by M. Matsushita and Dukgeun Ahn, 13-23. London: Cameron May, 2004; The WTO Evolving Constitution. In *In einem vereinten Europa dem Frieden der welt zu dienen...: Liber amicorum Thomas Oppermann*, edited by C. D. Classen et al., 411-426; *Tübinger Schriften zum Staats- und Verwaltungsrecht*, 59. Berlin: Duncker & Humblot, 2001. 20; The WTO 'Constitution' and Proposed Reforms: Seven'Mantras' Revisited. *J. Int'l Econ. L.* 4, no. 1 (2001): 67-78. 塔奇曼在此方面的最近著述参见 Joel P. Trachtman, Changing the Rules. Constitutional Moments of the WTO, 24 *Harvard International Law Journal* (2004); Joel P. Trachtman, *The WTO Constitution: Tertiary Rulesfor Intertwined Elephants, working paper*, Paper No. 753 1-27 (The Berkeley Electronic Press, 2005). 麦金尼斯在此方面的最近著述参见 J. O. McGinnis, The WTO as a Structure of Liberty, 28 *Harvard Journal of Law and Public Policy* 81-88 (2004). 科蒂尔和吉尔哈特的著述 Thomas Cottier, Maya Hertig, The Prospects of 21st Century Constitutionalism, 7*Max Planck UNYB*261-328 (2003). Peter M. Gerhart, The Two Constitutional Visions of the World Trade Organization, 24 *University of Pennsylvania Journal of International Economic Law* 1-73 (2003).

以制度为基础的 WTO 宪法化理论（以下简称"制度宪法论"）由三部分组成：

第一，"WTO 的制度和宪法"，将多边贸易体制的制度性结构作为整体，包括 WTO 的条约安排、组织机构、争端解决过程和行为者，以及一系列非正式的惯例和程序。WTO 的制度和宪法具有规则导向、贸易管制和权力分配 3 个要素。

规则导向是一种具有灵活性的法治。区别权力导向和规则导向模式的关键，不在于缔约方是否运用谈判等争端解决方法，而在于是否存在既定的规则与程序和具有实施结果的程序。规则的功能是为处理社会秩序中的问题提供机制，即协调动机各不相同的个人的行为，以产生所有参与者都能接受的结果模式。

贸易管制是指 WTO 应积极采取协调、遵从等方式，在纵向上与 WTO 成员的国内贸易法律和政策、在横向上与其他相关的国际制度相互促进，以实现贸易政策与社会政策的权衡和管理。这一要素并不预先确定贸易价值和其他社会价值之间在理论上的等级，而应根据不同的情况予以区别对待。

权力分配是指以权力分配分析模式来理解主权的概念，并以此确定对贸易政策的管制是否更适合于在国家或国际制度以及其他层面行使。同时具有偏好在国际层面作出政府行为的理由，以及偏好在国家或其地方层面作出政府行为的理由。因此，选择在国际、国家或地方层面作出贸易管制的决策，也应通过考虑各种相关情况予以决定。在此方面，在国家和地方层面分配权力的从属性原则具有重要意义，同样可以适用于这种广泛的权力分配分析。而在国际制度和机构本身，也应考虑进行适当的权力分配和节制。

总体上，其根本问题是在 WTO 和 WTO 成员之间，以及其他相关国际组织甚至所谓跨国公民社会之间有效而正当地分配贸易管制权。

第二，"WTO 与 WTO 成员关系的制度和宪法"，对多边贸易体制的组织框架，必须在其整个法律制度的背景下进行评价。这种法律制度不仅涉及作为国际文件和组织的 WTO 本身，还涉及该组织与大量国内法律制度包括宪法性的和政府性的结构之间的相互关系。

其基本理论观点是：其一，国际法和国内宪法体系之间存在密切的关联，应依此理解国际经济体系及其未来的发展。其二，制定更有效的政策和国际贸易体制的基本目标，整体上在于促进以比较优势和规模经济理论为基础的贸易自由化。其三，诸多对贸易自由化的障碍，存在于国内政策和法律结构中，影响到跨国的经济的法律和政策。特别是各种利益集团和"寻租者"，经常具有超出其所占经济份额或国内政策体系中地位的影响力。其四，随着国际贸易法的动态演进，国家间和经济体制间更加相互依赖，必然使国际管制水平发展到更高的层面，也使国际贸易制度与国家宪法体系具有了更大程度的相似性。

第三，"作为方法的制度宪法论"，实质是一种方法论，是指运用法律的制度经济学和宪政经济学分析方法，对 WTO 进行"制度和宪法"研究，为制度宪法论提供了重要的论点支持和论证方法。其范围包括国际关系的机制理论（regime theory）、制度经济学（institutional economics）和宪政经济学（constitutional economics）等。

宪政经济学，对宪法提供了一种实证主义分析的方法。依此方法，宪法完全是人类交往的工具：分享权力以促进规则确立的机制。宪法规则并不是自然法，相反，宪法是为在最大程度上实现个体公民偏好的政治解决方案。根据交易成本或者策略性模型，宪法是被设计用以克服实现帕累托最优结果的交易成本或者策略性障碍。宪法一旦确立，通过削减国际安排的交易成本和策略性成本，就可能使一系列本不受欢迎的安排变得具有吸引力。总之，宪政经济学将宪法视为促进偏好实现的策略。宪法框架及其分析的任务，是进行比较制度分析，以便确定能最大化实现偏好的制度特征。

总体上，作为方法的制度宪法论，共同点在于制度包括正式和非正式的规则，以及所形成的过程、行为者和组织，谋求以交易成本最小化而实现福利最大化，主要的区别在于强调效力还是效益。

（二）以权利为基础的 WTO 宪法化理论

该理论模式几乎以彼得斯曼为惟一的代表。彼得斯曼（Ernst-

Ulrich Petersmann）将 WTO 的宪法化，置于国际经济组织、国际经济法以及国际经济秩序的整体框架中予以分析，并扩大到国际组织、国际法乃至全球一体化法的更广泛的范围内。因此，彼得斯曼实际上提出的是一种以国际经济组织及其法律的宪法化为主要命题的理论，其中的典型代表即 WTO 和欧共体。该理论遭到的批评也最为激烈。以权利为基础的 WTO 宪法化理论（以下简称"权利宪法论"）具有两个阶段：

第一阶段提出了国际经济组织和规则的宪法问题、宪法性质和宪法功能，系统地提出了国际组织宪法化的理论和方法。① 就 WTO 宪法化而言，其宪法化的主要理论观点是：WTO 的宪法功能在于政府通过预先承诺而自我约束，以这种方式抵抗寻租的国内利益集团对经济权利的侵蚀，因此，需要在国际和国内宪政民主中将国家的对外贸易政策和法律加以宪法化，从而遏制和克服贸易重商主义的"市场失灵"和"政府失灵"。其宪法化的主要建议在于：需要将贸易自由承认为个人的基本权利，而公民可以在国内法院中

---

① 在此方面的代表性著述参见 Ernst-Ulrich Petersmann, The Transformation of the World Trading System through the 1994 Agreement Establishing the World Trade Organization, 6 *Eur. J. Int' l L.* 161, 215-221（1995）; Constitutionalism and International Organizations, 17 *Northwestern J. In' l L. Bus.*（1996）398; How to Reform the UN System? Constitutionalism, International Law and International Organizations, 10 *Leiden J. Int' l L.* 421-474（1997）; How to Reform the UN System? Lessons From the International Economic aw Revolution, 2 *UCLA Journal of International Law and Foreign Affairs* 185-224（1998）; *The GATT/WTO Dispute Settlement System*: *International Law*, *International Organizations and Dispute Settlement*（1997）; How to Constitutionalize the United Nations? Lessons from the International Economic Law Revolution, in V. Götz, P. Selmer and R. Wolfrum（eds）, *Liber Amicorum G. Jaenicke*（1998）; How to Constitutionalize International Law and Foreign Policy for the Benefit of Civil Society?, *Michigan Journal of International Law* 1-31（1998）; Constitutionalism and International Adjudication: How to Constitutionalize the U. N. Dispute Settlement System?, 31 *NYU J. In' l L. & Pol.* 753（1999）; Constitutionalism, International Law and 'We the Peoples of the United Nations, in the H. -J. Cremer（ed.）, *Tradition und Weltoffenheit des Rechts*: *Festschrift für Helmut Steinberger* 291（2002）.

援引 WTO 协定。其宪法化的主要方法是：针对自由裁量的对外政策权，WTO 和国家提供自由、非歧视和法治的宪法保障。

第二阶段在第一阶段的基础上，提出了全球一体化法框架中人权和国际组织的一体化问题，提出了国际组织和人权进行宪法化的理论和方法，并初步涉及国际组织奉行宪政民主的合法性问题。①

就 WTO 宪法化而言，其宪法化的主要理论观点是：WTO 保障自由、非歧视和法治而起到促进人权的功能，而人权促进对自由、非歧视和法治的国际保障起到宪法功能，在宪法上限制管制权在国内和国际的滥用。因此，不仅要求国际组织和国家在所有政策领域保护和促进人权，承认公认的不可剥夺的核心人权在国际法中具有"宪法至上性"，而且在全球一体化法的框架中应该推进人权和 WTO 的一体化。另外，国际正义论和民主治理论也促进了国际组织的宪法化及其民主合法性。其宪法化的主要建议在于：继续提高人权在国际法中的法律地位，强调人权不仅是国家也是国际组织所必需承担的义务，确认贸易自由是一种全球一体化法中的经济人权，而 WTO 法应以与人权要求相符合的方式来解释。其宪法化的主要方法是：通过 WTO 法和国际人权法以及国内人权法的一体化而实现国际法的宪法化。

———————————

① 在此方面的代表性著述参见 Ernst-Ulrich Petersmann, Constitutional Economics, Human Rights and the Future of the WTO, *Aussenwirtschaft* 49-91 (2003); The "Human Rights Approach" Advocated by the UN High Commissioner for Human Rights and by the ILO: Is it Relevant for WTO Law and Policy?, *Journal of International Economic Law* 605-628 (2004), and in: E. U. Petersmann (ed.), *Reforming the World Trading System: Legitimacy, Efficiency and Democratic Governance*, Oxford University Press, 2005, 357-380; Human Rights, Markets and Economic Welfare: Constitutional Functions of the Emerging UN Human Rights Constitution, in C. Breining/T. Cottier (eds), *International Trade and Human Rights*, (2005); Trade and Human Rights, in: P. F. Macrory et alii (eds), *The World Trade Organization*, chapter 61, 2197-2233 (2005); Human Rights and International Trade Law: Defining and Connecting the two Fields, in: T. Cottier et alii (eds), *Human Rights and International Trade*, 2005, chapter 1; WTO Law, Regional Trade Agreements and Human Rights, in the L. Bartels (ed.), *Regional Trade Agreements and the WTO Legal System* (2005).

总体上，两阶段具有共同的理论起点：首先，以权利为基础的策略承认价值只能源于公民个人的人权。这削减了在宪政民主的个人前提和静态的国际法概念之间的现有矛盾。承认人的尊严在国际法中具有最高的优先性，是提高国际规则的民主合法性的第一步。第二，对自由、非歧视和法治的国内和国际保障，如果按照相同的目的并且彼此补充，则该保障在法律上将更加有效。如果对个体公民的保护是最高的宪法价值，按照人权解释这类保障就对公权力的滥用施加了另外的宪法节制。第三，以权利为基础的"草根策略"（grass-roots strategies）是在国际上促进和平与法治。在国内外保证这一目标的最佳方式，就是对自由、非歧视和法治提供国内制度保障和国际制度保障。以权利为基础的国际法的宪法概念，可以促进的不仅是人权、法治和经济福利的有效性，而且包括国内和国际和平。

（三）以司法为基础的 WTO 宪法化理论

由斯科洛曼（Hannes L. Schloemann）和奥霍夫（Stefan Ohlhoff）首次涉及，而由凯斯（Deborah Cass）系统地论述形成。①斯坦伯格（Richard H Steinberg）和巴菲尔德（Claude E. Barfiled）等人也多有贡献。以司法为基础的 WTO 宪法化理论（以下简称"司法宪法论"）的主要观点是：

WTO "宪法化"的含义，可以被理解为不仅是确立了一项能够作出有约束力的法律决定的制度，而且是所确立的司法性争端解

---

① 凯斯在此方面的代表性著述参见 Deborah Z Cass，The Constitutionalization of Self-determination（Separatism and the Democratic Entitlement）（Proceedings of the Ninety-Second Annual Meeting of the American Society of International Law：The Challenge of Non-State Actors），92 *Proceedings of the Annual Meeting-American Society of International Law* 122（1998）；China and the "Constitutionalization" of International Law，Cass，Deborah Z.；Williams，Brett G. & Barker，George（Eds.），*China and the World Trading System：Entering the New Millennium* 40-54（Cambridge University Press，2003）；The 'Constitutionalizaton' of International Trade Law：Judicial Norm-Generation as the Engine of Constitutional Development in International Trade，12 *Euro. J. Int' l L.* 39（2001）；*The Constitutionalization of the World Trade Organization：Legitimacy，Democracy，and Community in the International Trading System*（Oxford U. P，2005）.

决机制通过司法解释开发出了一种宪法体系。这类司法解释所包含的宪法性原理，使 WTO 法在更大程度上与宪法体系相似。在此意义上，可以认为 WTO 处于逐渐宪法化的过程之中。这种宪法化理论并不认为 WTO 法就是一种国家宪法体系，而只是具有了国内宪法的某些特征。在此基础上，WTO 宪法化的含义强调，司法性的争端解决机制并不仅仅是一项宪法化的制度，而且提供了司法造法的宪法化模式，并且启动了宪法化的进程。

司法化的 WTO 争端解决过程，已经在一定程度上开发出多边贸易体系的准宪法结构，其方式为：

第一，宪法原理的合并。WTO 案例法借用并且合并了其他宪法领域的宪法规则、原则和原理，导致国际贸易法与宪法更加相似。典型例证是涉及相称性和管辖权方面的案例。通过对宪法原理的合并，WTO 逐渐具有了宪法化的两个要素，即合法性和内部关系的重新组合。

第二，形成体系的宪法。WTO 案例法构成了一种新的法律体系。上诉机构采取了纠问式的事实认定方法，开发了一种性质上属于纠问式的法律体系。无论上诉机构如何处理这类关系问题，这类案例法促进了 WTO 法作为一种法律体系的一致性和统一性，标志着新的基础规范的出现。

第三，主题事项的并入。WTO 案例法涉及传统上属于国内宪法权限范围的事项，例如公共健康问题逐渐被纳入 WTO 争端解决机制的管辖范围。上诉机构对所并入贸易关联问题的裁定，影响到 WTO 成员和 WTO 之间关系的重新组合。尽管 WTO 成员并没有明确失去对这类事项的国内立法权，无疑将受上诉机构有关裁定的节制。

为什么 WTO 的研究理论模式转向了"宪法化"，除其他原因外，从实践背景来看，经过 1995 年从关贸总协定到 WTO 的转变，多边贸易体制在法律化和司法化方面有所加强。然而，WTO 目前的情况是，在继续高水平的法律化时缺乏公众支持或输入合法性。而且，与关贸总协定不同，输入合法性的缺乏并没有被贸易自由化的进展或输出合法性所弥补。其实践表现为，发展中国家和非政府组织、支持经济全球化和反对经济全球化的人士，同时对 WTO 的决策过程、争端解决程序以及与其他国际法规则之间的关系进行挑战。简言之，WTO 遇到了严重的合法性危机。①

（四）WTO 的合法性问题

WTO 现在被认为同时缺乏输入合法性和输出合法性。输入合法性意味着 WTO 的内部透明度和发展中国家在决策过程中的有效参与。② 许多发展中国家质疑，通过有限成员的非正式谈判而作出的决定缺乏合法性。同时，将未被邀请的发展中国家代表排除在绿屋会议之外，显然违反了 WTO 成员的主权平等原则。另一方面，分析 WTO 与社会政策有关的立法和司法决定，则能够确定 WTO 法的输出合法性。在此意义上，WTO 法和人权、社会、劳工和环境政策之间的关系就体现了后者。③

---

① 关于 WTO 的合法性问题，代表性著述参见 C. Barfield, *Free Trade, Sovereignty, Democracy: The Future of the World Trade Organization*, (2001); C. Bellman, R. Gerster, Accountability in the World Trade Organization, 30 *Journal of World Trade* No. 6, 31-74 (1996); R. Howse (2000a), Adjudicative Legitimacy and Treaty Interpretation in International Trade Law: The Early Years of WTO Jurisprudence, in J. H. H. Weiler (ed.), *The EU, the WTO and the NAFTA: Towards a Common Law of International Trade*, Oxford 2000, 35-70; R. Howse (2001), The Legitimacy of the WTO in J. -M. Coicaud, V. Heiskanen (eds.), *The Legitimacy of International Organizations*, New York / Tokyo 355-407 (2001); R. Howse, From Politics to Technocracy- and Back Again: The Fate of the Multilateral Trading Regime, 96 *American Journal of International Law* 94-117 (2002); Jeffrey L. Dunoff, The WTO's Legitimacy Crisis: Reflections on the Law and Politics of WTO Dispute Resolution, 197-208 *The American Review of International Arbitration* (2002).

② Markus Krajewski, *From "Green Room" to "Glass Room" —Participation of Developing Countries and Internal Transparency in the WTO Decision-Making Process*, A Trade Watch Paper 16-18 (Bonn, Germanwatch, 2000).

③ Steve Charnovitz, The World Trade Organization and Social Issues, 28 *J. W. T.* 5 (1994), pp. 17-33; Jeffrey K. Dunoff, "Trade and": Recent Developments in Trade Policy and Scholarship, 17 *Northwestern Journal of International Law and Business* 759-774 (1996-1997); Joel P. Trachtmann, Trade and...: Problems, Cost-Benefit Analysis and Subsidiarity, 9 *European Journal of International Law* 32-85 (1998).

首先，合法性可以源于同意。WTO 的合法性经常得到支持，是因为 WTO 成员已经通过国内议会批准之类的方式同意了所承担的义务。但是，"同意"作为 WTO 的合法性来源不无问题。某些批评者认为，由于 WTO 已经涉及诸如环境和人权等广泛的社会关注事项，国家可能在事实上将在国际贸易领域的部分主权权力"委托"给了 WTO 行使。而且，在批准之后，不仅现有规则可能得到发展，而且新规则也可能不断被制定。① 甚至，WTO 成员不再被认为是惟一有权表示这类"同意"的代表。例如，查诺维茨一直主张增加在 WTO 的公共参与，并提出在 WTO 推行所谓世界主义政治。② 尽管只有一元民主的空想者才会设想公众涌入谈判密室，因为这将给自由贸易带来严重的后果。但是，允许一定数量的观察员和新闻媒体参与委员会会议、允许非政府组织在争端解决过程中提供法律建议将会带来明显的好处。

其次，如前所述，由于 WTO 法几乎在所有 WTO 成员国内中都不能直接适用，国内合法性标准并不确定国际法规则的合法性，因此 WTO 法的合法性是充分的。但是，与其他国际法规则相比，即使不能直接适用，WTO 法也颇具特性。如前所述，即使 WTO 法缺乏宪法化的基本要素，诸如直接效力和优先效力，也在职能上相当于具备些许宪法化要素。这类要素，要求不仅应从国际层面而且应从国内层面来分析其合法性。

最后，合法性可以源于 WTO 的实质有效性。WTO 实现某些福利增长目标的有效性，可以提供合法性的潜在来源。但是，合法性依赖于一套既定的规范，以衡量相关制度的有效性。当这些规范本身遭到质疑时，就产生了相关制度是否适合于制订这类规范的问题。WTO 在管制关税方面的合法性，被认为并不支持其在诸如安

---

① Kal Raustiala, Sovereignty and Multilateralism, 1 *Chi. J. Int' l L.* 401, 411 (2000); Phillip R. Trimble, Globalization, International Institutions, and the Erosion of National Sovereignty and Democracy, 95 *Michigan Law Review* 1944, 1958-60 (1997).

② Steve Charnovitz, Participation of Nongovernmental Organizations in the World Trade Organization, 17 *U. Pa. Journal of International Economic Law* 331 (1996).

全或食品方面制订标准的合法性。而且，并不是所有人都接受，经济效益应作为 WTO 惟一的优先价值。

总之，WTO 被认为失去了关贸总协定所实现的平衡。这种"失衡"意味着 WTO 的规则更加有效和强制，而没有满足更高的政治参与要求。只有足够的政治参与，才能维持高水平的法律或规则。WTO 目前的情况是，在继续高水平的法律化时缺乏了公众支持或输入合法性。而且，与关贸总协定不同，输入合法性的缺乏并没有被贸易自由化的进展或输出合法性所弥补。

上述问题，既是 WTO 宪法化过程的可能反应，也是 WTO 宪法化理论形成和发展的实践原因，更是为 WTO 宪法化理论提出了需要解决的问题。总体上看，WTO 的宪法化理论，由于具有较为广泛的内涵，涉及到 WTO 几乎所有的理论基础问题，在方法和观点上都具有较大的包容性和不确定性。因此招致各种反对和批评。反对"WTO 宪法化"并且提出替代方案的代表学者有豪斯（Robert L. Howse）和丹诺夫（Jeffrey L. Dunoff）。以约斯特·鲍威林（Joost Pauwelyn）为代表的部分国际法学者，坚持传统的国际法原理，反对 WTO 宪法化的理论。针对上述某一理论模式进行批评或反对的学者则包括卡杰斯基（Markus Krajewski）、皮尔斯（Peers）以及艾斯通（Philip Alston）等。凯斯对这类理论模式进行了反思。沃克尔（N. Walker）、赫姆斯（Peter Holmes）以及威勒等则从欧盟宪法化和 WTO 宪法化进行比较的角度，对 WTO 宪法化的理论和实践进行了分析。如何形成一个更加统一和协调的研究模式，以减少在概念和方法上的不确定性，WTO 宪法化理论基础、学术争论、实践背景、实质观点和论证方法如何？是否形成统一的理论模式？对解决 WTO 的实践性问题具有何种价值？在研究方法上有何独到之处？因此，WTO 宪法化的理论将不仅有待于进一步探索，也有待于新的实践检验。

九、评论与展望

世贸组织的空前发展，不仅说明它的确有助于改善多国家体制的运行状态，而且展示了其协调国家利益与人类共同利益相互发展的潜力。世贸组织研究，虽然尚未形成世界公认的学科体系和研究方法，但是为进一步研究奠定了基础。它不仅积累了信息资料，提供了研究经验，而且还留下了亟待解决的重大课题。

如何改善和加强世贸组织自身的效率与应变能力，不仅是世贸组织面临的一个长期问题，也是关系全球治理、法治与世界和平与安全的重大实际问题。欧美学者根据他们的历史经验和制度偏好，试图为权力有限、资源不足的世贸组织这样一个专门性国际组织提供智力支持和专家意见，以便世贸组织迎接经济全球化所带来的制度性挑战。欧美学者的上述观点，多是西方价值与利益的体现，目的是使世贸组织及其制度能有一个可持续发展的、系统的、坚实稳固的理论基础，以便更好地巩固欧美在世界多边贸易体制中的比较优势。这些看法基本上多是书生之见，只是技术性方案，要从根本上改变世贸组织所处的制度性困境，必须进行真正的改革，建立一个公正、公平、可持续发展的世界贸易新体制，消除发展中国家贸易不能得到正常发展的国际制度障碍。为此，发达国家必须为世贸组织改革采取切实有效的行动。

世贸组织是人类逐渐摸索出来的一种促进国家间贸易合作、减少或防止国家间相互进行贸易报复直至爆发贸易战的工具。它旨在改良多国家体制的运作，希望在国际贸易关系中最终实现：理性战胜本能、国际负责精神战胜大国利己主义、法律秩序战胜强权政治。世贸组织的研究者，需要发挥创新精神，共同努力，为建立更为完善的世贸组织及其多边贸易体系作出更大的贡献。

主要参考文献

Barfiled, Claude E. *Free Trade*, *Sovereignty*, *Democracy*: *The Future of the World Trade Organization*. The AEI Press, 2001.

Bellman, C. & Gerster, R. Accountability in the World Trade Organization. 30 *Journal of World Trade*, 1996, No. 6, pp. 31-74.

Bello, J. and J. Hippler. The WTO Dispute Settlement

Understanding: Less is More, 91 *American Journal of International Law*, 1997.

Bilder, Richard B. and Trachtamn, Joel P. Book Reviews-Pauwelyn, Joost. Conflict of Norms in Public International Law: How WTO Law Relates to Other Rules of International Law, 98 *American Journal of International Law*, 2004, pp. 855-861.

Bossche, Peter Van den and Iveta Alexovicova. Effective Global Economic Governance by the World Trade Organization, 8 *Journal of International Economic Law*, 2005, pp. 667-690.

Broek, Naboth van den. Legal persuasion, Political Realism, and Legitimacy, 4 *Journal of International Economic Law*, 2001, pp. 426-429.

Bronckers, Marco C. E. J. More Power To The WTO? *Journal of International Economic Law*, 2001:41-65.

Carlos M. Vazquez and John H. Jackson. Some Reflections on Compliance with WTO Dispute Settlement Decisions, 33 *Law and Policy in International Business.* 2002, pp. 555-567.

Cass, Deborah Z. The Constitutionalization of Self-determination (Separatism and the Democratic Entitlement) (Proceedings of the Ninety-Second Annual Meeting of the American Society of International Law: The Challenge of Non-State Actors), 92 *Proceedings of the Annual Meeting-American Society of International Law*, 1998:122.

Cass, Deborah Z. The "Constitutionalizaton" of International Trade Law: Judicial Norm-Generation as the Engine of Constitutional Development in International Trade, 12 *Euro. J. Int' l L.* 2001:39.

Cass, Deborah Z. China and the "Constitutionalization" of International Law, Cass, Deborah Z.; Williams, Brett G. & Barker, George (Eds.), *China and the World Trading System: Entering the New Millennium.* pp. 40-54. Cambridge University Press, 2003.

Cass, Deborah Z. *The Constitutionalization of the World Trade Organization: Legitimacy, Democracy, and Community in the*

International Trading System, Oxford University Press, 2005.

Charnovitz, Steve. The World Trade Organization and Social Issues, 28 *J. W. T.* 5, 1994, pp. 17-33.

Charnovitz, Steve. Participation of Nongovernmental Organizations in the World Trade Organization, 17 *U. Pa. Journal of International Economic Law*, 1996, p. 331.

Charnovitz, Steve. A Close Look at a Few Points, 8 *Journal of International Economic Law*, 2005, pp. 311-319.

Cottier, Thomas. The WTO Dispute Settlement System: New Horizons, 86 *American Society of International Law, Proceedings of the 92nd Annual Meeting.* 91, 1998.

Cottier, Thomas & Takenoshita, Satoko. The Balance of Power in WTO Decision-Making: Towards Weighted Voting in Legislative Response, 59(2) *AUSSENWIRTSCHAFT* 171, 2003: 184-186.

Cottier, Thomas & Hertig, Maya. The Prospects of 21st Century Constitutionalism, 7 *Max Planck UNYB*, 2003, pp. 261-328.

Cottier, Thomas. The Erosion of Non-Discrimination: Stern Warning without True Remedies, 8 *Journal of International Economic Law*, 2005, pp. 595-601.

Croley, Stephen P. & Jackson, John H. WTO Dispute Procedures, Standard of Review, and Deference to National Governments, 90 *American Journal of International Law*, 1996: 193, 213.

Davey, William J. The Sutherland Report on Dispute Settlement: A Comment, 8 *Journal of International Economic Law*, 2005, pp. 321-328.

Dillon, Sara. Farewell to "Linkage": International Trade Law and Global Sustainability Indicators, *Rutgers Law Review*, 2002, Vol. 55, pp. 87-154.

Dirk PulkowskiL udwig-Maximilian. Book Reviews-Conflict of Norms in Public International Law: How WTO Law Relates to Other Rules of International Law, 16 *European Journal of International Law*, 2005: 153-157.

Dukgeun Ahn, *Linkages between International Financial and Trade Institutions: IMF, World Bank and WTO*, School of Public Policy and Management, Korea Development Institute, pp. 1-39. Third World Intellectuals and NGOs Statement Against Linkage (TWIN-SAL), www2. bc. edu/ ~ anderson/twin-sal12. pdf.

Dunoff, Jeffrey K. (1996-1997) Trade and: Recent Developments in Trade Policy and Scholarship, 17 *Northwestern Journal of International Law and Business*, pp. 759-774.

Dunoff, Jeffrey L. The WTO's Legitimacy Crisis: Reflections on the Law and Politics of WTO Dispute Resolution, *The American Review of International Arbitration*. 2002, pp. 197-208.

Eeckhoutdoi, Piet. Book Review-Conflict of Norms in Public International Law: How WTO Law Relates to Other Rules of International Law, 8 *Journal of International Economic Law*, 2005, pp. 583-587.

Gerhart, Peter M. The Two Constitutional Visions of the World Trade Organization, 24 *University of Pennsylvania Journal of International Economic Law*, 2003: 1-73.

Goldstein J. L., Kahler M., Keohane R. O., &Slaughter A-M. (eds.) *Legalization and World Politics*. Cambridge MA, The MIT Press, 2001.

Graham, Mayeda. A Normative Perspective on Legal Harmonization: China's Accession to the WTO, *The University of British Columbia Law Review*, 2005, Vol. 38, pp. 83-132.

Gray, Christine. Types of Remedies in ICJ Cases: Lessons for the WTO? in: WEISS, F. (ed.): *Improving WTO Dispute Settlement Procedures* pp. 401-415. London: Cameron May, 2000.

Howse, R. Adjudicative Legitimacy and Treaty Interpretation in International Trade Law: The Early Years of WTO Jurisprudence, in J. H. H. Weiler (ed.), *The EU, the WTO and the NAFTA: Towards a Common Law of International Trade*, Oxford 2000, 2000, pp. 35-70.

Howse, R. The Legitimacy of the WTO in J. -M. Coicaud,

V. Heiskanen (eds.), *The Legitimacy of International Organizations*, New York / Tokyo, 2001, pp. 355-407.

Howse, R. From Politics to Technocracy - and Back Again: The Fate of the Multilateral Trading Regime, 96 *American Journal of International Law*, 2002, pp. 94-117.

Howse, Robert. The Appellate Body Rulings in the Shrimp/Turtle Case: A New Legal Baseline for the Trade and Environment Debate, 27 *COLUM. J. ENVTL. L.* 2002:491, 514-519.

Howse, Robert. *The Jurisprudential Achievement of the WTO Appellate Body: A Preliminary. Appreciation*, 2003, pp. 1-16, available at http://www. law. nyu. edu/kingsburyb/ spring03/globalization/robhowse-paper. pdf.

Hudec, Robert E. The Judicialization of GATT Dispute System, in the Hart, Michael M and Steger, Debra (ed.) *In Whose Interest? Due Process and Transparency in International Trade*, pp. 9-43, Ottawa: Center for Trade Policy and Law, 1992.

Hudec, Robert E. *Enforcing International Trade Law: The Evolution of the Modern GATT Legal System*, Salem (NH): Butterworths, 1993.

Hudec, Robert E. The New WTO Dispute Settlement Procedure: An Overview of the First Three Years, 8 *MINN. J. GLOBAL TRADE* 1, 1999.

Hudec, Robert E. Adjudicative Legitimacy and Treaty Interpretation in International Trade Law: The Early Years of WTO Jurisprudence, in *The EU, the WTO and the NAFTA. Towards a Common Law of International Trade*, ed. Weiler, J. H. H. Oxford: Oxford University Press, 2000: pp. 35-69.

Hufbauer, Gary Clyde. Inconsistency Between Diagnosis and Treatment, *Journal of International Economic Law*, 2005, Vol. 8, pp. 291-297.

Hughes, Layla. Limiting the Jurisdiction of Dispute Settlement

Panels: The WTO Appellate Body Beef Hormone Decision, 10 *GEO. INT' L ENVTL. L. REV.* 1998:915, 919-922.

Ismail, Faizel. A Development Perspective on the WTO July 2004 General Council Decision, 8 *Journal of International Economic Law*, 2005, pp. 377-404.

Jackson, John H. The WTO Dispute Settlement Understanding - Misunderstanding on the Nature of a Legal Obligation, 91 *American Journal of International Law*, 1997:60-63;

Jackson, John H. *The World Trade Organization: Constitution and Jurisprudence*, Chatham House Papers Series. London: Royal Institute of International Affairs, 1998.

Jackson, John. The WTO "Constitution" and Proposed Reforms: Seven "Mantras" Revisited, 4 *Journal of International Economic Law*, 2001:67.

Jackson, John H. The WTO Evolving Constitution. In *In einem vereinten Europa dem Frieden der welt zu dienen...: Liber amicorum Thomas Oppermann*, edited by C. D. Classen et al., 2001:411-426; *Tübinger Schriften zum Staats- und Verwaltungsrecht*, 59. Berlin: Duncker & Humblot, 20.

Jackson, John H. Sovereignty-Modern: A New Approach to an Outdated Concept. 97 *The American Journal International Law*, 2003: 782-802.

Jackson, John H. The WTO Institution and Constitution: Evolution and Prospects. In *WTO and East Asia: New Perspectives*, edited by M. Matsushita and Dukgeun Ahn, 13-23. London: Cameron May, 2004.

Jackson, John H. International Law Status of WTO Dispute Settlement Reports: Obligation to Comply or Option to "Buy Out"? 98 *The American Journal International Law*, 2004:109.

Keohane, Robert O. Andrew Moravcsik, & Anne-Marie Slaughter. Legalized Dispute Resolution: Interstate and Transnational, 54 *INT' L ORG.* 2000:457, 457-488.

Keohane, R. O. & Nye, J. S. The Club Model of Multilateral Cooperation and the World Trade Organization: Problems of Democratic Legitimacy, in R. Porter et al. (eds.), *Efficiency, Equity and Legitimacy: The Multilateral Trading System at the Millenium*, Washington D. C, 2001.

Koskenniemi. *Study on the " Function and Scope " of the Lex Specialis Rule and the Question of " Self-Contained Regimes "*, Preliminary Report by the Chairman of the Study Group Submitted for Consideration During the 2004 Session of the International Law Commission, para. 2004:28.

Larry A. DiMatteo, Kiren Dosanjh, Paul L. Frantz, Peter Bowal, Clyde Stoltenberg. The Doha Declaration and Beyond: Giving a Voice to Non-Trade Concerns Within the WTO Trade Regime, *Vanderbilt Journal of Transnational Law*, 2003, Vol. 36, pp. 95-160.

McGinnis, J. O. The WTO as a Structure of Liberty, 28 *Harvard Journal of Law and Public Policy*. 2004, pp. 81-88.

Medrado, Rene Guilherme S. Rengotiating Remedies In The WTO: A Multilateral Approach, 22 *Wisconsin International Law Journal*, 2004, pp. 328-335.

Meltzer, Joshua. Interpreting the WTO Agreements-A Commentary on Professor Pauweln's Approach, 25 *Michigan Journal of International Law*, 2004: 917-923.

Messerlin, Patrick A. Three Variations on " The Future of the WTO", 8 *Journal of International Economic Law*, 2005, pp. 299-309.

Mitsuo Matsushita. The Sutherland Report and its Discussion of Dispute Settlement Reforms, 8 *Journal of International Economic Law*, 2005, pp. 623-629.

Nichols, Philip M. Forgotten Linkages- Historical Institutionalism and Sociological Institutionalism and Analysis of the World Trade Organization, 19 *University of Pennsylvania Journal of International Economic Law*, 1998, pp. 461-511.

Pauwelyn, Joost. The Sutherland Report: A Missed Opportunity for Genuine Debate on Trade, Globalization and Reforming the WTO., 8 *Journal of International Economic Law*, 2005: 329-346.

Pauwelyn, Joost. *The Nature of WTO obligations*, *Jean Monnet Working Paper* 1/02, 2002.

Pauwelyn, Joost. The Role of Public International Law in the WTO: How Far Can We Go? 95 *American Journal International Law*, 2001: 535-538.

Pauwelyn, Joost. *Conflict of Norms in Public International Law: How WTO Law Relates to Other Rules of International Law*, Cambridge University Press, 2003.

Petersmann, Ernst-Ulrich. The Transformation of the World Trading System through the 1994 Agreement Establishing the World Trade Organization, 6 *Eur. J. Int'l L.* 1995: 161, 215-221;

Petersmann, Ernst-Ulrich. Constitutionalism and International Organizations. 17 *Northwestern J. In'l L. Bus.* 1996: 398.

Petersmann, Ernst-Ulrich. The GATT/WTO Dispute Settlement System: International Law, International Organizations and Dispute Settlement, 1997.

Petersmann, Ernst-Ulrich. Constitutionalism, International Law and International Organizations, 10 *Leiden J. Int'l L.* 1997: 421-474.

Petersmann, Ernst-Ulrich. How to Constitutionalize the United Nations? Lessons from the "International Economic Law Revolution", in V. Götz, P. Selmer and R. Wolfrum (eds), *Liber Amicorum G. Jaenicke*, 1998.

Petersmann, Ernst-Ulrich. How to Reform the UN System? Lessons From the International Economic aw Revolution, 2 *UCLA Journal of International Law and Foreign Affairs.* 1998, pp. 185-224.

Petersmann, Ernst-Ulrich. How to Constitutionalize International Law and Foreign Policy for the Benefit of Civil Society?, *Michigan Journal of International Law.* 1998, pp. 1-31.

Petersmann, Ernst-Ulrich. Constitutionalism and International Adjudication: How to Constitutionalize the U. N. Dispute Settlement System?, 31 *NYU J. In' l L. & Pol.* 1999:753.

Petersmann, Ernst-Ulrich. Constitutionalism, International Law and "We the Peoples of the United Nations", in the H. -J. Cremer (ed.), *Tradition und Weltoffenheit des Rechts: Festschrift für Helmut Steinberger,* 2002: 291.

Petersmann, Ernst-Ulrich. Constitutional Economics, Human Rights and the Future of the WTO', *Aussenwirtschaft,* 2003, pp. 49-91.

Petersmann, Ernst-Ulrich. The "Human Rights Approach" Advocated by the UN High Commissioner for Human Rights and by the ILO: Is it Relevant for WTO Law and Policy? In: *Journal of International Economic Law.* 2004, pp. 605-628.

Petersmann, Ernst-Ulrich (ed.). *Reforming the World Trading System: Legitimacy, Efficiency and Democratic Governance,* Oxford University Press, 2005.

Petersmann, Ernst-Ulrich. Addressing Institutional Challenges to the WTO in the New Millennium: A Longer-Term Perspective, 8 *Journal of International Economic Law.* 2005, pp. 647-665.

Petersmann, Ernst-Ulrich. Human Rights, Markets and Economic Welfare: Constitutional Functions of the Emerging UN Human Rights Constitution, in C. Breining/T. Cottier (eds), *International Trade and Human Rights,* chapter 3, 2005.

Petersmann, Ernst-Ulrich. Trade and Human Rights I, in: P. F. Macrory et alii (eds), *The World Trade Organization,* chapter 61, 2005:2197-2233.

Petersmann, Ernst-Ulrich. Human Rights and International Trade Law: Defining and Connecting the two Fields, in: T. Cottier et alii (eds), *Human Rights and International Trade,* 2005, chapter 1. WTO Law, Regional Trade Agreements and Human Rights, in the L. Bartels (ed.), *Regional Trade Agreements and the WTO Legal System,* 2005.

Ragosta, John. Unmasking the WTO – Access to the DSB System: Can the DSB Live Up to Its Moniker "World Trade Court"? 31 *Law and Policy in International Business*, 2000: 739.

Raustiala, Kal. Sovereignty and Multilateralism, 1 *Chi. J. Int' l L.* 2000: 401, 411.

Roessler, Frieder. The Institutional Balance Between the Judicial and the Political Organs of the WTO, in M. Bronckers & R. Quick eds. , *NEW DIRECTIONS IN INTERNATIONAL ECONOMIC LAW: ESSAYS IN HONOUR OF JOHN H. JACKSON*. 2000, pp. 200, 338.

Ruggie, John Gerard. International Regimes, Transactions and Change: Embedded Liberalism in the Postwar Economic Order, 36 *International Organization*, 1982.

Ruggie, John Gerard. *Globalization and the Embedded Liberalism Compromise: The end of an Era?* (Max-Planck-Institute for the Study of the Societies, Working Paper 97/1, 1997)

Ruggie, John Gerard. Taking Embedded Liberalism Global: The Corporate Connection, in the David Held & Mathias Koenig-Archibugi Taming (eds.), *Globalization: Frontiers of Governance*. Cambridge: Polity Press, 2003.

Ruggiero, Renato. Growing complexity in international economic relations demands broadening and deepening of the multilateral trading system, *FOCUS* (WTO Newsletter) October-November 1995, No. 6, pp. 9-13.

Ruggiero, Renato. Reflections from Seattle, in Jeffrey J. Schott (ed.), *The WTO After Seattle*, Institute for International Economics, 2000, pp. xiii-xvii.

Schoenbaum, Thomas J. WTO Dispute Settlement: Praise and Suggestions for Reform, 47 *International and Comparative Law Quarterly*, 1998: 653.

Schwartz, Warren F. & Alan O. Sykes. The Economic Structure of Renegotiation and Dispute Resolution in the World Trade Organization,

179 *Journal of Legal study*, 2002:122.

Shell, Richard G. Trade Legalism and International Relations: An Analysis of the World Trade Organization, 44 *Duke Law Journal*, 1995: 829.

Shell, G. R.. Trade Legalism and International Relations Theory: An Analysis of World Trade Organization, In the Howse, R. (ed.), *The World Trading System*, 1998, pp. 333-416.

Simpson, James R. and Schoenbaum, Thomas J. *Non-trade Concerns in WTO Trade Negotiations: Legal and Legitimate Reasons for Revising the "Box" System?* Paper presented at the International Conference Agricultural Policy Reform and the WTO: Where Are We Heading? Capri, Italy, June 23-26, 2003, pp. 1-23.

Steinberg, Richard H. The Prospects for Partnership: Overcoming Obstacles to Transatlantic Trade Policy Cooperation in Asia, in the Richard H. Steinberg & Bruce Stokes (eds.), *PARTNERS OR COMPETITORS? THE PROSPECTS FOR U. S. -EUROPEAN COOPERATION ON ASIAN TRADE*, 1999:213.

Steinberg, Richard H. Explaining Similarities and Differences Across International Trade Organizations, in the Richard H. Steinberg (ed.), *The Greening of trade law: international trade organization and environmental issues*, 2002:281.

Steinberg, Richard H. In the Shadow of Law or Power? Consensus-Based Bargaining at the GATT/WTO, 56 *INT' L ORG.* 2002:340.

Steinberg, Richard H. Judicial Lawmaking at the WTO: Discursive, Constitutional, and Political Constraints, 98 *American journal of international law*, 2004, pp. 247-275.

Steinberg, Richard H. Judicial Lawmaking, Internal Transparency and External Transparency: Recent Institutional Developments at the WTO, *The International Lawyer*, 2003, Vol. 37, No. 1, p28.

Sweet, A. S. The New GATT: Dispute Resolution and the Judicialization of the Trade Regime, in M. Volcansek (ed.), *Law Above*

Nations: *Supranational Courts and the Legalization of Politics*. Florida: Florida University Press,1997.

Sykes, Alan O. The Remedy for Breach of Obligations under the WTO Dispute Settlement Understanding: Damages or Specific Performance? in the M. C. E. J. Bronckers and R. Quick (eds.), *New Directions in International Economic Law*: *Essays in Honour of John H. Jackson*. The Hague: Kluwer,2000.

Trachtman, Joel P. The Theory of the Firm and the Theory of the International Economic Organization: Toward Comparative Institutional Analysis, 17 *Nw. J. Int' l L. & Bus.* 1997:470, 473-474.

Trachtmann, Joel P. Trade and. . . : Problems, Cost-Benefit Analysis and Subsidiarity, 9 *European Journal of International Law*. 1998,pp. 32-85.

Trachtman, Joel P. The Domain of WTO Dispute Resolution, 40 *Harvard International Law Journal* ,1999:333.

Trachtamn, Joel P. Book Reviews-Pauwelyn, Joost. Conflict of Norms in Public International Law: How WTO Law Relates to Other Rules of International Law, 98 *American Journal of International Law*, 2004: 857.

Trachtman, Joel P. Changing the Rules. Constitutional Moments of the WTO, 24 *Harvard International Law Journal*,2004.

Trachtman, Joel P. *The WTO Constitution*: *Tertiary Rules for Intertwined Elephants*, working paper No. 753 1-27. The Berkeley Electronic Press,2005.

Trimble, Phillip R. Globalization, International Institutions, and the Erosion of National Sovereignty and Democracy, 95 *Michigan Law Review*,1997:1944, 1958-1960.

Waincymer, Jeff. *WTO Litigation*, *Procedural Aspecte of Formal Dispute Settlement*, Cameron May. 2002,pp. 659-664.

Weiler,J. H. H. The Rule of Lawyers and the Ethos of Diplomats: Reflections on the Internal and External Legitimacy of WTO Dispute

Settlement, *Harvard Jean Monnet Working Paper* 09/00, 2000.

Wolfe, Robert. Decision-Making and Transparency in the ' Medieval ' WTO: Does the Sutherland Report have the Right Prescription? 8 *Journal of International Economic Law*, 2005, pp. 631-645.

WTO. (2000) Annual Report 2000.

WTO: Report by the Consultative Board to the Director—General Supachai Panitchpakdi, *The Future of the WTO*, *Addressing Institutional Challenges in the New Millennium* (January 2005)

WTO. Annual Report 2005.

附　录

一、主要英文著作

Antidumping Industrial Policy-Legalized Protectionism in the WTO and What to Do About It, Brian Hindley, Patrick Messerlin, American Enterprise Institute Press; 1ST edition (September 1996)

Anti-Dumping Under the WTO-A Comparative Review, Keith Steele (Editor) Springer; 1 edition (July 18, 1996)

Asia Pacific Economic Integration and the GATT-WTO Regime, Yoshi Kodama, Springer; 1 edition (March 6, 2000)

Basic Legal Instruments for the Liberalisation of Trade: A Comparative Analysis of EC and WTO Law, Federico Ortino, Hart Publishing (UK) (May 2004)

Challenges and Prospects for the WTO, Andrew Mitchell (Editor), Cameron May (September 2004)

China and the WTO: Changing China, Changing World Trade, Supachai Panikchpakdi, Mark Clifford, John Wiley & Sons; 1 edition (January 2002)

China's Entry to the World Trade Organization: Strategic Issues and

Quantitative Assessment, Peter Drysdale and Ligang Song (Editors), Routledge; 1 edition (November 2000)

China's Participation in the WTO, Henry Gao and Donald Lewis (editors), Cameron May Ltd., International Law Publishers, 17 Queen Anne's Gate, London SW1H 9BU, England(2005)

Defending Interests: Public-Private Partnerships in WTO Litigation, Gregory Shaffer, Brookings Institution Press (December 2003)

Developing Countries and the Multilateral Trading System-From the GATT to the Uruguay Round and the Future, T. N. Srinivasan, Westview Press (December 1997)

Developing Countries in the WTO, Constantine Michalopoulos, Palgrave Macmillan (January 2002)

Dispute Settlement in the World Trade Organization: Practice and Procedure, David Palmeter, Petros Mavroidis, Springer; 1 edition (February 1, 1999)

Economic Analysis for International Trade Negotiations: The WTO and Agricultural Trade, James D. Gaisford, William A. Kerr, Edward Elgar Publishing (March 31, 2001)

The EC and the WTO: Legal and Constitutional Aspects, G. De Burca and Joanne Scott, eds. Hart Pub (November 2001)

The EU, the WTO and the NAFTA-Towards a Common Law of International Trade, Joseph Weiler (Editor), Oxford University Press, USA (October 1, 2000)

The European Court of Justice and the GATT Dilemma-Public Interest Versus Individual Right, Kees Jan Kuilwijk, International Specialized Book Services (March 1996)

The European Union and World Trade Law-After the GATT Uruguay Round, Nicholas Emiliou, David O'Keeffe (Editors), John Wiley & Sons Inc (April 1996)

The Free Trade Adventure-The WTO, the Uruguay Round and Globalism—A Critique, Graham Dunkley, Zed Books (May 2000)

Free Trade, Free World-The Advent of the GATT, Thomas W. Zeiler, The University of North Carolina Press (February 17, 1999)

The GATT Uruguay Round-A Negotiating History(1986-1994), (4 Volume set), T. Stewart (Editor), Springer; 1 edition (December 1, 1993)

The GATT-WTO Dispute Settlement System-International Law, International Organizations and Dispute Settlement, Ernst-Ulrich Petersmann, Martinus Nijhoff Publishers; 1 edition 1997

Greening the GATT-Trade, Environment, and the Future, Daniel C. Esty, Institute for International Economics (May 1994)

Handbook of WTO-GATT Dispute Settlement, Pierre Pescatore, et al., Juris Pub Inc; Looseleaf edition (May 1991)

Handbook on WTO Trade Remedy Disputes: The First Six Years 1995-2000, Terance P. Stewart, Amy S. Dwyer, Transnational Publishers, Incorporated (December 15, 2001)

Implementing the Uruguay Round, John Jackson, Alan Sykes, Oxford University Press, USA (November 6, 1997)

Integrating China into the Global Economy, Nicholas R. Lardy, Brookings Institution Press (December 2001)

Intellectual Property Rights, the WTO and Developing Countries - The Trips Agreement and Policy Options, Carlos Maria Correa, Zed Books; Reprinted Ed edition (August 12, 2000)

International Trade Law and the GATT-WTO Dispute Settlement System, Ernst-Ulrich Petersmann (Editor), Kluwer Law International; 1 edition (October 8, 1997)

The Jurisprudence of GATT and the WTO-Insights on Treaty Law and Economic Relations, John H. Jackson, Cambridge University Press (April 13, 2000)

Law and Practice Under the GATT and Other Trading Arrangements, North American Free Trade Agreements, United States-Canada Free Trade Agreements, Kenneth R. Simmonds (Editor), Oceana Pubns; Binder edition（December 1992）

Law of Subsidies under the GATT/WTO System, Marc Benitah, Springer; 1 edition（November 2001）

Multilateralism and the World Trade Organization: The Architecture and Extension of International Trade Regulation, Rorden Wilkinson, Routledge; 1 edition（February 2001）

National Treatment and WTO Dispute Settlement: Adjudicating the Boundaries of Regulatory Autonomy, Gaetan Verhoosel, Hart Pub（April 2002）

New China Rising: A Social Economic Assessment of WTO Entry, Yikluen Hoong, Writer's Showcase Press（August 2001）

New Directions in International Economic Law, Marco Bronckers & Reinhard Quick（Editors）, Springer; 1 edition（October 18, 2000）

The Political Economy of the World Trading System: The WTO and Beyond, Bernard Hoekman, Michael Kostecki, Oxford University Press, USA; 2 edition（September 27, 2001）

The Power to Protect: Trade, Health and the World Trade Organization, Catherine Button, Hart Publishing（UK）（November 2004）

Reciprocity, U.S. Trade Policy, and the GATT Regime, Carolyn Rhodes, Cornell university press（November 1993）

Regional Trade Blocs, Multilateralism, and the GATT-Complementary Paths to Free Trade, Till Geiger, Dennis Kennedy（Editors）, Pinter Pub Ltd（June 1996）

Tiger by the Tail: China and the World Trade Organization, Mark A. Groombridge, Claude E. Barfield, AEI Press（August 25, 1999）

Trade, Environment, & the WTO, Gary Sampson, Jan Pronk, Overseas Development Council（May 15, 2000）

Trade, Environment, and the Millennium, Gary Sampson, Bradnee Chambers（Editors）, United Nations University Press（November 10, 2000）

Whose Trade Organization?: *Corporate Globalization and the Erosion of Democracy*, Lori Wallach, Michelle Sforza, Ralph Nader (Preface), Public Citizen (October 7, 1999)

World Trade Law, Raj Bhala, Kevin Kennedy, Lexis Law Publishing (Va); Package edition (May 6, 1999)

World Trade Law-The GATT-WTO System, *Regional Arrangements*, *and U. S. Law-1999 Supplement*, Raj Bhala, Kevin Kennedy, Lexis Law Pub (June 1999)

World Trade Organization (*WTO*) *and Developing Countries*, Bhandari Surendra, Deep & Deep Publications, India; 1 edition (June 1, 1998)

The World Trade Organization: *Guide to New Framework for International Trade*, Bhagirath Lal Das, Zed Books (February 12, 2000)

World Trade Organization Millennium Round: *Freer Trade in the Next Century*, Bernhard Speyer and Klaus Gunter Deutch (Editors), Routledge; 1 edition (March 1, 2001)

The World Trading System: *Critical Perspectives on the World Economy*, Robert Howse, Petrus van Bork (eds.), Routledge; 1 edition (January 8, 1998)

The WTO After Seattle, Jeffrey J. Schott, Institute for International Economics (July 27, 2000)

The WTO Agreements-Deficiencies, *Imbalances and Required Changes*, Bhagirath Lal Das, Zed Books (October 15, 1998)

WTO Antidumping and Subsidy Agreements-A Practitioner's Guide to 'Sunset' Reviews in Australia, *Canada*, *the European Union*, *and the United States*, Terence P. Stewart, Amy Dwyer, Kluwer Law International; 1 edition (October 27, 1998)

The WTO As an International Organization, Anne O. Krueger (Editor), University Of Chicago Press (February 28, 1998)

WTO Dispute Settlement Decisions-Bernan's Annotated Reporter,

Bernan Press（December 1998）

二、主要英文期刊

世界贸易法方面的杂志（Journals of World Trade Law）

Africa International Trade Review

http：//www. chr. up. ac. za/academic_pro/llm2/africa_international_
trade_review. html

Asian Journal of WTO and International Health Law and Policy
（AJWH）

http：//www. law. ntu. edu. tw/center/wto/05publications. asp？ tb_
index = 25

Aussenwirtschaft：The Swiss Review of International Economic
Relations

http：//www. unisg. ch/org/siaw/web. nsf/d638de4e02e667cac125
68f0002661cf/d9d4fe69a168d43bc1256b490075ba11？ OpenDocument

Currents：International Trade Law Journal（South Texas College of
Law）

http：//www. stcl. edu/currents/entry. html

BRIDGES Monthly Review

http：//www. ictsd. org/monthly/

Estey Centre Journal of International Law and Trade Policy

http：//www. esteycentre. com/journal/

SSRN International Economic Law Page

http：//papers. ssrn. com/sol3/JELJOUR_Results. cfm？ form_name
= journalbrowse&journal_id = 898503

International Trade Law and Regulation

http：//www. sweetandmaxwell. co. uk/catalogue/journals/4373/
index. html

258

Journal of International Economic Law (Oxford University Press)

http://www3. oup. co. uk/jielaw/

Journal of International Economic Law (University of Pennsylvania Law School)

http://www. pennjiel. com/

Journal of International Trade Law and Policy

http://www. rgu. ac. uk/abs/research/page. cfm? pge = 6570

Journal of the Japanese Institute of International Business Law

http://www. ibltokyo. jp/journal. htm

Journal of World Investment & Trade

http://www. wernerpubl. com/frame_inves. htm

Journal of World Trade

http://www. kluwerlawonline. com/toc. php? area = Journals&mode = bypub&level = 4&values = Journals ~~ Journal + of + World + Trade

Legal Issues of Economic Integration

http://www. kluwerlawonline. com/toc. php? area = Journals&mode = bypub&level = 4&values = Journals ~~ Legal + Issues + of + Economic + Integration

Manchester Journal of International Economic Law

http://www. electronicpublications. org/catalogue. php? id = 48

NAFTA: Law and Business Review of the Americas

http://www. kluwerlawonline. com/toc. php? mode = byjournal&level = 2&values = NAFTA%3A + Law + and + Business + Review + of + the + Americas

Southwestern Journal of Law and Trade in the Americas

http://www. swlaw. edu/academics/cocurricular/journaloflaw

World Trade Review

http://www. journals. cambridge. org/action/displayJournal? jid = WTR

国际法方面的杂志(Journals of International Law)

American Journal of International Law

http://www. asil. org/resources/ajil. html

American University International Law Review

http://www. wcl. american. edu/journal/ilr/

Arizona Journal of International and Comparative Law

http://www. law. arizona. edu/journals/ajicl/

Berkeley Journal of International Law

http://www. law. berkeley. edu/journals/bjil/

Boston College International and Comparative Law Review

http://www. bc. edu/bc_org/avp/law/lwsch/interrev. html

Boston University International Law Journal

http://www. bc. edu/bc_org/avp/law/lwsch/interrev. html

Brooklyn Journal of International Law

http://www. brooklaw. edu/students/journals/bjil. php

California Western International Law Journal

http://www. cwsl. edu/main/default. asp? nav = journals. asp&body
= journals/intl_law_journal. asp

Cardozo Journal of International and Comparative Law

http: //www. cardozo. yu. edu/cjicl/

Case Western Reserve Journal of International Law

http: //lawwww. cwru. edu/student_ life/journals/jil/? id = 124&ar = 36,
38, 40, 42, 33, 35, 44

CEPMLP Internet Journal

http: //www. dundee. ac. uk/cepmlp/journal/

Chicago Journal of International Law

http: //cjil. uchicago. edu//

Chicago-Kent Journal of International and Comparative Law

http: //www. kentlaw. edu/jicl/

260

Columbia Journal of International Affairs

http：//www. columbia. edu/cu/sipa/PUBS/JOURNAL/home. html

Columbia Journal of Transnational Law

http：//www. columbia. edu/cu/jtl/

Common Market Law Review

http：//www. wkap. nl/journalhome. htm/0165-0750

Connecticut Journal of International Law

http：//www. law. uconn. edu/journals/cjil/

Cornell International Law Journal

http：//www. lawschool. cornell. edu/ilj/home. html

Denver University Journal of International Law and Policy

http：//www. du. edu/ilj/index. html

Duke Journal of Comparative and International Law

http：//www. law. duke. edu/journals/djcil/

Emory University International Law Review

http：//www. law. emory. edu/EILR/eilrhome. htm

European Business Organization Law Review

http：//www. journals. cambridge. org/jid_ EBR

European Journal of International Law

http：//www. ejil. org/

Fletcher Forum of World Affairs

http：//fletcher. tufts. edu/forum/

Florida Journal of International Law

http：//grove. ufl. edu/ ~ fjil/

Florida State University Journal of Transnational Law and Policy

http：//www. law. fsu. edu/journals/transnational/

Fordham International Law Journal

http：//law. fordham. edu/publications/index. ihtml? pubid = 300

Foreign Affairs

http：//www. foreignaffairs. org/

George Washington International Law Review

http：//www. law. gwu. edu/gwilr/

Georgetown Journal of International Law

http：//www. law. georgetown. edu/journals/gjil/

Georgia Journal of International and Comparative Law

http：//www. lawsch. uga. edu//gjicl/intlaw2. html

Harvard International Law Journal

http：//www. law. harvard. edu/studorgs/ilj/

Hastings International and Comparative Law Review

http：//www. uchastings. edu/hiclr/

Houston Journal of International Law

http：//www. hjil. org/

ILSA Journal of International and Comparative Law

http：//www. nsulaw. nova. edu/studentaffairs/student_ organizations/
ILSAJournal/

Indiana Journal of Global Legal Studies

http：//ijgls. indiana. edu/

International and Comparative Law Quarterly

http：//www3. oup. co. uk/iclqaj/

International Business Law Journal（Revue de Droit des Affaires
Internationales）

http：//www. iblj. com/

International Law Forum du droit international

http：//www. wkap. nl/journalhome. htm/1388-9036

International Lawyer

http：//www. abanet. org/intlaw/publications/quarterlies. html

Iowa Journal of Transnational Law and Contemporary Problems

http：//www. law. uiowa. edu/journals/tlcp/

Jean Monnet Working Papers

http：//www. jeanmonnetprogram. org/papers/index. html

Journal of World Intellectual Property

http：//www. blackwellpublishing. com/journal. asp？ ref ＝ 1422-2213

Leiden Journal of International Law

http：//www. journals. cambridge. org/jid_ LJL/

Loyola of Los Angeles International and Comparative Law Review

http：//ilr. lls. edu/

Melbourne Journal of International Law

http：//mjil. law. unimelb. edu. au/

Michigan Journal of International Law

http：//students. law. umich. edu/mjil/

Michigan State University-DCL Journal of International Law

http：//www. dcl. edu/jil/index. html

Minnesota Journal of International Law

http：//www. law. umn. edu/mjil/

Netherlands International Law Review

http：//www. journals. cambridge. org/jid_ NLR

New England Journal of International and Comparative Law

http：//www. nesl. edu/intljournal/

New York Law School Journal of International and Comparative Law

http：//www. nyls. edu/content. php？ ID＝568

Nordic Journal of International Law

http：//www. kluwerlawonline. com/toc. php？ mode ＝ byjournal&level ＝2&values ＝ Nordic ＋ Journal ＋ of ＋ International ＋ Law， ＋The

North Carolina Journal of International Law and Commercial Regulation

http：//www. unc. edu/ncilj/

Northwestern Journal of International Law and Business

http：//www. law. northwestern. edu/jilb/

NYU Journal of International Law and Politics

http：//www. nyu. edu/pubs/jilp/

Pace International Law Review

http：//law. pace. edu/pilr/index. html

San Diego International Law Journal

http：//www. sandiego. edu/sdilj/welcomeilj. html

Singapore Yearbook of International Law

http：//law. nus. edu. sg/sybil/

Stanford Journal of International Law

http：//www. law. stanford. edu/sjil/

Syracuse Journal of International Law and Commerce

http：//www. law. syr. edu/studentlife/student_ publications. asp? what = sjilc

Temple International and Comparative Law Journal

http：//www. temple. edu/ticlj/

Texas International Law Journal

http：//www. utexas. edu/law/journals/tilj/

Touro International Law Review

http：//www. tourolaw. edu/Publications/InternationalLawRev/

Tulane Journal of International and Comparative Law

http：//www. law. tulane. edu/tuexp/journals/jicl/index. htm

Tulsa Journal of Comparative and International Law

http：//www. utulsa. edu/law/ilj/

UC Davis Journal of International Law and Policy

http：//www. law. ucdavis. edu/jilp/

UCLA Journal of International Law and Foreign Affairs

http：//www1. law. ucla. edu/ ~ jilfa/

Vanderbilt Journal of Transnational Law

http：//law. vanderbilt. edu/journal/home. html

Virginia Journal of International Law

http：//scs. student. virginia. edu/ ~ vjil/

Washington University (St. Louis) Global Legal Studies Law Review

http：//law. wustl. edu/Publications/WUGSLR/

Willamette Journal of International Law and Dispute Resolution

http：//www. willamette. edu/law/wjildr/

Wisconsin International Law Journal

http：//students. law. wisc. edu/wilj/index. htm

World Competition

http：//www. kluwerlawonline. com/toc. php？ area ＝ Journals&mode ＝ bypub&level ＝4&values ＝Journals ～ World ＋ Competition

World Trade and Arbitration Materials

http：//www. kluwerlawonline. com/toc. php？ area ＝ Journals&mode ＝ bypub&level ＝ 4&values ＝ Journals ～～ World ＋ Trade ＋ and ＋ Arbitration ＋ Materials

Yale Journal of International Law

http：//www. yale. edu/yjil/

三、主要研究机构与智囊库

American Enterprise Institute

The British Institute of International and Comparative Law

Brookings Institution

Carnegie Endowment for International Peace

Cato Institute-Center for Trade Policy Studies

Center for Global Development

Center for International Economics

Center for Strategic and International Studies

Center for Trade Policy and Law

Cordell Hull Institute

Economic Policy Institute

Economic Strategy Institute

Estey Centre for Law and Economics in International Trade

The Global Environment & Trade Study（GETS）（from the Yale Center for Environmental Law and Policy and the Institute for Agriculture and Trade Policy）

Heritage Foundation

India Council for Research on International Economic Relations

Indian Institute of Foreign Trade

Institute for Agriculture and Trade Policy

Institute for International Business, Economics and Law

Institute for International Economics

Institute of International Economic Law

International Agricultural Trade Research Consortium

International Economic Law Institute

Japanese Institute of International Business Law

National Policy Association, U. S. Trade Policy page

New America Foundation

Progressive Policy Institute

Research Institute of Economy Trade and Industry

Trade Law Centre for Southern Africa

World Economic Law Research Center

四、主要商业团体和行业组织

America Leads on Trade

Business Coalition for U. S. -China Trade

Emergency Committee for American Trade

Organization for International Investment

United States-China Business Council

USA Engage

U. S. Council for International Business

American Iron and Steel Institute

American Institute for International Steel

Coalition of Service Industries (CSI)

Consuming Industries Trade Action Coalition (CITAC)

European Services Forum

National Oilseed Producers Association

Pharmaceutical Research and Manufacturers of America（PhRMA）

Semiconductor Industry Association

五、主要民间组织（NGO）

环境保护方面的民间组织

Center for International Environmental Law（CIEL）

Foundation for International Environmental Law and Development（FIELD）

International Center for Trade and Sustainable Development

International Institute for Sustainable Development

Sea Turtle Restoration Project

Sierra Club

World Wildlife Fund

支持自由贸易的民间组织

Consumers for World Trade

Washington Council on International Trade

Washington International Trade Association

反对自由贸易的民间组织

Consumer Unity and Trust Society

Fair Trade Watch（developed by the United Steelworkers of America）

GATSwatch. org（joint project of Corporate Europe Observatory and Transnational Institute）

Institute for Economic Democracy

International Federation for Alternative Trade

Labor/Industry Coalition for International Trade，Coalition for Open

Trade，LICIT/COT

Public Citizen's Global Trade Watch

Third World Network

Trade Observatory

Trade Watch

Transnational Institute

WTOAction. org

WTOWatch. org

WTO Spoof Site

六、主要国际组织机构

多边政府间组织 （Multilateral Inter-governmental Organizations）

Advisory Centre on WTO Law

Agency for International Trade Information and Cooperation （AITIC）

International Centre for the Settlement of Investment Disputes （ICSID）

International Development Law Institute

International Monetary Fund （IMF）

International Telecommunications Union （ITU）

International Textiles and Clothing Bureau （ITCB）

International Trade Centre （run by UNCTAD and WTO）

Trade and Development Centre （Run by World Bank and WTO）

United Nations （UN）

United Nations Commission on International Trade Law （UNCITRAL）

United Nations Conference on Trade and Development （UNCTAD）

United Nations Convention on International Trade in Endangered Species （CITES）

World Bank

World Bank-International Economics and Trade page

World Customs Organization（WCO）

World Economic Forum

World Intellectual Property Organization（WIPO）

World Trade Organization（WTO）

区域性政府间组织（**Regional Inter-governmental Organizations**）

African, Caribbean and Pacific Countries（ACP）

African Development Bank

Andean Community

Arab Maghreb Union（AMU）

Asia Pacific Economic Cooperation（APEC）

Asian Development Bank（ADB）

Association of Southeast Asian Nations（ASEAN）

Baltic Sea States Subregional Co-operation（BSSSC）

Caribbean Community（Caricom）

Central African Economic and Monetary Community（CEMAC）

Central American Integration System（SICA）

Central European Free Trade Agreement（CEFTA）

Common Market for Eastern and Southern Africa（COMESA）

Council of the Baltic Sea States（CBSS）

Economic and Social Commission for Asia and the Pacific（ESCAP）

Economic and Social Commission for Western Asia（ECSWA）

Economic Commission for Africa

Economic Commission for Latin American and the Caribbean（ECLAC）

East African Community

European Free Trade Association（EFTA）Secretariat

European Union

Free Trade Area of the Americas（FTAA）Secretariat

India-Sri Lanka Free Trade Agreement

Inter-American Development Bank（IDB）

Islamic Development Bank（IDB）

Jordan-U. S. Free Trade Agreement

Latin American Integration Association（ALADI/LAIA）

MERCOSUR（Southern Common Market）

North American Free Trade Agreement（NAFTA）Secretariat

NAFTA Home Page-U. S. Department of Commerce

Organization of African Unity（OAU）

Organization of American States（OAS）

Organization of American States（OAS）Trade Unit

Pacific Economic Co-operation Council（PECC）

Secretaría de Integración Económica Centroamericana（SIECA）

Sistema de la Integración Centroamericana（SICA）

South Asian Association for Regional Cooperation（SAARC）

South Pacific Forum（SPF）

Southern African Development Community（SADC）

Southern and Eastern African Trade Information and Negotiations Initiative（SEATINI）

Union Economique et Monetaire Ouest Africaine

其他政府间组织（Other Inter-governmental Organizations）

Cairns Group

Group of 77

Organization for Economic Cooperation and Development（OECD）

OECD Trade page

其他国际组织（Other International Organizations）

International Chamber of Commerce（ICC）

International Organization for Standardization（ISO）

The Transatlantic Business Dialogue（TABD）

七、主要大学研究生项目

American University-Washington, D. C.

○ American University, Washington College of Law, L. L. M in International Legal Studies

○ American University School of International Service

Amsterdam Law School, International and European Trade Law Program-Amsterdam

Asian Center for WTO & International Health Law and Policy, National Taiwan University-Taiwan

University of Arizona-L. L. M. in International Trade Law-Tucson, Arizona

Center for Energy, Petroleum and Mineral Law and Policy (CEPMLP), International Business Transactions Program-Dundee, Scotland

Center for International Economic Studies, University of Adelaide-Adelaide, Australia

Columbia University-New York

　　○ Columbia Law School, Parker School of Foreign and Comparative Law

　　○ Columbia School of International and Public Affairs

City University of Hong Kong-WTO Law and Dispute Resolution Centre

Cornell University-Berger International Legal Studies Program-Ithaca, New York

University of Edinburgh, LLM in International Law-Edinburgh, Scotland

Europa-Institut (Institute of European Legal Studies) -Saarbruecken, Germany

Fletcher School of Law Diplomacy, Tufts University-Medford, Massachusetts

Georgetown University-Washington, D. C.

　　○ Georgetown University Law Center-Institute of International Economic Law

　　○ Georgetown University School of Foreign Service-Landegger Program in International Business Diplomacy

George Washington University, L. L. M. in International and Comparative Law-Washington, D. C.

Graduate Institute of International Studies-Geneva

Institute for European and International Economic Law-Berne, Switzerland

Institute of Globalization, International Economic Law and Dispute Settlement (GLODIS) -Rotterdam, The Netherlands

Jean Monnet Program-European University Institute, Harvard Law School, NYU Law School

Johns Hopkins School of Advanced International Studies (SAIS)

    ○ Washington, DC Campus (International Trade Law course by Amy Porges and Chip Roh)

    ○ Bologna Center

John Marshall School of Law-L. L. M in International Business and Trade Law-Chicago

Katholieke Universiteit Leuven-Institute for International Law-Leuven, Belgium

KDI School WTO Program-Korea

Lauterpacht Research Center for International Law-Cambridge, England

Universiteit Maastricht-Master of Laws (L. L. M.) in Comparative, European and International Law

Max Planck Institute for Comparative Public Law and International Law-Heidelberg, Germany

Monterey Institute of International Studies-Monterey, California

Oxford Trade Program-George Mason University and St. Peter's College, Oxford

Swiss Institute for International Economics and Applied Economic Research, U. of St. Gallen (International Economics Section) -St. Gallen, Switzerland

UNCTAD Course on Dispute Settlement in International Trade,

Investment and Intellectual Property

University of Sydney-Masters of International Law/ L. L. M. Program

University of Texas-Center for the Study of Western Hemispheric Trade-Austin, Texas

World Trade Institute-Berne, Fribourg and Neuchatel, Switzerland

　　○ Masters of International Law and Economics (MILE) Program / MILE Program Faculty/MILE Program-Admissions, Teaching, Grading

　　○ General Information / Weekly Course Schedule / Application Form

八、重要网站

WorldTradeLaw. net

http：//www. worldtradelaw. net/

Find Law —— International Trade

http：//www. findlaw. com/01topics/25interntrade/index. html

International Trade Law Monitor

http：//www. jus. uio. no/lm/index. html

后 TRIPS 初期国际知识产权研究述评[*]

陈传夫

前　言

观察知识产权的发展史，我们清晰地看到知识产权的发展轨迹。17 世纪以前是知识产权的垄断权时代。16 世纪中期至 20 世纪是知识产权的个人权利时代。20 世纪以来知识产权进入国际权利时代。其标志是 1883 年 3 月 11 个国家发起在巴黎签订《保护工业产权巴黎公约》，并建立了保护工业产权巴黎联盟。1886 年 9 月在伯尔尼召开的世界第一次多边版权大会。这次大会建立了世界第一个国际版权联盟——伯尔尼联盟，缔结了世界版权史上第一个多边版权公约——《伯尔尼公约》。

在知识产权的发展史上，1995 年 1 月世界贸易组织达成的《与贸易有关的知识产权协议》（简称 TRIPS）的生效无疑标志着国际知识产权制度进入了一个新阶段。但是，知识产权的动态性特征，决定了对此领域的研究将深刻地留下 TRIPS 的印迹。法学的进步和技术创新不断推动知识产权理论前进。事实上，作为国际经济、政治和外交力量折中的结果，TRIPS 本身也留下了许多问题需要进一步研究。技术、贸易的进步与发展也使国际间力量对比不断

＊　本课题的其他主要研究人员有：韦景竹、冉从敬、周淑云、黄璇、姚维保、吴志强、肖冬梅。吴钢、王璐进行了大量的资料整理工作，特此致谢。

在发生变化，利益砝码也在变化。技术与法律的矛盾在数字时代更加明显。在这样的背景下，国际知识产权研究范围扩大、价值取向多元、研究视角多向。本文将在描述国际知识产权研究有关主题进展的基础上，分析知识产权流派，探索未来知识产权的发展趋势。

一、国际知识产权理论基本状况

（一）知识产权的正当性

知识产权为何能成立？或者说，知识产权的正当性（justifying intellectual property）是什么？TRIPS 达成以来，知识产权遭到了各种批评，在此情况下，讨论其合理性尤为迫切。这也是知识产权研究中的古老问题和本领域最具有挑战性的问题。历来就有劳力说（The Labor Theory）①、受益论、奖励论、公开论等等不同学说。近年来对该问题的研究主要集中在道义论和产权经济理论上。

1. 对道义论的批判

最为著名的道义论合理性学说是由洛克在其《二论政府》中提出的。洛克的学说可以看作是由两个基本命题组成的。第一个是每个人对他自己身体中的劳动享有财产权，用洛克的话说："尽管地球和所有的低等生物为全人类所共有，但是每个人对他自己的身体享有财产权。这是除了他自己之外任何人都不能享有的。我们可以说，他身体中的劳动，他双手的工作，都是他的财产。"第二个命题是，将人的劳动运用在一个无主物上导致对这个物的占有。他关于财产的学说被称为自然权劳动说（The Labor Theory）。他认为个人对其劳作所加之物享有所有权。所以只要他使任何东西脱离自然所提供的和那个东西所处的状态，他就已经掺进他的劳动，在这

---

① 又称劳动说。为英国学者洛克（John Locke）所倡导，认为个人对其劳作所加之物，则该个人对该物享有所有权。认为每个人对其自己的身体（body）享有产权。诺兹克（Rober Nozik）曾将这一理论运用于专利权的分析。但是，这一理论不能解释为何不是任何发明创造都可以授予专利权。劳力说被称为道义合理说（Deontological justification）。

上面掺进他自己所有的某些东西，因而使它成为他的财产。因为既然劳动是劳动者的无可争议的所有物，那么对于这一有所增益的东西，除他以外就没有人能享有权利。① 在洛克的理论中自己的"身体"和"劳动"这两个因素对于确定知识产权的合理性具有重要意义。他以自然法作为人类在自然状态下所遵循的行为准则。洛克说"自然法是一种适用于所有的人（包括立法者和其他人）的永恒规则"。此说虽然无法解释人们享有知识产权的差异性，但至今对欧洲一些国家产生极大影响，仍然是后 TRIPS 时期国际知识产权学家关注的重点。加州大学 Pamela Samuelson 教授② 指出："我们仔细考察这种论述时，会发现这个理论应用到知识产权上并不如使用财产来得更加明显、有说服力。"③ 例如，根据洛克的劳动财产理论，一旦一个人通过自身的劳动施加在一个本来处于自然共有状态的东西，并使之脱离了这个状态，那么他就可以永久地保持对这个东西的所有权，没有时间的限制。但是，对于知识产权制度而言，除了商业秘密以外的每一种知识产权都是有时间限制的权利，知识产权都是有期限的。

洛克的道义理论包含这样一个前提条件，即必须给他人留下"足够的同样好的（enough and as good）"东西。正是这个"足够的同样好的"条件使劳动财产权理论不会受到"财产权会导致不道德的不平等"这样的攻击。④ 阿根廷学者 Horacio M. Spector 认

---

① 洛克：《论政府》（下篇），商务印书馆 1997 年版，第 19 页。

② Pamela Samuelson，1996 年起担任加州大学伯克利分校法学院与信息管理学院教授（Chancellor's Professor 校长教授），法律与信息管理教授，加州大学伯克利分校技术与法律研究中心主任；2002 年任阿姆斯特丹大学荣誉教授，2002 年多伦多大学法学院杰出访问教授；1987～1996 年匹兹堡大学法学院教授；1984～1987 年匹兹堡大学法学院副教授；1995～1996 年康乃尔大学法学院访问教授；2000 年被美国国家法律杂志选为 100 个最有影响的法学家。

③ Pamela Samuelson. Toward a New Politics of Intellectual Property. 参见其个人主页 http://www.sims.berkeley.edu/~pam/papers/CACMNewPolitics3.pdf. 检索日期 2005 年 10 月 10 日。

④ Justin Huges. The Philosophy of Intellectual Property, *77 Geo. L. J.*, (1988), pp. 297.

为，在证明私有权和无形财产权的合理性时，洛克的劳动论和产权经济理论都遇到了一定的困难。如果一个人的劳动不能解释一件物品的整体价值，而只能解释附加部分的价值，那么洛克的劳动论就不能阐明整件物品的所有权了。①

2. 效用主义：产权经济学理论

产权经济学理论（the economy theory of property rights）为寻找知识产权的合理性提出了新思路。西方一些产权经济学家认为，私人产权的确立可以最大限度地提升生产的整体价值，达到商品生产的理想水平。德姆塞兹（Harold Demsetz）解释了这一过程。产权经济学中最重要的概念是外在性（externality）。外在性是一种经济状态，当个体追求自身的利益时，也把一些效果带给了他人。外在性可根据其是有益还是有害，分为正向外在性和负向外在性。德姆塞兹将这一理论应用到版权与专利分析中来，认为如果给予作者或发明人某些权利，会促使思想的传播，从而对社会有利。德姆塞兹的这一学说被称为结果合理论（consequen-tialist justification）。②

在国际上，从产权经济学角度分析知识产权为许多学者所重视。慕尼黑大学法学教授米歇尔·列曼博士在《产权理论与知识和工业产权保护》中指出"产权绝对地保护适用于《德国民法典》财产法和债法或者无形产权特别法关于有形或无形商品的法律地位，每一种权利涉及一种所有第三人必须尊重的绝对法律地位"，"产权是有关适用于法律保护的商品规则的共同准则"。③

按照现代产权经济学者的定义，"产权是一个社会所强制实施的选择一种经济品的使用的权利"是"行动团体对资源的使用权

---

① Horacio M. Spector. An Outline of a Theory Justifying Intellectual and Industrial Property Rights. *European Intellectual Property Review*, 1989, 11 (8), pp. 271 ~ 272.

② Horacio M. Spector. An Outline of a Theory Justifying Intellectual and Industrial Property Rights. *European Intellectual Property Review*, 1989, 11 (8), pp. 271 ~ 272.

③ Michael Lehinaun. The Theory of Property Rights and the Protection of Intellectual and Industrial Property. IIC, vol. 16, No. 5, 1985.

与转让权，以及收入的享用权"，它揭示了"人们对物的使用所引起的相互认可的行为关系"。①财产所有权是产权的核心，但产权又不仅仅止于财产所有权，还包括与财产所有权有关的财产权，即非所有人在所有人财产上享有占有、使用以及在一定程度上依法享有收益或处分的权利。从这个意义上讲，知识产权是产权的一种形式。知识产权的核心仍然是财产所有权。确认知识产权是产权的一种类型，具有重要的理论意义和实践意义，尤其是当智力成果的所有权部分权能与所有人发生分离的时候，只有产权理论才能界定产权主体之间、产权主体与非产权主体之间的权利与义务关系。

Horacio M. Spector 在《知识产权合理性理论纲要》中说"无论说私有权能使生产总值最大化，能使商品生产达到最优水平，是多么老生常谈，但只有在哈罗德·德姆塞兹的论文里，我们才能找到通过在一个社会设立所有权达到上述理想状态的整个过程的经济分析。"②他引用德姆塞兹的话"当内在化收益大于内在化成本时，产权就将外在性内在化了"。

哈拉塞·斯伯科托（Horacio M. Spector）认为，迈克尔·莱曼（Michael Lehmann）的观点是知识产权和工业产权的设立是为了使无形财产的生产达到最佳的水平。然而，它们的最终目的是使物质商品和服务在量和质的方面得到提高。这是因为，在保护市场竞争和保护抽象财产垄断权之间有明显的冲突。莱曼对这一冲突的解决无疑作出了一定的贡献：他认为，如果将经济活动划分为三个层次，即消费、生产和创新，那么对商品的所有权在消费层次上可以看作限制了竞争，而在创新层次上则促进了竞争。知识产权和工业产权在生产层次上可以看作限制了竞争，而在创新层次上则促进了竞争。总的思想是，产权在一个层次上确保了市场和竞争向更高的层次发展。无形财产权限制竞争是为了促进竞争。

---

① 科斯：《财产权利与制度变迁》，上海：三联书店 1991 年版。

② Horacio M. Spector. An Outline of a Theory Justifying Intellectual and Industrial Property Rights. *European Intellectual Property Review*, 1989, 11 (8), pp. 271 ~ 272.

哈拉塞·斯伯科托认为，经济学理论在解释财产权的赋予方面有一个曲解，这在每个个体权利的效应主义证明中都很严重。虽然效应主义可以证明一项具体的个体权利的实施在大多数情况下会产生有益的结果，但它永远不能保证在所有情况下都如此。例如，对法定程序的效应主义证明，将允许对一个无罪的人定罪，允许在一些案件的处理中滥用刑罚，如果刑罚能够避免更严重的犯罪。同理，在特定情况下，产权经济学理论允许没收懒人的财产，而支持那些只乐于工作和从事生产的人。

3. 替代方案的提出

在考察了洛克的道义论和迈克尔·莱曼博士效用主义理论后，哈拉塞·斯伯科托认为两种理论均具有缺陷。当两种理论用来证明同一事情时，它们并不是兼容的。他建议把两种方法结合起来运用。他提出的替代方案认为：在形成一项制度的所有规则中，有两种规则需要加以区分：结构主义规则（structural rules）和地位主义规则（positional rules）。结构主义规则界定了在不同个体之间进行分配的权利和义务束。地位主义规则解决了由结构主义规则界定的权利和义务束如何在特定的个体之间进行分配。由此，每一项制度都可以被看成是结构主义规则和地位主义规则的结合体。另一方面，同一组的结构主义规则通常可以由多组的地位主义规则相结合。例如君主制度。国王的权利和义务由结构主义规则所确定，但相反的是，对王位的继承制度则由地位主义规则决定。继承规则可以改变，但相对于他的属下，国王的权利和义务并不因此而改变。我将形成一项制度的结构主义规则称为制度结构，每一组能与任何一个制度结构相组合的地位主义规则称为地位变量。他将知识产权的合理性描述为：（1）从与一个社会创新需求相关的效应主义因素来看，这一制度具有制度结构方面的合理性；（2）承认作者和发明者是此制度结构创建的权利的所有人，包含了义务论所允许的地位变量。

（二）知识产权的私权地位

近年来，知识产权的私权性研究受到关注。私权指的是私人、个人（包括自然人与法人）所享有的各种民事权利①。知识产权是知识类无形财产的权利形态，其基本属性与财产所有权无异，都应归类于民事权利的范畴。TRIPS 协议更加强调知识产权的财产权属性而忽视其人身权属性，在制度层面上为私人提供了获取财产的新方式。TRIPS 协议之后，知识产权的私权地位更加突出。TRIPS 协议强调知识产权为私权，其本意在于强调知识产权主体的平等性。在权利主体平等的情况下，权利主体无论是属于自然人还是法人、属于本国人还是外国人，权利都是平等的。

知识财产是一种"新财产"，即是"非物质化和受到限制的财产"。这也就是说，知识产权是一种私权，但并不是绝对化的私权，从知识产权制度产生之初，该项权利就表现了有条件的独占性、有限制的排他性和有期限的时间性。随着商品经济和科学技术的发展，各国立法者始终围绕着保护创造者私权和促进知识传播的二元目标来规制知识产权。

然而，总的来说，与高水平的知识产权的私权保护相比，现今的国际知识产权制度对于相关公共利益目标所给予的关注显然是不够的。并且 TRIPS 协议所持的以一个标准要求所有成员（a one-size-fit-all）的做法，也损害了发展中国家的公共利益。②

（三）知识产权与贸易的关联性

在国际贸易中初级产品（原料及半成品）的比例逐年下降，涉及的专利、商标等知识产权问题越来越多。为了保证货物、服务在世界市场自由流通，必须协调各成员国的知识产权制度，建立知识产权保护与实施的共同规则③。知识产权不仅渗透到货物贸易和服务贸易之中，直接影响着货物贸易和服务贸易，而且正在发展成

①　吴汉东：《关于知识产权私权属性的再认识—兼评"知识产权公权化"理论》，社会科学，2005（10）：58-64。

②　Steve Lohr. The Intellectual Property Debate Takes a Page from 19th Century. America：The New York Times. Monday，October 14，2002.

③　Laurinda L. Hicks，James R. Holbein. Convergence of National Intellectual Property Norms in International Trading Agreements. *American University Journal of International Law and Policy*，1997.

为一种独立的贸易形式，这就是知识产权贸易。

近年来的实践证明，知识产权的保护能够从根本上推动国家间贸易活动的开展，增进一国贸易活动的总量。一国知识产权保护的程度越高，国际贸易的发展水平也越高。

（四）知识产权与公共健康

知识产权制度对公共健康有着重要的影响。TRIPS 协议规定，一切领域的发明创造都可授予专利权，包括用于治疗疾病的药品。为了公众利益政府有权对药品实施强制许可而不经过专利权人的同意。TRIPS 协议甚至没有禁止药品的平行进口①。对药品实施专利保护已是不争的事实，问题的关键在于如何使知识产权制度既能促进新药品的研制与开发，又能保证所有人能够获得最基本的药品。

不同的社会组织对这一问题的解决拥有不同的立场。TRIPS 协议的反对者，包括国际上一些消费者团体、非政府组织以及发展中国家的政府认为知识产权问题应该以公共健康为基础，而不是以贸易为基础。知识产权制度应该维护公众的健康权利而不是以促进贸易为目的，而发达国家的企业和研究机构则支持 TRIPS 协议对药品实施专利保护，因为这样可以保证这些国家药品工业的收入，促进技术革新的投资增加②。

2001 年，世界贸易组织在多哈举行的部长级会议通过了《关于 TRIPS 协定与公共健康的宣言》，这一宣言为后 TRIPS 时期解决知识产权与公共健康的矛盾揭开了序幕。多哈宣言承认许多发展中国家和最不发达国家面临的公共健康问题的严重性，TRIPS 协议以及有关协议应该成为应对公共健康问题的国家和国际行动的组成部分，TRIPS 协议并不、也不应妨碍世贸组织成员采取保护公共健康的措施。TRIPS 协议应该支持世贸组织成员保护公共健康的权利，

---

① Jillian Clare Cohen, Patricia Illingworth. (2003). The Dilemma of Intellectual Property Rights for Pharmaceuticals: The Tension Between Ensuring Access of the Poor to Medicines and Committing to International Agreements. *Developing World Bioethics*, Volume 3 Number 1 p. 29.

② Carlos. Correa. Integrating Public Health Concerns into Patent Legislation in Developing Countries. *Geneva: South Centre*. 2000.

特别是促进人人享有药品的权利。明确声明世贸成员在解决公共健康问题时有权利用 TRIPS 协议有关条款的灵活性。英国知识产权委员会《整合知识产权与发展政策》指出，应该确保专利制度维护国家权利以保护人们的健康，以及促进药品的使用。在确定对医药产品采用何种知识产权制度时，必须将维护健康作为主要的目标。①

2003 年 5 月，世界卫生组织通过一项决议，决定成立一个新的机构研究知识产权保护对新药研制的影响，这个组织将从各个国家收集有关数据和提议，就知识产权、创新与公共卫生问题，包括为研制针对严重影响发展中国家疾病的新药和其他产品的适当资助和激励机制问题作出分析②。世界卫生组织报告指出，"享有基本治疗、预防和诊断是一种权利，也是国家承担的特别义务。因此，获得这些产品是健康权的合法而核心的内容"。③

二、专利制度研究进展

数字时代生物技术与信息技术的发展，已经引起了各方对专利制度的本质进行热烈的讨论。但整体而言，专利制度正经历着巨大的变化，这不仅仅体现在新型的发明被一些国家的专利局纳为专利性的主题，比如计算机软件、基因技术以及商业方法等，而且专利权权利人保护和实施他们专利的能力也得到了强化。

（一）专利保护的国际间协调

在过去的二十年里，专利权得到了强化，从某种角度上讲就是加强专利授权人的独占权，扩展了可专利性主题范围和对专利执行

---

① CIPR. Integrating Intellectual Property Rights and Development Policy [EB/OL]. http: // www. iprcommission. org [访问时间 2006-05-04].

② World Health Assembly. Intellectual Property Rights, Innovation and Public Health. *Res. WHA*56. 27, 2003.

③ The World Health Assembly. Commission on Intellectual Property Rights, Innovation and Public Health. April, 2006. http: //www.who. int/intellectualproperty/en/ [访问时间 2006-05-04].

的放宽。① 许多国家专利制度发生的这些变化都是与当今世界专利制度国际间协调相一致的，这些变化基于的一种观点就是，对专利权的加强将更加促进创新。②《专利法条约》（PLT）是 WIPO 在 20世纪 80 年代中期提出的，目的是协调和简化国家和地区专利申请和专利方面的形式程序，达到减少费用、提高专利局效率、降低出错的风险并因此减少丧失权利情况的目标。PLT 于 2000 年 6 月 2日由外交会议通过，2005 年 4 月 28 日生效。截至 2005 年 12 月 31日，成员国总数已达到 13 个。《专利合作条约》（PCT），被认为是专利制度国际协调的重要里程碑。PCT 作用的加强，使专利制度国际协调区域化、国际化趋势更加明显。如 TRIPS 协议规定专利保护期为"至申请之日起不得少于 20 年，且专利的获得和专利权的享有应当不因发明地点、技术领域以及产品是进口还是本地生产而受到歧视"。③ WTO 一些成员国为适应上述系列公共标准，已经修订了本国的专利法，并且已经利用 WTO 贸易争端解决机制框架处理知识产权问题。因为"作为 WTO 组成部分的 TRIPS 协议，已经把知识产保护提升并强化到神圣的国际义务水平。"④ 在专利制度国际协调的问题上，美国等发达国家希望建立的全球统一世界专利制度，在以其为首的发达国家多次提议后，WIPO 于 2001 年 9 月向成

---

① Schatz, U., Recent Changes and Expected Developments in Patent Regimes: A European Perspective, in Patents Innovation and Economic Performance, *Proceedings of the OECD Conference on IPR*, *Innovation and Economic Performance*, 28-29 August 2003.

② Martinez, C. and D. Guellec, Overview of Recent Trends in Patent Regimes in the United States, Japan and Europe", in *Patents Innovation and Economic Performance*, proceedings of the OECD conference on IPR, Innovation and Economic Performance, 28-29 August 2003.

③ patents shall be available and patent rights enjoyable without discrimination as to the place of invention, the field of technology and whether products are imported or locally produced, the term of protection available shall not end before the expiration of a period of twenty years counted from the filing date. TRIPS, Article 27, Article 33.

④ Maskus, K. E., Intellectual Property Rights in the Global Economy. Institute for International Economics, Washington DC, 2000.

员国大会、巴黎联盟大会、PCT 大会递交了 A/36/14 号文件,让各成员国就建立世界专利制度提出建议。2003 年 3 月 3 日,欧共体最终同意建立一个覆盖整个大陆的、统一的专利制度,即《共同体专利条例》(CPC)。2005 年,24 名来自德国联邦法院、英国上议院、意大利最高法院、海牙初审法院、巴黎大事法庭以及苏黎世商业法院的各国法官举行大规模活动,强烈呼吁通过《欧洲专利诉讼协议》(EPLA),提议建立欧洲专利法院,专门负责审理有关欧洲专利侵权案、撤销欧洲专利的起诉和反诉案。

目前,全球尚没有出现所谓的"世界专利",建立国际专利制度的主要障碍在于各个国家间的专利制度不同,因而协调统一存在着一些问题,比如美国,谁先发明谁就能先获得专利授权,但在欧洲则恰恰相反,先申请者先获得专利授权。就专利国际保护问题,Paul Edward Geller① 在《国际专利的乌托邦》一文中谈到了他独到的见解,他认为过去习惯提到的"国际专利制度",面对数字时代已经显得过时,各国专利局在处理专利申请时面临着危机,原有体系无法体现效率、程序节约的特点。例如优先权与保密制度,新技术的公开一般要在申请提出后的 18 个月,无疑是延缓技术创新对科研的反馈。数字环境下,Paul Edward Geller 提出张贴在先(first-to-post)的制度,要求新技术通过全球张贴来完成专利国际保护。

(二)新技术对专利制度的挑战

新技术对专利制度的挑战,主要体现在信息、通讯技术和生物技术方面。专利制度面临着的挑战最好的说明就是计算机软件行业。例如美国,在 1990 年以前,每年不到 5 000 件计算机软件诉讼案例,但是到了 2000 年,这一数字上升到 20 000 件。② 在计算机工业发展以前,欧盟内部对计算机软件可专利性存在着分歧,认为授予计算机软件专利权将阻止技术进步,因为计算机软件太宽泛且与版权保护重叠。另外,一些批评者认为对专利授予的门槛要求太

---

① Paul Edward Geller, An International Patent Utopia? See: Tang Guangliang. Intellectual Property Studies. Beijing: Fangzheng Publishing House, 2004: 96-115.

② OECD (2004).

低，比如欧盟对 WEB 浏览器中的制表方式授予专利权（EP689133），美国专利局对亚马逊网站"一次点击"技术授予专利权。①

（三）专利侵权判定中几个原则的发展

专利侵权判定通常有全面覆盖原则、等同原则、禁止反悔原则、多余指定原则、公知技术抗辩原则等，以下主要讨论各国法院难以掌握的两个原则。

1. 等同原则的发展

等同原则（doctrine of equivalent）是指侵权物的技术特征与专利权要求中记载的必要技术特征相比，表面上有一个或若干个技术特征不相同，但实质上是用实质相同的方式或者相同的手段，替换了属于专利技术方案中的一个或若干个必要技术特征，使侵权物与专利技术的技术特征产生了实质上相同的技术效果。即以基本相同的手段、实现基本相同的功能、达到基本相同的效果。等同原则通常包括要素的替代、组合方式的改变、部件的调换、省略一个以上的非必要技术特征等情况。1997 年，美国联邦最高法院在 Warner—Jenkinson Co. Inc. 与 Hilton Davis Chemical Co. 一案中，重新阐释了等同理论中的一些基本要素，并明确了适用要件，确立了等同原则在专利侵权诉讼中的地位。事实上，美国专利制度中存在着成文法规定的等同和法官根据平衡原则创造的等同。美国专利法第 112 条第 6 款明文规定，权利要求可以按"方法-功能"的形式撰写，并规定这些权利要求应该解释为"描写在说明书中的结构、材料或过程及其等同物。"在 AI—Site Corp. 与 VSI Inc 的判决中，美国联邦上诉巡回法院（CAFC）再次就第 112 条第 6 款中的"等同物"与等同原则下的等同物做出了说明。不过，美国的等同原

---

① US patent No. 5. 960. 411 for "Method for placing a purchase order via a communications network." The US Federal Circuit Court of Appeals in a decision of 14. 2. 2001, Amazon. com v. Barnes and Nobel, found that the validity of the patent was dubious as similar technology was known at the time of application. The validity has not been decided by a court of law- the case was remitted and since settled- and the patent is still effective.

则受到四个方面的限制，即申请历史禁止反悔原则、在先技术、全面限制原则、公开贡献原则。

在美国，与等同侵权密切相关的还有"改劣发明"。美国法院在案例法中反复强调，改劣发明本身并不意味着被控侵权人就可以因此逃避专利侵权的法律责任。法院不能够因为被控侵权物的效果不如专利发明好，就对被控侵权人放任自流。在 Festo Co. 与 Shoketsu Kinzoku Kogyo Kabushiki Co. Ltd. 等的诉讼案例中，法院判例认为"改劣"的部件不是他的发明的一部分，驳回了 Festo 的抗辩理由。

2. 禁止反悔原则的发展

"禁止反悔原则"起源于英国屏乃尔案（Pinnel's Case）。英国大法官 Lord Denning 曾解释为"遵守自己先言的承诺"。禁止反悔原则指专利权人在专利申请、审查、专利权撤销请求和专利权无效宣告请求审理程序中，通过中间文件或意见陈述书对不明确地方予以澄清，从而形成此后解释权利要求的依据，在以后的专利侵权诉讼审理过程中不得为指控他人侵权而反悔。专利权人对专利权利要求的解释要前后一致，法院不允许专利权人为了获得权利，在权利申请过程中对专利权利要求进行广义或者狭窄的解释，在侵权诉讼中为了证明他人侵权，又对专利权利要求进行了与申请时不同广义或者狭窄的解释。美国 1997 年 Warner Jinkenson Co. 与 Hilton Davis Chemical Co. 一案对禁止反悔原则的适用条件进行了阐述，在 Festo Co. 与 Shoketsu Kinzoku Kogyo Kabushiki Co. Ltd. 一案中，美国联邦最高法院进一步澄清了禁止反悔的适用条件、例外以及与等同原则的关系。CAFC 二审中推翻了联邦地区法院关于只有为规避已有技术而对权利要求作了修改才适用禁止反悔的判决，提出："为满足专利法的要求对申请文件所作的任何修改，只要缩小了权利要求的范围，均禁止反悔"。

（四）专利制度的改革

"在过去的二十年里，专利制度的大多数改革的进行并没有经过深刻的研究或者是没有从社会的、经济的影响角度进行全面的分析。"（OECD，2003）对专利制度的怀疑引发改革的思考。丹麦技术委员会（Danish Board of Technology）认为：如果对专利制度的不断变化不能寻找新的理论来支撑的话，那么曾经的专利制度将再也难以为继。2005 年美国十大专利案件之一的 Research In Motion, Ltd. 诉 NTP, Inc. 案，最终于 2006 年 2 月 24 日双方和解终结。但此案已显示出美国专利制度的缺陷，正如沃顿商学院的运营学与信息管理教授托马斯·李认为，无论 RIM 与 NTP 的官司如何了结，专利之争都不会很快消失。2005 年 6 月 9 日，美国《2005 年专利改革法案》进入国会讨论阶段。

对于专利制度改革，美中经济与安全审议委员会（USCC）认为，"发明在先" 改为 "申请在先" 使美国权利人的专利更容易遭受侵犯。美国知识产权律师协会（AIPLA）执行总裁 Michael Kirk 指出，实行 "申请在先" 制度将有助于 USPTO 缩短对申请专利的审查期限，从而更利于美国公司获得专利权保护。

三、商标权制度的研究进展

（一）商标反淡化研究

对商标淡化的争议主要在于如何确定受保护的商标的范围，《欧洲商标法协调指令》①第五条第二款指出了商标所有者 "有权阻止所有的第三方未经同意在不相类似的商品或服务上使用和其在成员国享有知名度（reputation）的商标相同或者类似的标识或者商标"。对于什么是 "知名度"，在指令中没有清晰的表述，不得不依照案例和其他立法来说明。一般认为，该指令所规定的 "享有知名度的商标" 就是指巴黎公约第六条所规定的 "驰名商标"（well known trade mark）②。商标淡化的国际比较研究取得了不少成

---

① (1993) 83/2 T. M. R., (1995) 85/5T. M. R.; see also [1996] 86/4 T. M. R. devoted to the fiftieth anniversary of the Lanham Act and (1997) 87/4 T. M. R. where most of the articles were on the topic of dilution.

② A. Kur. Well-known marks, highly renowned marks and marks having a (high) reputation—what's it all about? I. I. C. 1992 (23), 218.

果，例如，Sabine Casparie-Kerdel 在《淡化伪装：商标淡化概念已经在欧洲法律取得进展了吗》①一文中审视了美国，比荷卢，欧共体三个法律体系的商标保护范围。探讨了淡化理论是否以及在多大程度上能够在每个确定的法律框架中表现出来。以年代为序，按淡化原则的发展过程进行了讨论，指出了同样的原则在美国和比荷卢以完全不同的形式体现出来，同时认为《欧洲商标法协调指令》的模糊性在于用建立在"商标本身损害"的现代淡化行为来掩盖传统的以商标形式表现的由于消费者的混淆而导致的"商业损害"侵权行为。

在美国，Enterprise Rent-A-Car Co. 诉 Advantage Rent-A-Car, Inc. 一案中②，联邦巡回法院认为商标异议人必须证明其商标在申请者使用商标之前（即使该使用只在一个特定的地域）已经是"著名的"，然后才能在此基础上针对商标申请者提出异议。在 Advantage 诉 Enterprise 一案中，地区法院认为，Enterprise 的商标没有达到"著名"（famous）的程度，因而其淡化的诉讼理由不能成立。第五巡回法院确认了地区法院在联邦范围淡化方面的决定，但是否定了其地区范围淡化的根据，认为根据州内法律，商标只需要显著性（distinctiveness），而不需要获得名声（fame）就可以提出基于淡化的请求。③ 联邦巡回法院认为"任何的在先使用，即使在一个特定的地理区域，都否定了淡化立法的指令，因此，阻挠了淡化的诉求"。同时，法院认为，《拉纳姆法》的异议程序不是建立在州的淡化立法的基础之上④。该案例的重要性在于明确了商标所有人提出淡化请求的权利的相关限制。

---

① Sabine Casparie-Kerdel. Dilution Disguised：Has the Concept of Trade Mark Dilution Made its Way into the Laws of Europe? European Intellectual Property Review，2001：185-192.

② 330 F. 3d 1333，66 U. S. P. Q. 2d（BNA）1811（Fed. Cir. 2003），cert. denied，124 S. Ct. 958（Dec. 15, 2003）.

③ Id. at 1344，66 U. S. P. Q. 2d（BNA）at 1819.

④ Id. at 1344-1345，66 U. S. P. Q. 2d（BNA）at 1819-1820.

（二） 商标属地管辖与属人管辖协调研究

地域性是知识产权的基本特征之一。随着全球经济一体化进程的加快，商品的国际流动随之加强，对于商标的地域性的研究也逐渐走向深入。地域性和国籍的关系是学者关注的对象之一。"国籍"的连接点（point of contact）使得商标案件在某些情况下可以跨越地域性的限制从而享有涉外的立法管辖权和司法管辖权。《共同体商标条约》（CTMR）第 5 条规定，当自然人或者法人拥有欧盟成员国国籍，或者巴黎公约成员国或 WTO 成员国国籍，或者拥有按照欧共体官方出版物判定的根据其所在国能够给欧盟成员国注册和保护具有互惠的约定的国家的国籍，则可以成为共同体商标的权利人。从中可以看出"属人"因素逐渐成为地域性原则的重要补充。Gordon Humphreys 在《共同体商标中的地域性：英国的问题》一文中①以英国为例讨论了国籍对于商标权的影响。引入"国籍"因素来研究知识产权保护，可以视为对绝对地域性理论的修正，也可以视为是地域性的新的表现形式，其研究有着重要意义。

（三） 商标权利与公共利益协调研究

知识产权本质上是一种独占权。很多国家都规定了注册商标的专用权。商标权人的权利和公共利益不可避免产生一定的冲突。如何协调二者利益，相关的案例和学者述评可以作为参考。Lasting Impression 案具有代表性②。该案中，初审法院、上诉法院和最高法院的判决不同，展示了在商标权利保护上的不同思考角度。第九巡回上诉法院认为这可能导致消费者混淆，并认定被告在证明他对标识的使用不会引起混淆方面负有举证责任。于是，"不能引起混淆"成为一个合理使用的先决条件。而最高法院和巡回法院认识不同，它提出"允许任何人仅仅由于首先夺取（grab）它而获得对于一个描述性的术语的完全的垄断使用权是不合需要的"。Patricia

---

① Gordon Humphreys. Territoriality in Community Trade Mark Matters: The British Problem. European Intellectual Property Review. 2000: 405-417.

② Patricia Loughlan. Descriptive Trade Marks, Fair Use and Consumer Confusion. *European Intellectual Property Review*, 2005: 443-445.

Loughlan 撰文《描述商标、合理使用与消费者混淆》①，分析了美国和澳大利亚在商标保护方面的一些共同趋势，即为了公共利益，加大了商标权人的相关责任，缩小了商标保护权利范围的趋势。指出，商标法实际上是三方利益的博弈：商标所有者的私人产权利益，避免商业来源混淆的消费者的利益，竞争市场和交流自由的公共利益。②

（四）商标平行进口研究

各国在商标平行进口的立法上有较大的差距，例如美国的商标平行进口问题是采纳混合权利用尽原则（hybrid exhaustion principle），欧盟采纳的主要是区域权利用尽原则。近来年有不少的案例和文献涉及平行进口问题。但有关平行进口的研究中，学者并没有取得一致的结论，例如在奥地利最高法院判决的 Silhouette International Schmied GmbH 诉 Hartlaver Handesgesellschaft mbH 案③中，就有不少的反对者。反对者的基本理由可以概括如下④：（1）它并不是一个首先投放在欧洲经济区之外的进口商品，而是在一个欧洲经济区成员国内同时投放的商品（特别是在挪威）；（2）它只是一个在欧洲经济区之内首次销售的再进口案例，而不是在欧洲经济体之外首次销售的平行进口案例；（3）商标所有者应用的术语损害了欧洲共同体相关条文规定的竞争政策。Helen Norman《从非欧洲经济区的成员国平行进口：视角尚不明朗》⑤对这个案例进行了分析，指出欧共体协调程序在知识产权领域的进展是有区别的，

---

① Patricia Loughlan. Descriptive Trade Marks, Fair Use and Consumer Confusion. *European Intellectual Property Review*, 2005：443-445.

② Patricia Loughlan. The Campomar Model of Competing Interests in Australian Trade Mark Law. *European Intellectual Property Review*, 2005：289.

③ Case C-355/96 [1998] E. C. R I-4799；[1998] 2 C. M. L. R. 953.

④ T. Hays and P. Hansen, Silhouette is Not the Proper Case Upon Which to Decide the Parallel Imports Question. *European Intellectual Property Review*, 1998：277.

⑤ Helen Norman. Parallel Imports from Non-EEA Member States：The Vision Remains Unclear. *European Intellectual Property Review*, 2000：159-165.

因此，著作权和专利等的平行进口并不需要同等对待。在尚没有统一的协调法案的情况下，成员国仍旧可以自由决定它们国内的规定。对于不同的知识产权种类，各国国内的法律体系不一致的状态仍旧存在。欧共体内商标的平行进口还存在一些不明朗的地方。

（五）商标权利穷竭研究

与商标商品平行进口相关的是商标权利穷竭（或称商标权利用尽）理论。平行进口可以视为商标权利穷竭的一个特例。Naomi Gross 和 Herbert Smith 发表的《商标穷竭：英国的观点》①，该文主体部分在三个层面上讨论商标穷竭：国内层面，欧洲层面和国际层面。这是一篇重要的有关权利穷竭的文献。相关的案例表明了商标权利穷竭理论在法律实务中应用的复杂性，例如，在 Peak Holding AB 诉 Axolin-Elinor AB 一案中②，初审法院认为因为货物已经售出，商标权利已经穷竭，因此认定不构成侵权。而欧洲法院否定了初审法院的认定，而是认为在欧洲经济体内销售货物需要得到商标权人许可才导致穷竭其独占权。因此违反（合同）禁止条款在欧洲经济体中销售不能排除商标权人独占权的穷竭。也就是说，其中很大一部分商品是没有经过权利人的同意而投放到欧洲经济区的市场，因为没有经过同意而构成了平行进口的侵权。该案例强调了权利人的"同意"而销售才导致权利的穷竭的观点也引起了不少的争议和反对意见③。

（六）商标注册理论研究进展

1. 商标注册的一条重要判断标准——禁止割裂原则

美国判定商标可注册性中适用的"禁止割裂原则"（anti-dissection rule）非常重要。在 2004 年联邦上诉的很多案例都参考或者根据这一原则进行了判定。实际上在 Official Airline Guides,

---

① Naomi Gross, Herbert Smith. Trade Mark Exhaustion: The U. K. Perspective. *European Intellectual Property Review*, 2001: 224.

② European Court of Justice, November 30, 2004. C-16/03.

③ Nicolas Clarembeaux, Thierry Van Innis, Allen&Overy. *European Intellectual Property Review*, 2005: N-66.

Inc. 案①中就已经有所总结了，但专门的研究文献很少，具体的应用都散见于案例里面。禁止割裂原则在组合商标的判断中有着广泛的应用。该原则认为"商标的商业印象来源于它的整体，而不只是将它的组成元素进行分割并详细考察"，一个标识的单个的组成部分可以被考虑作为一个初步的步骤去决定它的整体印象，然而，商标法不能够只挑选特别的部分去保护；相反，它应该将标识作为一个整体来考虑。最近两年，应用"禁止割裂原则"来分析包含顶级域名的商标的可注册性在很多案例中都有所体现。其中 2003 年联邦巡回法院审理的 Oppedahl & Larson LLP 一案②尤其具有代表性。

2. 各类型标识的可注册性研究

（1）通用性标识的可注册性问题

Neil J. Wilkof 在其作品《商标和公共领域：通用性标识和通用性域名》③ 中指出通用性标识的本质在于公共性，"是一个属于公众可以自由使用的词汇"。作者指出一个原本具有指示其商品来源的功能的受保护的商标，可能由于公众逐渐习惯将该标识作为一类物体的名称，或者公众没有太多可以选择的词汇去区分一类的物体中的不同物品，而使得商标逐渐沦为通用性标识。当它演变成了通用性标识以后，就不能再成为商标了。通用性标识具有相对性，表现之一是在有些词汇对一类物体构成通用性标识，但对于其他的物体则可能具有区分商品来源的商标意义。例如苹果，作为果类是通用性标识，但对于计算机来说，则可以构成一种商标品牌④。美国

---

① Official Airline Guides, Inc. v. Churchfield Publ. , Inc. , 6 F. 3d 1385, 1392 (9th Cir. 1993).

② In re Oppedahl & Larson LLP, 373 F. 3d 1171, 1172 (Fed. Cir. 2004).

③ Neil J. Wilkof. Trade Marks and the Public Domain: Generic Marks and Generic Domain Names. *European Intellectual Property Review*, 2000: 571-579.

④ The litigation in the United Kingdom in this regard in the case of Apple Corp. v. Apple Computer [1992] FS. R. 431.

的 United Air Lines 公司案①就是一个有关通用性标识的案例。United Air Lines 公司申请注册"E-ticket"作为"计算机化的存储和送票服务"的商标。Continental Airlines 公司反对该申请,认为该商标是此项服务的通用性术语(generic term),因此是不能获得注册的。委员会支持了异议者的证据,认为通用性术语是商品普通的描述性的名称和种类,根据《拉纳姆法》必须被拒绝注册。检验一个术语是否是通用性用语在于"看它对于相关公众对它的基本意义的理解。例如,该术语是否被商标所指示的商品或者服务的购买者或者潜在的购买者理解为,其基本含义是指向该商品或者服务的种类。"②

(2)功能性标识的注册问题——"莫顿-诺威奇要素"的应用

正如美国最高法院所解释,具有功能性的产品设计是不能申请为商标的。联邦巡回法院已经建立了评价标准即"莫顿-诺威奇(Morton-Norwich)要素"去评估一个特别的产品特征是否是功能性的而不能去作为一个商标。在 2001 年的 TrafFix Devices, Inc. 诉 Marketing Displays 案中,最高法院拒绝了美国第六巡回上诉法院确立的规则,即应当考虑"具体的产品构造是否是竞争所必需的",相反,最高法院应用"传统"规则,即"如果对于使用物品或者实现物品目的来说是必须的,或者如果它影响物品的成本和质量,则一个产品特征是功能性的",最高法院同时指示,一旦一个产品被发现在传统的规则中是功能性的,就没有必要进一步去考虑特征的竞争的必要性。并且,因此,"没有必要考察其他的设计的必要性"③。

在 2002 年的 Valu Engineering 案④中,联邦巡回法院认为,即

---

① U. S. Patent and Trademark Office: Trademark Trial and Appeal Board, December 29, 1999. See also European Intellectual Property Review, 2000: N-73.

② Hairston, Wendel, Holtzman. Non-registrability-generic Terms. *European Intellectual Property Review*, 2000: N-73.

③ Id., 58 U. S. P. Q. 2d (BNA) at 1007.

④ Valu Eng'g, Inc. v. Rexnord Corp., 278 F. 3d 1268, 1276, 61 U. S. P. Q. 2d (BNA) 1422, 1427 (Fed. Cir. 2002).

使在其他的领域它并没有反竞争的影响，只要该设计在哪怕一个领域竞争性运用，该设计就应该认定是功能性的，而不能受到商标法的保护。即是说，无论在多少领域里面，该设计都不具有功能性，但是一旦有一个重要领域使得该设计是有功能性的，则对之进行商标保护是对一种有用的产品特征的垄断，而这种垄断应该是专利法的功能不是商标法的目标，所以就不可能获得商标注册。联邦巡回法院对这个案例的认定可以看作是对"莫顿-诺威奇要素"中的第三要素的注解。

（3）描述性标识的可注册性问题

有关描述性标识的商标争议比较多，但相关的理论研究文献比较少。主要争议集中在描述性商标的判断上。在 2004 年美国的 re DSS Environmental, Inc. ① 一案中，美国商标审判上诉委员会（TTAB）拒绝了 DSS 提交注册的商标"DUALSAND"，拒绝的理由是因为商标的用语是描述性的。联邦巡回法院确认了委员会认定的正确性。在 2004 年美国 Cross Country Bank 诉 Cross Country Financial Corp. 一案中，② 联邦巡回法院确定了商标审判上诉委员会的决定。从这两个案例中可以看出，法院在做出判断中主要依赖于商标用语本身。通过用语判断是不是构成对于商品的功能和特征的一个描述。如果构成纯粹的描述而又没有经过使用产生的"第二含义"就不能获得注册的。《无可争辩的争辩：改革商标的描述性标识的保护》一文③从宏观上分析了目前对于描述性标识的弊端，这种弊端呼应着相应的改革必须进行。

（4）不道德或诽谤性标识的可注册性问题——词典的证据效力

不道德或诽谤性标识（scandalous marks）在各国一般是禁止注册的。在世界各个国家的语言中，一词多义现象或者词语和具体

---

① No. 04-1041, 2004 U. S. App. LEXIS 21994, at 1-2 (Fed. Cir. Oct. 20, 2004).

② No. 04-1371, 2004 U. S. App. LEXIS 26725 (Fed. Cir. Dec. 13, 2004).

③ Gonzaga Law Review, 2005/2006. 29.

语境的密切关联使得该标识的认定总是引起诸多争议，2003 年联邦巡回法院利用词典认定标识是否具有不道德或诽谤性的案例①对司法有着重要的参考意义。在商标案例，特别是涉及到因为不道德或诽谤性标识的认定而拒绝注册的案例里，词典的证据价值在该案中不是第一次运用②。在一个用语缺乏可供选择的意思的时候，单独词典的证据是否足够支持对于一个标识申请商标注册的拒绝的问题，此案之前，联邦巡回法院已经得出结论，即在一个单词有多重含义，而且其中某些含义是不粗俗和中性的情况下，单独的词典定义作为拒绝的证据是不充分的③；但是对于词典没有选择含义的情况下的处理尚没有定论。

在 re Boulevard Entertainment, Inc 案④中，法院解决了这个尚无定论的问题。审查员认为申请注册商标"1-800-JACK-OFF"包含了不道德的材料，因而拒绝注册。审查员查阅了四部词典，这四部词典都将"jack-off"定义为与手淫（masturbation）相关的粗俗而无礼的用语。原告提供了 Lexis-Nexis 的搜索结果表明该词也有不粗俗的含义，请求美国商标审判上诉委员会裁判，但委员会确认了审查员的结论。

（5）夸大宣传并带有欺骗性标识注册问题——"三步检验法"的应用

美国在案例中应用的"三步检验法"可以引做参考。联邦巡回上诉法院检测商标是否具有欺骗性的"三步检验法"（three-part test）在 In re Budge Manufacturing Co. 案中⑤得以确立。主要是在

---

① The American University Law Review. April, 2004.

② 在 re Gould Paper Corp. , 834 F. 2d 1017, 1018-1019, 5 U. S. P. Q. 2d (BNA) 1110, 1111 (Fed. Cir. 1987) 中利用 dictionaries 来决定词语"wipe"是否是一个普通的通用性词语。

③ 在 re Mavety Media Group, Ltd. , 33 F. 3d 1367, 1374, 31 U. S. P. Q. 2d (BNA) 1923, 1928 (Fed. Cir. 1994) 案例中，发现委员会错误的断定公众会将申请者的商标联系到一个粗俗的含义而不是其非粗俗的含义。

④ 334 F. 3d 1336, 67 U. S. P. Q. 2d (BNA) 1475 (Fed. Cir. 2003).

⑤ 857 F. 2d 773, 8 U. S. P. Q. 2d (BNA) 1259 (Fed. Cir. 1988).

确定商标标识是否构成欺骗的时候，法院必须利用如下三个标准来衡量：（1）该用语是否是商品的特征，质量，功能和使用的错误的描述？（2）如果是的，那么预期的消费者是否可能相信这个错误的描述就是该商品的实际情况？（3）如果是的，错误的描述是不是很可能去影响购买决定。①

在 2001 年联邦巡回上诉法院审理的案件中，The first name in floorcare：Hoover Co. 诉 Royal Appliance Manufacturing Co. 一案②对"三步检验法"进行了运用。

3. 商标注册种类研究进展

商标按照不同的标准可以分为不同的类别。一般的国家都规定了诸如文字商标、图形商标、颜色商标、组合商标的商标类型或者集体商标、证明商标、防御商标、联合商标的不同申请程序和保护方式。随着时代的发展，一些新的商标类型不断地涌现，诸如立体商标、气味商标、声音商标等，逐渐受到学者的关注。在可口可乐公司诉 All-Fect Distributors Ltd 案③中法院认为，"COLA"不是描述商品，而是指示来源；而且一个平面的商标也可能被一个立体的实质上相同或者具有欺骗性的相似的标识所侵权。这个案例虽然不是立体商标被侵权而是商标被立体标识所侵权，但由此带来立体商标和平面商标的关系问题值得思考。美国、法国和德国等国家在自己的商标法中承认声音商标可以注册，自然的、人工的任何声音都可能。美国米高梅电影制片厂片头的狮子吼叫声就已经在美国取得了商标注册④。声音商标和气味商标有着很多相似之处，都不是视觉能够感知的，因此有着气味商标同样的问题。所以，绝大多数国家都不保护声音商标。

---

① Id. at 775，8 U. S. P. Q. 2d（BNA）at 1260.

② 238 F. 3d 1357，57 U. S. P. Q. 2d（BNA）1720（Fed. Cir. 2001）.

③ 参见 Emma Pike. Infringement-2-D Representation of CocaCola Bottle as Trade Mark—Whether Infringement by Cola Bottle Confectionery. *European Intellectual Property Review*. 2000：N-53.

④ 崔立红. 商标权及其私益之扩张. 山东：山东出版社，2003 年版，第 94 页。

(七) 商标的侵权判定研究进展

1. 商标混淆问题——"杜邦要素"（DuPont factors）判断标准

"杜邦要素"被联邦巡回法院用作判断两个商标之间是否存在相似性，确立于 In re E. I. DuPont DeNemours & Co. 一案中①。其具体要素②包括：（1）标识整体的相似性或不相似性，包括外观、音义（sound connotation）和商业印象；（2）在申请或者注册或者与一个在先使用的商标的联系的描述中判断商品或者服务的本质以及它们的相似性或不相似性；（3）已经建立的，可能继续使用的商业渠道的相似性或者不相似性；（4）在什么状况下，买家是谁。也就是说，是冲动的购买还是仔细的、经验丰富的购买；（5）在先标识的名声（销售情况、宣传状况、使用时间）；（6）用在相似的商品上的相似的标识的数量和本质；（7）任何实际混淆的性质和程度；（8）没有事实混淆的证据情况下，同时使用的条件和时间；（9）正在使用或者还没有使用标识所在的货物的种类；（10）申请者和在先商标的所有者之间的市场界面（market interface）；（11）申请者有权排斥其他人在商品上使用该标识的权利的程度；（12）潜在混淆的程度；（13）其他的确定的经过检验的使用影响的事实。

应用"杜邦要素"来判断商标是否造成混淆的案例非常多，就联邦巡回法院审理的案子来看，主要的就有 2004 年的 Shen Mfg. Co. 诉 The Ritz Hotel 案③，2003 年的 In re Majestic Distilling Co., Inc. 案④，2002 年的 Hewlett-Packard Co. 与 Packard Press, Inc. 案⑤，Royal Appliance Manufacturing Co. 诉 Minuteman International，

---

① 476 F. 2d 1357, 177 U. S. P. Q. (BNA) 563 (C. C. P. A. 1973).

② Roberta Horton, Catherine Rowland. 2003 Trademark Law Decision of the Frederal Circuit. *American University Law Review*. 2004 (4).

③ 393 F. 3d 1238 (Fed. Cir. 2004).

④ 315 F. 3d 1311, 65 U. S. P. Q. 2d (BNA) 1201 (Fed. Cir. 2003).

⑤ 281 F. 3d 1261, 62 U. S. P. Q. 2d (BNA) 1001 (Fed. Cir. 2002).

Inc. 案①，PC Club 诉 Primex Technologies，Inc. 案②，以及 Bose Corp. 与 QSC Audio Products，Inc. 案③等，由此可见该原则在具体司法案例中的重要作用。Hewlett-Packard Co. 诉 Packard Press，Inc. 案是一个比较典型的运用"杜邦要素"判断的案例。

2. 翻新商品的商标侵权问题——物质区别原则（material difference）

美国联邦巡回法院 2003 年有关翻新商品的商标侵权问题即 Nitro Leisure Products，LLC 诉 Acushnet Co. 一案④可以作为类似案例的借鉴。在此案中，联邦巡回法院澄清了什么标准将被适用去判断侵权与否，为什么刷新的商品不同于转售的新商品。法院不赞同 Acushnet 的分析，在引用传统的混淆可能性因素之后，法院评论了 Champion 的案子，阐释了 Davidoff 案中的"物质区别"测试，不像 Champion 案例，Davidoff 包含了新的真正的商品的转售的限制，这个商品删除了原商品包装上的一些识别符号。Davidoff 认为包装的改变就是"物质的区别"，最后被告承担了商标的侵权责任。与之完全相反的是，法官纽曼持完全相反的意见。

3. 地理标志与商标侵权问题——"三个判断标准"的应用

地理标志和商标关系密切。地理标志的商标争议主要发生在欺骗性的错误描述上。联邦巡回法院在 In re California Innovations，Inc. 案⑤中第一次发表了北美自由贸易协定和地理上欺骗性的错误描述的相互影响。联邦巡回法院认为"《北美自由贸易协定》和他的执行立法抹杀了地理上欺骗标识和基本的地理上欺骗性的错误标识的区别"，特别是，法院认为，《北美自由贸易协定》的修正禁

---

① Royal Appliance Mfg. Co. v. Minuteman Int' l，Inc.，No. 01-1555，2002 U. S. App. LEXIS 4381，at 1（Fed. Cir. Mar. 7，2002）.

② 2002 U. S. App. LEXIS 4982，at 1.

③ 293 F. 3d 1367，63 U. S. P. Q. 2d（BNA）1303（Fed. Cir. 2002）.

④ 341 F. 3d 1356，67 U. S. P. Q. 2d（BNA）1814（Fed. Cir. 2003）.

⑤ 329 F. 3d 1334，1340-1341，66 U. S. P. Q. 2d（BNA）1853，1857-58（Fed. Cir. 2003）.

止地理上欺骗性错误标识注册，不考虑是否获得显著性。法院认为专利与商标办公室现在也必须表明商品和地点关联是消费者购买决定的一种考虑资料，为了去拒绝对于地理上欺骗性的错误标识注册，专利商标办公室因此必须考虑：（1）标识的首要意义是一个通常所知的地理位置；（2）消费公众可能相信由标识识别的地点表明了标有该标识的商品的来源，而事实上该商品并不来自于该地；（3）错误的表现是影响消费者决定的一个具体的原因。

4. 商业外观（trade dress）与商标侵权问题

商业外观和商标有着非常密切的关系，传统的商标一般包括文字、符号、字母、数字、三维标志、颜色等组合，后来开始扩大到商业外观（trade dress）。最初商业外观主要是指产品的标签（label）与包装（packaging）以及它们构成的总体形象。在美国，商业外观不注册却仍然可以受到《拉那姆法》）的保护，构成在联邦法院提出诉讼主张的理由。

在 2000 年的沃尔玛（Wal-Mart）案中，美国最高法院表示有必要对商业外观的泛滥趋势加以控制。尽管如此，商业外观仍然是商标法研究的一个重要方面。在联邦巡回上诉法院 2003 年审判的 In re Pacer Technology 案①中，商业外观的侵权问题有着较为详细的分析。该案中，联邦巡回法院认为专利商标办公室有表明一个具体商业外观不具有固有显著性的证据责任。特别地，法院分析了专利商标办公室是否必须出示证据证明消费者事实上根据商业外观联系到申请者。

商标制度在未来的发展中更明显地向宏观和微观两个方面进行拓展。商标制度总体的发展趋势一方面是，商标制度需要建构更为完善的学科体系，增加宏观层面诸如商标基础理论和国际保护方面的研究，探讨商标制度在知识产权制度中，或者整个法律体系中，或者更广的整个社会制度中的地位和发展问题；另一方面，深入细致的研究也显得非常必要，并且成为一种重要的发展趋势。知识产

① 338 F. 3d 1348，67 U. S. P. Q. 2d（BNA）1629（Fed. Cir. 2003）.

权地域性导致的各国法律的差异和国际之间经济的一体化浪潮，使得商标问题显得非常复杂，甚至可以说，它不仅仅是一个法律的问题，而是包括法律、经济和政治的非常复杂的社会系统的一个方面，因此，细致和深入的研究非常必要。宏观和微观的深入拓展将构成未来商标制度发展的两大主流趋势。

四、版权制度研究进展

（一）国际版权目标的变化与版权法则结构的变革

版权目标与技术的变化，是 TRIPS 之后版权保护强化趋势的体现。诞生于模拟环境下的传统版权原则如何适应数字化新环境？世界知识产权组织、美国、欧盟和许多发展中国家先后在计算机程序，数字传输，数据库等方面通过一系列立法，在许多方面突破了传统国际版权原则，如将网络通讯视为"点对点的传输"归属于"向公众传播权"，对非版权作品构成的数据库采用"特别权"保护，规定"规避版权保护装置"，"制造、售销或展示"针对版权技术保护系统的装置为侵权等等，都对国际知识产权制度产生了深远的影响。

TRIPS 签订后，国际版权目标发生了变化。版权保护的目标是由特定结构的版权制度实现的。结构与目标这一对矛盾范畴的相互适应过程构成了版权法则与制度变革的全过程。版权制度的改革就是版权制度结构与版权目标相互适应、互动的过程。当结构处于稳定状态而目标发生变化时，或者结构发生变化而目标处于稳定状态时，就会发生版权冲突。今天全球范围的版权冲突与法律改革运动就是这种矛盾运动的结果。

后 TRIPS 时代是以知识与信息为核心的新经济时代。包括教育、通讯、网络、金融、技术、市场、法律等在内的"知识服务"将取代产品制造工业成为后 TRIPS 时代的经济支柱。在传统经济时期建立的版权保护目标在新经济时代必须进行变革。后 TRIPS 时代也是数字化时代。信息技术将逐步普及并在社会经济、文化、教育、科学、工业、贸易领域获得广泛应用。与 TRIPS 生效同步开始的全球信息基础设施建设将把人类社会带入信息社会。全球信息社会大约在 2010 年基本形成。目前，一个网络化的虚拟空间是真实存在的。适用于传统模拟技术环境的版权目标，在模拟技术环境下应当调整。后 TRIPS 时代也是全球化的时代。随着全球经济贸易体系的一体化，全球市场的建立，国际直接投资的增加和跨国经济技术联盟的形成，全球化已成为现实。建立在传统经济基础上的板块化的版权法则，也应调整以适应全球化的整体目标。这些目标包括：（1）投资保护的目标；（2）数字化保护的目标；（3）全球化保护的目标；（4）自主保护目标；（5）利益平衡目标。

（二）版权性标准的调整与归类的简化

信息等新技术的普及带来了创作方式的变化，传播媒介的变化，作品载体的变化，存在方式的变化，作品功能的变化。这些变化的因素，对传统的著作权性（copyrightability）理论带来挑战。

后 TRIPS 时代必须坚持独创性原则。独创性是国际版权法的传统原则。独创性只涉及思想的表达（expression of ideas），而不涉及思想本身。独创性是传统版权制度中确定作品版权性的主要依据，在新技术与数字化环境中，它将仍然是数字环境下版权制度的基石。在后 TRIPS 时代，独创性应确立"选择与安排"标准。解决数据库、计算机程序、多媒体等作品的版权问题，依靠这一标准的正确运用。

在版权客体类型学上，对著作权客体的划分目前主要有两种方式。一是按性质归类；二是按作品表达形式归类。列举式的方式将版权客体平行排列，使不同类型作品标准之间失去了应有的联系，以至于一些新型类型的作品无法找到自己的位置。在司法实践上会导致"法律没有明确规定"的困境。列举式归类方法无法穷尽所有的作品、无法反映未来的变化。

科学与艺术作品（works of science and art）是抽象创作的结果。其价值由作品本身直接体现出来，目的是供人们阅读与欣赏，其版权性因为作者的创作而产生。事实作品是指对物质世界进行真实描述与代表（representation of reality）的作品，其版权性因为编写人对事实信息的"选择与安排"而产生，例如地图、数据库与新闻记录。除数据库以外，尚有其他一些事实作品。这些作品如电话号码、邮政编码、人口统计数据、现状手册、标准、法律公报与汇编、广播电视节目预告等。功能作品（works of function）则是那些目的在于实现某种特定功能的作品。这类作品的特点是通过对事物的步骤、程序、顺序等方面的描述，而实现特定的功能。在这类作品中，其版权性因为对事物的步骤、程序的"组织、结构与顺序"不同而产生，如计算机软件（程序）、工程设计图纸、舞谱、乐谱、操作指南、说明书等。

传统的版权独创性理论在数字时代是基本适用的。但是，数字时代版权的客体要比模拟时代的客体丰富得多。传统的版权法对客体的规定过于狭窄。这是抑制版权原则在数字时代的作用的一个因素。同时，数字时代的许多"创作的作品"又找不到恰当的位置。多媒体作品、交互式作品、代码化作品、信息作品就很难获得有效的保护。为了解决这些涉及版权客体的问题，建议采用开放定义方法，将版权客体定义为：文学、艺术与科学领域内，具有独创性并能以某种形式复制的作品。

（三）精神权利保护的弱化和经济权利的扩张

版权制度的最终目标是促进知识的生产与文化发展，它是一种以刺激知识生产为目的的社会利益的调节机制。为了达成其社会目标，它授予作者或其他权利人某些"特权"。这些特权的实质是作为鼓励知识生产与创新的激励。

精神权利弱化倾向表现在：（1）TRIPS 没有规定精神权利保护的强制义务。世界贸易组织的成员须对《伯尔尼公约》规定的全部经济权利通过国内法授予其他成员的国民，但对公约规定的精神权利义务则可以根据国内法予以免除。（2）WIPO 的《版权条约》和《录音制品条约》在数字化版权与邻接权的规定中，增加了关于数据汇编、发行权、向公众传播权等经济权利，但是对精神权利的保护却只维持在《伯尔尼公约》的水平上。《录音制品条约》第5 条承认了表演者的精神权利，但只限于"对于其现场有声表演或以录音制品录制的表演有权要求承认其系表演者"以及"有权反对任何对其表演进行将有损其名声的歪曲、篡改或其他修改"。

（3）一些国家的国内法对经济权利的调整频率比精神权利调整的频率要高得多，对精神权利的修改往往不容易被立法机关通过。在欧洲，有关精神权利的争论也相当激烈。（4）在版权保护的国际实践中，自 TRIPS 通过后，WTO 争端解决机构受理的多项知识产权争端中也没有一个案件是涉及精神权利的。

在后 TRIPS 时代仍然应强调对版权精神权利的保护，因为精神权利是一项人权，且独立于财产权而存在。精神权利的核心是署名权、修改权、保护作品的完整性权等。作者享有的这些人身非财产权不受其财产权的制约，即使在使用作品专有权转让的情况下，作者仍然保留人身非财产权。同时，大陆法系和许多发展中国家都很强调精神权利的保护。在作为国际法的文件中弱化这一权利势必导致一些国家承担过重的版权义务，而一些国家则可不受这一义务的限制。

（四）执法有效性问题

实现知识产权的目标,不仅要授予合格的知识产品的生产者某些特权,而且要保证权利可以得到有效实施。版权财产的间接性决定了该类权利必须通过行使才能实现权益,包括精神权益和物质权益。而权力则是保障权利实现的基本力量。知识产权的行使必须依靠权力和市场。或者说,知识产品必须转化成为知识商品,才能体现其最终价值。WTO 的建立,为统一的国际知识产权执法创造了条件。但是,网络等技术的广泛应用,尤其是电子商务的发展使国际统一的知识产权执法措施很难实现。在虚拟空间,国家疆界的事实上的消失,如何有效执法则是后 TRIPS 时代国际版权制度面临的关键问题。

如果说 20 世纪 80～90 年代国际版权与邻接权领域的矛盾主要是围绕着《伯尔尼公约》是否修改和如何修改的话，那么，在后 TRIPS 时代，版权执法将成为国际版权保护的中心议题。TRIPS 规定了包括行政与民事程序、临时措施（provisional measure）、边境措施、刑事程序在内的广泛的执法程序和救济措施。要求成员保证依照国内法**使**这些执法程序行之有效，以便能采取有效措施制止任何的侵犯 TRIPS 所规定的知识产权的行为，包括及时防止侵权的救济，以及阻止进一步侵权的救济。在运用这些程序时，也应避免对合法贸易产生障碍，并对防止程序的滥用提供保障。知识产权的执法程序应当高效、公平、合理，不得过于复杂或费用较高。有关当事人应负有举证责任。这有利于提高司法的效率，降低司法成本。

TRIPS 时代有关成员不仅要承担执法的义务，还要遵守具体的救济措施的规定，从而使国际知识产权执法不因国内法的规定而减损效果。这些措施包括禁令、损害赔偿、其他救济和获得信息权。执法程序应具有预防侵权、制止侵权和惩罚侵权者的多种功能。

归责原则决定侵权行为的分类、责任构成要件、举证责任的负担、免责条件、损害赔偿的原则和方法、减轻责任的根据，处于版权侵权法的中心地位，也关系司法的效果与效率。所以受到各国的广泛关注。

在后 TRIPS 时代，侵权行为主要表现为对财产权的侵犯。有关精神侵权将处于次要地位。因此，法律对侵权制裁的价值取向就应当转向财产安全保护。

（五）全球化版权的形成

后 TRIPS 版权发展的主要趋势就是全球化版权的形成。全球信息基础设施建设有力地推动着国家间版权保护的合作与国际协调。全球信息化与 TRIPS 两种力量的相互作用是全球化版权形成的主要动力。TRIPS 发展了国民待遇原则并首次在国际知识产权条约中采用最惠国待遇原则，规定对成员国民采取非歧视政策，从而保证知识产权保护的全球一致性。

建立一个公平与效率统一的全球化版权制度则是国际版权法学家永远追求的目标，也是未来国际版权研究的基本方向。

五、知识产权滥用与反垄断制度研究进展

（一）关于市场支配力（Market Power）的研究进展

所谓市场支配力，是指企业在产品市场、地域市场、季节性市场或科技市场等相关市场上的占有力，即企业在相关市场上对产品

在生产、流通及销售领域所具有的支配能力①。滥用市场支配力的行为通常包括搭售、拒绝许可、掠夺性低价、寡占、价格歧视等。对具备市场支配力的企业进行控制，禁止其滥用市场支配力，是反垄断法的一个重要内容。而对市场支配力的研究就构成了反垄断法研究的一个基础。近年来，知识产权领域市场支配力的研究引起了许多学者的兴趣。知识产权是否具有市场支配力成为争论的焦点。一些学者认为知识产权不具有市场支配力，或者说知识产权具有市场支配力，但并非反托拉斯法意义上的市场支配力。持有这类观点的学者通常会举出以下几种观点：第一，大多数知识产权具有相似替代品；第二，知识产权权利人的排他权和物权所有人的排他权没有什么不同；第三，大多数知识产权没有商业价值，也就无法具备任何市场支配力。但还有许多学者旗帜鲜明地反对这种观点。多伦多大学法学系的 Ariel Katz 教授在《知识产权、反托拉斯和市场支配力的推断：所谓胡说的意义》一文中就明确指出知识产权具有市场支配力。那些拒绝承认知识产权市场支配力的人至少在表面上看来是否认对知识产权进行经济分析的。毕竟，通过对知识产权进行经济分析就会发现，知识产权具有市场支配力，在某种意义上使得它的所有者可以制定高于边际成本的价格以弥补其进行创造所支出的固定成本。另外，反对者的观点还将与大量用来对权利所有人进行限制的知识产权法不一致。如果知识产权不具备市场支配力，如果类似替代品非常充足，谁还会关心知识产权是否永恒？为什么一定要不厌其烦的要求只有非显而易见的发明才能接受专利法保护？如果版权作品通常按照竞争水准进行定价，那版权所有者在首次销售后是否控制作品发行又有什么意义？为什么要担心合理使用的问题？因此作者认为，知识产权的目的是为了促进科学、艺术的发展，从定义上来说，这些具有创新性的知识产品不会具有十分类似的替代品，如果它们对消费者有价值，那么它们的所有者就具备了市场支配力。知识产权法和反托拉斯法在限制其市场支配力中都

---

① 李朝晖，王继军：《知识产权滥用导致的两类垄断行为方式分析》，山西警官高等专科学校学报，2005（6），第 48-51 页。

起着至关重要的作用，并且都试图在为促进新产品开发而提供市场支配力和减小社会成本之间寻找和保持一种权利的平衡①。

此外，E. Thomas Sullivan 还在《反托拉斯法和知识产权法在新世纪的会合》一文中对知识产权反托拉斯案例中市场支配力的分析进行了研究。在知识产权反托拉斯案例中，法庭会对企业的知识产权市场支配力进行分析，以判断企业是否具备将价格提高到竞争水准以上却不会导致销售损失的能力，这种销售损失是指大大超过高价所带来收益的损失。不过，当以下三种情况存在时，市场支配力分析就显得不太必要：（1）行为本身明显非法；（2）企业行为无反竞争后果；（3）当考虑到其促进竞争的作用时，反竞争的后果是合理而有限的。如果当上述三个条件都不具备时，法庭会监视垄断者的促销或维护、价格协调、输出限制，或者制造潜在竞争者进入障碍的行为。此外，法庭会分析市场进入的困难、替代品的可获得性以及市场供需弹性。法庭同时还会监视水平限制，包括竞争者之间的排他许可。最后法庭会在"最少限制分析"的前提下平衡这种许可协议的反竞争和促进竞争效果。如果限制过多，那么将会视为不合理②。

（二）关于滥用知识产权的垄断方式的研究进展

在知识产权领域企业滥用知识产权限制竞争、造成垄断的方式是多种多样的，除了上述各种滥用市场支配力的行为之外，还有横向限制竞争、转售价格限制、排他性交易、回授等。

近年来对高科技企业滥用知识产权方式的研究主要集中在以下方面：搭售、拒绝许可等方面。拒绝许可是指拥有知识产权的企业拒绝依法授予竞争对手对该知识产权的合理使用权，从而限制其所在市场的竞争，强化其市场支配地位。在美国，柯达（Kodak）案

① Ariel Katz. Intellectual Property, Antitrust, and the Presumption of Market Power: Making Sense of Alleged Nonsense, http://law.bepress.com/cgi/viewcontent.cgi? article =1371&context=alea. [检索日期：2006-06-10]

② E. Thomas Sullivan. The Confluence of Antitrust and Intellectual Property at the New Century. *Minnesota Intellectual Property Review*, 2000.

和施乐（Xerox）案的判例影响深远。第九巡回法院得出结论，尽管柯达渴望排除他人对自己专利产品的竞争构成假设上正当的商业辩护，但柯达提供的商业辩护是有借口的①。2000 年联邦巡回法院对 *CSU, L. L. C. v. Xerox Corp.* 一案的判决又是另外一番结果。联邦巡回法院认为施乐可以拒绝将其享有专利权的零件售予诸如 CSU 之类的独立服务厂商②。

上述两个案例对美国相关的法律制度和司法判例产生了深远的影响，许多学者纷纷对这两个案例进行研究，提出了自己的见解。Aaron B. Rabinowitz 在《专利权何时对抗反托拉斯法？专利产品拒绝交易的反托拉斯义务》一文中仔细比较分析了法院对两个案例的判决，指出对于消费者而言接受施乐案的判决法则将比接受柯达案的判决法则产生更多的负面后果。作者在表达了种种担忧之后认为，解决在该问题上司法审判的模糊与不协调的方法在于修改专利法，在专利法中明确规定专利权的实施受反托拉斯法的限制。另外一个解决方法是最高法院应在未来案件中授予诉讼文件移送命令，诉讼人宣称专利产品拒绝许可违反反托拉斯法。这样，法院就应肯定柯达案的判决③。Simon Genevaz 在《反对知识产权单方面拒绝交易的免疫性：为什么反托拉斯法不能在知识产权与其他产权之间进行区分》一文中也表达了类似的观点，他认为授予知识产权单方面拒绝交易免于反托拉斯法规制缺乏法律基础。在进行反垄断诉

① Aaron B. Rabinowitz. When Does a Patent Right Become an Antitrust Wrong? Antitrust Liability for Refusals to Deal in Patented Goods. *Richmond Journal of Law & Technology*, Winter, 2005.

② Constance E. Bagley, Gavin Clarkson. Adverse Possession for Intellectual Property: Adapting an Ancient Concept to Resolve Conflicts between Antitrust and Intellectual Property Laws in the Information Age. *Harvard Journal of Law & Technology*, Spring, 2003.

③ Istvan Erdos. A Measure to Protect Computer-Implemented Inventions in Europe', The Journal of Information, Law and Technology (JILT), 2004 (3). Adam MacLuckie. Comment: United States V Microsoft: A Look at the Balance Act between Copyright Protection for Software, Intellectual Property Rights and the Sherman Antitrust Law. Houston Business & Tax Law Journal, 2001/2002.

讼时，知识产权与其他产权是平等的，应予以同等对待。法庭应该重申知识产权的授予并没有确立一种免于反托拉斯义务的垄断①。Nicolas Oettinger 在《违反谢尔曼法：1 垄断：b 知识产权拒绝许可：ISO 反托拉斯诉讼》一文中也指明，在施乐案后，专利持有人有着广泛的权利拒绝许可或销售其知识产品，即使他们具有反竞争动机。这种对知识产权过于宽泛的保护将可能阻止潜在的创新者研发和生产竞争产品，从而对市场竞争造成损害，最终，这种竞争障碍也会威胁到创新并对整个知识产权体系造成损害②。可见，许多学者对施乐案的判决持质疑态度，并且担心施乐案的结果会对美国知识产权制度和反垄断制度产生负面影响。

在欧洲，IMS Health 一案也具有重大意义。2000 年 12 月，NDC 向欧洲委员会的竞争事务总干事提出了指控。该指控认为 IMS 拒绝向 NDC 许可砖形结构在德国药品销售数据市场中滥用了其支配地位，违反了欧共体条约第 82 条③。

2004 年 10 月 29 日，欧洲法院指出拒绝许可版权"本身并没有"构成对垄断地位的滥用。只有当符合三个额外条件时，这种拒绝才被认为是滥用。这三个条件包括：（1）拒绝许可阻止了消费者要求的新产品的出现；（2）拒绝许可没有被任何客观考虑证实为具有正当性；（3）拒绝许可在"二级市场"排除竞争，所谓"二级市场"是指与版权拥有者主产品线不同的市场。

近年来，美国联邦贸易委员会诉戴尔公司一案引发了有关私人标准制定的知识产权滥用问题的思考。美国贸易委员会指控戴尔没有向 VECA 揭露相关的专利信息，却同时又强迫 VECA 接受某种由

① Simon Genevaz. Against Immunity for Unilateral Refusals to Deal in Intellectual Property：Why Antitrust Law Should not Distinguish between IP and other Property Rights. *Berkeley Technology Law Journal*, spring, 2004.

② Nicolas Oettinger. Sherman Act Violations：1. Monopolization：b）Refusal to License Intelletual Property：In re Independent Service Organizations Antitrust Litigation. *Berkeley Technology Law Journal*, 2001.

③ 欧盟法院关于 IMS 公司拒绝许可版权是否构成滥用支配地位的判决，http：//www. tongji. edu. cn/ ~ ipi/communion/zwj1. htm（2005-11-21）.

戴尔专利覆盖的标准。最终戴尔不得不签署了一项和解协议，承诺不向寻求遵循这一标准的电脑生产商实施其专利权①。这一案例表明，在技术日益发达的今天，标准战略的实施也容易滋生知识产权滥用与垄断。我们一方面为了促进技术创新和行业进步鼓励标准的制定，另一方面也要警惕其中滥用知识产权的倾向。

（三）知识产权滥用的反垄断规制措施研究

1. 通过颁发同意令来调节

Amanda Cohen 2004 年在《伯克利科技法律期刊》上发表《纵览微软全球反托拉斯》一文，认为在微软案过程中，一些新的用于反托拉斯执法的方法与程序正在涌现，并且为未来高新技术反托拉斯执法奠定了基础。他认为，微软案中微软与政府达成的为期五年的同意令就是其中一种。由地方法院 2002 年 11 月认可的同意令是微软同美国政府谈判的结果，目的是为了改善微软反竞争行为的后果，例如结束微软对中间件的限制，制止其在未来阻止对其垄断地位威胁的行为等。作者赞赏了这种做法，认为同意令是一种富有价值的节省时间的手段，使得被告在案件成为定局前就可以开始纠正自己的行为。同时，其中的程序将为未来需要施加复杂但灵活的行为救济的科技反托拉斯行为提供典范。州律师对同意令执行过程的帮助将增加美国司法部确保微软受到严格监控的力量。微软的商业活动将不断受到详细审查，原告们也将有一个开放的论坛来识别和评论未来微软的不良行为。因此作者得出结论，无论同意令的条款是什么，未来的执法可能会模仿其中的程序。也就是说，同意令的模式将对未来高科技领域反垄断执法产生重大的影响。

2. 全球反托拉斯执法协同

许多著名的高科技企业通常都是某一行业的巨头，在全世界都具有不可动摇的垄断地位。因此一些针对它们的反托拉斯案件的影响常常不会限制在一国、一州之内。例如对微软反托拉斯的起诉从

---

① Robert Pitofsky. Antitrust and Intellectual Property: Unresolved Issues at the Heart of the New Economy. Antitrust, Technology and Intellectual Property Conference, March 2, 2001, Berkeley Center for Law and Technology.

美国到欧洲到韩国，几乎是席卷全球。各国应进行反托拉斯案件执法的协同。Amanda Cohen 在上述这篇文章中同样指出，由于微软案的影响会波及其他国家、其他州，因此微软案应会带来全球反托拉斯执法程序的进步。从欧洲到美国或者从美国到欧洲之间网络效应的溢出理论使得这样一种可能成为必要，即每次裁判应使企业在同一反托拉斯规则下运作。否则，如果微软被允许对欧洲竞争者的中间件开发实行反竞争行为，则美国的执法行动是毫无意义的。协同执法的结果会比单独两次执法更有效。

3. 政府加强政策制定

John T. Soma 和 Kevin B. Davis 在《技术市场的网络效应：将因特尔和微软的教训应用于未来知识产权法和反托拉斯法的冲突》一文中还指出，为了更好地解决知识产权法和反托拉斯法之间的冲突，政府部门应积极行动起来。为了阻止技术市场的垄断，美国联邦贸易委员会应实施政策当企业在一个特定市场确定垄断地位之前即阻止其垄断。政府部门应从一些有影响的案例中吸取经验教训，并迅速地反映到自己的政策制定上。譬如微软案中的一些举动也应成为联邦贸易委员会新措施的基础。一旦某个科技企业取得特定市场份额的约 40%，这个企业就应同意受某些限制的约束。这些限制可以包括许可限制、行为限制和结构限制等①。

（四）知识产权滥用的反垄断研究趋势

从以上对知识产权滥用的反垄断研究的进展综述中，我们可以看出，对于这一领域的研究趋势主要体现在以下两点：第一，传统的反托拉斯法律体系如何更好地适应知识产权滥用的反垄断规制将越来越成为政府部门以及研究人员关注的重点。随着新技术的发展，知识产权领域的反垄断领域将会涌现出更多的新问题，传统的反托拉斯法律体系是否可以适应？目前，世界许多国家和地区已经建立了相对比较成熟的反托拉斯法律体系，例如美国的《谢尔曼

---

① John T. Soma, Kevin B. Davis. Network Effects in Technology Markets: Applying the Lessons of Intel and Microsoft to Future Clashes Between Antitrust and Intellectual Property. *Journal of Intellectual Property Law*, Fall, 2000.

法》、欧洲的《欧共体条约》以及上述提到的美国、欧洲、日本等提出有关知识产权滥用的反垄断规定等。这些反托拉斯法规在适应知识产权的垄断问题时还有一些不足之处。譬如同样对于知识产权拒绝交易的问题，美国法院在柯达案和施乐案中会作出截然不同的判断，由此可见在这一领域缺乏明确的法律指引和判断准则。因此，如何改进现有的反托拉斯法律体系从而更好地的适应知识产权滥用的反托拉斯规制将成为这一领域迫切需要解决的一个问题。第二，从丰富的判例中对现有司法审判准则进行研究从而促进审判准则的更加合理化也将成为这一领域的研究热点。在知识产权滥用的反垄断领域，一批影响巨大的案例如微软案、施乐案、柯达案等为研究人员提供了丰富的研究素材。一些研究人员对这些案例中不合理的审判准则进行分析批判，对值得借鉴的做法大加赞扬。例如前面提到 Aaron B. Rabinowitz 对施乐案的审判结果带来的负面影响深表担忧，认为应该通过修改专利法或通过授予诉讼文件移送命令来消除现有知识产权反垄断领域司法审判上的种种模糊之处。而 Amanda Cohen 则认为微软案中的"同意令"应该被大加借鉴从而为未来高科技领域反垄断执法提供较好的模式。由此可见，加强对相关案例的研究将会不断推进知识产权滥用的反垄断规制向前发展，从而为建立较为完善的知识产权反垄断法律体系铺平道路。

六、技术措施与权利管理信息研究进展

（一）技术措施的知识产权研究

目前，技术措施的知识产权研究主要集中在以下几个方面：一是有哪些可行的技术措施可以用来保护知识产权；二是这些技术措施在法律上应该受到什么样的保护，对技术措施的侵权行为所承担的责任有哪些，这些技术措施的知识产权保护对社会产生哪些积极和消极影响，怎样协调它们之间的关系。

Nicola Lucchi 在《数字媒体中的知识产权：法律保护、技术措施以及新的商业方法在美国与欧盟法律之间的比较分析》一文中将技术控制措施分为两种不同的类型：接触控制（access control）

技术措施和权利控制（right control）技术措施。① 接触控制技术措施是用来处理"谁有资格接触什么内容（who has access to what）"的，包括能被用户执行的操作类型和数量。换句话说，接触控制技术措施目的是为作品的授权使用提供一个技术框架。

权利控制技术措施则用来限制用户行使内容所有者某个权利的能力，这就暗示"谁绕过这一权利控制技术措施将不侵害著作权所有人的权利"。从这个方面讲，接触控制技术措施比权利控制技术措施发挥了更强的保护作用，为了获得更强的法律保护，权利持有人更倾向于使用接触控制技术措施而不是权利控制技术措施。然而，技术保护系统能将这两种控制合并为一体。

从实际的应用来看，这些系统包含不同的技术。加密技术是基本技术之一，它通过加密来保证内容的安全性，而且防止这些内容在利用适当解密钥匙恢复原状之前被阅读，在防止非授权接触方面也有独特的作用。相反，一旦内容被存取以后，加密就无法控制内容被如何使用了，因此它可能在解密形式下被复制，或者随解密钥匙一起传递出去，被非授权用户获取。Kamiel J. Koelman 在《破裂的坚果：技术措施的法律保护》② 一文中结合 WIPO 的《世界知识产权组织版权公约》（WCT）、欧盟的《版权指令》以及美国的《数字千年版权法》的规定，详细介绍了技术措施知识产权保护的具体规定，并分析了这些法案在技术措施知识产权保护上所存在的缺陷。文章的分析主要涉及三个方面：（1）对技术措施的绕过（欺骗）；（2）对绕过技术措施的装置和服务的规定；（3）对接触控制的保护。

（二）权利管理信息的知识产权研究

权利管理信息主要是附着在作品中用以指明权利人的身份或者

---

① Nicola Lucchi. Intellectual Property Rights in Digital Media: A Comparative Analysis of Legal Protection, Technological Measures, and New Business Models under EU and U. S. Law. *Buffalo Law Review*. Fall, 2005.

② Kamiel J. Koelman. A Hard Nut to Crack: The Protection of Technological Measures. *European Intellectual Property Review*, 2000（6）: 272-280.

说明使用作品的条件的文字、数字、代码等，目的是保证作品的完整性、作品著作权人身份的认定以及提示作品的使用条件。一般情况下，它是通过某种技术措施来生成（如上述的数字水印技术等），使用者不得擅自删除、更改这些信息，否则要承担侵权责任。

七、知识产权怀疑思潮

知识产权保护也带来了一些不容忽视的问题。这些问题日益受到学者的关注。于是在各种关于知识产权的冷思考也在学术界渐渐涌现，自 2000 年来渐渐形成了冲击知识产权制度的思潮，在反思知识产权并对知识产权制度产生冲击的思潮中，影响较大的是被有些学者称为"知识产权怀疑论"、"反知识产权论"和"知识产权僵化论"① 等。

（一）知识产权与创新发展

以美国的 Anatoly Volynets② 教授为代表的"知识产权怀疑论"学者，对知识产权制度提出了十大疑问，位于十大疑问之首的是：知识产权保护使人们的创作机械化、智慧创作物商品化以及传播商业化，这样的结果能够促进社会的进步吗？他们的回答是否定的。他们认为知识产权制度不是促进了社会发展，反而有碍社会公平和社会发展。

（二）国际知识产权制度与国际人权法的冲突

有学者认为，由于各种经济参与者争先恐后地对创造性作品和各种知识主张权利，所以人权正在遭到践踏。联合国人权促进保护小组委员会和联合国经社理事会也持与此相同的观点。联合国人权促进保护小组委员会在 2000 年 8 月举行的会议上，通过了一项决

---

① 曹新民：《知识产权法哲学理论反思》，法制与社会发展，2004（6）：61-71。

② Anatoly. Our Board Members. http://www.ibiblio.org/studioforrecording/bdminibios.html.［检索日期：2006-6-8］

议宣称：由于 TRIPS 的履行没有充分反映所有人权的基本性质和整体性，包括人人享有获得科学进步及其产生利益的权利、享有卫生保健的权利、享有食物的权利和自我决策的权利，所以，TRIPS 中的知识产权制度作为一方与另一方的国际人权法之间存着在明显的冲突。① 2000 年，联合国经社理事会促进和保护人权大会作专题报告，指出知识产权与人权之间有关"现实存在的或可能的冲突"，"TRIPS 所包含的知识产权措施与国际人权法是冲突的"。2002 年 9 月由英国知识产权委员会发布的题为"知识产权与发展政策的整合"的长篇报告认为："创造者的利益来源于消费者的消费。在消费者穷困的情况下，过分强调知识产权保护就会与基本人权相冲突，例如生存权。"②

（三） 对知识产权的合理性的反思

知识产权法的修正不断强化知识产权保护的力度和限制公共使用的权利，导致全球引发关于知识产权保护合理性的大讨论。比较一致的观点是，知识产权作为一种垄断权，知识产权人对垄断利益的独享必须有一个合理的界限，即不得损害公共利益。

L. T. C. Harms 认为知识产权引起垄断，这种垄断还不得不从公共利益的角度来证明其合理性，如果其合理性得不到证明或是其价值得不到证实，那将面临威胁。③

有些学者认为，知识产权制度在创设初期强调私人利益和社会利益之间的平衡，但经过几百年的发展，知识产权制度越来越呈现出只关注私人利益的面貌。追溯历史可以发现，早期的专利权、著作权等垄断性权利是限于在发明者或创作者付出相当劳动，公开其

---

① 促进和保护人权小组委员会：《知识产权和人权》，第 52 次会议，议程项目 4，E/CN.4/Sub.2/2000/7，2000 年 8 月 17 日通过。

② 参见英国知识产权与发展政策相结合委员会关于知识产权的报告，http：//www.iprcommission.org.［检索日期：2006-6-8］

③ L. T. C. Harms. Offering Cake for the South . *European Intellectual Property Review* , 2000（10），pp. 451-453.

成果，用于服务社会目的等情况下才承认其垄断①，知识产权表现为从知识的公有领域中"开拓出来"的部分。但随着大量专利权人、商标权人和著作权人的涌现，知识产权的地位发生了彻底改变，知识的公有领域反而成了所有知识产权人主张权利后的"残羹冷炙"②。

（四）知识产权机制中利益失衡问题的研究

近年来全球化知识产权的利益失衡已经被许多机构和学者意识到了。Peter M. Gerhart 在《欧洲知识产权评论》发表的《为什么全球化知识产权不平衡》（2000）深入剖析了国际知识产权保护不平衡的缘由，指出发达国家利用其强势地位提高国际知识产权保护标准，延长知识产权保护期限，是全球化知识产权不平衡的根源。要改变这种局面，使国际知识产权的保护达到平衡，Peter M. Gerhart 提出建议，即在制定国际知识产权法时要多倾听知识的主要消费者——发展中国家的声音。③ 2000 年在美国最重要的文献要算《数字困境：在信息时代中的知识产权》，这部 300 多页的研究报告实际上代表了非私营部门的立场与利益，对信息时代知识产权的利益失衡问题进行了深刻的反思。

与怀疑知识产权的学者相比，更为激进的是反知识产权的学者，他们主张彻底颠覆知识产权制度，明确地向世界宣布拒绝知识产权。以美国的 Richard Stallman 教授为代表的学者提出了限制甚至废除知识产权制度的主张，引起了强烈的社会反响。该理论认为，知识产权制度加剧了社会的分配不公，扭曲了正常运行的社会秩序。Richard Stallman 在回应 James Boyle 的文章时甚至说，"知识产权"这个术语是世界知识产权组织（WIPO）推动的一种时尚，

---

① （日）富田彻男：《市场竞争中的知识产权》，廖正衡等译，北京：商务印书馆，2000 年版，第 20 页。

② Christopher May : Why IPRS Are a Global Political Issue, *European Intellectual Property Review*, 2003, p. 2.

③ Peter M. Gerhart . Why Lawmaking for Global Intellectual Property is Unbalanced, 2000 (7): 309-313.

我们应当坚定地拒绝使用它。① 他认为我们应该具体地说"版权"、"专利"或者"许可证",因为这些东西各个国家有具体的法律定义。而知识产权则是一种模糊的抽象,没有具体定义。

Thomas C. Vinje 的《版权走到尽头了吗?》②, Bernt Hugenholtz 的《为什么版权指令不重要?》③ 等文对其存在的问题进行了剖析。

以加拿大的 Daniel J. Gervais 为代表的学者,在研究传统知识保护过程中,认为现在的知识产权制度过于僵化,难以适应现实社会的客观需要,应当对现行知识产权制度进行改造。

约翰·巴洛(John Perry Barlow)在他著名的《思想经济学》一文中认为"知识产权法不能通过修补、翻新或者扩张去包容数字化表达,就像不能通过修改房地产法去包含广播信号的分配一样"。在他看来,在数字化环境下版权法已经完全失去价值。必须另外设计新的保护框架。2004 年 4 月哈佛大学为了纪念该文章发表十周年,再次采访了巴洛,巴洛表示了同样的观点。其他学者如道格拉斯(Douglas J. Masson)④ 也表达了这一观点。

斯坦福大学法学院教授劳伦斯·莱格斯在 2000 年与 2001 年出版的两部著作《代码及网络空间法》与《未来的观念》以及其零散的演讲文稿中宣扬现行的知识产权法律在网络时代已经沦为特定利益集团的牟利工具,必须对之加以改革以恢复其促进创新的本来目的。Paul Ndress 将劳伦斯誉为"数字权利英雄"。

Vaidhyanathan In 在 *Copyrights and Copywrongs*: *The Rise of Intellectual Property and How It Threatens Creativity* 中指出:"严格的版权保护"模式(通过法律阻却、法律许可、合同以及技术安全措

---

① Richard Stallman. A Response to the Article by James Boyle. http://www.stallman.org/articles/ft-response.html. [检索时间:2006-6-8]

② Thomas C. Vinje. Should We Begin Digging Copyright's Grave? *European Intellectual Property Review*, issue, 2000, pp. 551-562.

③ Bernt Hugenholtz. Why the Copyright Directive Is Unimportant, and Possibly Invalid, *European Intellectual Property Review*, 2000, pp. 499-505.

④ Douglas J. Masson. Fixation on Fixation: Why Imposing Old Copyright Law on New Technology Will not Work. *Ind. L. J*, 1996, pp. 71.

施对知识产权提供保护）威胁着创新，如果采用"宽松的版权保护"模式，能矫正以往美国版权法的错误做法。Vaidhyanathan 认为：平衡艺术家合法主张对开放文化资源使用的合理补偿将有助于信息的自由流动，而这种流动在维护一个民主社会是必不可少的。①

Merges 和 Nelson 指出："增强知识产权并不总是增强对发明的鼓励。对于某些首创者来说可能如此，但这也会增加改进者陷入诉讼的可能性。当较宽的专利得到授权时……较宽的保护范围削弱了对其他处在该发明行业内的人的鼓励。"

也有学者认为作为一种激励创新的制度，知识产权制度虽然具有一定的效果，但并非唯一理想的制度。Arrow 的理由有：投资效益的"不确定性"（Uncertainty）、构思或信息的"不可分性"（Indivisibility）以及权利的"专用性"（Appropriability）对人们的创造性活动有直接的影响。②

八、国际知识产权研究方法论

近 5 年来，国际知识产权研究主要从以下三个方面展开，即国际知识产权研究的公平、正义等的法学视野、国际知识产权研究的经济途径以及国际知识产权研究的政治角度。

（一）知识产权研究的公平视野

从公平、正义的法学视野研究知识产权问题是国际知识产权研究的一个传统方法，也是长期以来应用于国际知识产权研究的主要方法。本体论的分析（ontological analyses）着重解决权利是否存在，以及以何种方式存在的问题。博登海默说过"至少在法制生活中的某些重要时代，盛行着这样一种趋向，即把法律建成一门自

---

① Siva Vaidhyanathan . Copyrights and Copywrongs: The Rise of Intellectual Property and How It Threatens Creativity New York: NYU Press, 2001.

② Arrow, Kenneth J. The Economics of Information: An Exposition. Empirica 23, no. 2 (1996), pp. 119.

给自足的科学，完全以它自由的基本原理为基础，不受政治学、伦理学和经济学等学科的外部影响"。博登海默以"秩序与正义"这两个"基本概念"来分析法律制度。①法律是秩序的需求，是秩序与正义的综合体。他将法律价值概括为"创设一种正义的社会秩序（just social order）"② 博登海默教授的观点清楚地反映了法学家的价值观。从法学角度研究知识产权者，将知识产权类比为有形动产权。早在古罗马时期盖尤斯在《法学阶梯》③ 中说，有些物是有形的，有些物是无形的。有形物是那些可以触摸的物品，例如土地、人、衣服、金子、银子以及其他无数物品。无形物他们体现为某种权利，比如遗产继承、用益权、以任何形式缔结的债。梁慧星先生说"无体物如专利、商标、著作、营业秘密、know-how 信息均非民法上之物，只能依所涉及的问题类推适用民法诸规定。"④经典法学家强调的是社会正义、财产的安全与自然秩序。法学价值观更加强调社会价值和公共利益，经济学价值观则更加强调市场价值和个体利益。当"版权"分别服从两个目的不同的命令时，它的价值观冲突就体现出来了。这主要是因为知识产权被定位为一种权利，知识产权法是法学的一个分支学科。人们对知识产权的认识，主要是从权利的角度，对知识产权存在的正当性探讨也主要是从财产权着手的。洛克的自然权利学说——劳动财产权理论和黑格尔的人格财产权理论是在论证知识产权正当性时经常用到的两个理论基础，而这两个理论从不同的角度论证了私人财产权的正当性。洛克在其《论政府》（下篇）中提出了有关获得私人财产权的自然劳动论，他从自然状态出发，认为人对自己的身体享有财产权，由此对自己身体里的劳动享有财产权。当一个人享有财产权的劳动施加在

---

① E. 博登海默著：《法理学法律哲学与法律方法》，邓正来译，中国政法大学出版社 1999 年版，第 219 页。

② E. 博登海默著：《法理学法律哲学与法律方法》，邓正来译，中国政法大学出版社 1999 年版，第 219 页和 318 页。

③ （古罗马）盖尤斯著：《法学阶梯》，黄风译，中国政法大学出版社 1996 年版，第 80 页。

④ 梁慧星，陈华彬：《物权法》，法律出版社 1997 年版。

无主物上，使无主物脱离自然状态或改变了它的自然状态时，这个人就享有了施加了其劳动的无主物的财产权，从而说明财产权的来源和正当性。① 洛克的劳动财产权理论可以从整体上为知识产权尤其是版权提供比较好的、人们可接受的理论基础。黑格尔认为人依其自由意志而存在，在市民社会中，个人人格的形成是个重要特征，而财产有助于个人人格的形成，因为人的意志体现在财产中，财产作为人格的组成部分，通过对其占有、支配、处分或与其发生联系，从而表明自己的人格，人通过财产将自己的意志客观化，并且财产是个人生存的基本条件和工具。黑格尔是从强调个人人格重要性的角度来论证财产权的，在黑格尔看来，财产就是人格的体现和延伸，人格要实现自由，必须要实现对财产的控制。这与他形而上学的思想相一致，也是这一思想的重要表现和内容。黑格尔认为学问、科学知识、才能等无形的东西固然是自由精神所持有的，但是精神同样可以通过表达而给它们以外部的存在，而且把它们转让，这样就可以把它们收在物的范畴之内了。② 从而论证了智力劳动也可以成为财产权的对象，为知识产权的正当性提供了直接的理论基础。近代，因著作活动而获得的权利还被看成是一种人权。法国 1789 年《人权宣言》发表后不久，便颁布了《著作权法》，把著作权看成是天赋人权、自然的权利。目前，一些国际机构也认为知识产权就是人权的一种。联合国人权委员会肯定保护科学、文学和艺术创作者的精神和经济权利的版权，与《世界人权宣言》第 27 条及《国际经济、社会和文化权利公约》第 15 条相符合，是一种人权，③ 联合国教科文组织亦将知识产权看作一种人权。④ 知识

---

① （英）洛克：《政府论》（下编），叶启芳，瞿菊农译，北京：商务印书馆 2004 年版，第 19 页。

② 黑格尔：《法哲学原理》，伦敦：克莱顿出版社，1952 年版。

③ 参见联合国人权高级专员报告：*Intellectual property rights and human rights.*

④ Peter M. Gerhart. Why Lawmaking for Global Intellectual Property Is Unblanced. *European Intellectual Property Review.* 2001，pp. 309.

产权激励论则认为知识产权是赋予创造者的一种独占权利，以激励他们继续进行创新。从以上对知识产权的正当性研究，我们可以看出，不管是洛克的劳动财产权理论、黑格尔的人格财产权理论、人权理论和激励论，都将知识产权看作一种权利。正是因为人们对知识产权的这种认识，使对知识产权的研究长期以来是从公平、正义等法价值的法学视野着手的。目前，包括普通法系在内的各国均制定成文法保护知识产权的事实，充分说明了知识产权是一种法律创设的权利，这是从法学视野研究知识产权的最为基本的原因。

从公平、正义角度出发研究知识产权问题，是将公平、正义等作为判断是非以及判断事物发展方向的价值准则，贯穿于知识产权研究的始终，注重理性和逻辑推理，并按照这些准则得出结论。从这一角度进行研究的主要是具有法学背景的人员，包括各知识产权教育机构或法学教育机构的专职和兼职研究人员和学生、知识产权法官、知识产权律师，以及知识产权专门研究机构的研究人员。他们遵循法学的研究规范，按照法律公平、正义等准则，研究版权、专利、商标等知识产权问题，提出立法或司法建议。如在对合理使用制度的研究方面，美国 Temple 大学法学教师 Gregory M. Duhl 在《雪城大学法律评论》（Syracuse Law Review）上发表了他对使用版权作品未经版权人许可但增加了版权人的潜在市场收益的行为是否符合合理使用原则的第四个判断因素的看法。作者首先分析了美国1976 年《版权法》第 107 条规定的判断合理使用的四要素：使用作品的目的和性质；版权作品的性质；使用的数量及占版权作品的比例；对版权人潜在市场的影响。然后针对讨论的问题指出，在美国，尽管最近最高法院呼吁在适用合理使用原则的案例中平衡对待这四个因素，但各法院仍然非常强调第四个因素。提出对于为了公共目的未经许可使用了版权作品，增加了版权作品的潜在市场，或者至少没有损害作品的潜在市场的案例，在保护版权人的经济权利和公众获取创新性作品方面达成平衡是非常容易的。在这种案例中，法院应判定对作品的转换行为及公共使用行为是合理的。作者从公平的角度解释了该提议的原因，认为这个解决方案一方面可以激励作家和艺术家的创作，另一方面也扩大了公众可获取的作品的数量，提高了可获取作品的数量,与美国版权法的立法目标相一致。①

运用公平、正义、秩序等法律原则对案例和具体法条进行评析,得出符合这些原则的结论和建议在国际知识产权研究中也比较常见。如在《独立权利要求和禁止反悔原则:正在削弱的等同原则》(Dependent Patent Claims and Prosecution History Estoppel: Weakening the Doctrine of Equivalents)一文中,作者对美国联邦巡回法院分别于 2003 年和 2004 年判决的两个案例进行了分析,认为这两个判决违反了法律的公平原则和效率原则。

(二) 知识产权研究的经济视野

从经济途径探讨知识产权问题,在目前的国际知识产权研究中受到很大重视。经济学立场的研究者,认为知识产权(包括版权)与市场相伴而生,在市场制度中发挥着关键作用。制度可以充分调动人的积极性,发挥人的潜能。可以充分调动各种社会资源并实现这些资源的优化配置。在制度经济学家看来知识产权也是一种经济制度。② 所以,在 Peter Drahos 看来"经济学理论在知识产权哲学探索中是一点也不能被忽视的"。兰德斯和波斯纳认为,远早于现代的法学与经济学运动之前,人们就已经意识到知识财产提出了独特的经济学问题。不过,一直到 20 世纪 70 年代,才开始发表有关各种形式知识产权的经济分析。自此以后,相关文献激增。③ 这在很大程度上归因于知识产权与经济之间的密切关联,知识产权蕴涵着很大的经济能量,其本身已经成为了一种重要产业,在国民经济的发展中发挥越来越大的作用,对一国的投资环境、出口贸易、就业等产生了直接的影响。世界银行与牛津大学合作出版了《知识产权与发展:从最近的经济研究中得出的结论》一书,测算了知识产权保护对促进经济和社会运行的各种手段,包括创新、竞争和

---

① Gregory M. Duhl. Old Lyrics, Knock-off Videos, And Copycat Comic Book: The Fourth Fair Use Factor in U. S. Copyright Law. *Syracuse L. Rev.* 2004(54), pp.665-738.

② 辜胜阻,黄永明:《新经济呼唤制度建设》,厂长经理日报,2001 年 1 月 4 日。

③ (美)威廉 M. 兰德斯,理查德 A. 波斯纳著:《知识产权法的经济结构》,金海军译,北京:北京大学出版社。

市场结构、投资及许可决策等的影响。这些研究对政策制订者决定
制订对本国最有利的知识产权保护标准及设计最小成本的知识产权
政策改革策略，有很大的帮助。本书经过对知识产权保护和经济发
展的关系的分析，得出一些对政策制订有用的结论。同时，数据表
明知识产权保护可以促进技术转移。知识产权保护在促进发展中国
家企业发展和创新方面有积极作用。为了更好地从知识产权保护制
度中获得利益，公共部门和私营部门应该充分鼓励研发，在培养人
力资源中更多地投资。在知识产权与经济发展关系的研究方面，值
得一提的还有英国专利局知识产权咨询委员会邀请牛津大学教授
Padraig Dixon and Christine Greenhalgh 撰写的《知识产权的经济学：
述评以及未来研究的主题》（The Economics of Intellectual Property：
A Review to Identify Themes for Future Research）一文，该文虽然形
成较早（2002 年底完成），但它提出了知识产权和经济关系未来研
究的主题。该文全面探讨了知识产权垄断与创新动力之间的关系、
市场变量对创新和知识产权申请的影响、知识产权评估、知识产权
实施的成本等等问题，最后提出未来研究的主题，包括：知识产权
制度的激励创新功能：什么样的知识产权政策和机制能够为创新提
供最重要的动力？许多国家对专利申请中独创性要求的降低有什么
样的经济影响？知识产权保护的回报率问题：在每一产业领域知识
产权回报的最好例证是什么？知识产权诉讼增加了多少成本以及在
多大程度上约束了潜在的模仿者？知识产权诉讼是否降低了专利权
人维持专利的动力，或者仅仅把这看作商业经营的一部分？等六个
方面的议题。①

　　经济思维广泛应用于国际知识产权研究的另外一个原因是经济
学在法律分析中的运用。目前，法律的经济分析已经成为经济学和
法学研究中的一个重要分支和交叉点，也广泛渗透到了国际知识产
权研究之中。

①　Padraig Dixon, Christine Greenhalgh. The Economics of Intellectual Property：
A Review to Identify Themes for Future Research. http：//www. oiprc. ox. ac. uk/
EJWP0502. pdf. ［检索日期 2006 年 6 月 4 日］

从目前的研究文献来看，经济分析已经广泛地应用到了对知识产权各具体法律制度的研究，包括版权、专利、商标、商业秘密等。还出现了一部集大成的著作，是由美国两位法学与经济学领域顶尖学者——芝加哥大学教授威廉 M. 兰德斯和美国第七巡回上诉法院法官、芝加哥大学资深讲师理查德 A. 波斯纳合著的《知识产权法的经济结构》。

近几年对版权经济分析的主题比较集中，较多的文献研究了版权保护的新客体——软件的经济学问题，包括软件侵权、最佳保护方式、软件盗版的经济分析。对盗版的经济分析一直以来是经济分析运用于版权研究较多的一个领域，目前这方面的研究仍在继续，研究人员也对网络上新出现的 P2P 盗版问题进行了关注。世界知识产权组织的两个重要网络版权和邻接权条约——《世界知识产权组织版权条约》和《世界知识产权组织表演和唱片条约》，受到众多研究者的重视，对它们产生的经济影响的分析也是目前的一个重要命题。对版权进行经济分析，有时会得出与从公平、正义等的法学角度分析完全不同的结论，而且，从经济学角度看待知识产权问题，有时会更加深入问题的实质。例如通过对软件盗版的经济分析，研究者得出的结论是：软件盗版实际上增加了软件商的利润。认为这一非正常现象的主要原因是盗版使有关软件变得更加有价值，当更多的人使用它的时候，就增加了软件商的潜在利润。当盗版是可以被控制的时候，盗版通过允许支付能力弱的用户免费使用软件，可以作为另一个提高市场占有量的方法，而这样的结论对于发达国家和发展中国家的政策制订者都是有重要的参考价值的。①另外一个例子是，在对 WPPT 的经济学研究中，研究者经过分析指出，虽然 WPPT 意在强化保护表演者的权利，但这些权利的设立显然没有经济学的正当性，而且表演者也未必能够从中得到经济上的好处。WPPT 强化表演者的权利只是增加了集体管理组织的成本，并增加了文化产业公司版权资产的价值，而这将导致公司间的合

① Ariel Katz. A Network Effects Perspective on Software Piracy. Univ. of Toronto L. J. , 155 (55).

并，扩大公司的规模，并鼓励垄断，带来文化的同质性，损害文化的多样性，减少民间文化和民族文化产品的数量。还会因此减少艺术家的数量，降低艺术家在签订和约时的议价能力。①

在专利的经济学分析方面，除了兰德斯和波斯纳探讨的专利与专利法的经济逻辑、专利法的社会成本问题以及外观设计专利的经济分析等命题外，目前的研究还包括专利侵权、专利改革的经济学分析以及专利制度中具体原则，如专利侵权判定的等同原则的经济学分析等主题，这些研究从经济学的角度提出了具有经济合理性的立法或司法建议，并深化了人们对这些问题的认识。

对知识产权制度的经济分析，强调从经济思维认识问题，寻找解决问题的原则、措施。在知识产权研究中引入经济学的基础理论分析工具和实证方法，会使知识产权研究更加精细化，使知识产权问题的研究更加接近经济和社会发展现实。通过对知识产权制度实施效果的经济学研究，可以检验法学知识产权制度是否达到了预期效果，对于完善知识产权制度、促使知识产权制度朝着科学化、更加富有效率化的方向发展大有益处。但经济学分析方法本身遭到了许多人的质疑和责难。许多经济学家已经认识到经济学方法的弊端，指出对经济现象的分析往往精于模型和数据资料而失于经验事实，且经济计量检验也常常掺进经济学家的主观因素，对数据进行拷打以使它们屈服，随意解释变量，操纵其他变数，从而证明任何想证明的理论，从这一点来看，经济学分析并非像数学那样精确，它也具有预设性，得出的结论有时具有预先的指向性。另外，经济模型命题一般建立在假设的基础上，但如果假设本身是不成立的，得出的结论就毫无用处。②总之，经济学和经济分析方法遭到了严重的质疑，经济学被认为是被雇佣来挖掘数据以支持预想结论的工

---

① Ruth Towse. Assessing the Economic Effects of Copyright and Its Reform. http// www. oiprc. ox. ac. uk/EJWP0703. pdf. ［检索日期 2006 年 6 月 4 日］

② 胡乐明，刘玮：《经济学的数学形式主义及其批判》，山东财政学院学报，2004（5）。

具，是一门令人沮丧的科学。①尽管如此，经济学作为一门有着很长发展历史的学科，已经形成了一套成熟的经济学基础理论和经过实践检验的实用分析工具，如成本—收益分析，这些理论和分析工具在国际知识产权研究中的应用还是大有前途的。

（三）知识产权研究的政治视野

国际知识产权制度是发达国家主导制定、发展中国家与发达国家妥协的结果，其制定和运行涉及南北关系以及发达国家之间的相互关系，与国际政治紧密相关。这反映在国际知识产权的研究中，就是越来越多的研究者将知识产权研究纳入国际政治的大背景中。在一国之内，知识产权制度日益重要的经济作用，使知识产权制度尤其是专利制度成为了政府调控经济的工具和手段，研究人员开始从天赋人权和劳动回报的道义论中走出来，讨论知识产权制度的政治含义。在《专利的政治学》（Patent Politics）一文中，该文作者就提出，鉴于知识产权制度的重要性，有必要对该制度进行一个全面的理解。当深入知识产权制度进行考察时，可以发现知识产权在政治学上的重要性。知识产权是专利商标局和法院通过传统的私有财产权的语言来规范竞争的工具，知识产权法尤其是专利法是一种产业政策。但目前将专利看作一种财产，运用财产这张王牌，给其他国家尤其是发展中国家和最不发达国家强加与发达国家同样的专利制度，无疑是一种海盗行为。财产的概念禁止其他国家拥有适合自己国家国情的专利制度，而如果将专利仅仅看作是一种政府规制竞争的产业政策，那么将这种政策强加给不发达国家的做法显然是值得商榷的。②该作者看来，从政治学的角度看待专利制度，该制度是一国政府规制竞争的经济政策，而为了国家利益，又要将专利看作一种财产权利，以将这种制度在国际上普及开来，这时又必须否认专利制度是一国之内产业政策的政治性质。

《与贸易有关的知识产权协议》（TRIPS 协议）签署以后，知

---

① Ruth Towse. Assessing the Economic Effects of Copyright and Its Reform. http：//www. oiprc. ox. ac. uk/EJWP0703. pdf. ［检索日期 2006 年 6 月 4 日］

② Michael H. Davis. Patent Politics. South Carolina Law Review, 2004（56）.

识产权不再是一国之内的事情，一个国家内部的知识产权政策开始
受制于国际知识产权条约。而后 TRIPS 协议的运行，给发展中国家
带来了不利影响，由此产生了南北关系的摩擦和紧张，使知识产权
研究人员开始从国际政治环境中重新认识知识产权问题。这些研究
主要集中在 TRIPS 协议形成的国际政治背景分析、TRIPS 协议运行
的国际政治环境探讨以及对目前国际上的讨论热点如软件保护、药
品和生物多样性保护的政治学研究等主题。在 TRIPS 形成原因的政
治学分析中，多数研究者认为当前的国际知识产权的法律保护与全
球资本主义密不可分，在研究过程中南北关系常常被强调。研究者
认为 19 世纪的前 60 年里，美国的公司并不乐于尊重知识产权，自
由市场主义者把知识产权作为封建垄断而加以极力反对。而在 19
世纪末的经济危机中，资本极力寻找可接受的利润回报水平。资本
家通过利用专利工具，使大资本能够瓜分市场，排除新的竞争者，
对建立垄断资本主义发挥了重要作用。知识产权的扩张意味着商品
化进入了一个新的阶段，是大资本在国家力量的保护下，维持垄断
和对发展中国家的剥削，从而阻止利润率下降的一种手段。①
TRIPS 还被认为是资本主义权力延伸和剥削的工具，TRIPS 协议对
发展中国家和穷人是不利的，因为该协议强迫他们为进口的包含知
识产权的产品支付高价，从而损害了他们的利益。②目前发达国家
正在野心勃勃地向国外拓展自己国内的知识产权法，使知识产权甚
至变成了一种流行文化，而 TRIPS 使这种新的经济帝国主义获得了
合法性。③ 在英国知识产权委员会 2002 年发布的《知识产权与发
展政策的整合报告》中称，知识产权是富国的养料和穷国的毒药
这一观念已为时太久，事情并非如此简单。只要对知识产权加以调

---

① Perelman, Michael. The Political Economy of Intellectual Property. Monthly
Review. Jan. 2003. Vol. 54. Issue 8.

② I Walter. Choice. Intellectual Property Rights and Global Capitalism: The
Political Economy of the TRIPS Agreement. Middletown: Feb. 2005. Vol. 42. Iss. 6.

③ Michael H. Davis. Dana Neacsu. Legitimacy, Globally: The Incoherence of
Free Trade Practice, Global Economics and Their Governing Principles of Political
Economy. Law Review. 733 (2001).

节，使之合乎贫困国家的口味，贫困国家就会发现它的效用。该委员会提议，应当从最有利于每个发展中国家发展的角度来建议适合于该国的知识产权方案，它也应列入国际社会和各国政府的决策指南。① 对发展中国家接受 TRIPS 的原因，研究人员从政治学的角度指出，发展中国家加入 TRIPS 是有多方面原因的，一方面是为了换取一些发达国家给的贸易优惠，另一方面也是因为他们承受了美国施加的很多压力。② 美国在开始将 TRIPS 纳入乌拉圭谈判中时，已经在实施特别 301 条款。TRIPS 允许由于对知识产权的侵犯而进行货物制裁，其实就是美国在 301 条款中的做法的翻版。③ 另一个可以解释发展中国家接受 TRIPS 的原因是，该协议包含有强制许可和平行进口条款。④

在对 TRIPS 协议实施效果的政治学研究中，研究人员指出，在 TRIPS 的执行中，南半球的国家很快就认识到了技术转移和商业规则完全是为了发达国家及其国内公司的利益，他们需要重新定义这些交易后的规则。⑤ 且目前知识产权的现状并不是偶然的，而只是历史的再现。知识产权发展历史上曾经发生过的事情如今又重现，如今发生的很多事情与一百多年前的事情有非常多的类似之处。在知识产权向国际扩展的同时，新的组织也像以前的那些组织一样开

---

① 英国知识产权委员会《知识产权与发展政策整合报告》前言。http：//www. iprcommission. org/graphic/documents/final_ report. htm. ［检索日期 2005 年 10 月 2 日］

② Peter Drahos. BITS and BIPS：Bilateralism in Intellectual Property. Journal of World Intellectual Property Law. 2002. Vol. 4. pp. 791-808.

③ Duncan Matthews，Globalising Intellectual Property Rights：The TRIPs Agreement Journal of Economic Issues. Sep. 2003. Vol. 37. Issue 3.

④ Marc-André Gagnon. Trips and Pharmaceuticals：Inquiry into the Foundations of the International Political Economy of Intellectual Property Rights. http：//www. er. uqam. ca/nobel/ceim/gricpdf/Pharmaceuticals. pdf.

⑤ Lucio Lanucara. Book Review：Power and Ideas：North-South Politics of Intellectual Property and Antitrust. Indiana Journal of Global Legal Studies Spring. 1999. Vol. 6.

始发动抵制这种扩展的运动。①

从政治学视角探讨国际知识产权制度的研究人员也比较关注目前的讨论热点如软件保护、药品和生物多样性保护等问题，从政治学的角度分析这些研究对象所处现状的原因、缺陷，并提出政策方案。如在生物多样性和遗传基因的保护问题的政治学研究中，研究人员提出这两种客体不适合用法律解决，因为严格的法律解决方案会给南半球的基因资源和多样性生物以专利保护或其他知识产权保护，而研究已经表明这些专利通常由西方科学家和公司占有，知识产权解决方案对南半球的生物多样性和遗传资源的管理是不公平的。而且正是生物多样性知识产权保护制度内部的这种不公正使南半球指责北半球的行为是生物盗版。研究人员建议由民间组织倡导的道德观作为解决问题的方案，因为道德感可以促使北半球为开发南半球的基因资源支付足够的补偿，同时允许南半球获取北半球的药品和生物技术。研究人员还指出，尽管目前的国际知识产权法律制度对发展中国家的发展造成了负面影响，但问题还主要归因于发展中国家的政府对工业基础设施建设的忽视。②

以政治思维探讨国际知识产权问题，将知识产权问题的研究放在国际政治大背景中，使研究视野更加开阔，也更能发掘出国际知识产权问题产生的深刻政治原因。从政治学角度考察知识产权制度，可以发现目前的知识产权制度具有很强的政治性，一国国内的知识产权政策往往扮演了经济调控器的角色。而从国际政治的立场来看，国际知识产权制度无疑是各国尤其是发达国家利益的角逐场，目前的国际知识产权制度是发达国家主导制订、发展中国家迫于政治、经济压力而与发达国家妥协的结果。但国际知识产权制度运行的效果使发展中国家越来越觉察到对本国发展的不利影响，而

① Peter Drahos. John Braithwaite, . Information Feudalism：Who Owns the Knowledge Economy? College & Research Libraries. May. 2004. Vol. 65 Issue 3.

② Remigius N. Nwabueze. Ethnopharmacology, Patents and the Politics of Plants' Genetic Resources. *Cardozo Journal of International and Comparative Law*, 585 (11).

要求改变现行国际知识产权制度，并联合起来提出遗传资源、生物多样性、传统知识等具有优势资源的保护议题，以抗击发达国家利用现行国际知识产权制度进行的盘剥。总之，在政治背景下研究国际知识产权问题，更能明晰问题的政治性本质，有利于促进国际知识产权制度的良性发展，使国际知识产权保护的合作更加协调，发达国家和发展中国家的利益更加均衡。

L. T. C. Harms2000 年在《欧洲知识产权评论》上发表的《施舍馅饼给南半球》① 一文进行了深刻反思。L. T. C. Harms 认为，在发展中国家，知识产权法并没有如人们所期望的那样是出于公共利益、鼓励创造、创造财富和引起投资和技术转移。英国知识产权委员会于 2002 年在伦敦发表了《知识产权与发展政策相结合》。这个报告是为了研究"如何能让国内的知识产权保护制度在包括 TRIPS 在内的国际协议文本范围内，最好地被设计来有益于发展中国家"。英国知识产权委员会主席、斯坦福法学院教授 John Barton 希望无论是富裕国家还是贫穷国家，都把知识产权看作发展的工具，而重新纠正"知识产权保护越严自然就越好"的观念。报告《知识产权与发展政策相结合》的核心观点非常明确：发展中国家要避免照搬发达国家的知识产权保护体系，除非这些措施对自己真正有益，真正能够促进自身发展。

美国 Cleveland 大学法学院的教授 Michael H. Davis 认为专利制度是由政府提供给创新者的一种激励，是一个国家的产业和竞争政策。创新者必须获得足够的利润来支付研发的初始投入，如果市场竞争价加上早期市场准入阶段的利润不能弥补原始投资，创新的动力就不足。

知识产权条约引发两种类型的义务：国民待遇和特定程度的一体化保护。加州大学的 Suzanne Scotchmer 将知识产权一体化与国家的政策制订者独立制订政策所能达到的平衡相比较认为，知识产权一体化通常会强化保护程度。允许各个国家独立地制订知识产权政

① L. T. C. Harms. Offering Cake for the South . *European Intellectual Property Review*. 2000，pp. 451-453.

策，会导致知识产权国际保护的非效率。而且每个国家都不愿意作为唯一的知识产权保护的提供者，因为那样一来保护知识产权产生的利益就会溢出到别的国家，同时本国产生无谓损失，这就会导致知识产权一体化。当所有的国家都不对一个客体实施知识产权保护时，国家之间会达成一个非效率的均衡。知识产权保护一体化可以解决这一问题。通过这样的分析，他指出，知识产权保护一体化，也就是知识产权条约虽然可以解决所有国家独立地制订知识产权政策所带来的一些效率问题，但不可能解决全部问题。公共资助有时是对知识产权的一种有效替代。但是，目前国际上没有将公共资助进行一体化的机制，也没有返还公共资助产生的溢出。如果将公共资助的研发产出置入公共领域，他们便创造了跨国界的利益溢出。但这些溢出不能被收回，就导致了公共资助想要避免的无谓损失的加强。公共资助机构并不愿意看到利益的外流，造成提供公共资助的动力不足。而相反的，一体化的知识产权保护允许国家收回他们给予外国消费者的一些利益，这就导致了过分依赖于知识产权一体化保护，尽管这种保护通常是没有效率的。①

由网络推动的信息的全球化，对国内国际知识产权制度以及知识产权条约的形成也有重要的影响，信息的全球化推动了知识产权法的全球一体化。Kim Nayyer 认为信息的全球化和网络的影响强化了知识产权一体化的保护，打破国家主权的概念，加强了私人团体的力量和权力，经济利益将主要流向发达国家和跨国公司。②

伦敦经济学院的 Kenneth C. Shadlen、耶鲁大学的 Andrew Schrank 和俄亥俄州立大学的 Marcus J. Kurtz 以国际软件保护为例探讨了国际知识产权保护的政治经济学。他们在文中阐述了为什么要以计算机软件是考察国际知识产权制度好的范例：首先是它在国际经济中占有非常大的分量；其次是知识产权制度对其发展的影响

---

① Suzanne Scotchmer. The Political Economy of Intellectual Property Treaties. The *Journal of Law*, *Economics*, *& Organization*. Oct. 2004. Vol. 20. Iss. 2.

② Kim Nayyer. Globalization of Information Intellectual Property Law Implications. *First Monday*. Jan. 2002. Volume 7. No. 1.

最为集中；再次是国际上的大软件公司对世界上几个大的经济体有着深刻的政治影响。Kenneth C. Shadlen 等通过调查发现，虽然世界上大多数国家和地区在保护软件的知识产权方面程度已有很大提高，但同时各国和地区盗版率的变化和保护的总体水平仍有较大差异，没有显现出趋同的态势。作者们通过综合经济学、国际关系、法学方面的文献，发现经济学家对软件知识产权保护的常见观点是，软件的保护水平与一国的经济发展水平有密切的联系，富国通常比穷国提供更高的保护水平。而国际关系学者和法学家则认为，全球政治的变化给很多国家施加了新的保护软件的义务。作者经过分析两方面的观点得出结论，国际、国内因素对软件知识产权保护都有着非常重要的影响。但通过对国际多边和双边关系的分析，认为国际因素在拉动知识产权保护水平上起着重要的作用。①

WTO 的药品政策对于政治经济学家和国际法学家的研究来说也具有非常重要的价值，因为这一政策包含了许多被认为是全球化的因素。也被广泛地认为是少数几个发达国家的利益再分配，其形成源于发达国家的政治高压。鉴于此，以色列特拉维夫大学的 Eyal Benvenisti 教授和纽约大学的政治学教授 George W. Downs 选择药品作为探讨国际专利制度政治经济学的切入点。认为 WTO 框架下的国际药品制度其实是美国单边政治经济高压的结果，其实，在知识产权领域这种高压政策从美国 1974 年的《贸易法案》规定的特别 301 条款就已经开始了。两位教授认为，改革国际药品专利制度不是无路可走，根据物极必反的道理，发达国家的药品生产企业只顾眼前利益的行为必将导致这一制度的分崩离析，而中等收入国家的崛起和团结也会在使它们这一制度改革的国际谈判中更加有力。②加拿大 Windsor 大学政治学教授 Anna Lanoszka 对此也有类似

---

① Kenneth C. Shadlen, Andrew Schrank, Marcus J. Kurtz. The Political Economy of Intellectual Property Protection: The Case of Software. International Studies. *International Studies Quarterly*. Mar. 2005. Vol. 49 Iss. 1.

② Eyal Benvenisti. George W. Downs. Distributive Politics and Intellectual Institutions: The Case of Drugs. Case Western Reserve Journal of International Law. Winter. 2004. Vol. 36 Iss. 1.

的看法。①

澳大利亚国立大学法学院教授 Peter Drahos 从国际药品公司战略行为角度考察了国际专利制度的政治经济学。他认为这样做的好处是可以从公司的行为模式那里找到由目前国际专利制度引起的获取药品困难问题的深层原因。Peter Drahos 认为国际知识产权制度从来都是一些大的国际公司的商业战略行为。虽然在《知识产权和全球资本主义：TRIPS 协议的政治经济学》一书中，TRIPS 被认为是资本主义权力的延伸和剥削的工具，但美国贸易代表办公室前副总顾问 Geralyn Ritter 却不这样认为。他认为 TRIPS 第一次指出知识产权保护的不足是贸易和经济发展的障碍，也第一次解决了在许多国家存在的松懈的或根本不存在的对知识产权的实施。但目前的状况并没有很大的改变，整个 TRIPS 协议正遭受攻击和非难。Geralyn Ritter 指出，欠发达国家对食物、药品和化学产品专利的攻击，认为它们阻碍了发展，损害了为促进公共健康所做的努力是错误的。知识产权保护提供了创新投资和扩散的主要动力，反过来又促进了经济增长和生活水平的提高。Geralyn Ritter 认为责难 TRIPS 的背后的真正原因是旧的保护主义。例如，当美国批评巴西的法律没有能够保护药品专利时，却被严厉地指责阻碍了巴西的抗击艾滋病计划。也就是说，在欠发达国家对重要药物的获取方面存在十分严重的问题。但这个状况并不是由于 TRIPS 的原因，对这个协议的"澄清"并不能真正解决问题。②

加拿大多伦多大学法学院教授 Remigius N. Nwabueze 阐述了其对遗传资源保护的政治经济学看法，从而揭示了发达国家对发展中国家遗传资源的抢夺。他认为发达国家提出知识产权保护以及带来的补偿，可以为保持生物多样性提供必要的动力，其实是发达国家

---

① Anna Lanoszka. The Global Politics of Intellectual Property Rights and Pharmaceutical Drug Policies in Developing Countries. *International Political Science Review*. Apr. 2003. Vol. 24. Iss. 2.

② Alain Strowel, Geralyn Ritter. Of Politics and Patents. http://www.ifpi.org/site-content/press/inthemedia05.html. ［检索时间：2006-10-01］

企图侵占发展中国家基因资源的一种托词，是发达国家的自我利益和其国内卫生保健事业可持续发展的需要所致。发达国家的植物基因资源几乎完全消失，正面临着基因危机，而且这一危机因为药品制造正由合成制品转向天然制品而更加复杂。而发展中国家且有着非常丰富的动植物、人类基因资源，造成了发达国家对发展中国家基因资源的严重依赖。这才是发达国家在保护南半球生物和基因资源的真正原因。目前用于解决对发展中国家的传统知识和基因资源无偿使用问题的国际和国内的解决框架，说白了就是生物盗版、生物奴隶或生物殖民主义。①

美国亚利桑那州法学院教授 J. Byron McCormick 教授以政治经济学的眼光讨论了在发生跨国知识产权纠纷时，如何选择适用法律的问题。他认为国际知识产权保护的效率和对国家主权的尊重在该问题目前和今后的讨论中尤为重要。坚持严格的地域管辖从而提高知识产权保护效率的思想会阻碍国际知识产权的执行和商业性的开发。但同时对一个国家领土和礼仪习惯的尊重也十分重要。领土观念和礼仪习惯通常是一个国家主权的最好的表现。在探讨了国际私法原则中主权与效率的紧张关系后，他认为美国采取的使用与财产和当事人有最密切关系的法律决定版权所有人，比澳大利亚联邦法院采取的由侵权地法确定版权所有人更好。因为一方面，后者可能导致适用多个国家的法律，尤其当版权侵权诉讼涉及不同地域管辖时。而美国的做法则兼顾了效率和主权。②

著名知识产权学者 Pamela Samuelson 认为，目前的环境已经使版权制度影响到了每一个人，所以其需要一个新的政治经济学。③Christopher May 指出，法学家们需要利用政治经济学历史方法来纠

① Remigius N. Nwabueze. Ethnopharmacology, Patents and the Politics of Plants Genetic Resources. *Cardozo Journal of International and Comparative Law*. Nov. 2003. Vol9. pp. 585-590.

② J. Byron McCormick. Intellectual Property Politics and the Private International Law of Copyright Ownership. 30 *Brooklyn Journal of International Law*. 899 (2005).

③ Pamela Samuelson. Toward a New Politics of Intellectual Property. *Communications of the ACM*. Mar2001. Vol. 44 Iss. 3.

正以往那种只看重先例和学术争论的做法。应该说明知识产权的政治经济学和概念的发展历史，并将这一过程与知识生产相联系。如果希望知识经济能够产生丰硕成果，就必须发展出一套知识经济的政治经济学关系理论。① 在另一篇文章中，他也指出，全球化进程包含了全球信息社会的形成，信息社会产生和利用的核心资源是知识和信息，因此，知识产权问题越来越明显地需要对当前的体系进行政治经济学的分析。知识产权的高水平保护致使知识稀缺。知识的传播和全球知识共有财富的急需正在成为一个迫切的政治问题。目前我们缺少知识产权的政治经济学分析。②

另一位学者 James Boyle 的看法与上述观点一致，同样认为知识产权缺少政治经济学分析。指出尽管知识产权对经济发展有着非常重要的作用，并且对从公共教育到人的基因信息都具有非常大的影响，但它在争论热点以及政治中却没有相应的地位。而且目前知识产权保护有过分保护的倾向，为了抵抗这种倾向，同时也为了防止一些为最大利益方而制订规则，我们更需要知识产权的政治经济学。知识产权作为信息时代的法律形式，像许多财产制度一样，在意识形态、效率等方面是有异议的。但是现在我们没有像环境保护或税收改革方面的知识产权的政治经济学。我们缺少一个可以描述有关问题的概念的大致的图谱，缺少一个大致的成本收益工作模型，以及一个由不同领域组成但有着共同利益的政治联盟。

James Boyle 利用网络上的版权争议作为一个案例，并将知识产权政治经济学的建立与历史上的环保运动作为类比，给出了一系列建议，包括构建怎样的知识产权政治经济学，建立在什么理论思想之上，以及要团结哪些人等。作者指出目前我们尤其需要保护公共领域的政治经济学。这个政治经济学应是怎样的？在他看来，目前知识产权制度的处境正如 20 世纪 50 年代时美国人开始开展环保

① Christopher May. Thinking, buying, selling: Intellectual Property Rights in Political Economy. *New Political Economy*. Mar. 1998. Vol. 3. Iss. 1.

② Christopher May . Knowledge Commons in the Global Political Economy. *ISA Annual Conference*, Chicago 2001.

运动的情况。但是，我们正缺少的是一个总体的框架，一系列的分析工具使我们可以从问题出现的一开始就能对其进行分析。并可以在一个全新的环境中分辨出公共利益。作者认为环保运动中影响最为深刻的是两个基本的分析体系，一是生态学的思想，二是福利经济学的思想，可以为知识产权政治经济学的建立借用。同时发明一个类似"公共领域"的概念以唤醒人们参与保护版权公共领域的联盟。他指出建立知识产权政治学的可能性，认为可以建立联盟去反对一些立法，提供一些好的范例，而目前在知识产权领域，也已经有了不止一个保护和维护知识产权公共领域的公共机构和私人机构。①

　　Pamela Samuelson 指出以往版权的政治学都集中在了版权行业内部的口水仗上。立法对于这些业界内部的争论通常的反应是，由争论各方秘密谈判，敲定将妥协后的语言写入法律。如果谈判后形成的语言并不容易理解也没有太大关系，只要各谈判方明白就足够了。由此，版权变得非常复杂，不容易读懂。数字网络环境已经改变了知识产权生产的经济学（如复制的边际成本几乎为零），也改变了传播的经济学（如通过网络传播的成本也几乎为零），出版的经济学也被改变（将信息上传到网络上比印刷要便宜得多）。这意味着，个人的行为与以往那些商业盗版行为造成的潜在市场破坏是一样的。这就有助于解释为什么内容产业如此的关注计算机网络，以及为什么他们支持点击付费模式或者对所有商业化的有价值的数字信息制订信用政策。我们需要一个类似的运动去保护我们共有的、在开放的信息环境中、在公共领域和平衡的知识产权法中的无形的利益，我们的信息生态就被过强的知识产权保护破坏掉。

　　Pamela Samuelson 认为建立网络环境下知识产权新的政治经济学，首先是广泛地意识到版权将深刻地影响我们所有人的信息环境，要建立网络生态学，澄清网络环境。其次，所有可能被版权影响到的人或组织都应参与到新的政治经济学的建立过程中，这些人

---

① James Boyle. A Politics of Intellectual Property: Environmentalism For the Net? *Duke Law Journal* Oct. 1997. Vol 47. Iss. 87.

包括作者和艺术家、教育机构、图书馆、学术协会、计算机专业人士、计算机制造商和其他元件供应商、电信公司、网络服务和接入商、消费者组织、民主自由权利组织、数字媒体公司等。再次，要构建新政治经济学的日程。不应只停留在反对版权产业界高水平保护的倡议上，还需要有自己开发的一系列政策。①

九、国际知识产权研究发展趋势

（一）知识产权法定主义复苏与一体化趋势

知识产权法定主义是指知识产权的种类、权利以及诸如获得权利的要件及保护期限等关键内容必须由法律统一确定，除立法者在法律中特别授权外，任何人不得在法律之外创设知识产权。对知识产权法定主义最有力的支持是，迄今为止包括普通法系在内的各国均制定成文法保护知识产权。② 因为知识产权是对"无形的利益空间进行人为界定"，它"日益具有严格的法定性"，它不是基于对物的自然占有，而是由法律赋予的一种支配性权利，"是立法者人为界定的一个无形的利益边界"③，是一种法律强制规定下的制度产品。可以说，没有制定法，知识产权无从产生。洛克劳动财产权理论不能为知识产权制度提供全部理论基础，它无法解释知识产权制度的许多具体设计，其中蕴涵的矛盾和扩大知识产权的危险，需要工具主义的制定法加以限制。

知识产权法的全球化并不能协调各国在所有知识产权保护问题上的矛盾和冲突，自 20 世纪 90 年代开始知识产权法全球化随着 TRIPS 协议明显加快。各国以带有明显契约性质的协议对缔约方知识产权保护上的权利和义务进行一定量化与整合从而缩小不同国家

① Pamela Samuelson. Toward a New Politics of Intellectual Property. *Communications of the ACM*. Mar2001. Vol. 44 Iss. 3.

② 郑胜利：《知识产权法定主义》，中国知识产权报，2004-3-9。

③ 梅夏英：《财产权构造的基础分析》，北京：人民法院出版社 2002 年版，第 100 页。

在知识产权制度之间的差别。

欧盟是知识产权法区域一体化的典型。欧盟依靠一整套从立法、判例到实施的有效机制，使得各成员国的法律规定基本趋于一致。《北美自由贸易协定》用专章（第 17 章）对区域知识产权保护合作进行规定，它首先强调对知识产权权利人的充分有效保护，遵守有关的国际条约。在实施环节上，该贸易区强调国民待遇，以及对滥用或限制竞争行为的控制；在保护范围上，包括了知识产权通常的版权、商标、专利、地理标记、工业设计等，同时还提出了对录音、密码程序……输送卫星信号以及商业秘密的保护条款，其中尤为强调成员方要为个人提供保护商业秘密的法律手段；执行程序上，与 TRIPS 相似，有民事的救济程序、行政程序、刑事处罚程序、边境的知识产权保护的执行以及知识产权权利人的执行。就这样，北美自由贸易区依靠多边条约提出成员国在知识产权保护方面必须达到的最低标准，大大推进了区域知识产权保护的一体化。原东盟七国签署的《东盟知识产权合作框架协定》，从知识产权的目标、原则、合作范围及其合作活动的审议以至争端的解决都作了规定。该协定从形式和内容上具有一定的前瞻性，对于促进知识产权保护的一体化将起到很大的作用。除此之外，南方共同市场以及拟议中的海湾六国自由贸易区等，也采取类似北美自由贸易区统一立法的模式，在知识产权法的区域一体化方面取得了重大进展。

（二）知识产权扩张趋向

知识产权保护范围的扩大化表现为以 TRIPS 协议等国际条约为主干构成的当代国际知识产权制度不断深入和扩大保护传统的专利权、商标权、著作权和邻接权，如专利领域的软件专利、商业方法专利、基因专利等，版权领域的技术措施权和版权集体管理信息权，而且其他专门领域如计算机程序、数据库、奥林匹克标志、集成电路布图设计、植物新品种、商业秘密等都列入知识产权法律保护的范围。

知识产权法规范的内容不断拓展，国际条约不仅注重规范知识产权的实体内容，而且开始关注程序内容如《商标国际注册马德里协定》、《专利合作条约》等为商标和专利的国际申请提供了程序上的依据。TRIPS 协议甚至把触角伸进了知识产权的实施程序，包括民事、行政、刑事程序以及临时措施和边境措施等，而在过去这些被视为国内立法问题。随着国际化的发展，知识产权国际条约的内容也越来越细密。

在知识产权保护的国际化趋势下，知识产权保护水平在不断提高。具体表现在：一是权利保护期限的延长，TRIPS 协议将专利保护期限延长至 20 年，将集成电路的保护期限延长至 10 年。二是扩展权利保护内容，不断创设新的权利。比如网络传播权、集成电路布图设计权、植物新品种权、数据库的特殊保护等，而且对新的客体如民间文学、传统知识、基因资源的保护也在探讨之中。三是增加权利救济途径，如 TRIPS 协议要求对知识产权的行政决定提供司法审查。四是减小对知识产权的限制和例外规定。例如对合理使用、强制许可措施施加严格的适用条件，缩小法定许可的范围等。这一切都表明知识产权国际条约在知识产权保护的广度和深度上不断加强，保护水平不断提高。

（三）知识产权与公共利益协调趋向

知识财产私权化的扩张可能导致知识创造者的个人利益与知识利用者的公共利益之间的冲突。在社会权利体系中，即是私权与人权的冲突和协调问题。可以说，TRIPS 在促进知识产权国际保护发展的同时，也被认为造成了知识产权制度与国际人权法之间的冲突。在国际人权的视野中，TRIPS 协议给予药品以专利保护的要求严重妨害了贫穷患者获得急需的廉价救命药品的权利，对健康权造成了损害，引发了公共健康危机；TRIPS 协议在扩大知识产权的保护范围，规定"一切技术领域的任何发明"均可获得专利保护的同时，却对生物多样性、传统知识、民间文学艺术、遗传资源等创新之"源"的保护熟视无睹，跨国公司的"生物海盗"行为大肆掠夺发展中国家和土著社区的遗产和自然资源以及文化遗产[1]；TRIPS 协议对作者权利保护的缺失、限制合理使用规定对表现自由

---

[1] D. Murphy. Biotechnology and International Law. *Harvard International Law Journal*, 2001：47.

的冲击、信息数据库权利的扩张对数据库来源者个人隐私的妨害以及专有技术转让阻滞对发展权行使的制约等，都深刻说明国际知识产权与国际人权之间的不协调。

自进入后 TRIPS 时代，国际社会十分关注知识产权与基本人权的关系问题，并努力改革现有的国际知识产权保护制度，使之符合国际人权的标准。在多哈会议上，以南非为代表的发展中国家关于尊重人的生命权、健康权、维护公共利益的呼吁，得到了发达国家在知识产权领域的善意回应。因此，《多哈宣言》（2001 年）及《实施多哈 TRIPS 和公共健康宣言第六段的决定》（2003 年）的颁布是一个良好开端，它表明发展中国家的利益在国际知识产权体系中日益受到重视。可以说，遵循"法益优先保护"原则和"利益衡平"原则，协调知识产权与人权的关系，平衡发达国家与发展中国家的利益，将是当代知识产权国际保护制度改革的重要话题。

Lessig 认为创新取决于免费的、不受控制的资源的利用，因特网就是一种这样的资源类型，其开放的构架非常有利于创新的开展。但是现在这种网络已经越来越向商业化和被控制的环境转变，开放程度降低，对创新的促进作用正在减小。Litman 更加关注的是版权的过度保护抑制了消费者的权利，她着重分析了美国版权法律制度，认为其是不公正、不平衡的，它没有充分考虑公众利益。Litman 建议将版权修改带回其起源时的内涵：对商业开发利用的排他权。在这种标准下，只有对他人作品未经许可的营利性使用才构成侵权，而非商业性使用不应该被覆盖进法律的范围内。这种修改的建议能够保障公共利益，特别是公众获取思想、信息和其他公有领域资料的权利。但是 Litman 对法律的修改前景并不是很乐观：国会不会摆脱好莱坞和其他一些大公司利益的操纵。

Lessig 和 Litman 都认为知识产权法律走得太远了，它以公共领域和民主价值为代价保护了公司和媒体的利益。但二人并不是认为所有信息都应该被免费和自由利用的信息无政府主义者。Litman 也不赞成对现有法律的违背，她的目标是希望公众通过反映自己的呼声促进国会对法律进行必要的修改。

Richard A. Spinello 从洛克的劳动应得理论出发，认为劳动者因自己的创造性劳动而获得适当的回报。这种回报不能损害未来创作者的公共知识领域。知识产权是一种自然权，但这种自然权并不是绝对的，这种权利必须与其他的一些权利相平衡。作者认为对知识产权的限制不能只有一些抽象的思想，而必须有明确具体的表达。这些具体的限制条款目的就是为了保护公有领域。知识产权保护必须在过度（过分保护）与欠缺（保护不足）之间寻求平衡。太强的控制、太长的保护期都会危害未来的创造过程；而太弱的保护则会不能够给创作者应得的回报，失去了提供创作动力。

对于网络知识产权作者也进行了专门分析。作者认为因特网是一个增长速度惊人的创新来源。如果因特网的创新力过早衰退了，这无疑是一个悲剧。因此，为了确保因特网作为创新公共空间的存在，需要合理的财产权利保护制度。完全的私人控制是不合理的：对知识产权在因特网上的过分延伸会抑制网络空间创新活动的开展。但与之相反，认为网络空间是版权自由领地的观点也是不可取的。作者提出受限制的知识产权保护制度才是比较合理的：我们既要避免盲目扩充知识产权的保护领域，又要避免贬低知识产权制度的存在价值。①

而综观各国版权法中所述的立法目标，大多数国家立法中的表述更倾向于将版权作为实现一定社会目标的手段。如美国宪法在第一条第八款中对知识产权这样作出规定："国会有权……通过保障作者与发明人对其相应作品与发明在限定期限内拥有专有权的方式来促进科学与实用艺术的发展。"英国知识产权委员会《知识产权与发展政策的整合报告》中这样说道："不管对知识产权采取什么样的措辞，我们更倾向于把知识产权当作一种公共政策的工具，它将经济特权授予个人或单位完全是为了产生更大的公共利益。这样

---

① Richard A. Spinello. The Future of Intellectual Property. *Ethics and Information Technology*, 2003（5），pp. 1-6.

的特权只是达到目的的手段，而不是目的本身。"①

通过对发达国家发展历程的分析，学者认为充分的历史事实证明：自由模仿是学习如何创新的关键步骤，大量例子也显示了相对不受约束地从发达国家获取货物、技术、信息等能够促进不发达国家的发展。这些结论在荷兰、瑞典、日本、美国等国的发展中得到了证明，为什么不能应用在今天的发展中国家身上？在过去发挥过非常好作用的战略性差别在今天或多或少处于不合法的境地。条文漏洞提供给非发展中国家的机会越来越少，实体专利法条约（SPLT）就是在谋求全球专利一体化的保护。发展中国家有充足的理由反对 SPLT，要求 WIPO（其大多数成员国为发展中国家）重新评估其专利和数字化计划。在考虑制定政策和外交方针时，历史提供了两个值得思考的方面：第一，这些今天的发达国家当它们在追赶技术更先进的国家时确保自己采用了较弱的知识产权保护制度。而今天发达国家要求世界上其他国家采取与其相同的专利和其他知识产权标准是虚伪的。第二，它们的要求阻止了发展中国家采取适合其发展水平的专利和版权保护标准。发展中国家选择与其发展相适应的知识产权规则的机会正在快速减少（如果不是正在被消灭的话）。这种状况是极其令人担忧的，应该引起警觉。

（四）知识产权立法和法律规则的多元化趋向

TRIPS 协议的出现以及 TRIPS 协议生效后的知识产权领域的国际造法运动，反映了知识产权国际立法权力的集中和分散两种走向。

从制度水平（institutional level）上来说，国际组织与知识产权标准制定相关程序的激增（proliferation）。虽然 TRIPS 仍然是国际知识产权构建基础的中心，在知识产权标准制定方面，WIPO 也发挥着越来越显著的作用。知识产权成为国际组织和论坛商议决定有关人权、健康、电信、生物多样性和文化问题的主题；知识产权制

---

① 英国知识产权委员会《知识产权与发展政策的整合报告》前言，参见 http：//www. iprcommission. org/graphic/documents/final_ report. htm. ［检索日期 2005 年 12 月 2 日］

度在地区、双边谈判活动中都起了很大作用。

WTO 与 WIPO 在相当长时期内将继续把持知识产权主流立法权。WTO 和 WIPO 之间分工合作机制将在未来知识产权国际立法中扮演着最重要的角色，WTO 注重既已出现的规则的执行和争端解决问题，而 WIPO 则侧重于创设新的知识产权规则、管理现存的知识产权协议。

国际知识产权立法权力分散也为一些非政府组织和社会团体倡导和支持。正如西方学者赫尔夫指出的那样，美欧为 TRIPS 协议进行辩护的各种理由已经开始遭到质疑，诸多发展中国家、政府间国际组织和非政府组织已经开始将火力集中对准 TRIPS 协议①。它们围绕着如何处理保护知识产权与维护生物多样性、合理开发植物基因资源、促进公共健康、维护人权之间的关系等问题，对 TRIPS 协议所确立的一系列高标准的知识产权规则提出了批判，探讨和制定了一系列软法性质的、倡导人权和维护社会公共利益的知识产权新规则。

（五）两大法系的协调与融合趋势

不同法系之间的协调与融合是全球知识产权发展的重要趋势。大陆法系和英美法系在知识产权理论上具有传统上的差别。如大陆法系强调精神权利，英美法系强调财产权。在专有权利内容上，大陆法系认为知识产权是一种"天赋人权"，从理论上讲是绝对的，不可限制的。作者的精神权利与财产权利应是统一的，因此在大陆法系国家流行精神权利与财产权利统一的"一元论"。大陆法系把著作权看成是自然的权利，一种人权，因而对著作权转让一般持保留态度。德国不允许在保护期内把著作权的全部内容向使用者发放在全德国的独占许可证，更不允许转让全部著作权。即使是出版权，到了法定期限也自然回归作者，即著作权作品的使用人不可独占著作权。后 TRIPS 时代经济权利地位的提高与精神权利地位的降低，国际知识产权保护标准逐步统一，其协调方法主要是采用了

① Laurence R Helfer. Regime Shifting: The TRIPs Agreement and New Dynamics of International Lawmaking. *Yale Journal of International Law*, 2004 (29). pp. 5-6.

"最低标准"的原理。在这些标准中，国民待遇标准的形成与发展则具有特别重要的意义。

在 TRIPS 和 TRIPS 之后创立的版权国际规范是国际社会成员长期磋商的结果，具有国际统一的特点。

两大法系在国际私法上的融合提高了国际版权司法的效果。近年来，国际私法界一直将解决两大法系间的对立作为努力的目标，从两大法系有关国家和地区的立法来看，这种努力已经取得了一定成效。两大法系之间出现了相互融合的趋势。① 在版权诉讼管辖权上，国际冲突法的日趋接近促进了两大法系版权司法制度的协调。根据专家的结论，两大法系相互融合的趋势主要表现在英美法系国家和地区的冲突法逐步向成文法化迈进、英美现代冲突法理论对欧陆国家立法产生影响、两大法系在属人法上的日趋接近、两大法系在继承法律适用上的相互融合和时效制度上的融合。② 因为国际版权条约将有关法律适用的问题通过国民待遇原则留给了国内法，因此，两大法系的融合对版权保护全球化具有特别意义的是有关法律适用的理论。

（六）公平与效率结合的价值趋向

法学方法仍是国际知识产权研究的主流。经济分析在国际知识产权研究中不可缺少。前者代表公平，后者代表效率。政治科学也同样在推动国际知识产权研究。国际知识产权研究已经突破了单纯的从法律的公平视野看待知识产权问题，跨学科的研究方法将广泛应用于国际知识产权领域的研究，该领域的研究将更加多元化、多视角。知识产权研究本身具有开放性，正在运用多学科的研究方法，对研究内容进行综合分析，在广阔的学术视域下，解决知识产权问题。后 TRIPS 时期的版权研究既要强调法学的公平正义原则也要强调经济学的效率原则，关于这一点已经被法学家清楚的认识到

① 韩德培，杜涛：《晚近国际私法立法的新发展》，韩德培等主编《中国国际私法年刊》（第三卷），法律出版社 2000 年版，第 15 页。

② 韩德培，杜涛：《晚近国际私法立法的新发展》，韩德培等主编《中国国际私法年刊》（第三卷），法律出版社 2000 年版，第 15～22 页。

了。阿根廷布宜诺斯艾利斯大学卡洛斯·M. 科雷亚认为"纯法律的分析或纯经济的分析都无法看清知识产权的性质和知识产权的影响"。①

参 考 文 献

Allen B. Veaner. Who Owns Academic Work? *College & Research Libraries*. no5 416-420 S 2003.

Amanda Cohen. . Surveying the Microsoft Antitrust Universe. *Berkeley Technology Law Journal*. 2004.

Barton, J. . Patents and the Transfer of Technology to Developing Countries, Patents Innovation and Economic Performance. *proceedings of the OECD conference on IPR, Innovation and Economic Performance*, 28-29 August 2003 .

Barton, J. , Reforming the Patent System. *Science*, 2000, 287 (5460):1933-1934.

Barlow, John Perry . The Next Economy of Ideas-After the copyright revolution. *Wired.* 8, no. 10, (2000): 238.

Bruce J. Goldner, Kenneth A. Plevan 2004 Trademark Law Decision of the Federal Circuit. *American University Law Review*. April 2005.

Christopher May . Why IPRS are a Global Political Issue. *European Intellectual Property Review. January*,2003.

Cohen, J. and M. Lemley. Patent Scope and Innovation in the Software Industry, *California Law Review*. 2001.

Gallini, N. , The Economics of Patents: Lessons from Recent US Patent Reform, *Journal of Economic Perspectives*, 2002 Vol. 16, No. 2, Spring 2002.

---

① 卡洛斯·M. 科雷亚:《拉丁美洲对版权和邻接权经济价值的评估方法》,国家版权局:版权公报,2000 年 2 月。

Graham, S. and D. Somaya. The Use of Patents, Copyrights and Trademarks in Software: Evidence from Litigation, in Patents Innovation and Economic Performance. *proceedings of the OECD conference on IPR, Innovation and Economic Performance*, 28-29 August 2003.

Graham Dutfield and UMA Suthersanen. Harmonization or Differentiation in Intellectual Property Protection? The Lessons of History. *Prometheus*, Vol. 23, No. 2, June 2005:131-147（缺作者）

J. Litman. *Digital Copyright*. Prometheus Books, Amherst, NY, 2001.

Jamie Crook. Balancing Intellectual Property Protection with the Human Right to Health. *Berkeley Journal of International Law*, 2005 (23)

L. Lessig. *The Future of Ideas*. Random House, New York, 2001.

L. T. C. Harms. Offering Cake for the South. *European Intellectual Property Review*, 2000, pp. 451-453.

Makan Delrahim. International Antitrust and Intellectual Property: Challenges on the Road to Convergence: Conference on Antitrust & Intellectual Property: the Courts, the Enforcers, and the Business World, San Francisco, May 2004.

Neil J. Wilkof. Trade Marks and the Public Domain: Generic Marks and Generic Domain Names. *European Intellectual Property Review*, 2000:571-579.

Patricia Loughlan. Descriptive Trade Marks, Fair Use and Consumer Confusion. *European Intellectual Property Review*, 2005:443-445.

Peter M. Gerhart. Why Lawmaking for Global Intellectual Property is Unbalanced, *European Intellectual Property Review*, 2000 (7): 309-313.

Richard A. Spinello. The future of intellectual property. *Ethics and Information Technology*, 2003 (5)

Roberta Horton, Catherine Rowland. 2003 TRADEMARK LAW

DECISIONS OF THE FEDERAL CIRCUIT. *American University Law Review*. April 2004.

Schatz, U. , Recent Changes and Expected Developments in Patent Regimes: A European Perspective, in Patents Innovation and Economic Performance, *proceedings of the OECD conference on IPR*, *Innovation and Economic Performance*, 28-29 August 2003.

Stallman, Richard . The Right to Read. *Communications of the ACM*. 40, no. 2, (1997): pp. 85.

情报科学核心领域研究进展

李 纲 郑 重

引 言

Information Science 1959 年首次出现在宾夕法尼亚大学莫尔电子工程学院对计算机信息学的描述中，是作为计算机信息学（Computer and Information Science）的同质异名词使用的。20 世纪 60 年代中期，随着计算机文献检索技术的应用，Information Science 被引入到图书馆工作中，从而使 Information Science 在与图书馆信息服务相结合的过程中发展成为一门新学科。在这一领域中，"情报科学"成为文献信息研究的指称。至此，情报科学同时代表了两门学科。为了加以区别，人们便将计算机领域的 Information Science 称为 Computer and Information Science，称图书馆领域的 Information Science 为 Library and Information Science。这两个学科的形成，实际上是使 Information Science 成为上述两门学科和其他还称不上独立学科的相关研究领域的统称。所谓"信息科学、信息学、情报科学、情报学"本来均对应于英文中的"Information Science"或"Informatics"，乃是同一个学科名称，在下文统一使用"情报科学"与之对应。

伴随着 IT 技术的快速发展和广泛应用，国际情报科学的研究在理论、技术和方法上均有很大变化，也形成了一系列的研究热点。由于研究热点领域分散、变化很快，有些只是昙花一现，因此，本文涵盖所有这些问题既无可能，亦无必要。笔者仅仅试图通过跟踪国际上重要的情报学研究机构的动态，去选择情报学核心领域中具有持续研究价值且近年取得突破性进展的领域作为本文的研究对象。当然，这种选择不可避免地带有主观性和片面性。

当今国际上已经成立了很多情报科学研究组织，其中许多组织都成为了享誉国际的学术机构，如美国图书馆协会（American Library Association，简称 ALA）、美国情报科学与技术协会（the American Society for Information Science and Technology，简称 ASIS&T）、美国图书馆及信息技术协会、英国情报组织协会（ASLIB）、美国数字图书馆联盟（National Digital Library Federation）、美国计算机学会信息检索特别兴趣小组（SIGIR）、美国信息系统协会（Association for Information Systems，简称 AIS）等。

美国情报科学与技术协会（ASIS&T）成立于 1939 年，拥有来自计算机科学、语言学、管理学、图书馆学、工程学、法律、医药、化学等专业领域的接近 4000 名专家，共同研究更先进的理论技术和方法用于存储、检索、分析、管理信息以及建立信息档案。The Annual Review of Information Science and Technology（ARIST）是 ASIS&T 制作的标志性情报科学刊物，每年 1 卷，至今已发行 39 卷（1966~2005 年）。每年出版的 ARIST 涵盖了前一年国际情报科学和技术领域所取得的标志性进展及成果研究，并以专题形式加以介绍。如 2005 年出版的 ARIST 就介绍了 2004 年国际情报科学领域在信息检索、科技系统、社会信息化、国家情报和情报理论 5 个方面相关的前沿课题和技术的介绍。

美国国家数字图书馆联盟（National Digital Library Federation）将美国及其他国家的数字化资源汇集起来，使之能被学生、学者和任何地方的公民自由获得的美国文化遗产的形成与发展提供文献资料；实现涉及各个主题的，面向全球因特网用户、开放的、分布式的数字化图书馆；建立协作管理机构来协调与引导数字图书馆的实现与维持。

英国情报组织协会（ASLIB）成立于 1924 年，协会宗旨是探讨如何有效的管理信息资源，帮助并指导政府机关，私人机构及企业如何管理信息。Managing Information 是 ASILB 制作的出版刊物，介绍信息管理最新动态及解决方案。

美国图书馆协会（American Library Association）成立于 1876 年，是美国图书馆界的专业组织、世界上最大的图书馆协会之一。ALA 多年来的重点活动领域是：培训图书馆员、制订图书馆法和图书馆标准、编辑出版物、保护求知自由、合作编目和分类、编制书目工具、促进馆藏建设和情报检索、推动自动化和网络化等。

美国计算机学会信息检索特别兴趣小组（SIGIR）是信息检索领域的最权威机构之一，该小组每年举办一次年会，共同研讨信息检索的最新研究成果和发展情况，截至 2005 年，已经举办了 28 届，每届年会均有收录的会议论文集，是信息检索领域的最权威机构之一。

除了这些情报科学协会组织外，还有一批世界知名学府，如匹兹堡大学、雪城大学、伊利诺伊大学、曼彻斯特大学、卡耐基-梅隆大学的图书情报院系实力雄厚，拥有先进实验室和研究科研中心均为世界领先水平。

根据对这些国际学术组织的研究，近几年国际情报科学的发展主要是围绕在信息检索、信息加工、社会信息学、智能化等领域，其中对于信息检索和信息处理方向取得的进展较大。笔者选择了其中讨论较多，运用较广的统计语言模型、网络计量学和信息可视化三个领域加以系统的评述。

一、应用于信息检索的统计语言模型（SLM）

（一）统计语言模型产生背景

统计语言模型（Statistical Language Modeling，简称 SLM）是关于某种语言所有语句或者其他语言单位的分布概率。也可以将统计语言模型看成是生成某种语言文本的统计模型（Rosenfeld，2000）。统计语言模型起源于 20 世纪初期，最早由 Markov 应用到俄国文献的字母序列建模中，但直到 20 世纪中期 Shannon 尝试运用字母序列和单词序列模型解释译码的含义和信息理论后，这一领域的研究工作才开始正式得到发展。此后许多年，统计语言模型统计被发展成一种自然语言处理工具，主要运用在语音识别、机器翻译以及拼写改正等研究中。

1. IR 模型简介

信息检索（Information Retrieval）是一门研究从一定规模的文档库（Document Collection）中找出满足用户提出的需求（User Information Need）的信息的学问。和数据库检索不同的是，IR 处理的主要数据往往是无结构（Unstructured）或者半结构的（Semi-structured）；另一方面，IR 的检索结果也往往是不精确的，而不像数据库查询那样正确率一定是 100%。

在过去的四十年里，信息检索领域出现了许多检索模型，最经典的包括布尔模型（Boolean Model）、概率模型（Probabilistic Model）和向量空间模型（Vector Space Model）。

经典的信息检索模型使用一组具有代表性的关键词（索引术语）来描述数据库中的每一篇文档。术语是文档中的一些简单的单词，通过它们可以与数据库中的文档相联系，所以我们使用术语来索引文档内容。一般来说，索引术语大部分是名词，因为名词的语义很容易识别，而形容词、副词和连接词经常以补语的形式出现，因此很少被用作索引术语。然而在某些系统中也可能将文档中每个不同的单词作为索引术语，如某些 WEB 上的全文检索系统①。

（1）布尔（Boolean）模型

布尔（Boolean）模型是基于集合论和布尔代数的一种简单检索模型。由于集合的定义是非常直观的，布尔模型提供了一个信息检索系统用户容易掌握的框架查询串通常以语义精确的布尔表达式的方式输入，如 $q = ka \wedge (kb \vee kc)$。

布尔模型定义索引术语只有两种状态，出现或者不出现在某一篇文档中，这样就导致了索引术语的权重都表现为二元性，即 w_{ij}

① P. F. Brown, J. Cocke, S. A. Della Pietra, V. J. Della Pietra, F. Jelinek, J. D. Lafferty, R. L. Mercer, and P. S. Roossin. A Statistical Approach to Machine Translation. *Computational Linguistics*, 16 (2): 79-85, June 1990.

$\in \{0, 1\}$。查询串 q 是一个传统的布尔表达式，假设 $\overrightarrow{q_{dnf}}$ 是 q 的分离形式，进而假设 $\overrightarrow{q_{cc}}$ 是 $\overrightarrow{q_{dnf}}$ 的任何一种分离形式，文档 d_j 与查询串 q 的相关都定义为：

$$sim(d_j, q) = \begin{cases} 1 & if \exists \overrightarrow{q_{cc}} | (\overrightarrow{q_{cc}} \in \overrightarrow{q_{dnf}}) \cap (\forall k_i, g_i(\overrightarrow{d_j}) = g_i(\overrightarrow{q_{cc}})) \\ 0 & otherwise \end{cases}$$

$$(1\text{-}1)$$

如果 sim（d_j，q）$=1$，布尔模型表示查询串 q 与文档 d_j 相关（但可能不属于查询结果集），否则就表示与文档 d_j 不相关。布尔模型的主要优点在于具有清楚和简单的形式，但同时存在如下缺陷：检索策略是基于二元判定标准（Binary Decision Criterion）、缺乏文档分级（Rank）的概念、限制了检索功能、用户的信息需求很难转换为布尔检索式等。正是这些缺陷的存在从而导致了向量（Vector）模型的产生。

（2）向量（Vector）模型

向量模型认识到布尔模型中的二元权重的局限性，从而提出了一个适合部分匹配的框架。它在查询串和文档之间分配给索引术语非二元的权重，这些术语权重反映了数据库中的每篇文档与用户递交的查询串的相关度，并将查询返回的结果文档集按照相关度的降序排列，所以向量模型得到的文档是部分地匹配查询串。

在向量模型中，内聚相关度的量化是通过计算术语 k_i 在文档 d_i 中的出现频率来实现的。这些术语的频率（lf）表现了术语反映文档内容的程度。此外，内聚的相异程度的量化是通过计算术语 k_i 在集合中所有文档的出现频率的倒数来实现的，用 idf（inverse document frequency）来表示。使用 idf 的目的是，在许多文档中出现的术语对区分查询串与文档是相关还是不相关时是没有多大用处的。在信息检索问题中，好的聚类算法，即最有效的术语权重方案应该尽量平衡这两种要素。

向量模型的优点在于：第一，术语权重的算法提高了检索的性能；第二，部分匹配的策略使得检索的结果文档集更接近用户的检索需求；第三，根据结果文档对于查询串的相关度通过 Cosine Ranking 公式对结果文档进行排序。

（3）概率模型（Probabilistic Model）

概率模型的基本理论是：给定一个用户的查询串 q 和集合中的文档 dj，概率模型来估计用户查询序列与文档相关的概率。概率模型假设这种概率只决定于查询序列和文档。换句话说，该模型假定存在一个所有文档的集合，即相对于查询序列的结果文档子集，这种理想的集合用 R 表示，集合中的文档是被预料与查询序列相关。

在概率模型中索引术语的权重都是二元的，例如：$w_{ij} \in \{0, 1\}$，$w_{iq} \in \{0, 1\}$。查询串 q 是索引术语集合的子集。设 R 是相关文档集合（初始的猜测集合），$\overline{R}$ 是 R 的补集（非相关文档的集合）。$P(R \mid \overrightarrow{d_j})$ 表示文档 d_j 与查询串 q 相关的概率，$P(\overline{R} \mid \overrightarrow{d_j})$ 表示文档 d_j 与查询串 q 不相关的概率。文档 d_j 对于查询串 q 的相关度值定义为：

$$sim(d_j, q) = \frac{p(R \mid \overrightarrow{d_j})}{p(\overline{R} \mid \overrightarrow{d_j})} \tag{1-2}$$

根据 Bayesian 定律：$sim(d_j, q) = \dfrac{p(\overrightarrow{d_j} \mid R) \times p(R)}{p(\overrightarrow{d_j} \mid \overline{R}) \times p(\overline{R})}$ （1-3）

概率模型的优点是文档可以按照它们相关概率递减的顺序来计算秩（Rank）。缺点在于开始时需要主管把文档分为相关和不相关的两个集合，实际上这种模型没有考虑索引术语在文档中的频率（因为所有的权重都是二元的），而索引术语都是相互独立的。

2. 查询条件概率模型（Query – likelihood Model）

将统计语言模型和信息检索相结合是 Ponte 和 Croft 在 1998 年首次提出的，这个最早的语言模型检索方法被称为"查询条件概率模型"[①]。该模型假设用户头脑中有一个能满足他的信息需求的理想文档，用户从这个理想文档中抽取词汇作为查询条件，用户所选择的查询条件词汇能够将这个理想文档同文档集合中其他文档区分开来，这样查询条件可以看作是由理想文档生成的能够表征该理想文档的文本序列。这个假设使信息检索系统的任务转化为判断文

① J. Ponte and W. B. Croft. A Language Modeling Approach to Informationretrieval. Proc. 21st Int. Conf. *Research and Development in Information Retrieval* (*SIGIR*' 98), 1998, pp. 275-281.

档集合中哪一文档与理想文档最接近的问题。用公式表示即为：

$$\arg\max_{D} P(D|Q) = \arg\max_{D} P(Q|D)P(D) \qquad (1\text{-}4)$$

其中，Q 代表查询条件，D 代表文档集合中某个文档。先验概率 P（D）对于文档集合中每篇文档来说都是相同的，所以关键是估计每篇文档的语言模型 P（Q ｜ D）。换句话说，我们首先需要估计每篇文档的词汇概率分布，然后计算从这个分布抽样得到查询条件的概率，并按照查询条件的生成概率来对文档进行排序。

Ponte 和 Croft 在他们的工作中采取了"多变量贝努力"方法来近似估计 P（Q ｜ D）。他们将查询条件表示为二值属性构成的向量，词汇表中每个不同词汇代表了向量中的一维用来表示词汇是否在查询条件中出现。在这个方法后面隐藏着以下几个假设：

（1）二值假设：所有属性是二值的。如果一个词汇出现在查询条件中，代表该词汇的属性值被设置成1。否则设置为0。

（2）词汇独立假设：文档中词汇之间的关系是正交关系，也就是说是相互独立的，不考虑词汇之间的相互影响。

基于以上假设，查询条件生成概率 P（Q ｜ D）可以转化为两个概率的乘积：一个是生成查询条件词汇的概率，另一个是没有生成查询条件词汇的概率。其中 P（W｜D）利用包含词汇 W 的所有文档的平均概率和风险因子来计算。对于没有出现的词汇，使用文档集合的全局概率来计算。在这个模型中，一些统计信息比如词频信息（Term Frequency）和文档频率（Document Frequency）等信息成为语言模型检索方法中的有机组成部分。这一点与传统检索模型不同，在传统检索模型中，这些信息都是作为启发规则性质的计算因子引入的。另外，文档长度归一因素化成为不必单独计算的因子，因为它已经隐含在语言模型中的概率参数中了。

实验数据表明，尽管 Ponte 等人提出的语言模型还只是很简单的模型，但是在检索效果方面已经可以和目前性能最好的概率检索模型相当或者更好，这在很大程度上促进了基于统计语言模型的信息检索系统的发展。

3. 各种模型的比较（见表1）

布尔模型由于其简洁性一直受到商业搜索引擎的青睐，但功能也是最弱的。而向量空间模型和概率型却由于其形式化备受学者们的推崇，如果从学术研究状况及商业运用模式上看，向量空间模型则更受欢迎。但是这些传统检索模型由于过于依赖人工的经验参数，存在较大的主观因素。而统计语言模型统计有统计理论基础，而且在语音识别和机器翻译领域已经有了很多成果，很有学术研究及商业应用方面的前景。与传统检索模型相比，语言模型检索方法有下列优点：

（1）能够利用统计语言模型来估计与检索有关的参数。

（2）我们可以通过对语言模型更准确的参数估计或者使用更加合理的语言模型来获得更好的检索性能。

（3）统计语言模型方法对于文档中的子主题结构和文档间的冗余度建立统计模型也是有帮助的。

表 1-1　　　　　　　　　　　四种模型的区别

经典模型	布尔模型	向量空间模型	概率模型	语言模型方法
提出时间	20 世纪 50 年代	20 世纪 60 年代	20 世纪 80 年代	20 世纪 90 年代末
理论基础	集合论	代数理论	概率论	概率论/随机过程
相关文档判断	二元无序	非二元有序	非二元有序	非二元有序
系统实现难度	简单	简单	较难	简单
部分匹配支持	不支持	支持	支持	支持
商业运用情况	采用	常采用	采用	未采用

（二）SLM—IR 基本领域

信息检索一般可以看成由四个基本问题构成：用户需求表达，文档内容表达，用户需求和文档匹配方式。不同的模型对这四个问题有着不同的解决办法和侧重点，如布尔模型侧重于结构化查询，向量空间模型侧重于权重计算，概率模型侧重于利用相关性文档估计权重。而基于语言模型的信息检索系统则在解决上述四个问题的同时，也将如结构化查询、语义查询扩展、相关性反馈等与信息检索相关的技术统一在一个理论框架下，这是其他检索模型无法比拟的。

1. 基本模型

（1）N-gram

到目前为止，最流行的统计语言模型是 N-gram 模型，N＝1，2，3…。假设一个句子 S 代表了某个长度为 k 的特定单词序列，S＝{w₁，w₂，…wₖ}，可以表示句子 W 的出现概率为：

$$p(s) = \prod_{i=1}^{k} p(w_i \mid w_{i-1}, w_{i-2}, w_{i-3}, \ldots, w_{i-n+1}) \qquad (1-5)$$

令 k＝1，2，3，就分别对应 unigram，bigram 和 trigram 模型。从概率理论的角度来说，分别对应 0 阶，1 阶和 2 阶的离散马尔科夫链。以"我今天上午去医院看牙齿"这句话为例，它的 trigram 模型是：

P（我今天上午去医院看牙齿）＝P（齿｜看牙）*p（牙｜院看）*p（看｜医院）*P（院｜去医）*p（医｜午去）*P（去｜上午）*p（午｜天上）*p（上｜今天）*P（天｜我今）*P（今｜我）*p（我）

如果求出上面式子里的每一个 trigram 的概率，那么这个句子的概率就可以求出来了。依此类推可以求得任意 n-gram 模型的参数。但是这样的估计存在一个严重的缺陷，因为训练语料再大，也无法涵盖所有的语言现象，即总有一些在自然语言中存在的 n-gram，没有在训练语料中出现，即所谓的数据稀疏问题。要解决数据稀疏问题，就要给未出现在训练语料中的 n-gram 赋予一定的概率，这就是后文将要谈到的参数平滑问题。

（2）隐马尔科夫模型（HMM）

Miller 等人在 1999 年 SIGIR 国际会议上的一篇论文中提出隐马尔可夫模型（Hidden Markov Model，简称 HMM）引入信息检索领域[1]。该方法在本质上是一种统计语言模型方法，而且根据该方法

---

[1] D. H. Miller, T. Leek, and R. Schwartz. A Hidden Markov Model Information Retrieval System. *In Proceedings of the* 1999 *ACM SIGIR Conference on Research and Development in Information Retrieval*, 1999 pp. 214-221.

推导出的查询条件和文档相似度计算公式与 Ponte 经典语言模型方法基本一致。实验结果表明了这是一种有效的方法。

离散隐马尔可夫模型一般来说由以下四个参数集合构成：状态集合，状态集合中各个状态间的转移概率集合，状态输出的可见符合集合与每个状态产生可见符号的概率集合。系统从初始状态集合中的状态开始，根据状态转移概率随机地从一个状态向另一个状态转移，直到转移到某个最终状态为止。在这个随机状态转移过程中，由于每个状态都可以按照一定的概率分布发出某些可见符号，所以在状态转移过程中伴随着一系列可见符号的产生。之所以称之为隐马尔可夫模型，是因为对于外界观察者来说，系统的状态转移过程是不可见的，能够观察到的仅仅是由状态转移过程中发生的可见符号系列。

HMM 方法将信息检索过程看作是上述的离散隐马尔可夫模型。假设文档集合 S 包含 N 个不同文档，HMM 方法根据每一篇文档 d 和文档集合 S 构造包含两个状态的离散隐马尔可夫模型，这样得到 N 个不同的隐马尔可夫模型的集合，任一个隐马尔可夫模型由以下四组参数集合构成：文档 d 本身和文档集合 S 构成状态集合：状态间的转移概率集合 $T = \{a_1, a_2 \ldots a_3\}$；状态输出可见符号集合由文档集合中出现的所有词汇构成；而每个状态产生可见符号的概率集合通过以下最大似然估计得到：

$$p(term \mid D_K) = \frac{tf_{term}}{\mid D_k \mid} \tag{1-6}$$

$$p(term \mid GE) = \frac{\sum_k tf_{term}}{\sum_k \mid D_K \mid} \tag{1-7}$$

其中 tf_{term} 代表词汇 term 在文档 D_k 出现的次数，$\mid D_k \mid$ 代表文档 D_k 的长度，也就是文档包含的单词个数。HMM 方法将已知的查询条件看成是由上述的 N 个不同隐马尔可夫模型产生的观察到的可见符号序列。这样文档和查询条件的相关计算就转化为马尔可夫模型生成可见序列的概率问题，该方法认为这个生成概率越大也就说明该文档与查询条件越相关。判断两者相关度的公式如下：

$$p(Q \mid D_k) = \prod_{q \in Q} (a_0 p(q \mid GE) + a_1 p(q \mid D_k)) \qquad (1\text{-}8)$$

（3）风险最小化框架（Risk Minimization）①

Lafferty 和 Zhai（Zhai，2001a）（Zhai，2002）基于贝叶斯决策理论提出了一个风险最小化框架检索模型。在这个框架中，查询条件和文档利用统计语言模型来建立模型，用户需求偏好（User Preference）通过风险函数来进行建模。这样一来，信息检索被转换为风险最小化问题，文档和查询条件的相似性度量采取了如下的文档语言模型和查询条件语言模型之间的 Kullback-Leibler 距离：

$$KL(Q * D) = \sum_{w \in V} p(w \mid Q) \log \frac{p(w \mid Q)}{p(w \mid D)} \qquad (1\text{-}9)$$

与其他相关研究比较，风险最小化框架的一个重要优点在于这个理论不仅能够利用统计语言模型对查询条件建模，而且同样可以利用于对查询条件建模。这样就使相关检索参数的自动获得成为可能，同时还通过统计参数估计方法来改善检索性能，这个框架和概率检索模型有一定的相似性，还能够将现有的语言模型检索方法融入该框架。Lafferty 和 Zhai 在 2001 年使用马尔科夫链方法来估计扩展查询条件语言模型来克服 Berger 和 Lafferty（1999）提出的统计翻译方法的缺陷。在进一步的相关工作中，Lafferty 和 Zhai 建议使用两阶段语言模型来探讨查询条件和文档集合对于检索参数设置的不同影响（Zhai，2002）。关于两阶段参考模型会在后文具体介绍。

（4）相关模型

与其他试图建立查询条件生成概率方法的思路不同，Lavrenko 和 Croft（Lavrenko，2001）明确地对"相关性"进行建模并提出了一种无需训练数据来估计相关模型的新的方法。从概念角度讲，相关模型是对用户信息需求的一种描述，或者说是对用户信息需求相关的主题领域的描述。相关模型假设：给定一个文档集合与用户查询条件 Q，存在一个未知的相关模型 R，相关模型 R 为相关文档中

---

① J. Lafferty and C. Zhai. Risk Minimization and Language Modeling in Information Retrieval. *In 24th ACM SIGIR Conference on Research and Development in Informatio Retrieval*（*SIGIR*'01），2001.

出现的词汇赋予一个概率值 P（w｜R）。这样相关文档被看作是从概率分布 P（w｜R）中随机抽样得到的样本。同样的，查询条件也被看作是根据这个分布随机抽样得到的样本。

对于相关模型来说，如何估计分布 P（w｜R）是最根本的问题。P（w｜R）代表了从相关文档中随机抽取一个词汇正好是词汇 w 的概率值。只要我们能分辨出相关文档，这个概率值很容易得到。但是在一个典型的检索任务中，这些相关文档是不可知的。Lavrenko 和 Croft（Lavrenko，2001）（Lavrenko，2002）提出了一种合理的方法来近似估计 P（w｜R），他们使用以下联合概率来对这个值进行估计：

$$p(w \mid R) \approx p(w \mid Q) = \frac{p(w, q_1, \ldots q_m)}{p(q_1, \ldots q_m)} = \frac{p(w, q_1, \ldots q_m)}{\sum\limits_{v \in vocabulary} p(v, q_1, \ldots q_m)}$$

（1-10）

Lavrenko 提出两种估计上述联合概率分布的方法，这两种方法都假设存在一个概率分布集合 U，相关词汇就是从 U 中某个分布随机抽样得到的，不同点在于各自独立假设。方法一是假设所有查询条件词汇和相关文档中的词汇是从同一个分布随机抽样获得，这样一旦我们从集合 U 中选定某个分布 M 后，这些词汇是相互无关独立的。方法二假设查询条件词汇 q_1，$\cdots q_m$ 是相互独立的但是和词汇 w 是相关的。

条件概率分布 P（q_i｜w）可以通过对于一元语言模型的全集 U 进行如下计算得到：

$$P(q_i \mid w) = \sum P(q_i \mid Mi) P(M_i \mid w) \qquad （1-11）$$

在这里又作了如下假设：一旦选定一个分布 M_i，查询条件词汇 q_i 就和词汇 w 是相互独立的。相关模型是一种将查询扩展技术融合进入语言模型框架的比较自然的方法。

2. 数据稀疏性问题

（1）最大似然估计（Maximum Likelihood Estimation）①

假设一个单词 w 在语料库中出现的概率 P（w）符合二项分布规律，则当语料库容量 N 足够大时，我们可以期望单词 w 将出现 N * P（w）次，从而得到 P（w）的估计值为：

$$p(w) = \frac{f(w)}{N} \tag{1-12}$$

其中 f（w）为单词 w 在语料库中出现的频度。这就是 MLE 估计方法。

MLE 方法在许多情况下都能得到比较合理的估计。但是当数据不能很好地适应模型时，这种估计方法也可能出问题。研究表明，实词（Content Word）在语料库中的分布不能很好地符合二项分布规律，因为实词倾向于"突发性"地出现；由于某些文章风格因素的作用，功能词（Function Word）可能也会偏离二项分布。另外，由于统计数据的稀疏性，必然会出现一些语料库中不出现的情况，对此，MLE 方法将给出零概率的估计值，这给后续的计算处理带来了许多问题。所有这些不足，都需要寻找更精细的参数估计方法加以解决。

（2）平滑技术

通常由于建立统计语言模型时所使用的训练语料都是有一定规模的，不可能是无限的，这就导致了一个问题：在现实世界中出现的语言现象没有在训练语料中出现。于是根据训练语料建立的语言模型就不能刻画和描述这种语言现象。当然，通过扩大训练语料的规模可以在一定程度上缓解这个问题，但是训练语料的规模不能无限地扩大，而且统计发现，即便是训练语料扩展到很大规模，但是还是不能捕捉到许多在现实中出现的小概率的语言现象。因此扩大训练语料的规模不能完美地解决数据稀疏的问题。

---

① L. Bahl, F. Jelinek, and R. Mercer. A Maximum Likelihood Approach to Continuous Speech Recognition. *IEEE Transactions on Pattern Analysis and Machine Intelligence*, 5 (2): 1983, 179-190.

平滑技术的主要思想就是调整由最大似然估计得到的概率分布，从而得到一个更准确更合理的概率分布。平滑技术通常会使较低的概率值（比如0）升高，同时，使较高的概率值降低，从而使得整个概率分布更加平滑和均衡，这也正是平滑技术名字的由来。平滑技术的提出和使用不仅仅是为了解决刚才我们看到的零概率问题，同时，它有一个更重要的功能就是将从训练语料估计出的语言模型在总体上调整得更加准确和合理。当我们所建立的 n-gram 的语言模型的阶数越高，同时，我们使用的训练语料规模越小时，平滑技术所显示出来的重要性就会越大。可以把绝大多数的平滑方法归于以下几类：

第一，退化法（Backing-off smoothing model）。退化法的一般形式如下：

$$p_{smooth}(w_i \mid w_{i-n+1}^{i-1}) = \begin{cases} \hat{p}(w_i \mid w_{i-n+1}^{i-1}) & \text{if } c(w_{i-n+1}^{i}) > 0 \\ \alpha(w_{i-n+1}^{i-1}) \cdot p_{smooth}(w_i \mid w_{i-n+2}^{i-1}) & \text{if } c(w_{i-n+1}^{i}) = 0 \end{cases}$$

(1-13)

Katz 平滑算法是 Good-Turing 算法的一个扩展，是一种基于 Good-Turing 估计的退化平滑模型。它的基本思想是，从那些 seen events 中按一定比例（折扣率）扣除一些频度，分配给那些 unseen events 中。

下面首先用 Katz 算法来解决一个 bigram 的例子，然后再将它扩展到任意的 n-gram。设一个 bigram（w_{i-1}，w_i）在训练语料中出现了 r 次，使用下式计算它经过平滑之后的概率值：

$$\begin{cases} p_{kz}(w_i \mid w_{i-1}) = \dfrac{rd_r}{N} & \text{当 } c(w_{i-1}, w_i) > 0 \text{ 时} \\ p_{kz}(w_i \mid w_{i-1}) = \alpha(w_{i-1}) p_{ml}(w_i) & \text{当 } c(w_{i-1}, w_i) = 0 \text{ 时} \end{cases}$$

(1-14)

其中 dr 是使用 Good-Turing 方法估计出来的折扣因子。下面计算 d（w_{i-1}）以使得整个概率归一。由概率归一公式可有：

$$\sum_{w \in V} p_{kz}(w \mid w_{i-1}) = 1 \qquad (1-15)$$

把上面的和式分成两部分，一部分为在训练语料中出现的 n-gram

的概率之和，一部分为没有在训练语料中出现的 n-gram 的概率和，即：

$$\sum_{w \in V} p_{kz}(w \mid w_{i-1}) = \sum_{c(w_{i-1}, w_i) > 0} p_{kz}(w \mid w_{i-1}) + \sum_{c(w_{i-1}, w_i) = 0} p_{kz}(w \mid w_{i-1})$$

$$= \sum_{c(w_{i-1}, w_i) > 0} p_{kz}(w \mid w_{i-1}) + \alpha(w_{i-1}) \sum_{c(w_{i-1}, w_i) = 0} p_{ml}(w)$$

$$(1-16)$$

但是 $\displaystyle\sum_{c(w_{i-1}, w) = 0} p_{ml}(w)$ 是没办法计算的，因为这些 bigram 没有出现在训练语料中。

然而注意到

$$\sum_{c(w_{i-1}, w) = 0} p_{ml}(w) + \sum_{c(w_{i-1}, w) > 0} p_{ml}(w) = 1 \qquad (1-17)$$

所以有

$$\sum_{c(w_{i-1}, w) = 0} p_{ml}(w) = 1 - \sum_{c(w_{i-1}, w) > 0} p_{ml}(w) \qquad (1-18)$$

将(1-17)带入(1-16)，可得

$$\alpha(w_{i-1}) = \frac{1 - \displaystyle\sum_{c(w_{i-1}, w) > 0} p_{kz}(w \mid w_{i-1})}{\displaystyle\sum_{c(w_{i-1}, w) = 0} p_{ml}(w)} \qquad (1-19)$$

第二,线性插值法（Linear Interpolated smoothing model）。线性插值方法一般形式如下

$$P_{smooth}(w_i \mid w_{i-n+1}^{i-1}) = \lambda(w_{i-n+1}^{i-1}) P_{ML}(w_i \mid w_{i-n+1}^{i-1}) + (1 - \lambda$$
$$(w_{i-n+1}^{i-1})) P_{smooth}(w_i \mid w_{i-n+2}^{i-1}) \qquad (1-20)$$

其中,

$$P_{ML}(w_i \mid w_{i-n+1}^{i-1}) = \frac{c(w_{i-n+1}^i)}{c(w_{i-n+1}^{i-1})} \qquad (1-21)$$

典型的线性插值方法有:Additive 平滑算法,Jelinek-Mercer 平滑算法以及 Interpolated Kneser-Ney 平滑算法。

最简单的平滑算法之一就是 additive 平滑算法（Lidstone,1920）,可以写成如下的形式：

$$p_{add}(w_i \mid w_{i-n+1} \ldots w_{i-1}) = \frac{\delta + c(w_{i-n+1} \ldots w_{i-1} w_i)}{\mid V \mid \delta + \sum_{w_i} c(w_{i-n+1} \ldots w_{i-1} w_i)}$$

$$= \frac{\delta + c(w_{i-n+1} \ldots w_{i-1} w_i)}{|V| \delta + c(w_{i-n+1} \ldots w_{i-1})} \quad (1\text{-}22)$$

若令

$$\mu = \frac{c(w_{i-n+1} \ldots w_{i-1})}{c(w_{i-n+1} \ldots w_{i-1}) + |V| \delta} \quad (1\text{-}23)$$

则 Additive Smoothing 可以转换成如下线性插值形式：

$$p_{add}(w_i \mid w_{i-n+1} \ldots w_{i-1}) = \mu \frac{c(w_{i-n+1} \ldots w_{i-1} w_i)}{c(w_{i-n+1} \ldots w_{i-1})} + (1 - \mu) \frac{1}{|V|}$$

$$(1\text{-}24)$$

另外，还有其他两种方法。

第一种是 Jelinek-Mercer 方法。该方法涉及对最大似然模型和文档集模型的线性插值，通过系数控制对每 λ 个模型的影响。

$$p_\lambda(w \mid d) = (1 - \lambda) p_{ml}(w \mid d) + \lambda p(w \mid C) \quad (1\text{-}25)$$

第二种是使用狄利克雷先验值（Dirichlet Prior）的贝叶斯平滑方法。语言模型是一个多项式分布，贝叶斯分析的变化的先验概率是狄利克雷分布参数是：

$$(\mu p(w_1 \mid C), \mu p(w_2 \mid C), \ldots, \mu p(w_n \mid C))$$

从而，得到下面的模型：

$$p_\mu(w \mid d) = \frac{c(w \mid d) + \mu p(w \mid C)}{\sum_w c(w \mid d) + \mu} \quad (1\text{-}26)$$

最后一种是绝对折扣（Absolute discounting）

$$p_\delta(w \mid d) = \frac{\max(c(w \mid d) - \delta, 0)}{\sum_w c(w \mid d)} + \sigma p(w \mid c) \quad (1\text{-}27)$$

C. Zhai 和 J. Lafferty 论述了语言模型的平滑问题及其对检索性能的影响，并在不同的测试集上比较了上述 3 种平滑方法①。并且得出了结论：提问的类型和平滑的效果具有很强的相关性。

（三）最新动态分析

Ponte 和 Croft 在 1998 年首次提出将统计语言模型和信息检索

---

① C. Zhai and J. Lafferty. A Study of Smoothing Methods for Language Models Applied to ad hoc Information Retrieval, *In* 24*th ACM SIGIR Conference on Research and Development in Information Retrieval* (*SIGIR'*01), 2001.

相结合，提出查询概率模型后，不少学者在此基础上提出了改进的方法或者模型。Rong Jin（2002）提出了"标题语言模型"，把提问 Q 作为文档 D 的标题来考虑语言模型。Zhai & Lafferty（2002）使用了"两阶段语言模型"，并提出了一种"两阶段平滑算法"，通过这种方法，可以自动设置检索参数。Changki Lee（2003）提出了"依赖结构模型"，该模型是为了克服 bigram，trigram 语言模型的缺点而提出的。依赖结构模型是基于 Chow 扩展理论和依赖分析器产生的依赖分析树。这样，长距离的依赖关系就可以用依赖结构模型来处理。笔者在这里详细介绍一下标题语言模型和两阶段语言模型的相关内容，并介绍 Lemur 工具箱的工作原理。

1. Lemur 工具箱

Lemur 工具箱①，是由卡内基-梅隆大学"信息检索及语言模型工作组"于 2002 年 1 月发布的，目前最新版本为 2.1.1。它支持对大规模文本数据库的索引，以及对文档、提问或文档子集构建简单的语言模型。除此之外，它还实现了 2 种传统的检索模型，即采用 TFIDF 加权策略的向量空间模型和 OKAPI 概率模型。

（1）Lemur 工具箱的主要组成部分（如图 1-1 所示）

Lemur 工具箱主要为 ad hoc 检索任务服务，例如：比较文档模型的平滑策略；在标准的 TREC 文档集上用提问扩展（Query Expansion）的方法估计提问模型等等。另外，它还提供了标准的对外接口（API）供研究人员调用，目的在于促进新的检索方法的研究。

Lemur 工具箱的大多数应用程序的使用步骤都遵循以下两步：

第一，创建一个参数文件，定义该应用所需的输入变量的值。比如：

$$index = /usr0/mydata/index. bsc$$

表示为输入变量"index"指明了一个要创建基本索引的目录文件的路径（后缀 .bsc 表示基本索引（basic index），如果为 .ifp，则表示位置索引（position index））。

---

① http：//www-2. cs. cmu. edu/ ~ lemur.

第二，运行应用程序，以上述参数文件名作为唯一的参数或第一个参数。Lemur 工具箱提供了每一种应用的详细文档，使用起来相当方便。

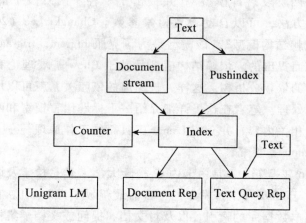

图 1-1　Lemur 工具箱的主要组成部分

2. 标题语言模型 （Title Language Model）

"标题语言模型"是由 CMU 的 Rong Jin 等人在 sigir 2002 上提出来的一种传统 SLM-IR 模型的改进模型①。主要思想是把条件概率 P （Q｜D） 定义为：使用提问 Q 作为文档 D 的标题的概率。他们利用通过机器学习方法得到的标题和文档之间的统计翻译模型来计算概率 P （Q｜D）。为了避免数据稀疏问题，他们提出了两种新的平滑方法。标题语言模型主要思想是建立文档的标题语言模型，然后计算由该模型生成提问的可能性。因此关键问题在于如何在对文档集合观察的基础上建立标题语言模型。

建立标题语言模型的一种简单方法是直接使用文档标题，但是考虑到选择标题的机动性太大，以及文档作者通常只会使用单一标题等因素，试图直接利用文档标题来建立成功的标题语言模型几乎

① 　Rong Jin, Alex G. H auptmann, and ChengXiang Zhai. Title Language Model for Information Retrieval. *In Proc. 25th SIGIR*, pp. 42-48, 2002.

是不可能的任务。Rong Jin 等人所提出的方法是利用统计翻译模型，在对该文档认真观察的基础上建立标题语言模型，或者说是根据统计翻译模型将文档普通语言模型转化为标题语言模型的过程。

首先，要建立一个统计翻译模型。

Rong 等人所使用的是统计翻译模型源自于 IBM 统计翻译模型。IBM 公司提出了 5 种复杂程度递增的数学模型①，简称为 IBM Model1 ~ 5。模型 1 仅考虑词与词互译的概率 t（$f_j \mid e_i$）。模型 2 考虑了单词在翻译过程中位置的变化，引入了参数 P_r（$a_j \mid j$, m, l），m 和 l 分别是目标语和源语句子的长度，j 是目标语单词的位置，aj 是其对应的源语单词的位置。模型 3 考虑了一个单词翻译成多个单词的情形，引入了产出概率 ϕ_i（n $\mid$ ei），表示单词 ei 翻译成 n 个目标语单词的概率。模型 4 在对齐时不仅仅考虑词的位置变化，同时考虑了该位置上的单词。模型 5 是对模型 4 的修正，消除了模型 4 中的缺陷（Deficiency），避免对一些不可能出现的对齐给出非零的概率。

词语翻译概率 P（$tw \mid dw$）是统计标题翻译模型建立的关键因素，P（$tw \mid dw$）是当把词语 tw 作为标题，在文档中生成词语 dw 的概率。一旦确定了一批词语翻译概率，就能很容易计算出基于文档的标题语言模型。我们可以利用文档—标题模式来研究词语翻译概率序列的相关问题。通过把文档看作是"冗长"语言样本，而把标题看作是"简洁"语言样本，每一个文档—标题模式都能变成一对翻译模式，即一对分别用"冗长"和"简洁"语言表示的文本。

用 $\{ <ti, di>$, $i = 1$, 2, $\cdots$, $N\}$ 表示标题—文档集合，通过标准的统计翻译模型，将文档产生标题的概率最大化，我们可以发现最优模型 $M*$：

$$M* = \arg \max_M \prod_{i=1}^{N} p(t_j \mid d_j, M) \qquad (1\text{-}28)$$

① Peter. F. Brown, StephenA. DellaPietra, VincentJ. DellaPietra, RobertL. Mercer. The Mathmatics of Statistical Machine Translation：Parameter Estimation，*Computational Linguistics*，1（2），1993.

而根据 IBM 翻译模型的 model 1，公式可以扩展为：

$$M* = \arg\max_M \sum_{i=1}^{N} p(t_j \mid d_j, M)$$

$$= \arg\max_M \prod_{i=1}^{N} \prod_{w \in t_i} \left\{ \left| \frac{\varepsilon}{d_j \mid + 1} \left(p(tw \mid \phi, M) + \sum_{dw \in d_j} p(tw \mid dw, M) \right. \right. \right.$$

$$\left. \left. c(dw, d_j) \right) \right\}$$

$$= \arg\max_M \prod_{i=1}^{N} \prod_{w \in t_i} \left\{ \frac{p(tw \mid \phi, M)}{\mid d_j \mid + 1} + \sum_{dw \in d_j} p(tw \mid dw, M) c(dw, d_j) \right\}$$

$$(1\text{-}29)$$

公式中 ε 为常数，ϕ 表示无效词语，$\mid di \mid$ 表示文档 di 长度，c (dw, di) 是词语 dw 在文档 d 中出现的次数。为了寻求最佳词语翻译概率 P $(tw \mid dw, M*)$，使用了翻译模型的基本算法 EM。

其次，需要计算文档提问相似性。

统计翻译模型可以用来寻找文档标题语言模型，并利用已建立的标题语言模型计算提问和文档的相关值。我们将条件概率 P $(Q \mid D)$ 定义为：使用提问 Q 作为文档 D 的标题的概率，或者认为是运用统计语言翻译模型将文档 D 翻译成提问 Q，见下式：

$$P(Q \mid D, M) = \prod_{qw \in Q} \left\{ \frac{\varepsilon}{\mid d \mid + 1} \left(P(qw \mid \phi, M) + \sum_{dw \in d} P(qw \mid dw, M) \right. \right.$$

$$\left. \left. c(dw, D) \right) \right\}$$

$$\approx \varepsilon \prod_{qw \in Q} \left\{ \frac{P(qw \mid \phi, M)}{\mid D \mid + 1} + \sum_{dw \in D} P(qw \mid dw, M) P(dw, D) \right\}$$

$$(1\text{-}30)$$

从上式可以看出，文档语言模型 P $(dw \mid D)$ 不是直接用于计算提问概率，而是借助于词语翻译概率 P $(qw \mid dw)$ 转化为标题语言模型。和传统语言建模方法相似，对于那些无法通过标题语言模型生成的提问词语，我们需要进行进一步的平滑工作，如下所示：

$$P(Q \mid D, M) = \prod_{qw \in Q} \left\{ \begin{array}{l} \dfrac{\lambda \varepsilon}{\mid d \mid + 1} \left(P(qw \mid \phi, M) + \displaystyle\sum_{dw \in d} P(qw \mid dw, M) \right) \\ c(dw, D) \end{array} \right\} + (1 - \lambda) P(qw \mid GE)$$

$$\approx \varepsilon \prod_{qw \in Q} \left\{ \begin{array}{l} \lambda \left(\dfrac{P(qw \mid \phi, M)}{\mid D \mid + 1} + \displaystyle\sum_{dw \in d} P(qw \mid dw, M) \right) \\ P(dw, D) \end{array} \right\} + (1 - \lambda) P(qw \mid GE)$$

$$(1\text{-}31)$$

这个公式是一般公式，适用于任何特定的翻译模型计算文档和提问的相关度。不同的翻译模型会生成不同的检索公式。

根据 RONG 等人在 4 种不同的 TREC 英文文档集上做的相关测试，采用新的平滑方法的标题语言模型的性能要明显高于传统的 SLM-IR 模型和 VSM。

3. 两阶段语言模型①

检索参数的最优设置通常即依赖于文档集又依赖于提问，经常通过实验来发现。Zhai&Lafferty 提出的"两阶段的语言模型"明确地捕获了提问和文档集对最优的检索参数的设置的影响。作为一个特例，他们提出一个"两阶段的平滑方法"，用它来完全自动估计平滑参数。在第一阶段，用 Dirichlet prior 和文档集语言模型作为参考模型来平滑文档语言模型；在第二阶段，被平滑的文档语言模型进一步用提问背景语言模型来插值。他们提出一个"Leave one out"的方法来估计第一阶段的 Dirichlet 参数，使用文档混合模型来估计第二阶段的插值参数。他们使用了 5 种不同的数据库和 4 种类型的提问进行了评价试验，结果表明：两阶段的平滑方法和提出的参数估计方法的性能接近或高于使用单一的平滑方法所获得的最好结果，而单一的平滑方法要在测试集上穷尽所有的参数才能找到最好的结果。

两阶段语言模型的原理可以概述为以下 4 个方面：

---

① Chengxiang Zhai, John D. Lafferty：Two-stage Language Models for Information Retrieval. SIGIR 2002：49-56.

（1）基于贝叶斯决策理论。

（2）提问和文档都使用统计语言模型进行建模。

（3）用户参数选择通过损失函数（Loss Function）建模。

（4）检索就变成一个风险最小化（Risk Minimization）问题。

4. 其他进展

（1）依赖结构模型（Dependency Structure Language Model）①

该模型是在 sigir2003 上为了解决 bigram，trigram 语言模型的缺点而提出的。依赖结构模型是基于 Chow 扩展理论和依赖分析器产生的依赖分析树。这样，长距离的依赖关系就可以用依赖结构模型来处理。用该模型就可以识别出句中词语和词语之间的长距离依赖关系。而 Bigram 和 Trigram 就不能做到这一点。因此该模型要优于传统的 SLM-IR 模型和 Bigram 语言模型。

（2）相关反馈模型（Relevance Feedback）

将相关反馈机制应用于语言模型是 Ponte 在 2000 年提出，他认为基于相关文档的语言模型比单独文档模型的集合要简单得多。在 2005 年的 SIGIR 会议上，伊利诺伊大学的 Xuehua Shen 等介绍了应用于 Ad Hoc 网络信息检索的相关反馈模型以及运用于上下文检索的隐式用户反馈模型（Implicit Feedback）；马里兰大学的 Ryen W. White 等介绍了隐式用户相关反馈模型使用的影响因素。

二、网络计量学（Webometrics）

（一）网络计量学的产生与发展

网络计量学（Webometrics）的诞生从本质上说是科学计量学、文献计量学、情报计量学和技术计量学在新的信息网络时代经过革

---

① Changki Lee, Gary Geunbae Lee. Dependency Structure Language Model for Information Retrieval. SIGIR 2003.

命改造的结果①。

学术界对"网络计量学"一词首次出现是在 1997 年 T. C. Almind 和 Peter Ingwerse 在 *Journal of Documentation* 上发表的文献《万维网上的情报计量学：网络计量方法门径》中。他们在文献中描述了一系列 WWW 上信息分析的参数，主张将传统的信息分析方法"移植"到 WWW 网上的信息分析当中，并提出用术语"Webometrics"一词来描述将文献计量学方法应用于网络信息的定量研究。Almind 的文章发表后，立即被 Ronald Rousseau② 在其文章中引用。随后 1999 年在罗马召开的欧洲信息学会自组织上 Moses A Boudourides 在所发表的报告③中也正式认可了这一概念。此外，其他一些新的词汇也开始出现在该领域的文献中，如 Cybermetrics、Cybrarian、Webometry、Webliography、Sitation 等等。

"从研究对象、方法、内容和目标等方面来看，网络信息计量学是采用数学、统计学等各种定量方法，对网上信息的组织、存贮、分布、传递、相互引证和开发利用等进行定量描述和统计分析，以便揭示其数量特征和内在规律的一门新兴分支学科。它主要是由网络技术、网络管理、信息资源管理与信息计量学等相互结合、交叉渗透而形成的一门交叉性边缘学科，也是信息计量学的一个新的发展方向和重要的研究领域，具有广阔的应用前景。"④ 这一定义既肯定了网络计量学对信息计量学的继承性，也没有把网络计量学限定在传统的计量学中。从某种意义上来说，网络信息计量

① Almind TC, IngwersenP. Informetrics Analyses on the World Wide Web：Methodological Approaches to "Webometrics". *Journal of Documentation*, 1997（4）：404-426.

② RousseauR. Sitations：Anexploratory Study. Cybermetrics：International Journal of Scientometrics, Informetrics and Bibliometrics, 1997（1）. *http：//www.cindoc. csic. es/cybermetrics/artiles/ v1i1p1. html*, 2003, Jan 19.

③ BoundariesAM, SigristB, AlevizosPD. Webometric and the Self-organization of the European Information Society, *http：//www. duth. grsoeis.*

④ 邱均平：《信息计量学（一）：信息计量学的兴起和发展》，《情报理论与实践》2000 年第 1 期，第 75～80 页。

学就是文献计量学、科学计量学、信息量学在网络上应用的一门学科。

20 世纪 60 年代以来，在图书馆学、文献学、情报学和科学学领域相继出现了 3 个类似的术语：Bibliometrics、Scientometrics 和 Informetrics，分别代表着 3 个十分相似的定量性的分支学科，即文献计量学、科学计量学和信息计量学（以下简称"三计学"）。经过几十年的努力研究与推动，"三计学"都不同程度地取得了一定的进展，得到了国际学术界的广泛承认。

著名信息科学家 Tagne. Sutcliffe 把"三计学"在研究方法和研究内容方面的相似性归纳为六个主要方面：a. 关于语言、词和词组的频率统计；b. 根据论文数量或其他方法确定的作者生产率测度；c. 关于出版源，例如期刊论文、科技图书等的统计分布；d. 引文分析，包括对作者、论文、期刊、机构和国家被引用量的分析及效用评价等；e. 文献的增长和老化测度；f. 各种类型的经验公式和计量模型。

（二）网络计量学的研究对象和研究内容

网上信息的计量对象主要涉及 3 个层次或组成部分：

（1）网上信息本身的直接计量问题，包括数字信息或文字信息，集文字、图像和声音为一体的多媒体信息，以字节为单位的信息量和流量的计量等。

表 2-1　　文献计量学、科学计量学、情报计量学、网络计量学的比较①

学科	研究内容、对象	研究方法	服务对象	时间
文献计量学	图书、期刊等正式的科学或信息交流文献的数量统计	数学、统计学	图书馆学侧重于传播文献研究	1969 年，美国目录学家 A. Pritchard 提出用"文献计量学"取代含糊不清的"统计目录学"的建议

---

① 谈大军，徐家连：《网络计量学研究评析》，《情报理论与实践》2005 年第 1 期，第 87～90 页。

学科	研究内容、对象	研究方法	服务对象	时间
网络计量学	将文献计量学等方法引入到网络信息交流中；网络信息传播的规律、分布、互引等网络现象	数学、统计学、图论等	其他三者均有侧重网络信息的动态信息	1997 年 Almind 等人在《万维网上的情报计量学：网络计量方法门径》一文中首先提出 Webometrics 一词
科学计量学	科学文献、学科发展规律。研究非正式科学交流的消息、事实、事件、事物等非文献的产生、传播、利用的科学性	数学、统计学	科学学侧重于科学决策、科学发展支持	1969 年，前苏联学者纳利莫夫和穆利钦科提出"科学计量学"
情报计量学	各种事物信息的数量方面广义上还包括过程信息和知识信息的计量	数学、统计学	情报学侧重于描述信息过程和规律	1979 年，前西德学者 O. Nacke 在《文献工作通讯》杂志上提出"情报计量学"

（2）网上文献、文献信息及其相关特征信息的计量问题，如网上电子期刊、论文、图书、报告等各种类型的文献，以及文献的分布结构、学科主题、关键词、著者信息、出版信息等的计量，既有网上一次文献，又包括二次、三次文献的计量问题。

（3）网络结构单元的信息计量问题，网络结构单元包括站点、布告栏、聊天室、讨论组、电子邮件等，对以上网络结构单元中的信息增长、信息老化、学科分布、信息传递，以及各单元之间的相互引证和联系等的计量研究，将是网络信息计量学研究的重要组成部分。

网络信息计量学的内容体系是由它的理论、方法和应用 3 个部分构成的，其理论是基础，方法是手段，应用是目的，三者相辅相成，不可偏废。在理论方面，主要研究网络信息计量学作为一门学科存在而必须解决的基本问题，研究网络信息计量的新概念、新指标和新规律，包括网上信息分布的集中与离散规律、著者规律、词频规律、增长和老化规律、引证规律、多媒体信息规律，以及这些规律的理论解释和数学模型的研究等；在方法方面，主要研究文献信息统计分析法、数学模型分析法、引文分析法、书目分析法、系统分析法等各种定量方法在网络信息计量分析中应用的原理、适用性和操作程序，以及必要的修正、改进和完善等；在应用方面，主要研究网络信息计量学在图书情报工作、信息资源管理、网络管理、科学学、科学评价、科技管理与预测等多学科、多行业领域的应用。

（三）国际研究热点问题

1. 网络链接分析研究

（1）引文分析

文献信息引证规律是文献计量学的基本规律之一，关于文献信息引证规律的研究是文献计量学理论基础的重要组成部分，引文分析法自 20 世纪 20 年代产生以来，获得了普遍重视和广泛的应用，SCI、SSCI、JCR 等引文数据库的问世，为文献计量研究提供了强有力的工具。

所谓引文分析就是利用各种数学及统计学的方法和比较、归纳、抽象、概括等逻辑方法，对科学期刊、论文、著者等各种分析对象的引用或被引用现象进行分析以便揭示数量特征和内在规律的一种文献计量方法。引文分析有三种基本类型：一是等级序列分析，即从引文数量上进行研究。通过对引文指标如作者、语种、文献类型等进行简单的分析、比较和排列，评价引文质量。二是对引文链状关系进行分析，在等级分析的基础上对有代表性的分析对象进行"文献耦合"和共引或多共引聚类分析。三是从引文链反映出的主题相似性方向进行研究，找出引文索引和主题索引的联系和区别，提高检索的查准率和查全率。

借鉴引文分析的理论体系和方法，在链接分析中我们可以把链接关系分为以下五种：

第一，自链接（Selflink）。如果一个链接指向它所在的网络实体（网页或网站），我们就可以称其为自链接。

第二，互链接（Reciprocal Link）。如果两个链接的起止点恰好相反，则我们称其互链接。

第三，传递链接（Tranversal Link）。如果甲实体链接到乙实体，而乙实体又链接到丙实体，则我们可以称甲实体传递链接到丙实体。

第四，同被链接（Co-inlinks）。如果甲乙两网络实体都被丙实体所链接，则称甲乙两网络实体同被链接。

第五，链接耦合（Co-outlinks）。当甲乙两网络实体同时链接到丙实体的时候，就构成了链接耦合。

（2）链接分析法（Link Analysis）

1996 年美国爱荷华州立大学图书馆的理论馆员 Gerr McKiernan 根据文献计量学中引文（Citation）的含义，首次提出了"Sitation"的概念，来描述网站（site）之间相互链接的行为，他指出：CitedSites = Sitation，即所谓 Sitation 就是被引用的站点①。此后 IsidroF. Aguillo 在 1996 年比勒菲尔德召开的 4S/EASST 会议上引用了这一概念。1997 年在 Ronald Rousseau 发表的论文中，"Sitation"一词首次正式出现在文献题名当中。由此可以看出，网络链接分析的研究是伴随着"网络信息计量学"发展的，同时是促进网络信息计量学产生和发展的重要动力。

网络链接与科学文献的引文之间天然的相似性使文献计量学家找到了文献计量和网络的契合点，从这些相似性出发，研究者们将文献计量学中的引文分析法应用于网络信息计量研究中，由此产生了网络信息计量学的重要研究方法链接分析法（Link -Analysis）。所谓链接分析方法，就是运用网络数据库、数学分析软件等工具，利用数学（主要是统计学和拓扑学）和情报学方法，对网络链接自身属性、链接对象、链接网络等各种对象进行分析，以便揭示其

---

① McKiernanG. CitedSites（sm）: Citation Indexing of Web Resources. *http: //www. public. iastate. edu ~ CYBERSTACKSCited. htm*, 2002-12-25.

数量特征和内在规律，并用以解决各方面问题的一种研究方法。①

随着网络信息计量学的发展和更多学者的参与，文献计量学引文分析中的许多概念、指标、规律、方法、工具不断被"借用"到网络信息计量研究中来，链接分析法成为开展其他网络计量研究的基本方法，而网络链接分析就成为目前网络信息计量学的研究热点和重点。

第一，链接分析数量分布规律。网络计量学研究的主要内容之一就是考察文献计量学的基本规律在网络环境下有哪些新的特点？围绕这个问题，众多学者运用链接分析法进行了大量的研究，分析了布拉德福定律，齐夫定律，洛特卡定律等经典文献计量学规律如何作用在互联网环境中。比利时著名文献计量学专家 Rousseau 在1997 年通过引用关系研究了文献计量学领域站点域名的洛特卡分布，发现在他所研究的 343 个网址中最高层域名服从洛特卡分布，而且对这些网址的引用也符合洛特卡分布，自引比例约为 30%。②Jakob Nielsen 发现网页点击率和网页链接率都符合 Zipf 定律，并认为可以通过 Zipf 曲线来分析网页的受欢迎程度比例约为 30%。③Google 搜索引擎的创始人 Sergey Brin 和 Larry Page 对搜索到的网页的超链接进行定量分析来对其搜索结果排序，他们认为，Web 站点的链接潜在地提供了确定给定主题的最有影响的或最权威的站点的途径。

第二，链接分析在检索结果排序中的应用。数据的查全率和查准率是文献计量学研究工作的基本前提，网络信息计量学自然也不例外。目前大部分的网络信息的收集是通过搜索引擎来操作的，搜索引擎的性能如何，决定了所收集数据的准确性和全面性，也就直

---

① 董江山，胡吉祥，邱均平.《链接分析法及其应用》，《情报科学》2004年第 9 期，第 1082 ~ 1099 页。

② RousseauR. Sitations：An Exploratory Study. Cybermetrics ：International Journal of Scientometrics，Informetrics and Bibliometrics，1997（1）. *http*：*//www. cindoc. csic. es/cybermetrics/articles/v1i1p1. html*，Jan 19，2003.

③ Nielsen J. Zipf Curves and Website Popularity. *http*：*//www. useit. comalertboxzipf. html*，Apr 01，1997.

接影响到网络信息计量研究工作的结果。目前用户使用搜索引擎时最棘手的问题已不再是检全率的问题，而是大量无用信息以及垃圾信息充斥着检索结果页面。目前的网络搜索引擎种类繁多。例如AltaVista、Northernlight、Google、Excite、Lycos、HotBot、Infoseek等许多种。提高查准率比较可行的办法是根据结果质量对检索结果进行排序，从而为用户提供最有效率的服务。由于链接分析法是一种有效的评价信息资源的方法，利用链接分析对检索结果进行排序也越来越受到信息工作人员的重视。目前国际上较有影响力的搜索引擎排序算法主要有两种，一种是 Google 采用的 PageRank 算法，另一种是 IBM 的 CLEVER 系统所采用的 HITS 算法。前者是独立于具体检索行为情况下的应用，指在没有进行检索时，先用链接分析法分析并评价网络上的信息资源，然后在检索时按信息的评价顺序提交结果；后者则与具体检索行为相关，当检索表达式提交后，搜索引擎再运用链接分析法检索网页、排序网页。笔者将在下一节详细介绍 PageRank 算法和 HITS 算法的具体内容。

2. 搜索引擎排序算法

（1）Google 的 PageRank 算法

PageRank 是代表互联网上某个页面重要性的一个数值，它基于这样一个理论：若 B 网页设置有连接 A 网页的链接（B 为 A 的导入链接时），说明 B 认为 A 有链接价值，是一个"重要"的网页。当 B 网页级别（重要性）比较高时，则 A 网页可从 B 网页这个导入链接分得一定的级别（重要性），并平均分配给 A 网页上的导出链接。提供导出链接的网页往往会通过一种 Page Rank 反馈的机制提升了自身的 Page Rank。①

一般搜索引擎将 Page Rank 值与网页搜索结果相似度共同作为搜索结果的排序依据。就像后边即将阐述的一样，检索语句不会呈现在 PageRank 自己的计算式上，不管得到多少检索语句，PageRank 也是一定的，该值仅仅依赖于网络的链接结构。搜索引擎网站排名算法中的各排名因子的重要性均取决于它们所提供信息

---

① 曹军：《Google 的 PageRank 技术剖析》，《情报杂志》2002 年第 10 期。

的质量。Google 通过 Page Rank 算法在系统中整合了对链接的质量分析，并对发现的作弊网站进行封杀，从而保证了结果的相关性和精准度。他们假设 Web 上一个随机的浏览者从一个任意给定的页面出发，按照页面上的链接前进，随机浏览，PageRank 是他访问到页面 A 的概率。

PageRank 值的计算公式如下：

PageRank（A）=（1 – d）+ d（PageRank（T1）/C（T1）+ … + PageRank（Tn）/C（Tn））

其中 PageRank（A）表示给定页面 A 的 PageRank 得分；D 为阻尼因子，一般设为 0.85；PageRank（T1）表示一个指向 A 页的网站其本身的 PageRank 得分；C（T1）表示该页面所拥有的导出链接数量 PageRank（Tn）/C（Tn）表示为每一个指向 A 页的页面重复相同的操作步骤。

PageRank 因子的优化可从下面三个方面着手：

第一，导入链接。包括如何选取导入链接，获得导入链接所付出的努力是与收获呈正比的。

第二，导出链接。包括导出链接的选取及它们在网站上的合适位置，应使 Page Rank 得到最大回馈（Feedback）和最小损耗（Leakage）。

第三，网站内部导航结构和内部页面的链接。

（2）HITS 算法（Hypertext-Induced Topic Search）

HITS 算法是由康奈尔大学的 Jon M. Kleinberg 博士于 1998 年首先提出的。它是 IBM 公司阿尔马登研究中心（IBM Almaden Research Center）的 CLEVER 研究项目中的一部分。[①]

Kleinberg 认为搜索开始于用户的检索提问，每个页面的重要性也依赖于用户的检索提问，他将用户检索提问分为三种：特指主题检索提问（Specific Queries，也称窄主题检索提问）、泛指主题检索提问（Broad-topicqueries，也称宽主题检索提问）及相似网页

---

① JonM. Kleinberg. Authoritative Sources in a Hyperlinked Environment. *Journal of the ACM*, 1999：46（5）.

检索提问（Similar-pagequeries）。而 HITS 算法则专注于改善泛指主题检索的结果。

HITS 算法认为网页的重要性应该依赖于用户提出的查询请求。而且对每一个网页应该将其 authority 权重（由网页的 outlink 决定）和 hub 权重（由网页的 inlink 决定）分开来考虑，通过分析页面之间的超链接结构，可以发现以下两种类型的页面见图 2-1 所示：

中心网页（Hub）：一个指向权威页的超链接集合的 Web 页。

权威网页（Authority）：一个被多个 Hub 页指向的权威的 Web 页。

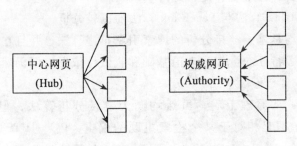

图 2-1　中心网页（Hub）和权威网页（Authority）

为便于理解，Kleinberg 用图来表示链接关系，可以认为超链页面的集合 V 为一个有向图 G =（V，E），图中的节点对应一个网页，有向边（p，q）∈E 表示网页 p 链接指向网页 q，节点 p 的出度（out-degree）指节点 p 链出的网页数量，而节点 p 的入度（in-degree）则指的是链接指向节点 p 的网页数量。如果集合 W 是 V 的一个子集，则用 G [W] 来表示由 W 组成的有向图，它的节点包含在 W 中，边对应于 W 中的所有链接。HITS 首先利用一个传统的文本搜索引擎（例如 AltaVista）获取一个与主题相关的网页根集合（root set），然后向根集合中扩充那些指向根集合中网页的网页和根集合中网页所指向的网页，这样就获得了一个更大的基础集合（base set）。假设最终基础集合中包含 N 个网页，那么对于 HITS 算法来说，输入数据就是一个 N×N 的相邻矩阵 A，其中如果网页 i 存在一个链接到网页 j，则 $A_{ij} = 1$，否则 $A_{ij} = 0$。

HITS 算法为每个网页 i 分配两个度量值：中心度 hi 和权威度 ai. 设向量 a =（a_1，a_2，…，a_N）代表所有基础集合中网页的权威度，而向量 h =（h_1，h_2，…，h_N）则代表所有的中心度。最初，将这两个向量均置为 u =（1，1，…，1），操作 In（a）使向量 a = ATh，而操作 Out（h）使向量 h = Aa。反复迭代上述两个操作，每次迭代后对向量 a 和 h 范化，以保证其数值不会使计算溢出。Kleinberg 证明经过足够的迭代次数，向量 a 和 h 将分别收敛于矩阵 ATA 和 AAT 的主特征向量。通过以上过程可以看出，基础集合中网页的中心度和权威度从根本上是由基础集合中的链接关系所决定的，更具体地说，是由矩阵 ATA 和 AAT 所决定。

（3）HITS 算法与 PageRank 算法的比较分析

两者均是基于链接分析的搜索引擎排序算法，并且在算法中二者均利用了特征向量作为理论基础和收敛性依据，但仍然存在以下不同点：

第一，从原理上看，虽然均同为链接分析算法，但 HITS 的 authority 值只是相对于某个检索主题的权重，因此 HITS 算法也常被称为 query-dependent 算法。而 PageRank 算法独立于检索主题，因此也常被称为 query-independent 算法。PageRank 的发明者（Page&Brin）把引文分析思想借鉴到网络文档重要性的计算中来，利用网络自身的超链接结构给所有的网页确定一个重要性的等级数，它不仅考虑了网页引用数量，还特别考虑了网页本身的重要性。简单地说，重要网页所指向的链接将大大增加被指向网页的重要性。

第二，从权重的传播模型来看，HITS 是首先通过基于文本的搜索引擎来获得最初的处理数据，网页重要性的传播是通过 Hub 页向 Authority 页传递且两者之间是相互增强的关系；而 Page Rank 基于随机冲浪（random surfer）模型，可以认为它将网页的重要性从一个 authority 页传递给另一个 Authority 页。

第三，从处理的数据量及用户端等待时间来分析，HITS 算法中需排序的网页数量一般为 1000 至 5000 个，但由于需要从基于内容分析的搜索引擎中提取根集并扩充基本集，这个过程需要耗费相当的时间。而 Page Rank 算法表面上看处理的数据数量远远超过了 HITS 算法，据 Google 介绍，目前已收录的中文网页已达 33 亿以上，但由于其计算量在用户查询时已由服务器端独立完成，所以从用户端等待时间来看，Page Rank 算法应该比 HITS 要短。

（四）最新研究进展

1. 网络影响因子（Web Impact Factors）

Web-IF① 是情报学家 Peter Ingwerse 在 1998 年提出的，他将网络影响因子定义为"在某一时间，来源于外部和自身内部指向特定国家或网站的网页数与该国或网站中的网页数之比"。该网站的网页数所得到的一个比率，它可以反映一个网站被重视和利用的程度，并以此来确定网上的核心网站。Ingwersen 计算了三种网络影响因子：自链接 WIF—测度在特定网页空间内的链接；外部 WIF—测度外部空间指向特定网页空间的链接；全面 WIF—测度所有指向网页空间的链接。这篇文献同时还把网站的引用分为 external-citations 和 self-citations，认为 external Web-IF 是网站影响力的测度指标，而 self-linkage 反映的是服务器上网页组织的逻辑结构。

Ingwerse 利用搜索引擎 AltaVista 统计与网站链接的网页数量，通过对挪威、英国、法国、丹麦、瑞典、芬兰和日本这 7 个国家和 4 个顶级域名（gov、org、com、edu）和 6 个学术机构网站影响因子的测量，得出自链接不会影响网络影响因子的结果，原因在于用作搜索引擎的 AltaVista 只能统计链接到某个网页的网页数量而不是链接的次数。

继 Ingwerse 之后，很多学者都对网络影响因子进行研究工作，其中比较有代表性的是 Alastair G. Smith 和 Thelwall 的研究。Thelwall 在对英国大学网站作链接分析时②，考虑到大学网站与学术期刊网站的不同之处，对 Ingwersen 提出的 WIF 的计算公式作了

① Peter Ingwersen. The Calculation of Web Impact Factors. *Journal of Documentation*, 1998, 54 (2): 236~243.

② MikeThelwall. Web Impact Factors and Search Engine Coverage. *Journal of Documentation*, 2000, 56 (2): 185~189.

改进，并发现英国大学网站特定网络空间中的 WIF 与各大学的科研排名存在显著的相关性。

Alastair G. Smith 对澳大利亚和新西兰 42 个大学网站以及 22 个电子期刊的网络影响因子的研究和这项研究表明，① 大部分大学网站的 self-link WIFs 在 0.15 左右，这与 Ingwersen 的研究结果是一致的。而对电子期刊的研究发现，由于电子期刊网站信息的组织较多地采用了相对路径，从而影响了搜索引擎"self-link"的查找和判断，因而 self-linkWIFs 和 overallWIF 的值都比预计的低，22 种电子期刊只有 5 种被 ISI 收录；对电子期刊的链接在绝大多数情况下是指引到网站，而不是特定的文献，这与传统的文献引用表现出极大的差异性。同时，他还指出，由于网站地址多变性以及网络文献编辑方式等因素影响，采用 WIF 对其进行评价很难得出比较准确的结论。

2. 基于 Web 的网络信息数据挖掘技术

（1）Web 挖掘内容

数据挖掘，有时也被称作数据库中的知识发现，从技术上来说，就是从大量的、不完全的、有噪声的、模糊的、随机的实际应用数据中，提取隐含在其中的、人们事先不知道的、但又是潜在有用的信息和知识的过程。② 其当数据挖掘技术应用于网络环境下的 Web 中就成为 Web 挖掘（Web Mining）。按照挖掘对象的不同，Web 挖掘可分为 Web 内容挖掘（Web Content Mining）、Web 结构挖掘（Web Structure Mining）和 Web 使用挖掘（Web Usage Mining）。

第一，Web 内容挖掘。

Web 内容挖掘（Web Content Mining）就是从各种网络资源，如政府信息服务、数字图书馆、电子商务数据以及其他各种数据库

---

① Alastair G. Smith. A Tale of Two Web Spaces: Comparing Sitesusing Webimpact Factors. *Journal of Documentation*, 1999 (5): 577～592.

② JiaweiHan, Micheline Kamber 著，范明，孟小峰等译：《数据挖掘概念与技术》，机械工业出版社 2001 年版，第 256 页。

中找到有用信息的过程。Web 内容挖掘的对象包括文本、图像、音频、视频、多媒体和其他各种类型的数据。现在查找网络资源使用较多的是搜索引擎，但是搜索引擎一般只对网上的静态信息进行"抓取"，而对于由用户提问动态生成的结果或存储于后台 Web 数据库中的信息却无能为力，而 Web 内容挖掘正是对 Web 页面上文本内容及后台交易数据库进行挖掘，从 Web 文档内容及其描述中的内容信息中获取有用知识的过程，是普通文本挖掘结合 Web 信息特征的一种特殊应用。

Web 内容挖掘的方法有两种：一种是基于代理的检索方法，它是一个人工智能系统。它可以代表某一特定用户，自动地或半自动地发现和组织基于 Web 的信息，可以根据用户的基本情况，自动检索出用户感兴趣的信息，并组织和翻译好这些信息。有些代理甚至可以自动学习用户的爱好，并根据用户的爱好为用户检索出相关信息。另一种方法是基于数据库的方法。这种方法是把 Web 中异构的非结构化的数据集成或组织成结构化的数据，就像关系数据库那样，然后用标准的数据库查询机理和数据挖掘技术来访问和分析这些信息。

第二，Web 结构挖掘。

Web 结构挖掘就是挖掘 Web 潜在的链接结构模式，即通过分析一个网页链接和被链接数量以及对象来建立 Web 自身的链接结构模式。目前 Web 挖掘的具体应用和工具多在内容挖掘和使用挖掘方面，其实从网站的页面结构可以挖掘出相当重要的信息或知识。Web 结构挖掘的主要内容在于超链接分析，链接分析的基本原理就是通过统计分析互联网上哪些网页被链接次数多，那么该网页就被认为是比较重要的页面，或者权威页面。

我们通过分析页面的链接关系来产生 Web 站点的结构，这种思想在一定程度上得益于社会网络和引用分析的研究。目前 Web 结构挖掘领域定量分析 WEB 网页结构最著名的算法分别是 Brin 和 Page 提出的"Pagerank"算法和 Kleinberg 提出的"HITS（Hyperlink-induced Top Search）"算法，它们的共同点是使用一定方法计算 Web 页面之间超链接的质量，从而得到页面的权重。除以上两种算法外，还有很多学者提出了各种不同的算法，例如，HTSC（Hypelink Textbased FuzzClustering）算法。① 此外，L. Egghe②、HildrunKretschmer 等人还引进了数学、统计学中比较前沿的研究方法和研究成果。

第三，Web 使用挖掘。

Web 使用挖掘（Web Usage Mining），即 Web 日志挖掘，就是在服务端对用户访问网络的活动记录进行挖掘。Web 使用挖掘在新兴的电子商务领域有重要意义，它通过挖掘相关的 Web 日志记录，来发现用户访问 Web 页面的模式，通过分析日志记录中的规律，可以识别用户的忠实度、喜好度、满意度，可以发现潜在用户，增强站点的服务竞争力。Web 使用记录数据除了服务器的日志记录外还包括代理服务器日志、浏览器端日志、注册信息、用户会话信息、交易信息、Cookie 中的信息、用户查询、鼠标点击流等一切用户与站点之间可能的交互记录。可见 Web 使用记录的数据量是非常巨大的，而且数据类型也相当丰富。

（2）Web 挖掘的实现技术

第一，Web 内容挖掘实现技术。

Web 上的内容挖掘多为基于文本信息的挖掘，它和通常的平面文本挖掘的功能和方法比较类似。利用 Web 文档中部分标记，如 Title、Head 等包含的额外信息，可以提高 Web 文本挖掘的性能。内容挖掘技术包括文本总结、文本分类、文本聚类和关联规则等关键技术。

第二，Web 结构挖掘实现技术。

由于在分析 Web 站点结构时感兴趣的是 Web 页面上的超链，鉴于这些情况，采用基于特征的分类方法较为有效，因为在同一页面上出现的具有相同外观的链接属于同一子类或相关程度大，而这

---

① 陈晓平，许卓明：《一种基于超级链接结构的 WWW 模糊聚类算法》，《常州技术师范学院学报》2002 年第 6 期，第 47～52 页。

② Egghe L. Fractal and Informetric Aspects of Hypertext Systems. *http：// shum. cc. huji. ac. il ~ bluerISSIabstract. html*，Jul22，2000.

种外观是通过 HTML 标签来控制的，所以可以采用以下的步骤：获取页面的 HTML 源文件；扫描 HTML 文件，获取 HTML 文件中所有超链的集合；依据超链前的标签给超链一个权值；获取每个超链文字的特征参数；根据超链的特征参数将超链进行分类；根据权值和分类结果确定页面上超链的层次关系。依照上述方法，从 Web 首页开始依次处理，就有可能得到 Web 站点的一个基本框架，关键在于对超链前标签的权值分配。

第三，Web 使用挖掘实现技术。

在挖掘 Web 用户使用记录时描述用户访问的数据包括：IP 地址、参考页面、访问日期和时间、用户 Web 站点及配置信息。发现用户使用记录信息的方法有两种：一种方法是通过对日志文件进行分析，包含两种方式：一是先进行预处理，即将日志数据映射为关系表并采用相应的数据挖掘技术来访问日志数据；二是直接访问日志数据以获取用户的导航信息。另一种方法是通过对用户点击事件的搜集和分析发现用户导航行为。

三、信息可视化（Information Visualization）

（一）信息可视化概述

信息可视化（Information Visualization）是一个最近才形成的情报学研究领域，是在计算机的协助下，对数据的可见的、交互的表示，同时也是美国情报学研究的热点与前沿。

1. 产生背景

信息可视化起源于多个方面。首先是 1786 年苏格兰政治经济学家 W. Playfair 在图形数据方面的工作①，他也许是最早利用线和面等可视化表示数据的人。从此，产生了用图形表示数据的经典方法。1967 年，一位法国制图工作者 J. Bertin 发表了他们的图形理

---

① W. Playfair, *The Commercial and Political Atlas*, London 1786.

论①。这一理论指明了图表的基本元素，描述了图表的设计框架。1983 年美国耶鲁大学统计学教授 E. R. Tufte 发表了数据图理论②。Bertin 与 Tufte 的理论在许多领域是著名的和有影响的，这引起了信息可视化的大发展。在信息可视化的发展过程中，科学可视化的产生与发展起了决定性的推动作用。"信息可视化"这一术语最早出现在 1989 年 G. Rob-ertson、S. Card 与 J. Mackinlay 的论文③中，目前信息可视化已成为一个与科学可视化并列的研究领域。

2. 科学可视化

1987 年，美国国家科学基金会发表了一份研究报告《科学计算中的可视化》，这份报告被认为是科学可视化这一领域诞生的标志，第一届 IEEE 可视化会议于 1990 年召开。科学可视化主要由地球资源学、物理学、计算机科学等领域中从事大型计算研究的科学家领导。科学可视化的发展，对信息可视化的研究起到了很大的推动作用。科学计算可视化（Visualizationin Scientific Computing）是指空间数据场的可视化，人们需要在计算过程、数据处理流程中了解数据的变化，然后通过图形、图像、图表以及其他可视化手段来检查、分析处理结果数据。科学可视化的研究内容包括图像生成和图像理解两部分。按其结合程度将可视化分为三个层次：一是后置处理（Postprocessing），即将科学和工程计算的结果解释成可视图形；二是实时跟踪处理（Tracking），即图形可视化显示与计算过程同步进行；三是交互控制（Steering），表明在计算过程中根据显示结果可随时对模型和控制参数进行修改和引导④。

---

① J. Bertin, Graphics and Graphic in Formation Processing, Berlin：DeGruyter, 1977, 1981.

② E. R. Tufte, The Visual Display of Quantitative in Formation, *Graphics Press*, 1983.

③ G. G. Roberson, S. K. Card, J. D. Mackinlay, The Cognitive Co-processor for Interactive User Interfaces, *Proceedings of UIS'89*, *ACM Symposiom on Use Interface and Software and Technology*, 1989, 10-18.

④ 胡祥云，胡祖志等：《科学可视化及其在地学中的应用》，《工程地球物理学报》2004 年第 8 期，第 358～362 页。

信息可视化是科学可视化的应用领域之一，但二者存在着很大差异。一般而言，科学可视化指空间数据场的可视化，而 IV 是非空间数据场的可视化。虽然差异明显，但科学可视化的发展对 IV 的研究起到了很大的推动作用。两者不同点可参考表 3-1。

表 3-1　　　　　　　　信息可视化和科学可视化的区别

	信息可视化	科学可视化
数据源/信息源	大型数据库中的数据	计算和工作测量中的数据
作用	直观地表达知识信息之间的逻辑关系	提供集成、方便的数据处理工具、对海量数据进行模拟和计算
处理过程	信息获取→知识信息多维显示→知识信息分析与挖掘	数据预处理→映射（构模）→绘制和显示
应用领域	信息管理、商业、金融、企业管理等	医学、地质、气象、流体力学等
主要的应用方法	几何技术、基于图标的技术、面向像素的技术、分级技术等	线状图、直方图、等值线（面）、绘制、体绘制

3. 信息可视化的基本过程和特征

信息可视化完整的过程应包括信息组织与调度、静态可视化、过程模拟和探索性分析等四个过程。其中信息组织与调度主要解决适合于海量信息的简化模式，快速调度；静态可视化主要解决运用符号系统反映信息的数量特征、质量特征和关系特征；过程模拟主要对信息处理、维护、分析使用过程提供可视化引导、跟踪、监控手段；探索性分析则通过交互式建模分析可视化、多维分析可视化为知识信息提供可视化技术支持。

信息可视化技术的核心是为用户提供直观的、可交互可视化的信息环境。同一般科学计算可视化比较，信息可视化具有以下主要特点①：

（1）位置特征：所有可视对象和现象都与地理位置紧密相关。

（2）直观形象性：信息可视化是通过生动、直观、形象的图形、图像、影像、声音、模型等方式，把各种信息展示给用户，以便进行图形、图像分析和信息查询。

（3）多源数据的采集和集成性：运用信息可视化技术，可方便地接收与采集不同类型、不同介质和不同格式的数据。不论它们被收集时的形式是图形、图像、文字、数字还是视频，也不论它们的数据格式是否一致，都能用统一的数据库进行管理，从而为多源数据的综合分析提供便利。

（4）交互探讨性：在大量数据中，交互方式有利于视觉思维。在探讨分析的过程中，可以灵活检索数据，可以改变信息交互方式。多源信息集成在一起，并用统一数据库进行管理，同时具有较强的空间分析与查询功能，因此用户既可以方便地调整可视化变量（如轴系、颜色、高度、阴影、视角、分辨力等场景参数）获得信息不同表现效果，又可以方便地用交互方式对多源信息进行对比、综合、分析，从中获得新的规律，以利于规划、决策与经营。

（5）信息的动态性：有关信息不仅仅被表现为空间信息，并且具有动态性。随着计算机技术的发展和时间维的加入，使信息的动态表示和动态检索成为可能。

（6）信息载体的多样性：随着多媒体技术的发展，表达信息的方式不再局限于表格、图形和文件，而拓展到图像、声音、动画、视频图像、三维仿真等。

4. 信息可视化参考模型

我们可以把可视化认为是从数据到可视化形式再到人的感知系统的可调节的映射。如图 3-1 所示是这些映射的一个图示，它是信

---

① 宋绍成，毕强，杨达：《信息可视化的基本过程与主要研究领域》，《情报科学》2004 年第 1 期，第 13～18 页。

息可视化的一个简单参考模型①。在该模型中，从原始数据到人，中间要经历一系列数据变换。图中从左到右的每个箭头表示的都可能是一连串的变换。从人到每个变换（从右到左）的箭头，表明用户操作的控制对这些变换的调整。数据变换把原始数据映射为数据表（数据的相关性描述）；可视化映射把数据表转换为可视化结构（结合了空间基、标记和图形属性的结构）；视图变换通过定义位置、缩放比例、裁减等图形参数创建可视化结构的视图；用户的交互动作则用来控制这些变换的参数，例如把视图约束到特定的数据范围，或者改变变换的属性等。可视化和它们的控制最终服务于任务。

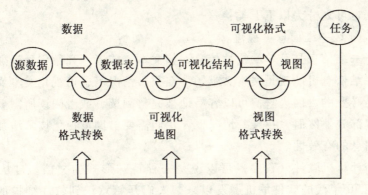

图 3-1　信息可视化参考模型

在信息可视化的参考模型中，其核心是数据表到可视化结构的映射。数据表基于数学关系，可视化结构则基于能够被人的视觉有效处理的图形属性。科学可视化主要集中在物理数据上，与之不同的是，信息可视化的研究主要集中在抽象信息上。在很多情况下，信息本身并不能自动映射到几何物理空间。这个不同意味着许多信息类型没有自然或明显的物理表示形式。因此，一个关键的问

① Stuart Card, Jock Mackinlay, Ben Shneiderman. Readings in Information Visualization: Using Vision to Think. *Morgan Kaufmann*, 1999.

题就是发现新的可视化隐喻（可视化结构）来表示信息，并且理解这些隐喻所支持的分析任务。如果一个映射比其他的映射能够更快地被理解，能够表达更多的差别，或者能够更不容易导致错误，那么这个映射比其他的映射就更有表现力。如何寻求一个好的可视化结构，是信息可视化的一个关键问题。

（二）信息可视化主要应用领域

1. 信息可视化应用的分类

马里兰大学教授本·施奈德曼（Ben Shneiderman）把数据分成以下七类：一维数据（1-D）、二维数据（2-D）、三维数据（3-D）、多维数据（Multidimensional）、时态数据（Temporal）、层次数据（Tree）、和网络数据（Network）。信息可视化方法根据不同的数据也可划分为以下七类：

（1）一维信息可视化。

一维信息是简单的线性信息，如文本，或者一列数字。最通常的一维信息可能就是文本文献了。在很多情况下，可视化文本文献不是必要的，因为它们可以容易地被完整阅读，或者阅读所需要的特定部分。然而，在某些情况下，我们需要借助可视化技术增加文本信息的有效性。

计算机软件（程序）可以说是一种特殊形式的文档。自从20世纪70年代的软件危机爆发以来，人们开始意识到软件维护的重要性。而软件维护过程中最重要的一个方面就是如何迅速分析大规模的源代码，并从中找到特定的代码部分。

贝尔实验室的Eick等人在可视化系统See Soft中实现了一种对上百万行计算机程序进行可视化的方法。See Soft可以用于知识发现、项目管理、代码管理、开发方法分析等领域。See Soft曾经被用于帮助检测大型软件中与"2000年问题"有关的代码。

（2）二维信息可视化。

在信息可视化环境中，二维信息是指包括两个主要属性的信息。宽度和高度可以描述事物的大小，事物在X轴和Y轴的位置表示了它在空间的定位。城市地图和建筑平面图都属于二维信息可视化。

最常见的二维信息可视化是地理信息系统（GIS）。商业 GIS 系统长时间以来被用于区域规划、交通规划和管理、天气预报以及绘图。简单的 GIS 以个性化地图的方式应用在 WWW 上相当的普遍，这些地图用来显示响应一个搜索引擎提问的地址的定位。

（3）三维信息可视化。

三维信息通过引入体积的概念超越了二维信息。许多科学计算可视化都是三维信息可视化，因为科学计算可视化的主要目的就是表示现实的三维物体。计算机模型可以让科学家模拟试验、操作那些现实世界中代价昂贵、实施困难、非常危险或者是现实世界中不可能进行的事情。

近年来，三维信息可视化被广泛地应用于建筑和医学领域。我国"863"高技术发展研究课题"数字化虚拟中国人数据暨构建与海量数据系统"的目的就是用计算机在三维空间模拟真实人体的所有特征。

（4）多维信息可视化。

多维信息是指在信息可视化环境中的那些具有超过 3 个属性的信息，在可视化中，这些属性的重要性是相当重要的。例如，关于某地所有房屋的价值和它们的地址数据的一个清单（一维数据），可以按照价值排序；也可以创建一个测度，用点的大小来表示房子的相对价值，并且将点放置在地图上来表示它们的位置（二维数据）。

（5）时间序列信息可视化。

有些信息自身具有时间属性，可以称为时间序列信息。比如，一部小说或者新闻就可以有时间线。学者 Liddy 建立了一个从文本信息中抽取时间信息的系统 SHESS。该系统自动生成一个知识库，这个知识库聚集了关于任何已命名的实体（人、方位、事件、组织、公司或者思想观念）的信息，并且按照时间序列组织这些知识，这个时间序列覆盖了知识库的整个周期。

如果事物本身是按照时间序列发生的，那么根据时间顺序图形化显示事物是一种普遍使用的、很有效的信息可视化方法。项目管理工具可以使用户一眼看出持续发生事件的概况。时间线在多媒体制作软件中，提供了很好的同步控制功能，如 Flash。

（6）层次信息可视化。

抽象信息之间的一种最普遍关系就是层次关系，如磁盘目录结构、文档管理、图书分类等。传统的描述层次信息的方法就是将其组织成一个类似于树的节点连接表示。这种表示结构简单直观，但是，对于大型的层次结构而言，树形结构的分支很快就会拥挤交织在一起，变得混乱不堪，这主要是因为层次结构在横向（每层节点的个数）和纵向（层次结构的层数）扩展的不成比例造成的。

人们在对层次信息可视化进行研究的过程中提出了一系列新的可视化技术，典型的有：Robertson、Mackinlay 和 Card 等提出的一种利用三维图形技术对层次结构进行可视化的方法 Cone tree；Shneiderman 等提出的一种可以充分利用屏幕空间的层次信息表示模型 Tree-map；Lamping 和 Rao 等提出的一种基于双曲几何的可视化和操纵大型层次结构 Focus + Context 技术 Hyperbolic tree。

关于层次信息可视化的研究，目前大都集中在如何寻求高效、简洁的层次信息可视化结构方面。在层次信息的表现上，具有明显的认知心理学特征。除了加强用户的可用性测试实践外，如何利用计算机图形学等技术动态地表示层次信息仍然比较困难。

Xerox PARC 的科研人员开发了 Cone and Cam Trees。这个方法使用三维空间来描述等级信息，根结点或者放置在空间（锥形树）的顶端，或者放置在空间（凸轮树）的最左端。子节点均匀地分布在根结点的下面或者右面的锥形延展部分。Cone and Cam Trees 不是静态的显示，当用户用鼠标点击了某个节点时，这个节点会高亮度显示，同时这个树结构发生旋转，将该节点旋转到图形的前方。一个完整的 Cone and Cam Trees 图形能够持续旋转，使得用户可以观察大型等级结构，理解其中的关系。研究人员在单独的一个屏幕范围内创造的 Cone and Cam Trees 图形可以描述实际书本描述的 80 页有组织的内容。

（7）网络信息可视化。

目前，Web 的信息不计其数，这些信息分布在遍及世界各地的数以万计的网站上，网站通过文档之间的超链接彼此交织在一起。不论 Web 现在的规模有多大，它还将继续膨胀。如何方便地利用 Web 上的信息，成了一个迫切需要解决的问题。然而，目前的信息访问方式，却远远不能让人满意。信息可视化在帮助人们理解信息空间的结构，快速发现所需信息，有效防止信息迷途等方面将会扮演越来越重要的角色。

网络信息并不一定完全是网络上的信息，准确地讲，它是指这样的一个节点，它们与其他任意数量的节点之间有着联系。因为网络数据集合中的节点不受其他与它们相联系的有限数量节点的限制（与层次节点不同，它们只有一个父节点），网络数据结构没有内在的等级结构，两个节点之间可以有多种联系，节点以及节点间的关系可以有多个属性。

2. 数字图书馆可视化

自美国科学家 20 世纪 90 年代初提出了数字图书馆概念后，以驱动多媒体海量数字信息组织与互联网应用问题各方面研究的技术领域开始在全球迅速发展起来。将信息可视化技术引入到数字图书馆领域，解决信息需求与服务的个性化，信息提供的个性化等问题，可以通过信息可视化尝试解决发展问题。这一领域主要关于信息检索过程可视化和信息结果可视化。信息检索由两个步骤组成：构建和使用。用户作为信息使用者的同时也是信息构建者，通过增加检索路径到信息空间，这些增加的路径给其他用户检索其他路径提供了有价值的信息。

TileBARS 是加州伯克利大学数字图书馆项目内中基于 Web 的分布式检索课题 Cheshire Ⅱ 的一部分，也是目前一种较为方便、实用的检索可视化系统①。它使用一种被称为 Texttiling 的算法，将每一篇文档按页或段落划分为分主题块。用户检索式用若干个主题来确定，每个主题一行，称为词集（a set of words），一般一个主题是一系列的同义词或相关词。TileBARS 允许用户可以在了解检索词在文档中分布情况的前提下，决定阅读哪篇文档或者一篇文档中的哪些段落。其目的是能够同时、直观地展现一篇文档的相对长度、

---

① http：//elib. cs. berkeley. edu/tilebars.

词在文档中的出现频率以及词在文档中的分布情况。

TileBARS 用矩形块图标表示文档，矩形块的大小表示该文档的相对长度。系统允许用户使用完全的信息，通过基于文档中查询检索词的分布式行为，决定哪些文档和文档的哪些部分来进行浏览，达到快速和简洁地展示：（1）文档的相关长度；（2）检索词在文档中出现的频率；（3）检索词在文档中的分布和检索词与检索词之间的相对分布。检索结果针对相关度最大的簇（从 Scatter/Gather 结果中得出），TileBAR 被显示，横列反映了特定界面的标准：文档首先按在所有的检索词组中有多少页面数被命中来排序，然后是按检索词被命中的总数来排序，最后是通过相似的搜索来排序，显示的数字是原始的相似搜索顺序。

其具体显示方法是：用户在输入检索式时，将检索主题分成 n 组检索词（一般 n = 3），如检索词组 1，检索词组 2，检索词组 3，所有的检索词都围绕一个相同的检索主题，根据每一组检索词构造文档簇，每一个大的矩形表示一个抽象的文档，矩形的长度表示文本的长度。每个矩形的上面的小正方形表示检索 1 的命中次数，中间的长方形为检索词组 2 的命中次数，下面的正方形为检索词组 3 的命中次数，正方形的颜色越深，表示检索词命中的频率越大（白色代表命中次数为 0，黑色为 8 或更多的命中次数，一个检索词组的所有检索词的频率为各检索词之和）。每个举行的第一列为文档的第一部分，第二列为文档的第二部分，如此等等。用户需要浏览感兴趣的页面时，只需点击具体的正方形即可，而不必再为了查找具体的某一段而浏览整篇文档。如图 3-2 所示。

（三）发展前景

1. 可视化数据挖掘（Data-mining Visualization）

信息可视化不仅用图像来显示多维的非空间数据，使用户加深对数据含义的理解，而且用形象直观的图像来指引检索过程，加快检索速度。在信息可视化中，显示的对象主要是多维的标量数据，目前的研究重点在于，设计和选择什么样的显示方式才能便于用户了解庞大的多维数据及它们相互之间的关系，其中更多地涉及心理学、机交互技术等问题。可视化数据挖掘是一个使用可视化技术在

1.第一列文档说明
2.第二列文档说明
3.第三列文档说明
4.第四列文档说明
5.第五列文档说明

图 3-2　TileBARS

大量的数据中发现潜在有用知识的过程，它可以将许多数据同时显示在屏幕上，并将每一个数据值映射成屏幕的一个像素。像素的颜色对应于每个数据值或是数据值与给定查询值之间的差值。在这种技术中，用户由可视化的视觉反馈指导并且能更快地研究数据库中数据的众多特性。可视化数据挖掘的关键技术主要包括三个方面，即交互性技术、选择查询技术和可视化模型。

目前，可视化数据挖掘主要有两种分类系统，一种是 Keim 提出的分类体系，另外一种是 Card 提出的分类体系①，下面分别介绍这两种分类体系的具体内容：

（1）Keim 的分类体系。

Keim 等人将面向多变量和多维信息的可视化数据挖掘技术分为六大类②，包括：第一，像素导向（Pixel-based）技术。将每一个数据值映射成一个有色的像素并将数据值按照它的属性显示在分离的窗口中，数据值的范围也根据一个固定的颜色表映射成了像素。像素导向技术可分为查询无关的（Query Independent）像素导向技术和查询相关的（Query Dependent）像素导向技术。

第二，几何映射（Geometric Projection）技术。目的在于发现

---

① Ferreira de Oliveira. M C Levkowitz H. From Visual Data Exploration to Visual Data Mining. A Survey. *IEEE Transactions on Visualization and Computer Graphics*（*TVCG*），2003，9（3）：3782384.

② Jiawei Han，Kamber M. 范明译：《数据挖掘：概念与技术》，北京：机械工业出版社 2001 年版，第 156 页。

多维数据集的相关信息。其种类主要包括主成分分析、因子分析、多维尺度分析等的初步统计技术，大部分几何映射都可以归纳到"事务映射"的范畴。

第三，图标技术（Icon-based）。图标技术是一种可视化数据挖掘技术，它的含义是将每一个多维数据映射成一个图标，并使其可视化特征与数据值一致。常用的图标技术主要有 Chernoff 面法和棍状图法。

第四，分层技术。将 k 维的空间和现存的子空间细分为一个分层的样式。像 n-Vison 技术、"Worlds within Worlds"等方法都属于层次技术。层次技术能将 k 维的非层次表格数据在二维的层次的空间进行显示。

第五，图形技术。图形技术的基本原理是利用专用的页面布局算法、查询语言和抽象技术有效的显示一个大的图形。

第六，混合技术。混合技术集成了上面所述的多种技术，为了清晰表现数据信息，可视化结果可以在一个窗口显示，也可以在多个窗口显示。

（2）Card 的分类体系

Card 等人根据信息可视化的类型将可视化数据挖掘技术分为四个层次①。最高层的可视化工具可以为用户提供在其运行环境之外（如在 Internet 或在线服务器上收集）进行信息收集的可视化途径；第二层可视化工具旨在通过创建信息工作空间的快速获取和高度交互的可视化表示来支持用户执行任务。第三层是可视化的知识工具，描述数据的可视化表达，它提供了一个控制集用以与这些可视化的表达进行交互，这就使用户能够确定并提取数据的关系。第四层是增强的可视化对象，它的目标在于揭示对象内部的一些本质信息。

第三层中的可视化知识工具可以根据可视化结构（Visual Structure）的类型进一步细分。可视化结构主要包括以下四种：物

---

① 芮小平：《空间信息可视化关键技术研究》，中科院遥感应用研究所，2004。

理结构、一维、二维和三维表示结构、多维结构、树和网络。其中物理结构主要指数据表达与现实世界的对象相对应的可视化方法，例如计算可视化就属于这种类型；一维、二维和三维表示则是通过将数据投影到正交的坐标轴内实现信息的编码。一维的可视化结构主要用于表示时间线和文本信息，二维的可视化主要是一些二维的离散图或者离散的图形矩阵，三维可视化则用于物体的真实表示；多维结构用于对具有很多属性的数据进行抽象表示，这些属性数据没有清晰的结构和关系；树和网络通过连接和包围等方法为数据项的关系编码。这种方法在一定程度上与 Keim 所述的层次技术和图形技术相对应。当描述数据分类、组织结构或磁盘空间管理等事务时，人们能够很自然的想到树型结构，用树型结构能够同时可以显示许多节点，并提供了浏览和查找机制让用户观察整个树的结构。而网络则常用于描述数据点带有节点的表达方式，它可以通过连接数据节点来表达数据之间的关系。

2. 可视化技术在空间信息挖掘中的应用

从空间数据挖掘的国内外研究现状来看，所作的空间数据挖掘研究多是侧重于空间要素的数据挖掘，而以空间要素和非空间要素信息做联合空间数据挖掘研究的不多。空间数据挖掘通常以地图应用为主，通常表现为地理现象的分布规律、聚类规律、发展演变规律、相连共生的关联规则等；而应用数据挖掘在 GIS 遥感影像解译中，由于同物异谱和同谱异物的存在，单纯依靠光谱值知识的统计分类和特征提取难以满足要求，如果能将空间目标的关联知识考虑进去，可以大大提高自动化和准确程度。

由此可见，数据挖掘与 GIS 集成可以根据不同的研究内容分为面向空间要素的数据挖掘、面向非空间要素的数据挖掘和空间要素信息与非空间要素信息的联合数据挖掘。根据不同的类型，所选的可视化技术也不相同，需要根据实际情况决定采用何种可视化数据挖掘技术。

面向空间要素的数据挖掘主要是挖掘空间实体间的空间关系、空间规则和特征信息，主要从两种数据挖掘的粒度——基于目标实体和栅格来考虑的。面向非空间要素的数据挖掘是对经过空间化后的数据在非空间层次进行一般的数据挖掘，即建立在对 GIS 所管理的空间实体所对应的属性信息的数据挖掘，然后利用 GIS 对所挖掘的结果进行表达，是一种较低层次的数据挖掘与 GIS 集成应用。空间要素和属性信息关联的空间数据挖掘不同于前两者的数据挖掘集成，它的研究内容不仅仅局限于对地理要素的空间位置和空间关系的研究，还包括对空间现象（四季变换、温度变化、刮风降水）、空间因素（高山、谷地、平原）、空间组成（土壤、地貌、植被、水域、矿产）、空间活动（动物变迁、人类活动、水土流失、沙漠侵蚀）等的研究，力图从中揭示出相互影响的内在机制与规律。

匹兹堡大学的可视信息系统中心 Visual Information System Center（VISC）是在匹兹堡大学 Ken Sochats 教授领导下，进行可视数据挖掘、地理信息系统、环境系统等可视化项目的研究中心。

其最新研究项目包括①：

（1）国家防御中心（Center for National Predareness）；

（2）地理信息系统（Geographic Information Systems）；

（3）Lancelot-Grail；

（4）环境可视化（Virtual Environments）；

（5）潜在威胁建模（Threat Potential Modeling）。

以空间信息可视化系统（Geographic Information Systems）为例，地理空间可视化通过强大的、有效的地图系统将复杂的空间和属性数据以地理的形式展现出来，从而挖掘数据之间的关联性和发展趋势，了解市场动态、发现商业机会，进而做出及时和正确的判断和决策。

匹兹堡大学对 GIS 已进行了近 10 年的研究，其研究成果运用于多种场合。目前增强现实技术 AR 与 GIS 结合的研究比较广泛，如将空间超媒体、GIS 等与 AR 技术结合，为已有的各种系统提供新的功能或开发新的系统；将 AR 与 GIS 空间数据库结合可用于车辆自主导航；将 AR 与 GIS 组合，可用于解决环境变化的可视化问题；将 AR 作为 GIS 的新界面，可在面向公众的应用领域开辟广阔

---

① *http：//visc. exp. sis. pitt. edu/.*

的市场前景等。

3. KM 可视化

（1）知识管理体系

在 21 世纪的"知识经济"时代里，对于企业而言，应对激烈的全球化竞争，企业知识的积累是胜负的关键因素之一。只有拥有并有效利用知识才能在信息时代立于不败之地。过去知识的主要获取途径是学习，但在信息技术飞速发展，网络普及带来的信息革命浪潮下，单纯的学习已经不能满足用户的要求。因此所谓的"知识工作者"（Knowledge worker）最主要的任务之一，就是如何在做决策前已具备或搜集到所需知识。而如何利用网络资源和信息技术手段，系统地搜寻知识、整理知识、组织知识、并最终有效地加以利用则是知识工作者必备的技能。但是纯粹以文字组织知识不仅困难而且无法展现其全貌。特别是对隐性知识①，用纯文字的纪录很难说将知识片段间错综复杂的关联说清楚。思考大师狄波诺认为，避免人类语言造成的僵化，有一个很好的办法，就是在思考的时候，脑海里尽量多用"图形"少用文字。

日本学者野中郁次郎（Nonaka）和竹内弘武（Takeuchi）将个人拥有的知识分为两大类：一类是能够透过"载体"传达、表现的"显性知识"（Explicit Knowledge），例如像专利、学术著作和技术文档等。此类知识易于以文字、图表、语言等载体，客观地传达给别人。另一类知识则是存在于人的脑海之中，根据个人不同的体验、观察力或者直觉所建立的"隐性知识"（Tacit Knowledge）。

基于以上的知识分类，可以归纳一个简单的公式来表达知识的组成。首先定义 K_e 表示外显知识，K_t 则表示内隐知识。个人的显性知识可被定义为：

$$K_e = (I \oplus S) \times P \qquad (3\text{-}1)$$

相似地，K_t 的定义公式：

$$K_t = (B \oplus L) \times M \qquad (3\text{-}2)$$

---

① Ray Jaackendoff. Patterns in the Mind Language and Human Nature. *Basic Books*, 1997.

在这个隐性知识公式中，（B⊕L）显然与 K_e 具有极为密切的关系。因为具有越多的显性知识的个人就无疑拥有更多的知识资源和链接。或者可以用公式这样表示：

$$P = f_1 (K_t);\ (B \oplus L) = f_2 (K_e) \qquad (3\text{-}3)$$

一个完整的知识管理体系应该包括：知识收集、知识提炼、知识存储和知识应用四个阶段。这是个循环往复，螺旋上升的过程，借助可视化方法表现它，可以帮助我们更准确地理解它们的相互关系，并寻找和发现新的可视化"隐喻"来表示知识。如前所述，知识收集，知识提炼，知识存储和知识应用是知识管理因为"隐性知识"要能够转化为"显性知识"才能够被记录保存，这个过程叫做隐形知识的"表达外化"；而"显性知识"则经过人类大脑的综合组织，被作为"隐形知识"而保存在脑中。知识形态之间的转化，需要一种视觉化模型来表达和呈现，就好比 UML（Unified Modeling Language，统一建模语言）作为一种可视化建模语言，被用作软件开发流程中的分析和设计阶段一样。

（2）几种已有的知识可视化工具

第一，概念图（Concept Map）。

概念图是康乃尔大学的诺瓦克（J. D. Novak）博士（Novak, J. D. & Gowin, D. B, 1984）根据奥苏贝尔（David P. Ausubel）的有意义学习理论提出的一种教学技术。它通常将某一主题的有关概念置于圆圈或方框之中，然后用连线将相关的概念和命题连接，连线上标明两个概念之间的意义关系。

第二，思维导图（Mind Map）。

思维导图最初是 20 世纪 60 年代英国人托尼·巴赞（Tony Buzan）（1999）创造的一种笔记方法。托尼·巴赞认为思维导图是对发散性思维的表达，因此也是人类思维的自然功能，是打开大脑潜能的万能钥匙，可以应用于生活的各个方面。

第三，认知地图（Cognitive Maps）。

认知地图也被称为因果图（Causal Maps），是由 Ackerman & Eden（2001）提出的，它将"想法"（ideas）作为节点，并将其相互连接起来。

这三种方式无疑都提供了进行知识管理的有效途径，但是，它们的局限在于都用节点（图标）表示主题，用线段表示关系，图形本身没有意义，也就是说，如果去掉了节点和线段上面的关键字就很难了解别人想要表达的含义；其次，这三种图形往往呈现树形结构，可表达的结构比较单一和简单；再次，因为三种图形的绘制方法没有定义严格的统一规则，主观性较强。

为了弥补以上方法的缺陷，一种新的知识建模语言（KML, Knowledge Modeling Language），用图形化的语法和语义来描述"知识图"，使其呈现的"知识结构"看起来更有语义。可视化（Visualization）就是把数据、信息和知识转化为可视的表示形式的过程，是人类与计算机这两个最强大的信息处理信息处理系统之间的接口。可视化的表达方式可以观察、浏览和编辑的形式展示语义信息。将可视化表达方式引入知识建模过程，无疑具有极其重要的意义。

（3）可视化知识建模语言 KML（Knowledge Modeling Language）

如何在浩瀚信息海洋中获取自己所需的知识，进而进行有效的管理并最终利用知识创造价值是知识管理的重要目标。而如何构建良好的知识模型来存储和表达所需的知识，是知识创造价值过程的关键因素。针对这种需求，提出了可记录隐性知识的可视化知识建模语言（KML），通过使用可视化知识建模语言人们可以将内在的知识记录转化为图形化的文档，从而得以展现知识的全貌，而知识的使用也变得更加直观和有效。

KML 语言由知识组件（Knowledge Object）、关系（Relationship）和图形（Diagram）三部分组成[①]。

第一，知识组件。

如图 3-3 所示，知识组件有四种：分别是主题（Topic）、案例（Case）、内容（Content）和判断（Judgement）。"主题"是知识分类后抽象表达的结果，以圆形表示，所有的知识都可以抽象表达主

---

① 金叶，周忠信，王清河等：《一种可视化的知识管理建模语言》，《计算机工程与应用》2005 年第 19 期，第 177～181 页。

题；"案例"是人们心智活动可以观察到的结果，用椭圆形表示；"内容"是资料和信息的来源，用矩形表示；"判断"是知识组件从一种活动状态变化到另一种活动转台时，所经过的知识处理和判断，以菱形表示。"状态属性"用以标示当时知识组件所处的状态；"行为属性"表示知识对象所隐含的行为，用以传达对象的某种信息。"描述属性"用来解释和记录。

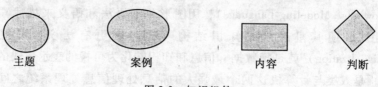

主题　　　　　　案例　　　　　　　内容　　　　判断

图 3-3　知识组件

第二，关系。

关系（也可以叫关联，relationship）是知识对象之间的连结（Link），或是表示相关的对象之间连结的意义。在集合论中，当人们考虑一个集合的对象的排列顺序时，这个集合就是有序集合（Ordered Set）。而把具有两个对象的有序集合，称为有序三元（Ordered Triple），以次类推。有序对并不就是关系，由有序对组成的集合才是关系。例如，有序对（人、男人）不是关系；｛（人，男人）｝才是关系。存在于两个对象之间的关系，称为二元（Binary）关系；三个对象之间的关系，称为三元（Triple）关系。KML中定义了十种的关系：关联（Association）、泛化（Generalization）、依赖（Dependency）、聚集（Aggregation）、组成（Constitution）、分类（Classification）、参考（Reference）、顺序（Sequence）、同步（Synchronization）和判断（Judgement）。而知识对象之间要使用何种关系来描绘，除了参照真实世界中对象彼此间的关系外，思考者的个人观点也是关键因素。

第三，图形。

根据上面介绍的各种图形语法，可以给知识图下一个定义：知识图是利用各种元素连接一组相关知识对象所成的图形。笔者用这样的方式来表示"知识模型",并描绘相应的知识图。理论上,利用上述所有的关系可以描绘出复杂的知识图,但过于复杂的图形表示,可能会降低知识图的可读性(Readability),而过于简单的知识图也可能降低其可用性(Usebility)。因此,将知识图划分为两大类图形:"结构图"(Structure Diagram)和"活动图"(Activity Diagram)。

第一种是结构图:主要用来表达知识片段间的关系。在结构图中使用的关系包括:关联(Association)、泛化(Generalization)、依赖(Dependency)、聚集(Aggregation)、组成(Constitution)、分类(Classification)、参考(Reference)。

第二种是活动图:用来描述程序、流程或者场景变换关系的图形。在活动图中使用的关系主要包括:顺序关系(Sequence)、同步关系(Synchronization)和判断关系(Judgement)。在描绘活动图时也可以加入结构图的诸如分类、参考等关系,用以辅助说明。

四、小 结

(一) SLM-IR 进展

本文从分析 IR 模型的理论基础入手,介绍了目前 IR 界新兴的一种模型—SLM-IR 模型,给出了它的几种模型的统计学基础,讨论了统计语言模型的关键技术—平滑技术。而从最近几年(2001～2004 年)的 SIGIR 会议①的情况来看,出现了很多关于 SLM-IR 模型的论文,可见国外对该模型的重视程度。从 1998 年开始,统计语言模型被应用到 IR 领域。Ponte&Croft(1998)是最先建议使用语言模型进行信息检索的。Hiemstra(1998a)、Hiemstra&Kraaij(1999)最先提出了基于全局和局部混合概率分布的排序方法。Miller,Leek,Schwartz(1999)提出了使用隐马尔柯夫模型进行排序的方法,他们利用二元文法(bi-grams)对两个单词的短语建模,还执行了盲目反馈(Blind Feedback)。Sahami(1999)提出一

---

① *http*：//*www. acm. org/sigir/*.

个基于"全局和局部分布的几何均数"进行文档模型的平滑处理的方法进行文档聚类。Berger&Lafferty（1999）以及 Hiemstra&De Jong（1999）发明了一个包含统计翻译（Statistical Translation）。Song&Croft（1999）使用了包含二元文法（bi-grams）的模型并引入了"Good Turing"重估计的方法对文档模型进行平滑处理。Rong Jin（2002）提出了"标题语言模型"，把提问 Q 作为文档 D 的标题来考虑语言模型。Zhai&Lafferty（2002）使用了"两阶段语言模型"，并提出了一种"两阶段平滑算法"，通过这种方法，可以自动设置检索参数。Changki Lee（2003）提出了"依赖结构模型"。该模型是为了克服 bigram，trigram 语言模型的缺点而提出的。依赖结构模型是基于 Chow 扩展理论和依赖分析器产生的依赖分析树。这样，长距离的依赖关系就可以用依赖结构模型来处理。在 2005 年的 SIGIR 会议上，伊利诺伊大学的 Xuehua Shen 等介绍了应用于 Ad Hoc 网络信息检索的相关反馈模型以及运用于上下文检索的隐式用户反馈模型（Implicit Feedback）；马里兰大学的 Ryen W. White 等介绍了隐式用户相关反馈模型使用的影响因素。

SLM-IR 模型最大特点在于它可以用不同的方法来估计文档模型和"文档—提问"的翻译模型。最近的工作已经比较了不同的平滑策略。很多使用 Lemur 工具箱的实验已经在各种文档集和测试条件下开展起来，包括 2001 年的 Web track 的工作。在理解语言模型方法的形式基础上也取得了进展，比如，C. Zhai 和 J. Lafferty 开发了基于贝叶斯决策论的通用框架，使得基本的语言模型方法以及 Robertson 和 Sparck Jones 的标准的概率模型都成为特例。进而，表明了语言模型方法如何可以看作一个潜在的相关模型，这就允许该方法同标准的概率模型一样的方式被解释。

比参数平滑更有前途的方法是语义平滑，它类似于传统的术语加权（Term-weighting）方法。使用马尔科夫链的语义平滑技术①

---

① J. Lafferty and C. Zhai. Risk Minimization and Language Modeling in Information Retrieval. *In 24th ACM SIGIR Conference on Research and Development in Information Retrieval*（*SIGIR'*01），2001.

和概率潜在语义标引技术（PLSI）① 都是非常有前途的语义平滑技术。

（二）网络信息计量学进展

在每隔两年召开的国际文献计量学、信息计量学及科学计量学研讨会（ISSI）上，从 1997 年开始加入了网络计量学这个论题议程。Cybermetrics'01（Sydney）有 5 篇文献是关于网络计量学的概论、链接、网络信息的关键词、区域影响方面研究；Cybermetrics'03 则围绕网络链接分析、网络信息挖掘及网络影响因素领域发表了 10 篇学术文献；Cybermetrics'04 在网络计量学的概论、电子期刊的文献计量学前景方面产生了 8 篇文献。因此可见，网络计量学日益受到计量学界的重视。目前，虽然有关网络信息计量学的研究已初具规模，但我们还要清醒地认识到，涉及范围广泛、研究对象和内容丰富、发展迅速正是网络信息计量学的显著特征之一。

事实上，无论国内还是国外，网络信息计量学的研究都还处于起步阶段，缺乏整体上的系统研究，缺少具有普遍意义的研究成果，无论是理论研究、方法研究还是应用研究都很不完善，许多方面至今仍然是空白，这决定了网络信息计量学作为一门学科独立出现在信息科学领域尚需时日，而这也是这门学科具有巨大吸引力的原因所在。就目前网络信息计量学的研究现状来看，有关域名分析与链接分析、网络影响因子（WIF）、网络搜索引擎和网络数据挖掘等问题的研究是重点和热点，在这些领域所取得的成果自然更具代表性。直接影响到网络信息计量研究工作的结果。

目前的网络搜索引擎种类繁多，特点各异，可查的曾被用于网络信息计量研究的就有 AltaVista、AllTheWeb、Northernlight、Google、Excite、Lycos、HotBot、Infoseek 等许多种。如何对这些搜索引擎的性能进行综合评价，如何利用计算机、网络等信息技术的新成果、新方法、新工具改进搜索引擎的搜索效果，提高搜索引擎

---

① T. Hofmann. Unsupervised Learning by Probabilistic Latent Semantic Analysis. *Machine Learning*, 42（1），2001, pp. 177-196.

的网络空间覆盖范围、检索效率、易用性、稳定性等性能指标；如何综合利用多种搜索引擎以及其他方法进行网络信息计量学研究等一系列问题都成为关系到网络信息计量学发展的关键问题，众多专家学者的高度重视和广泛关注，在这一领域并取得了相当多的研究成果。Clarke 和 Willet 就搜索引擎评价的方法学问题作了讨论。SergeyBrin 和 LawrencePage 开发的 PageRank 算法，以及 Kleinberg 开发的 HITS 算法分别被应用到 Google 和 IBM CLEVER 搜索引擎中。

将文献计量学中同引（Cocitation）概念和聚类（Clustering）研究应用到网站或网页的链接分析中，亦是网络信息计量学的研究主流之一，这种关系 Rousseau 称之为 "Co-Sitaion"。美国伯克利加州大学信息管理与系统学院的 Ray R. Larson 教授认为 Web 网页链接可以清清楚楚地观察网站内容之间的连结可以探讨网络空间（Cyberspaces）的知识结构。Alastair G. Smith、Thelwall、Owen Thomas 和 Peter Willett 等人分别探讨了网络影响因子在不同情况下的计算公式和应用情况。Alastair G. Smith 和 Mike Thelwall 用了两种工具自己设计的爬行器和 Altavista 对英国、澳大利亚、新西兰大学之间的相互链接情况做了统计。Rousseau 于 1999 年对 Altavista 和 NorthernLight 进行了 21 周的连续跟踪研究。

链接结构的研究是 Web 挖掘的重点，除了上文所述的 Page Rank 算法和 HITS 算法外，还有很多学者提出了各种不同的算法，例如，HTSC（Hypelink Text Based Fuzz Clustering）算法以及 Broder 等人研究的图形理论法（Graphtheoretic Methods）的传播交流规律等作用和意义。目前，国外已出现一些 Web 日志分析工具，如 Webtrends、Open market Webreporter、Netanalysisdesktop 等。但这些工具基本上只提供一些简单的统计功能，不对日志中隐含的关系进行分析。

（三）信息可视化进展

近几年来，国际上对 IV 专题进行了广泛而深入的研究，取得了一些重要进展。这些进展和研究成果的展示与交流体现在一些国际研讨会上及其论文中。比较有影响的国际会议是电气与电工工程师学会 IEEE（Institute for Electrical and Electronic Engineers）所组织的两个系列国际研讨会：一个系列的国际研讨会是从 1997 年开始，在英国伦敦每年 7 月所举办的 "International Conference on Information Visualization"。另一个系列的国际研讨会从 1995 年开始，每年 10 月在美国的一些城市举办的 "IEEE Symposium on Information Visualization"。这两个系列的国际研讨会集中体现了当代该领域的研究水平。

在国外，信息管理与信息系统专业、图书情报学专业对这一领域的研究非常活跃，一些大学的信息管理类专业开设了这方面的课程。例如：美国加州大学伯克利分校信息管理与信息系统学院开设了 "信息可视化与表示"（Information Visualization and Presentation）课程。信息可视化可用于知识发现、决策制定、信息理解信息检索、信息系统界面设计、数字图书馆、数据库、文献信息表示，等等。由于此领域应用广泛，它的研究在国外是相当活跃的，已出版这方面的著作多种。

国际信息可视化技术最新进展是将可视化技术运用于数字图书馆的开发、数据挖掘以及知识管理过程中。关于这些领域的研究均取得了一系列的成果。

自美国科学家 20 世纪 90 年代初提出了数字图书馆概念后，以驱动多媒体海量数字信息组织与互联网应用问题各方面研究的技术领域开始在全球迅速发展起来。将信息可视化技术引入到数字图书馆领域，解决信息需求与服务的个性化，信息提供的个性化等问题，可以通过信息可视化尝试解决发展问题。这一领域主要关于信息检索过程可视化和信息结果可视化。Tile BARS 是加州伯克利大学数字图书馆项目中基于 Web 的分布式检索课题 Cheshire Ⅱ 的一部分，也是目前一种较为方便、实用的检索可视化系统。

可视化数据挖掘是一个使用可视化技术在大量的数据中发现潜在有用知识的过程，它可以将许多数据同时显示在屏幕上，并将每一个数据值映射成屏幕的一个像素。目前可视化数据挖掘主要有两种分类系统，一种是 Keim 提出的分类体系，另一种是 Card 提出的分类体系。

从空间数据挖掘的国内外研究现状来看，所作的空间数据挖掘研究多是侧重于空间要素的数据挖掘。数据挖掘与 GIS 集成可以根据不同的研究内容分为面向空间要素的数据挖掘、面向非空间要素的数据挖掘和空间要素信息与非空间要素信息的联合数据挖掘。匹兹堡大学的可视信息系统中心 Visual Information System Center（VISC）是在匹兹堡大学 Ken Sochats 教授领导下，进行可视数据挖掘、地理信息系统、环境系统等可视化项目的研究中心。其最新研究项目包括：国家防御中心（Center for National Predareness）、地理信息系统（Geographic Information Systems）、Lancelot-Grai、环境可视化（Virtual Environments）以及潜在威胁建模（Threat Potential Modeling）。

如何构建良好的知识模型来存储和表达所需的知识，是知识创造价值过程的关键因素。针对这种需求引入了可记录隐性知识的可视化知识建模语言（KML），通过使用可视化知识建模语言人们可以将内在的知识记录转化为图形化的文档，从而得以展现知识的全貌，而知识的使用也变得更加直观和有效。KML 语言由知识组件（Knowledge Object）、关系（Relationship）和图形（Diagram）三部分组成。

参 考 文 献

Borodin A, Roberts G, Rosenthal J, Tsaparas P. Finding Authorities and Hubs from Link Structures on the World Wide Web. *Proceedings of the 10th ACM-WWW International Conference.* Hong Kong: ACM Press, 2001. 415-429.

C. Zhai and J. Lafferty. A Study of Smoothing Methods for Language Models Applied to Ad Hoc Information Retrieval, *In 24th ACM SIGIR Conference on Research and Development in Information Retrieval* (*SIGIR'*01), 2001.

Chakrabarti S. Integrating the Document Object Model with Hyperlinks for Enhanced Topic Distillation and Information Extraction.

Proceedings of the 10*th ACM-WWW International Conference.* Hong Kong: ACM Press, 2001. 211-220.

Davison B, Gerasoulis A, Kleisouris K, Lu Y, Seo H, Wang W, Wu B. Disco Web: Applying Link Analysis to Web Search (extended abstract). *Proceedings of the 8th ACM-WWW International Conference. Toronto: ACM Press,* 1999. 148-149.

D. A. Keim. Information Visualization and Visual Data Mining. *IEEE Transactions on Visualization and Computer Graphics* (TVCG), Vol. 8, 2002.

Herring, S. C. (2002). Computer-mediated Communication on the Internet. *Annual Review of Information Science and Technology,* 36, 109-168.

J. Lafferty and C. Zhai. Risk Minimization and Language Modeling in Information Retrieval. *In 24th ACM SIGIR Conference on Research and Development in Information Retrieval(SIGIR'01),*2001.

J. Lafferty and C. Zhai. Probabilistic IR Models Based on Document and Query Generation. *In Proceedings of the Workshop on Language Modeling and Information Retrieval,* Carnegie Mellon University, May 31-June 1,2001.

H Jin R, Hauptman A and Zhai C. (2002). Title Language Model for Information Retrieval. *In Proceedings of the 25th Annual International ACM SIGIR Conference on Research and Development in Information Retrieval.* Tampere, Finland, pp. 42-48.

Lennart Bjorneborn and Peter Ingwersen. Toward a Basic Framework for Webometrics. *Journal of the American society for information science and technology,* 55(14):1216-1227, 2004

Park, H. W., & Thelwall, M. (2003). Hyperlink Analyses of the World WideWeb: A Review. Journal of Computer-Mediated Communication, 8(4). Retrieved July 9, 2004, http://www. ascusc. org/jcmc/vol8/issue4/ park. html.

Thelwall, M., & Harries, G. (2003). The Connection between

the Research of a University and Counts of Links to its Web Pages: An Investigation Based on a Classification of the Relationships of Pages to the Research of the Host University. Journal of the American Society for Information Science and Technology, 54(7), 594-602.

V. Lavrenko and W. B. Croft. Relevance-based Language Models In 24th ACM SIGIR Conference on Research and Development in Information Retrieval(SIGIR′01) ,2001.

邱均平著:《文献计量学》,北京:科学技术文献出版社 1988 年版。

陈文伟,黄金才:《数据仓库与数据挖掘》,北京:人民邮电出版社 2004 年版。

张仰森,徐波等:《自然语言处理中的语言模型及其比较研究》,《广西师范大学学报(自然科学版)》,21 卷(1)。

张俊林,孙乐:《基于主题语言模型的中文信息检索系统研究》,《中文信息学报》19 卷(3)。

刘凯:《信息可视化概念的深入探讨》,《情报杂志》2004 年第 12 期。

李学静,谢蓉:《信息可视化与 Web 信息检索》,《图书馆理论与实践》2004 年第 3 期,第 21 ~ 23 页。

张海营:《信息可视化刍议》,《科技情报开发与经济》2005 年第 8 期,第 69 ~ 70 页。

宋绍成,毕强:《信息可视化的基本过程与主要研究领域》,《情报科学》2004 年第 1 期,第 13 ~ 18 页。

周宁:《信息可视化在信息管理中的新进展》,《现代图书情报技术》2003 年第 4 期,第 4 ~ 7 页。

靖培栋:《信息可视化——情报学研究的新领域信息可视化》,《情报科学》2003 年第 7 期,第 685 ~ 687 页。

谢海洋,王保忠:《基于 Web 技术的电子档案管理系统的设计与实现》,《档案学研究》2005 年第 1 期。

关毅,张凯,付国宏:《基于统计的计算语言模型》,《计算机应用研究》1999 年第 6 期。

谈大军,徐家连:《网络计量学研究评析》,《情报理论与实践》2005 年第 1 期。

侯经川,赵蓉英:《网络信息的增长机制研究》,《情报学报》2003 年第 22 卷第 3 期,第 267～272 页。

俞培果,邱均平:《Web 页面链接动机分析及链接测度研究》,《情报科学》2003 年第 3 期,第 320～323 页。

邱均平,张洋:《网络信息计量学综述》,《高校图书馆工作》2005 年第 1 期,第 1～12 页。

刘东贤:《信息计量学的新进展:从 Webometrics 谈起》,《情报杂志》2002 年第 10 期,第 5～6 页。

赵蓉英,段宇锋,邱均平:《网络信息计量学研究（Ⅰ）——网络链接研究的现状及趋势》,《情报学报》2005 年第 4 期,第 181～192 页。

邱均平,段宇锋,赵蓉英:《网络信息计量学研究（Ⅱ）——网络链接分析方法的探讨》,《情报学报》2005 年第 6 期,第 286～293 页。

王晓宇,熊方:《一种基于相似度分析的主题提取和发现算法》,《软件学报》2003 年第 9 期。

徐久龄,许莲莲:《网络计量学》,《情报科学》2002 年第 1 期,第 62～65 页。

周静怡,孙坦:《信息可视化在数字图书馆中应用浅析》,《现代图书情报技术》2005 年第 1 期,第 5～8 页。

胡永刚:《数据挖掘中可视化技术综述》,《计算机与现代化》2004 年第 10 期,第 32～34 页。

http://ciir. cs. umass. edu/projects. 2006-2-8.

http://www. asis. org/Publications/ARIST. 2005-9-12.

http://visc. exp. sis. pitt. edu. 2006-3-16.

http://www. vislab. usyd. edu. au. 2006-1-8.

http://www. cssti. org. cn. 2005-9-5.

http://www. cs. usyd. edu. au/research/labs. shtml. 2005-11-3.

http://www. sigir2005. org/program. php. 2006-5-8.

海外媒介环境与媒介改革新近研究动态

王瀚东

进入 21 世纪以来，世界范围内的媒介环境发生了巨大的变化。首先，这一变化体现在新传播科技与新资讯媒体的加速发展、运用和普及。数字化媒介（digit media）、电脑中介型媒介（computer-mediated media）、新媒体（new media）、交媒体（intermedia）、媒介敛聚（media convergence）等新概念不仅频繁见诸大众媒体而日渐通俗化，而且成为媒介研究学术期刊的常用词汇。这些新媒体技术自身的属性和特征，以及它们对媒介环境乃至社会环境的影响，成为近年来热烈讨论的重要学术话题。其次，媒介技术的敛聚导致了媒介产业的敛聚，媒介融合兼并（conglomeration，concentration，consolidation）愈演愈烈。随着媒体产业格局与投资结构的调整，媒介垄断趋势加强。媒介垄断经营导致"超级商业化"媒体（super-commercial media）、"公司"媒体（cooperate media）更具稳固的主导地位。同时，在某些传统媒体领域（如电台广播）与新媒体领域（如网络），低成本、小规模经营方式亦成趋势。打破垄断、保护公共媒体与非商业化媒体的呼声日渐高涨。第三，全球化媒体已经成为全球经济一体化的重要部分和延伸。全球的、跨国的媒体与地区的、地方的媒体之间的张力加大。对国际传播乐观主义的一般性理解进一步受到多元理论的质疑与修订。同时，全球化传播与国际信息社会所带来的媒体同质化，以及由地理、宗教、文化、社会传统、政治意识形态等所形成的媒体差异，对媒介环境产生复杂与复合型的影响力。不同地区的媒体作为不同政治力量的代言人，以及媒体自身作为一种政治力量，参与到新的国际政治斗争格局之中。第四，西方传统民主政体下媒介的角色发生微妙的新变化，媒介专业主义精神受到国家安全责任论与党派政治的双重冲击。在新的媒介环境下，媒介教育、媒介伦理、媒介观念以及媒介研究的方法理论发生变化，而这些变化反过来对媒介环境产生影响。公众的媒介态度、媒介使用、媒介素养、媒介批评等对媒介环境也有了更大的影响力。对媒介环境的评估，既表现为全方位的媒介分析（包括印刷与电子媒体、出版、计算机中介的传播，移动传播、电信传播、广告、动漫、电影以及通俗音乐等），又呈现出各种不同批评视野之间相互连接、相互争论的局面，处在英美学术话语边缘的知识与理解的重要性得到学术强调。

媒介环境的变化产生媒介改革的需要，这一改革的需要继而得到了广泛的呼应。虽然海外媒介改革并未呈现统一的方向与进程，① 但是在总体上，既表现为媒介改革的理论诉求，又表现为媒介改革的实践动力；既有媒介体制内的专业改革的要求，又有媒介体制外的公众改革的运动。体制内的媒介改革主要涉及：（1）对媒体所传播的新闻、资讯、娱乐内容的评估与改造，包括从媒介专业主义、通俗文化、伦理法律等视角出发的理论思考；（2）公共新闻、公民新闻的理论兴趣与实践活动；（3）提高公众的媒介参与性，以及通过媒介对民主政治生活的参与性；（4）对传统媒介观念、尤其是新闻自由的思想观念进行反思。体制外的改革则表现为动员全民质疑现存媒介体制：（1）建立影响政府与社会媒体决策机构的公民意见机制，在传播媒介的决策层面体现全民的声音；（2）坚决反对媒介垄断，反对大公司对媒介的操纵；（3）抵制所谓"超商业性"的媒介运作，遏制现存媒介的全面商业化的势头；（4）建立以社区与地方性媒体为基础的公共与非盈利性媒体系统，

---

① 比如，南韩当前的媒介改革和英美的媒介改革具有不同的含义，主要表现为以总统行政力量介入，支持中小媒体，限制全国性大媒体对政府改革政治的反对声音，包括制约政府官员向新闻界有偿提供消息。参见 Lee, Kwangchool, Pressures for Media Reform in Korea, *Nieman Report*, Winter 2003, p. 93.

为公共媒体争取更多的资金来源；（5）媒介改革的最终目的是建立具有真正"新闻自由"的媒介制度，公民能自由进入的各种媒介设施应该像公共基础设施一样便利廉价。

　　本文对海外媒介环境与媒介改革新近研究动态的述评，将在上述的框架之下围绕若干议题展开，它们分别是：和新媒体的实践与理论相关的讨论，数字时代的媒介和文化产业的讨论，有关全球化传播的讨论，有关"问题媒体"的讨论，以及围绕公共新闻运动的讨论。主要依据的资料来源为近三年来（2004～2006 年）在传播、媒介和文化研究等领域出版的相关英文学术期刊文章、著作和网站资源。① 这五个议题的选择、设定建立在笔者个人的阅读和观察之上，不能奢望以此提供海外媒介环境与媒介改革研究的全部景观，甚或一个大致的轮廓。笔者希望以既相对独立又相互关联的五个议题形成某种学术的闭合（closure），全部景观期待读者通过自己的阅读来整合完形。

一、新媒体的实践与理念 ②

　　自 2004 年以来，由瑞典国家创新署（Swedish Agency for Innovation Systems，VINNOVA）和瑞典有关财团资助，美国斯坦福大学学习创新中心（The Stanford Center for Innovations in Learning，

---

　　① 英文学术期刊的检索时间从 2004 年下半年至 2006 年上半年，检索的期刊有：*Global Media and Communication*；*First Monday*；*New Media & Society*；*Media，Culture & Society*；*British Journalism Review*；*Gazette*；*Journalism*；*Communication Research*；*European Journal of Communication*；*Convergence*；*Journal of Communication*；*Journal of Visual Culture*；*Journal of Sociology*；*Television & New Media*；*Journalism Study*；*Visual Communication*；*Nieman Reports*；*Newspaper Research Journal*；*Journalism & Mass Communication Quarterly*；*Journal of Broadcasting & Electronic Media*；*Columbia Journalism Review* 等。英文著作出版时间为 2004 年和 2005 年，对著作部分的评述参考相关期刊书评文章。

　　② 在通常意义上，新媒体指数字世界的传播形式，主要包括电子出版、数字电视和因特网等。大多数的 IT 产业都多多少少与新媒体有关。参见 http：//www. answers. com/topic/news-media。

SCIL）主办了一个全球性的研究项目：创新新闻学。

创新新闻学每年举行一次国际学术会议。2006 年 4 月在斯坦福大学召开的第三届学会开幕致词中，现任中心主任 David Nordfors 博士谈到，在主流报刊新闻中，网络至今只是扮演"第二小提琴"的角色，但是"翻转点"即在眼前。当大型出版机构出售转让、主要报刊陷入困境、周刊沦为月刊的时候，它们的网络版却产生了"每时"（hourly）新闻。因特网不仅提供了"无纸"发行，而且作为一种新媒介，在新旧公共部门和读者中产生出广泛的共识：新闻业"将以许多不可预料的方式重新被界定"。

"网络出版具有较低的资本投入与边际成本。在新闻组织中，操纵者与控制者都急欲放弃纸张而投身网络。网上出报不再是天方夜谭——是否在网上发新闻已不再是问题，而是否把特定的新闻报道同时在报纸上刊发才是问题。"①

David Nordfors 认为，在报纸出版的百年实践中，研发机制并不至关重要，而在今天，新媒介应从保守形态转变为"研发密集型"行业。新闻业的创新从而将引发关于创新的新闻学。所谓创新新闻学，与其说是新闻学的一种类型，不如说是一种理解创新及其意义的特殊能力。② 按照芬兰学者 A. Hautamäki 的观点，对创新新闻学的理解涉及对两个基本概念的区分：国家创新体系（National Innovation System）与创新生态体系（Innovation Ecosystem）。前者传统上是技术定位的，以自上而下的国家政策为基础；而后者则是自下而上的，由企业、机构、人民团体等大量的参与者组成，它们之间相互关联，相互作用，分享资料，有自觉决策意识。在这个系统中，技术的、概念的、组织的、社会的、业界的等众多创新因素像"热带雨林"一样，融合进开放的创新生态环境之中。

---

① David Nordfors, Opening Address in the Third Conference on Innovation Journalism, *Innovation Journalism*. Vol. 3, No. 4, May 29, 2006.

② A. Hautamäki. Politicizing of InJo, Discussion Note in The Third Conference on Innovation Journalism, *Innovation Journalism*. Vol. 3, No. 4, May 29, 2006.

新闻学在创新生态系统中的作用体现在三个方面：（1）这个生态系统的核心是信息和知识的流通，而创新新闻学应为全系统提供中介的或"引导的"（clues）信息，为创新设置知晓与争论的议程；（2）当全球经济成为"创新经济"时，创新政策成为国家政策的重点之一，贯彻这一政策依赖于众多公共领域的改革，创新新闻学既包括在改革之中，又对改革有重要的促进作用；（3）创新涉及一系列伦理问题，如技术控制、基因工程等，创新新闻学应该积极置身于所有这些问题之中，成为向各种社会声音开放的新闻学。在一定程度上可以说，创新新闻学主要关注的焦点，既不是创新技术，也不是新闻学，而是新闻学如何在社会创新过程中发挥积极重要的作用，以及新闻学教育如何突出创新的原则。由于创新新闻学项目的发起人把当代全球经济定义为"创新经济"，把国家创新政策视为立国之本，因此，当代新闻学理念与使命的革新再造被置于了总的科技新生态或新环境之中。

同样考虑到新媒介环境，Olivier Coutard 等人则提出了从"较大技术系统的社会传播"来理解媒介在当代城市结构中的功能。在都市环境中，生存和发展的资源是通过包括传播技术在内的更大的技术网络体系传递的。我们需要更好地理解这一网络体系如何安排与相互连接，它们如何和非技术的（经济、政治、市民、传播等）城市基础相关联，以及如何进入这一系统。这就为都市的媒介和传播环境研究提供了一种新的研究思路，把媒介环境看作是"系统、使用者与机构的共构（co-construction of system, users and institutes）"（Coutard and others，2005，p. 1）由于各种技术网络之间的互联（interconnectness）性质，一个系统的危机可以轻易地传播到另一系统，从而使危机分散、转移，并在其他系统中寻求不同的、协调式的解决方案，使整个技术/社会环境的危机所产生的负面社会影响最小化。① 因此，新的媒介研究需要强调跨专业（interdisciplinary）的整合。对相互联系的城市基础网络、尤其是非传播性技术网络的更好了解，将有助于传播学者对各种城市紧急状况、危机事件形成更有效的传播与媒介战略。（Coutard and others，2005，p. 69）在经历了 SARS 危机后的中国传播学者，应该对此深刻赞同。

对传播技术系统的新理解，涉及在新媒体讨论中广泛使用的一个关键词——"敛聚"（convergence）。在技术力量和经济力量的双重推动下，媒介敛聚现象反映的是数字化环境中媒介形态的整合。敛聚或技术敛聚，原本用来描述在数字平台上将多种技术手段或产品集为一体，实现多功能效用，从而给消费者带来便利。就技术自身而言，各自独立的技术手段通过敛聚实现了资源的分享和联机互动，从而产生更大更新的功效。在媒介运作的层面上，技术敛聚为媒介新形态提供了积极有效的基础。不仅新闻机构内采集、编辑的方式手段空前便利了，而且构成新闻业的某些基本因素发生了有利的变化。比如，新闻业依靠的两个基本关系——与信源和受众的关系，在媒介敛聚的时代已经或正在变化。（Pavik，2004）在一定程度上，个人对网络技术的使用在记者、信源和受众三者之间获得了一种传播技术的平等与平衡。当三方都在因特网上获取或传送消息时，当新闻记者更多地使用博客获取消息、评论，并在工作之外籍此发表个人意见时，信源、受众和记者的边界开始模糊不清。Jan Schaffer 提出了"敛聚的受众"（convergent audiences）概念，她认为，当我们谈论敛聚时，我们关注太多的是新闻机构、新闻的供应者，而不是我们的受众、新闻消费者。我们应该更多地关注使用新的数字化工具来和受众建立起新的、有创意的联系。"新媒介

---

① 人们一般认为，当危机从一个系统向其他系统（尤其是传播系统）扩散时，会产生危机的最大化。这是错误的理解。危机的扩散过程实际上是系统自动调控危机的过程，只有在其他系统失效的情况下危机才会呈增长趋势，例如 SARS 期间主流新闻媒介不作为所导致的问题。在我们社会中能发现大量实例来支持 Coutard 等人的观点，像城市街道乱摆摊点是市政、交通部门的"老大难"，但是它缓解了失业与城乡结构调整产生的危机。

的潜力不只是发出喧闹声，而是更有意义的相互作用，更有意义的认知期望。"①

实际上，技术敛聚本身具有其不利的一面，当单一媒介平台担负起先前由多种媒介实现的功能时，这种新媒体技术系统既是简单的，又是复杂的；既是易使用的，又是不易操作的；在购买、携带时既便利又困难。比如，它的操作界面复杂，它更易产生系统问题，它的多种功能对许多消费者而言是冗余的。它在普遍充分满足消费者需要的同时，也对消费者的技术、经济、社会、生理、文化等方面的能力提出要求，从而有可能把他们排斥在新媒体技术之外。

技术的问题必然表现为新媒体这块"硬币"的另一面。在《较大技术系统的社会传播》这本论文集里，Graham & Guy 继续运用他们独创的"碎片的都市化"（Splintering Urbanism）表达②，描述了旧金山中心城区的本地社区网络运用状况，认为当城市的某个区域被"技术性"地重建为网络空间时，当地社区的生活性质会受到负面影响。他们发现，"因特网化"的城中地带形成了矫形（gentrified）的街区，它们和全球空间紧密相连，但是却脱离当地环境的联系。这就导致了处于技术网络之外或边缘的居民依靠非技术的社会网络来抵制这种重建。（Coutard and others，2005，p. 37）同样，我们也不能简单地用"可接近/不可接近"（access/non-access）网络的二分法来理解个体使用者与不同网络系统之间的多维、动态的关系。Fernández - Maldonado 以利马市的低收入市民通过网吧上网为例，说明衡量网络接近权应考虑众多因素。考虑到发展中国家低收入阶层的媒介使用习惯，有必要把拥有和使用分开来考虑，把媒介使用的场所和它们的其它社会活动场所结合起来考

①　Schaffer, J. , Speech to the Broadcasting Education Convention in Las Vegas, NV on "Convergent Audiences: When Consumers are Creators", on 18 April 2004, http: //www. j-lab. org/schaffer041804. html.

②　Stephen Graham and Simon Marvin. *Splintering Urbanism*. London: Routledge, 2001.

虑。技术上进入因特网和有意义地进入网络可用内容的能力是不同的（Bucy & Newhagen, 2004）。Sally Wyatt 则进一步批评了"必要连接"（connection imperative）的观点。在媒介研究中，我们习惯上把对象接近使用媒介看作是纳入研究视野的必要条件，只有首先成为媒介受众或媒介消费者，才能成为媒介研究的对象。Wyatt 则选择探讨为什么人们决定不使用因特网。她把不使用者划分为 4 类：抵制者——因为不想用而从来不用；谢绝者——自愿放弃使用；排除在外者——因为无法进入而从来不用；被放逐者——不情愿地放弃使用。（Coutard and others, 2005, p. 144）如此一来，Wyatt 把传播学研究的媒介使用问题扩展到对新媒介不使用者多重特性这一新的讨论议题。①

一个必须强调的问题是新、老媒介之间的连续性，以及新媒介和旧的媒介政策、制度之间的关系。建立在新技术之上的新媒介在多大程度上受到已有媒介制度传统和范式的影响？Hernan Galperin 对英美数字电视转制的研究发现，与一般以市场为导向的改革不同，英美两国的数字电视转制是在政府政策强力指导下进行的。英美两国政府对电视数字化进程的干预由 3 种动因决定：一是电子行业不断增加的贸易赤字；二是信息革命总的议事日程；三是频道匮乏要求有效使用频率。而这些问题无法在市场导向的环境下解决。然而，英美两国针对相同问题却采取了完全不同的政策。美国政府主要靠数字标准制定、资源分配、设备设计和整体切换时间表来介入数字电视，保持了现行的公共托管制度。而英国一边放手市场竞争，一边为现有运营执照的公共电视提供设备，使其在多频道数字环境下良好生存下去。在两种情况下，现有的广播模式——美国的公共托管和英国的公共服务都得以延续。这一分析表明，与数字化必将带来解除管制（deregulation）的一般假设相反，电视数字化伴随着的是重新管制（reregulation）。"如果把注意力转到数字电视政策，我们很难发现政府从传播行业后撤的迹象。"他的结论是，尽管技术革新是普泛性的，并能轻易跨越国界，但是支配这些革新的

---

① Yong-Chan Kim. Book Review. *New Media & Society*. 8 (3), 2005.

经济与政治的安排却无法跨越。（Galperin，2004，pp. 7-276）因此，模拟电视和数字电视虽然分属不同的技术时代而呈中断、割裂状态，但是由广播制度规范的媒介政策和传统却保持了它们的连续性。

上述"新电视、老政治"的类似景观可以在网络新媒体实践的许多方面观察到，当涉及民主、政治等议题时尤其明显。骇客和骇客主义（hacktivism）是一个特例。一方面，骇客把自己称作"电子公民反抗运动的思想库"，是那些运用现代技术反抗剥削与压迫的人。骇客主义是一种新型的激进主义运动，以骇客技术来与剥削、影响人民的集团抗争，维护因特网内外的人民的权利与公正。① 另一方面，从社会安全的角度出发，所谓骇客是各种形式的网络计算机犯罪，甚至是"赛伯恐怖分子"（cyber terrorism）。双方的这些表达实际上都是传统社会政治斗争术语的拷贝。但是它们获得了信息时代、虚拟社会的新含义。《新媒介与社会》（New Media & Society）杂志2005年第5期专题讨论了骇客和骇客主义这一"网络文化中有太多争议和误解的问题"。对骇客的评价习惯上落在二元对立的框架中：骇客行为是好是坏？骇客是赛伯空间的英雄还是恶魔？骇客主义是青少年的恶作剧，还是具有社会责任意识的举动？该期特刊的文章作者们摒弃这种是非论的倾向，认为骇客现象已经打破了二元思维的空间，它的伦理体系已经如尼采所言，超越了善与恶的简单对立（Gunkel，2005；Jorden，2004）。

新媒介的实践需要新的理论说明。近3年来的海外研究不仅提供了新的议题，而且产生出一些独特的理论视角和值得学习的微观分析方法。荷兰学者 Albert Meijer 发表在 First Monday 2005年第4期上的《"公共眼"：信息时代直接说明的义务》，提出了一个对互联网所具有的民主功能的新理解，是一篇值得推荐的研究文章。互联网常常被认为带来了直接的民主。但是大多数出版物集中关注的是"输入端"的民主（"input-side" of democracy），即通过数字化的公民表决与网络辩论，公民能够表明他们需要政府做什么。然而

---

① http：//www. hacktivist. net/.

互联网也可以为公民创造"输出端"民主（"output-side" of democracy）的良机，强调公众组织履行说明的义务。① 文章说，向公众说明的义务是政府职能的一个重要方面。政治学理论常常强调没有说明义务就没有执政权利。一方面，说明的主要形式仍是等级制的、专业化的、法律的与政治的；另一方面，现代政府也采取动态的、非正式的、非体制化的说明形式。② 而互联网不断增长的重要性为政府的说明义务增加了新的形式与新的层面。Meijer 以荷兰的教育、健康与灾难处理三方面的案例，提出并回答"在公共方面，通过互联网的直接说明有什么样的效果"的问题。研究得出的结论是，"有效而合法的公共组织不仅需要感到它们被监视，而且需要和监视他们的人交谈"。

对新媒介实践的理论研究和思考，扩展和丰富了传播学研究的传统，并且和传播学研究的基本使命是一致的。甚至，对新媒介环境的研究将会加深我们对传播学基本精神的理解。Slavko Splichal③ 认为传播学今天需要研究的问题仍是：

（1）传播权。它现在不再以传播的自然权利问题出现，而表现为人的一般传播能力和需要，同他不能使用更复杂的、由社会和/或私人控制的传播技术手段之间的矛盾。数字鸿沟是一个例子。

（2）隐私权。今天个人信息量和人际传播的多样性大大增加，然而个人自治地选择公开或保持隐秘的自由，仍然局限在有限的空间之内。宜用（access）和控制个体信息的宽广领域仍是传播学研究与规范的盲点。

（3）公开性原则。公开性（publicity）被认为是公众控制政府的手段，以及通过公开讨论形成自主理性的手段。而商业化媒体的

---

① Albert Jacob Meijer. Public Eyes'：Direct Accountability in An Information Age, *First Monday*, Volume 10, No. 4（April 2005），URL：http：//firstmonday. org/issues/issue10_ 4/meijer/index. html.

② Meijer 转引自 R. Mulgan. "Accountability"：An Ever-expanding Concept. *Public Administration*, Volume 78, Number 3, pp. 555－573, 2000.

③ Ljubljana 大学传播与社会学教授，欧洲传播文化研究所主任及 *The Public* 主编。

兴盛在很大程度上把这些观念纳入到了媒介业主的财产权问题之下，简化为媒介自治或媒介自由的问题，忽略了公开性原则作为民主社会公民身份的基础。我们需要在一个更开明的学术氛围里重新思考，如何为履行公民义务而扩大商议空间（deliberative space）的传播条件。

（4）变化的范式。传播学理论和研究的历史见证了大众传播与人际传播两种范式的分离。当在技术上把私人和公众（大众媒介化的）传播形式分开时，大众传播占据着主导地位是可以理解的。但是，随着因特网所代表的传播技术敛聚的时代到来，从前分离的传播领域已经在整合，召唤着新的、更宽泛的、更包容的范式，来聚焦因特网上的以及社会更大范围的私人与公共领域之间的矛盾差异。（Splichal，2005）

二、数字时代的媒介与文化产业

2004 年，马德里 Complutense 大学的 Bustamante 教授发表了他的研究报告《数字化时代的文化产业：某些临时的结论》。（Bustamante，2004）由他牵头的这项研究，其成员包括巴黎七大马特拉教授在内的若干所欧洲大学的学者以及欧洲委员会的官员。研究框架建立在对文化产业七个主要部门、三个主要问题以及三大相关过程的分析上。七个主要部门为：书刊、碟片、电影、报纸、广播、电视和视频游戏。三个被强调的主要问题分别是知识产权、跨国多媒体集团的战略、传播和文化政策的发展以及它们在模拟和数字时代的演变。把这些不同因素统在一起的是"文化产业"这一传统概念。三个重要的相关联过程在过去的若干年间，特别使文化产业发生了重要变化：

1. 放松规制。这意味着国家和公共服务的功能减弱，文化产业从全面规制转变到市场规制，国家的管理活动被置于附属市场发展的次要地位上。

2. 集团组合（concentration）。数字化网络的支持和挑战是一个原因，但主要是因为国内国际市场日益增长的各种竞争态势，20

世纪 90 年代，产生了公司集团化的一个"大跃进"，总体呈现为外部的扩张（组合或兼并其他产业），也包括内部整合。

3. 管理原则和形态的全球化。由于国内国际市场的迅速扩张，导致了文化产业在资本市场（股票、信贷、债券等）的频繁进出，以及不断追求短期内的最大化利润。换句话说，文化产业完全转变成一种以金融资本界定的体制。

Bustamante 认为，没有迹象表明有单一化的全球模式发挥着强制作用：既没有一般意义上的"美国化"的过程，也没有"麦当劳化"所表征的超国家（supernational）形式的标准产品在全球的扩散；相反的是，多种地方性动力正在和全球文化形成融合和交流。当然这种迹象并不表明在"世界文化"与"地方创造性"之间没有不平等与损害性的转型。全球文化具有"招募"（recruit）和吸收地方文化的能力，能把自己的产品本土化和中立化，比如，以"世界电影"、"世界音乐"、"国际文学"等面貌不清的风格出现。但是，集团化和商业化通过对创新产品的生产消费引发的其他更大的突变，相对而言却很少为人关注。高投资提升了数字时代的门槛，在资本压力驱使下，市场更乐于营销为高利润回报而设计的产品。因此，文化新产品的发布是以它的市场成败来评估的，"以销售定生产"的战略导致"克隆文化"的流行，即通过复制过去的成功来保证经济收益，其结果是鼓励了大众消费产品的标准化，惩罚了小革新群体、中小文化企业，以及文化或语言的少数派。从而损害了总的文化生态。

无论从技术的、经济的还是社会的角度看，由于数字时代的媒介与文化产业仍然处在建构或变化之中，在未来的数年甚至数十年间，我们将会面临许多今天无法估量的现象。因此，Bustamante 提醒我们，在进行相关的应用研究时，要特别注意避免形成普遍适用性的理论。任何想要获得启示录式阐释的愿望，都只会在大众媒体上发光闪耀，对理性分析不但无助，反而具有欺骗作用。当然，另一种启示录式的理论冲动来自媒介集团，希望把独立的学术研究纳入到市场推销和公司宣传的经营战略中去。

Bustamante 的研究注意到，媒介文化产业的不同部门，在创新、生产与出版、发行、消费的各个环节上都表现出它们之间的差异性。通过对七大行业的分别调查，可以发现：（1）数字网络对每一种传播或文化门类的影响大为不同；（2）这种不同来自于每种文化、媒介门类传统的表达形式、结构机制与消费习惯的特殊性；（3）一种普泛性的问题框架没有把不同国家的传统、技术发展、法规和产业结构考虑在内。比如，对数字技术的创造力（creativity）的理解，一般认为在所有门类中，数字化将创造内容和服务的成本降低了，借此可以期待创造和表现的自由扩展。但是这种潜能的发展受到制约，在最好的情况下，它也只是在边缘性圈子内为少数熟悉这类实验性形式与语言的人所掌握。另一方面，大媒介公司似乎在相反的方向上把创造性作为一种商业战略，把内容制作成碎片，可在任何技术支持的平台上"创造性"地拼装，如SONY公司鼓吹的"任播"（anycasting）概念。少数国家的研究发现，在视频游戏行业，创造力、技术和市场之间的重合表现得最为明显，这种重合意味着数字时代产生了新的职业、新的必要性技能，以及新的培训要求（Bustamante，2004，p. 806）。

在审视新的网络媒体行业时，"殖民化"（colonization）的概念被用来描述跨国媒体集团的战略企图。（Salter，2005；Bustamante，2004）当美国、欧洲和日本的各大媒介集团公司面临数字网络带来的不确定和无序性的挑战时，它们会从内容行业的外围开始兼并重组，把自己扩张为多媒体的、多国的、多种经营的庞然大物，逐步地殖民、蚕食新的媒介与市场，算计更大的版权收益；并通过产业价值链的垂直整合和新的流通媒介获得最大化的影响力。因此，和自由市场的话语截然相反，"殖民化"导致了日益增长的合并重组，甚至是寡头垄断。集团组合或公司兼并之所以成为20世纪末以来媒介和文化产业的重要进程之一，是因为数字化技术和产品的敛聚导致了生产和资金的敛聚。而资金的敛聚使垄断摇身一变成为了竞争的前提。民族国家在提高全球综合竞争力的口号下，拱手把媒介公共服务的托管权交给市场，把反不公平竞争的市场规范权交给了垄断集团。随着西方主要国家的政府对媒介文化产业实行解除规制或放松规制，近年来的一个倾向是，民众个人或民间团体取代政府，成为反对媒介产业垄断的主要力量。美国的"制止大媒体"（Stop Big Media）运动是一个例子。该运动提出"大媒体，坏主意"（Bigger Media，Bad Idea）的口号，建立专门的网站对公众进行普及性教育，说明为什么集团化的"大媒体"是有害的，并展示由若干家垄断媒体公司瓜分美国电视、电影、报业、出版、网络、电讯等部门的实际资料。①

电视行业的情况则又不尽相同。以欧洲电视为例，数字电视的发展是建立在现有的欧洲电视格局之上。在欧洲除了原有的各个国家和地方的电视之外，跨国界（cross-border）的电视广播成为它独特的景观。（Chalaby，2005）这些跨国界电视频道以不同的式样扩展和运营，表现出不同一般的跨国特性（transnationality）。按照Chalaby 的划分，它有四种类型：民族频道、多地区运营（multi-territory）、泛欧洲频道和电视网。每一种类型都和民族国家、地理空间和文化有着不同的关联。一方面，跨国界电视和原有的国家电视之间在市场竞争、节目标准、政策规范上互有影响，而许多国家广播机构也置身于跨国界电视经营；另一方面，原有的"国家中心话语"的电视政治和学术已经不能阐释跨国界电视的复杂性。Chalaby 希望借用 Beck 的"世界大同"（cosmopolitan perspective）观点来建立自己的阐释框架。②

媒介产业日益增长的集中合并倾向和激烈竞争的市场考虑，常常被引证为新闻业危机的关键性因素和新闻产品质量低下的原因，导致一系列迫在眉捷的问题："新闻业处在危急中？公众信任的下降是否标志着终极性的滑坡？如果是这样，学术界应怎样应对这些新的挑战？"（Tubmer，2005）当新闻组织逐渐成为多国集团控制的从属机构之后，新闻的独立性受到了产业经济与产业政策的制

① http：//www. stopbigmedia. com.

② Ulrich Beck. The Cosmopolitan Perspective：Sociology of the Second Age of Modernity. *British Journal of Sociology*. 51（1）：79 - 105，2000. 参见 Rantanen 对 Beck 的访谈：Rantanen, Terhi, Cosmopolitanization - Now!：An Interview with Ulrich Beck, Global Media and Communication. 2005（1）：247-263.

约，被"植入"（embedded）在产业的社会关系链中。"植入的媒介放弃独立性"从一个"看门狗"（watch-dog）变成了一只市场的"宠物狗"（lap-dog）。（Pavik，2004）

三、全球化传播的重新界定

虽然麦克卢汉在 20 世纪 60 年代讨论媒介时就使用了全球（global）这个词，Anthony Giddens ①仍然认为全球化研究的先驱者中极少是媒介和传播学者。（Rantanen，Terhi，2005 [b]）在他看来，全球化是一个"混成"词（portmanteau），并没有一个单一性的特定含义，而可能具有不同的"方言"形式和逆向的动态性。它也不仅仅是媒介与传播，因为在媒介和传播之外，还有许多变化在全世界发生。当学者们谈论世界的"关系"（relation）、"相互作用"、（interaction）或"关联"（connectivity）时，他们实际上谈论的并不是媒介与传播的全球化。传播确实参与其中发挥着作用，但是当探寻社会生活的某个特定领域（比如说全球化问题）时，它总是充满复杂（complexity）、情境（context）、特质（color）和差异（diversity）。

Giddens 近年来把有关全球化的争论划分为三个阶段。第一阶段是关于全球化是否存在的争论。第二阶段质疑的不再是全球化的存在，而是它的后果。我们正处在争论的第三阶段：如何回应对全球化不良后果的强调。Giddens 把这一阶段称之为"更具建设性"，尽管反全球化运动在这一阶段不断增长，但是它促使西方国家把问题列入议事日程，并改进其国际政策。在 2005 年的一次访谈中，他闭而不答"全球化的最大负面效应是什么"的提问。（Rantanen，Terhi，2005（b））Giddens 的"回应"显然体现了他一贯的现代性立场。

缠绕在 Giddens 脑海中的一定是在他的《现代性的后果》里反

———————

① 吉登斯，社会学教授，伦敦政治经济学院院长，《现代性后果》等书作者。

复出现的"驾驭猛兽"的幻像。但是那可能不幸仍是"精英治国"的全球版隐喻。Ajit K. Pyati 的论文《WSIS：谁的信息社会幻像?》，对联合国与国际电信联盟组织的"信息社会世界峰会"（WSIS）所发表的《行动计划》与《原则宣言》，作出了批判性的文本分析，指出：尽管上述国际组织建立信息化社会的意图与努力具有积极的意义与重要的影响力，但是总体上这两个文本留下的仍是一份"不能令人满意的遗产"，描绘的是一幅乌托邦的图画，把一个复杂的议题与社会现象作了"过分简单化与概念化"的处理。信息社会具有一个技术决定论的外观，导致对电信产业的"崇拜"以及技术决定论的弘扬。把一个并无共识的议题表述为"共同的前景"，可能对未来的发展具有负面的影响。① 也就是说，过早地宣称全球化"建设性阶段"的来临，可能恰恰是忽略了它的复杂情境、差异特质。

随着全球性媒介、传播与文化研究的不断发展，迫切需要一个崭新的全球性论坛来呈现这一迅速扩展的学术活动领域的动态。由 SAGE 出版公司 2005 年新推出的《全球媒介与传播》杂志，将理论关注不仅仅局限在跨国媒介资本市场的自由流动及其对它的抵制上，而希望源源不断提供对持续变化的全球媒介环境中的现实议题与最新发展状况的分析研究，从各个方面理解媒介与传播的全球化问题。

《全球媒介与传播》杂志的一个宗旨是，在充分肯定跨国跨文化传播研究传统的同时，提供一个跨学科的研究路径。因此它的议题将从媒介与传播的传统方面扩大到文化研究、政治经济学研究与全球化的话语分析，"连接"从不同视角出发的讨论。要达到这一宗旨，关键的问题是要让经常被忽视的地区与文化积极参与进来，表达被现存媒介与传播研究的英语学术期刊所忽略的观点与声音。为了打破盎格鲁——美利坚学术界的同质性，该杂志专门组建了一

---

① Ajit K. Pyati. WSIS: Whose Vision of An Information Society? *First Monday*, Vol. 10, No. 5（May 2005），URL：http：//firstmonday.org/issues/issue10 _ 5/ma-sum/index. html.

个由欧洲与俄罗斯、南亚与中国、北美与拉丁美洲的学者组成的编辑队伍，甚至独辟蹊径地在一份英文杂志上刊发对非英语著作的书评文章。

2005 年第一期发表的编者的话，明确杂志的目标包括以下方面：

● 为有关全球性媒介的角色及媒介整合的主要争论与研究提供一个国际论坛；

● 批判性地把全球化的概念与文化和媒介联系起来，以审视媒介／文化／活动在全球／地区／地方层面之间的张力，比如，涉及"混杂"（hybridization）与"抵制"（resistance）的概念；

● 审视全球传播的技术性与体制性的基础；

● 分析媒介机构所具有的政治经济学的与文化的影响，包括跨国媒介融合性的与替代性的媒体组织；

● 审视这些媒介运作的文化情境，以及它们如何作用于和性别、种族、宗教、政治意识形态相关的意义的形成；

● 扩展相关研究资料的来源，尤其要包括英语学术期刊呈现不足的那部分世界（如中国、伊斯兰世界、前东欧国家）。①

2005 年第一期刊发的论坛"何为全球的全球媒介？"编辑综述指出，尽管在公司、学术界和媒体的话语中都广泛使用"全球"一词，它却仍然是充满争议的概念。不同的地理与文化的地方性观点建构不同的对全球性的理解。展延到全球媒介时，一个尖锐的问题是：全球媒介是否是又一个西方媒介、甚至美国媒介的替换词？实际上，全球媒介涉及全球性与地方性媒介之间、新老媒介之间的相互渗透、对话与抗争。② 全球化遭遇的窘境是一个辩证的结果。首先，全球化是一个不断抵近但永远不会完成的过程。无法说我们

---

① *Global Media and Communication* [1742-7665（2005）1：1] Volume 1（1）：5-8，Copyright ⓒ 2005 SAGE Publications（London，Thousand Oaks，CA，New Delhi）.

② Symposium：What is Global about Global Media? *Global Media and Communication*，Volume 1（1），2005.

达到了一个稳固而持久的全球化阶段。文化的交流和联系确实形成了全球性的整合，但是考虑到地方性文化的抵制，全球化一方面表现为共同性，另一方面却是混杂文化的差异性。（Chan，2005）

有关差异性最惊世骇俗的理解来自 Oliver Boyd-Barrett 的《不同层面的差异》（A Different Scale of Difference）。Boyd-Barrett 对充斥于传播学研究期刊上的大量学术文章的主题深表不满，认为那些众多不同的实证的或非实证的研究课题虽然显示出差异性，但是处在同一个层面，同作者所认为的这个时代的重大主题毫不相干。"是否我们这个专业已经整个地作茧自缚，从想象之外的世界里逃离？"而现实的世界不在光年之外，是一个眼见的有生存危机的世界。"（躲）在茧内，我们一些传播学者以为自己在（这个世上）忙碌，其实不是。"

什么是 Boyd-Barrett 所认为的传播学研究的重大议题？在全球的范围内，对人类文明的威胁，关系到以下 8 个方面：

（1）环境和资源，包括全球变暖、空气和水资源污染、野生动物和森林灭绝、土地荒芜、能源耗竭；

（2）健康，包括全球传播的艾滋病、致命疾病和武器有关的损伤——如放射、地雷等，以及社会保险和健康体系的缺失或崩溃；

（3）贫富之间的持续危机，一国内的或国家间的收入鸿沟，男女、白人非白人、资本劳工、发达的发展的世界之间长期以来的不平等、压迫、冲突；

（4）国际战略竞争，美国的全方位主宰的战略，新美利坚帝国的新保守主义梦想；

（5）政治权力的中心化，财阀、大公司、军事/工业复合体控制的权威结构，通过各种国际机构对全球的控制；

（6）恐怖主义，包括代表全球精英的国家支持的恐怖主义，以及愤怒、绝望、被放逐的恐怖主义，恐怖主义产生出更多的控制主宰的邪恶战略；

（7）信息的寡头垄断，反映在集团兼并、私有化、解除规制、商业化上，所有这一切对少数的精英有利，公民很难对其复杂性进行分析；

（8）政治、社会和私人文化的合作，资本对政治决策过程日益增加的砝码，公共议题被公司短期的、行业的议事日程框定，媒介殖民化。

Boyd-Barrett 把这些议题归之为"大灾难话语"。他希望《全球媒介与传播》杂志把这些重大的问题放在前景的位置上，使我们在自己提出的问题前保持警觉，为问题的改善贡献自己作为知识分子的有建设意义的思考差异性。（Boyd-Barrett，2005）

问 题 媒 体

美国民间组织"自由新闻"的创始人 Robert W. McChesney，在 2005 年新年伊始，发表了一篇题为《媒介改革的时刻已经到来》的演讲。① 在演讲中他认为，能使"有意义的媒介改革获得最好希望"的努力，应是使更多的公众积极参与到对媒介重大政策的讨论上，焦点在以下 4 个方面：

（1）媒介拥有权，涉及"制止垄断、服务公共利益与抗争商业化"。在具体的举措上，包括影响 FCC 未来几年出台的政策，以研究与案例来反对布什行政当局对公共传播利益的牺牲，增加全国性社区的低功率调频电台的数量等。

（2）社区利益，涉及非盈利性宽带和其他公共传播设施。"这是媒介改革者最振奋人心的机遇之一。"宽带网的接入对社区居民、营业者和地方政府而言，应该像水、电、煤气"三通"那样是一项便利的基础设施。而现在这项革新的每一步推广都被电信、IT 大公司所把持。媒介改革者应保护地方社区的决定权利。

（3）公共广播电视与非商业性媒介，要增加基金，增强多样性与差异性，提高可使用程度。美国真正的公共广播电视在商业媒介巨头的长期打压下，加之囊中羞涩，正受到严重的创伤。2005年"自由新闻"发动全国性运动来组织更广泛的联盟，以便获得

---

① Robert W. McChesney. The Moment Has Come for Media Reform, Published on Wednesday, January 5, 2005 by Common Dreams. org.

更稳定、长期的资金来扶持传统的、独立的与非商业性的媒介，包括社区电台电视台、公共性需求的节目、学生媒体、地方性独立报纸与网站。

（4）有线电视，打破对内容的垄断控制。70%的电视观众现在是有线订户。有线电视特许经营权的再注册给社区媒介与宽带网的接入提供了极好的机会。但是，应该改变公众过去极少参与协商过程的状况，在社区与有线供应商的协定中应体现更多的公众权益。

因此，McChesney及他所领导的媒介改革运动在实践与理论上强调，信息与民主"不仅仅是大媒介公司"的事物，而与公众的媒介参与相关，同时对既有的媒介公司组织提出质疑，认为它们是"问题媒体"。

"问题媒体"也正是McChesney出版于2004年的一本专著的书名，即《问题媒体：21世纪美国传播政治学》（*The Problem of the Media：U. S. Communication Politics in the Twenty-First Century*），近两年在美国乃至海外产生了强烈的反响。乔姆斯基对该书的推荐意见是："特别重要的一本著作……关注自由与基本权利的人都应该仔细地阅读与思考。"实际上，在该书之前McChesney写作的一系列著作，如：《富媒体·穷民主：不确定时代的传播政治》、《全球媒体：全球资本主义的新传教士》等，仅从书名本身就能了解作者的一贯的改革立场与研究的出发点。

《问题媒体》提出的媒体问题，应该说不是媒体的新问题而是老问题，只是McChesney将它根深蒂固的一面以更集中、更尖锐的方式揭示了出来。在这个意义上，该书的副标题"21世纪美国传播政治学"才是批判的立脚点。正如McChesney所言："当提到'媒体的问题'时，大多数人就会想到媒介内容的贫乏，它对我们的文化、政治与社会产生负面的影响……但是问题这个词有另一层意思……种种媒介体系的问世并非从天而降。为控制、指导、规定媒介而创立的政策、结构、补贴和制度等等，都与媒介体系的逻辑和性质息息相关。无论它们的内容好与坏，或兼而有之，媒体总是呈现任何社会的政治问题，而它们也是其中不可避免的问题之一。

换言之，第一个媒体的问题与内容有关；第二个也是更大的问题与产生内容的结构有关。以此种理解，一个社会决定如何来结构媒介体系的方式，以及在其次的意义上如何抉择解决媒体的问题，变得至关重要。从而经常是政策的争论来确定媒介体系的概观与价值，继而才是生产人人可见的媒介内容。"① 尽管作者强调该书将讨论所有层面的媒体问题，但是显而易见，McChesney 以及美国媒介改革运动更多地在关注现存媒介的结构、体制与政策。

《问题媒体》指出，所有社会，无论其结构形态如何，都有媒体问题存在。但是对每一社会而言，可行解决方法的范围受到社会的政治与经济结构、文化传统和传播技术等因素的影响。一般认为只有在独裁专制政体下，掌握社会权利的人同时掌控着媒体。但是实际上在西方民主社会中，有权与无权者之间的张力同样存在，只是形态不同而已。媒体在任何社会都处在权力与控制的中心，而在民主国家中它们的作用甚至更为重要。

《问题媒体》认为，今天的公司财团已经以媒体业内人士自居，对国家的媒介传播政策有着意识上、理念上高屋建瓴般的支配作用，阻碍了公众充分参与讨论的权利。其原因可归纳为有关美国媒体的 8 个神话（myth）：

（1）媒体只是反映现实而不塑造现实；

（2）媒体的市场化运作体制是"自然"形成的；

（3）有关媒体政策的既有讨论已经充分、精确地反映了舆论和公共利益的所有范畴；

（4）商业媒体可以在所有可能的范围内提供最高品质的新闻；

（5）美国新闻媒体存在"左倾"的偏颇；

（6）只有解除政府干预媒介市场的政策，才能在自由竞争中为人民提供更好的媒介服务；

（7）科技决定了媒体的本质；

（8）虽然现行的媒体制度存在缺陷，但却是一种最佳选择，

① Robert W. McChesney. *The Problem of the Media*: *U. S. Communication Politics in the Twenty-First Century*, Monthly Review Press（March 2004），p. 16.

没有任何可替代的选择方案。

显然，针对上述 8 个神话进行的剖析，与 Ben Bagdikian 对媒介资本垄断的一般性的传统批判相比，有着更深入具体的当代目标。

McChesney 对"问题媒体"的揭示，得到了 PEW 人民与新闻研究中心问卷调查的统计证实。继 1989 年，1995 年和 1999 年的调查之后，2004 年 PEW 的"杰出新闻学项目"（Project for Excellent in Journalism）对全美及地方的报纸、电台、电视和因特网机构的 547 位在岗的记者、编辑和新闻制作人，就"新闻记者如何看待新闻记者"进行了取样采访。正像报告开门见山的一段话所指出的："当今新闻组织正面临 10 年以前还无法想象的压力。在美国人可选择的媒介激增之际，竞争变得空前激烈。而承受压力最大的人可能是向美国人提供新闻的人。"报告旨在向新闻媒介和公众通报当今新闻记者面对的问题，这些问题集中在报告的副标题所确定的 3 "P"，即"利润、运作和政治"（Profits, Performance and Politics）之上。①

报告显示，经济的压力成为美国新闻业的最大问题。受访者普遍认为，"新闻业越来越成了做生意，什么能使电视报纸赚钱的考虑从来都是这个行业的一部分，但是现在成了主要的因素"。66% 的全国性新闻记者和 57% 的地方记者认为"不断增强的经营压力严重损害了报道的质量"。新闻记者相信全国性新闻报道充满事实错误的比例和往年的调查相比，从 1995 年的 30%、1999 年的 40% 上升到 2004 年的 45%。仅仅有一半左右的受访者认为他们的职业方向正确，而全国性的广播电视记者认为方向不正确的高达 61% 的比例。35～54 岁的受访者中有 26% 认为新闻的信誉度成了头等问题，而 55 岁以上的老记者中有 33% 的人持这一看法。只有不到 50% 的受访者认为新闻（在观众欲知和观众应知的信息之间）做到了平衡报道。Bill Kovach 等人以"信心的危机"（crisis of confi-

---

① PEW Research Center for The People & The Press, *How Journalists See Journalists in* 2004: *View on Profits, Performance and Politics*, 2005.

dence）来评论调查的结果：新闻人"认为他们在赚钱的压力下生产的新闻更平淡浅薄了。他们报告了更多的广告商和业主破坏新闻部门独立性的案件"。

James T. Hamilton 在 2004 年出版的《所有新闻适合出售：市场如何将信息转变为新闻？》一书中，以他自己首创的"新闻的经济学原理"对上述现象作出了新的理解。他认为，"经济学模式具有它自身的基础构架，涉及品位、资质、技术、机构等等"。与传统的决定新闻的"5W"要素相对应，信息转变为新闻依靠的是一套截然不同的"5W"市场要求，它们是：

（1）谁（who）关注某个特定的信息？

（2）他们愿意付出什么（what）来发现它，得到它？

（3）媒介或广告商能在哪里（where）向人们推销？

（4）提供这一信息何时（when）获利？

（5）为什么（why）它能获利？（Hamilton，2004，p. 7）

Hamilton 认为，虽然一个记者在报道时不会直接考虑这些经济问题，但是在市场中生存的媒介将依赖于对这些问题的回应。经济学的"5W"驱动新闻决策的同时，也将规范媒介内容。Hamilton以 FOX 电视新闻频道为例来说明问题。在 20 世纪 60 年代，美国家庭平均可收视 7 个频道，在这种广播环境下各大电视网新闻可保持千万以上的观众，因而需要提供无倾向性的客观报道。2000 年家庭平均可收视频道达到 63 个，一个频道拥有一百万观众已经不胜荣幸。"一个持保守主义观点的频道可能吸引不了一千万人，但可能吸引两百万人"，FOX 电视的"小生境"（niche）节目逻辑造就了它的鼎盛。（Hamilton，2004，p. 3）

实际上，美国的媒体问题已经引发了对西方新闻自由理念的重新思考。Steven Helle 在《新闻自由的两面——关于政府控制的不同理解》一文中提出，"在美国，新闻自由不是一种，而是两种"。自由主义理论，或许是最适合于第一种理论的名称。第二种理论有很多名字：社会责任论，集体主义，激进主义，或新自由主义。对新闻自由的不同解释早已有之。实际上，今天对新闻自由的理解已不同于创立美国宪法和法律的先人，这种差异至少可以追溯到新闻自由委员会 1947 年的报告，其中写有"对媒介的保护不再是自动地保护公民或者社会"。①

或许对美国主流媒体更激进的批评来自 Danny Schechter，他最近出版的两本书的书名锋芒毕露：《当媒介说谎时：媒介同谋与伊拉克战争》、《媒介之死：以及拯救民主之战》。在《媒介之死》中，他创造了一个新复合词"媒僚"（mediaocracy），并把它定义为"在日渐拴牢的媒介精英和它们政治伙伴之间成长的共生关系……和媒介体系绑在一起的政治体系"。这本书要成为这个缠绕体系的诉状。（Schechter，2005）这种新闻媒体与政府沆瀣一气的勾结形成了"有毒的媒介环境"。（Kennedy，2006）为了挽救这一垂死的问题媒体，Schechter 呼吁把近年来世界范围内改革者的媒介改革计划汇成所谓的"媒介与民主法案"。在他这里，媒介改革的终极目标是多样的媒介平台，多样的自由表达，基于充分信息的论争，确保媒介能服务于民主。

超越公共新闻运动

当 Schechter 把媒介服务于民主作为改革的终极目标时，他可能应该澄清民主的含义。正像他对 mediaocracy 的定义，西方民主在很大程度上成为政治在媒介中的表演。"一个西方世界的政治领袖首要之事务是面对媒介，甚至比面对议会还要频繁。媒介在推广民主的同时，必然要影响到民主的性质，我们实际上是生活在媒介民主之中，这是不幸之事。"传统的"媒介民主"建立在单向传播的基础之上。"当力量呈一种单向传播时，它是有问题的。"②

"公共新闻"这个词在美国大约出现于 1993 年前后。作为新闻改革运动的一部分，它所针对的问题是两种令人担忧的分离现象：一是新闻记者/机构与公民/社区之间的分离，二是美国人民与

---

① Steven Helle. The Two Faces of Freedom of the Press: Divergent Approaches to Government Regulation. paper presented in the international conference on *China and America Media Transformation in a Changing World*. Wuhan, 2005.

② 吉登斯语（Rantanen, Terhi, 2005 [b]）.

公共生活之间的分离。公共新闻的倡导者呼吁新闻记者帮助美国人民健全公共生活，同时也期待，在人民重新积极介入公共活动之后，新闻读者不断流失的难题能得到解决。① 公共新闻运动的主要倡导者，如 Jay Rosen，Edward Fouhy，Jan Schaffer 等人，督促新闻机构去报道人民关心的有关社区问题的新闻，提供能使人民采取公民行动的信息。而公共新闻要实现的目标，则被 Edmund Lambeth 以精确的方式定义为：

（1）在保持自由选择报道的同时，制度性地聆听公民的消息与观点；

（2）审视不同的替代性方法来将重大的社区议题纳入新闻的框架内；

（3）选择最好的报道方式来激励公民认识与商议问题；

（4）从提高公民解决问题的知识能力出发，积极报道重大的公共问题；

（5）持续而系统地关注如何与公民保持良好、可信的沟通。②

简言之，上述定义陈述了一种愿望或努力，即新闻业在和人民一道参与社会民主生活时，要联系社区（针对上述的第一个分离），增强个人的公民意识，帮助公民商议如何解决问题（针对上述的二个分离）。因此，可以更简要地把公共新闻描述为：

（1）给普通人机会来表达他们对公共事务的看法；

（2）动员普通人投身于重大议题的公共讨论之中；

（3）把人民引向社会问题的可能解决方法。③

然而正像 Schudson 所尖锐指出的，公共新闻学只知道什么是

---

① Rosen, Jay. What Are Journalists For? , New Haven, CT: Yale University Press, 1999.

② Lambeth, Edmund B. "Public Journalism as a Democratic Practice", in: Edmund B. Lambeth, Philip E. Meyer and Esther Thorson (Eds), *Assessing Public Journalism*, Columbia: University of Missouri Press, 1998.

③ Poynteronline. Civic Journalism Embraced, but Cautiously, The American Journalist Survey, 10 April 2003, http://www.poynter.org/content/content _ view.asp? id_ /28835, accessed 24 May 2005.

新闻学，但是不知道什么是"公共"。① 搞清楚什么是公共新闻学，实际上首先要搞清公共新闻学常用的那些关键词，如公民身份（citizenship）、社区（community）、商议（deliberation）等。所谓公民身份，是强调它不同于媒介消费者或媒介用户。Rosen 认为，公共新闻以公民的身份对待人民 ② 有一系列的含义：是对公共生活有自己贡献的人；是有参加公共事务潜在能力的人；是利益共享的全体公民的一分子；是一个商议群体，即围绕共同议题讨论的公众的一分子；是能选择、能做决定的人；是和特定的地区保持联系、并对这个地区负责任的人。所谓社区，在一般的意义上，首先是一块共同生活的地域，形成地区的公共生活。社区成员之间有着紧密的社会联系，相互影响，分享经验，有共同的归属感。虽然因特网和全球化产生了没有地域、或跨越地域的（诸如"想象的"、"虚拟的"、"政治化的"）社区概念，公共新闻对社区的理解建立在地方性的基础之上。所谓商议（deliberation），它的英文词汇包含有"从容讨论问题的方方面面"、"深思熟虑"、"充分了解、审慎思考"等含义，近年来成为民主政治的重要话题。按照公共新闻运动倡导者们的理解，"商议不只是'谈论问题'。商议意味着仔细地权衡选择各种行动和他人意见的不同结果"；"讨论或争辩的目标在于形成合理的、充分知晓的意见，参与者愿意根据讨论意见、新的信息和他人陈述来修订自己的主张。"③ 欧洲学者 Jesper Strömbäck 对商议的理解显然要抽象得多。在他论述四种民主模式对新闻学的规范含义时，商议的（deliberative）民主模式与程序的（procedural）、竞争的（competitive）、参与的（participatory）模式

---

① Schudson, Michael. What Public Journalism Knows about Journalism but Doesn't Know about "Public". in: Theodore L. Glasser, (Ed.), *The Idea of Public Journalism*, New York: Guilford Press, 1999, pp. 118-133.

② 公共新闻学用 people, public, citizen, community members 等概念替换我们习惯上使用的 reader, audience, consumer 等，以便在修辞上和基本概念上表示出与传统新闻学的不同之处。

③ CHAMBERS, SIMONE. Deliberative Democratic Theory. *Annual Review of Political Science* 6 (1), 2003, pp. 307-326.

相比较，显然对新闻学规范而言是一个新的话题。（Strömbäck，2005）

堪萨斯的《维奇塔鹰》报（The Wichita Eagle）在1990年以来所进行的新闻实践，正是"尝试把读者身份与公民身份联系起来"，① 发动社区成员对重大问题进行商议，以寻求解决的办法。因此它被称为美国最早实践公共新闻学的地方报纸。② 公共新闻运动发源于地方性报纸不是偶然的，首先，地方报业在市场占有上先天不足，难以用全国性报业的市场方法解决自己的生存问题。Rosen认为，新闻记者应该从自己的专业角度而不是从市场附庸者的角度去思考。报纸的主编应该更担心公民的消失而不是读者的消失。当公众生活岌岌可危时，新闻也没有了存在的价值。实际上，"这些问题是连在一起的：失去了读者，失去了选民，失去了地域感，公民意识淡薄了，对政治的厌恶加深了，公共交流活动衰退了"。③ 也就是说，地方报纸要把读者提升为公民，而不是降格为消费者，才有生存的价值和条件。第二，地方报纸具有联系社区的先天优势。《维奇塔鹰》报的编辑 Davis Merritt 提出的"社区联系"运动，强调与社区成员一道寻求报道的议事日程，而不是按照全国性媒体的调子行事。第三，只有在社区范围内公民才有可能最大限度地实现民主商议。

2003年被看成是公共新闻运动一个十字路口。一是它的主要资助者 PEW 公民新闻中心的项目在这一年终止了，项目执行人 Jan Schaffer 转而去领导一个交互新闻研究所，资助公民网建设项目；二是它的学术倡导者和指导者纷纷转向，比如 Jan Rosen 现在忙于

---

① Michael Hoyt. The Wichita Experiment：What Happens When a Newspaper Tries to Connect Readership and Citizenship, Columbia Journalism Review, July/August 1992, http：//archives. cjr. org/year/92/4/wichita. asp，这是一篇文风畅快的文章，作者是 CJR 的副主编，对 The Wichita Eagle 当年的实践作了很有趣的介绍。

② 中文介绍文章参见蔡雯：《美国"公共新闻"的历史与现状》，《国际新闻界》2005年第1期。

③ 美国新闻界流传一句老话：如果不对读者投其所好，死路一条；如果仅把内容当作商品，灵魂出卖，民主毁掉，也活不了。

一个博客论坛"Pressthink";三是报业实践者逐渐放弃了社区运动发起人的角色。一个典型的事例还是发生在《维奇塔鹰》报:该报拒绝了社区学校管理人在报纸上开展有关学校债券发行的公民商议,而是以更传统的方式客观详细报道市民对学校管理的关注度和参与过程。① 但是一个更重要的因素来自网络博客的兴起。"公共新闻学的宗旨最有可能通过公众对博客和其它电子传播工具的运用来向前推动。公民作为公共新闻哲学的重要组成部分,不再需要被邀请到(公共新闻运动)这个合作体里来。公民自身就是合作体的一个部分。"② 博客的出现,使报纸等传统新闻媒介不再成为必不可少的公共讨论的载体,或者说,公民的民主商议有了不同的、可选择的、甚或更有效的平台。但是,公共新闻运动的这一转折点,既可以看作是传统媒体公共新闻实践的偃旗息鼓,③ 也可以看作是其公民参与的民主哲学在网络传播时代的发扬光大。在这个意义上说,由传统媒体开展的公共新闻运动只是公民运用新媒体广泛参与民主实践的一次预演。Joyce Y. M. Nip 由此开始对她称之为"公共新闻第二阶段"的研究。(Nip,2005)

作为讨论的准备,Nip 梳理了主流新闻业与人民联系的几种模式。(1) 传统新闻业:新闻专业者是新闻的看门人和过滤器,主宰新闻的全过程。人民只有作为新闻源或通过反馈意见和新闻媒体联系。但是普通人极少成为新闻源,至少很难成为主要新闻来源。而对媒体的反馈意义则由媒体决定取舍,并只能在将来影响新闻的过程。(2) 公共新闻业:鼓励人民以公民的身份介入新闻制作。在采访中,记者常常将自己的发现告诉人们,以引发解决问题的讨

---

① Friedland, Lewis A. *Public Journalism*: *Past and Future*, Dayton, OH: Kettering Foundation, 2003. 转引自 Nip 2005.

② DEMARS, TONY CJIG Secures Good Slots for Toronto Program. Civic Journalism Interest Group News, Winter 2004, http://www.has.vcu.edu/civic-journalism/newsletter/04winter.pdf, accessed 8 May 2005. 转引自 Nip 2005.

③ 国内有些研究者仅仅关注公共新闻学的实践,因此不免有"为什么研究一个渐趋消失的现象"的疑问,刚刚开始的前沿性研究好像转眼就要变成"史学"研究。

论，也有市民参与新闻采集的事例发生。但是新闻的编辑和出版是由媒体专业人士把握的。市民的稿件经常构成媒体版面的一部分。（3）交互新闻业（interactive journalism）：这个术语近年来被用于描述在线新闻，但是其含义并不清晰。一般而言，通过网络的在线互动技术，能实现新闻使用者通过论坛留言、非线性选择等对内容的互动，以及新闻制造者与使用者之间通过电子邮件和聊天室的人际互动。（4）参与新闻业（participatory journalism）：使人民参与到新闻的制作当中。传统的主流媒体常常有限地使用参与手段，而新媒体、尤其是以地方报道为己任的新闻网站则广泛动员媒体使用者独立地生产自己的新闻内容。（5）公民新闻业（citizen journalism）：对它最直接明了的定义是，由人民而不是新闻专业人士来负责新闻内容采集、生产、编辑、出版的全部过程。它包括一群个人、或市民团体、或非营利组织在不雇佣带薪职员的情况下所开设的新闻博客、新闻网站、社区电台和报纸，其新闻性质的确定在于内容需包括第一手的采访、报道、评论以及和公众相关的议题。一个典型的例子是国际性的多媒体新闻平台"独立媒体中心"（Indymedia，The Independent Media Center）。Indymedia 是"一个集体运行的媒介网络，为用激进、精确、热情讲述真理的作品提供通道"①。

以公共新闻运动昭示的新闻业与人民之间联系的三个基本指标——公民身份、社区和商议作为参照系，通过将公共新闻业与参与新闻业、交互新闻业、公民新闻业的比较，Joyce Y. M. Nip 对公共新闻学在新阶段的发展给出了某种结论性的意见。她指出，公共新闻运动推广与实验的第一阶段，随着项目资助的终止已告结束。但是在第一阶段公共新闻已经确立了它的三个主要目标，已经有许多新闻机构依照公共新闻的目标进行了实践，并实现了这些目标的一部分。当因特网打破了新闻记者生产新闻的垄断权之后，已经迫使新闻媒介从"演讲"转变成"交谈"，给新闻使用者更多的制作新闻的机会。交互的、参与的新闻实践，尽管没有使用公共新

---

① http：//www.indymedia.org/or/static/about.shtml.

闻的名称，但是遵循的是它的目标和原则。作者相信，它们的进一步发展"必将把公民身份的人民放在首要位置"。作为交互与参与的平台，因特网也产生新的问题，比如，如何将"在线的"（on-line）与"离线的"（offline）公民参与结合起来？因为在媒介选择上、时间安排上、社会能力上、写作和电脑技能上，以及因特网资源的接近程度上都存在个体差异，那些在线积极参与的公民可能和离线积极参与公民不是一回事，也可能导致网络与生活中的社区并不相关。实际上，要防止一种观点，认为在线参与的渠道导致传统社区联系成为过时的方式。因此对第二阶段公共新闻学的挑战，不仅在于使公众通过在线和离线两种不同的渠道参与到社区的民主商议，而且在于如何设法将参与者的网络和现实两个不同的"社区"联系起来。这一任务超越了新闻学迄今所获得的所有成就。我们能确信的一点是，"网络新工具在给公共新闻运动提供新机遇的同时，也使它在完成自己的目标时面临更复杂的任务"。（Nip，2005，p. 231）

应该说，这个复杂的任务也超越了公共新闻运动的目标。以地方性传统社区的概念为基础的公共新闻原则，虽然可以成为所有新闻或媒介改革实践的独特参照，但是很难成为媒介改革的唯一参照。如果说，公共新闻学的第二阶段以"消极的新闻消费者变成新闻生产者"（Gillmore，2004）为特征，那么，新媒体技术支持下门类繁多的"新闻学"如："业余新闻学"（amateur journalism）、"民间新闻学"（folk journalism）、"个人新闻学"（personal journalism）、"草根新闻学"（grassroots journalism）、信源开放新闻学"（open-sources journalism）等等，将同它一起组成 Schudson 所定义的"新闻学的第四种模式"——不属于市场，不属于政党，也不属于新闻界，而属于公众。① 这样，属于第三种模式、以专业记者生产的、以新闻业为中介的公共新闻学进入的"新阶段"，将是超

---

① Schudson, Michael. What Public Journalism Knows about Journalism but Doesn't Know about "Public". in: Theodore L. Glasser, (Ed.), *The Idea of Public Journalism*, New York: Guilford Press, 1999, pp. 118-133.

越自身的、属于不同模式的"公众的新闻学"（public's journalism）。

然而，Tanni Haas 在他的研究笔记里，对"从'公共新闻'到'公众的新闻'"（From "Public Journalism" to the "Public's Journalism"）提出了质疑。（Haas，2005）一方面，以新闻博客网络为标志，已经出现了真正由公众生产、为了公众的新闻（news produced for and by the public），并产生了极大的影响力。以 Indymedia 和 Slashdot ①为例，前者在 50 个国家有超过 140 个互联的博客网站。每天的阅读访问量在 2003 年就达到了 50 万到 200 万人次。后者从一个在线技术论坛发展为讨论广泛社会、政治议题的网络，至 2004 年，每天访问量达 200 万人次，有 5 万名注册投稿人。至 2004 年全世界部分或全部以政治定向的博客大约达到了 50 万个，（尽管很难精确界定一个新闻博客网站，）成为仅次于个人或家庭博客的第二大博客类型。在公众新闻博客的影响下，各大主流新闻媒体，如华盛顿邮报、纽约时报等也在自己的官方网站上开辟了博客论坛。新闻博客形成一种"竞争的真相陈述"（competing truth claims）②，对超链接的依赖性衍生出新的知识模式，即对世界发生的一切真相再不能依靠唯一的新闻文本或渠道获得。③

另一方面，这种"以公民为基础（citizen-based）的新闻业"，虽然"由公众生产、为了公众"，不过不是断然地"属于公众"的（of public）。Haas 讨论了主流新闻媒体及新闻记者对博客的影响，如"博客间"的议程设定（Inter-weblog Agenda-setting）和博客"把关人"的等级制度等。人们往往不加批判地假定，网络博客这

---

① Slashdot, News for Nerds, Stuffs that Matters, http：//www. slashdot. org/.

② Gallo, Jason. Weblog Journalism：Between Infiltration and Integration. in：Minnesota Blog Collective（Ed. ），Into the Blogosphere：Rhetoric, Community, and Culture of Weblogs, http：//blog. lib. umn. edu/blogosphere/ weblog_ journalism. html, accessed 1 February 2005.

③ Matheson, Donald and Allan, Stuart. Weblogs and the War in Iraq：Journalism for a Network Society?. paper presented at the Digital Dynamics Conference, Loughborough, UK, November. 转引自 Haas, 2005.

类"新"传播媒介与"老"媒介之间大相径庭。然而相反的是，主流新闻媒体在整体上与博客领域（blogsphere）之间呈现出显著的相似性。（Haas，2005，p. 394）这就回到了我们在有关新媒体的讨论中涉及的问题：新老传播媒介之间的，新媒体的实践与既有传播学理论之间的差异、变化与相似、连续，始终值得研究者密切关注。

参 考 文 献

Aaron Barlow. *The DVD Revolution*：*Movies*，*Culture and Technology*，Praeger Publishers，2005.

Ackbar Abbas and John Nguyet Erni（eds）. *Internationalizing Cultural Studies*：*An Anthology*，Blackwell Publishing，2005.

Alterman，Eric. *When Presidents Lie*：*A History of Official Deception and Its Consequences*，Viking Adult，2004.

Alzouma，Gado. Myths of Digital Technology in Africa：Leapfrogging Development? *Global Media and Communication*，2005（1）：339-356.

Bagdikian，Ben H.. *The New Media Monopoly*，Beacon Press，2004.

Bakardjieva，Maria. *Internet Society*：*The Internet in Everyday Life*，Sage，2005.

Benson，Rodney. American Journalism and the Politics of Diversity，*Media*，*Culture & Society*，2005（27）：5-20.

Benson，Rodney and Erik Neveu. *Bourdieu and the Journalistic Field*，Polity Press，2005.

Bergfelder，Tim. National Transnational or Supranational Cinema? Rethinking European Film Studies，*Media*，*Culture & Society*，2005（27）：315-331.

Blossfeld，H. P. et al.. *Globalisation*，*Uncertainty and Youth*，Taylor and Francis，2005.

Boczkowski, Pablo J.. *Digitizing the News: Innovation in Online Newspapers*, Cambridge, MA: MIT Press. 2004.

Bolter, Jay David & Blair MacIntyre, Maribeth Gandy, Petra Schweitzer. New Media and the Permanent Crisis of Aura, *Convergence*, 2006(12): 21-39.

Boyd-Barrett, Oliver. A Different Scale of Difference. *Global Media and Communication*, 2005(1): 15-19.

Boyd-Barrett, Oliver. Cyberspace, Globalization and Empire. *Global Media and Communication*, 2006(2): 21-41.

Brasch, Walter M.. *America's Unpatriotic Acts: The Federal Government's Violation of Constitutional and Civil Rights.* Peter Lang Publishing, 2005.

Bromley, Michael. Journalism and Democracy: An Evaluation of the Political Public Sphere, *European Journal of Communication*, 2006 (21): 108-110.

Bucy, Eirk P. & John E. Newhagen. (eds.) *Media Access: Social and Psychological Dimensions of a New Technolody Use*, Mahwah: Lawrence Eribaum Associates, 2004.

Bugeja, Michael. *Interpersonal Divide: The Search for Community in a Technological Age*, Oxford University Press, 2005.

Bustamante, Enrique. Cuttural Industries in the Digital Age: Some Provisional Conclusions, *Media, Culture & Society*, 2004, 26(6): 803-820.

Calabrese, Andrew. Communication, Global Justice and the Moral Economy, *Global Media and Communication*, 2005(1):301-315.

Calavita, Marco. *News Media and Individual Political Development.* State University of New York Press, 2005.

Carey, James W.. Historical Pragmatism and the Internet, *New Media & Society*, 2005(7): 443-455.

Carpentier, Nico. Identity, Contingency and Rigidity: The (counter-) Hegemonic Constructions of the Identity of the Media

Professional, *Journalism*, 2005(6): 199-219.

Carroll, William K. and Robert A. Hackett. Democratic Media Activism through the Lens of Social Movement Theory, *Media*, *Culture & Society*, 2006(28): 83-104.

Cecilia von Feilitzen and Ulla Carlsson (eds). *Promote or Protect*: *Perspectives on Media Literacy and Media Regulations*, The International Clearinghouse on Children, Youth and Media, 2004.

Chalaby, Jean K.. Deconstructing the Transnational: A Typology of Cross-border Television Channels in Europe, *New Media & Society*, 2005 (7): 155-175.

Chalaby, Jean K.. From Internationalization to Transnationalization, *Global Media and Communication*, 2005(1): 28-33.

Chan, Joseph Man. Global Media and the Dialectics of the Global, *Global Media and Communication*, 2005(1): 24-28.

Chang Woo-Young. Online Civic Participation, and Political Empowerment: Online Media and Public Opinion Formation in Korea, *Media*, *Culture & Society*, 2005(27): 925-935.

Chitty, Naren. International Communication: Continuing into the 21st Century as an Academic "Commons", *Gazette*, 2005 (67): 555-559.

Chopra, Rohit. Global Primordialities: Virtual Identity Politics in Online Hindutva and Online Dalit Discourse, *New Media & Society*, 2006 (8): 187-206.

Cohen-Almagor. Raphael. *Speech*, *Media and Ethics*: *The Limits of Free Expression*, Palgrave, 2005.

Coleman, Stephen. New Mediation and Direct Representation: Reconceptualizing Representation in the Digital Age, *New Media & Society*, 2005(7): 177-198.

Collins, Richard. Internet Governance in the UK, *Media*, *Culture & Society*, 2006(28): 337-358.

Comrie, Margie and Susan Fountaine. Retrieving Public Service

Broadcasting: Treading a Fine Line at TVNZ, *Media*, *Culture & Society*, 2005(27): 101-118.

Cooke, Lynne. A Visual Convergence of Print, Television, and the Internet: Charting 40 Years of Design Change in News Presentation, *New Media & Society*, 2005(7): 22-46.

Coppens, Tomas and Frieda Saeys. Enforcing Performance: New Approaches to Govern Public Service Broadcasting, *Media*, *Culture & Society*, 2006(28): 261-284.

Coutard, Olivier & Richard E. Hanley, Rae Zimmerman. *Sustaining Urban Network: The Social Diffusion of Larger Technical Systems*. New York: Routledge, 2005.

Coyer, Kate. Community Radio Licensing and Policy: An Overview, *Global Media and Communication*, 2006(2): 129-134.

Crisell, Andrew. NPR: The Trials and Triumphs of National Public Radio, *European Journal of Communication*, 2006(21): 107-108.

Cubitt, Sean. *EcoMedia*, Amsterdam/New York, NY, 2005.

Currie, Mark. *Difference*, Routledge, 2004.

D' Haenens, Leen. Euro-Vision: The Portrayal of Europe in the Quality Press, *Gazette*, 2005(67): 419-440.

De Albuquerque, Afonso. Another " Fourth Branch": Press and Political Culture in Brazil, *Journalism*, 2005(6): 486-504.

De Jong, Wilma & Martin Shaw, Neil Stammers (eds). *Global Activism*, *Global Media*. Pluto Press, 2005.

Demaine, Jack. *Citizenship and Political Education Today*, Palgrave, 2004.

Deuze, Mark. Popular Journalism and Professional Ideology: Tabloid Reporters and Editors Speak Out, *Media*, *Culture & Society*, 2005(27): 861-882.

Deuze, Mark. What is Journalism?: Professional Identity and Ideology of Journalists Reconsidered, *Journalism*, 2005(6): 442-464.

Downey. John and Thomas Koenig. Is There a European Public

Sphere?: The Berlusconi – Schulz Case, *European Journal of Communication*, 2006(21): 165-187.

Doyle, Gillian and Douglas W. Vick. The Communications Act 2003: A New Regulatory Framework in the UK, *Convergence*, 2005 (11): 75-94.

Drezner, Daniel W. and Farrell, Henry. The Power and Politics of Blogs, paper presented to the 100th Annual Meeting of the American Political Science Association, Chicago, 2_/5 September, http://www. danieldrezner. com/research/blogpaperfinal. pdf, accessed 3 December 2004.

Dube, Jonathan. Northwest Voice: Behind the Scenes, Cyberjournalist. net, The Media Center at the American Press Institute, 16 July2004, http://www. cyberjournalist. net/news/ 001487 _ print. php, accessed 24 May 2005.

Dutta-Bergman, Mohan J. , Access to the Internet in the Context of Community Participation and Community Satisfaction, *New Media & Society*, 2005(7): 89-109.

Erjavec, Karmen. Hybrid Public Relations News Discourse, *European Journal of Communication*, 2005(20): 155-179.

Ferguson, Robert. *The Media in Question*, Arnold, 2004.

Fortunati, Leopoldina. Mediatization of the Net and Internetization of the Mass Media, *Gazette*, 2005(67): 27-44.

Fung, Anthony. Think Globally, Act Locally: China's Rendezvous with MTV, *Global Media and Communication*, 2006(2): 71-88.

Galperin, Herman. *New Television, Old Politics: The Tradition to Digital TV in the United States and Britain*. Cambridge an New York: Cambridge University Press, 2004.

Gillmor, Dan. *We the Media: Grassroots Journalism by the People, for the People*, Sebastopol, CA: O' Reilly Media, 2004.

Gotved, Stine. Time and Space in Cyber Social Reality, *New Media & Society*, 2006(8): 467-486.

Gow, Gordon A.. Information Privacy and Mobile Phones, *Convergence*, 2005(11): 76-87.

Graeme Kirkpatrick. *Critical Technology: A Social Theory of Personal Computing*, Ashgate Publishing, 2004.

Grodal, Torben KraghIben&Thorving Laursen, Bente Larsen (eds). *Visual Authorship: Creativity and Intentionality in Media*, Museum Tusculanum Press, University of Copenhagen, 2004.

Gunkel, David J.. Editorial: Introduction to Hacking and Hacktivism, *New Media & Society*, 2005(7): 595-597.

Haas, Tanni and Linda Steiner. Public Journalism: A Reply to Critics, *Journalism*, 2006(7): 238-254.

Hamilton, James T.. *All the News that's Fit to Sell: How the Market Transforms Information into News*, New Jersey: Princeton University Press, 2004.

Harrison, Jackie and Bridgette Wessels. A New Public Service Communication Environment? Public Service Broadcasting Values in the Reconfiguring Media, New Media & Society, 2005(7): 834-853.

Haas, Tanni. From " Public Journalism " to the " Public's Journalism "? Rhetoric and Reality in the Discourse on Weblogs, *Journalism Studies*, Volume 6, Number 3, 2005, pp. 387-396.

Hegde, Radha S.. Disciplinary Spaces and Globalization: A Postcolonial Unsettling, *Global Media and Communication*, 2005 (1): 59-62.

Hemment, Drew. The Mobile Effect, Convergence, 2005 (11): 32-40.

Higgins, Michael. Substantiating a Political Public Sphere in the Scottish Press: A Comparative Analysis, *Journalism*, 2006(7): 25-44.

Huang, Edgar & Karen Davison, Stephanie Shreve, Twila Davis, Elizabeth Bettendorf, and Anita Nair. Facing the Challenges of Convergence: Media Professionals' Concerns of Working Across Media Platforms, *Convergence*, 2006(12): 83-98.

Hutchins, Brett and Libby Lester. Environmental Protest and Tap-dancing with the Media in the Information Age, *Media*, *Culture & Society*, 2006(28): 433-451.

Iosifidis, Petros. Digital Switchover and the Role of the New BBC Services in Digital Television Take-up, *Convergence*, 2005(11): 57-74.

Jorden, Tim & Paul A. Taylor. *Hacktivism and Cyberwars: Rebels with a Cause?* London: Routledge, 2004.

Josephi, Beate. Journalism in the Global Age: Between Normative and Empirical, *Gazette*, 2005(67): 575-590.

Kennedy, Dan. The Connective Threads of the News Media and Government, *Nieman Reports*, Spring, 2006.

Knight, Julia & Jeanette Steemers, Alexis Weedon. Editorial: Cyberspace as Place and the Limits of Metaphor, *Convergence*, 2005 (11): 5-7.

Kretschmer, Martin. Trends in Global Copyright, *Global Media and Communication*, 2005(1): 231-237.

Kuipers, Giselinde. The Social Construction of Digital Danger: Debating, Defusing and Inflating the Moral Dangers of Online Humor and Pornography in the Netherlands and the United States, *New Media & Society*, 2006(8): 379-400.

Lee, Philip. Who Owns the Media? Global Trends and Local Resistances, *European Journal of Communication*, 2006(21): 104-107.

Levine, Elana. Fractured Fairy Tales and Fragmented Markets: Disney's Weddings of a Lifetime and the Cultural Politics of Media Conglomeration, *Television & New Media*, 2005(6): 71-88.

Light, Jennifer S.. Facsimile: A Forgotten "new medium" from the 20th Century, *New Media & Society*, 2006(8): 355-378.

Lillie, Jonathan. Cultural Access, Participation, and Citizenship in the Emerging Consumer - Network Society, *Convergence*, 2005(11): 41-48.

Maass, Margarita and Jorge A. González. Technology, Global Flows and Local Memories: Media Generations in "global" Mexico, *Global Media and Communication*, 2005(1): 167-184.

Machill, Marcel & Markus Beiler, Corinna Fischer. Europe-Topics in Europe's Media: The Debate about the European Public Sphere: A Meta-Analysis of Media Content Analyses, *European Journal of Communication*, 2006(21): 57-88.

Mano, Winston. Exploring the African View of the Global, *Global Media and Communication*, 2005(1): 50-55.

Mara Einstein. *Media Diversity: Economics, Ownership, and the FCC*, Lawrence, Erlbaum Associates, 2004.

Marchi, Regina M.. Reframing the Runway: A Case Study of the Impact of Community Organizing on News and Politics, *Journalism*, 2005 (6): 465-485.

Marr, Andrew. Brave New World, *British Journalism Review*, 2006 (17): 29-34.

Mastrini, Guillermo and Diego de Charras. Twenty Years Mean Nothing. *Global Media and Communication*, 2005(1): 273-288.

Mato, Daniel. The Transnationalization of the Telenovela Industry, Territorial References, and the Production of Markets and Representations of Transnational Identities, *Television & New Media*, 2005(6): 423-444.

McElhinney, Stephen. Exposing the Interests: Decoding the Promise of the Global Knowledge Society, *New Media & Society*, 2005(7): 748-769.

McLaughlin, Lisa and Victor Pickard. What Is Bottom-up about Global Internet Governance? *Global Media and Communication*, 2005 (1): 357-373.

Mcmillan, Sally J. and Margaret Morrison. Coming of Age with the Internet: A Qualitative Exploration of How the Internet Has Become an Integral Part of Young People's Lives, *New Media & Society*, 2006(8): 73-95.

Meijer, Albert Jacob. Public Eyes': Direct Accountability in an Information Age, *First Monday*, Volume 10, No. 4 (April 2005), (http://firstmonday. org/issues/issue10_4/meijer/index. html).

Menduni, Enrico. Petty Offers of the Political Fleet: The Impact of Personal Mobile Communication Technologies on Communicative Practices of Italian Politicians and the Transformations of the Public Sphere, *Convergence*, 2005(11): 88-101.

Murray, Simone. Brand Loyalties: Rethinking Content within Global Corporate Media, *Media, Culture & Society*, 2005(27): 415-435.

Nip, Joyce Y. M.. Exploring the Second Phase of Public Journalism, Journalism Studies, Vol. 7, No 2, 2006.

Nord, Lars W. and Jesper Strömbäck. Reporting more, Informing Less: A Comparison of the Swedish Media Coverage of September 11 and the Wars in Afghanistan and Iraq, Journalism. 2006(7): 85-110.

Oblak, Tanja. The Lack of Interactivity and Hypertextuality in Online Media, *Gazette*, 2005(67): 87-106.

Olson, Kathleen K.. Cyberspace as Place and the Limits of Metaphor, *Convergence*, 2005(11): 10-18.

O'Regan, Tom and Ben Goldsmith. Making Cultural Policy: Meeting Cultural Objectives in a Digital Environment, *Television & New Media*, 2006(7): 68-91.

Overholsr, Geneva. Good Journalism and Business: An Industry Perspective, *Newspaper Research Journal*, Vol. 25, No. 1, Winter 2004, pp. 8-17.

Padovani, Claudia and Kaarle Nordenstreng. From NWICO to WSIS: Another World Information and Communication Order: Introduction, *Global Media and Communication*, 2005(1): 264-272.

Padovani, Claudia. Debating Communication Imbalances from the MacBride Report to the World Summit on the Information Society: An Analysis of a Changing Discourse, *Global Media and Communication*, 2005(1): 316-338.

449

Page , Bruce. It's the Media that Need Protecting, *British Journalism Review* , 2006 (17) : 20-28.

Papathanassopoulos, Stylianos. Europe: An Exemplary Landscape for Comprehending Globalization, *Global Media and Communication* , 2005 (1) : 46-50.

Pasquali , Antonio. The South and the Imbalance in Communication, *Global Media and Communication* , 2005 (1) : 289-300.

Pavik, John H.. A Sea-Change in Journalism: Covergence, Journalism, Their Audience and Sources, Convergence , 10/4 2004 , 22-29.

Pein, Corey. "Blog-gate" , *Columbia Journalism Review* , January/ February, 2005 , pp. 30-35.

Peters, John Durham. *Courting the Abyss: Free Speech and the Liberal Tradition* , University of Chicago Press, 2005.

Peter, Jochen and Patti M.. Valkenburg, Research Note: Individual Differences in Perceptions of Internet Communication, *European Journal of Communication* , 2006 (21) : 213-226.

PEW Research Center for The People & The Press, *How Journalists See Journalists in* 2004: *View on Profits, Performance and Politics* , 2005.

Polat , Rabia Karakaya. The Internet and Political Participation: Exploring the Explanatory Links, *European Journal of Communication* , 2005 (20) : 435-459.

Rantanen , Terhi (a). Cosmopolitanization-Now!: An Interview with Ulrich Beck, *Global Media and Communication* , 2005 (1) : 247-263.

Rantanen , Terhi (b). Giddens and the "G" -word: An Interview with Anthony Giddens, *Global Media and Communication* , 2005 (1) : 63-77.

Rantanen , Terhi (c). The Message Is the Medium: An Interview with Manuel Castells, *Global Media and Communication* , 2005 (1) : 135-147.

Robinson, Susan. The Mission of the J-blog: Recapturing Journalistic Authority Online, *Journalism*, 2006(7): 65-83.

Rodino-Colocino, Michelle. Laboring under the Digital Divide, *New Media & Society*, 2006(8): 487-511.

Röhle, Theo. Power, Reason, Closure: Critical Perspectives on New Media Theory, *New Media & Society*, 2005(7): 403-422.

Rosenberry, Jack. Online Newspapers as a Venue for Cyber-Democratic Engagement, paper presented to the Association for Education in Journalism and Mass Communication Mid-Winter Conference, Kennesaw, GA, 11-12 February, 2005.

Sabry, Tarik. What is "Global" about Arab Media? *Global Media and Communication*, 2005(1): 41-46.

Salter, Lee. Colonization Tendencies in the Development of the World Wide Web, *New Media & Society*, 2005(7): 291-309.

Samarajiva, Rohan. Policy Commentary: Mobilizing Information and Communications Technologies for Effective Disaster Warning: Lessons from the 2004 Tsunami, *New Media & Society*, 2005(7): 731-747.

Sassi, Sinikka. Cultural Differentiation or Social Segregation? Four Approaches to the Digital Divide, *New Media & Society*, 2005(7): 684-700.

Sawhney, Harmeet and Seungwhan Lee. Arenas of Innovation: Understanding New Configurational Potentialities of Communication Technologies, *Media, Culture & Society*, 2005(27): 391-414.

Schechter, Danny. *The Death of Media: And the Fight to Save Democracy*, Melville Manifestos, 2005.

Schechter, Danny. *WHEN NEWS LIES: Media Complicity and The Iraq War*, Select Books (NY), 2006.

Schiller, Dan. Poles of Market Growth?: Open Questions about China, Information and the World Economy, *Global Media and Communication*, 2005(1): 79-103.

Schlesinger, Philip. Is There a Crisis in British Journalism? *Media*,

Culture & Society,2006(28): 299-307.

Schoenbach, Klaus & Ester de Waal, Edmund Lauf. Research Note: Online and Print Newspapers: Their Impact on the Extent of the Perceived Public Agenda, *European Journal of Communication*, 2005 (20): 245-258.

Scott, Ben. A Contemporary History of Digital Journalism, *Television & New Media*,2005(6): 89-126.

Scott, Craig R. & C. Erik Timmerman. Relating Computer, Communication, and Computer-Mediated Communication Apprehensions to New Communication Technology Use in the Workplace, *Communication Research*,2005(32): 683-725.

Shah, Dhavan V. & Jaeho Cho, William P. Eveland, JR. , Nojin Kwak. Information and Expression in a Digital Age: Modeling Internet Effects on Civic Participation, *Communication Research*, 2005 (32): 531-565.

Singer,Jane B.. The Political J-blogger: "Normalizing" a New Media Form to Fit Old Norms and Practices, *Journalism*, 2005 (6): 173-198.

Sparks, Colin. The Problem of Globalization, *Global Media and Communication*,2005(1): 20-23.

Splichal, Slavko. Communication Research and the Need for Shifting Paradigms - Again, *Gazette*, 2005(67): 561-563.

Sreberny, Annabelle. Contradictions of the Globalizing Moment, *Global Media and Communication*,2005(1): 11-15.

Strömbäck, Jesper. In Search of a Standard: Four Models of Democracy and Their Normative Implications for Journalism, *Journalism Studies*, 6-3, August 2005:331-345.

Sundaram, Ravi. Media Globalization: An Indian Perspective, *Global Media and Communication*, 2005(1): 55-58.

Taylor,Paul A.. From Hackers to Hacktivists: Speed Bumps on the Global Superhighway? *New Media & Society*, 2005(7): 625-646.

Terhi Rantanen. *The Media and Globalisation*. Sage, 2004.

Thomas, Jim. The Moral Ambiguity of Social Control in Cyberspace: A Retro-assessment of the "Golden Age" of Hacking, *New Media & Society*, 2005(7): 599-624.

Thussu, Daya K. & John D. H. Downing, Terhi Rantanen, Yuezhi Zhao, Editorial, *Global Media and Communication*, 2005(1): 5-8.

Tremayne, Mark. News Websites as Gated Cybercommunities, *Convergence*, 2005(11): 28-39.

Tsfati, Yariv & Oren Meyers, Yoram Peri. What is Good Journalism? Comparing Israeli Public and Journalists' Perspectives, *Journalism*, 2006(7): 152-173.

Tumber, Howard. Do the Study of Journalism and the Education of Journalists Matter? *Gazette*, 2005(67): 551-553.

Van der Wurff, Richard. Impacts of the Internet on Newspapers in Europe: Conclusions, *Gazette*, 2005(67): 107-120.

Van Vuuren, Kitty. Community Broadcasting and the Enclosure of the Public Sphere, *Media, Culture & Society*, 2006(28): 379-392.

Waldstein, Maxim. The Politics of the Web: The Case of One Newsgroup, *Media, Culture & Society*, 2005(27): 739-763.

Wall, Melissa. "Blogs of War": Weblogs as News, *Journalism*, 2005(6): 153-172.

Waskul, Dennis D.. Ekstasis and the Internet: Liminality and Computer-mediated Communication, *New Media & Society*, 2005(7): 47-63.

Webster, Frank. The Digital Sublime: Myth, Power, and Cyberspace, *European Journal of Communication*, 2006(21): 110-112.

Wiklund, Hans. A Habermasian Analysis of the Deliberative Democratic Potential of ICT-enabled Services in Swedish Municipalities, *New Media & Society*, 2005(7): 701-723.

Yoon, Youngmin. Legitimacy, Public Relations, and Media Access: Proposing and Testing a Media Access Model, *Communication*

Research, 2005 (32): 762-793.

Zandberg, Eyal and Motti Neiger. Between the Nation and the Profession: Journalists as Members of Contradicting Communities, *Media*, *Culture & Society*, 2005 (27): 131-141.

相关网站、博客论坛

American Communication Association (ACA), http://www. americancomm. org/

American Society of Newspaper Editors, http://www. asne. org/

Center for International Media Action (CIMA), http://www. mediaactioncenter. org/

Center for Media Literacy, http://www. medialit. org/

Civic& Citizen Journalism Interest Group, http://www. has. vcu. edu/civic-journalism/

Columbia Journalism Review, http://www. archives. cjr. org/

Democracy & Media Education Foundation, http://www. dmefd. org/

Eric Alterman, http://www. ericalterman. com/

E The People, http://www. e-thepeople. org/

EU for journalists, http://www. eu4journalists. com/

European Institute for Communication and Culture Ljubljana, Slovenija, http://www. euricom. si/

European Journalist Center, http://www. ejc. nl/

First Monday Online Journal, http://www. firstmonday. org/

Hacktivist-Net, http://www. hacktivist. net/

Indymedia (The Independent Media Center), http://www. indymedia. org/

Internews, http://www. internews. org/

J-Lab: The Institute for Interactive Journalism, http://www. j-lab. org/

Lasica, J. D. , http://www. newmediamusings. com/

Liberal Oasis, http://liberaloasis. com/liberaloasisv2/theblog/ index. html

Media Access Project, http://www. mediaaccess. org/

Media Bloggers Association, http://mediabloggers. org/

Media Education Fundation, http://www. mediaed. org/

Pew Center for Civic Journalism, http://www. pewcenter. org/

Pew Forum on Religion & Public Life,http://pewforum. org/

Pew Global Attitudes Project,http://pewglobal. org/

Pew Research Center for the People and the Press,http://people-press. org/

Pew Research Center,http://pewresearch. org/

Press Think by Jay Rosen,http://journalism. nyu. edu/pubzone/ weblogs/pressthink/

Public Journalism Network, http://www. pjnet. org/

Radio-Television News Directors Association, http://www. rtndf. org/

Slashdot,http://slashdot. org/

Social Media, http://www. socialmedia. biz/

Stanhope Centre for Communications Policy Research, http:// www. stanhopecentre. org/

Stop Big Media, http://www. stopbigmedia. com/

The Action Coalition for Media Education, http://www. acmecoalition. org/

The Global Home for Grassroots Media, http://www. ourmedia. org/

The Institute for Interactive Journalism, http://www. j-lab. org/

The Media Ecology Association (MEA), http://www. media-ecology. org/

The Poynter Institute,http://www. poynter. org/

The Spirit of Resistance lives, http://www. zmag. org/

Unity: Journalists of Color, Inc. , http://www. unityjournalists. org/

Washington Monthly, http://www. washingtonmonthly. com/

西方史学研究前沿追踪

向　荣　宫艳丽　蒋　焰

　　2005 年是西方史学界不平凡的一年。2005 年恰逢世界反法西斯战争胜利 60 周年，二战研究再次出现高潮。同年 7 月 3 ~ 9 日，第 20 届国际历史科学大会在澳大利亚悉尼新南威尔士大学举行，这为各国史学工作者提供了一个良好的交流平台，西方史学工作者新近几年的研究旨趣在会议上得到了较为集中的反映。为了更好地把握 2005 年西方史学研究的新进展，本文将从重要的英文学术期刊入手，兼顾新近几年出版的学术著作，以及 PROQUEST 博士论文数据库收录的 2005 年博士论文，以期对以英美为主的西方史学界在 2005 年的研究做一较为系统的梳理。但鉴于学术研究的延续性，必要时会适当上溯至 2003 年。下文就对 2005 年西方史学界主要的研究领域及研究内容作简要陈述。

一、综　　述

　　从纯史学的角度，2005 年西方史学波澜不惊。它保持着 20 世纪 60、70 年代以来逐步形成的史学研究基本格局，研究领域越来越宽，研究内容越来越细；与此同时，跨学科的综合比较研究也发展起来。然而就历史反思、现实关怀引发的研究而言，2005 年的西方史学则又显得十分活跃，以战争与和平、全球史探讨等为代表的一批史学热点问题涌现出来。

　　政治史是传统史学的宠儿。英国维多利亚时代的著名史学家、剑桥大学历史学钦定讲座教授约翰·西利爵士宣称："历史是过去的政治，政治是现在的历史。"① 传统政治史关注的是"高层政治"，即国家层面的政治活动，包括政治、行政和外交史。然而20世纪60、70年代以来受"自下而上的历史"观（history from below）影响，政治史研究也发生了重大变化，人们转而研究基层政治、民众政治和政治文化。这种趋势在近两三年仍在继续，其中最具代表性的有以下几个方面：

首先是堂区政治。"堂区政治"是帕特里克·科林森和基思·赖特森在20世纪90年代新近提出来的，他们主张打破政治史和社会史之间的壁垒，研究人民的政治。堂区是中世纪晚期以来欧洲基层的行政单位，最贴近人民，通过堂区政治研究可以揭示社会关系中的权力因素以及地方权力结构的社会影响。② 年轻学者史蒂夫·欣德尔是堂区政治研究的积极推进者，他于2004年出版了《基于英国乡村济贫中的微政治，1550～1750年》。该书以堂区济贫为研究对象，着力分析了在当时英国基层社会中富人和穷人围绕着资源分配展开的讨价还价斗争。③

其次是农民政治。农民是传统农业社会的"民众"，或"人民"，长期以来他们只是经济史和社会史研究的对象，很少被政治史家所关注。因为在他们看来，农民没有自己的政治，他们只是被动地参与国王的地方政治，即使在农民起义过程中，他们也只是提

① Quoted in Peter Burke ed.. *New Perspectives on Historical Writing*, 2nd ed., Pennsylvania: The Pennsylvania State University Press, 1992, p. 3.

② P. Collinson. *De Republica Anglorum*: Or, History with the Politics Put Back, in Collinson, *Elizabethan Essays*, London: Hambledon, 1994, pp. 1-29; Keith Wrightson. The Politics of the Parish in Early Modern England, in Paul Griffiths, Adam Fox and Steve Hindle eds.. *The Experience of Authority in Early Modern England*, Houndmills and London: Macmillan Press LTD., 1996, pp. 1-46.

③ Steve Hindle. *On the Parish? The Micro-Politics of Poor Relief in Rural England*, c. 1550-1750, Oxford: Clarendon Press, 2004.

出了反抗的目标，没有建设的目标。① 但 1991 年 R. B. 戈欣在
《美国历史评论》上发表文章，提出农民有自己的政治。他考察了
15 世纪英国乡村社区与王权的关系，发现农民参与国王地方政治
至少部分是以自己的条件并为着自己的目的的，以这种方式他们影
响到国王地方政治的形式和内容。② 戈欣的观点引起了史学界的重
视。卡罗琳·卡斯蒂廖内在 2004 年发表文章，论述了近代早期意
大利罗马周围地区的农民是如何利用罗马教廷提供的种种机会，挑
战贵族的统治，实现自身政治目的的。卡斯蒂廖内的文章修正了过
去将近代早期罗马贵族对乡村统治的衰落仅仅归因于国家权力扩张
的简单化观点，指出农民作为一支独立的政治力量在其中起了重要
的作用。③

第三是咖啡馆与公共领域。19 世纪英国的辉格派历史学家已
经指出复辟时期伦敦的咖啡馆在凝聚公共舆论，捍卫英国宪政自由
方面起了重要作用。托马斯·巴宾顿·麦考利宣称复辟时期英国的
咖啡馆是"首都公共舆论自我表达的主要喉舌"。④ 随着 1989 年哈
贝马斯《公共领域的结构转型》英译本出版，咖啡馆作为现代公
共领域兴起的主要标志之一受到越来越多的关注。1995 年史蒂
夫·平卡斯发表了《"咖啡创造政治家"：咖啡馆与复辟时期的政
治文化》，通过分析英国复辟时期咖啡馆的迅速增长以及咖啡馆中
广泛参与的政治讨论，指出哈贝马斯意义上的公共领域出现在 17

---

① See R. B. Goheen. Peasant Politics? Village Community and the Crown in
Fifteenth-Century England, *The American Historical Review*, Vol. 96, No. 1, 1991,
p. 42.

② Goheen. Peasant Politics? Village Community and the Crown in Fifteenth-
Century England, pp. 42-62.

③ Caroline Castiglione. Adversarial Literacy: How Peasant Politics Influenced
Noble Governing of the Roman Countryside during the Early Modern Period, *The
American Historical Review*, Vol. 109, No. 3, 2004, pp. 783-804.

④ Quoted in Brian Cowan. The Rise of the Coffeehouse Reconsidered, *The
Historical Journal*, Vol. 47, No. 1, 2004, pp. 22-23.

世纪后期。① 但 2004 年发表的两篇文章分别对上述观点作了修正。约翰·巴雷尔指出斯图亚特王朝后期的咖啡馆远没有达到哈贝马斯"公共领域"的理想状态，在这里讨论公共事务是政府担心并被禁止的。直到 18 世纪禁区才逐步打开，即使如此，这仍然是一种"受控制的自由"，并且是以咖啡馆已经演变成为精英活动的场所，以及公域和私域概念的调整为前提条件的。确切地说，当时的言论自由仅限于在特定环境之中精英人物以私人谈话方式发表的言论。② 布赖恩·考恩转换视角，不是从国家与市民社会的对立，而是以政府的许可证制度为切入点探讨咖啡馆的兴起。的确，复辟时期的国王和身边的官僚对咖啡馆忧心忡忡，企图遏止咖啡馆政治的发展，但中央的指示要经过负责咖啡馆日常管理的地方官员才能贯彻下去，而后者往往违背国王的意愿，通过颁发许可证使咖啡馆经营合法化。因此，他认为咖啡馆的兴起不单单是现代公共领域对绝对主义国家权威的胜利，也是近代早期"有证特许权"（licensed privilege）对复辟时期国王有关政策目的的挫败。③

与此同时，先于"公共领域"存在的"公共舆论"继续受到史学家们的关注。2005 年克里斯托弗·尤万发表文章探讨了美国的"废奴宣言"对英国公共舆论的影响。从经济方面来说，英国同美国南部诸州的联系更加紧密，但林肯的"废奴宣言"试图向英国表明北方是为废除奴隶制而战，这种道义上的力量改变了英国的公共舆论，并最终使得英国政府在美国内战中采取了表面中立，但实际上支持北方的立场。④

第四是政治文化。"政治文化"是一个宽泛的概念，但它的核

---

① Steve Pincus. Coffee Politicians Does Create: Coffeehouses and Restoration Political Culture, *The Journal of Modern History*, Vol. 67, No. 4, 1995, pp. 807-834.

② John Barrell, Coffee-House Politicians, *Journal of British Studies*, Vol. 43, No. 2, 2004, pp. 206-232.

③ Brian Cowan. The Rise of the Coffeehouse Reconsidered, *The Historical Journal*, Vol. 47, No. 1, 2004, pp. 21-46.

④ Christopher Ewan. The Emancipation Proclamation and British Public Opinion, *The Historian*, Vol. 67, No. 1, 2005, pp. 1-19.

心是仪式、象征物和大众政治心态。近年来研究政治文化的学者注意采用新方法，发掘新史料，使得这方面的研究更加丰富多彩。大卫·M.利布基运用社会史和文本分析的方法解读1725年德国埃姆登一份抗议书上的签名，发现这一时期德国乃至整个欧洲签名环境和意义发生了重大变化。18世纪之前，德国类似的文件是由乡村头面人物代表整个乡村签署的，反映出浓厚的乡村共同体精神，但从1721年开始，德国诸侯和帝国议会开始以征集签名的方式寻求乡村居民的支持。为了调动他们所需要的资源和效忠，他们常常利用乡村中存在的矛盾和分歧。签名的变化不仅将乡村中无权无势的小人物带进了公共领域，同时也使得政治上的个人行动成为可能。① 萨蒂尔·哈扎雷辛分析了法兰西第二帝国的国庆日——8月15日对于重塑该民族集体情感所起的重要作用。8月15日是拿破仑·波拿巴的生日，第二帝国选择这一天作为法国的国庆日既是对波拿巴家族统治的认可，同时也是为了营造一种团结、稳定和超越派系斗争的氛围。8月15日的庆祝活动，如游行、集会、军事展览以及在庆祝活动中使用的象征物，如雕像、国旗、纪念碑等达到了预期的政治效果，特别是对于调动民族主义和爱国主义情绪起了很好的作用。②

　　社会史是作为对传统政治史的"反叛"兴起的，社会史奠基人屈威廉说："从消极的层面讲，社会史可以被定义为排除政治的民族史。"③ 但从屈威廉至今，社会史本身也经历了很大的变化。20世纪60、70年代西方出现了"新社会史"，"新社会史"在某些方面继承了"民族史"的传统，如对普通人日常生活的重视，但他们要系统地引入社会科学的概念和方法，使历史学研究科学化。

① David M. Luebke. Signatures and Political Culture in Eighteenth-Century Germany, *The Journal of Modern History*, Vol. 76, No. 3, 2004, pp. 497-530.

② Sudhir Hazareesingh. "A Common Sentiment of National Glory": Civic Festivities and French Collective Sentiment under the Second Empire, *The Journal of Modern History*, Vol. 76, No. 2, 2004, pp. 280-311.

③ G. M. Trevelyan. *English Social History*, London, New York and Toronto: Longmans, Green and Co., 2nd ed., 1946, p. vii.

随着新社会史的兴起，一些"科学"语言开始出现在历史学著述之中，如研究中心（laboratories），团队（collective teamwork），量化（quantification），数据（data）等。"新社会史"最大的影响是使历史学研究专门化，20世纪60、70年代以来，人口史、家庭史、移民史、城市史、医学史、妇女史、民间宗教和巫术史等相继兴起。专门化使得历史学研究更加深入、更加细致，同时也使得历史学的研究领域扩大。但是，专门化也导致了历史学研究的"零碎化"，在"新社会史"的视野中历史不再是一个相互联系的整体。这种趋势已经引起了赖特森等人的忧虑，他们提出要打破"社会史的围栏"（the enclosure of social history），建立"一种联成一体的历史"（a totalising history）。① 前面提到过的堂区政治就是他们要打破社会史和政治史之间壁垒的一种尝试。

人口史是新社会史研究取得成就最大的领域，1981年"剑桥人口和社会结构史课题组"的E. A. 里格利和R. S. 斯科菲尔德推出了标志性成果——《英国人口史，1541-1871》，该书运用人口学理论，利用计算机技术对英国404个堂区长达300多年保存完整的洗礼、婚礼和葬礼登记进行了统计分析，成功地揭示了这一时期英国人口的发展趋势。他们还试图对统计资料进行理论上的说明，宣称英国有"一种出生率支配的低压力（人口）机制"（a fertility-dominated low-pressure system），人口控制是通过以降低出生率为主要手段的"预防性抑制"实现的，这种特殊的人口机制使英国在前工业时期保持着较高的生活水平，并为后来的英国工业革命准备了条件。② 但是，2003年约翰·哈彻在《过去与现在》杂志上发表文章，对书中的马尔萨斯人口决定论观点提出了批评，他说：

---

① Adrian Wilson. A Critical Portrait of Social History, in Adrian Wilson, *Rethinking Social History*: *English Society* 1570-1920 *and its Interpretation*, Manchester and New York: Manchester University Press, 1993, pp. 9-58; Keith Wrightson. The Enclosure of English Social History, in Wilson, *Rethinking Social History*: *English Society* 1570-1920 *and its Interpretation*, pp. 59-77.

② E. A. Wrigley and R. S. Schofield, *The Population History of England*, 1541-1871, London: Edward Arnold, 1981.

"出生、结婚、死亡和移民模式能左右社会和经济，与此同时，它们自身也被社会和经济所左右"。① 移民史近两年受到的关注较多。贾森·朗利用从 1851～1881 年间英国人口普查中选取的 28000 人的个人资料，分析了这一时期英国国内由乡村向城市的移民，以及由此引起的社会经济流动。他发现城市移民是受到挑选的，他们是乡村劳动力储备中最好的一部分人；移民给他们带来的经济上的好处是巨大的。② 雷蒙德·L. 科恩考察了 19 世纪中后期欧洲移民从乘坐帆船到乘坐汽船到美国的变化过程。尽管乘坐汽船的优越性是显而易见的：航行时间从 5～6 周减少到 2 周以下、舒适安全、费用也低，但通过对纽约海关当局保存下来的靠岸旅客名单的统计分析，他发现汽船取代帆船成为主要的交通工具经历了长达 15 年的时间。科恩认为取代过程缓慢与移民人数不确定以及新的汽船技术尚需改进有关。③ 移民在迁居地的生活也引起了学者们的兴趣。1998 年和 2001 年唐纳·R. 加巴克恰和哈西娅·R. 迪纳分别出书论述了饮食习惯对于保存美籍意大利人种族特性所起的重要作用，加巴克恰说："至少在许多移民心里，放弃移民的食物传统采用美国食品，就是遗弃社区、家庭和宗教。"④ 西莫内·奇诺托根据一位美籍意大利教师收集的 20 世纪上半叶的资料，特别是他和他的学生对东哈勒姆意大利移民的访谈录对这一问题作了进一步探讨。他同意加巴克恰和迪纳的基本观点，但认为他们忽略了第一代移民和他们的子女之间，以及移民不同阶级之间观念的不同。他还探讨

---

① John Hatcher. Understanding the Population History of England, 1450-1750, *Past and Present*, No. 180, 2003, pp. 83-130.

② Jason Long. Rural-Urban Migration and Socioeconomic Mobility in Victorian Britain, *The Journal of Economic History*, Vol. 65, No. 1, 2005, pp. 1-35.

③ Raymond L. Cohn. The Transition from Sail to Steam in Immigration to the United States, *The Journal of Economic History*, Vol. 65, No. 2, 2005, pp. 469-495.

④ Simone Cinotto. Leonard Covello, the Covello Papers, and the History of Eating Habits among Italian Immigrants in New York, *The Journal of American History*, Vol. 91, No. 2, 2004, pp. 498-499.

了环境压力对于美籍意大利人种族认同产生的影响。① 城市史一直是社会史的一个分支，城市的社会经济变化、社会关系、权力结构是研究的重点，② 但近年来这种状况发生了变化。2004 年《大不列颠研究》发表了一组由 5 位学者分别撰写的 6 篇文章，讨论了从 18 世纪中叶至 20 世纪中叶大都市伦敦的变化。与以往的研究不同，他们特别重视这一时期伦敦空间、地理和外观上的变化，他们认为以往的社会—都市史研究只是将这些因素看作是历史的活动舞台是不够的，他们本身也是历史的一部分。因此，他们从文化史的角度对伦敦的城市规划、设计、排污、照明等问题进行了研究。③

妇女—性别史是近年来社会史研究的热点，因此，我们将另辟专节论述。

社会科学对历史学的渗透在经济史研究领域表现得更为突出，早在 20 世纪 50、60 年代"新经济史"已经出现。"新经济史"坚持用经济学的理论和方法解释历史上的经济问题，对传统的社会经济史持排斥态度。随着"新经济史"的兴起，经济史从历史学科中脱离出来，成为经济学的一个分支。"新经济史"在美国的影响最大，但在英国社会经济史的传统仍然保存了下来，1989 年克里

① Cinotto. Leonard Covello, the Covello Papers, and the History of Eating Habits among Italian Immigrants in New York', pp. 497-521.

② Peter Clark and Paul Slack. *English Towns in Transition*, 1500-1700, London: Oxford University, 1976; Richard Holt and Gervase Rosser eds.. *The English Medieval Town*: *A Reader in English Urban History*, 1200-1540, London and New York: Longman, 1990; Ian W. Archer. *The Pursuit of Stability*: *Social Relations in Elizabethan London*, Cambridge, New York and Melbourne: Cambridge University Press, 2002.

③ Frank Mort, and Miles Ogborn. Transforming Metropolitan London, 1750-1960'; Miles Ogborn. Designs on the City: John Gwynn's Plans for Georgian London; Christopher Otter. Cleansing and Clarifying: Technology and Perception in Nineteenth-Century London; Lynda Nead. Animating the Everyday: London on Camera circa 1900; David Gilbert. London of the Future: The Metropolis Reimagined after the Great War; Frank Mort. Fantasies of Metropolitan Life: Planning London in the 1940s. All in *Journal of British Studies*, Vol. 43, No. 1, 2004, pp. 1-151.

斯托弗·戴尔教授出版的《中世纪晚期的生活标准》就是这方面的代表作。① 但即使在英国，经济学的影响也在增长。

20 世纪 90 年代以来，亚当·斯密的经济学理论在经济史研究中大放光芒，农业劳动生产率和中世纪的商业化问题受到前所未有的关注。② 布鲁斯·M. S. 坎贝尔和马克·奥弗顿将"生产率"区分为"土地生产率"（land productivity）和"劳动生产率"（labour productivity），认为后者才是决定农业进步的关键，因此经济史学家应将研究的重点从过去的"土地生产率"转移到"劳动生产率"。③ 在这种新视角之下，他们对从中世纪至 19 世纪的英国农业进行了长时段的考察，他们认为中世纪的农业并不像以往学者认为的那样技术停滞不前，人口增长将打破农业和畜牧业之间脆弱的生态平衡，从而导致粮食产量下降（因为牲畜少意味着粪肥少）；事实上中世纪欧洲的农业技术并不是停滞不前的，人口增长不仅没有导致粮食产量下降，反而推动了粮食产量的上升。就"土地生产率"而言，中世纪英国直领地的标准在后来的 4 个世纪中都没有被超过。中世纪的农业问题不在农业本身，而在整个社会的分工不发达，商业化程度尚需进一步提高。由于农业之外的就业机会少，农村隐性失业人口多，使得农业的"劳动生产率"保持在低水平；城市人口少，对农产品的需求小，也使得农业变革缺乏动力。中世纪的农业状况只是到了 18 世纪中叶以后随着非农业人口的增长，

---

① Christopher Dyer. *Standards of Living in the Later Middle Ages*, Cambridge, New York and Melbourne: Cambridge University Press, 1989.

② Bruce M. S. Campbell and Mark Overton. *Land, Labour and Livestock: Historical Studies in European Agricultural Productivity*, Manchester and New York: Manchester University Press, 1991; Richard H. Britnell and Bruce M. S. Campbell eds.. *A Commercialising Economy: England 1086 to c.1300*, Manchester and New York: Manchester University Press, 1995; Richard H. Britnell. *The Commercialisation of English Society*, 1000-1500, 2nd ed., Manchester and New York: Manchester University Press, 1996.

③ Bruce M. S. Campbell and Mark Overton. Productivity Change in European Agricultural Development, in Campbell and Mark Overton, *Land, Labour and Livestock: Historical Studies in European Agricultural Productivity*, pp. 1-50.

制度变革，技术革新才被真正改变。① 但是约纳·卡拉卡西利在 2004 年《经济史杂志》上发表文章，宣称根据他对英国拉姆西庄园统计资料的分析，中世纪的农业劳动生产率也不像以往学者认为的那样低，事实上"黑死病"之前英国敞地制下农业劳动者的劳动生产率要么超过、达到，或不低于 19 世纪初年圈地农场里工资劳动者的劳动生产率。②

　　农民的经济行为也是近年来受到较多关注的问题。"农民学"家认为我们不应当用"利润最大化原则"去理解农民的经济行为，对于农民来说安全是第一位的。③ "农民学"的经济理论也被应用到解释中世纪欧洲农民的经济行为。唐纳德·N. 麦克洛斯基认为中世纪的条田制，即农民的份地插花式地散布在大田之中并不是因为农民要追求平等，有高尚的情感，实际上这是一种审慎的经济行为：回避风险，更准确地说分担歉收的风险。④ 加里·理查森在 2005 年的《经济史杂志》上发表文章，认为中世纪的农民还有其他分担风险的机制：一是由乡村居民组成的兼有世俗和宗教目的的"共济会"（the fraternity），该组织保护其成员免受日常生活中各种

① Bruce M. S. Campbell and Mark Overton. A New Perspective on Medieval and Early Modern Agriculture: Six Centuries of Norfolk Farming, c. 1250-1850, *Past and Present*, No. 141, 1993, pp. 38-105; Bruce M. S. Campbell. Progressiveness and Backwardness in Thirteenth-and Early Fourteenth-Century English Agriculture, in Jean-Marie Duvosquel and Erik Thoen eds.. *Peasants & Townsmen in Medieval Europe*, Gent: Snoeck-Ducaju, 1995, pp. 541-559.

② Eona Karakacili. English Agrarian Labor Productivity Rates before the Black Death: A Case Study, *The Journal of Economic History*, Vol. 64, No. 1, 2004, pp. 24-60.

③ A. 恰亚诺夫：《农民经济组织》，萧正洪译，于东林校，北京：中央编译出版社 1996 年版；詹姆斯·C. 斯科特：《农民的道义经济学：东南亚的反叛与生存》，程立显，刘建等译，南京：译林出版社 2001 年版。

④ Donald N. McCloskey. English Open Field as Behavior Towards Risk, *Research in Economic History*, 1, 1976, pp. 124-170; and The Prudent Peasant: New Findings on Open Fields, *The Journal of Economic History*, Vol. 51, No. 2, 1991, pp. 343-355.

危险的打击，二是由庄园法庭监督执行的习惯济贫法，使本地资源向遭遇不幸的村民转移。①

　　文化教育史是历史学研究的又一重要领域。特别是在后现代主义与文本分析兴起之后，文化教育史受到更多关注。这一点尤其表现在艺术史、媒体史研究中。在艺术史领域，有关艺术与政治、权力关系的探讨是近些年来的一个突出现象，显示出后现代主义与后解构主义在这一史学领域的重要影响。如马克·贝里就对瓦格纳的音乐剧"概念"展开了讨论，指出了其中所包含的政治蕴意和革命内涵；蒂莫西·S. 布朗则在比较和英德跨国视野下探讨了 20 世纪后期平头派亚文化（skinhead subculture）的发展以及纳粹摇滚乐等问题，揭示出流行音乐在其中所扮演的角色以及政治影响等。② 在媒体史领域，媒体与社会的关系及其在社会中的作用是学者们探讨的重点。他们强调媒体所具有的社会文化意义，同样反映出后现代主义与文化学分析的影响。这种研究倾向尤其集中在 20 世纪出现的新媒体如电影电视、新闻广播等对象上。斯蒂芬·布鲁克通过书评的方式评介了英国 20 世纪 50 年代的电影发展状况，指出电影等媒体所具有的文化内涵。③ 而美国媒体与纽伦堡审判之间的关系则成为布赖恩·K. 费尔特曼的研究课题。作者通过考察指出，媒体的报道不仅使得审判过程得以公开化，从而保证其公正性和合法性，而且它也使得美国民众更深刻地了解到此次审判的意义和价值：它不仅仅只是针对战犯个人命运的审判，同时也更是对人类永久和平的维护，从而最终影响到公众等对于此次国际军事审判

①　Gary Richardson. The Prudent Village: Risk Pooling Institutions in Medieval English Agriculture, *The Journal of Economic History*, Vol. 65, No. 2, 2005, pp. 386-413.

②　Mark Berry. Richard Wagner and the Politics of Music-Drama, *The Historical Journal*, Vol. 47, No. 3, 2004, pp. 663-683. Timothy S. Brown. Subcultures, Pop Music and Politics: Skinheads and "Nazi Rock" in England and Germany, *Journal of Social History*, Vol. 38, No. 1, 2004, pp. 157-178.

③　Stephen Brooke. Screening the Postwar World: British Film in the Fifties, *Journal of British Studies*, Vol. 44, No. 3, 2005, pp. 562-569.

的态度，进而奠定了美国媒体在重大历史事件中的地位，显示出媒体所具有的社会影响及社会意义。① 与此同时，传统媒体如书报及书报阅读等仍是学者们研究的对象。佩蒂格里和马修·霍尔等人共同探讨了宗教改革期间的书籍印刷与传播问题，作者根据法国和欧洲其他地区的资料，重新考察了宗教改革时期书籍印刷、传播的影响，从而在一定程度上修正了过去根据德国经验所得出的结论，即过分强调书籍等印刷品在宗教改革时期的快速增长，以及其与福音传播之间的密切关系。② 而另一位学者伊恩·杰克逊则就 18 世纪英国的阅读史研究展开了讨论。作者首先指出了近年来 18 世纪阅读史研究的一些新动向，如学者们开始注重从书籍交易记录、通信、日记等新材料出发重构这一时期阅读者的阅读生活，而此举也为我们展示出时人阅读行为的多样化和复杂性，因而决定了任何一种理论范式都无法涵盖所有阅读者的经历，所以作者认为，我们需要转求一种更为实际的方式，即通过对某些特定阅读文化（particular reading cultures）的解读，来揭示这一时期的阅读史演进。③ 教育史研究在西方由来已久，但近年来的研究与传统研究有所不同。传统研究集中于教育家、教育思想、教育改革等内容，而现在学者们更多地集中于教育机制，尤其是教育的兼容性与排斥机制。这一研究倾向在第 20 届国际历史科学大会上有着充分的展现。作为 26 个专题之一，"教育：兼容或排斥的机制"吸引了众多学者参与其中。来自葡萄牙等国的 12 名学者从不同的历史时期分析了教育的兼容性与排斥性。他们认为，教育史的解释需要两种逻辑，一是兼容的逻辑，具体指公民身份的取得、民族的建立、社会和文化的整合；二是排斥的逻辑，指学校的不平等，以及性别、种

---

① Brian K. Feltman. Legitimizing Justice: The American Press and the International Military Tribunal, 1945-1946, *The Historian*, Vol. 66, No. 2, 2004, pp. 300-319.

② Andrew Pettegree, and Matthew Hall. The Reformation and the Book: A reconsideration, *The Historical Journal*, Vol. 47, No. 4, 2004, pp. 785-808.

③ Ian Jackson. Approaches to the History of Readers and Reading in Eighteenth-Century Britain, *The Historical Journal*, Vol. 47, No. 4, 2004, pp. 1041-1054.

族、宗教信仰的歧视等。学校作为现当代社会中的一个主要的教育机构，在一个过程中同时拥有以上两种逻辑。学者们对教育史的这种新的阐释思路，将教育与政治、权利、社会等因素进一步结合起来。①

克罗齐曾言："一切真历史都是当代史。"② 这一名言在近两年的西方史学研究中得到了充分体现。第 20 届国际历史科学大会的三大主题中至少有两大主题与现实关系十分密切，即第一大主题"历史上的人类与自然"，以及第三大主题"历史上的战争、和平、社会和国际秩序"。③ 除此之外，由于与现实关系密切，民主与自由、平等与权利也为史家们所经常涉及。在这三个与现实有重大关系的主题中，战争与和平、民主与自由属于传统史学研究中的老话题，只是由于现时代的某些特殊原因而得到重新关注。学者们对民主与自由、权利与平等的探讨，就是在当前政治自由与民主改革氛围的推动下进行的，而战争与和平问题的探讨，则在一定程度上受到世界反法西斯战争胜利 60 周年纪念的影响。鉴于以往战争的惨痛教训与当下时有的战争冲突，战争与和平成为近两年西方史学、特别是现当代史研究的重点之一，我们将在后文专题讨论。除了战争与和平、民主与自由这两个老主题之外，人类与自然环境的关系是西方史学研究中较年轻的主题。近年来，地球环境急剧恶化，以生态环境为主要研究对象，环境史取得了长足进展。

政治史的现实观照相对明显。关于历史上的民主与自由、权利与平等的研究，属于政治史或政治思想史的一部分。由于受到苏东剧变、中东地区政治民主化等现实性因素的影响，民主与自由、平等与权利等问题逐渐成为史学研究的热点之一，这在近年来的研究

---

① 详细内容参见 *CISH 20th International Congress of Historical Sciences Programme*，2005，pp. 230-251。此资料由首都师范大学徐蓝教授提供，在此谨表谢忱。

② 贝奈戴托·克罗齐：《历史学的理论和实际》，傅任敢译，北京：商务印书馆 1997 年版，第 2 页。

③ 这三大主题的另一主题是"神话与历史"。见 *CISH 20th International Congress of Historical Sciences Programme*，2005，pp. 34-107。另可参见《第 20 届国际历史科学大会纪实》，《史学理论研究》2005 年第 4 期，第 16～31 页。

中显得相当突出。其中既有理论层面的分析，也有对实际政策的考察。在民主与自由研究方面，克莱门特·法托维奇探讨了英国政治思想中自由观念的反天主教源头。巴拉克·A. 萨尔蒙尼则就美国的伊拉克政策展开了讨论，指出了民主在不同地区的状况及意义。① 宪政也是学者们关注较多的问题，《美国历史评论》第 110卷第 4 期发表了一组文章探讨 20 世纪 30 年代美国新政与宪政的关系。阿兰·布林克利首先梳理了关于 1937 年美国宪政革命的研究状况，以及有关内部因素派与外部因素派的争论分歧，即 1937 年的 "宪政革命" 是美国宪法或司法自身发展的结果还是外部政治因素压力的结果，并指出了分歧的实质。劳拉·卡尔曼、劳施滕伯格以及 G. 爱德华·怀特等人分别从不同角度具体分析了宪政与新政的关系。② 在权利与平等研究方面，首先关注的是公民权问题。如艾德里安·格里高利在其书评中评介了一战对于英国公民权获得的影响，即英国公民权的获得不再以性别（或阶级）为标准，转而以对国家的贡献与服务为基础。在此，战争、爱国主义与公民权的错综关系成为讨论的焦点，反映出现实性课题之间的交叉与融合。③ 其次是有关黑人民权的新探讨。如迈克尔·B. 卡茨等将性别、职业以及地理、教育等因素纳入黑人的不平等地位研究，系统

---

① Clement Fatovic. The Anti-Catholic Roots of Liberal and Republican Conceptions of Freedom in English Political Thought, *Journal of the History of Ideas*, Vol. 66, No. 1, 2005, pp. 37-58. Barak A. Salmoni. America's Iraq Strategy: Democratic Chimeras, Regional Realities, *Current History*, Vol. 103, No. 669, 2004, pp. 17-20.

② Alan Brinkley. The Debate over the Constitutional Revolution of 1937; Laura Kalman. The Constitution, the Supreme Court, and the New Deal; William E. Leuchtenburg. Comment on Laura Kalman's Article; G. Edward White. Constitutional Change and the New Deal: The Internalist/Externalist Debate. All in *The American Historical Review*, Vol. 110, No. 4, 2005, pp. 1046-1115.

③ Adrian Gregory. Gender, Citizenship, and Entitlement, *Journal of British Studies*, Vol. 43, No. 3, 2004, pp. 410-415.

论述了新形势下美国黑人的不平等问题及其相关研究的新变化。①
除此之外，反犹主义涉及民权问题，同样引人注目。它已逐渐超越
了以往的战争情境讨论模式，注重在长时段与整个社会背景下进行
考察。如马尔库·罗特西拉、蒂尔·范·拉登等人就分别对英国
20世纪20年代右翼激进分子的反犹主义宣传，以及1800～1933年
间德国犹太人在公民社会中的地位与状况等问题展开探讨和评价，
向读者展示出反犹主义和犹太人历史的发展及影响，使得这一领域
的研究逐步深化。②

　　环境史兴起于20世纪60、70年代。相较于别的历史学领域，
环境史是一门新兴的历史学分支学科。环境史的兴起源于人们的现
实感受与思考，与60、70年代欧美的环保运动有关。西方发达国
家开始逐步放弃那种人与环境的对立模式，转而寻求一种共存与发
展的平等关系。但是，随着工业化在发展中国家的普遍展开，地球
生态环境在总体上更见恶化，学术界对环境问题的关切有增无减。
因此，"历史上的人类与自然"就成为第20届国际历史科学大会
的三大主题之一。③ 环境史主要研究历史上人与自然环境的关系，
以及以自然环境为中介或背景的各种社会关系。跨学科研究是环境
史研究的显著特色。由于研究对象非常复杂，环境史的兴起，为从

　　①　Michael B. Katz, Mark J. Stern, and Jamie J. Fader. The New African
American Inequality, *The Journal of American History*, Vol. 92, No. 1, 2005, pp.
75-108.

　　②　Markku Ruotsila. The Antisemitism of the Eighth Duke of Northumberland's
the patriot, 1922-1930, *Journal of Contemporary History*, Vol. 39, No. 1, 2004, pp.
71-92. Till Van Rabden. Jews and the Ambivalences of Civil Society in Germany, 1800-
1933: Assessment and Reassessment, *The Journal of Modern History*, Vol. 77, No.
4, 2005, pp. 1024-1047.

　　③　*CISH 20ᵗʰ International Congress of Historical Sciences Programme*, 2005,
pp. 34-75。关于大会讨论的详细内容以及下文探讨的环境史研究的新发展，还可
参见《第20届国际历史科学大会纪实》（《史学理论研究》2005年第4期，第
17～19页）中的相关内容。

事跨学科研究提供了重要契机，为人文社会科学之间的融合建立了渠道，也为人文社会科学与自然科学之间的合作提供了平台。如与文化史和后现代主义相结合，理查德·怀特讨论了环境史研究中的文化学转向问题，从而使环境史的研究范畴有所扩大。① 与外交史和国际关系学相关联，库尔克·多尔西指出了环境问题在外交政策中的权力色彩。② 与人类身体史与疾病史相联系，理查德·H. 斯特克尔论及了影响人类健康的环境性因素。③ 与环境科学和旅游学相结合，托马斯·G. 安德鲁斯为我们揭示出人类的艰辛劳作在美国科罗拉多旅游开发以及景观构建中所应有的地位。④ 利用植物学的资料，埃里克·米格勒谈及了英国植物探险家弗兰西斯·金登—沃德在中国西南边界包括西藏的植物探察经历及其历史贡献等。⑤ 利用了考古学的知识，克拉里·M. 米尔斯等学者重构了新石器时代的土地利用与环境恶化的图景。⑥

随着全球化时代的到来，全球化逐渐成为西方史学工作者近几

---

① Richard White. From Wilderness to Hybrid Landscapes: The Cultural Turn in Environmental History, *The Historian*, Vol. 66, No. 3, 2004, pp. 557-564.

② Kurk Dorsey. Dealing with the Dinosaur (and Its Swamp): Putting the Environment in Diplomatic History, *Diplomatic History*, Vol. 29, No. 4, 2005, pp. 573-587.

③ Richard H. Steckel. Health and Nutrition in Pre-Columbian America: The Skeletal Evidence, *The Journal of Interdisciplinary History*, Vol. 36, No. 1, 2005, pp. 1-32.

④ Thomas G. Andrews. "Made by Toile"? Tourism, Labor, and the Construction of the Colorado Landscape, 1858-1917, *The Journal of American History*, Vol. 92, No. 3, 2005, pp. 837-863.

⑤ Erik Mueggler. "The Lapponicum Sea": Matter, Sense, and Affect in the Botanical Exploration of Southwest China and Tibet, *Comparative Studies in Society and History*, Vol. 47, No. 3, 2005, pp. 442-479.

⑥ Coralie M. Mills, et al. Neolithic Land-use and Environmental Degradation: A Study from the Western Isles of Scotland, *Antiquity*, Vol. 78, No. 302, 2004, pp. 886-895.

年从事历史研究的一个新视角。全球化观念对西方历史学的渗透是多方面的，既有理论上的探讨，也有研究中的实际运用。如《思想史杂志》第 66 卷第 2 期有三篇系列文章对全球化与思想史的关系进行了理论上的分析。① 这些文章认为，思想史是一个跨学科的研究领域，最开始是哲学史的分支，后来也成为历史学家的研究对象。历史学家要特别注意思想史研究的时代背景，尤其是当下的全球化时代。另外，全球化背景下的历史编纂也为西方史学界所重视。现任国际历史科学委员会主席于尔根·科卡在第 20 届国际历史科学大会上指出，历史写作已经发展成一种推进大同的力量，虽然写一部全球化的世界史这一目标难以实现，但这种目标却会深化历史研究。② 除了这些理论上的探讨外，从全球化的角度对历史进行具体的研究也较为普遍，赋予了历史新的意义。研究较为集中的是探讨全球化背景下的经济，如《过去与现在》杂志第 182 期中马克辛·博格的《奢华的追求：全球史与 18 世纪英国消费品》③。"经济全球化"也是第 20 届国际历史科学大会中的 26 个专题之一，来自以色列、美国、比利时、德国、法国、意大利、葡萄牙和日本的 12 位学者探讨了从中世纪到当代，经济全球化的趋势究竟有何

---

① 这三篇系列文章是：Donald R. Kelley. Intellectual History in a Global Age；J. B. Schneewind. Globalization and the History of Philosophy；Allan Megill. Globalization and the History of Ideas. All in *Journal of the History of Ideas*, Vol. 66, No. 2, 2005, pp. 155-187.

② 《第 20 届国际历史科学大会纪实》，《史学理论研究》2005 年第 4 期，第 16 页。

③ Maxine Berg. In Pursuit of Luxury: Global History and British Consumer Goods in the Eighteenth Century, *Past & Present*, No. 182, 2004, pp. 85-142.

进展，在哪些经济部门经济全球化的趋势较为明显等问题。①

以上我们对西方史学界的学术研究动态进行了一个整体介绍，下面我们将转入其中的几个重点领域进行较为深入的考察。

二、妇女—性别史研究

妇女—性别史（women & gender's history）兴起于在 20 世纪 70 年代，它的兴起既是受社会史的影响，又是受到当代女权运动的推动，如今已成为一个跨学科的并具有自身研究方法和内容的独立研究领域。妇女—性别史是从妇女史发展起来的，随着研究的不断深入，妇女史渐渐扩展为妇女—性别史，其研究对象不再仅仅局限于传统的"妇女"，"性别"、"男性"等也逐步被纳入到这一范畴。

虽然妇女—性别史已走过了 30 年历程，但在近两年的探讨中仍呈现出方兴未艾之势。在我们查阅过的杂志期刊中，妇女—性别史研究占据着相当大的比重，在博士论文（全文）检索中涉及妇女—性别史的也约有 7%。与此同时，专业性期刊杂志，如《妇女史杂志》（*Journal of Women's History*）、《妇女史评论》（*Women's*

---

① 学者讨论的题目分别为：Diego Holstein. The Multiple Origins of Globalization: Examining Conceptual Issues; Jan de Vries. The Move towards Economic Globalization: the Euro-Asian Trade, 1495-1795; Herman Van der Wee. Globalization, Core and Periphery in the World Economy of the Late Middle Ages and Early Modern Times; Sven Beckert. Understanding Economic Globalization through the History of Commodities; Markus A. Denzel. The International Cashless Payments System as an Integrative Contribution in the Early Stages of Globalization (up to 1914); Larry Neal. From Tulips to Today. Globalization and the Rise of Financial Markets; Alain Beltran. One Century of International Legislation on Patents. Adapting Industrial Property to Globalization; Giovanni Gozzini. The Global System of International Migrations, 1900-2000; Pedro Lains. Economic Convergence and Structural Change in Europe, 1920-2000; Shigeru Akita. The British Empire and International Order of Asia, 1930's-1950's. 详细内容参见 *CISH 20th International Congress of Historical Sciences Programme*, 2005, pp. 148-149。

History Review)、《性别与历史》（Gender & History）等也在西方史学界影响渐甚。根据我们的梳理，发现 2005 年或稍前西方史学界的妇女—性别史研究主要集中在以下几个方面。

（一）妇女与政治

妇女与政治的关系是学者们以往讨论较多的话题。纵观 2005 年前后的研究主要集中妇女—性别与公民权、以及与政治关系较为密切的妇女运动及组织等领域。① 虽然其中某些论题早已为学者所探讨，但在近年研究中却透出几分新意。

受现实社会和政治的影响，妇女、性别在政治领域中的地位一直是近年来妇女—性别史讨论中的一个重点。而公民权，特别是包括选举权在内的参政权问题则是其中的焦点，并且在近年的研究中，学者们还注重将性别、公民权等问题与种族、帝国、阶级以及地方政治等联系起来进行综合考察，以期突破以往研究的单一性，从而更真实地反映出妇女、性别与公民权的全貌。例如在第 20 届国际历史科学大会上，就有专门针对性别与公民权的探讨。学者们围绕着公民权（包括政治、经济、文化等各层面）与公民社会的关系，以及其中某些特殊政治策略上所含有的性别化暗示对各国特定历史时期的公民权问题展开了热烈讨论。其中，艾琳·鲍里斯等人分别从种族维度考察了美国和澳大利亚的性别化公民权问题。巴巴拉·温斯坦探讨了 20 世纪 30 年代巴西地方政治对于妇女公民权

---

① 除此之外，还有学者就妇女的政治影响，性别与极权主义、民族主义等问题展开了讨论。Philip Hicks. The Roman Matron in Britain: Female Political Influence and Republican Response, ca, 1750-1800, *The Journal of Modern History*, Vol. 77, No. 1, 2005, pp. 35-69. Mara Irene Lazda. Gender and Totalitarianism: Soviet and Nazi Occupations of Latvia, 1940-1945 (Indiana University Ph. D. thesis, 2005). Eira Hannelle Juntti. Gender and Nationalism in Finland in the Early Nineteenth Century (State University of New York at Binghamton Ph. D. thesis, 2005). Christina De Bellaigue. A History of European Women's Work: 1700 to the Present/France and Women, 1789-1914: Gender, Society and Politics/The Rise of Professional Women in France: Gender and Public Administration since 1830 (Book), *The Historical Journal*, Vol. 47, No. 1, 2004, pp. 179-185.

的推动作用。玛利娜里尼·辛哈则在 19 世纪末 20 世纪初英国的阶级和男性气质背景下，讨论了英国殖民地——印度等地的性别化公民权问题。① 除上述讨论外，在 2005 年《妇女史评论》第 14 卷中也曾有过关于妇女参政权的专题探讨，学者们围绕着以潘克赫斯特家族为代表的女权主义者对妇女参政权史进行了回顾和考察。② 其中《公共历史与公众记忆：关于纪念英国激进派选举权运动的问题》一文值得一提。作为激进派成员的妇女们是怎样延续和传承她们运动的历史和精神的？作者通过对相关历史资料的考察指出，英国激进派女权运动者有着强烈的历史传承意识和历史角色感。通过收集运动"遗物"和纪念活动，她们往往成为自身选举权运动的第一批历史"记载者"——一种具有"公共历史学家"性质的角色。因而本文突破了传统妇女参政权的探讨模式，即放弃了对妇女选举权运动的一般事实性讨论，如描述或分析其起源、经过以及结果等，转而对其中成员所具有的某种观念和意识进行考察，从而显示出近年来研究角度的多样化。③

与政治关系较为密切的社会运动或组织是这一领域的又一重要主题。虽然关于妇女运动和妇女组织的探讨是妇女—性别史的传统论题，但在近年的研究中也已产生了一些变化。在这方面，弗兰克·M. 斯诺登的《蚊子、奎宁与意大利妇女的社会主义运动，1900－1914》一文具有一定的代表性。作者在文中论及了意大利疟

---

① *CISH 20th International Congress of Historical Sciences Programme*, 2005, pp. 258-259.

② June Purvis, Maureen Wright. Writing Suffragette History: The Contending Autobiographical Narratives of the Pankhursts; Linda Martz. An AIDS-Era Reassessment of Christabel Pankhurst's *The Great Scourge and How to End It*; Krista Cowman. A Footnote in History? Mary Gawthorpe, Sylvia Pankhurst, *The Suffragette Movement* and the Writing of Suffragette History. All in *Women's History Review*, Vol. 14, No. 3/4, 2005, pp. 405-433. pp. 435-446. pp. 447-466.

③ Hilda Kean. Public History and Popular Memory: Issues in the Commemoration of the British Militant Suffrage Campaign, *Women's History Review*, Vol. 14, No. 3/4, 2005. pp. 581-602.

疾及其防治运动背景下的妇女公共意识问题，显示出近年来妇女运动讨论背景和内容的多样性和复杂化。虽然作为一种疾病的疟疾给意大利带来了死亡与经济损失，但对于这种疾病的防治行动却为意大利劳工运动和妇女公共意识的兴起提供了契机。以这种疾病防治的角度切入对妇女运动的考察，这既不同于单纯的疾病史探讨，也有别于一般意义上的妇女运动史讨论，因而在视角上和方法上都颇具新意。通过对这一过程的详细考察作者指出，这种意识的兴起不仅对于当时意大利女性主义、社会主义运动的兴起具有一定影响，而且这种转变中的妇女角色和影响对这一时期意大利民主的扩展和大众的政治参与等也都具有关键性意义。正如作者自己所评价的："如果忽视了这一过程中妇女所扮演的角色，那么也就未能在真正意义上理解这一时期。"① 除此之外，在关于以往妇女运动及组织的讨论中，结论也已有所变化。例如在以往对意大利妇女组织 CIF（Catholic Centro Italiano Femminile）和 UDI（the left-affiliated Unione Donne Italiane）的考察中，人们一般认为其仅属于一种试图从体制内部寻求变化的传统妇女释放运动（Emancipation），而非一种类似于 20 世纪 60、70 年代对现状（status quo）——这一男性占统治地位的社会制度——进行彻底颠覆的女性主义解放运动（Liberation）。但在《释放抑或解放？妇女组织与意大利运动》一文中，作者温蒂·波基曼不赞同这种看法。在通过详尽考察后作者认为，CIF 和 UDI 并不能简单地被认为是传统妇女释放运动，实际上，它们在二战后的意大利妇女运动中发挥着重要作用。作为战后意大利妇女自治组织的典范，其一直是持续性妇女运动的中心力量，它们不仅为稍后兴起的女性主义解放运动奠定了基础，同时其自身也在随着时代变动而有所变化，从而在一定程度上修正了以往学者的观点。②

---

① Frank M. Snowden. Mosquitoes, Quinine and the Socialism of Italian Women, 1900-1914, *Past & Present*, No. 178, 2003, pp. 176-209.

② Wendy Pojmann. Emancipation or Liberation?: Women's Associations and the Italian Movement, *The Historian*, Vol. 67, No. 1, 2005, pp. 73-96.

（二）妇女的经济生活

妇女和性别在经济生活中的意义是学者们探讨的又一热门话题。其中，妇女自主的经济行为是近年来讨论较多的，反映出学者们对于经济生活中妇女主体地位的强调。例如《19 世纪密歇根作为土地信贷源的妇女借贷主》一文讨论了 19 世纪美国密歇根妇女在土地借贷中的自主性活动。通过考察作者指出，妇女在当时的农村货币出借主中占据了一定比重，她们在借款方式上与男性出借人并无太大区别，而通过这种借贷行为，作为利益投资人的妇女们也参与到了当时的金融与经济活动之中，显示出其在经济上的一定自主地位。① 而在另一篇文章中，玛丽·库姆斯透过对英国 1870 年颁布的《已婚妇女财产法》的考察讨论了当时英国妻子的财产投资问题。在作者看来，正是由于 1870 年法律给予了已婚妇女拥有和控制自身财产的权利，从而使得她们将财富形式更多地从不动产转变为其他形式的个人私产，进而改变了其财产的投资组合方式，最终影响到这一时期已婚妇女的经济投资决策，而此举也强化了英国已婚妇女的经济独立地位。②

但是在这一领域中讨论最多的仍是妇女工作与报酬问题。以往的探讨多集中于工业领域的妇女，但近年来的研究已逐步突破了这一范围，并且与政治等问题相联系，超出了单纯妇女工作问题的考察。如《英国农业女性日工的雇佣与工资：1740－1850》一文讨论了英国 18、19 世纪的农业女工问题，而且集中于作为"日工"的女工雇佣和工资问题。作者通过考察指出，女工的工资并不固定，而且在地区上也由于茅舍工业与纺织工业对于女工的需求竞争而有所不同，相比而言，西北部工业区农业女工的工资相对较高；在相对雇佣率上，不同地区之间也呈现出差异，北部最高，西南较

---

① Charles F. Heller Jr., and John T. Houdek. Women Lenders as Sources of Land Credit in Nineteenth-Century Michigan, *The Journal of Interdisciplinary History*, Vol. 35, No. 1, 2004, pp. 37-67.

② Mary Beth Combs. "A Measure of Legal Independence": The 1870 Married Women's Property Act and the Portfolio Allocations of British Wives, *The Journal of Economic History*, Vol. 65, No. 4, 2005, pp. 1028-1057.

低，东南最低，但总体而言，此期间的相对雇用率呈现出减少之势，而这种需求降低现象的原因除了工业竞争外，也与农业技艺的改进以及济贫法等制度因素有关。① 而在另一篇文章中，艾米·E. 兰德尔则侧重考察了 20 世纪 30 年代前苏联在贸易与零售领域的劳工女性化趋势。通过考察作者认为，除了对促进贸易、补充劳动力短缺等实际因素的考虑外，导致劳工女性化更重要的原因是其所具有隐含意味，即它已成为前苏联领导人意图创造出非资本主义贸易零售体系的"试金台"，他们试图通过零售劳工的女性化进而赋予社会主义零售贸易体系一种新的女性特质，因此在某种程度上而言，零售劳工的女性化已经成为建设伟大前苏联的组成部分。② 当然，关于工业妇女的讨论也仍在进行之中，但却呈现出一些新趋向，如重视地区差异等。在这方面，《工业化时期加泰罗尼亚地区的妇女工作与家庭经济策略》一文较有代表性。在此文中，作者克里斯蒂娜·波德里阿斯集中讨论了西班牙加泰罗尼亚地区妇女工作与家庭经济策略之间的关系。文章以整个欧洲为背景，对以巴塞罗代表的加泰罗尼亚城镇进行了相关研究，并在此基础上提出，在巴塞罗那拥有祖辈、后代以及其他女性亲属的家族式家庭中，妇女的工作几率和活动似乎要比简单家庭中的妇女要频繁；并且与其他城镇不同的是，巴塞罗那的妇女工作活动与丈夫的职业、子女的数量以及丈夫和自身的年龄并无太大关系，相比而言，在劳动力市场上所获得的机会才是更相关的因素，而作为加泰罗尼亚首府的巴塞罗那也为这些女工提供了多样的机会；另外作为家庭的经济来源之一，已婚妇女也往往不得不外出务工。与此同时，作者最后也指出，由于材料上的限制，还需要对其他不同地区作更深入的研究，以免低估影响家庭妇女外出工作的其他社会和文化因素，从而显示

① Joyce Burnette. The Wages and Employment of Female Day-Labourers in English Agriculture, 1740-1850, The *Economic History Review*, Vol. 57, No. 4, 2004, pp. 664-690.

② Amy E. Randall. Legitimizing Soviet Trade: Gender and the Feminization of the Retail Workforce in the Soviet 1930s, *Journal of Social History*, Vol. 37, No. 4, 2004, pp. 965-990.

出各地之间的差异。① 除此之外，女工的消费与休闲等也引起了学者的关注，② 反映出这一领域研究范围的不断拓宽。

（三）妇女的社会生活

社会史是妇女—性别史的"渊源"之一，因此这里历来都是学者们进行研究与探讨的集中之地。社会史的研究范围较广，但妇女与性别在其中的影响力却几乎无处不在，纵观近年来的研究，主要集中于以下一些方面。

宗教和法律是与妇女—性别史联系较多的两个领域。宗教方面，简·肖的长篇书评《妇女、性别与教会史》值得关注。虽然只是一篇书评，但其内容却十分丰富。在这篇书评中，作者对近些年出版的九本关于妇女、性别与教会史的专著进行了综合评述，回顾了妇女与性别在教会史中的兴起与壮大。其中最具意义的是简·肖在篇末所作的总结性发言，作者透过对一本综合性研究著作的介绍，指出了妇女性别分析在教会史领域的发展趋势，即研究上的综合化和理性化：我们需要将女性和男性的宗教思想或活动一起放入到教会史进行综合考察，系统讨论"性别"等相关问题，而不能孤立或者割裂地看待它们与宗教或教会的关系；我们也需要在史料分析上更为冷静和理性化，以期随着妇女、性别和宗教研究地不断发展而在将来多文化与多信仰视角下重构教会史本身。③ 除此之外，与宗教关系较为密切的民间信仰问题也为学者所关注，如卡伦·琼斯和迈克尔·泽尔对大型猎巫运动前的女性妖巫进行了探讨，作者通过考察认为，这种女性妖巫形象实际上早在中世纪晚期

---

① Cristina Borderías. Women's Work and Household Economic Strategies in Industrializing Catalonia, *Social History*, Vol. 29, No. 3, 2004, pp. 373-383.

② Selina Todd. Young Women, Work, and Leisure in Interwar England, *The Historical Journal*, Vol. 48, No. 3, 2005, pp. 789-809.

③ Jane Shaw. Women, Gender and Ecclesiastical History, *The Journal of Ecclesiastical History*, Vol. 55, No. 1, 2004, pp. 102-117.

就已定型，从而对近代早期妖巫形象的女性化具有一定影响。① 法律方面，《女性性行为的法律化：19世纪切罗基族的婚姻法》一文较有特点。在民族多元化的时代，少数族裔如何保持自身种族的认同感与延续性？作者在本文中为我们做出了解答。此文主要是对美国19世纪切罗基族的婚姻法进行了讨论，通过考察作者指出，此类法令的制定和通过包含了切罗基人的一种意图——他们试图通过控制切罗基妇女的性和婚姻进而保持其自身种族的认同感和纯洁性。作者因而将法律与妇女—性别的关系放入到种族、文化等背景下进行了综合探讨，所以本文无论是在观察对象的选取上，或还是在讨论视角上都颇具新意。②

除宗教、法律外，对于以特定阶层或群体的妇女作为研究对象的探讨也是近年来妇女—性别史研究经常所涉及的，在讨论范式上也基本继承了社会史中的阶层群体分析法。总体而言，近年来这一领域的突出特征是研究对象的宽泛化，既有上层精英、也有社会中下层的妇女，在国家、种族、年龄、社会地位等方面具有多元性。更重要的是，其中的讨论也已逐步突破了单一的性别模式，转而将性别与上述的国家、种族、阶级、身份等概念相结合进行综合考察，突出差异性。如《支配的女人：低地城市的女性殖民奴隶主》一文探讨了北美殖民地时期佐治亚等地城市上层女性奴隶主形象——这一以往研究较少关注的群体。在一个父权制占主导地位的社会，作为寡妇和男性遗产继承人的女性奴隶主的地位和生活如何？她们与奴隶的关系怎样？作者通过相关材料的考察以及与当时男性奴隶主的对比指出，实际上，这群女奴隶主在当时的社会生活中具有重要的作用和影响：她们接替丈夫管理家产，打理生意，养育子女，从而使家族得以延续；虽然在处理与奴隶的关系上与男性

---

① Karen Jones, and Michael Zell. The Divels Speciall Instruments: Women and Witchcraft before the "Great Witch-Hunt", *Social History*, Vol. 30, No. 1, 2005, pp. 45-63.

② Fay Yarbrough. Legislating Women's Sexuality: Cherokee Marriage Laws in the Nineteenth Century, *Journal of Social History*, Vol. 38, No. 2, 2004, pp. 385-406.

奴隶主并不完全相同，但是她们还是较好地扮演了自身的角色，从而得以在这个"奴隶社会"中生存发展，更重要的是，通过接替丈夫管理、买卖以及出租奴隶，她们也使得殖民地的奴隶制得以持续。实际上，此文是将性别、种族、阶级、身份等几组概念放在一起进行综合讨论的，正如作者自己所言：通过对女奴隶主生活经历和地位的考察，也为有关殖民地时期种族、阶级、性别等观念是如何相互作用和关联，进而塑造出当时家庭的特征和外观的争论提供了有益的帮助。①此外，马乔里·K. 麦金托什与朱莉安娜·巴尔也分别就中世纪和近代早期具有一定经济和法律独立地位的特殊已婚妇女（Femme Sole）与北美殖民地的印第安妇女进行了讨论。② 乔尔·T. 罗森塔尔则在其书评中对中世纪晚期作为书籍阅读者、拥有者、传播者以及智力、精神消费者的妇女等进行了综合评述，使得这一领域的研究对象不断拓展和更新。③

而随着现代社会与史学地不断发展，妇女—性别史也逐步深入到以往关注较少的社会史领域，比如性、健康和生育等，在一定程度上显示出妇女—性别史的新近走向。如杰西·F. 巴坦论及了维多利亚时代美国的性文化问题，通过对"自由情人（Free lovers）"组织宣传活动的考察，揭示出其出版文化（print culture）在美国妇女性观念塑造上的影响。在作者看来，"自由情人"通过其所刊发在《社会革命者》等报纸上的文章和书信影响到了当时妇女的性倾向，他们公开鼓励妇女在性问题上的自主意识，帮助她们克服由此而产生的性羞耻感，从而为美国 19 世纪晚期的性反叛活动播

① Inge Dornan. Masterful Women: Colonial Women Slaveholders in the Urban Low Country, *Journal of American Studies*, Vol. 39, No. 3, 2005, pp. 383-402.

② Marjorie K. McIntosh. The Benefits and Drawbacks of *Femme Sole* Status in England, 1300-1630, *Journal of British Studies*, Vol. 44, No. 3, 2005, pp. 410-438. Juliana Barr. From Captives to Slaves: Commodifying Indian Women in the Borderlands, *The Journal of American History*, Vol. 92, No. 1, 2005, pp. 19-46.

③ Joel T. Rosenthal. Time to Share the Narrative: Late Medieval Women in Recent and Diverse Scholarship, *Journal of British Studies*, Vol. 43, No. 4, 2004, pp. 506-513.

下了种子。① 金·丘帕－康内尔则通过对美国 20 世纪上半期《优秀家政》（Good Housingkeeping）杂志中有关妇女健康广告与文章的研究，指出其在传播妇女健康知识方面的负面作用，揭示了大众传媒在传播妇女健康信息方面的重要性，以及妇女本身在对待这些信息上所需要持有的谨慎态度。②

（四）历史上的妇女形象

妇女与性别观念不仅体现在政治史、经济史与社会史研究之中，它同样也表现于思想观念史与文学艺术史的探讨之中，并且在近年来明显受到后现代主义与文化学转向地深刻影响，逐渐成为现在乃至以后妇女—性别史研究中的又一重要主题。其中，对于妇女性别"观念"或"形象"的社会考察是学者们关注较多的。

妇女性别"观念"或"形象"的社会考察是妇女—性别研究渗入到思想观念史的结果，它形成了对于妇女性别观念时代变迁或社会构建的探讨，着重突出了妇女性别观念或形象所具有的社会文化意义。在这方面，《超级妇女：英国爱德华七世时期的性别理论和天才人物》、《历史原型和当代特征：西班牙长枪党的妇女组织及其对"女性"一词的重新界定》等文具有一定代表性。《超级妇女》一文主要是对爱德华七世时期英国女权主义中的"超级妇女"观念进行了探讨，作者将其放到当时贵族政治思想背景下，通过对其中"天才人物"、"超人"等观念的考察，揭示出当时女权主义理论中所特有的理想女性主义者形象——一群具有敏锐辨别力且罕有的社会精英分子。而这正是当时女性主义理论经历了内省式转变的体现：她们往往更为注重妇女个人的性情、意志以及人格，并以此作为妇女解放的关键性标志之一。虽然只有少数女性主义者明确提及"超级妇女"这一表述，但"超级妇女"的潜在观念却流传

① Jesse F. Battan. "You Cannot Fix the Scarlet Letter on my Breast!": Women Reading, Writing, and Reshaping the Sexual Culture of Victorian America, *Journal of Social History*, Vol. 37, No. 3, 2004, pp. 601-624.

② Kim Chuppa-Cornell. Filling a Vacuum: Women's Health Information in *Good Housekeeping*'s Articles and Advertisements, 1920-1965, *The Historian*, Vol. 67, No. 3, 2005, pp. 454-473.

甚广。至于当时的女性主义理论为何会出现这种转变，"超级妇女"为何会被女权主义者们所向往，作者通过考察认为，这实际上是受尼采哲学和自我主义的影响，而这种转变则意味着当时的女性主义运动已经超出了单纯意义上争取政治权利的运动，从而具有了一种社会重建的广泛意向，她们寄希望于超凡个体的力量，进而推动整个社会的改革。①

《历史原型和当代特征》一文则讨论了西班牙佛朗哥时代的法西斯政党——长枪党的妇女组织（The Sección Femenina of the Spanish Falange）对其自身"女性观念"的重新定义问题。西班牙长枪党始建于 1933 年，其妇女部成立于第二年，并一直延续到 20 世纪 70 年代，存在长达 43 年，成员数量一度高达 68 万人。对于这样一个规模庞大、活动广泛以及存在长久的妇女组织，以往人们对其的关注并不多，因为在一般学者看来，作为西班牙长枪党的一个附属部门，这一妇女组织往往缺乏其自身的独立地位和权威，因此没有研究的必要。但是《历史原型和当代特征》的作者英巴·奥弗不赞同这种观点。作者通过考察指出，这一妇女组织是有其自身相对独立性的，正是利用这样一种相对独立性她们塑造出了自身关于女性的独特观念：一种部分植入了所谓男性特质，如英雄主义、强力以及才智的女性观念。她们利用这一特殊的女性观念话语帮助其成员建立统一的组织认同感及其自我印象，从而在佛朗哥统治下的"新西班牙"的公众舞台上拥有一席之地。② 此外，布赖恩·波特也就现代波兰对于圣母玛利亚的形象构筑进行过一定讨论，显示出这一领域研究的不断深入。③

另外需要略加提及的是，文学艺术以及其他作品中的妇女形象

---

① Lucy Delap. The Superwoman: Theories of Gender and Genius in Edwardian Britain, *The Historical Journal*, Vol. 47, No. 1, 2004, pp. 101-126.

② Inbal Ofer. Historical Models-Contemporary Identities: The Sección Femenina of the Spanish Falange and its Redefinition of the Term "Femininity", *Journal of Contemporary History*, Vol. 40, No. 4, 2005, pp. 663-674.

③ Brian Porter. *Hetmanka* and Mother: Representing the Virgin Mary in Modern Poland', *Contemporary European History*, Vol. 14, Part 2, 2005, pp. 151-170.

有时也为学者所涉及。例如玛格丽特·L. 金与弗吉尼亚·考克斯就分别在一定程度上探讨了文艺复兴时期彼得拉克"自我写实化"的作品风格对于意大利女性人文主义者及其作品的积极影响，以及其中所蕴含的妇女形象和地位。① A. D. 卡曾斯则通过对托马斯·莫尔、伊拉斯谟以及维维斯作品的分析重构了文艺复兴时代人文主义者对于妇女教育的理想神话。② 此外，西属美洲记叙作品中的性别化主题和形象也都进入了史学家们的视野。③

除上述领域之外，近年来妇女—性别史研究中的另一个突出现象是妇女—性别史本身向某些热门史学领域的渗透，例如妇女和性别在战争与军事（包括法西斯时期）、帝国、殖民以及环境史中的应用与研究等，这也成为近年来妇女—性别史探讨中的又一重要趋势。

妇女、性别与战争是近两年学者们经常涉及的主题。在刚刚结束的第 20 届国际历史科学大会上关于战争议题的讨论中，性别与战争便是讨论最为激烈的子议题之一，足见国际史学界对这一问题的重视。在提交的论文中，学者们对于妇女在各种战争中的角色进行了积极探讨，妇女是否仅仅是战争受害人与牺牲者、妇女的参战

---

① Margaret L. King. Petrarch, the Self-Conscious Self, and the First Women Humanists'; Virginia Cox, 'Sixteenth-Century Women Petrarchists and the Legacy of Laura, All in *The Journal of Medieval and Early Modern Studies*, Vol. 35, No. 3, 2005, pp. 537-558. pp. 583-606.

② A. D. Cousins. Humanism, Female Education, and Myth: Erasmus, Vives, and More's *To Candidus*, *Journal of the History of Ideas*, Vol. 65, No. 2, 2004, pp. 213-230.

③ Patricia Lapolla Swier. Contesting Hegemony through Gender Troping: A Reexamination of Gendered Subjects in Late Nineteenth and Early Twentieth-Century Spanish American Narrative (The University of North Carolina at Chapel Hill Ph. D. thesis, 2005). Celeste-Marie Bernier and Judie Newman. *The Bondswoman's Narrative*: Text, Paratext, Intertext and Hypertext; Gill Ballinger, Tim Lustig and Dale Townshend. Missing Intertexts: Hannah Crafts's *The Bondwoman's Narrative* and African American Literary History, All in *Journal of American Studies*, Vol. 39, No. 2, 2005, pp. 147-165, pp. 207-237.

态度、战争对战后妇女地位的影响等均引起了学者们的广泛兴趣。如泰米·普洛科特就考察了一战时作为辅助人员、抵抗者以及间谍的欧洲妇女形象，从而修正了以往研究将妇女仅仅作为战争受害人的刻板印象。正如作者所展示的，一战中的比利时妇女抵抗者已把自己看成了一名真正的"战士"，她们利用自己的才干去努力地毁灭敌人。同样，罗杰·马克威克在其论文《妇女、战争与集权主义：苏联和纳粹经历的对比》中也表明，妇女在战争中并不仅仅只是战争受害人或被动接受者，实际上在这一时期的苏联，数以万计的妇女进入战场，成为了前线士兵，并且大多数妇女在内心上是渴望成为一名战斗成员的；相比起来，纳粹德国则不愿意动员其妇女，而只是缓慢地将她们（主要是年轻的工人阶级妇女）纳入到战争服务体系。而另一位学者巴巴拉·波塔斯特则为我们分析了拉丁美洲军队中妇女的参战态度，指出她们在战争中为男人服务并非为革命热情所激发，而是出于照顾"她们男人"的母性义务与责任，从而在很大程度上突破了以往关于妇女战争角色的传统探讨。① 此外，一战中和一战后美国妇女的公民权，欧洲的妇女、性别与法西斯主义，以及二战中纳粹妇女与德国东部附属地的日耳曼化等问题也都成为学者们的讨论话题，显示出这一领域研究的多

---

① 学者们的讨论题目分别有：Elizabeth Malcolm（and Dr Dianne Hall）. Beyond the Pale: Violence and Gender on the Irish Frontier, 1300-1600；Roger Markwick. Women, War and "Totalitarianism": The Soviet and Nazi Experiences Compared；Barbara Potthast. Female Soldiers and National Heroes in Latin America；Tammy Proctor. Between the Lines: Auxiliaries, Resistors, and Spies in Europe and Mediterranean, 1914-1918；Jean H. Quataert. Gendered Medical Services under the Geneva Conventions: Continental and Colonial Wars, 1878-1918. *CISH* 20*th* *International Congress of Historical Sciences Programme*, 2005, pp. 104-107。另可参见《第20届国际历史科学大会纪实》，《史学理论研究》2005 年第 4 期，第 22 ~ 24 页。

样化。①

妇女、性别在帝国、帝国主义以及殖民主义研究中也同样是抢眼的。据有学者统计，近几年来涉及妇女与帝国、殖民主义的论著一直保持着较快的增长势头，而这也与当前的全球化趋势有着一定联系。② 在《中世纪与近代早期杂志》第34卷冬季刊上就曾有针对性别与帝国关系的特别讨论，许多学者参与其中。其中既有学理性的讨论，也有针对不同国家、民族、种族以及不同时段的考察。如克莱尔·A. 利斯和吉列安·R. 奥弗林就在一定程度上对帝国与性别的关系进行了简单概述，指出了性别观念在分析和书写帝国史中的重要意义；而盖伊·霍尔萨等人则分别对罗马帝国的终结与性别的关系，以及性别、身体在神圣罗马帝国中的理念意义等具体问题展开了探讨。其中，贝弗利·博斯勒的《性别与帝国：从中国元朝来看》一文较为特别，它不仅在考察范围上突破了欧洲中心，从而使得这一领域的探讨更为多元和丰富，而且在视角上也由于其是从国外学者角度进行切入，因而显得更为新颖。当然，这也给作者的考察带来了更大的难度，所以在文章的一开始，作者就对性别、帝国等概念的跨文化运用进行了比较和解释，由此可见作者的严谨。在元帝国——这个对当时汉民族来说作为"外来异族"——的统治下，性别在其中具有怎样的意义？带着这样的问题，作者考察了当时政治形势对于汉民族文化中理想男女形象的影响，以及这种性别关系所具有的文化、民族内涵。作者指出，这一时期，具有忠诚等美德的妇女形象往往更多地出现在当时汉族男性文人的著述中，通过对她们的赞扬，著述者实际上在表达着一种观念：虽然在现实政治中他们"处境困难"，但他们的"中华文化"和美德依然会传承不灭。不仅如此，汉族文人对这种妇女形象的赞

① Julianne Unsel. Woman's Hour: Suffrage and American Citizenship in War and Reconstruction, 1914-1924 (The University of Wisconsin-Madison Ph. D. thesis, 2005). David Renton. "Eyes closed! Everyone Face the Door!" Women in Nazi Germany, *Journal of Contemporary History*, Vol. 40, No. 2, 2005, pp. 389-396.

② Durba Ghosh. Gender and Colonialism: Expansion or Marginalization?, *The Historical Journal*, Vol. 47, No. 3, 2004, pp. 737-755.

扬事实上是在借妇女之名来褒奖他们自己，从而曲折地表达出自身的"忠诚"和"美德"。因此从某种意义上而言，性别在元帝国时期也就具有一种反民族压迫的意义。① 性别与殖民主义方面，杜尔巴·戈什的《性别和殖民主义：扩展抑或边缘化?》一文具有较强的学术意义。在此文中，作者主要对性别—殖民主义研究，以及二者与其他史学领域的关系进行了学理性探讨。作者通过考察明确指出，性别—殖民主义研究在帝国史等领域中有着重要意义，因此不仅不应被边缘化，而且还需继续"扩张"。至于怎样深化这一领域的研究，作者认为，这需要突破欧洲中心论的史学研究模式，不再将殖民地社会定型化：静态、单纯和前工业，学者们需要记住：处于非洲、亚洲以及美洲的殖民地男女们有着各自不同的危机、斗争和生活，而非简单的静止和同质化，从而为今后的性别—殖民主义探讨指明了方向。② 此外在帝国和殖民主义中，性别也常常与种族、阶级等交织在一起，进行共同讨论，这也是今后的研究趋势之一。③

环境史同样受到了妇女和性别的渗透。在第 20 届国际历史科学大会上，也有关于性别与环境的讨论。其中美国学者弗吉尼亚·沙夫提交了一篇名为《通过性别看自然》的文章，较好地将性别观念融入到了环境史的研究之中，赋予了性别在环境史中的中心地位。作者指出，性别是沟通人类和自然的媒介，但以往的环境史家

① Clare A. Lees, and Gillian R. Overing. Signifying Gender and Empire; Guy Halsall. Gender and the End of Empire; Ulrike Wiethaus. Body and Empire in the Works of Hrotsvit of Gandersheim; D. Fairchild Ruggles. Mothers of a Hybrid Dynasty: Race, Genealogy, and Acculturation in al-Andalus; Beverly Bossler. Gender and Empire: A View from Yuan China, All in *The Journal of Medieval and Early Modern Studies*, Vol. 34, No. 1, 2004, pp. 1-16, pp. 17-39, pp. 41-63, pp. 65-94, pp. 197-223.

② Durba Ghosh. Gender and Colonialism: Expansion or Marginalization?, *The Historical Journal*, Vol. 47, No. 3, 2004, pp. 737-755.

③ Jennifer Anne Boittin. Soleil Noir: Race, Gender and Colonialism in Interwar Paris (Yale University Ph. D. thesis, 2005)

大多关注的只是男性的活动，因此环境史研究应当加入女性的历史。但是加入女性的历史并非过分强调男女之间的性别差异，作者并不完全赞同生态女性主义者的观点和环境史书写范式，即认为"对女性的利用与环境退化一样，都是父权制的结果"。实际上在作者看来，男性与女性一样，都在既塑造着环境，同时也为环境所塑造。① 此外，随着近年来环境史中关于自然灾害研究的增多，性别与灾害及救济等问题也开始为人所关注。②

除以妇女、性别作为探讨对象外，妇女—性别史还在关注着"男性"。这是对以往妇女史研究进行反思所开辟的新领域。撰写男性的历史实际上在以往的史学研究中早已有之，在不区分性别差异的非性别化传统史学中，男性一直是受关注的主体。如何在妇女—性别史下撰写一部更新的男性史，是史学家们的探索任务之一。而男性气质——这一被以往非性别化男性史所遗忘的内容——则成了新的男性史撰写中的中心议题，③ 因而出现了许多关于男性气质史的探讨。这一趋势在近年来的妇女—性别史研究中显得十分突出。例如在《大不列颠研究》第 44 卷第 2 期中就有关于英国男性气质讨论的系列专题。它不仅是近年来关于英国男性气质史研究的最新成果，而且也在理论和实质层面对英国男性气质史，以及乃至整个男性气质史探讨进行了总结，因而具有较强的学术意义。专题讨论共有六篇文章组成，除第一篇外，其余分别就某一时段的英国男子气质问题进行了考察。卡伦·哈维和亚历克山大·谢泼德首先对以往的英国男子气质史研究进行了综述，提出了许多有益的理

① *CISH 20th International Congress of Historical Sciences Programme*，2005，p. 73. 另可参见《第 20 届国际历史科学大会纪实》，《史学理论研究》2005 年第 4 期，第 17~19 页。

② Andrea Davies Henderson. Reconstructing Home: Gender, Disaster Relief, and Social Life after the San Francisco Earthquake and Fire, 1906-1915 (Stanford University Ph. D. thesis, 2005)。

③ R. W. 康奈尔：《男性气质》，柳莉、张文霞等译，北京：社会科学文献出版社 2003 年版，第 36~37 页。关于"男性气质学"的探讨可参见书中其他部分的论述。

论性问题，如历史学家怎样将男子气质作为分析工具进行历史研究，它与其他因素，例如年龄、种族、阶级的关系如何，以及包括父权制讨论、社会阶层分析、心理学与历史文化学考察在内的四大男性气质史研究模式等，从而为后面的文章作了铺垫。接下来，谢泼德和哈维分别就 1500～1700 年与 1650～1800 年的英国男性气质形象与构建做出了详尽论述，对诸如焦虑的家长制、被嘲笑戴绿帽的丈夫、放荡不羁的纨绔子弟、礼貌的绅士以及不苟言笑的男性气质形象进行了分析，展示出这一时期男性气质的发展变化。随之另三位学者米歇尔·科恩、约翰·托什和迈克尔·罗珀也分别对 18 世纪中期至 19 世纪前期，工业化社会中，以及 20 世纪上半期的英国男性气质进行了探讨。科恩指出了慷慨、正义、勇敢的骑士观念对 1750～1830 年间男性气质构建的积极作用；托什认为工业化社会的男性气质概念受到了工厂化、城市化的影响，在自由市场占主导地位的经济形态下，工作伦理与准则、人际关系的非暴力化等在时人的男性气质标准中占有一席之地，但这并不等于承认这一时期的男性气质是完全同质的，由于阶级等方面因素，它在不同男性之间仍会表现出差异，并且其也与帝国、殖民等观念相连；而罗珀则讨论了一战中的"炮弹休克"（shell shock）对于英国男性气质构建的影响：战争恐惧感使得历经战争的人们开始重新反思以往的男性气质标准，进而促使社会关注作为个体的男性心理和感受，以及它们在男性气质构建和认同中的作用。① 由此可见男性气质讨论的兴盛之势。

---

① Karen Harvey and Alexandra Shepard. What Have Historians Done with Masculinity? Reflections on Five Centuries of Britain History, circa 1500-1950; Alexandra Shepard. From Anxious Patriarchs to Refined Gentlemen? Manhood in Britain, circa 1500-1700; Karen Harvey. The History of Masculinity, circa 1650-1800; Michèle Cohen. "Manners" Make the Man: Politeness, Chivalry, and the Construction of Masculinity, 1750-1830; John Tosh. Masculinities in an Industrializing Society: Britain, 1800-1914; Michael Roper. Between Manliness and Masculinity: The "War Generation" and the Psychology of Fear in Britain, 1914-1950. All in *Journal of British Studies*, Vol. 44, No. 2, 2005, pp. 274-362.

除专题讨论外，近两年的男性气质研究还主要集中在以下一些领域，并逐渐成为其中新的活力源，给人感觉耳目一新。首先是政治、社会活动中的男性气质。在这方面，《理查德二世统治时期的男子气与政治》和《英格兰的青少年犯罪、男性气质与公民身份：1950－1970》等文具有一定代表性。《理查德二世统治时期的男子气与政治》一文主要分析了英王理查德二世的男子气（manhood）问题。以往的研究和资料一般表明，英王理查德二世是缺乏男子气的，他总是反对争斗和战争，远离骑士精神，表现得像个孩童（boy），甚至在性格上有点女性化，但作者并不赞同这种观点。通过对时人男子气观念的考察和古今对比，作者在重新解读14世纪政治实践和时人资料的基础上指出，理查德二世并不像以往学者所强调的那样像个孩童或未成年，进而缺乏某种具有成人性质的男子气。实际上，这是时人对他的一种负面臆想，而其本人也并非表现如此。①在第二篇文章中，作者艾比盖尔·威尔斯讨论了20世纪50～70年代英国男性青少年犯罪的教育和改造变革问题，即为了更好地达到改造效果，英国的司法体系中引入了"性别"、"男性气质"以及"公民"等观念，他们意图通过这种方式——将这些男性青少年犯从"反公民"改造成"公民"、从"男孩"转变成具有男子气的"男人"，从而达到教育和改造的目的。但是这种变革究竟是如何演进的？其中"公民"和"男子气质"的含义如何？它们本身在这一时期是否还会产生一些变化？带着这些问题，作者为我们勾画出了改革的具体进程。通过考察作者指出，虽然改革的核心方面和基本思想未变，但其还是在某些特征上体现出一定时代变化，例如50年代和60年代的男子气质观念并非完全同质，并且在改革的最终目的上也开始由"为了国家（for the nation）"更多地转向"利于个体（benefit to the individual）"，而这种变化正是当时整个社会变动的结果，即从一种强调整体性的社会（a holistic visions of society）向碎片化或更为宽容的社会（fragmented or

---

① Christopher Fletcher. Manhood and Politics in the Reign of Richard Ⅱ, *Past & Present*, No. 189, 2005, pp. 3-39.

permissive society) 的转变。①

其次是帝国、殖民主义、宗教以及民族认同中的男性气质。由于这几者之间存在着一定联系,因此在讨论时,学者们往往会将其中某两个或几个集中起来进行综合考察。如威廉·C. 巴恩哈特在《福音主义,男性气质与英国乔治晚期的帝国传教团:1795-1820》一文中讨论了帝国殖民背景下福音派教会对外传教团的形成问题。作者将帝国殖民、男性气质以及对外传教等联系起来详细考察了福音派的舆论宣传:他们将这一时期的对外传教活动看成是一项特殊的"男性追求",正是这种包含了对外传播福音时所必需的具有身体和道德双重德行的男性传教团才能使其自身能与帝国科学家、探险家一起,成为民族英雄的象征。② 约瑟夫·S. 奥尔特则围绕着一种源于印度的强身运动——"印度棒(Indian Club)"的探讨,重新认识了殖民主义、强体与性别之间的关系,以及其中所包含男性气质因素。③ 民族认同方面,安妮·梅格通过对南非啤酒酿造业及其品牌创建中男性气质等因素的考察,指出了包含男性气质在内的广告创意和品牌创建在打破以往种族隔离与形成新的民族国家认同方面所起到的积极作用。④ 这些都使得"男性气质"逐渐成为帝国殖民宗教史研究中的又一有效途径,从而打破了以往妇女—性别史中女性性别观念在这些领域的独霸地位,有助于在部分上修正以往研究的结论。

---

① Abigail Wills. Delinquency, Masculinity and Citizenship in England 1950-1970, *Past & Present*, No. 187, 2005, pp. 157-185.

② William C. Barnhart. Evangelicalism, Masculinity, and the Making of Imperial Missionaries in Late Georgian Britain, 1795-1820, *The Historian*, Vol. 67, No. 4, 2005, pp. 712-732.

③ Joseph S. Alter. Indian Clubs and Colonialism: Hindu Masculinity and Muscular Christianity, *Comparative Studies in Society and History*, Vol. 46, No. 3, 2004, pp. 497-534.

④ Anne Mager. "One Beer, One Goal, One Nation, One Soul": South African Breweries, Heritage, Masculinity and Nationalism 1960-1999, *Past & Present*, No. 188, 2005, pp. 163-194.

　　最后是军队、社会团体以及家庭组织中的男性气质,其中突显的是男性气质所具有的社会文化内涵。由于主体是男性,军队往往成为男性气质讨论较为集中之地。例如在《士兵英雄与男性娼妓:英国卫队中的同性恋,男性气质和"英国人",1900～1960》一文中,作者马特·霍尔布鲁克就对 20 世纪前期英国卫兵所具有的两种形象:"士兵英雄"(Soldier Heroes)与"男性娼妓"(Rent Boy)进行了探讨。作者通过考察指出,"士兵英雄"是政府和军方所要着力塑建的"英国人"和"英国男性气质"的传统和理想原型,但事实上现实社会中的卫兵却又有着另一种形象:"男性娼妓",这两种形象不仅相互竞争和冲突,而且也为当时英国男性气质的构建以及"英国人"观念的塑造带来了复杂性,而这也为我们揭示出了男性气质所含有的文化政治内涵。① 社会团体及家庭方面,也有学者进行了相关研究。在《真正男孩和非女子气化男孩:性别,童年与男性气质,1890-1940》一文中,作者朱莉娅·格兰特就为我们展示了相关成果。通过与 19 世纪的对比,作者考察了20 世纪早期美国"女子气化男孩(sissies)"和"真正男孩(real boys)"的社会和精神学含义,反映出这一时期社会对于男性孩童女性化,以及将其作为征兆的社会性别偏离问题和童年时期的关注。② N. 西莱特则在其论著中对美国白人大学兄弟会、男性气质以及与权力之间的关系进行了考察,展示出这一特殊群体在男性气质构建上的时代变迁和复杂性:从最初重视阶级地位到后来强调种族、宗教和性倾向等,③ 从而在一定程度上丰富了这些传统史学领域的研究模式。

　　以上我们大致总结了近两年来欧美史学界在妇女—性别史领域

　　① Matt Houlbrook. Soldier Heroes and Rent Boys: Homosex, Masculinities, and Britishness in the Brigade of Guards, circa 1900-1960, *Journal of British Studies*, Vol. 42, No. 3, 2003, pp. 351-388.

　　② Julia Grant. A "Real Boy" and not a Sissy: Gender, Childhood, and Masculinity, 1890-1940, *Journal of Social History*, Vol. 37, No. 4, 2004, pp. 829-851.

　　③ Nicholas Lovett Syrett. The Company He Keeps: White College Fraternities, Masculinity, and Power, 1825-1975 (University of Michigan Ph. D. thesis, 2005).

的主要研究状况。总体而言，这一领域的研究在近两年依旧长盛不衰，不仅在以往原有领域获得了长足进步，强化了在诸如政治、经济以及社会等领域的具体研究，而且对其他新近热点领域也有所渗透。除此之外，它还借助了新的分析理念与手段，如后现代主义、文本分析以及男性气质等在研究范式上有所突破，从而为妇女—性别史研究的推进注入了新的活力，进而在总体上体现出全面勃发之势，而这也预示出往后一段时期内西方史学界妇女—性别史研究的整体发展态势，在一定程度上为今后指明了方向。

三、历史上的贫困与慈善

2005 年美国《跨学科历史杂志》以"贫困与慈善：犹太教、基督教和伊斯兰教"为主题，发表了一组由 9 位从事不同国家和地区史研究的知名专家分别撰写的文章，集中反映了 2005 年度西方史学界在跨学科历史研究方面取得的新成就。①

历史上的贫困与慈善是西方史学工作者长期关注的问题，取得的成果相当丰富。但以往的研究中存在着两个方面的问题：一是这些研究集中于西方基督教世界，对于非基督教世界涉及很少；二是贫困与慈善本来是一个跨学科的问题，但由于以往的研究大多是从各自的专业领域或兴趣出发，缺乏多角度的、综合和比较的考察，因此，专家们意见纷纭，很难形成共识。比如，受传统政治史影响的历史学家，如 E. M. 伦纳德、韦布夫妇、R. H. 托尼注重中央政府的作用，将研究重点集中在政府政策的制定和实施上；② 社会史学家如保罗·斯莱克、基思·赖特森和史蒂夫·欣德尔则强调地方

---

① *The Journal of Interdisciplinary History*, Vol. 35, No. 3, 2005.

② E. M. Leonard. *The Early History of English Poor Relief*, Cambridge：At the University Press, 1900; Sidney and Beatrice Webb. *English Local Government：English Poor Law History*, *Part I*, *The Old Poor Law*, London：Longmans, Green and Co., Ltd., 1927; R. H. Tawney. *Religion and the Rise of Capitalism*, Reprinted in Penguin Books, 1990.

的积极性，并注重社会关系对济贫法实施过程的调适作用；① 相当一部分学者持社会经济决定论观点，将近代早期济贫方式的变化看成是环境因素的产物，如疾病、战争以及人口上涨、贫富分化、圈地运动等等；② 但也有学者强调观念的作用，尤其是宗教改革运动的冲击和影响。③

"贫困与慈善：犹太教、基督教和伊斯兰教"是对以往研究局限性的一次有意识的突破。马克·R. 科恩在为该组文章所写的引言中开宗明义地说："人们很少从跨学科、跨神学和比较的视野对超越历史空间的贫困和慈善问题进行探讨。20 世纪 60 年代以来的研究几乎完全集中于基督教世界——中世纪和近代早期的欧洲，以及较小程度上的拜占庭。直到最近，对于犹太教和伊斯兰教这方面的研究几乎还没有展开。但下面这组文章为按时间顺序比较在整个历史上基督教、犹太教和伊斯兰教是怎样对待贫困和慈善问题的提供了前所未有的机会。"他强调在贫困与慈善问题研究中采用跨学科方法的必要性，比如济贫制度是起源于建立一种富于同情心的社会的虔诚愿望，还是对人口和经济压力的自然反应？抑或出于赢得社会尊重和社会地位的考虑？要弄清这些问题，起码要涉及到神

① Paul Slack. *Poverty and Policy in Tudor and Stuart England*, London: Longman, 1988; *idem*, *From Reformation to Improvement*: *Public Welfare in Early Modern England*, Oxford: Clarendon Press, 1999; Keith Wrightson. The Politics of the Parish in Early Modern England, in Paul Griffiths, Adam Fox and Steve Hindle eds.. *The Experience of Authority in Early Modern England*, Basingstoke: MaCmillan Press Ltd. 1996, pp. 10-46; Steve Hindle. *The Birthpangs of Welfare*: *Poor Relief and Parish Governance in Seventeenth-Century Warwickshire*, Stratford-upon-Avon: Dugdale Society, 2000.

② Brian Pullan. *Rich and Poor in Renaissance Venice*, Oxford: Basil Blackwell, 1971; A. L. Beier. *The Problem of the Poor in Tudor and Stuart England*, London: Methun, 1983; Susan Brigden. *London and the Reformation*, Oxford: Clarendon, 1989.

③ W. K. Jordan. *Philanthropy in England*, 1480-1660, London: G. Allen & Unwin, 1959; Ole Peter Grell. The Protestant Imperative of Christian Care and Neighbourly Love, in Grell and Andrew Cunningham eds. *Health Care and Poor Relief in Protestant Europe* 1500-1700, London and New York: Routledge, 1997, pp. 43-65.

学、社会学和经济学。①

佩里格林·霍登从比较的角度分析了历史上典型的慈善机构——慈善救济院（the hospital）的源起和早期传播。hospital 现在的含义是医院，但在中世纪它的主要功能不是医疗上的，而是为过往的穷人提供临时住所和食物，虽然它也收容病人。霍登认为慈善救济院是公元 4 世纪中叶拜占庭的创造，尽管在非基督教的罗马世界以及佛教和犹太教地区也出现过某些类似的机构，但实质很不相同。根据彼得·布朗最新的研究成果，霍登指出拜占庭境内的慈善救济院并不是从前基督教的罗马城市发展出来的，而是一场由基督教主教领导的社会革命的产物。在罗马城市市民社会中穷人并没有成为一个概念上的存在，那些有望得到帮助，主要表现为地方显贵的恩惠和庇护的人，是以公民身份而不是作为穷人得到的。君士坦丁大帝使基督教合法之后，拜占庭境内的主教通过"基督教平民主义"篡夺了城市世俗显贵的领导权。他们有意用一种普世的公民权取代过去的市民社会模式，在他们新的模式中，穷人作为教会接纳社会所有人的象征出现了。通过建立慈善救济院不仅彰显了基督教主教对穷人的关爱，也使得他们占有的大量财富合法化。因此布朗说"从某种意义上，是基督教主教发明了穷人"。霍登在此基础上进一步指出，慈善救济院使穷人不仅成为概念上的存在，而且成为有形的存在。慈善救济院是穷人的围场，它将穷人分离出来，集中起来，使他们不再处于暴露状态之中。通过考察慈善救济院在中世纪早期的传播过程——从东地中海到意大利、北非，然后缓慢地向高卢和西班牙渗透，最后抵达伊斯兰教地区，霍登指出慈善救济院的存在还需要特殊的社会经济环境。以这种方式，霍登力图揭示在慈善救济院建立过程中观念、实践和环境之间的复杂

---

① Mark R. Cohen. Introduction: Poverty and Charity in past Times, *The Journal of Interdisciplinary History*, Vol. 35, No. 3, 2005, pp. 347-360.

关系。①

迈克尔·邦纳将自己的研究集中于伊斯兰教的创始时期，通过对《古兰经》的分析揭示这一时期伊斯兰教关于贫困与济贫的思想。贫困与济贫是《古兰经》中的重要内容，并且在很大程度上支配着当时的经济思想和经济行为，正因为如此，邦纳将自己文章的标题定为《〈古兰经〉中的贫困与经济学》。② 邦纳认为《古兰经》对贫困问题的看法比人们通常认为的要复杂得多，因为它受到伊斯兰教对经济生活，尤其是对财产看法的影响。与以往学者的研究路径不同，他的重点不是放在施济方式，即"施舍"和"天课"的区分上，事实上在《古兰经》中两者的区分并不像后来那样明显，而是放在施济背后的理念上。他从两个基本概念开始，首先是"洗罪"（purification）。《古兰经》认为施济是洗清人所犯的某种罪过的方式之一，同时也可以洗净财产，使之纯洁。③ 其次是"周转"（circulation）。《古兰经》认为财产是流动的，既可以通过放贷使之增加，也可以通过施济将其中一部分"归还"（return）安拉；前者是恶的周转，后者是善的周转，为真主所喜悦，并将得到加倍的报酬。通过这两个概念，《古兰经》创造了一种"贫困经济学"。这种经济学的核心是财产需通过施济得到周转和纯洁。《古兰经》还宣称施济是穆斯林的责任，"他们的财产中有一个定份，是用于施济乞丐和贫民的"。④ 因此《古兰经》要求信徒慷慨无私地施济，不求回报。邦纳认为施济责任在前伊斯兰教的阿拉伯部落中已经存在，但《古兰经》提出了一种以穷人为中心的前后一致、

---

① Peregrine Horden. The Earliest Hospitals in Byzantium, Western Europe, and Islam, *The Journal of Interdisciplinary History*, Vol. 35, No. 3, 2005, pp. 361-389; Also see Peter Brown. *Poverty and Leadership in the Later Roman Empire*, Hanover: University Press of New England, 2002.

② Michael Bonner. Poverty and Economics in the Qur'an, *The Journal of Interdisciplinary History*, Vol. 35, No. 3, 2005, pp. 391-406.

③ 马坚译：《古兰经》，北京：中国社会科学出版社 1981 年版，第 88 页，第 150 页。

④ 马坚译：《古兰经》，北京：中国社会科学出版社 1981 年版，第 449 页。

富有吸引力的经济思想体系，这对阿拉伯和近东世界产生了重大影响，甚至带来了根本性转变。①

随后的两篇文章是关于中世纪犹太教的。科恩根据 19 世纪末发现的埃及开罗一所犹太教堂收藏的古文献资料，分析了当地犹太穷人的困境以及犹太社区的处理方式。这是一批相当珍贵的历史资料，总数约 75 万页，时间集中于 11～13 世纪，其中有数百封犹太穷人的恳求信，以及布施明细表和捐赠人登记表。恳求信尤其珍贵，因为我们通常是通过宗教著作和文学作品了解历史上的贫困问题的，很少听到直接来自穷人的呼声。类似的材料只有工业革命时期的英国才有。科恩通过恳求信再现了犹太穷人饥饿和衣不蔽体的真实窘况。值得注意的是，恳求者大多是"干活的穷人"，他们恳求的口气更像法律上的起诉而不是乞讨。事实上，乞讨在犹太教社区是不受欢迎的。犹太社区济贫的方式包括私人慈善和公共慈善，私人慈善的形式多样，如直接发给穷人现金、衣服，提供免费餐饮，代穷人请求捐赠等。与中世纪基督教和伊斯兰教的私人慈善活动有所不同，这里的私人慈善活动彰明较著。科恩认为这反映了古代近东盛行的庇护制传统的影响。②

朱达·D. 加林斯基将我们的目光从埃及带到了西班牙。他以 13 世纪西班牙犹太法学家的释疑解答为主要资料，分析这一时期基督教西班牙统治范围内犹太人慈善捐赠的形式、动机以及与邻居宗教，即基督教和伊斯兰教之间的关系。释疑解答表明这一时期犹太人中间盛行去世后留下慈善遗产的风气，主要形式是设立一种被称之为 "hekdeh" 的私人慈善基金机构，由当事人生前精心挑选的遗嘱执行人管理。加林斯基认为从 13 世纪西班牙犹太人的慈善遗

---

① Michael Bonner. Poverty and Economics in the Qur'an, pp. 391-406.

② Mark R. Cohen. Feeding the Poor and Clothing the Naked: The Cairo Geniza, *The Journal of Interdisciplinary History*, Vol. 35, No. 3, 2005, pp. 407-421. Also see Mark R. Cohen. *Poverty and Charity in the Jewish Community of Medieval Egypt*, Princeton, N. J. : Woodstock: Princeton University Press, 2005; *idem*, *The Voice of the Poor in the Middle Ages*; *An Anthology of Documents from the Cairo Geniza*, Princeton, N. J. : Woodstock: Princeton University Press, 2005.

产中可以看出基督教和伊斯兰教的影响。13 世纪是西欧基督教世界"世俗虔诚"兴起的时期，留下慈善遗产的习惯从社会上层普及到普通民众，犹太人无疑受到了这种风气的影响。犹太人遗嘱中的某些用语，如"为了我灵魂的拯救"就是从基督教中借用过来的。此外，犹太人的"hekdeh"是在伊斯兰教统治时期出现的，受到了先前存在的穆斯林慈善捐赠"瓦克夫"的影响。

尽管如此，犹太教仍然有自己的宗教传统和特点。犹太教的《塔木德经》反复强调慈善行为的救赎价值：施济是通向来世的途径，施济为施者积累起在来世的财富，施济可免除施者下地狱的恐惧等。与基督教相比，犹太教的慈善捐赠更具有个人性质。基督徒捐赠的对象首先是教会，因为他们需要以此换取教士代为祈祷和参加他们主持的宗教仪式，而这些对于他们的灵魂获救是必不可少的。但犹太教中没有这些，他们所关心的只是自己的善行以及如何使自己的捐赠物发挥最大的效益。他们倾向于设立私人慈善基金机构，这样便于对慈善遗产进行有效管理，防止社区官员对捐赠者财产的滥用。①

接下来的两篇文章是关于近代早期欧洲的，这是西方学者研究最集中的时段和地区。布赖恩·普兰的文章涉及的是近代早期欧洲济贫史研究中争论最大的问题，即如何看待宗教改革运动的影响。20 世纪 60、70 年代以来的研究不重视宗教改革运动，认为这一时期欧洲济贫方式的改变是环境的产物，此外新教国家或地区采取的某些具体措施可以在中世纪晚期以及 16 世纪人文主义者的著作中找到先例，但最近有人强烈要求改变这种倾向。② 普兰的文章是在这种学术背景下写成的，他仍然坚持 60、70 年代以来形成的学术传统，但采取了一种更为灵活的处理方式。他不否认中世纪罗马天

---

① Judah D. Galinsky. Jewish Charitable Bequests and the Hekdesh Trust in Thirteenth-Century Spain, *The Journal of Interdisciplinary History*, Vol. 35, No. 3, 2005, pp. 423-440.

② Ole Peter Grell. The Protestant Imperative of Christian Care and Neighbourly Love, pp. 43-65.

主教济贫方式存在的瑕疵，也不否认新教改革对于推动欧洲济贫方式理性化所起的积极作用，但他坚持认为与此同时或稍后许多天主教城市也进行了类似的改革，如改变不加区分的施济，控制乞讨和流浪人口等。在处理当时的贫困问题时，新教和天主教无论在理论上还是实际上都没有本质的不同。不过天主教的改革要比新教温和的多，一些受到新教猜疑和反对的旧机构如育婴堂、妓女收容所和为穷人开设的公共当铺被保留下来。这些机构背后有天主教的道德相对主义作支撑：容忍小的罪恶可避免大的罪恶，从长远看更有利于公共福利。①

　　马乔里·K. 麦金拉什的研究集中于伊丽莎白一世时代的英格兰。同普兰一样，麦金拉什坚持20世纪60、70年代以来西方学术界形成的主流派观点，认为伊丽莎白一世时代的贫困问题是社会经济变革的产物，如人口增长，财富占有两极分化以及宗教改革所导致的罗马天主教会慈善施舍的终结等。贫困问题加深加之以济贫税为基础的"济贫法"的实施使得济贫开支大幅度上升，在这种情况下地方上的统治者对穷人进行了更严格的区分，道德表现良好的穷人受到救助，懒惰、行为不端和外来的穷人受到惩罚或被排斥。从这一角度看，英格兰作为欧洲第一个采取全国性济贫政策的国家出现并不是一件值得夸耀的事。麦金拉什的主要贡献是他对16世纪后期萨福克郡的一个乡镇——哈德利所做的出色的个案分析。他根据该乡镇罕见丰富的资料，如济贫官员账簿、救济院被收养人名单、乡镇会议记录、堂区登记册等，勾画出该乡镇当时形式多样，但又结合为一体的济贫组织或结构。资料表明该乡镇当时既有传统的私人慈善，又有新近出现的以济贫税为基础的公共救济。根据穷人的不同情况，该乡镇采取了不同的救助方式，其中包括为失去劳动能力的穷人按周发放救济金；为遭遇天灾人祸不能自救的人提供临时性衣、食、住帮助；将穷人家无力抚养的孩子送到有能力的家庭抚养，由乡镇提供抚养费。该乡镇有救济院，收养高龄和失去生

---

① Brian Pullan. Catholic, Protestants, and the Poor in Early Modern Europe, *The Journal of Interdisciplinary History*, Vol. 35, No. 3, 2005, pp. 441-456.

活自理能力的穷人；还有一个教养所，在为青少年和懒惰的成年人提供衣食的同时，迫使他们劳动改造。麦金拉什认为哈德利个案反映了英国与犹太教和伊斯兰教的不同：济贫中包含着控制或驱逐懒惰、行为不端和外来的穷人的企图。①

再接下来的两篇文章是关于奥斯曼帝国的。埃米·辛格以奥斯曼帝国境内的施粥所（the public kitchen / imaret）为例，具体分析了穆斯林是如何将伊斯兰教的慈善捐赠义务付诸实施的。施粥所是穆斯林"瓦克夫"，即义地、义产的表现形式之一，它们出现在14～19世纪，主要是奥斯曼苏丹设立的。通过对施粥所相关规定的分析，辛格发现有资格接受施济的并不只是穷人，实际上更多的是学生、学者、旅行家、商人、苏非派信士、穆罕默德和帝国显贵后裔等；施粥所的接待是按照社会地位的高低分等级进行的。他因此认为施粥所的作用不仅仅是提供帮助，更重要的是通过食物分发强化现存的社会等级制度。奥斯曼苏丹设立施粥所既有履行个人宗教义务的动机，也有世俗的政治和社会目的。②

米内·埃纳分析了在19世纪中后期新的社会经济环境以及近代中央集权国家形成背景下，开罗、伊斯坦布尔济贫方式发生的变化。这些变化同近代早期欧洲的变化十分相似。直到19世纪中叶以前，这些地区对穷人的救济是基于自愿原则的，尽管出现了施粥所，而且在灾荒年间政府也会采取一些紧急措施，但从总体上说这一时期的救济只是权宜之计，而且是分散进行的。为了应对大量农村人口迁入造成的压力，为了给新兴工业提供充足的劳动力，以及为了达到近代化城市的文明和卫生标准，开罗和伊斯坦布尔的统治者分别于19世纪中叶和19世纪末采取了集中和整体协调的济贫政策。他们禁止乞讨，强制遣返无业游民；他们还建立了收容所（the Darülaceze），为无生活来源又无劳动能力的穷人提供衣食住

① Marjorie K. McIntosh. Poverty, Charity, and Coercion in Elizabethan England, *The Journal of Interdisciplinary History*, Vol. 35, No. 3, 2005, pp. 457-479.

② Amy Singer. Serving Up Charity: The Ottoman Public Kitchen, *The Journal of Interdisciplinary History*, Vol. 35, No. 3, 2005, pp. 481-500.

所，为有劳动能力的穷人提供职业训练，为生病的穷人提供医疗帮助。政府新设立的警察部门在这一过程中起了关键性作用，他们负责清理街道上的乞丐和流浪人口，并对他们进行盘问、区分和相应处理。埃纳认为开罗和伊斯坦布尔统治者的政策并没有背离伊斯兰教关于行善的传统，但随着实用性目的越来越强，慈善被赋予了新的含义并采取了新的形式。①

在最后一篇文章中，彼特·布朗从社会美学的角度提出了一个饶有兴趣的问题：为什么在以犹太教、基督教、伊斯兰教为基础的社会穷人会被放到如此重要的位置，以至于"记念穷人"被视为构建美好社会的试金石？这种现象在古代希腊、罗马和中华帝国并不存在。这并不意味着古代希腊人、罗马人和中国人缺乏善心，而是因为在以城市和国家作为美好想象中心的社会，穷人不会作为需要特别关护的对象单列出来。从表面上看布朗的问题并不难回答，事实上，以往历史学家对此已经有过很充分的解释："记念穷人"是神的旨意，帮助他们会得到上帝/真主应允的未来。但是布朗作了一种新的解释——穷人地位的拔高与宗教学者的努力有关。这些宗教学者，如犹太教的拉比、基督教的教士以及伊斯兰教的阿訇和穷人一样，依赖于当权者和富人的恩惠和庇护。他们是最容易被社会遗忘的人，在某些冷酷的当权者眼中他们甚至是享受特权但却对社会毫无贡献的人，因此他们特别害怕被遗忘。他们敦促当权者和富人"记念穷人"实际上是提醒他们不要忘记自己。②

2005 年《跨学科历史杂志》发表的这组文章是对贫困问题进行跨时代、跨地区、跨学科的综合比较研究的有益尝试，9 篇文章都是专家们根据自己多年的研究写成的，因此，这也是西方学者相关研究成果的一次集中展示。但是，在这组论文中专家们的观点和采用的方法存在很大的不同，对于组织者提出的跨学科的综合比较

① Mine Ener. Religious Prerogatives and Policing the Poor in Two Ottoman Contexts, *The Journal of Interdisciplinary History*, Vol. 35, No. 3, 2005, pp. 501-511.

② Peter Brown。Remembering the Poor and the Aesthetic of Society, *The Journal of Interdisciplinary History*, Vol. 35, No. 3, 2005, pp. 513-522.

任务有的做得多，有的做得少，显示出一定程度上的不成熟。尽管如此，这是一个良好的开端。

四、历史上的战争与和平

战争与和平是人类历史发展中的一个永恒主题。人类自从诞生之日起就不断地卷入到战争之中，但人类对和平的渴望并未因战争迭起而湮灭。为了避免战争、维护和平，人类的反思从未间断。通过对战和问题的历史探讨，史学工作者们表达了他们对人类现实处境的深切关怀。第 20 届国际历史科学大会就将"历史上的战争、和平、社会和国际秩序"确定为大会的三大主题之一。① 近年来的战争与和平研究主要涉及三个方面的内容：一是种族主义在战争前后与战争期间的状况，包括种族主义观念形态的发展，以及种族清洗和种族屠杀。② 二是活生生的人、普通人群在战争期间的状态，如普通士兵在战争中的角色，又如战俘与战犯的生活状态。③ 三是战争与社会发展和变化之间的关系，如二战前和战争期间德国、意

---

① *CISH 20th International Congress of Historical Sciences Programme*, 2005, pp. 91-107.

② 2004 年度关于战争与种族主义的文章如：Alexander de Grand. Mussolini's Follies: Fascism in Its Imperial and Racist Phase, 1935-1940, *Contemporary European History*, Vol. 13, Part 2, pp. 127-147; Lani Guinier. From Racial Liberalism to Racial Literacy: Brown v. Board of Education and the Interest-Divergence Dilemma, *The Journal of American History*, Vol. 91, No. 1, pp. 92-118。

③ 2004 年度关于一战普通士兵角色的文章如：Melissa K. Stockdale. "My Death for the Motherland Is Happiness": Women, Patriotism, and Soldiering in Russia's Great War, 1914-1917, *The American Historical Review*, Vol. 109, No. 1, pp. 78-116; Robert L. Nelson. "Ordinary Men" in the First World War? German Soldiers as Victims and Participants, *Journal of Contemporary History*, Vol. 39, No. 3, pp. 425-435。关于二战战俘与战犯生活状态的文章如：Christina Morina. Instructed Silence, Constructed Memory: The SED and the Return of German Prisoners of Wars as "War Criminals" from the Soviet Union to East Germany, 1950-1956, *Contemporary European History*, Vol. 13, Part 3, pp. 323-343。

大利、西班牙社会的法西斯运动，以及战争所造成的社会影响。①

2005 年西方史学界关于战争与和平的研究集中在一战、二战，以及一场形态特殊的战争即冷战上，特别是对二战与冷战的研究，是 2005 年战争与和平研究的重中之重，因此下文将具体介绍这两场战争的研究状况。

（一）二战史研究

2005 年是世界反法西斯战争胜利 60 周年纪念，引发了二战史研究的新高潮。但在研究内容上，仍然延续着近年来战争与和平研究的主要趋势，如对种族主义与战争暴行的研究，对普通人群如战俘和劳工的研究，对战争与社会发展和变化之间关系的研究。

首先是关于种族主义与战争暴行的研究。这一研究主要是出于批判与警醒的目的。法西斯所崇奉的极端种族主义是二战的祸根之一，在这种观念形态支配下推行的种族清洗与种族大屠杀，成为二战最令人发指的一幕。随着德、意、日法西斯的战败，法西斯种族主义基本退出历史舞台。但冷战结束后，民族冲突、地区争端频频发生，种族主义再度兴起。对于二战中种族主义及其暴行的再研究与再批判，就成为人类现实处境对学者们提出的一项迫切任务。在第 20 届国际历史科学大会下属国际第二次世界大战史学会分会场上，其讨论的主题就是"20 世纪的种族主义和战争暴行"。② 关于二战中的种族主义与种族屠杀，2005 年西方史学界发表了《"他们就是野蛮人"：1940 年德军对法军中黑人士兵的大屠杀》、《西班牙种族灭绝？对西班牙内战之后佛朗哥政权大镇压的反思》等一系

---

① 2004 年度关于二战前后与二战期间社会的文章如：Ismael Saz Campos. Fascism, Fascistization and Developmentalism in Franco's Dictatorship, *Social History*, Vol. 29, No. 3, pp. 342-357; Robert Higgs. Wartime Socialization of Investment: A Reassessment of U. S. Capital Formation in the 1940s, *The Journal of Economic History*, Vol. 64, No. 2, pp. 500-520。

② 武汉大学胡德坤教授提供了国际第二次世界大战史学会分会场的相关资料，在此谨表谢忱。

列文章。①

其中，最具代表性的文章是《"他们就是野蛮人"》。这是对二战的战斗人员即士兵所经历的种族灭绝的个案研究。长期以来，学者们关于德军种族屠杀的研究大多集中在犹太人上，而对黑人种族屠杀的研究则较少。基于大量原始资料，此文在这方面取得突破。文章的基本史实是：1940年5月至6月，德国军队遭遇了大量加入法国军队的非洲黑人士兵。德军将法军中的白人士兵与黑人士兵进行区别对待，对黑人士兵实行了惨无人道的种族灭绝。文章分析了这场种族灭绝形成的原因，认为之所以会对黑人士兵进行大肆屠杀，是由于观念形态所致。德军官兵的主流观念认为，非洲黑人士兵是一群同类相食的野蛮人，这在二战中法国非洲士兵身上体现得尤为明显。这种强烈的种族偏见是德军对黑人士兵进行屠杀的思想动因。也就是说，纳粹种族主义思想的盛行是对黑人士兵进行屠杀的主要原因。

除了士兵外，针对非战斗人员即普通民众的种族主义也是学者们关注的对象。在这方面，2003年发表的《1943年乌克兰人对波兰人种族清洗的原因》一文值得一提。② 文章主要研究1943年乌克兰极端民族主义者将波兰人清洗并驱逐出沃里尼亚（Volhynia）的历史事件。沃里尼亚属乌克兰，居住有大量波兰人，希特勒曾打着民族主义招牌在此地实行过种族清洗。沃里尼亚的乌克兰人不仅亲眼目睹，而且还亲自参与。1943年4月，乌克兰民族主义者提出"清洗辖区内的波兰人"的口号，成为对波兰人清洗的主要策划者与实施者。文章还从政治环境、社会行为和革命思想三方面对乌克兰民族主义者清洗波兰人的行为进行了解释。与一般研究不同

① Raffael Scheck. "They Are Just Savages": German Massacres of Black Soldiers from the French Army in 1940, *The Journal of Modern History*, Vol. 77, No. 2, 2005, pp. 325-344; Julius Ruiz. A Spanish Genocide? Reflections on the Francoist Repression after the Spanish Civil War, *Contemporary European History*, Vol. 14, Part 2, 2005, pp. 171-191.

② Timothy Snyder. The Causes of Ukrainian-Polish Ethnic Cleansing 1943, *Past & Present*, No. 179, 2003, pp. 197-234.

的是，此文使用了与"种族灭绝"、"种族大屠杀"不同的"种族清洗"（Ethnic Cleansing）概念，探讨了为多数学者所疏忽的民族罪恶（不同于国家罪恶），为战争与和平研究提供了新视角。这篇文章的成功还在于乌克兰、波兰学者对 1943 年种族清洗研究的深入，以及档案的逐级解密。

其次，战俘与战时劳工继续受到关注。这反映了学者们对战争中普通人群的关注，也是出于对战争正义与人道主义的关注。关于二战中的战俘与战时劳工，2005 年西方史学界发表了《剥削、犯罪、反抗：1943～1949 年德国奥兹纳布鲁克市外国劳工与战俘的日常生活》、《天使所见：1939～1945 年红十字协会与护权协会对英美战俘的探视》等文章。①

其中，最具代表性的文章是《剥削、犯罪、反抗》。此文认为外国劳工和战俘是二战期间德国经济建设的重要力量，极大地改变了德国劳动力的种族构成。二战期间和二战后的奥兹纳布鲁克市，情况就是如此。奥兹纳布鲁克是一座中等城市，人口不到 10 万人。本文的研究得益于一批反映奥兹纳布鲁克外国劳工和战俘生活状态的小册子的整理和出版，以及其他相关史料的于 20 世纪 80 年代和 90 年代的大量发掘。此文的实证研究表明，在 20 世纪 30 年代初，奥兹纳布鲁克的外国劳工只占 0.5%；1943～1945 年间，外国劳工达到 15%～20%，其中战俘占多数。文章考察了外国劳工和战俘的工作环境和生活条件、工作时间的长度，以及对盟军轰炸的恐惧，表明他们的工作和生活极端艰辛。有意思的是，大量外国劳工和战俘死于盟军自己的轰炸之中，他们在盟军空袭中的死亡率是德国本地人的两倍。不过，借助奥兹纳布鲁克真实生活图景的复原，文章发现，外国劳工和战俘的艰辛程度并不像想象中的那么大，德

---

① Panikos Panayi. Exploitation, Criminality, Resistance. The Everyday Life of Foreign Workers and Prisoners of War in the German Town of Osnabrück, 1939-1949, *Journal of Contemporary History*, Vol. 40, No. 3, 2005, pp. 483-502; Vasilis Vourkoutiotis. What the Angels Saw: Red Cross and Protecting Power Visits to Anglo-American POWs, 1939-45, *Journal of Contemporary History*, Vol. 40, No. 4, 2005, pp. 689-706.

国本地人也处于非常艰苦之中。研究还发现，外国劳工和战俘的反抗是强烈的，通常采取盗窃、逃跑等形式，这一方面是对法西斯的一种抵抗方式，另一方面也是融入本地社会不够的反映。通过对战争结束后到 1949 年外国劳工的研究，发现融入不够的问题依然大量存在。本文的研究不仅是对法西斯战争的控诉，而且是对外来劳工融入问题的检视。

再次，法西斯、战争与社会发展的关系是学者们对二战的一项更深入的历史调查。2005 年西方史学界发表了《日常的墨索里尼主义：法西斯意大利的朋友、家庭、地缘关系与暴力》、《1945 年后欧洲种族移民问题的解决：来自两德和芬兰的启示》等文章。①

《日常的墨索里尼主义》是对法西斯社会研究的突出成果。先前对法西斯和法西斯主义的研究通常是从政治和意识形态的角度切入的。本文超越对法西斯和法西斯主义的单纯研究，转向对意大利社会生活的广泛调查。文章首先指出一种误解：由于希特勒在德国的成功，容易使人想到人民可能被宣传误导而成为狂热者，不可理喻地执行独裁领袖的命令；不过，意大利的历史事实却不是这样。文章通过大量的史料描绘出意大利乡村男子的社会交往、两性和家庭关系、宗教观念甚至饮食与卫生习惯，发现普通人的墨索里尼主义与官方的墨索里尼主义和政策有很大的出入，官方的墨索里尼主义在普通人的生活中是模糊不清的。文章结论指出，虽然"日常的墨索里尼主义"意味着法西斯对普通人日常社会和政治生活的影响和控制，但其影响和控制是脆弱的，受到意大利现实生活的制约与侵蚀。实际上，在意大利的法西斯体制内存在大量的疑问和矛盾，甚至在统治上层。20 世纪 30 年代后期，墨索里尼及其同僚也不得不承认，其权威与意大利普通民众生活之间有鸿沟。即使在

---

① R. J. B. Bosworth. Everyday Mussolinism: Friends, Family, Locality and Violence in Fascist Italy, *Contemporary European History*, Vol. 14, Part 1, 2005, pp. 23-43; Pertti Ahonen. Taming the Expellee Threat in Post-1945 Europe: Lessons from the Two Germanies and Finland, *Contemporary European History*, Vol. 14, Part 1, 2005, pp. 1-21.

20 世纪 30 年代中期法西斯主义最猖獗之时，墨索里尼仍面临着强大的反法西斯压力。这表明，1922～1945 年的意大利人仍然有能力创造自己的历史，这也从社会层面为法西斯在意大利的提前崩溃提供了一种很有说服力的解释。

《1945 年后欧洲种族移民问题的解决》探讨了二战结束后种族移民政策的推行而形成的诸多社会问题。文章选取西德、东德和芬兰三个国家进行个案与比较研究，对战后种族移民的社会融合问题进行探讨。文章指出，由于领土界线发生变化，战后出现了大规模的移民运动。为确保由民族混杂而导致的纠纷不再发生，盟国决定实行种族"清洗"，建立种族单一的聚居区。这样，数以百万计的欧洲人被迫迁徙。但是，这些强制移民极有可能成为新的不稳定的因素，在政治上极有可能走上极端，在国际上极有可能发生返乡运动。因此，这些强制移民被视为战后秩序的潜在威胁。文章选取两德和芬兰，逐个考察种族移民的社会融合问题，结论认为：经过长期努力，战后欧洲移民社会融合问题基本得以解决，成功避免了在国内和国际上的不稳定局面的出现。

（二）冷战史研究

所谓"冷战"，是指 20 世纪 40 年代后期至 90 年代初，美、苏两个超级大国以及分别以它们为首的两大集团，在政治、经济、军事、外交、意识形态、文化乃至科学技术等领域展开的既非战争又非和平的全面对峙与竞争状态。西方史学界对冷战的研究从冷战爆发之日起从未间断。在冷战期间，西方史学界就已形成研究冷战的"传统学派"、"修正学派"和"后修正学派"。"传统学派"是 20 世纪 40～50 年代的主流派别，他们的基本观点是苏联寻求世界霸权是导致冷战爆发的主要原因。①"修正学派"在 20 世纪 60 年代成为主流，他们认为，美国对苏联的政治经济和军事压力是冷战爆

---

① 可参见 Arthur Schlesinger Jr.. Origins of the Cold War', *Foreign Affairs*, Vol. 46, No. 1, 1967, pp. 22-52; Jerald A. Combs. *American Diplomatic History*: *Two Centuries of Changing Interpretations*, Berkeley: University of California Press, 1983, pp. 220-234。

发的重要原因，美国的强硬政策和行为方式迫使斯大林与西方敌对。① "后修正学派"于 20 世纪 70 年代兴起，他们的主要观点是，美、苏两国领导人双方的误解是冷战发生的重要原因，双方对冷战的爆发都有责任。② 这些学派对冷战的起源及其进程进行了大量的有益研究，不过，他们在方法论上存在着明显的不足：其分析框架深受现实主义理论的影响而十分强调国家的安全利益，其研究对象主要集中在上层政治与重大危机和事件的处理上。

20 世纪 80 年代末 90 年代初，随着苏联及其阵营的解体，全球范围内的冷战宣告结束。作为一个完整的历史事件，冷战为更多的历史研究者所关注，并在研究路径上发生重大转向，有很多学者称之为"新冷战史"（New Cold War History）。新冷战史突破了先前的分析框架与研究对象。在分析框架上，突破现实主义理论对国家安全利益的过分关注，开始重新界定意识形态的含义，重新认识意识形态因素在冷战中所起的作用。在研究对象上，突破对上层政治与重大危机和事件的过分集中，开始大量关注普通人的生活经历与冷战时期意识形态之间的关系，关注普通人的生活方式与冷战时期社会、文化因素之间的关系。③ 2005 年西方史学界的研究反映了新冷战史的研究路径与特征。

首先，意识形态与文化因素的研究受到极大的关注。在后冷战时期，思想及观念形态等"软权力"在国际关系中的作用引起了

---

① 可参见 Gabriel Kolko. *The Politics of War：The World and United States Foreign Policy*，1943-1945，New York：Random House，1968；Joyce & Gabriel Kolko. *The Limits of Power：The World and United States Foreign Policy*，1945-1954，New York：Harper and Row，1968。

② 可参见 John Lewis Gaddis. The Emerging Post-Revisionist Thesis on the Origins of the Cold War，*Diplomatic History*，Vol. 7，No. 3，1983，pp. 171-190。

③ 关于冷战史与新冷战史研究的学术历程，可参见陈兼、余伟民：《"冷战史新研究"：源起、学术特征及其批判》，《历史研究》2003 年第 3 期，第 3 ~ 22 页；白建才：《近年来美国的冷战史研究》，《历史研究》2002 年第 1 期，第 175 ~ 182 页。关于新冷战史研究，可参见 John Lewis Gaddis. *We Now Know：Rethinking Cold War History*，New York：Oxford University Press，1997。

学者们的重视，学者们不再简单地将意识形态看作"关于官方信念的陈词滥调式的表达"，而是将社会文化因素纳入进来。于是，文化因素及其与意识形态之间的关系就成为新冷战史研究语境中的重要组成部分。关于冷战中的文化因素与意识形态，2005 年西方史学界发表了《"为了基督在意大利的事业"：意大利的美国新教挑战与冷战的文化模糊性》、《在美国中情局介入之前：1946 ~ 1949 年美国人在德国艺术领域内的行动》、《解读战后日本传媒》、《开启诚意：恐惧、诚信与弹性》等一系列文章。①

　　《"为了基督在意大利的事业"》一文研究的就是冷战中的宗教文化因素。此文探讨了美国的盟国意大利在实践上如何适应、拒绝或改变美国政策而保有自己的文化和政治传统。华盛顿与罗马因对共产主义共同反对而结为同盟，但却有着巨大的宗教文化差异，并因此形成了众多的政治和经济差异。新教主宰了美国的社会精英，主宰了美国的政治文化与政府，主宰了美国的商业。而绝大多数意大利人信仰的是典型的天主教，罗马则是天主教的中心。华盛顿与罗马共同反对共产主义的现实也改变不了他们的这种文化差异与文化冲突。冷战为这种盟友之间的摩擦与冲突对抗提供了一个观察平台。《在美国中情局介入之前》一文研究二战结束后最初的几年中，在美国中央情报局介入文化冷战之前，驻德美国占领当局是如何或明或暗地吸引德国艺术家和知识分子接受美国文化观念的，是如何同苏联在德国文化艺术界展开文化争夺战的。《解读战后日本传媒》一文通过一份杂志来看日美关系，看冷战意识形态的形成。这份杂志是美国《读者文摘》的日文版。在 20 世纪 40 年代后期与

---

① Roy Palmer Domenico. "For the Cause of Christ Here in Italy"：America's Protestant Challenge in Italy and the Cultural Ambiguity of the Cold War, *Diplomatic History*, Vol. 29, No. 4 , 2005, pp. 625-654; Cora Sol Goldstein. Before the CIA: American Actions in the German Fine Arts (1946-1949), *Diplomatic History*, Vol. 29, No. 5, 2005, pp. 747-778; Barak Kushner and Sato Masaharu. Digesting Postwar Japanese Media, *Diplomatic History*, Vol. 29, No. 1, 2005, pp. 27-48; Ira Chernus. Operation Candor: Fear, Faith, and Flexibility, *Diplomatic History*, Vol. 29, No. 5, 2005, pp. 779-809.

50 年代初，发行量在 100 万份以上，这不仅是战后日本出版业的奇迹，更是日美地缘政治关系的晴雨表。随着占领时代的结束，《读者文摘》发行下降，1986 年停止发行。《读者文摘》成为美国出版自由和民主理想的宣传工具，直接为美国占领当局服务，向日本人教导民主。鉴于美苏的关系，《读者文摘》迅速成为冷战政治的反映。

关于冷战的意识形态与文化因素的研究，2004 年度的两篇文章似乎更有代表性。《"比畜牲还野蛮"：1944 ～ 1945 年苏联战线后的美英战俘与航空兵之文化和情感叙述》一文很有特色。① 此文从一个小侧面解释了冷战发生的文化与情感根源。文章大量使用了二战末期美英战俘和航空兵飞行员的叙述。他们要么被苏军从德军手中解救，要么加入苏军联合作战，因而与苏军官兵有大量的直接接触。通过对叙述的逐个研究表明，这些英美官兵对苏联官兵的印象不佳，他们并不认同苏联人的文化价值观念，认为他们粗暴无礼、不讲人道、官僚气重、封闭内向，用一个词形容就是"野蛮"。与此同时，英美人缺乏耐心，随着二战即将结束，这种对苏联人"民族性"的反感已难以压制，并蔓延到中高级军官中，一度引起盟军高层的警觉，但这种文化情感判断仍然存在。虽然苏联与西方的文化差异与冷战并无必然的联系，但通过英美官兵的愤激性和蔑视性叙述，苏联对东欧的占领变成了"野蛮人的入侵"，苏联与西方的文化差异被逐渐政治化，这正好为杜鲁门政府所利用，成为冷战爆发的一个不可忽视的因素。在 2004 年度，《经济发展的传奇与新冷战史》一文也值得到一提。② 此文从经济发展模式的角度来透视冷战中意识形态的差异。文章认为，美、苏两国在采用何种经济模式、优先发展何种产业等问题上存在着巨大的分歧，正是这种经

① Frank Costigliola. "Like Animals or Worse"：Narratives of Culture and Emotion by U. S. and British POWs and Airmen behind Soviet Lines, 1944-1945, *Diplomatic History*, Vol. 28, No. 5, 2004, pp. 749-780.

② David C. Engerman. The Romance of Economic Development and New Histories of the Cold War, *Diplomatic History*, Vol. 28, No. 1, 2004, pp. 23-54.

济发展道路的分歧在一定程度上导致了冷战的爆发。在主体部分，文章大量使用第一手资料，对冷战中的印度、美、苏之间的经济竞争和1961年柏林墙危机三个个案进行具体的多边考察，试图分析经济发展水平、经济模式的差异是如何导致冷战的发生和终结。文章除了对美国进行考察外，还重点研究了印度、苏联等旧冷战史较少涉及的国家。考察表明，美苏双方都试图让印度采用自己的经济模式，美、苏双方都竭力证明各自经济模式的优越性。因而，印度经济模式的选择反映了美苏两国在政治、意识形态甚至是心态上的激烈较量。

其次，与意识形态和社会文化因素的关注相关联的是，普通人的日常社会和经济生活开始纳入冷战史的研究范围。关于冷战中普通人的社会日常生活，2005年西方史学界发表了《冷战家内化：马歇尔计划中作为宣传工具的德国家用消费》、《民族国际主义者：1957～1964年英国与西德的反核人士、跨国交流政治与冷战社会史》等文章。①

《冷战家内化》一文考察了冷战初期，商品文化的冷战与生活方式的冷战在家庭中的展开。美国经常在柏林等地举办商品展览会，将家用消费和商品文化作为一个宣传武器，宣扬"需求的自由"、"生活得更好"等观念，从而展现出马歇尔计划的文化攻势。苏联和东德也推行家用商品计划，以抵制西方生活理念的侵蚀。此文正是透过家用商品这一物质媒介，解析了文化冷战的烟云在家庭战线的展开。《民族国际主义者》一文从社会发展、政治传统和国际关系的角度考察了20世纪50年代晚期和60年代早期英国与西德反核运动的兴起与发展。在英国称"非核运动"（Campaign for Nuclear Disarmament），在西德称"反核复活节游行"运动（Easter

---

① Greg Castillo. Domesticating the Cold War: Household Consumption as Propaganda in Marshall Plan Germany, *Journal of Contemporary History*, Vol. 40, No. 2, 2005, pp. 261-288; Holger Nehring. National Internationalists: British and West German Protests against Nuclear Weapons, the Politics of Transnational Communications and the Social History of the Cold War, 1957-1964, *Contemporary European History*, Vol. 14, Part 4, 2005, pp. 559-582.

Marches of Atomic Weapons Opponents)。文章考察表明，两个反核运动中的民族主义者和国际主义者并无本质区别，他们都将自己的目标与全球和国际问题相联系，其基本背景都是民族国家，国际主义只是民族性的表达，并不是理想的国际主义。文章也指出，两个运动在政治传统、社会参与和发展上有显著不同。英国“非核运动”主要在议会内展开，有传统的压力集团，在稍后即衰落。最为精彩的是对德国“反核复活节游行”运动的考察。德国的“反核复活节游行”运动虽受到英国方面的影响，但成长是独立的：组织相对松散自由，主要目的不在政治方面，而是改造整个社会，是一场参与广泛的社会政治运动。与英国方面比较，该运动更少边界，声称自己是世界居民而不是国家公民，在表达民族主义时更多地为整个人类理想而奋斗，经常挑战现政府的政策，声明世界人民的利益。

此外，由于关于冷战的档案资料得到进一步发掘，学者们的研究更多采用多边资料而不是单边资料，历史的真实性进一步增强，美国中心倾向也因此得以抑制。上文所提多数文章就明显反映了这一趋势。《为了基督在意大利的事业》一文，以意大利的资料为中心，兼及美国方面的资料。《在美国中情局介入之前》一文，不仅使用美国方面的资料，也大量采用德国方面的资料。《经济发展的传奇与新冷战史》一文不仅采用美国方面的资料，也大量使用了苏联和印度方面的档案资料。《民族国际主义者》一文甚至不以美国为对象，只涉及西德和英国，“美国中心”在此文中不复存在。更为突出的是，《1968 年是冷战的战略分水岭吗?》一文，大量采用捷克斯洛伐克、波兰、罗马尼亚、比利时、德国、美国等方面的档案资料，对 1968 年布拉格之春与苏军入侵事件进行重新研究，得出了不少新认识。①

2005 年西方史学界对战争与和平的研究体现了史学工作者对人类战和问题的最新诉求，反映了近年来西方史学的一个重要趋

---

① Vojtech Mastny. Was 1968 a Strategic Watershed of the Cold War?. *Diplomatic History*, Vol. 29, No. 1, 2005, pp. 149-177.

势：对中下层社会与边缘群体的严重关注。二战史研究对普通战俘和战时劳工的深切关照，对战争与社会之关系的深入调查，就是西方史学这一趋势的反映。这一趋势在冷战史研究中亦有大量反映。冷战史研究还体现了近年来西方史学的另一个趋势：对文化因素的重新关注。由于社会文化因素的纳入，意识形态在新冷战史中得以重新界定。总体看来，2005年英语世界对战争史的研究沿着历史学发展的总体方向，取得了不俗的成绩，特别是二战史研究受反法西斯战争胜利60周年纪念的带动，形成大量论著。这是十分可喜的现象。不过，如何将这种现实热情化为长期的学术努力，如何将战争史与历史学基本趋势更好地结合，这是今后战争史研究需要继续探索与实践的课题，相信会有更多的史学工作者投身到这一实践中去。

五、参考资料及文献

（1）期刊类：共有30种外文期刊杂志，除纸本期刊外，还有来源于 Academic Source Premier 等数据库的电子文本期刊。

Antiquity（2004）

Contemporary European History（2004 - 2005）

Continuity and Change（2003）

Comparative Studies in Society and History（2004 - 2005）

Current History（2004）

Diplomatic History（2004 - 2005）

Gender & History（2005）

History and Theory：*Studies in the Philosophy of History*（2004 - 2005）

International Relations（2005）

Journal of American Studies（2005）

Journal of British Studies（2003 - 2005）

Journal of Contemporary History（2004 - 2005）

Journal of the History of Ideas（2004 - 2005）

Journal of the History of Sexuality（2005）

Journal of Social History（2004）

Journal of Women's History（2005）

Past & Present（2003 – 2005）

Social History（2004 – 2005）

The American Historical Review（2004 – 2005）

The Economic History Review（2004）

The English Historical Review（2003 – 2004）

The Historian（2004 – 2005）

The Historical Journal（2004 – 2005）

The Journal of American History（2004 – 2005）

The Journal of Ecclesiastical History（2004 – 2005）

The Journal of Economic History（2004 – 2005）

The Journal of Interdisciplinary History（2004 – 2005）

The Journal of Medieval and Early Modern Studies（2004 – 2005）

The Journal of Modern History（2004 – 2005）

Women's History Review（2005）

（2）博士论文类：

资料主要来源于 ProQuest 博士论文数据库，包括全文与非全文，即 ProQuest 博士论文全文数据库与 ProQuest Digital Dissertation 数据库。

（3）专著类：

来源于主流外文期刊杂志上的书评以及国内各大图书馆馆藏书籍，主要是国家图书馆与北京大学图书馆的藏书及目录。

（4）其他资料：

第 20 届国际历史科学大会会议概要（CISH 20th International Congress of Historical Sciences Programme）。

英语世界的先秦儒学研究*

丁四新　华云超

一、孔子与《论语》研究

（一）《论语》新近英译本的问题与 Alice W. Cheang 的评论

孔子（Confucius）与《论语》（the Analects）的思想及相关问题，一直是英美汉学界思想研究的重心之一。随着儒学（Confucianism）发展的第三次浪潮对于亚太圈的经济增长提供意识形态基础之可能性的日益呈现，远在美国等西方汉学界的学者对于儒家思想的研究变得更为关切，《论语》众多新英译本的产生就是一件值得尤为关注的事情。就这些《论语》新英译本及其相关问题，Alice W. Cheang（郑文君）专门写了一篇《大师的声音：论孔子〈论语〉的阅读、翻译和解释》的论文，① 为我们提供了西

＊ 这篇追踪性文章从收集资料到资料的初步筛选，由汪奇超和丁四新负责，夏世华、汤云、汪奇超和丁四新参与了此文的具体译写工作，最后由丁四新统稿而成。

① Alice W. Cheang. The Master's Voice：On Reading, Translation and Interpreting the Analects of Confucius. *The Review of Politics*. 2000, Vol. 62：3. pp. 563-581. Shirley Chan(陈慧)在其著作的《引言》中，对自陈荣捷(Wing-Tsit Chan)之后英语世界的《论语》研究和翻译有一个简约的回顾和批评。参见 Shirley Chan. (2004). *The Confucian Shi, Official Service, and the Confucian Analects*. New York：The Edwin Mellen Press. pp. 3-18.

方汉学界有关《论语》的翻译传统及近年西人在如何理解《论语》及孔子思想上的巨大差异。Cheang 特别评论了 Roger T. Ames（安乐哲）和 Henry Rosemont, Jr. 的《孔子的〈论语〉：一个哲学的翻译》、① E. Bruce Brooks（白牧之）和 A. Taeko Brooks（白妙子）的《原初的〈论语〉：孔子及其弟子的言论》、② Chichuang Huang 的《孔子的〈论语〉》、③ Simon Leys 的《孔子的〈论语〉》④ 这四种新近出现的译本。这四个译本都采用了 James Legge（理雅各）对《论语》的英译名称 *The Analects*，但是它们对于孔子解释的风格和进路差别很大。

Ames 和 Rosemont 相信，译者可以运用一种例如揭开原意（the original meaning）——即与作者或编者之所言谓者相靠近的意义——的方法去翻译《论语》。然而，西方的读者首先必须警惕自己的语言和文化培训使自身预先去安排、设计非西方文本的那种扭曲。我们习惯于从自己的世界观去审视另一种文化，结果反射回来的是那些我们早已熟悉的东西。因此译者必须努力确定他们在《论语》中认知到的他异性（the otherness）资源。Ames 和 Rosemont 采用一些由英语词联合起来构成的词汇，来显明这些基本的不同，例如为了强调作为过程而不是品质的特性，他们将"仁"译成"authoritative conduct"，而不是通常的"goodness"或"humanity"的翻译；由于认为知行没有真正的界限，他们将"知/

---

① Roger T Ames and Henry Rosemont, translators. *The Analects of Confucius: A Philosophical Translation.* New York: Ballantine Books, 1998.《论语》研究专家 John Makeham（梅约翰），对此书和 Brookes 的《论语辨》有书评。

② E. Bruce and A. Taeko Brooks, trans. *The Original Analects: Saying of Confucius and His Followers*. New York: Columbia University Press., 1998. 需要指出的是，这本著作的封面上署有《论语辨》的中文书名。有关书评，访问 http://www. umass. edu/wsp/publications/books/analects/reviews/index. html 网页。

③ Chichung Huang, trans. *The Analects of Confucius.* New York and Oxford: Oxford University Press, 1977.

④ Simon Leys, trans. *The Analects of Confucius.* London and New York: W. W. Norton and Company, 1997. Simon Leys 是笔名，其本名为 Pierre Ryckmans。

智"译成"to realize", 而不是通常的"to know/knowledge"或"wise/wisdom"的翻译。

对于 Ames 和 Rosemont 的翻译理论和实践, Cheang 批评道:

Ames 和 Rosemont 已作了许多工作让读者警觉文化挪用（误挪）的陷阱, 即将自己认为真实的东西设想在他人的文化中是有效的。但是, 虽然"goodness"和"benevolence"作为"仁"的对应词是拙劣的, 然而对于英语读者而言至少它们传达了有意义的某种东西, 而"authoritative conduct"却不能。又, "government"虽然附带着以西方法律和司法观念形式的躯壳, 不能翻译"政", 但是"sociopolitical order"很难说是一个改善。而且, 这可能过分强调了其他文化的他异性（the otherness）。……被看作基本上是关心政治和实践哲学问题的《论语》, 必然与西方现代读者习惯于认为是哲学著作而具有更多纯粹思辨性质的著作之阅读不同。但是以我们的努力所建筑的道路, 尽管歧出多途, 然而都趋向相同的目的, 甚至于一个纯粹思辨的文本, 当对成为人意味着什么作出相似的研究的时候, 作为关心之一一定具有作为改善人类生活之帮助而贡献其研究结果的欲望。①

Lionel Jensen（詹启华）与《通过孔子而思》的作者 Roger T. Ames、David Hall（郝大维）一起考虑同样的问题,② 他提出在《论语》中存在"真的"意义, 一旦读者在历史和文化的背景接受了必要的教育, 这个"真的"意义完全可以发现。Jensen 主张我们或任何给定的人所知道的儒学, 是且仅可能是基于我们的立场创作（invention）的产物, 即是说, 一系列创造性的挪用的产物。Cheang 指出, Jensen 的观点颇为极端, 但是在一定程度上他是正确的, 因为我们全都在形成我们的需求和支配我们的欲望的历史、个

---

① Alice W. Cheang. The Master's Voice: On Reading, Translation and Interpreting the Analects of Confucius, 2000, pp. 570-571.

② 参考 David Hall and Roger T. Ames. *Thinking Through Confucius*. Albany: State University of New York, 1987. 新出中译本, 见何金俐译:《通过孔子而思》, 北京: 北京大学出版社 2005 年版。

人条件下劳动，我们在文本中所看和所听到的，仅仅是我们能够听到和看到的。Ames 和 Rosemont 承认传统的观点，《论语》中的孔子或多或少是历史中的人物，但是作为哲学家，他们感兴趣的不是孔子是谁，而是孔子言论的内容。这可能是他们为什么将孔子翻译成以一种毫无个性迹象之声音来讲话的人物，以便他所说的话可以作为与其具体生命相脱离的洞见（disembodied insights）讲出来。在 Cheang 看来，这比起基督徒接受福音书的教义，而丝毫不把它们的旨意看作是基督所经过的人类生活的具体表达来，并不缺少一份荒唐。

Leys 和 Brooks 的译本都有传注（commentaries），这除了有用的文本性和解释性注释（notes）之外，还包括代表译者作为私人性的阅读，及基于他们的角度对文本做出反应的思想和意见的评论。按照 Cheang 的说法，Brooks 和 Leys 是按照中国传注的传统来做他们的工作。Brooks 甚至采取了传统传注的形式，而 Leys 则在书后做了与其翻译同等长度的 Notes。这种方式让我们参与、投入到与《论语》的对话（conversation）之中，但是文本的不透明性（the opacity of the text）却消失了。在进行语言翻译转换的过程中，那些在原文中浓缩、深奥的文本意义就变得清晰、可理解和单一了。为了表达孔子的言论，在另外一种语言中添加一些东西是必要的，但是这导致文本趋向于译者，而不是读者。

Simon Leys 的翻译更注重传达《论语》中信息的个人性，他避免对历史的孔子与《论语》中的那个角色作出分别，相反他采取了一种自然主义也是传统主义的文本观点。Leys 通过一个虚构的时间的描述，他做了那些 Ames 和 Rosement 不打算去做的事情：创作一个发展的人物，他的声音充满了人类的情感。Leys 还在《论语》文本和英语读者的关系之间达成妥协，通过此一方法在共同人性的基础上使读者可以会遇文本中的孔子。这真正地是一个每个人的孔子（an Everyman's Confucius）。不过，Cheang 指出，如果说在这个了不起的翻译尝试中有任何缺点的话，那就是 Leys 过分热心于试图确保让人们完全进入《论语》之中。因此他勤勉地将汉语调换成现代英语，例如将"official holding the whip"（执鞭之士）

换成"janitor"，将"圣人"（通常译作"sage"）译为"saint"，将"君子不器"之"器"译成"pot"，而通常译成"vessel"或"utensil，implement"。

在多大的程度上《论语》中的孔子是真实的？或者说，《论语》中有多少语录实际上代表了真正孔子的言论？作为 20 世纪《论语》最为伟大的翻译家，Arthur Waley 曾说过："我认为，在设想那部书（指《论语》）不包含许多，或许可能根本不包含真实的孔子言论的上面，我们是正当的。"① Waley 的话代表一种中间派的立场，而那种认为大部分言论是真实的，属于真正孔子的，这属于右翼，认为没有任何言论是真实的，或者说出现在《论语》中的孔子（the Master）纯粹是文本创造的虚构之事，则属于左翼。据此，Chichuang Huang 属于左翼分子，因为对于他而言，文本的话语是历史上孔子言论的紧密而正确的代表。Cheang 批评道，他的阅读可以看作是 Literalist reading，与对于《圣经》仅作文字上的阅读，遂执而信之的方法类似。在他将在《论语》中被神圣化的智慧看作是永恒与不变的意义上，我们可以说他是一个理想主义者（an idealist），以至于在文本中不同部分对孔子的描绘不被解释为代表变动的方面或历时的发展。

Brooks 则代表了另一极端，他的立场是左翼的。他相信除了《里仁》篇中与孔子实际所说的东西相应的言论之外，没有任何其他言论真正属于孔子的。在中国，17 世纪的考证派学者崔述就怀疑《论语》的真实性；在西方，在 Arthur Waley 怀疑论观点的开启之下，西方汉学家认为道家的材料出现在《论语》后五章之中，因此它们只可能在公元前 3 世纪形成。他们与 Brooks 团队（the Brooks team）一起已发展出一个"累加的理论"（accretion theory），旨在解释整个《论语》手抄稿（manuscript），包括关于制作时间、作者权的问题在内的历史，也即是《论语》文本如何形成，如何被重构，以显示每个单独的文本段落（every single passage）在原

---

① Arthur Waley, trans. （1938）. *The Analects of Confucius*. New York: Vintage Books. Reprint. 1989. p. 25.

始著作中的顺序。换言之，不仅知道哪些部分真正代表历史上的孔子的言论是可能的，而且可能知道谁写作了所有其他文本的部分及在何时形成的。① Brooks 团队认为，所有余下的书篇，以大概每一代人——在一位新儒家学派头领的领导下——编纂一篇书的速度形成。这又导致 Brooks 他们理论的第二个更加旋绕的部分：次序的重构，由此新的文本段落被创作和被添加入原先存在的材料之中。或者说，《论语》大约经过了两个半世纪的时间，通过缓慢的累加过程，在鲁国被他的门徒和子孙以一篇书、一篇书添加的方式形成的。这意味着《论语》多达十九篇文章实际上都不是来源于孔子，而在文本中的孔子这个角色仅仅是一个文学上的虚构和一个手段，通过孔子之口将其他人的思想插入其中，给予它们更大的权威。虽然 Brooks 的假设非常精彩，Cheang 评论道，然而并不能被证实。Brooks 团队的论证，部分是建立在坚固的证据基础之上，部分则是以推测为基础，或者以他们的话来说，他们所说的一些话"在本质上似乎是合理的"（intrinsically plausible），一些话"在考古上被证明了"（archaeologically attested）。

总之，我们听到了《论语》中孔子的原始声音，但是被译者的翻译覆盖了，结果是一个吸纳了像实际的孔子言论一样多的翻译者自己的个性，即参有他的情感和成见的合成物。Leys 的孔子以平静而彬彬有礼的方式讲话，他首先是一个和事佬；在 Bruce 和 Taeko Brooks 的描述中，孔子经过了漫长的演进，但是保持让"狂怒的正直"（furious integrity）和"大度的愤怒"（generous anger）贯穿在他所有的人生变化之中，而译者颇为明显非常尊敬这些品质。Huang 的偶像化的孔子是一个遥远的人物，属于圣徒传之类的主题。Ames 和 Rosemont 的译作是独特的，因为他们的孔子没有投

① Bryan W. Van Norden 在《孔子之道》的论文中叙述道："大约 200 年前，中国学者崔述表达了他的争论：《论语》最后五篇不是真实的。在二十世纪初期，杰出的汉学家和翻译家 Arthur Waley 暗示《论语》仅有第三至九篇是真实的。最近，Bruce 和 Taeko Brooks 辩论道《论语》仅有第四篇中的一部分，大概 16 条言论是真实的。"参见 Bryan W. Van Norden. The Dao of Kongzi. *Asian Philosophy*. Abingdon：2002，Vol. 12：3. p. 158.

射任何意味的个性，反而可能反映了这两位学者的哲学观。Leys
和 Brooks 这两位西方汉学巨人在他们的成熟期已决定以传注的方
式从事《论语》的翻译，这可能不是一个巧合。无论这种快乐的
合流的原因是什么，我们都双倍有幸地拥有 Leys 和 Brooks 团队的
著作。Leys 对于能够向一般读者讲话的孔子感兴趣，而 Brooks 的
孔子则是一个语言学家罕见的例子。就语言学的基础来说，Brooks
的翻译远胜于在此被评论的任何他人的工作。

（二）孔子之道：忠恕、仁、德性伦理

对于孔子之道，Bryan W. Van Norden（万白安）在《亚洲哲
学》2002 年第 3 期上发表了一篇《孔子之道》的文章，① 对于学
术界关于"孔子之道"的解释作出了概括性的回顾和评论，并阐
明了他自己的观点。在他看来，学界主要有两个解释路线。一组解
释将《论语》4：15（第 4 篇第 15 章）中曾子以"忠"（loyalty）、
"恕"（reciprocity）代替孔子教义中的"一贯"（one thread）作为
理解的关键，② 最近有些解释者则强调《论语》13：3（第 13 篇第
3 章）中孔子论"正名"（correcting names）的观点。③ 在 Van
Norden 看来，这两种进路因建立在窜入或非代表性文本的基础之
上，所以都是不正确的。他认为，《论语》显示出孔子是一个强调
修养德性，而不是寻求系统概括的思想家。

抛开《论语》文本的真伪性不说，《论语》文本在表面上缺乏
关联性，以及不清楚是否有某种组织原则贯穿其中，这些结构上
的明显缺失就让《论语》的读者感到沮丧。Herbert Fingarette 和程

---

① Bryan W. Van Norden. The Dao of Kongzi. 2002, pp. 158-171.

② 参见《论语·里仁》："子曰：'参乎！吾道一以贯之。'曾子曰：'唯。'
夫子出，门人问曰：'何谓也？'曾子曰：'夫子之道，忠恕而已矣。'"

③ 参见《论语·子路》："子路曰：'卫君待子而为政，子将奚先？'子曰：
'必也正名乎！'子路曰：'有是哉？子之迂也！奚其正？'子曰：'野哉，由也！
君子于其所不知，盖阙如也。名不正，则言不顺；言不顺，则事不成；事不成，
则礼乐不兴；礼乐不兴，则刑罚不中；刑罚不中，则民无所措手足。故君子名之
必可言也，言之必可行也。君子于其言，无所苟而已矣。'"

颐都曾表达了同样的困惑,① 但是在困惑之后二人同时又都认为《论语》所显示的"孔子之道"是某种具有重大意义和深刻性的东西。然而问题在于,发现"孔子之道"的钥匙是什么呢? 西方的学术和翻译家大多数的解释都集中在对《论语》第 4 篇第 15 章,或者第 13 篇第 3 章的两段文本上面。在 4:15 中,曾子以"忠恕之道"来解释孔子"一贯之道",但是,Van Norden 指出,基于一系列的原因这是令人迷惑和有趣的。孔子只说有"一个"东西,将他的道连接在一起,但是曾子在解释孔子的意思的时候提到了两个东西("忠"、"恕"),而且它们是众人都可以理解的。不仅如此,D. C. Lau(刘殿爵)将"恕"翻译成"using oneself as a measure to gauge others","忠"翻译成"doing one's best",以此来组成孔子之道。因此 Lau 将 4:15 看作把《论语》作为一个整体理解的中心。但是 Lau 对"忠"的翻译显然比"loyalty"这个词具有宽广得多的意义。Herbert Fingarette、David S. Nivison(倪德卫)和 P. J. Ivanhoe(艾文贺),亦皆将 4:15 看作是理解《论语》的关键段落;而且为了达到搞清整个文本之意思的解释目的,他们或者这样或者那样,对"忠"("loyalty")给予了某种特别的、秘传的意义。这在 Van Norden 看来,包括朱熹在内,任何一种像这样的阅读是存在重大问题的。朱熹的解释严重染上了佛学形而上学观念,这对于孔子本人的思想来说完全是外异的。而且更为糟糕的是,任何循顺朱熹之法对 4:15 的解释会面临两个致命的困难。其一,有大量文本上的和有条件可依的证据表明 4:15 是伪造添窜的,是在孔子死后乃至《里仁》篇编成后较久才被插入其中的。② 4:15 中曾子的评论似乎是对 15:3 中"一以贯之"的引用,所叙述的故事在历史上是不可信的。除了 4:15 之外,《论语》中没有

① Fingarette 的儒学研究以一册小开本约 80 页的《孔子——作为神圣的凡俗》一书名世,对西方儒学思想研究产生了巨大的影响。Herbert Fingarette. *Confucius: the Secular as Sacred.* New York: Harper & Row, Publishers, Inc, 1972.

② Bryan W. Van Norden. Unweaving the "One Thread" of *Analects* 4:15, in *Confucius and the Analects: New Essays*, edited by Bryan W. Van Norden. New York: Oxford University Press. 2002, pp. 219-224.

曾子与孔子对话的其他记录。而且，曾子在《论语》11：18 中被描述成 "stupid"（"鲁"）。① 孔子为什么会向一个较为年轻而且不是特别聪明的弟子甩出一个明显隐秘的评论，还没有检查以确信他是否明白了，就离开那间房室呢？并且，为什么其他的弟子会冲上前来，向这个年少的（junior）弟子询问一个解释呢？而曾子将孔子的 "一" 道解释成二事，他对于孔子之所言的解释也是难以令人信服的。其二，即使 4：15 在历史上是真实的，也不能对《论语》的其他文本给出具有洞察力的解释。有两点是很显著的：在《论语》的其他部分中，"忠" 不是以朱熹、Lau 和其他人在 4：15 中认为的那种方式被使用，而是 "loyalty" 的意思。这是第一点。第二点，除了 4：15 之外，没有证据表明忠、恕在《论语》中是一对特殊的术语。对于孔子而言，"忠"、"恕" 确实是两个重要的价值，但是从整体上而言，在《论语》中它们并不比仁、义、智、勇、孝更为重要。

近来，有一些解释者认为第 13 篇第 3 章的正名（correcting names）观念是理解《论语》的关键，然而不论在中国还是西方，一些解释者认为正名具有更为广泛得多的意义。正名论对 "名" 持有 "厚"（thick）的理解，它有两个要点：（1）"名" 仅被应用到那些实际上做到了相关深厚描述的东西上面；（2）人们做到了应该应用于他们身上的深厚描述。举例来说，齐景公问政于孔子，孔子回答说："君君，臣臣，父父，子子。"② 在此，孔子以一种对君、臣、父、子具有深厚的观念而在回答问题。因此孔子是在说，如果您想让社会运行良好，君主必须担负起作为君主的责任，臣子必须担负起作为臣子的责任，父亲必须担负起作为父子的责任，儿子必须担负起作为儿子的责任。这是正名意义的一个方面：要求人

① 参见《论语·先进》："柴也愚，参也鲁，师也辟，由也喭。"对于"鲁"的理解，他人与 Van Norden 不同。James Legee 译作 "dull"，Arther Waley 译作 "dull-witted"，D. C. Lau 译作 "slow"，Roger T. Ames 和 Henry Rosemont 译作 "thick"。这里特别加以指出。

② 《论语·颜渊》篇第十一章。

们践行那些对应用于他们自身之"名"作出深厚描述所意涵的准则（norms）。另一方面，在孟子的革命观中，纣由于没有履行君应当履行的责任，他就不应该被称为君，而被称为独夫，正名意义的第二方面在此被很好地阐明出来："名"应该仅仅应用于那些事情上面，这些事情至少在一个重大程度上履行了对"名"的深厚描述所体现的那些标准。Van Norden 猜测，将 13：3 看作是《论语》的密码的观点，很可能源自于冯友兰。冯友兰在两卷本《中国哲学史》（A History of Chinese Philosophy）的第一卷，强调了正名对于孔子的重要性，与柏拉图对于概念的定义活动非常相似。① 冯氏对于几位最近的哲学家对孔子的解释产生了深重影响。他们之中最为著名的可能是 Chad Hansen（陈汉生）。Hansen 跟随冯氏的观点，将正名当作孔子思想的中心，并认为正名具有指导行为的那种作用。② 对于此种意见，Van Norden 指出，五十多年前 Arthur Waley（亚瑟·威利）就表达将 13：3 看作是孔子思想之表达的历史可靠性的怀疑。Waley 说 13：3 以一种明显的"链锁论证"（chain argument）的方式写成，可是这种方式在《论语》任何其他地方都没有发现；13：3 是伪造的，因为连与孔子经常谈话的子路，在听到其师言及正名之时也感到非常震惊，该篇的作者也可能借此期望读者在读及正名论时感到同样的震惊；中国哲学"语言的危机"（language crisis）发生在公元前 4 世纪后期，名实的讨论发生在这之后，然而《论语》13：3 却是一个唯一的例外。③ Van Norden 在Waley 的基础之上又补充了两点。第一，"名"（name）这个术语在《论语》中仅出现 8 次，如果认为正名是孔子的中心观念，那么这是令人惊讶的；而且，13：3 中的"名"更像晚出的文本，如《论语》第 17 篇或《荀子·正名》中的同名概念；第二，新加坡

---

① Feng Yu-Lan. *A History of Chinese Philosophy*. Vol. 1. trans. by Derk Bodde. Princeton：Princeton University Press. 1952，pp. 59-62.

② 参见 Chad Hansen. *Language and Logic in Ancient China*. Ann Arbor：University of Michigan Press 1983；Chad Hansen. *A Daoist Theory of Chinese Thought*. New York：Oxford University Press. 1992，pp. 65-71.

③ Waley，*The Analects of Confucius*，pp. 21-22.

国立大学的 Loy Hui-chieh 指出，与正名思想相关的文本在《论语》中只有 24 章，这只占 500 章文本的 5%。

总之，Van Norden 不相信将《论语》第 13 篇第 3 章或者第 4 篇第 15 章，作为理解孔子之道的关键的看法。但是到底什么是其关键呢？他提出了根本不同的意见："不存在一个段落可以将所有的孔子之道概括为一点。……孔子对给予我们一个规整、严密组织起来的世界观不感兴趣，因为他不认为实在（reality）是规整和严密组织起来的。相反，孔子认为我们必须发展许多德行：仁、义、智、勇、忠、信和孝。"① 我们拥有了这些品德，才可能对我们生活于其中的复杂和不断变化的世界有相应的理解和反应。

与 Van Norden 的看法相反，当代新儒家如唐君毅、牟宗三、徐复观和钱穆等人皆相信《论语》文本的真实性，将孔子之道在"一"上概括为"仁"的观念。在中国，这是一股潮流。② 香港浸会大学（Hong Kong Baptist University）的 Leo K. C. Cheung 写了一篇题名为《〈论语〉中道与仁的统一》的文章，③ 重申了这个看法。这是一个例子。

在近些年来，多种西方伦理学模式应用于《论语》（可以看作是孔子及其弟子言论的记录）的解释上。④ 如康德的义务论

---

① Bryan W. Van Norden. The Dao of Kongzi, *Asian Philosophy*. 2002, No. 3. p. 166.

② 在美国，陈荣捷和杜维明等华裔学者，多将"仁"看作是孔子教义的核心焦点。西人则多有不同，如芬格瑞特（Herbert Fingarette）、南乐山（Robert Cummings Neville）将"礼"看作是孔子或先秦儒学的思想轴心；史华慈（Benjamin Schwartz）把《论语》看作一个整体，实在（reality）在此成为一个联贯、系统的图景：礼、仁、学、家、政、命；郝大维（David Hall）和安乐哲（Roger T. Ames）对《论语》则是一种重要概念或观念的比较哲学研究。

③ Leo K. C. Cheung. The Unification of Dao and Ren in *the Analects*, *Journal of Chinese Philosophy*. Oxford：2004, 31 (3), pp. 313-327.

④ 关于《论语》的制作问题，Slingerland 已注意到了 Bruce 和 Taeko Brooks 的观点，但是在他看来，他们的研究成果适足以说明《论语》基本上可以当作是在孟荀之前的"孔子学派"（School of Confucius）的真实表达。至于晚出的《论语》的最后几篇，在论述当中虽然应当加以注意，但是这并不影响论证的主旨。

（Kantian deontology），与萨特的存在主义（Sartrean existentialism）有些相仿的理论，Gilbert Ryle 和 J. L. Austin 的表演行为理论（performative act theory），分别对 Roetz、Lau，Hall、Ames，① 和 Fingarette 的《论语》解释产生了影响。Steven Wilson 曾在《宗教伦理学杂志》上撰文，比较细致地审查了 Herbert Fingarette 和 David Hall、Roger Ames 的观点，他颇为中肯地证明他们的解释都过度地分别强调了儒家自我修养中社群的或个人主义的方面，而德性伦理学（virtue ethics）则在这两个极端之间代表了"中间道路"（middle way）。Edward Slingerland 在《德性伦理、〈论语〉与可通约性的问题》的论文中，② 在 Wilson 论述的基础上作了几点补充。

其一，对于《论语》的义务论解释，Wilson 仅仅指出义务论对于解释此一文本是不必要的，而 Slingerland 更为强烈地主张，义务论与《论语》文本显要的方面是不相容的。对于康德而言，情感（emotions）和非理性的意愿根本上是他律的，它们因此不具备参与真正的道德行为的资格，真正的道德行为产生于责任感，而不是源自于意愿。然而对于德性伦理学家而言，情感拥有关键的认知作用，因而对于品德安置（virtuous disposition）的发展扮演着必要的角色。德性培训（training）是为了使人实现优善的意图。儒家自我修养指向产生仁德的君子或圣人，并通过践礼（ritual practice）与学（study）的培训来实现。例如孟子对于舜圣的赞扬，与康德是颇为忤逆的；舜正是因为出于意愿，而非出于责任感的行为而被认为具有美德的。在自我修养上孔子对于乐（music）的强调，表明为了道德的目的需要利用（harness）情感。

① 按照 David Hall 和 Roger T. Ames 的观点，他们更倾向于认为美国的实用主义和过程哲学与中国传统哲学的关系较近，而与欧洲大陆的哲学传统，如柏拉图主义、康德主义则较远。

② Edward Slingerland. Virtue Ethics, the Analects, and the Problem of Commensurability. *Journal of Religious Ethics*. Malden：Spring, 2001, 29 (1), pp. 97-125.

其二，虽然 Wilson 主张在德性伦理学的基础上对于《论语》的解释是优越的，但是对于"德性伦理学"这一范畴自身却给出了相当松散的定义。Slingerland 认为澄清人们对于这一概念范畴的理解是很重要的，尤其因为从西方的德性理论来解释《论语》的时间正变得日益普通。Slingerland 将他的讨论主要放在西方当今德性伦理学复兴的最有影响的模式，即麦金泰尔（Alasdair MacIntyre）对亚里士多德（Aristotle）传统的基础之上。

其三，Slingerland 认为，通过将研究集中在具体的内容方面而将孔子作为德性伦理学家而与亚里士多德进行比较，这种进路是有缺点的。而且他也怀疑麦金泰尔有关孔子与亚里士多德的传统最终不可通约的结论，相反，尽管在具体内容上颇不相同，但是它们具有结构上的相似性。Slingerland 具体通过"通过践行形成品性"、"自律、自发和德性"、"传统的重要性"、"内在与外在之善"、"至高目的之需求"（the need for an overarching telos）、"普遍性的诉求"几个方面，对于它们之间结构上的相似性作了论述。

从德性的角度来理解孔子或儒家的思想，是近来西方学者的一个重要动向。Nicholas F. Gier 在《舞儒：儒家德性美学》一文中提出，① 重建德性伦理的最佳途径是回到古代希腊 technē tou biou，字面意思是"craft of life"（生活的技艺）的概念上。古代在技艺

---

① Nicholas F. Gier. The Dancing Ru: A Confucian Aesthetics of Virtue, *Philosophy East and West*, Honolulu: Apr. 2001, Vol. 51: 3. pp. 280-305. 女性主义和后现代主义的批评家对于人们顺从于某种道德法则的传统伦理学观念，展开了深入的批判。对于后现代主义者来说，普遍的道德法则是逻各斯中心主义和本质主义思维的伦理学表达，将其设想为从具体的道德抉择得出的抽象物，是更为明智的。女性主义更为具体地宣称，此种道德性代表了一种最为蔓延的父权制形式：神旨之父和世俗之父的暴政，前者创造了规则，而后者强化了它们。而义务论和功利主义的视角也假定一种灵肉分离和非人格的自我，是参与人格因素的、我们自身的一个苍白而误导的阴影。康德在道德上的不对称性和功利主义的归约主义原则，受到人们的批判。德性伦理的复苏，就是对于这种道德理论上的危机最富建设性的反应。

和美术之间没有作出区别，technē，甚至其拉丁文 ars 的意思，仍然保留了有能力的技艺和训练的意思。在希腊罗马的文化中，这些技术是非常具体的，包括营养学、经济学、性欲学。在古代中国，道德修养与从射箭到诗歌、音乐、舞蹈的技艺联系紧密，以至于实际上每一种活动都有道德和审美的意义。与亚里士多德将人的本质定义为理性不同，儒家以仁理解人。"仁"的翻译很多，如 humanity、benevolence、human heartedness、love 和 compassion，根据杜维明的意见，它也是成全他人、具有广泛包容性的德行。德性的关系性而不是理性自律居于儒家伦理的核心。汉字"心"，翻译成"mind"或"heart"，但是最好的翻译是"heart-mind"，它代表了儒家自我之"君"。理性和情感统一在"心"中，因此折磨欧洲思想的二分法就不存在了。《论语》中的孔子甚至于不以"心"反对感觉和欲望。即使在其身心二分的哲学那里，孟子然而也相信身体也组成了人的身份（identity），因为在《孟子·尽心上》中，他说："君子所性，仁义礼智根于心，其生色也睟然，见于面，盎于背，施于四体，四体不言而喻。"这意味着圣人实际上可以将德行形之于身体之内，形成善、雅和美的结合。儒家发现自我是一个过程而不是一个静止的实体。Gier 也比较了儒家"义"、"礼"与亚里士多德的概念，认为为了德性伦理规范的美术模式（fine arts model），从根本上将亚里士多德有关艺术制作和道德实践之间的区别毁损了。

（三）孔子之道：礼、乐、情感

从"礼"的角度研究先秦儒家，并指为儒学的核心观念，自 Fingarette 之后，有 Robert Cummings Neville（南乐山）和 John H. Berthrong（白诗朗）等人。Neville 在所著《波士顿儒学》中对他们的儒学观点有比较明显的叙述。① 杜维明对 Neville 的礼学主张简明地概括为："我们需要超越'实存论的儒家'（existential Confucianism），而将礼的理论发展成为人性的构成部分，以便在一个多元主义、社会分裂和冲突的时代，可以更为有效地制定新儒家通往仪范（norms）的途径。……通过强调（1）在方向上个人存在的关联角色，（2）在体势上个体生活的和谐品性，和（3）在行动上个体的特殊个性，他对儒家礼生活（the ritual life）的观念提供了具有说服力的解读。"② 但是，Neville 强调第四个条件的重要性："所有其他三个特性都是上帝原则的衍生物，上帝使和谐之事

① Robert C. Neville. *Boston Confucianism*; *Portable Tradition in the Late-Modern World*. New York; State University of New York Press, 2000. 早在 1994 年发表的一篇 A Shot Happy Life of Boston Confucians 文章中，Neville 正式提出了"波士顿儒家"（Boston Confucians）的概念。所谓"波士顿儒家"实际上主要包括 Charles River 北岸哈佛大学的杜维明教授，和南岸的南乐山、白诗朗教授。杜属于孟学路线，南乐山属于荀学路线。这个概念是否能最终真正成立，取决于他们之间在思想上的互动和批判程度。杜和南乐山在他们所处的学友关系中都曾感觉到，"Boston Confucians"这个概念对于汉学家而言显得太新奇（too novel）和怪异（too idiosyncratic）了。2005 年 8 月 8 日，Neville 在上海华东师大作了题为"The Expanding Family of Contemporary Confucian Thought"（当代儒学思想的扩展形态）的演讲，从形而上学、哲学宇宙论、人性论和社会理论对他的儒学思想作了概说。最近，John Berthrong 也对于"波士顿儒学"作了大量解释。参见 John Berthrong. (2003). Boston Confucianism; The Third Wave of Global Confucianism, *Journal of Ecumenical Studies*. Vol. 40; 1&2. and (2003). From Xunzi To Boston Confucianism, *Journal of Chinese Philosophy* 30; 3&4. pp. 433-450. 在后一篇文章中，Berthrong 将荀子-朱熹一系认作"波士顿儒学"的中国传统。虽然一个新的荀朱敏感性是什么，还不太可能设计，但是 Berthrong 保守地说这应该包括：（1）理性作用居于显著的角色；（2）聚焦于作为具有强烈宇宙论说明的价值论（axiology）形式的，郝大维、安乐哲所谓文本技巧的东西；（3）思考理（principle）气（vital force）之间的关系；（4）坚定捍卫礼的行为对于儒家之道的当代重构的作用（the role of ritual action for）。参见 John Berthrong. From Xunzi to Boston Confucianism. *Journal of Chinese Philosophy*. Oxford; Sep, 2003, Vol. 30; 3&4. p. 443.

② Tu Weiming. Foreword in Robert Cummings Neville. *Boston Confucianism* (2000).

物变得可能和真实。"这个条件正是杜维明和 Neville 争论的关键要点之一。另外，在儒家积极之恶（positive evil）的问题上，他们之间也产生了巨大的争议。Neville 以基督教的传统试图重构荀子性恶论、礼论和知识论的传统，这是否能够得到人们的肯定，将可能是一个遥遥无期的等待过程。

在《从吃人到定分：由〈论语〉激发的平衡社群和自由的尝试》一文中，① Sor-hoon Tan 依据《论语》文本来探讨如何通过儒家的礼来平衡群体和自由的张力。人们很少反对仁，但是很多人认为儒家的礼就是传统和习俗的行为规范，在某些历史时期极度残害个人自由。Tan 不仅不同意这种指责，而且认为儒家的礼应该被理解为一种群体中的自由个体的道德授权概念。通过礼来建设群体是儒学的重心。礼确立社会交往中的人为界限（可能被降格为纯粹的立法），从而限制冲突带来的危害。Tan 又认为儒家的礼是个符号结构，礼作为政治控制的有效性在于政府控制礼的符号结构的能力，和这些机构在人民中的普及程度。礼的意义也超出了政治，在儒家，礼包含着成人的道路，那是社会秩序不可或缺的。礼不仅有助于我们的社会交往，构建了我们感知世界的方式，也赋予不同实体、现象和关系以意义与价值。

对于孔子或《论语》"礼"的研究，英语世界的学者大多持客观、对象化的态度。Karyn Lai（赖蕴慧）在一篇题名为《〈论语〉之礼：道德胜任的培训和灵活性的问题》的文章中，② 认为作为适宜的行为规范的儒家之礼，可以被理解为道德自我修养动力过程的一部分。在此框架中，礼是多维度的，因为在修养的过程中，在不同的阶段它们具有不同的作用。她的这一解释重新对准礼的灵活性这一至今仍在争论的问题。诚然，在《论语》中有许多例子表明

---

① Sor-Hoon Tan. From Cannibalism To Empowerment: An Analects-inspired Attempt To Balance Community and Liberty. *Philosophy East & West*. Honolulu: Jan, 2004, Vol. 54: 1. pp. 52-70.

② Karyn Lai. Li in *the Analects*: Training in Moral Competence and the Question of Flexibility. *Philosophy East and West*. Honolulu: 2006, Vol. 56: 1. pp. 69-85.

了礼的运用具有顽固性的一面。但是当应用到其他领域，礼相当易于变化。例如，《论语·卫灵公》："子曰：当仁，不让于师。"《八佾》："子曰：事君尽礼，人以为谄也"，《宪问》："子路问事君。子曰：勿欺也而犯之。"在 Lai 看来，这些文本都展示了对不同形式的权威作出适当反应的观点，对于权威并不总是纯然和普遍的屈服。

Wayne Alt 在《礼和神器的社会构造：对〈论语〉6：25 的分析》一文中，① 比较详细地讨论了《雍也》篇的一段文本："子曰：觚不觚，觚哉！觚哉！"在《论语》中这段话最为幽秘难解，甚至传注者也搞不清是何意思。诸种不同的英文翻译，都可以追溯到如何回答这段文字最为基本问题的不同方法上。副词"不"否定了何种要求：身份，谓词，还是行为的归因？而语气词"哉"起何种作用？它是表示同意和肯定，挖苦和讽刺，还是惊讶和怀疑的语气？ Roger Ames 和 Henry Rosemont Jr. 将其翻译成：A gu ritual drinking vessel that is not a gu ritual drinking vessel—a gu indeed? A gu indeed!② D. C. Lau 将其翻译成：A Ku that is not truly a ku. A ku indeed! A ku indeed! Edward Slingerland 将其翻译成：A gu that is not a gu—is it really a gu? Is it really a gu?③ Alt 认为这几种翻译是自相矛盾的。Arthur Waley 将其翻译成：A horn-gourd that is neither horn nor gourd! A pretty horn-gourd indeed，a pretty horn-gourd indeed. ④Waley 并且评论道："当然这句言辞是一位他的权利已被他的大臣篡夺而丧失了现世的权力和本地区的最高统治权的君主，

---

① Wayne Alt. Ritual and the Social Construction of Sacred Artifacts：an Analysis of Analects 6：25. *Philosophy East and West.* 2005，Vol. 55：3. pp. 461-469.

② Ames Roger T. and Henry Rosemont，translators. *The Analects of Confucius：A Philosophical Translation.* New York：Ballantine Publishing Group of Random House. 1998，p. 109.

③ Edward Gilman Slingerland，trans. *The Analects*，in *Readings in Classical Chinese Philosophy.* edited by Philip J. Ivanhoe and Bryan W. Van Norden. New York and London：Seven Bridges Press. 2001，p. 18.

④ Arthur Waley，trans. *The Analects of Confucius.* 1938，p. 120.

对其统治下的中国的政治国家的一种隐喻性的悲叹。"Legge 将其翻译成：A cornered vessel without corners——A strange cornered vessel! A strange cornered vessel![1] Raymond Dawson 将其翻译成条件句：Even if a gu is not used as a gu, it is indeed a gu, it is indeed a gu. 在 Alt 看来，虽然这些翻译并非自相矛盾的，但是与前面的翻译一样并不切合《论语》的意思。

Bruce 和 Taeko Brooks 将《雍也》的这段话翻译成：A gu not used as a gu. What a gu! What a gu![2] Alt 认为 the Brookses 的翻译与《论语》的整个主题结构匹合得较好，而"What a gu!"应该被理解成"What a strange gu!"（多么奇怪的觚！）其隐喻义应该按照《颜渊》篇齐景公问政的一段文本来加以理解。对于孔子而言，一位被设想应该如何统治，然而却不能如此地根据与他的职分相匹应的礼和职责来统治的君主，将会是一个仅仅为名义上的君主，一个"奇怪"的统治者。孔子也认为一个不"博学于文"[3]——文（culture），不仅仅包括礼（the rites）——的人，是不能成为君子（exemplary person）的。孔子很清楚地将礼器与行礼之人分别开来，他甚至说"君子不器"，但是他坚持认为君子与礼器是脆弱的社会构造，这种社会构造是由礼的践行与指导统治的行为养成的。因此 Alt 认为《论语》6：25 也可以解读成对孔子对其弟子的一个警告，其教诲的目的是为了鼓励士（scholar apprentice）践行这些规则和惯例。正如一件觚如果不按照古代的礼仪所规定的那样被使用，它就不是一件真正的觚，因此无论出于何种理由而忽视礼的合宜规则和惯例的学生，都仅仅是名义上的士。

顺便指出，Shirley Chan（陈慧）最近在她的《儒家的士、仕

---

① James Legge, trans. *The Confucian Analects*, *in The Chinese Classics*, Vol. 1. Shanghai: Oxford University Press. 1935, p. 192.

② E. Bruce and A. Taeko Brooks, trans. *The Original Analects*: *Saying of Confucius and His Followers*. 1998, p. 36.

③ 见《论语·雍也》。

务和儒家的〈论语〉》一书中，① 专门论述了"士"及与其相关的一些问题。全书共分五章，其中第三章，通过检查《论语》中包含"士"的文句，考察"士"概念的含义。第四章，从"士"的角度讨论了《论语》文本，表明《论语》以那些儒家之士相关的问题为中心，这些问题包括如何准备被雇佣，什么时候接受或拒绝一个职位，为领主服务和履行职责的合适道路是什么。这一章还指出，当战国时期的国家统治者寻求有关为政方法的时候，儒家的是倡导具体的政治理论和为政原则。在第五章中，Chan 对与《论语》的年代顺序有关的各种意见作了简单的讨论。她是通过省察那些意见如何反映在春秋晚期及其后"士"的关心和兴趣，来测验文本的制作时间顺序的。她不是以"篇"为单位，而是在"章"的基础上来考察其时间次序的。②

Robert Eno 在《儒家天的创造》一书中，他放弃了使用"Confucian"，而使用"Ru（ist）"这一术语来指称这群承担礼的实践的人，他将"儒"描绘成"舞蹈大师"（a master of dance）而不是"正直的政治家"（the righteous politician）。人们普遍认为儒家投身于自我修养和政治实践主义之中，Eno 拒绝承认这一观点。他争论道，传统的解释都是建立在文本所表达的观念，而不是儒的实际活动之上的。Eno 主张，早期的儒家是实行"政治退却"（political withdrawal）的一群人，他们的基本关切点在于严格讲求仪式意义上的礼。③ Eno 由从事礼乐活动的功能来看"儒（Ru）"的特性，也是西方学术研究先秦早期儒家，包括孔子及其弟子的重要切入点。Nicholas F. Gier 在《舞儒：儒家德性美学》第四部分中，他从儒家哲学史的角度讨论了德性美学（virtue aesthetics）的问题。他说："毫不惊讶，最早的儒者不仅仅是老师，而且是乐师

---

① Shirley Chan. *The Confucian Shi*, *Official Service*, *and the Confucian Analects*, 2004.

② Shirley Chan. *The Confucian Shi*, *Official Service*, *and the Confucian Analects*. 2004, p. 16, 18.

③ Robert Eno. *The Confucian Creation of Heaven*. Albany：State University of New York Press. 1990, pp. 1-10.

和舞者。确实，如果 Robert Eno 广泛的语言分析是正确的，那么‘儒’（ru）——Confucian 的汉字——的原初意义，是礼仪之舞者。而且，Eno 已经将‘文’——译作‘pattern’或‘culture’，并被孔子接受，意指周文——这个关键词，追溯到一幅代表打扮成鸟形的舞者图画。Eno 还发现，意义重大的是，墨者因为儒者使用古语和服装批评了他们，在其描述中他们作鸟形而四处舞蹈。"① Gier 引用《礼记》证明儒者以乐舞来培养自身，并指出在《论语·乡党》篇中君子的合宜行为与礼仪化的舞蹈运动非常相似。这表明 Robert Neville 的观察是正确的，他说"学习自身运动的节奏，是学会感知他人存在的一部分"，并因此确认了人我之间的道德联系。② 在《论语》中，孔子不仅是一个礼仪专家，而且是一造诣深厚的弹瑟手。在《八佾》篇，他与鲁太师的谈话中，孔子至少将自己与太师放在齐等的水平上；在《述而》篇，孔子在齐国闻听《韶》乐，以至于"三月不知肉味"。他能够通过音乐知道创作者的品格，在《子罕》篇中，可能基于声与德之间的关联，孔子"自卫返鲁，然后乐正，《雅》、《颂》各得其所"，他确实热衷于道德与美学的融合。圣王之美存在于他们的德性中，任何邻居之美是由于其所居之善；无仁之人不可能欣赏乐；没有礼乐的社会将不会是正义的；确实，没有乐，礼不可能被完成。

　　Jeffrey L. Richey 不同意人们将《论语》看作仅仅是纯粹伦理教义的观点，在他看来，孔子不是一个著名的将寻常智慧分施给寻求做官的弟子的炫学者，而是一个指导其弟子通过苦行和审美的双重训练通往内圣的精神导师。《论语》关于物质的匮乏、乐舞和模范弟子颜回的关键资料，显示历史上的孔子是一位在苦行训练中指导其弟子的大师，将他们与达到乐境的审美技术联系起来，特别是他的著名弟子颜回活生生地体现了他的秘传之道。在《苦行与

---

① Nicholas F. Gier. The Dancing Ru: A Confucian Aesthetics of Virtue, *Philosophy East and West*, Honolulu: Apr. 2001, Vol. 51: 3. pp. 80-305, pp. 292-293.

② Robert C. Neville. *The Tao and the Daimon*. Albany: State University of New York Press. 1982, p. 151.

〈论语〉中的美学》一文中，① Richey 特别分析了颜回这个个案，在《论语·先进》篇中他被确立为德（magical moral power）行、忍受穷乏和好学三个主要方面的专家。他据此认为，那种以和谐的解释阅读《论语》是难以令人信服的，他将儒者实践团体之间的许多冲突抹平了。而那种将《论语》文本看作是对于历史上的孔子根本不同传统的文集，其中一些代表了"真正的"孔子的真实教诲，另一些不过是伪书的观点，也是不具有说服力的。前一种方法，典型地表现在中外对《论语》的注释之中；后一种方法，体现在 the Brookses 的激烈批评中。Richey 对《论语》不是打算做一个传统的、和谐的解释，也不是祛除其神秘，以显露所谓"真正的"或"历史上的"孔子及其弟子，而是为了让人们忍耐这部表达中国古代精神性的经典中出现的多重，甚至是彼此互相矛盾的声音而辩论。这是一种新的解释观点。

在《悲伤的完成：对孔子为颜回而悲痛的分析》一文中，② Amy Olberding 认为孔子像许多哲学家一样认识到，为了摆脱恐惧和焦虑的巨大负累，与死亡达成和谐是必要的。孔子承认，凡人必死是我们无法否认的宿命，不接受这个最为基本的现实，将使我们能够取得的生活质量处于危险之中。然而，在孔子那里，接受必死的命运并不包括我们应该毫无悲痛地接受我们关心之人的死亡。孔子暗示，悲痛的能力在一些方面是对我们生活质量善否与丰富的一种衡量。孔子对于死亡的理解和情感表达的问题，最为充分地表现在对于颜回之死这个案例上。孔子对于弟子或他人在死亡上的情感表达无疑是具有选择性的，对其挚爱的弟子颜回，则表达了这种最为重要的、伦理的情感价值。对于颜回之死的悲痛反应，孔子并非完全出于不由自主的，在某种程度上来说，我们是可以支配和批准的。虽然真实的悲痛在感觉生命丧亡的那一霎那，是不能被支配

---

① Jeffrey L. Richey. Ascetics and Aesthetics in *the Analects*, *NUMEN*. 2000, Vol. 47. pp. 161-174.

② Amy Olberding. The Consummation of Sorrow: An Analysis of Confucius' Grief for Yan Hui. Honolulu: *Philosophy East and West*. 2004, Vol. 54: 3. pp. 279-301.

的，但是悲痛的能力可以被我们过去的行为和我们与他人结成关系的方式所告知。

二、孟子研究：以人性论为中心

（一）孟子的人性论研究

关于孟子的人性论问题，一直是西方中国哲学研究所关心的热点问题。James Behuniak Jr. （江文思）和 Roger T. Ames（安乐哲）编辑了《孟子心性之学》一书，被翻译成中文。① 该书收录了 A. C. Graham（葛瑞汉）、Irene Bloom（华霭仁）、Ames、Kwong-loi Shun（信广来）等教授共 10 篇与孟子人性论相关的论文。2002 年由 Alan K. L. Chan（陈金樑）主编的《孟子：背景及解释》，② 收录了美国学者 Ames、Irene Bloom、Antonio S. Cua（柯雄文）、Kwong-loi Shun、David Nivison（倪德卫）、Donald J. Munro（孟旦）等人发表的孟子研究论文。这两本论文集，反映了英美学界在 20 世纪对于孟子人性论研究的最高水平。

Maurizio Scarparics 从 Graham 的观点出发，发表了《在早期儒家文献中的人性论争》一文。③ Scarparics 认为孔子的仁，来源于一种自然情感，作为一个整体，它包括所有呈现在人心和不同人性特征中的道德品质，暗示了一种内在的善。孟子继承了这种观点，有力地给孔子之学以内在主义和理想主义的解释。他虽然很强调传统礼教和文化的价值，但相比之下，仁（humane-ness）、义（righteousness）的原则才是第一位的。仁义内在于人性，比其他德

---

① James Behuniak Jr. and Roger T. Ames 编，梁溪译：《孟子心性之学》（Mencius' Learning of Mental-Nature），北京：社会科学文献出版社 2005 年版。中译本没有指明英文本出处，大概是由 Behuniak 和 Ames 编辑诸文，由梁溪直接译成中文的。

② Alan K. L. Chan, contributing editor. *Mencius: Contexts and Interpretations.* Honolulu: University of Hawaii Press, 2002.

③ Maurizio Scarpari. The Debate On Human Nature In Early Confucian Literature. *Philosophy East and West.* Honolulu: Jul. 2003, Vol. 53: 3. pp. 323-339.

性更根本。孟子还很重视"心"（heart-mind），心是智力、情感、欲望和道德的中心，心能思考和反思以保证人们做出正确的决定和行为。与告子不同，孟子以为人评价和选择最适宜行为的能力不是外在文化规范的内化，而是人人内在本具的能力，通过"思"（reflection）就可以实现出来。如同生而有四体，人生来就具有仁（goodness and altruism）、义（a sense of justice and morality）、礼（traditional ritual norms and good behavior）、智（wisdom）四种善端（moral impulse）。人并非生来就是完成的善，而是一种好善好德的潜力，以善端形式存在的潜力必须得到培养才能成长，经常而切近的反思自己的行为是理解和培育这种善端的关键。对于孟子，人们无需跟从哲学家的教诲，"气"这种统一世界和宇宙的力量足以使人投身于先天具有的自然性向，并能直觉而和谐的行动。孟子通过赋予气以伦理价值而重新诠释了这个概念。配义与道而成的"浩然之气"（flood-like qi）直接决定一个人的性格、气质和意志，它充塞天地之间，使人超越经验，达到"万物皆备于我"的境界。持久积淀的浩然之气是一种内在的道德勇气，成为圣贤不动心（the unmoved mind）的基础。孟子从不使用"恶"（evil/wickedness）这个术语，而是使用"不善"（not being good/not becoming good）这个概念，因此对于孟子而言，恶只是一种缺乏和失败，一种不为其当为，是在消极的意义上使用"恶"的概念的，这种恶与孟子所持内在固有的善并不对应。全面意识到这种恶的危险在对人完全扩充内在善性是必不可少的，惟有尽心竭力，人才能克制物欲的诱惑，才可以知性知天。孟子从一个道德角度赋予"思"判断行为是非善恶的功能，把"思"价值化。

正是在上面的基础上，孟子批评了告子"生之谓性"的人性观。告子的"生之谓性"可以做"静态（人与生俱来的才能特征，必待型塑）和动态（在人生命展开过程中外在善恶规范内在化过程中形成）"① 两种不同的理解。告子持"仁内义外"的观点，他

---

① Maurizio Scarpari. The Debate on Human Nature In Early Confucian Literature. 2003, p. 329.

的道德来源于内在与外在情感的交感，使人道德就必然要在其成长过程中加以外力干预。道德不是内在良心的显现，必须从外部获得。荀子的性恶论却与告子一致。与孟子相反，荀子把"性"指为一个静态实体，构成人的基本要素。性不能自美，只有通过理性和从经验获得的有意行为（即"伪"），人才能转化其原始的性情，形成新的具有道德价值的人性。在 Scarpari 看来，荀子的"伪"可以理解为 acquired nature，"伪"并没有改变人"原初的性"（original nature），相反它赋予人另一个"性"，与前一个"性"频繁地相互影响。而恶，由情感寻求满足的自然本能产生。

Scarpari 特别强调："与西方相比，上古中国的'恶'概念没有得到全部的认识和处理。西方'绝对恶'（absolute evil）与'根本恶'（radical evil）的观念甚为普遍，而上古中国却没有。在多数古代中国传统里，恶被看成无能、偏爱、背离自然原则和僭越规范等行为，属于'自然恶'（natural evil）的范围。恶未被表述成一种与善相对的宇宙力量或绝对实体，也不是对立而矛盾的神圣性的一方……所以善恶不是一对区分清晰而正相对待的概念。……而且，由于缺乏一神论的观念和真正的精神与物质的对立，看待恶问题的视角只能是相对主义的。"[1] 虽然荀子的"恶"被翻译成 Evil 或 Wickedness，但完全没有西方文化中那种无所不在的普遍意义。荀子从未想像过本体之恶的存在，或更进一步，由对于恶的诱惑与征服，而投身"恶"自身。

Bryan W. Van Norden（万白安）在《孟子与德性伦理》一文的第三部分,[2] 反驳了在他看来不属于孟子人性论或理解有误的观点。（1）人性不可能是善的，或人性无需道德修持。Van Norden 说先天禀赋的特征和行为也要求长养和教育，以便其发展。（2）孟子的人性论混淆了事实/价值（fact-value）的区分。休谟（David

---

① Maurizio Scarpari. The Debate on Human Nature In Early Confucian Literature. 2003, pp. 331-332.

② Bryan W. Van Norden. Mengzi And Virtue Ethics. *Journal of Ecumenical Studies*. Philadelphia: Winter. 2003, Vol. 40: 1&2. p. 120.

Hume）常被认为是作出是然—应然区分（the is-ought distinction）的哲学家，但是这个区分本身是有争议的：它是什么？又是否存在过？甚至休谟自己是否认可它，也是一个疑问。的确，人们不能有效地从一些完全没有价值判断（亦即没有任何价值内容）的前提中，引申出有价值判断的结论来。因此，如果孟子认为人性是完全没有价值判断的，却从中引申出有价值判断的结论来，这就混淆了是然（事实）与应然（价值）的区分界限。但很显然，Van Norden 认为，孟子的人性概念是有价值判断的，不存在所谓混淆这个界限的问题。（3）孟子的观点是循环论证的，因为它用适度修持和生命自然展开互相规定。Van Norden 说，关于健康环境和人性善的理解也是整体性的，因为我们根据一个来调整另一个，但这不是说对两个观念的调整是同等似是而非的。（4）孟子的人性论是目的论的，不能适应现代科学。Van Norden 认为孟子的人性论无需特定的目的论世界观。孟子的人性概念肯定人先天禀赋了仁义等德性，生物学为我们何以在人和某些动物身上发现这些禀赋提供三个进化论的解释：血缘选择（kin selection）、相互利他（reciprocal altruism）和群体选择（group selection）。利他可以提高彼此的生存机会，但是以自利为目的的利他是极不稳定的，只有以诚、忠和仁等德性为基础的利他主义才是稳定的。（5）孟子没有肯定人类自由的重要性。所有人性伦理表明：一切不是出于自由意志而是他物的伦理，都是被限制的，康德称为他律，萨特则认为是不真实的。但是正如查尔斯·泰勒（Charles Taylor）指出的，自我概念强调自律和真实的方式，是西方特定地理和历史进程的产物。他并且有力地论证道，完全由个人选择而产生的道德价值最终是不能内在一贯的。Van Norden 认为像孟子这样的人性伦理学，对现代西方过分强调个人选择的道德理论是一个有益的修正。（6）现代西方跨文化人类学研究试图说明没有人性这个东西，或至少它不足以为真正的伦理学理论奠基。Van Norden 说，人类学在这个论点上的观点本来就摇摆不定，19 世纪的人类学大部分都忽略多样性而偏好统一性。以玛格丽特·米德和本尼迪克特为典型的 20 世纪的人类学则反其道而行之，强调跨文化多样性，认为人性是无限可延展的。但这些研究也都是不可靠的。所以我们一方面应该重视人类学研究的成果，另一方面也证明断言没有人性的确为时过早。

（二）孟子的道德哲学及对情感、耻等概念的讨论

由 Xiusheng Liu 和 Philip J. Ivanhoe（艾文贺）所编的《孟子道德哲学论集》①，收录了八篇讨论孟子道德和哲学问题的论文。这些论文包括 Graham 的《孟子人性论的背景》，Irene Bloom 的《孟子关于人性的辩论》，Xiusheng Liu 的《孟子的内在主义》，Nivison 的《孟子：只是不为》，Xinyan Jiang（姜新艳）的《孟子论人性和勇气》，Eric L. Hutton（胡顿）的《〈孟子〉的道德鉴赏能力》，David B. Wong 的《〈孟子〉中的理由与类比推理》，Ivanhoe 的《儒家自我修养和孟子的推》。② 这些与孟子相关论集的相续出版，足以证明孟子哲学在西方汉学研究中的重要性。

Xiusheng Liu 在认真考察了西方道德哲学的内在主义概念和信广来对孟子道德哲学概念的诠释后，认为很难用任何现成的西方道德哲学概念来标注孟子的理论。但他用"孟子的内在主义"概念来说明孟子接受道德判断和动机之间的关系，但是孟子同时又是一个没有形上追求的道德现实主义者，因为孟子相信道德判断把道德品质归因于个人或行为，并承认道德实践中的人类情感。Nivison 比较了孟子不为和不能的概念，据此他认为我们可以通过立命的观念来理解孟子的道德哲学，也就是说，内在道德动力决定一个人的

---

① Xiusheng Liu and Philip J. Ivanhoe, eds. Essays on Moral Philosophy of Menzi. Indianapolis: Hackett Publishing Company Inc. p. 249. 对这部论集的介绍，参见 Ellen Y. Zhang 的书评，载（2003）*Journal of Chinese Philosophy*. 2002, Vol. 30: 3&4. pp. 555-562.

② 对应的英文名称分别为：The Background of the Mencian Theory of Human Nature（A. C. Graham），Mengzian Arguments on Human Nature（Irene Bloom），Mengzian Internalism（Xiusheng Liu），Mengzi: Just Not Doing It（David S. Nivison），Mengzi on Human Nature and Courage（Xinyan Jiang），Moral Connoisseurship in Mengzi（Eric L. Hutton），Reasons and Analogical Reasoning in Mengzi（David B. Wong），Confucian Self Cultivation and Mengzi's Notion of Extension（Philip J. Ivanhoe）.

态度和行为，所以不为不是因为内在能力不能。Xinyan Jiang 探讨了孟子的勇并试图把它与人性概念结合起来。Jiang 认为对于孟子而言，人生来就具有道德感，勇不是简单的自我控制和超越恐惧，最高的勇主要是面对危险时的道德自制。他又认真考察孟子气的概念，最后把孟子的勇定义为"义行与义情的统一体"（a unity between right action and right passion）。Eric L. Hutton 重点关注了孟子尤其是《告子上》第七章文本中的隐喻和类推，他引入了"鉴赏能力"（connoisseurship）一词来联结道德判断中的感性直观和理性推理，Hutton 区分了两种道德鉴赏能力：自然的和决定的。二者的区别，与一个人对直观地位的观念有关，孟子的道德鉴赏能力介于自然与决定之间，孟子认为直觉判断或自然反应与根植于人的动机中的根源紧密相关。David B. Wong 从另外一个角度诠释了孟子的"推"。人们通过"类推"（analogical reasoning），就可以根据当下情境，并比较一具体范例就可以做出道德判断。Wong 质疑了"逻辑的推"（logical extension）和"情感的推"（emotive extension），他建议使用"发展的推"（developmental extension），这种"推"同时包含判断和情感的增长，可以使人避免严密的推理，因为在康德和一些功利主义那里所见，伦理判断是从普遍原则中推导出来的或至少与这些原则一致。Ivanhoe 讨论了"类比的共鸣"问题，他结合儒家自我修养理论的广阔背景讨论了孟子的"推"，并做出新颖的诠释，他强调了道德主体在道德决定和道德行动中的创造性作用。Ivanhoe 分辨说：孟子道德倾向的观念决不是说我们天赋的道德禀赋自身就能导致道德的发展，因为它们只是道德的开端，惟有后天努力才有真正的道德。他质疑了信广来的逻辑一致论和 Wong 的道德推理论后，指出孟子的"推"应该被理解成一种疗养的过程（therapeutic process），人的道德情感在其中得到发展和培育，这种"推"不是对决定行为的道德推理本质的抽象理解。

　　Van Norden 简要论述了自己对于孟子德性伦理的整体理解。①

---

① Bryan W. Van Norden. Mengzi And Virtue Ethics. 2003, p. 120.

他认为，一个表达完整的德性伦理思想应该有一些环环相扣的概念：人性、长养、德性和伦理修持。在讨论了孟子的人性论后，作者总结说：孟子认为虽然事物表象各不相同，却总有特征来表征它们的情（实），有生命之物都包含着潜力（才），在健康的环境下就能发展。实现这些潜力（性）而获得的生命历程和特征，体现了善的标准或评价该类事物的价值规范，所以当孟子说"仁者，人也"时，他暗示了人有成德的潜力，我们应该实现这种潜力。就修身论而言，Van Norden 认为孟子主张像培养农作物一样培养先天禀赋的道德倾向。

Manyul IM 在《〈孟子〉中的行为、情感和推》一文中也分析了孟子"推"（extending）的概念。① Manyul IM 认为，孟子所使用的概念，也恰好为墨子所共用和阐明。作者认为，逻辑观念的推理（inference），与孟子和墨子使用"推"（to extend）的概念所表达的内容不能完全对应。"推"不必然是推论性的判断推理；作为两种说服方式，推和援都运用了类比推理。援和引证不同，它不属于辩论，被援引的对象是辩论对手接受的原则。推之所以被关注，主要是因为"让孟子关心的道德践行怠惰的问题涉及一个重要的哲学问题：情感（常被视为被动反应的）和行为（常被视为自发、积极、自由的）之间是否真的可能作出清晰的区分。"② Manyul IM 认为，孟子并不认为情感（emotions/passions）是消极的，而是把它们看作是"关切的方式"（modes of regarding）。作者最后认为："虽然在孟子那里不能找到这些问题明确的答案，但确实找到一些明确否认情感和行动的区分是理所当然的观点。孟子认为人能够对外物有某些情感的态度，因而说'不能'，要么是错误的，要么是无诚意的。我们不应该因为预设的情感与行动二分的立场，而忽视或脱离文本来了解人应该为自己的情感负责的观点。"③

---

① Manyul Im. Action, Emotion, and Inference in Mencius. *Journal of Chinese Philosophy.* Oxford：2002，Vol. 29：2. pp. 227-249.

② Manyul Im. Action, Emotion, and Inference in Mencius. 2002，p. 243.

③ Manyul Im. Action, Emotion, and Inference in Mencius. 2002，p. 246.

Franklin Perkins 在《孟子、情感和自律》一文,① 认为西方情感与理性、感觉能力与思考能力、情感与自律、激情与行动,甚至身心对立与区分等概念在孟子中根本没有,但是在孟子的论域之中,情感和自我修养是孟子伦理学的一个核心问题。在康德,情感和自律是对立的,在实践层面上,情感因为不能被控制而根本不是道德的要素。情感的问题更深一步,康德认为,人类行为有两种起因:表象的起因和自由的起因,分别由自我之为现象或物自体而确定。又因现象界中物质所引起的行动是不自由的,情感、嗜好等都建基于现象界,因而远离自由与道德。在康德的构架中,真我是理性的自我,当我们依据情感而行动,真我就被外部因素——仅为自我的表象所控制。

但情感在孟子的道的理论中占有重要地位,主要表现在两个方面:(1)道德行为必须伴随适度情感,(2)道德从人人都有的自然感觉中发生。这两点紧密相连。情感在孟子伦理学中的重要性与在康德中完全相反。Perkins 试图说明:"孟子建立了一种自我控制的模型,道德责任通过修持,从我们对世界的情感依从中产生。"②孟子道性善,但他既不是说人生下来就是完善的,也不是说我们可以自然而然的就成善,而是说在一定的物质和社会环境中培养道德。如此则似乎没有了自律的空间。作者反驳了情感可以被意志或理性所控制的观点,并认为孟子意识到情感不能直接被理性控制,但可以教养(can be trained),这种教养允许理性对情感的间接控制。在这个意义上,成德就在我们控制之中。而这种教养,由孟子所提到的两种心理事实决定:(1)情感(feelings)由经验,而不是选择或理性引发;(2)通过联结,这些情感发生移变。情感必须被唤醒并推扩。而间接控制情感的理性,属于西方传统中的言说话语;孟子不会主张通过保持逻辑的一致性来控制情感。在孟子那里没有西方意义上的理性(reason)和意志(the will)的词语,

① Franklin Perkins. Mencius, Emotion, and Autonomy. *Journal of Chinese philosophy*. Oxford: 2002, Vol. 29: 22. pp. 207-226.

② Franklin Perkins. Mencius, Emotion, and Autonomy. 2002, p. 209.

"思"（thinking/attention）和"智"（wisdom）似乎是孟子两种控制情感的可能选择。"思"是一种自觉，一种精神凝聚（人心判别善恶的伦理倾向，成德的关键）。不过"思"对于自我修养还不是自足的。"智"包括对于环境的广泛知识和权衡，以避免盲从规则的能力。在这个意义上，它相当于实践理性，而不是理论理性。无智可能意味着：（1）能识仁，但没有智慧去行仁；（2）连仁也不能识。两种情况都表明自我修养依赖于使自己处于合适环境，并专心于合适的事情的智慧。智慧必然是允许人们自我修养并对自己性格负责的能力，在这一点上，我们看到孟子是如何在一个根本意义上避免了康德情感与自律的对立的。

孟子的四端（four attitudes of the heart-mind）是"比西方传统中的'情感'（emotions）更根本的观念，并且构成对世界更为根本的开放性"。① 同情心和情感一样也使我们从属于世界，孟子从未视之为一个问题，但我们应该区分这种从属性和被动性。当我们意识到赖以教养情感的工具（仁义礼智，尤其是智）必须从情感中发展出来时，自我修养可能吗？孟子试图向我们强调，人似乎有某种自律，但问题是人缺乏所有的自律。Perkins 认为，解决这种张力的办法是发展的进程。自我修养和自律是修持而成的，不是被给予的，在此意义上，它们是自然的，却不是普遍的。这有助于解释孟子一方面强调我们应对自己负责，另一方面强调有德者特别是圣人有义务去教化，人对于环境是有依赖性的。这种教化的目的不是产生道德完美的人，而是要产生那些能对自我和他人修养负责的人。

"耻"，是儒家一个很重要的概念。在《保卫道德边界：早期儒家的耻辱观念》一文中，② Jane Geaney 说，称中国文化为耻文化（shame culture）的观点试图表明罪是更高级的内在的道德动机，而耻只是在被人注视时才发生，因而耻是外在的道德动机。以

---

① Franklin Perkins. Mencius, Emotion, and Autonomy. 2002, p. 221.

② Jane Geaney. Guarding Moral Boundaries: Shame In Early Confucianism. *Philosophy East & West*. Honolulu: Apr. 2004, Vol. 54: 2. pp. 113-142.

Kwong-loi Shun 和 Van Norden 为代表的儒家伦理研究者，运用最新的心理学、人类学和哲学研究成果对此做出了回应和修正。① 信广来认为儒家的耻是可能被某种环境污染的；Roez 认为儒家的耻观独一无二，因为它排斥道德来源在外部的习俗之耻（conventional shame）；Van Norden 认为人是不可能完全道德自律的，因而 Roez 认为真正伦理所要求的完全内在性的观点，与先秦儒家不合。他注意到伦理之耻（ethical shame，基于我们有个性缺陷）和习俗之耻（基于那些根据习俗的标准轻视我们的观点）的区别，并认为孔、孟、荀都强调前者的重要性而忽略后者的意义。Van Norden 虽然和信广来一样没有强调严格的内在性，但和 Roez 一样最终都认为先秦儒家排斥外在动机。无论他们对于先秦儒家耻观念的重新诠释是否能有效重建儒家伦理价值，他们都提出了古代中国耻观念本质的问题。但是，Geaney 说，他们根据新的耻观念的研究而得的新观点，似乎无法与先秦儒家文本相对应，这种新观点仍然是以"被注视"，尤其是以身体裸露为中心的，但这是与儒家的耻观不同类型之耻。

　　该文考察了先秦儒家哲学文本并提出了新的耻观（作者称之为"边界之耻"Boundary Shame）。与用视觉和性（sex）的隐喻来说明耻不同，儒家认为与耻密切关联的是物质（主要是衣食）、身份和言行关系。内在和外在对于人而言其界限是非常灵活的，儒家文本在这种灵活的内外关联和相互沟通的情境之中来理解耻。作者认为儒家文本暗示了战国时期一般概念的耻的两个重要方面：（1）耻与核心自我，或清晰界定的自我无关；（2）耻既非内在，亦非外在的道德动机。两种隐喻说明了耻的差别非常重要，因为性/视觉隐喻的核心或全部，是把耻描述成自我的暴露，然而没有什么理

---

① 作者在注释中提到 Bryan W. Van Norden. The Emotion of Shame and the Virtue of Righteousness in Mencius, *Dao: A Journal of Comparative Philosophy*. 2002, Vol. 2：1, and Shun, Kwong-loi. Self and Self-cultivation In Early Confucian Thought, in *Two Roads to Wisdom? Chinese and Analytic Philosophical Traditions*, edited by Bo Mou. Peru. IL：Open Court, 2001.

由说明儒家会把耻表达成这样的自我。"事实上，通过模糊的人格边界的隐喻，完全不同的耻和自我观念似乎都是有效的。而且因人格边界模糊而感到羞耻的自我，无助于说明耻是内生的……认为耻既内在又外在的观念，可能更正确，而单一地坚持任何一方，则显得非常片面。如果耻与人格边界的模糊相关，耻与注视就没有什么关系了。自我和某种形式的'他者'呈现出来，但是他者不是裁决者，也不代表社会规范，他者的呈现也不像裁断之眼（eye of judgment）那样是对道德自律的威胁。"① 在这个基础上，该文质疑了那种认为孔孟荀都排斥外在/传统之耻，而赞同内在耻观和内在道德动机的观点。

（三）中西观念比较中的孟子思想

在《美若与孟子：两幕哲学戏剧》一文中，② Marthe Chandler 分析了美诺（Meno）和苏格拉底（Socrates）、孟子和齐宣王的两则对话。苏格拉底试图通过逻辑论辩使美诺自己发现什么是美德并做个好人，而孟子试图说服齐宣王把自己对动物的不忍之心推到其民众身上，做一个圣王。孟子和苏格拉底都认为学习能力是人之为人很重要的部分，每个人都能成德、成圣，但是他们对人的乐观态度是基于完全不同的人性理论。孟子道性善，认为人有内在的道德端绪，有待于培养、教育和滋养。与之相比，苏格拉底认为理性和认识能力使我们成人，理性灵魂必须与生理欲望作斗争。Chandler 又认为，苏格拉底把理性作为人类灵魂最重要部分的信仰，使他在教美诺时依赖于演绎逻辑和辩驳术。虽然苏格拉底的对话发生在特定历史时期，但他所发展出来的策略却不依赖于任何具体历史情境。苏格拉底没能成功教美诺，但他的失败是暂时的，他后来的学生则有可能成功。孟子的归纳类比却需要具体的历史情境，于是孟子必须回应他学生的性格和情境，这些苏格拉底都可以忽略。作者

---

① Jane Geaney. Guarding Moral Boundaries: Shame In Early Confucianism. 2004, p. 114.

② Marthe Chandler. Meno and Mencius: Two philosophical dramas. *Philosophy East and West.* Honolulu: Jul. 2003, Vol. 53: 3. pp. 367-398.

认为，虽然两幕剧都以失败告终，孟子和齐宣王的对话却蕴含着深深的悲剧性，孟子在齐国的失败主要在于孟子自身的缺陷，他乐观的人性论和对于通过义战一战定天下的情感投入，蒙蔽了他对身处其中的政治环境的认识。

人们通常认为一些有保守倾向的古代哲学家提出的道德理论，似乎具有很大的保守暗示，但事实可能并非如此。James A. Byan 认为亚里士多德和早期儒家，特别是孟子不是保守的，因为他们持有联贯主义（coherentism）的立场。联贯主义不仅使他们不是过分保守，而且使他们够不上保守。联贯主义是这样一种立场："任何真正的道德判断，只符合由我们提出的最大、最联贯的那组判断。"① 规范或原则在其中没有任何作用，人们应该用类比的方式来推理，它是联贯主义所以达到联贯的基本方式。众所周知，亚里士多德提倡德性伦理，但他认为仅有德性品格不足以为善。实践智慧是必要的，它要求通过对习得的爱好的审思来揭示其中的理性。Lisa Van Alstyne 认为，亚里士多德并不保守，因为他坚持寻求理性应该进行道德沉思，这使我们远离假的道德信仰。儒家的道德理论把道德生活解释为一种对传统的涵养，它是个体人性的表达，在礼仪的美感和高贵中提升道德，儒家强调通过礼来修身，礼是传统的，所以儒家常被视为保守。但"儒家的道德理性是普遍的，它是基于联贯的理性，而不是基于规范的理性。"② 孟子给了这种道德沉思一个联贯主义的解释。他告诉我们面对问题时应该用心权衡，看有没有理由去选择那些让我们显得不知类的特例（独）。如果有，那么在其他情境下也可同样选择，充类至义之尽。孟子劝齐宣王把他对牛的不忍之心推到他的人民身上也不是很有名的例子。孟子根本反对基于规范的理性，所以他是个联贯主义者。亚里士多

① Marthe Chandler. Meno and Mencius: Two philosophical dramas. 2003, p. 276.

② Marthe Chandler. Meno and Mencius: Two philosophical dramas. 2003, p. 280.

德、孔子和孟子都不是保守主义者。①

Cecilia Wee 在《笛卡尔和孟子论自我与社群》一文中，② 认为孟子恰好可以弥补笛卡尔道德动机问题上的不足，具体说来，就是孟子关于"推"的观点能有助于补充笛卡尔认为人如何培养激情，从而把社群利益置于个人利益之上的观点。Gilligan 在其名著《不同的声音》（In A Different Voice）中认为：男人和女人接近道德的路根本不同，男人强调公平的正义，运用规则的层级；女人则相反，是基于关爱和对他人的关心，她们强调灵活性和根据当下情境来做道德决定。这两种道路的关键区别在于，男人的路是自我主导的，女人的路是他人主导的，这种区别决定了两种道德观点不能相容。Wee 则在其另一篇论文中，③ 借助孟子的道德理论批评了 Gilligan 的观点。孟子的例子表明，一个人能建立一种基于关爱和对他人负责的道德理论，但这并不排斥同时接受包括公正、公平的正义概念。女人的视角不是完全由他人主导的，男人的权利视角虽然常被社会契约的假设所巩固，却并不与这个假设有必然联系。事实上，西方思想史表明：导致人权观念发展的是从笛卡尔开始的一种认识，即只要是自律的有自由意志的人就值得尊重和敬佩。这与孟子的观点并无很大差别。

Viren Murthy 讨论了儒家的民本观念，认为民本观念由孔子发端，孟子继承和发展，贾谊作了最系统的表述；近代关于民主的讨论很少提及贾谊，实际上他可能是第一个使用"民本"概念的人。另外，Murthy 指出，重视民本思想是与当代关于儒家式民主的讨论密切相关的，而儒学在可能阻碍民主的地方可能有益于民主。④

① James A. Byan. Conservatism and Coherentism in Aristotle, Confucius and Mencius. *Journal of Chinese Philosophy* Oxford：2001，Vol. 28：3. pp. 275-283.

② Cecilia Wee. Descartes and Mencius on Self and Community. *Journal of Chinese Philosophy* Oxford：Jun. 2002，Vol. 29：2. pp. 193-205.

③ Cecilia Wee. Mencius. the Feminine Perspective and Impartiality. *Asian Philosophy*. Abingdon：Mar. 2003，Vol. 13：1.

④ Viren Murthy. The Democratic Potential of Confucian Minben Thought. *Asian Philosophy*. Abingdon：Mar. 2000，Vol. 10：1.

三、荀子研究：道德论、礼论和正名思想

（一）荀子的道德论和人性论

荀子的人性论，是国外荀学研究的热点。Joel J. Kupperman 在其论文《荀子：作为心理强制的道德》中，① 认为不像孟子，荀子在人具有任何特定的、固定的特性的意义上，并不真正具有"人性的观点"。虽然《荀子》书中关于人性的主题受到了相当的注意，但 Kupperman 的分析颇有新意且富于洞察力，而且他还就此问题将荀子与西方思想家做了细致入微的比较。

Bryan W. Van Norden（万白安）在《孟子与荀子：两种人为因素观》一文中，② 认为对于孟子来说，人天然地固有"道德的欲望"（moral desire），在其他的各种欲望之外，人们必须努力修为以得到他们所欲望得到的东西。所以，当一个人的"大的欲望"（greater desires）克服、超越了他的"小的欲望"（petty desires）时，③ 他也就变得有道德了。而荀子与孟子的根本不同之处，则在于荀子不相信人们一定会做他们最所欲望的，而是更可能遵行他们所"可"（approve）的行为。由此，Van Norden 阐发了欲望（desire）与许可（approval）之间的区分对于理解孟、荀之相左的重要性。

对于 Van Norden 的观点，David B. Wong 在《荀子论道德的动

---

① Joel J. Kupperman. Xunzi: Morality as Psychological Constraint, in *Virtue, Nature, and Moral Agency in the Xunzi*, Edited by T. C. Kline III and Philip J. Ivanhoe. Indianapolis: Hackett Publishing Company. 2000. Kurtis Hagen 对这部书做了书评，参见 *Philosophy East & West*. 2001, Vol 51: 3. pp. 434-440. 本文的介绍，据此。

② Bryan W. Van Norden. Mengzi and Xunzi: Two Views of Human Agency. in *Virtue, Nature, and Moral Agency in the Xunzi*.

③ 所谓"大欲"、"小欲"，指"大体之欲"和"小体之欲"。源自《孟子·告子上》："（孟子曰）从其大体为大人，从其小体为小人。"

机》一文中作了回应。① 他对 Van Norden 所作的"欲望"与"许可"的区分作了中性、中立的理解。他认为，在或强或弱的状态之下，"欲望"与"许可"之间具有浮动性、变通性。他说，在 Van Norden 那里，似乎"在强的意义上，'许可'能超越、不理会'欲望'，即使它与那些可以在长时期之内使人满足的东西毫无关系"。② Wong 认为这其实并非是荀子的观点。"许可"之弱的意义，与某种心理状况相同，在何谓人的长期利益的成熟判断的基础上，这种心理驳回了直接的、短暂的、当下的"欲望"，因而这种"许可"与"欲望"并无如此大的差异。据此，Wong 认为荀子和孟子之间其实并没有 Van Norden 所声称的那么大的差别。

T. C. Kline III 在《〈荀子〉的道德因素和动机》一文中，③对 Van Norden 和 Wong 的观点，以及 Nivison（倪卫德）对 Wong 的回应都作了讨论。在 Wong 的"强"与"弱"二分法的基础之上，Kline 增加了第三种选择，认为 Wong 对于最初的圣贤何以能够教育他们自身这一问题的解答，仍需借助于德性的楷模。Kline 还指出，对于荀子，"许可"不仅与我们的"欲望"，还与我们的"认知能力"（cognitive capacity）有关。他对 Nivison 的观点表示赞同，即"成圣"（the achievements of the sages）最宜被理解为经过了一个相当长的时间的工夫积累所致，而不是作为少数杰出人物的产品。

Donald Munro（孟旦）否认荀子有所谓的人性理论，至少不是有系统、有条理的理论。他曾在论文《〈荀子〉的恶人》中不无讽刺地评论道："如果荀子真有兴趣建立一套人性理论，我怀疑他怎

---

① David B. Wong. Xunzi on Moral Motivation. in *Virtue*, *Nature*, *and Moral Agency in the Xunzi*.

② David B. Wong, Xunzi on Moral Motivation. in *Virtue*, *Nature*, *and Moral Agency in the Xunzi*. p. 140.

③ Kline III. T. C. Moral Agency and Motivation in the Xunzi, in *Virtue*, *Nature*, *and Moral Agency in the Xunzi*.

么会把他的人性论弄得这么杂乱无章。"① 对此，Eric Hutton（胡顿）撰文《荀子是否具有一致的人性论》与之商榷。② Hutton 考察了《荀子》中 Munro 认为"不一致"的章节，通过论证，认为所有这些章节，其实是具有一贯的人性理论的。Hutton 的问题是："乐于义"，这意味着乐于合乎道德地行为，还是意味着乐于作为他人合乎道德地行为的受益者？他将这些文本按照后者的意义来理解，发现它们是一致的。

Philip J. Ivanhoe（艾文贺）在《〈荀子〉的人性与道德理解》一文中，③ 以语言经验主义者（language empiricists）和语言先天主义者（language innatists）的不同，用来澄清荀、孟之间的不同，并认为根据荀子的观点，人们被自己的器质欲望（physical desires）专任地引导着，不能认识到即使是模范行为、模范情形的道德维度。所以，圣贤是绝对天赋的。

Kim-Chong Chong 在《荀子对孟子的系统批判》一文中，④ 认为荀子对孟子的反对和批判，并不仅仅停留在争论的层次上，相反，他对于"可以"（having the capacity）和"能"（having the ability）的理论区分，使其反对和批判变得非常深入。据荀子的判断，孟子思想的缺陷在于他假定了一个简单的状态，在这个状态中，由于具有可知可行的必要 capacity，道德原理（the rationale of morality）有机地转化为合乎道德地行事的 ability。从"挟泰山以超北海"的比喻看来，孟子认为"道德资源（moral resources）"是每个人都原本完全具备的。荀子认为孟子此论不足以解决更为复杂的关于"恶"的问题，于是提出自己对这个理论弊病的矫正。

---

① Donald Munro. A Villain in the *Xunzi*. *Philosophy East and West*. Honolulu：2001，Vol. 51：3. p. 437.

② Eric Hutton. Does Xunzi Have a Consistent Theory of Human Nature? In *Virtue*, *Nature*, *and Moral Agency in the Xunzi*.

③ Philip J. Ivanhoe. Human Nature and Moral Understanding in the *Xunzi*. in *Virtue*, *Nature*, *and Moral Agency in the Xunzi*.

④ Kim-Chong Chong. Xunzi's Systematic Critique of Mencius. *Philosophy East and West*. Honolulu：Apr. 2003，Vol. 53：2. pp. 215-234.

Kim 认为，荀子对这个问题的矫正，体现于他对"礼"在引导"道德性"（morality）的过程中所扮演的重要角色的详细论述。在荀子看来，"道德性"须从社会和政治的等级秩序、和谐的关系、对各式尊长的尊敬和秩序感的角度去理解。另外，"文饰"之"化"的功能，可以引导社会和个人的升华和和谐。这一切都不是天然生成的，而应该受到后天的教化（cultivated）。这就是荀子所说的"伪"（human artifice）。另一方面，从对于"capacity"和"ability"的区分来看，Kim 认为，当荀子坚持道德性是由"伪"产生而假定人具有先天的道德才质（an innate moral capacity）之时，其缺点是荀子自己或者回避了问题或者有疏漏之处。这样说是因为荀子的论述假定了道德性的形式的、构成性的结构仍然必须原初地就存在于人性之中。这是《性恶》篇表达的思想。因而，荀子不是仅仅断定性恶而善伪，而是在其声称性本善时，对孟子所根本信仰的简单有机状态做了诊断。荀子辩论道，孟子的主张不能解释道德和法律的本质——道德和法律的本质应该根据它们构造性的原理（constitutive rationale）被描述。

Kim 认为，荀子在批判孟子人性论的过程中，拓深了"性"的讨论，他对人性作了开放性的理解和论证，允许人性中各种不同的成分，如品性、欲望和情感。他反对孟子，认为欲望和情感不会自发地以一种被道德地包装好的形式和状态来到我们的品性之中，而是需要通过礼（rites）进行后天的培养、教化和指导。因而，即使在这些欲望和情感中，存在着适合于道德发展的原始性的响应因素，但这仍不能保证人能成为有道德的。Kim 说："当我们从'礼'的角度看到道德性的原理，并看到对此原理学习、履践的积累功夫的必要性，那么我们尤其可以了解到（荀子的）这一点。"①

（二）荀子的礼论与政治社会观

T. C. Cline 说："礼不止是体现为一套规范，它更体现了'惟

---

① Kim-Chong Chong. Xunzi's Systematic Critique of Mencius. 2003, p. 227.

一＇，也是最和谐的行为规范。"① 他似乎认为，圣智的精细的礼是一切道德问题的惟一解决途径。而 Philip J. Ivanhoe 也这样写道："荀子认为，合宜的正误感和无动摇无犹豫地追求上进、脱离后进的能力，只能出于对一套特定之礼的反思性的实践，这即是儒家的＇礼＇。只有这样一套礼，才能通过满足人的基本的需求和欲望来塑造、指示和引导人类，并通过提供一种最适宜、满意的生活来拓展人类有意义的活动的范围。儒家的＇道＇带给社会以秩序，并使人类的王国能和谐地坐落于广阔的自然秩序之中。"② Van Norden 支持此一观点，他在响应 Chad Hansen（陈汉生）"习约主义"（conventionalist）的观点中表达得更为详密。他说："正如习约主义的理解在某种程度上的合理性，《荀子》中的大量文本都显示出这位哲人在礼、乐、道和至少在语言使用的一些方面是客观主义者，也是＇一元主义者＇。"③ 在他看来，荀子固然认为"道"须由人为造作，但更认为圣王的"伪"是构造社会的惟一的最适宜的形式。荀子以为这种特定的"伪"可使社会诸端处于预期的理想的、最佳的状态。David S. Nivison 认为，人类的约习、"礼"和规范，或迟或速、或早或晚，必会或多或少地以它们所已经具有的形式发生和出现，虽然我们看到它们是人为造作的，但这并不能将它们与我们对它们的承担与允诺隔绝开来，它们的"伪"（artificiality）绝不使它们不是某种必须的、标准的、规范的东西。④

　　就荀子的政治和社会历史思想，Henry Rosemont, Jr. 在《〈荀

---

①　Kline III. T. C. Moral Agency and Motivation in the Xunzi, in *Virtue, Nature, and Moral Agency in the Xunzi*. p. 166.

②　Philip J. Ivanhoe. Human Nature and Moral Understanding in the *Xunzi*. in *Virtue, Nature, and Moral Agency in the Xunzi*. p. 240.

③　Bryan W. Van Norden. Mengzi and Xunzi: Two Views of Human Agency. in *Virtue, Nature, and Moral Agency in the Xunzi*. p. 120.

④　David S. Nivison, see *Virtue, Nature, and Moral Agency in the Xunzi*, p. 185.

子〉中的国家与社会》一文中认为，①《荀子》中的政治系统具有较之"民主"并不为少的合理性，虽然荀子所提倡的社会，似乎可用 Karl R. Popper（卡尔·波普尔）所称的"封闭社会"（closed society）来称述，但 Rosemont 认为荀子的系统对于 Popper 对此种社会的批判具有可辩护性（defensible）。Antonio S. Cua（柯雄文）在《早期儒学中历史的伦理作用——以荀子为例》一文中，② 从历史的"教育的功能"（pedagogical function）、"修辞的功能"（rhetorical function）、"阐释的功能"（elucidative function）和"评价的功能"（evaluative function）的角度，分析并论证了荀子对于历史的重视。

（三）荀子的正名思想

正名学说是儒家学说的重要论题，也是荀子思想的重要构成部分。"正名"，是如何成为荀子一个极为重视的问题的？西方学者大都将其上溯至《论语》中孔子的思想。Kurtis Hagen 认为，为了建设性的目的，在业已存在的"名"之中注入新的意义，是"正名"过程的一个重要部分，且孔子一生之所为，正在于此。当我们探究《荀子》中的正名概念时，我们势必更能记起"正名"乃是一个过程，贯穿于《论语》中，孔子在回答各式各样有关伦理德性的概念的问题时，一直都在从事或处理这个过程。在荀子这里，这个过程得到了更明确、丰富的继承。它并不是一个解释既有语言的过程，而是一个创造性、演进性的过程，当然，我们也将看到，这个过程的创发和演进还是在一定的仪轨内进行的，受一定的准则控制。③

荀子"正名"学说中"名"的涵义如何理解，是荀学正名说研究的首要问题。《荀子·正名》："名无固宜，约之以命。约定俗

---

① Henry Rosemont, Jr. State and Society in *the Xunzi*, in *Virtue, Nature, and Moral Agency in the Xunzi*.

② Antonio S. Cua. Ethical Uses of the Past in Early Confucianism: The Case of Xunzi. in *Virtue, Nature, and Moral Agency in the Xunzi*.

③ Hagen Kurtis. Xunzi's Use of Zhengming: Naming as a Constructive Project. *Asian Philosophy*. Abingdon: Mar. 2002, Vol. 12: 1. pp. 35-36.

成，谓之宜；异于约，则谓之不宜。名无故实，约之以命。约定俗成，谓之实名。名有固善，径易而不拂，谓之善名。"西方学者对于荀子"名"的理解，多从这段文本切入，而各有己见。关于此段文本的理解和翻译，西方汉学界也展开了热烈的讨论。翻译不同，体现了理解的不同。不同的译本，又难免给各自的读者和使用者带来"二次差异"。

根据 Burton Watson 的译本，Bryan W. Van Norden 认为荀子这段话的前一个主张（即"名无固宜，约之以命，约定俗成谓之宜，异于约则谓之不宜"）是考察哪些声音形成语辞的，而第二个主张（即"名无固实，约之以命实，约定俗成谓之实名"）则是考察哪些语辞与某类物实对应的。首先，哪些音素的结合能成为语辞，哪些不能，这是一个"约定俗成"的问题；第二，荀子断言，一个特定的符号与它所代表的物实之间的联结对应是独断的、任意的、主观的、偶然的。Van Norden 认为，在《正名》中，荀子似乎是独断的、武断的。①

Kurtis Hagen 则对 Van Norden 的见解提出异议。他觉得这种诠释仅仅是将"名"理解为一个符号、一个标记，但从荀子"正名"的真正意义来看，不能容许对"名"做如此狭隘的理解。虽然语辞的语音和书写形式的一致性，对于沟通来说很重要，但"正名"主要地并不涉及被认可的标记、符号的使用。作为一个伦理学说，荀子"正名"概念包含两个方面："名"与"实"。详细地说，即规定适宜的"名"，依照由这些"名"所构成的准则来行事作为。当"名"已被设置而且适宜，然后遵依它们行事作为，这是"正名"；当"名"不合时宜、适得其反，就对它们进行调整和重构，这也是"正名"。可以看到，Hagen 更倾向于将"正名"理解为一个动态的过程，是以一种动态的视角来考察"正名"。而 Van Norden 的理解则是静态的，对"正名"的理解重心落在"名"字上，而 Hagen 则首先落在"正"字上。不仅如此，Hagen 进一步认

---

① 参见 Hagen Kurtis. Xunzi's Use of Zhengming: Naming as a Constructive Project. Asian Philosophy. Abingdon: Mar. 2002, Vol. 12: 1, p. 36.

为，荀子的"正名"更涉及使"实"（actual situation）适合、匹配"建设性的"（constructive）"名"。这就将视角覆盖到"实"的方面，而并非只看到使"名"去符合"实"的一方面，所以人既要调整给行为提供规范的概念，又要调整行事，这二者是双向互动、动态同步的。①

"正名"是否统治者的特权？关于"正名"的行为主体，人们易于其理解为"先王"、"圣智"等"特权阶层"或"统治阶层"，但西方汉学界对此问题亦有争论。荀子哲学可能被批评为只是为精英的利益（the interests of the elite）服务的。Chad Hansen 主张，荀子简单地设定了统治阶级的权威和利益，他的论说太多地是从对君子（superior man）"显然"正确而有修养的感性认识出发的。② 但 Hagen 认为 Hansen 的理解有两个问题：第一，将统治集团与君子的权威等同起来；第二，将对一集团权威，与对此一集团之利益的非常不同的考虑搅混成一团。荀子给"君子"赋予了高度的权威，这是事实，但更应看到"君子"不仅仅是身居高位的人，而且更是配得上、承担得起这样高位的责任的人。Hagen 认为，身处高位的人承担着创发和维持有功效的"名"的责任，但如果对于"名"的规定不能得到民众的共鸣，那么就失之于"约定俗成"而陷于"不宜"。在位者试图使"名""宜"，必将宣传、劝说民众接受，既"约之以命"，又要"约定俗成"；"宜"与"不宜"，最终还须由它是否能得到民众的共鸣来判定。总之，他说："那些认为在荀子看来，'命名'只是圣王的特权，或者认为'正名'的过程设定了统治阶级的利益的观点，都是不恰当的。相反，正名的过程是在统治者、道德知识精英和民众之间进行的一种复杂的谈判（complex negotiation）。"③

---

① Hagen Kurtis. Xunzi's Use of Zhengming：Naming as a Constructive Project. Asian Philosophy. Abingdon：Mar. 2002，Vol. 12：1，pp. 36-37.

② Chad Hansen 参见 Hagen Kurtis. Xunzi's Use of Zhengming：Naming as a Constructive Project. Asian Philosophy. Abingdon：Mar. 2002，Vol. 12：1. p. 45.

③ Hagen Kurtis. Xunzi's Use of Zhengming：Naming as a Constructive Project. Asian Philosophy. Abingdon：Mar. 2002，Vol. 12：1. p. 46.

四、与先秦儒学相关联的现代性观念反省

儒学与现代性之间的复杂关系是十分复杂的。研究者们着重探讨了儒学与自由主义、实用主义理论，儒学与平等、自由理念，儒学与全球化、普遍性之间的关系，以及儒家特有的德性伦理、环境伦理、自我观念与当代哲学发展之间的关系等主题。

（一）儒学与自由主义的理论和实践

在儒学和自由主义理论的对话中，平等观念是一个经常被提及的观念之一，而儒学常被认为是和平等观念背道而驰的，它的核心理念如"贤能统治"、"礼"被认为与平等观念不相容。一些同情儒学评论者指出，儒家观念中的人不是自由存在的个体，而是在社会结构中扮演不同不平等角色的社会存在，因此他们认为，社会的不平等的价值观念应该被其他价值所取代。而 A. T. Nuyen 则在《儒学与平等观念》中认为，儒家在提倡贤能统治时，并未忽略平等观念，实际上，依据亚里士多德在《尼各马可伦理学》中对平等的解释，不平等的权利及利益分配反映了平等问题的一个维度，即纵向的维度，或者说对不平等的不平等待遇。A. T. Nuyen 指出，对儒学的一个批评是认为它很少关注平等观念，而不平等的、极权的儒家社会结构不断地被"礼"的观念所强化这一事实，常常被引以为论据。最近有批评者又认为儒学没有对人权观念的理论支撑，因此也就没有对最为重要的平等观念如权利平等的支持。而儒学的支持者坚持认为，儒学在最根本的，即作为人类的价值的平等上对平等观念有所贡献。在儒家的观念里，作为社会存在的个体是在复杂的社会关系网络中被理解的，而不是作为一个自由存在的个体或自主存在被理解的。因此，对儒学的一个典型的辩护认为，这里有很好的形而上的理由支持社会不平等，而这种社会的不平等也无可厚非，只要儒家是从普遍人性的平等出发的。A. T. Nuyen 同样支持了儒家的理论，但是他却采取了不同的进路。作者认为在社会层面上由权利或特权所导致的社会区分并不能为儒学缺乏平等观念提供论据。而且，"也没有必要为作为社会存在的个体的形而上

的不等而作辩护。取而代之的是，应该认识到将平等观念付诸实践的过程中，社会区分是一个不可避免的结果。这恰好是平等的另外一个维度。"① 而在该维度上，作者认为"儒家格外强调自由和自主的价值。"② 儒家的贤能统治实际上并不反对平等观念，而是以这样一种社会结构来不平等地对待不平等。在为儒学辩护时，不必退一步认为儒学忽略了平等观念，甚至将其置换为其他的价值。儒学强调人的全面发展和个人的自由自主，在这种意义上，将其与更为亲近于平等观念的西方自由传统相提并论是不无道理的。

在具体的实践问题上，自由主义关注于少数人的权利问题，如西方著名的政治哲学家金里卡（Will Kymlicka）从自由主义的角度就少数民族问题，提出了一些值得进一步讨论的途径和方法，但是这一途径和方法，与儒家关于少数民族的理论存在着一些矛盾。Baogang He（何包钢）就这一问题提出了自己的见解，他在《儒学对自由主义：在少数民族问题上对威尔·金里卡的批评性的回应》中认为，少数民族问题是自由主义和儒学共同面对的问题，儒家作为一种政治哲学，对处理少数民族问题有着丰富的经验，并且积累了大量的知识。但是，当代儒家学者对于少数民族及其权利问题所论却不多。而自由主义以其处理少数民族的丰富经验发展出了一套关于少数民族权利的系统理论，如金里卡就有力地论证了民主建制应该包含少数民族的权利，特别是少数人的权利不能被同化于一个更大的社群。作者指出，"金里卡的理论论证和维护了民族内部各社群的内在界限的建制方式，而且从根本上挑战了儒家处理少数民族问题的方式。"③ 何氏就儒学和少数民族权利的关系问题，提出了一系列问题：儒家解决该问题的方法的特点是什么？儒家关于处

---

① A. T. Nuyen. Confucianism and the Idea of Equality. *Asian Philosophy*. Abingdon: Jul. 2001, Vol. 11: 2. pp. 61-71, p. 61.

② A. T. Nuyen. Confucianism and the Idea of Equality. Asian Philosophy. Abingdon: Jul. 2001, Vol. 11: 2. p. 70.

③ Baogang He. Confucianism Versus Liberalism over Minority Rights: A Critical Response to Will Kymlicka. *Journal of Chinese Philosophy*. Oxford: 2004, Vol. 31: 1. pp. 103-123, p. 103.

理少数民族权利问题的遗产有什么？儒家是否包含有认同和发展少数民族权利的资源？儒学自身如何能转化为支持和维护少数民族权利？在意识形态领域，关于少数民族权利问题儒学的哪些因素发生了转化？儒学的局限是什么？在认同少数民族权利的同时，儒学如何能够保持自身的特色？

在这篇论文中，作者廓清了儒家处理少数民族权利的方法，并阐述了儒学对金里卡的回应，从儒家的角度对金里卡关于少数民族权利的自由理论的基本预设提出了质疑。何氏从民族自治和儒家的同化两个维度考察了儒家在处理少数民族问题上的遗产，同时又考察了由儒家夷夏学说到少数民族权利话语的转变。作者认为，儒学更倾向于通过文化融合而不是军事力量完成同化，它强调大一统（great unity）与和谐，而不同意金里卡对于非同化（non-assimilation）的论证。在作者看来，儒学的中心目的就在于获得多数民族和少数民族的同化与和谐，避免二者的冲突。"在种族多样性的前提下，促进多元种族认同的共存。"① 同时，作者也看到了儒学的内在局限性，儒家的社群主义没有认识到不同文化社群间的平等，不能保证对少数民族权利的不遗余力的保障。同时夷夏学说含有许多保守的和处理少数民族问题上非平等的方式，这些依然是在中国少数民族地区实现真正的自治（genuine autonomy）的一个障碍。

在儒家与自由的问题上，英语世界的研究者主要讨论了儒学、教化与西方自由主义所强调的个体自由的关系。在《儒家的礼与自我的技术：一种福柯的解释》一文中，② Hahm Chaibong 认为，现代政治理论是一个"自由"理论。自由主义强调个体自由的理念，将自由定义为政府较少地干预私人生活。从洛克（John Locke）的社会契约理论到罗尔斯的正义论，大多数的自由理论都

---

① Baogang He. Confucianism Versus Liberalism over Minority Rights: A Critical Response to Will Kymlicka. 2004, p. 120.

② Hahm Chaibong. Confucian Rituals and the Technology of the Self: a Foucaultian Interpretation. *Philosophy East & West.* 2001, Vol. 51: 3. pp. 315-324.

致力于保护个体权利。作者认为，和西方现代的政治理论不同，儒家强调人际交往的和谐，以及家庭、社区、作为一个正义、人道社会的本质组成的地位。教化被认为是人发展的手段和目的，而不是应该被限制、取消或克服的。"从它的'微观理论'来说，儒家强调自制（self-discipline），合礼（ritual propriety）以及道德的正当（moral uprightness），而不是自由和解放"，"儒家自制与合礼的实践将非常适合一个民主社会。实际上，儒家不仅适合于民主，而且还填补了现代民主理论的不足"。① 但是，由于消极自由的理论和其他以权利为主的理论使得个人的自由和权利过于膨胀，以至于很难建立起达成共识的基础，为此，作者引入了福柯（Michel Foucault）的观点，认为福柯关于自我教化（self cultivation）、自制、践礼（ritual conduct）的研究表明，它们并不必然妨碍自由的主张，福柯为我们"提供了一副关于自制、合礼与个体自由是矛盾的这一错误认识的解毒剂"，"福柯的研究为我们提供了一个新的视角，由此我们可以研究和确定儒家的民主潜能"。② 众所周知，在西方哲学传统中，形而上的、超越的和纯粹理性的才被视作是"真实的"。柏拉图（Plato）的理念（eidos），基督教的灵魂，笛卡尔（Descartes）的"我思"（cogito），以及康德（Immanuel Kant）的物自体，都强调形而上领域相对于物质领域在真、善、美问题上更为可靠和真实。而在另一方面，身体被看作是理念（form）的阴影，灵魂的监狱以及易逝的现象。现代的心理学，如弗洛伊德等也同样都强调意识/潜意识决定我们的存在和特性。作者认为，恰好相反，儒家世界观的一个令人激动的方面在于它强调身体的重要性。儒家并不接受在西方被如此看重的灵魂/身体，精神/广延的二元区分。它并不认为灵魂或精神是一个独立于人类存在的领域，更

---

① Hahm Chaibong. Confucian Rituals and the Technology of the Self: A Foucaultain Interpretation. *Philosophy East and West*. Honolulu: Jul. 2001, Vol. 51: 3. p. 315.

② Hahm Chaibong. Confucian Rituals and the Technology of the Self: A Foucaultain Interpretation. Philosophy East and West. Honolulu: Jul. 2001, Vol. 51: 3. p. 316.

不用说是一个较物质领域更为真实的领域。在儒家那里，真理并不是在灵魂和纯粹意识中发现的，并没有深藏于灵魂之中的"内在德性"，亦没有不能在人们的行为和行动中被证明或反映出的"特性"。德性、情感、意图都是可以在人际交往中看到并被证实的。"儒家的身体，可以被他人解读或解码。甚至我的德性、我内在的想法以及我的意图都通过身体显现出来。"① 在作者看来，儒学世界观的以上描述和福柯在他的研究中关于权能（power）/知识，真理的游戏，现代主体性的建构过程的描述有着惊人的相似。福柯认为一切知识都产生于权能，一个人自我认知和发展，就在于通过某一标准来衡量关于自我的认识和努力提升自我。而这种关于真理的标准和知识都是被给予的，由生活在其中的社会所传递。"关心自我"（care for the self）就是使自我与这些真理相符。既然所有的社会关系都是权能关系，那么重点就不在于摆脱像君臣、父子、夫妇、兄弟这样的关系，同时也不能摆脱这些关系。民主理论和实践的目的，在于确保这些关系能尽可能地创造和保证自由、平等和正义。作者最后得出结论说，儒家的资源有利于弥补现代理论并没有为道德教育的可能留下空间的缺陷，通过积极地发展"关心自我"以及伦理、道德的领域，"'儒家式的民主'并不是一种矛盾修辞。"②

Joseph Grange 的《约翰·杜威，孔子和世界哲学》一书中同样探讨了儒家与自由、个体主义与整体主义的问题。作者以 2001 年发生在美国的 9·11 恐怖事件为契机展开自己的思考，在作者看来，恐怖主义之所以会发生就在于"自由的缺失"（loss of freedom），人们已经由此转向相信"完全的自由"（absolute freedom），这种自由放弃了自身对他人的义务和责任，而随着尊重和共识的不再发生作用，人们失去了人性而变得像动物一样，"在

---

① Hahm Chaibong. Confucian Rituals and the Technology of the Self: A Foucaultain Interpretation. *philosophy East & West*. 2001, p. 317.

② Hahm Chaibong. Confucian Rituals and the Technology of the Self: A Foucaultain Interpretation. *philosophy East & West*. 2001, p. 323.

他们内心中除了完全地毁灭之外没有别的，包括毁灭他自身"。①
与此同时，Grange 在书中尝试提出了转化"完全的自由"的途径，
那就是在西方重建诸如市场经济，和对于在政治和社会的个人价值
上优先有防御能力这样的社会体系。在作者看来，完全的自由必须
发展出关注他者和反省自我的意识，由于缺乏教化和自我控制，它
势必会陷入自私的状态并由此引发灾难和毁灭。为了更好地解决以
上问题，作者转向了儒家和杜威的相关学说，并思考二者的相关性
以及相互补充的可能。从儒家那里，Grange 吸收了自省和自我的教
化的观念。在儒家那里，只有通过以诚作为起点并且致力于自省和
自我教化的过程，才可以称之为"仁"，仁作为一种自制的行为能
够使得社会和世界形成良好的秩序。仁包括自我完善和关心他人两
方面的含义，其中前一种含义可以使人免于堕落和自欺，就像
《中庸》所说的"自诚明"，也是获得对世界和人们的真正认识的
基础，同时也是道德行为的基础。另一方面，关心他人的规范性内
容，如"己欲立而立人，己欲达而达人"，作为自我心性的推扩形
式，使人们可以感受和尊重他人的感受和愿望。同时，又不仅仅是
简单地理解和尊重他人的感受和愿望，而且积极地实现他们的目
的，并最终实现仁的境界。而在杜威那里，Grange 所强调的主要方
法是开放性（openness），他认为"我们必须对现实世界所教给我
们的东西、事实和它们的原因敞开自身，我们对世界的经验往往是
不稳定的，我们必须发展我们的'感受智力'（felt intelligence）去
寻找包含着我们亦可以称之为公平的和公正的适应性（fittingness）
的答案"。② 在此，Grange 明确批评了执着于自由市场经济和占有
性的个人索取者的美国精神。作者认为，"美国人必须学会对与他

---

① 参见 Chung-Ying Cheng. Confucian Ren and Deweyan Experience：A Review
Essay on Joseph Grange's John Dewey, Confucius, and the Global Philosophy. *Journal
of Chinese Philosophy*, 2005, Vol. 32：4. pp. 641-648, p. 642.

② 参见 Chung-Ying Cheng. Confucian Ren and Deweyan Experience：A Review
Essay on Joseph Grange's John Dewey, Confucius, and the Global Philosophy. *Journal
of Chinese Philosophy*, Oxford：2005, Vol. 32：4. p. 642.

人相协调的（in concert with others）自由的热爱"。① 杜威的观点认为，我们必须在保存他人自由的前提下保存我们自身的自由，当我们以损害他人的方式寻求自身的自由和利益的时候，将会发生意想不到的结果，我们必须在和他人的交往中敞开我们的经验，并以此来获得我们行动的规范。在作者看来，这同样是儒家所持的观点，儒家认为如果我们的成功无视他人的成功，甚至是损害他人，我们将不可能获得真正的成功和自由，因为这里将会发生机会和资源的不平等以及关系的不和谐，这些将最终妨碍整体的自由。

成中英在对评论 Joseph Grange 的大作时说，仁的转化性力量可以解决社会冲突，发展关于人道的新的视域，增强创造性的和谐以及提升人的自由。杜威关于经验的卓识和儒家关于人道和正当性的伦理学是密切相关的，有利于在日常实践中发展出 Grange 所谓的"感受智力"。人的经验的敞开，表明了对所有人以及对他者的传统和价值体系的尊重。这将意味着"民主、正义必须成为杜威哲学和儒家哲学的基本价值，为了更为完善的世界和更为开明的人道，它们最终将相互融合、提升及丰富。如果我们认真对待我们生活的经验，'仁'将作为我们关于世界和生活经验的成果占有一席之地"。②

（二）儒学与德性伦理、环境伦理

麦金泰尔（Alasdair MacIntyre）在《追寻德性》（After Virtue）一书中提倡德性伦理，强调"典范"（characteristic）对于形成社会伦理的示范作用，从而形成了德性伦理与强调理性、功利等规范伦理之间的并立。儒学重视君子、圣人作为"典范"在道德上的引导和规范作用，因此常被与德性伦理作对比研究。Sor-Hoon Tan 在《想象孔子：模范品格和德性伦理》一文中即做了这样的尝试。

---

① 参见 Chung-Ying Cheng. Confucian Ren and Deweyan Experience: A Review Essay on Joseph Grange's John Dewey, Confucius, and the Global Philosophy. Journal of Chinese Philosophy 2005, p. 646.

② 参见 Chung-Ying Cheng. Confucian Ren and Deweyan Experience: A Review Essay on Joseph Grange's John Dewey, Confucius, and the Global Philosophy. Journal of Chinese Philosophy 2005, p. 647.

在作者看来，关于儒学与西方伦理学例如亚里士多德学说，如何以及在何种程度上具有可比性，学者们有不同的看法。《论语》书中的"君子"及其美德，和《尼各马可伦理学》（Nicomachean Ethics）通过有德者的形象来阐明美德是一致的。麦金泰尔认为，在德性伦理中，角色人物（a role-figure）和模范个人（paradigmatic individual）的概念先于德性。而在儒学这里，诸美德体现在君子（exemplary person）和圣人（the sage）的理想上。"毫无疑问，儒学和多种西方德性伦理学间有着重大的区别。但看起来还是有一个共同点，这就是对品性（character）的关注，并且提出这样的问题：'一个人应该成为一个怎样的人？'"① 就西方哲学内在的理论来看，包括康德主义和功利主义在内的多种道德理论，都会为德性留下空间。不同的德性伦理学之间有其区别于义务论和效果论的道德理论的共同特点，就是对代理人物的优先考虑，而非原则和行为结果优先。儒学中圣人君子的中心理想表达了典范的这种首要地位。作者认为，在德性伦理中，在任何情境下应为的道德行为，就是儒学中君子、圣人所会做的。这仍涉及一些德性规则的应用，而这是超越了那种由规则支配行为的限制的。这被许多批评将道德概念视为规则系统的人看作是德性伦理的优势所在。规则支配形式的道德观由于运用规则，必然在某些阶段涉及非规则支配判断——如果要避免无穷后退的问题——因此至少是不彻底的和不完整的。在对神圣的律法给予者（上帝）和对作为道德行为者的人类的普适自然法产生怀疑的年代，规则支配形式的道德观念便显得缺乏根据和说服力。用于指导行为，它们往往显得过于僵化和抽象，没有人情味而轻视道德动机的问题。"因此，对许多人来说，德性伦理的复兴是对规范伦理失败的反应。"② 在这篇论文中，Tan 考察了非典型个体仿效典范人物所涉及的一些问题，作者认为，使早期儒家经典适合某些西

① Sor-Hoon Tan. Imagine Confucius: Paradigmatic Characters and Virtue Ethics. *Journal of Chinese Philosophy*. Oxford: 2005, Vol. 32: 3. pp. 409-426, p. 409.

② Sor-Hoon Tan. Imagine Confucius: Paradigmatic Characters and Virtue Ethics. 2005, p. 410.

方道德理性模式的做法是有问题的。作者至少在一些经移植后适合中国式思想的理性观念上并不完全拒绝儒学与理性的相关，在此条件下作者由对想象和情感的考察，理解儒家伦理中被仿效模仿的个性特征。这里的情感，在作者看来，由于在西方哲学中理性的地位而相对地被忽略了。作者寄希望于就德性伦理何以可能避免规范支配和理性中心的道德观的一些陷阱，而获得一些启发和颖悟。

在《儒家环境伦理：对于自然的相关回应》中，Julia Tao 发掘了儒家道德传统的环境伦理价值，他认为"在儒家道德哲学中，显然没有得到完全发展的环境伦理体系。"但是，儒家的洞见却与今天关于环境伦理的争论有着密切的联系。"儒家能够为丰富我们今天理解人与自然的关系提供有价值的学术资源。作为一个活着的传统，基于对自然的相关回应的儒家道德理念，它可以提供许多对另一种环境发展途径的支持。"① 在作者看来，儒家环境伦理建基于对自然的相关回应（relational resonance with nature）的模式。这种模式强调人的世界与自然的世界的相互联系，而不是疏离，正是这种模式几千年来给中国人提供了在天地之间如"在家"的感受。在儒家传统中，天（Heaven）只是物质自然的一个名称，天地（Heaven and Earth）则是万物的一个总称。这种模式使得中国哲学传统可能缺乏超越性，在中国的宇宙概念中，严格意义上说，宇宙并不超越于其他事物之上，而被看作是自我生成的有机过程。作者认为，儒家人道与天道有别，自然并没有意识和选择，自然缺乏"思维"和"考虑"的这一方面意味着自然是道德盲目以及默然的。但是，我们从自然那里期望不到的却可以通过人的努力而获得，这就打开了当道德上不尽如人意的时候，人的道德意识可以纠正天道的自然发展路向的可能性。"人和自然有分别的领域和不同的功能。"② 作者指出，在中国人看来，宇宙秩序是一个有目的的

① Tao Julia, Brennan Andrew. Confucian and Liberal Ethics for Public Policy： Holistic or Atomistic? *Journal of Social Philosophy*. Dec. 2003, Vol. 34：4. pp. 5-9.

② Tao Julia. Confucian Environmental Ethics：Relational Resonance with Nature. *Social Alternatives*；4th Quarter. 2004, Vol. 23：4. pp. 6-7.

过程，需要并且激发人的参与，人的秩序并不和宇宙秩序或天道相背离，而且二者同时介入变化不息的创造性过程。作者总结了人道与天道关系的三个方面特点：异而不离（Distinction without Separation）、和而不同（Harmony without Homogeneity）、相互作用而非整体论（Reciprocity without Holism）。由于这三个方面的特点，作者认为，儒学可以为环境伦理提供"第三种途径"，可以使我们避免自然与人截然二分的观点，使我们看到人与自然的相互联系和相互依赖。

（三）儒家伦理的理论特点及儒家与全球化、普遍性的关系

儒学作为文化的一种特殊样态，本身亦含有普世性的价值，近年来讨论热烈的儒学金则就是例证之一。对金则的研究来自各个方面和角度，其中 Bo Mou（牟博）就从结构和内容两个方面研究了儒学金则区别于其他道德规范的特殊性。① Mou 认为，在《论语》中出现的"己所不欲，勿施于人"的儒学金则和其他一些道德规范不同，金则在本质上并不是抽象的、传统的规范，而是一种集体道德智慧的反映。这种智慧在不同文化和哲学传统中都可以找到，而且在不同传统中，它的具体形式又由其历史发展的解释性资源所决定。因此，金则的具体的丰富内容可能超越简单的可逆性原理。作者希望通过详细论述儒学金则的三个独立而完整的方面，提高我们对于这些观念以及它们与《论语》的关系的理解，并研究这些观念是否有助于处理伦理学中一些基本关注。概括起来，作者的观点有如下几点：（1）儒学金则不是规则定位的抽象原理，而是德性定位的道德指导，它包含忠和恕两个方面以及三个独立而完整的维度：方法维度、内在起点维度和外在起点维度；（2）儒学金则的方法维度（即实现仁的方法），也就是恕的方法维度包含可逆性原理（the principle of reversity）和可推扩性原理（the principle of extensibility）两大原理；（3）内在起点的维度（internal starting-

① Bo Mou. A Reexamination of the Structure and Content of Confucius's Version of the Golden Rule, *Philosophy East & West*. Honolulu: Apr. 2004, Vol. 54: 2. pp. 218-248.

point dimension），也就是恕的本质方面（即道德个体初始的道德敏感"仁"）组成了内在的根本德性"仁"，"仁"提供一种初始的道德敏感，使得金则的方法维度以双重的方式得以实现；（4）外在起点的维度（external starting-point dimension），也就是"忠"是对文化地和历史地建构起来的社会制度，如由"礼"的具体化而来的道德规范和义务的真诚的道德承诺，而并不考虑道德接受者的社会地位，所有人都可以使"忠"成为自身求仁的起点。由于内涵有对"礼"的观察，它为儒学金则应用可逆性和可推扩性二原理提供了外在起点。一方面通过外在的社会制度，它规范道德个体的欲求，并为道德个体如何对待他者提供指导；另一方面，"忠"最终又为道德个体的内在的德性所规范和指导，后者作为初始的道德敏感为儒家金则的方法原理的运用提供了内在起点。

对于儒家伦理在理论特色上是否重视道德性质甚于重视道德行为这一问题，D. C. Lau（刘殿爵）的理论认为，道德哲学家可以分作两类，一类对道德性质（如儒家的仁义礼智）有兴趣，一类对道德行为有兴趣。而在他看来，孔子对道德性质的关注远远多于对道德行为的关注，因此他认为行为的正当对儒家哲学而言是不重要的。① Benjamin Wong 和 Hui-Chieh Loy 在《儒家君子和道德转化的界限》这篇论文中反驳了这种观点。② 作者认为，Lau 的描述暗示了对孔子学说的解释合理地开始于孔子对道德性质的看法。从传统上说，Lau 的观点基于儒家对君子的强调。君子的自我对待、与君子相关的一些令人向往的德目、造就君子的必要的教育和教化，三者都是对《论语》的教育的完整解释的必要条件。然而，在作者看来，即使承认这些观点，由老师和君子的形象缺少清楚的表述

---

① D. C. Lau, trans. *Confucius: The Analects*. 2nd ed. Hong Kong: The Chinese University Press. Introduction, pp. 10-11. 参见 Benjamin Wong and Hui-Chieh Loy. (2001). The Confucian Gentleman and the Limits of Ethical Change. *Journal of Chinese Philosophy*. Oxford: 1992, Vol. 28: 3.

② Benjamin Wong and Hui-Chieh Loy. The Confucian Gentleman and the Limits of Ethical Change. 2001, pp. 209-234.

这一挑战的性质和意涵而来的讨论，是令人惊讶的。至少，对于知道儒家理想的君子是否能够达到这一问题是至关重要的。如果真正的君子只是道德上的虚构，那么通过何种方式他成为人们行为的有效指导，或者如果真正的君子是人类美好德性的稀有模范，这和大道流行的前景的关系，都成为了不得不解决的问题。作者认为对这些问题的解答是迫切的，因为没有一些预先的概念，对《论语》的解读就会为孔子"万世师表"的名誉和他的教育学之间明显的不一致所困。孔子真的成功地使他的门徒成为君子了吗？在这篇论文中，作者希望表明经典儒家为君子的教育问题提供了丰富而引人注目的解释；认为关于教育问题的知识，对于关于自我和社群的道德转化的这一儒家设计的性质和局限的全面理解是至关重要的。《论语》不仅表明弟子转化为君子是如何困难，而且亦言明为什么会如此困难。以上的这些问题包含于这么一个事实，不管培养一个君子有多么困难，不管门徒是否能够成为一个真正的君子，他们其中许多人都投身于公共生活。因此，这里有一个尚未成为君子的人如何行为的问题，作者认为儒家关于教育弟子的方法的部分，是直接指向——或者至少是检讨——这一问题的结果的。

在作者看来，从文本中可以看到，《论语》对于君子的教育问题是有清楚的认识的。孔子也自言七十而从心所欲不逾矩，并没有任何学生可以不受恶的诱惑。对弟子的考察表明，除了易受恶的影响之外，君子还易受到世俗的善以及政治生活的诱惑。如果真是这样，那么，德性实际上就只是一种手段，作为学生将不会为德性而德性。《论语》进一步揭明了大多数弟子是有政治渴望的，因此《论语》开篇就关注了"乐知"和"好知"之间的张力的问题。鉴于对以上诸问题的考虑，作者依次讨论了孔子对于《论语》11：3中冉有、子路、宰我、颜渊、子游和子夏的教育方法。① 通过这些讨论，作者希望能够有助于对经典儒家道德转化的理想的理解。儒

---

① 参见《论语·先进》"'子曰：从我于陈、蔡者，皆不及门也。'德行：颜渊，闵子骞，冉伯牛，仲弓。言语：宰我，子贡。政事：冉有，季路。文学：子游，子夏。"

家教育法认为，社会的道德转化需要君子的积极参与，但是对君子教育却是很难实现的。现在还不确定一个真正的君子在政治上是有感召力的，但无论如何，由于对德性价值的理解和为德性而德性的追求的缺乏，使得君子教育变得非常复杂，这反过来又使得他易受政治生活中如名誉和利益等诱惑的影响。作者认为，虽然对政治生活的这种力量很少提及，但是它确实是值得给予特别关注的，因为它揭示了经典儒家政治教育的一个重要方面。"为了抵制政治生活的诱惑，儒家教导我们努力持守高的道德标准。"① 由于对人在道德和智识领域耐性的限度的认识，在实践领域对高的道德标准的坚持就有所减轻，儒家对社会道德的完全转化的前景并没有任何幻想，重要的是，儒家要求人们有抵制和批判人类社会中不可避免的道德瑕疵的能力，这么做就需要有对高的道德标准的持守。同时，道德标准又不仅是批评性的规范标准，亦是为我们走向个人完善提供了可能。最后，在作者看来，孔子教育法还认为，私人群体从政府的介入中脱离出来是保持个人发展空间的必要条件，鉴于儒家在成德上对个人性的强调，这种保持个人发展空间的制度的未被广泛采用，造成了儒学在现代社会的式微。

全球化的进程无疑带来了诸多益处，同时也产生了不同文化间的一些冲突，之所以会产生冲突的原因之一在于各文化均寻求对自我文化的认同。A. T. Nuyen 认为，如果这些冲突能够被解决，全球化所带来的益处将会得到增强。在全球化与儒学的关系上，作者提出了两个问题：儒学是否能够有利于产生普世的全球性正义（a universal global justice）以助于解决冲突，特别是文化认同的冲突？儒学自身是否能够成为全球化的一分子而不失其文化身份？在作者看来，答案是肯定的。作者分析说，全球化的支持者们集中于讨论终极价值，即普世的正义。其中一种的理论资源来自于康德的思考，通过"世界主义"的方式带来"永久和平"。为了避免亨廷顿（Huntington）所谓的"文明的冲突"（the clash of civilizations），必

① Benjamin Wong and Hui-Chieh Loy. The Confucian Gentleman and the Limits of Ethical Change. 2001, p. 228.

须有一种解决由文化的不同所带来的文明的冲突的方法，而且这样一种方法所得出的正义标准必须是所有不同文化传统都愿意认同的。由于这样一个原因，"永久和平"作为一种普世正义必须做到在全球的范围内的公平。对于许多思想者而言，对于普世正义的需要和论证都是自明的，另外一些学者则进一步在道德上论证存在有一个普遍人性使得我们认为所有其他人能够和我们一样在道德上有同等的地位。普遍人性表明，争论的解决不必诉诸于我们自己文化在好的、正确的、价值上的判断标准，而需诉诸于超越文化价值的标准。另一种理论资源则来自罗尔斯（John Rawls）的正义理论，则是以正义作为普世价值。怀疑者认为，普遍性既无必要，也不可期待。赫德（Herder）即否定了普遍人性说法，后现代主义者如利奥塔（Lyotard）同样也反对普遍性的概念。作者在这篇论文中并不想介入关于普遍性是否可能的争论，而是认为，"达成关于正义的公平的规范既有必要也是可能的"①，作者将其称之为全球正义（global justice）。在作者看来，任何一种特殊的主义，都和儒家一样面临着文化认同以及在全球化过程中可能丧失文化自身的问题，一些理论者处理这方面的威胁是通过外在于任何特殊文化结构的方法解决文化偏见，寻求一种政治的安排以保证核心的普遍价值和对文化认同的保障。作者在这里则希望通过内在于儒学的方式处理这些问题。在作者看来，罗尔斯的正义理论和康德的道德律都表明，如果我们从特殊性中获得某种普遍性，我们是可以有一种不以丧失特殊性为代价的普遍性的。虽然儒学严格的等级社会制度，以及对以平等为价值的文化会产生负面作用的精英主义，会对儒学造成一些不利影响。但是，如果我们能够从韦伯（Max Weber）所谓世俗的和更高层次的（the vulgar and the "high" version）两个角度看待儒学，我们将会看到儒学的某些内在的特点。作者认为，"儒学对于在全球正义的普世框架内保持自身的认同以及形成全球正义的观

---

① A. T. Nuyen. Confucianism, Globalization and the Idea of Universalism. *Asian Philosophy*. Abingdon: 2003, Vol. 13: 2&3. pp. 75-86.

念两方面都有自己的资源。"① 儒家意义上的和平、和谐的世界是由个人推扩出去，并超越于特殊社群或地方文化之上的。这种对世界的理解不是来自于儒家之外的资源，而是从作为儒家的一分子对我们自身的儒家式的理解发展出来的，就像康德的普遍道德律是从道德个体自身的实践理性中发展出来一样，不是来自于像上帝这样的外在因素。如《大学》所说的，由个人的修身，到齐家、治国、平天下，引出整个德性世界。这一德性世界是一个首要的唯一世界，显然它不是一个狭隘的种族中心的观念。另一方面，它也不是一个排斥个人及其社群、文化的普遍性的这样一个概念。作者认为，儒家的仁和礼表明我们对人类的爱和尊重，通过仁我们可以彼此发展出爱和善行，而通过礼可以发展出我们和他者之间的相互尊重。所以作者指出，通过强调仁和礼，儒学实践性地致力于全球伦理，在儒家经典中，很明显地，作为爱和尊重的基础是我们共同的人性，而不是对作为任何一个特殊文化的一个成员的固守。同时，儒家的礼的核心意义就在于和谐，和谐的观念不能被误解为儒家反对普遍性，也不能理解为是在冒险放弃文化认同，而委身于普遍性标准。在儒家和谐的观念中，差异是可以得以保存的。"换一种方式说，从儒家内部，或者通过对儒家的礼以及仁、义的核心德性的理解，我们可以走向全球正义的观念。"② 在儒学内部有能够协调出尊重其他文化身份的全球正义。

参 考 文 献

Adrian Hsia. Richard Wilhelm's Reception of Confucianism in Comparison with James Legge's and Max Weber's. *Journal of Ecumenical*

---

① A. T. Nuyen. Confucianism, Globalization and the Idea of Universalism. *Asian philosophy. Abingdon*: 2003, p. 80.

② A. T. Nuyen. Confucianism, Globalization and the Idea of Universalism. *Asian philosophy. Abingdon*: 2003, p. 83.

Studies. Phildelphia: Winter. 2003, Vol. 40:1&2.

Alan K. L. Chan, contributing editor. *Mencius: Contexts and Interpretations*. Honolulu: University of Hawaii Press, 2002.

Alice W. Cheang. The Master's Voice: On Reading, Translation and Interpreting the Analects of Confucius. *The Review of Politics*. 2000, Vol. 62:3.

Allen Jeremy J. Mencius on Becoming Human. *International Philosophical Quarterly*. Bronx: Jun., 2005, Vol. 45:2.

Ames Roger T. Confucianism and Deweyan Pragmatism: A Dialogue. *Journal of Chinese Philosophy*. Oxford: Sep. 2003, Vol. 30: 3&4.

Ames Roger T. and Henry Rosemont, translators. *The Analects of Confucius: A Philosophical Translation*. New York: Ballantine Publishing Group of Random House, 1998.

Amy Olberding. The Consummation of Sorrow: An Analysis of Confucius' Grief for Yan Hui. Honolulu: *Philosophy East and West*. 2004, Vol. 54:3.

Antonio S. Cua. Ethical Uses of the Past in Early Confucianism: The Case of Xunzi. in *Virtue, Nature, and Moral Agency in the Xunzi*. Edited by T. C. Kline III and Philip J. Ivanhoe. Indianapolis: Hackett Publishing Company. 2000.

Antonio S. Cua. The ethical and the religious dimensions of LI (Rites). *The Review of Metaphysics*. Washington: Mar. 2002, Vol. 55: 3.

Antonio S. Cua. The Ethical Significance of Shame: Insights of Aristotle and Xunzi. *Philosophy East & West*. Honolulu: Apr. 2003, Vol. 53:2.

Antonio L. Tappa, Sor-Hoon Tan. Political Implications of Confucian Familism. *Asian Philosophy*. Abingdon: Jul/Nov. 2003, Vol. 13:2&3.

Arthur Waley, trans. *The Analects of Confucius*. New York:

Vintage Books. Reprint. 1989.

A T Nuyen. Confucianism and the Idea of Equality. *Asian Philosophy*. Abingdon: Jul. 2001, Vol. 11:2.

A T Nuyen. Confucianism and the Idea of Citizenship. *Asian Philosophy*. Abingdon: Jul. 2002, Vol. 12:2.

A T Nuyen. Confucianism, Globalization and the Idea of Universalism. *Asian Philosophy*. Abingdon: 2003, Vol. 13:2&3.

A T Nuyen. The Contemporary Relevance of The Confucian Idea of Filial Piety. *Journal of Chinese Philosophy*. Oxford: Dec. 2004, Vol. 31: 4.

Baogang He. Confucianism Versus Liberalism over Minority Rights: A Critical Response to Will Kymlicka. *Journal of Chinese Philosophy*. Oxford: 2004, Vol. 31:1.

Behuniak Jr. James. Disposition and Aspiration in the Mencius And Zhuangzi. *Journal of Chinese Philosophy*. Oxford: Mar. 2002, Vol. 29: 1.

Benjamin Wong and Hui-Chieh Loy. The Confucian Gentleman and the Limits of Ethical Change. *Journal of Chinese Philosophy*. Oxford: 2001, Vol. 28:3.

Berkson Mark A. Conceptions of Self/No-self and Modes of Connection Comparative Soteriological Structures in Classical Chinese Thought. *Journal of Religious Ethics*. Jun. 2005, Vol. 33:2.

Bo Mou. A Reexamination of the Structure and Content of Confucius's Version of the Golden Rule, *Philosophy East & West*. Honolulu: Apr. 2004, Vol. 54:2.

Bryan W. Van Norden. The Dao of Kongzi. *Asian Philosophy*. Abingdon: 2002, Vol. 12:3.

Bryan W. Van Norden. Unweaving the "One Thread" of *Analects*4: 15, in *Confucius and the Analects: New Essays*, edited by Bryan W. Van Norden. New York: Oxford University Press, 2002.

Bryan W. Van Norden. The Emotion of Shame and the Virtue of

Righteousness in Mencius, *Dao: A Journal of Comparative Philosophy*. 2002, Vol. 2:1.

Bryan W. Van Norden. Mengzi And Virtue Ethics. *Journal of Ecumenical Studies*. Philadelphia: Winter. 2003, Vol. 40:1&2.

Bryan W. Van Norden. Mencius: Contexts and Interpretations. *Journal of Chinese Philosophy*. Oxford: Jun. 2003, Vol. 30:2.

Bryan W. Van Norden. Mengzi and Xunzi: Two Views of Human Agency. in *Virtue, Nature, and Moral Agency in the Xunzi*.

Cai DeGui. American Confucianism. *Journal of Chinese Philosophy*. Oxford: Mar. 2005, Vol. 32:1.

Cecilia Wee. Descartes and Mencius on Self and Community. *Journal of Chinese Philosophy* Oxford: Jun. 2002, Vol. 29:2.

Cecilia Wee. Mencius. the Feminine Perspective and Impartiality. *Asian Philosophy*. Abingdon: Mar. 2003, Vol. 13:1.

Chad Hansen. *Language and Logic in Ancient China*. Ann Arbor: University of Michigan Press, 1983.

Chad Hansen. *A Daoist Theory of Chinese Thought*. New York: Oxford University Press, 1992.

Charles S. Peirce Society. Transactions of the Charles S. Peirce Society. Buffalo: Fall. 2005, Vol. 41:4.

Chen, Grant, Ph. D. The Concept of Ultimate Reality in Tu Wei-Ming and Chen Chung-Ying: A Comparative Study of New Confucian and Christian Understandings. *Dissertation Abstracts International*, Volume: 63-04.

Cheng, C. Editor's Introduction: On Comparative Origins of Classical Chinese Ethics and Greek Ethics. *Journal of Chinese Philosophy*. Oxford: Sep. 2002, Vol. 29:3.

Chichung Huang, trans. *The Analects of Confucius*. New York and Oxford: Oxford University Press, 1977.

Chungeng Zhu. Ezra Pound's Confucianism. *Philosophy and Literature*. Dearborn: Apr. 2005, Vol. 29:1.

Chung-Ying Cheng. Confucian Ren and Deweyan Experience: A Review Essay on Joseph Grange's John Dewey, Confucius, and the Global Philosophy. *Journal of Chinese Philosophy*, Oxford: 2005, Vol. 32:4.

Clart, Philip. Confucius and the Mediums: Is There A "Popular Confucianism"? *T'oung Pao*. 2003, Vol. 89:1-3.

Dallmayr, Fred. Confucianism for the Modern World. *International Social Science Journal*. Mar. , 2005, Vol. 57 :183.

David B. Wong. Relational and Autonomous Selves. *Journal of Chinese Philosophy*. Oxford: Dec. 2004, Vol. 31:4.

David B. Wong. Xunzi on Moral Motivation. in *Virtue, Nature, and Moral Agency in the Xunzi*.

David Hall and Roger T. Ames. *Thinking Through Confucius*. Albany: State University of New York, 1987.

David W Tien. Warranted Neo-Confucian Belief: Religious Pluralism and the Affections in the Epistemologies of Wang Yangming 1472-1529) and Alvin Plantinga. *International Journal for Philosophy of Religion*. Dordrecht: Feb. 2004, Vol. 55:1.

D. C. Lau, trans. *Confucius: The Analects*. 2nd ed. Hong Kong: The Chinese University Press, 1992.

Deborah Sommer. Meeting of Minds: Intellectual and Religious Interaction in East Asian Traditions of Thought. *Philosophy East and West*. Honolulu: Apr. 2001, Vol. 51:2.

D F-C Tsai. The Bioethical Principles and Confucius' Moral Philosophy. *Journal of Medical Ethics*. London: Mar. 2005, Vol. 31:3.

Dieter Kuhn. Women, Property, and Confucian Reaction in Sung and Yuan China (960-1368), *Harvard Journal of Asiatic Studies*. Cambridge: Dec. 2003, Vol. 63:2.

Donald Munro. A Villain in the *Xunzi*. *Philosophy East and West*. Honolulu: 2001, Vol. 51:3.

E. Bruce and A. Taeko Brooks, trans. *The Original Analects*:

Saying of Confucius and His Followers. New York: Columbia University Press, 1998.

Edward Gilman Slingerland, trans. *The Analects*, in *Readings in Classical Chinese Philosophy*. edited by Philip J. Ivanhoe and Bryan W. Van Norden. New York and London: Seven Bridges Press, 2001.

Edward J Romar. Virtue Is Good Business: Confucianism as a Practical Business ethic. *Journal of Business Ethics*. Dordrecht: Jun. 2002, Vol. 38:1&2.

Edward J Romar. Globalization, Ethics, and Oppotunism: A Confucian View of Business Relationships. *Business Ethics Quarterly*. Chicago: Oct. 2004, Vol. 14:4.

Edward Slingerland. Virtue Ethics, the Analects, and the Problem of Commensurability. *Journal of Religious Ethics*. Malden: Spring. 2001 (29):1.

Edward Slingerland. Zhu Xi's Reading of the Analects: Canon, Commentary, and the Classical Tradition. *Journal of the American Oriental Society*. New Haven: Jul-Sep. 2003, Vol. 123:3.

Eric Hutton. Does Xunzi Have a Consistent Theory of Human Nature? In *Virtue, Nature, and Moral Agency in the Xunzi*.

Eric Hutton. Moral Reasoning In Aristotle And Xunzi. *Journal of Chinese Philosophy*. Oxford: Sep. 2002, Vol. 29:3.

Feng Yu-Lan. *A History of Chinese Philosophy*. Vol. 1. trans. by Derk Bodde. Princeton: Princeton University Press, 1952.

Ferguson R James, Dellios Rosita, Lu Martin. Toward a Global Community: New Perspectives on Confucian Humanism. *Journal of Chinese Philosophy*. Oxford: Mar. 2005, Vol. 32:1

Franklin Perkins. Mencius, Emotion, and Autonomy. *Journal of Chinese philosophy*. Oxford: 2002, Vol. 29:22.

Gad C. Isay. Qian Mu and The Modern Transformation of Filial Piety. *Journal of Chinese Philosophy*. Oxford: Sep. 2005, Vol. 32:3.

Gilbert Rozman. Can Confucianism Survive in an Age of

Universalism and Globalization? *Pacific Affairs*. Vancouver: Spring. 2002, Vol. 75:1.

Hagen Kurtis. The Concepts of Li and Lei in the Xunzi: Constructive Patterning of Categories. *International Philosophical Quarterly*. Bronx: Jun. 2001, Vol. 41:2.

Hagen Kurtis. Virtue, Nature, and Moral Agency in the Xunzi Book, *Philosophy East & West*. Honolulu: Jul, 2001, Vol. 51:3.

Hagen Kurtis. Xunzi's Use of Zhengming: Naming as a Constructive Project. *Asian Philosophy*. Abingdon: Mar. 2002, Vol. 12:1.

Hagen Kurtis. Xunzi and the Nature of Confucian Ritual. *Journal of the American Academy of Religion*. Jun. 2003, Vol. 71:2.

Hagen Kurtis. Sorai and Xunzi on the Construction of the Way. *Asian Philosophy*. Abingdon: Jul. 2005, Vol. 15:2.

Hahm Chaibong. Confucian Rituals and the Technology of the Self: A Foucaultain Interpretation. *Philosophy East and West*. Honolulu: Jul. 2001, Vol. 51:3.

Hans-Georg Moeller. New Confucianism and the Semantics of Individuality: A Luhmannian analysis. *Asian Philosophy*. Abingdon: Mar. 2004, Vol. 14:1.

Hartman Charles. The Reluctant Historian: Sun Ti, Chu Hsi, and The Fall of Northern Sung. *T'oung Pao*. 2003, Vol. 89:1-3.

Heiner Roetz. Albert Schweitzer on Chinese Thought and Confucian Ethics. *Journal of Ecumenical Studies*. Phildelphia: Winter. 2003, Vol. 40:1/2.

Henry Rosemont, Jr. State and Society in *the Xunzi*, in *Virtue, Nature, and Moral Agency in the Xunzi*.

Herbert Fingarette. *Confucius: the Secular as Sacred*. New York: Harper & Row, Publishers, Inc. , 1972.

Herman Jonathan R. Human Heart, Heavenly Heart: Mystical Dimensions of Chu Hsi's Neo-Confucianism. *Journal of the American Academy of Religion*. Mar. 2001, Vol. 69:1.

Hourdequin, Marion. Tradition and Morality in *The Analects*: A Reply to Hansen. *Journal of Chinese Philosophy*. Oxford: Dec. 2004, Vol. 31:4.

Hoyt Cleveland Tillman. Zhu Xi's Prayers to the Spirit of Confucius and Claim to the Transmission of the Way. *Philosophy East and West*. Honolulu: Oct. 2004, Vol. 54:4.

Hui-Chieh Loy. What has J. L. Austin to Do with Confucius? *International Philosophical Quarterly*. Bronx: Jun. 2002, Vol. 42:2.

Jee Loo Liu. The Status of Cosmic Principle(Li) in Neo-Confucian Metaphysics. *Journal of Chinese Philosophy*. Oxford: Sep. 2005, Vol. 32:3.

Jeffrey L. Richey. Ascetics and Aesthetics in *the Analects*, *NUMEN*. 2000, Vol. 47.

James Legge, trans. *The Confucian Analects*, in *The Chinese Classics*, Vol. 1. Shanghai: Oxford University Press, 1935.

James A. Byan. Conservatism and Coherentism in Aristotle, Confucius and Mencius. *Journal of Chinese Philosophy* Oxford: 2001, Vol. 28:3.

Jane Geaney. Chinese Cosmology and Recent Studies in Confucian Ethics: A review essay. *Journal of Religious Ethics*. Malden: Fall. 2000, Vol. 28:3.

Jane Geaney. Guarding Moral Boundaries: Shame In Early Confucianism. *Philosophy East & West*. Honolulu: Apr. 2004, Vol. 54: 2.

Jennifer Oldstone-Moore. Reinventing Confucianism/Xian Dai Xin Rujia: The New Confucian Movement. *The Journal of Asian Studies*. Ann Arbor: May. 2003, Vol. 62:2.

Jiang, Xinyan. Why Was Mengzi Not A Vegerariantist? *Journal of Chinese Philosophy*. Oxford: Mar. 2005, Vol. 32:1.

Jiyuan Yu. The Beginning of Ethics: Confucius and Socrates. *Asian Philosophy*. Abingdon: Jul. 2005, Vol. 15:2.

Joanne D Birdwhistell. The Natural Philosophy of Chu Hsi (1130-1200), *The American Historical Review*. Washington: Dec. 2001, Vol. 106:5.

Joanne D Birdwhistell. Rituals of the Way: The Philosophy of Xunzi (Book), *Philosophy East & West*. Honolulu: Oct. 2002, Vol. 52:4.

Joel J. Kupperman. Xunzi: Morality as Psychological Constraint, in *Virtue, Nature, and Moral Agency in the Xunzi*, 2000.

John Berthrong. Boston Confucianism: The Third Wave of Global Confucianism. *Journal of Ecumenical Studies*. Phildelphia: Winter. 2003, Vol. 40:1&2.

John Berthrong. From Xunzi to Boston Confucianism. *Journal of Chinese Philosophy*. Oxford: Sep, 2003, Vol. 30:3&4.

Joseph Chan. Moral Autonomy, Civil Liberties, and Confucianism. *Philosophy East and West*. Honolulu: Jul. 2002, Vol. 52:3.

Karyn Lai. Li in *the Analects*: Training in Moral Competence and the Question of Flexibility. *Philosophy East and West*. Honolulu: 2006, Vol. 56:1.

Kelly James Clark, Robin R Wang. A. Confucian Defense of Gender Equity. *Journal of the American Academy of Religion*. Chico: Jun. 2004, Vol. 72:2.

Kim-Chong Chong. Xunzi's Systematic Critique of Mencius. *Philosophy East and West*. Honolulu: Apr. 2003, Vol. 53:2.

Kit-Chun Joanna Lam. Confucian Business Ethics and the Economy. *Journal of Business Ethics*. Dordrecht: Mar. 2003, Vol. 43: 1&2.

Kline III, T. C. Sheltering under the Sacred Canopy: Peter Berger and Xunzi. *Journal of Religious Ethics*. Jun. 2001, Vol. 29:2.

Kline III. T. C. Moral Agency and Motivation in the Xunzi, in *Virtue, Nature, and Moral Agency in the Xunzi*.

Ko Dorothy, JaHyun Kim Haboush, and Joan R. Piggott, eds. Women and Confucian Cultures in Pre-modern China, Korea, and

Japan. Journal of Chinese Philosophy. Oxford: Mar. 2005, Vol. 32:1.

Kwong-leung Tang. Confucian Welfare Cluster: A Cultural Interpretation of Social Welfare. *Journal of Contemporary Asia.* Manila: 2001, Vol. 31:4.

Kyung Hee Kim. Cultural Influence on Creativity: The Relationship Between Creativity and Confucianism. *Roeper Review.* Bloomfield Hills: Spring. 2005, Vol. 27:3.

Lee H Yearley. Confucianism and Genre: Presentation and Persuasion in Early Confucian Thought. *Journal of Ecumenical Studies.* Phildelphia: Winter. 2003, Vol. 40:1&2.

Leo K. C. Cheung. The Unification of Dao and Ren in *the Analects*, *Journal of Chinese Philosophy.* Oxford: 2004(31):3.

Leonard Swidler. Confucianism for Modern Persons in Dialogue with Christianity and Modernity. *Journal of Ecumenical Studies.* Phildelphia: Winter. 2003, Vol. 40:1&2.

Lijun Bi &Fred D'Agostino. The Doctrine of Filial Piety: A Philosophical Analysis of The Concealment Case. *Journal of Chinese Philosophy*; Oxford: Dec. 2004, Vol. 31:4.

Lionel M Jensen. New Confucianism: A Critical Examination. *The China Journal.* Canberra: Jul. 2005, Vol. 54.

Liu Shu-hsien. Confucianism As World Philosophy: A Response to Neville's Boston Confucianism from a Neo-Confucian Perspective. *Journal of Ecumenical Studies.* Phildelphia: Winter. 2003, Vol. 40: 1&2.

Liu, Shu-Hsien. On Huang Tsung-His's Understanding of the Mencius. *Journal of Chinese Philosophy*; Oxford: Sep. 2000, Vol. 27: 3.

Makeham John. New Confucianism: A Critical Examination. *Journal of Chinese Philosophy.* Oxford: Dec. 2004, Vol. 31:4.

Manyul Im. Moral Knowledge and Self Control in Mengzi: Rectitude, Courage, and Qi. *Asian Philosophy*; Abingdon: Mar, 2004,

Vol. 14:1

Manyul Im. Action, Emotion, and Inference in Mencius. *Journal of Chinese Philosophy*. Oxford: 2002, Vol. 29:2.

Marthe Chandler. Meno and Mencius: Two philosophical dramas. *Philosophy East and West*. Honolulu: Jul. 2003, Vol. 53:3.

Martin Kern. Foundations of Confucian Thought: Intellectual Life in the Chunqiu Period, 722-453 B. C. E.. *The Journal of Religion*. Chicago: Oct. 2003, Vol. 83:4.

Maurizio Scarpari. The Debate On Human Nature In Early Confucian Literature. *Philosophy East and West*. Honolulu: Jul. 2003, Vol. 53:3.

May Sim. Aristotle in the Reconstruction of Confucian Ethics. *International Philosophical Quarterly*. Bronx: Dec. 2001, Vol. 41:4.

Michael A Fuller. Aesthetics and Meaning in Experience: A Theoretical Perspective on Zhu Xi's Revision of Song Dynasty Views of Poetry. *Harvard Journal of Asiatic Studies*. Cambridge: Dec. 2005, Vol. 65:2.

Michael Wilkinson. Modernization, Globalization, and Confucianism in Chinese Societies. *Sociology of Religion*. Washington: Winter. 2005, Vol. 66:4.

Nicholas F. Gier. The Dancing Ru: A Confucian Aesthetics of Virtue, *Philosophy East and West*, Honolulu: Apr. 2001, Vol. 51:3.

Nicholas F Gier. Whitehead, Confucius, and the Aesthetics of Virtue. *Asian Philosophy*. Abingdon: Jul. 2004, Vol. 14:2.

Norman Kutcher. The Fifth Relationship: Dangerous Friendships in the Confucian Context. *The American Historical Review*. Washington: Dec. 2000, Vol. 105:5.

Ong Chang Woei. Which West Are You Talking About? Critical Review: A Unique Model of Conservatism in Modern China. *Humanitas*. 2004, Vol. 17:1/2.

Patt-Shamir. Galia. Moral World, Ethical Terminology: The Moral

Significance of Metaphysical Terms in Zhou Dunyi and Zhu Xi. *Journal of Chinese Philosophy*. Oxford: Sep. 2004, Vol. 31:3.

Paul R Goldin. The Confucian Quest for Order: The Origin and Formation of the Political Thought of Xun Zi. *The Journal of Asian Studies*. Ann Arbor: Feb. 2004, Vol. 63:1.

Peterson Willard J. Reviews of Books — The Records of Ming Scholars, by Huang Tsung-hsi: A Selected Translation edited by Julia Ching with Chaoying Fang. *Journal of the American Oriental Society*. New Haven: Jul. 1990, Vol. 110:3.

Pettid, Michael J. May the Gods Strike You Dead! *Asian Folklore Studies*. 2003, Vol. 62:1.

Philip J. Ivanhoe. Human Nature and Moral Understanding in the *Xunzi*. in *Virtue, Nature, and Moral Agency in the Xunzi*.

Ping-Cheung Lo. Neo-Confucian Religiousness VIS-À-VIS Neoorthodox Protestantism. *Journal of Chinese Philosophy*. Oxford: Sep. 2005, Vol. 32:3.

Poškaitė, Loreta. The Problem of Identity and Difference in Classical Chinese Philosophy. *Dialogue & Universalism*. 2003, Vol. 13: 1&2.

Reihman Gregory Mahlon. Ph. D. Constructing Confucius: Western Philosophical Interpretations of Confucianism from Malebranche to Hegel (Nicolas Malebranche, Georg Wilhelm Friedrich Hegel, Gottfried Wilhelm Leibniz, Christian Wolff). *Dissertation Abstracts International*, Vol. 62-03.

Rene Goldman. Ethics in the Confucian Tradition: The Thought of Mengzi and Wang Yangming, 2nd ed. *Pacific Affairs*. Vancouver: Spring. 2003, Vol. 76:1.

Robert C. Neville. *The Tao and the Daimon*. Albany: State University of New York Press, 1982.

Robert C Neville. *Boston Confucianism: Portable Tradition in the Late-Modern World*. New York: State University of New York Press,

2000.

Robert C Neville. Conscious and Unconscious Placing of Ritual (Li) and Humanity (Ren). *Journal of Ecumenical Studies*. Phildelphia: Winter. 2003, Vol. 40:1&2.

Robert Eno. *The Confucian Creation of Heaven*. Albany: State University of New York Press, 1990.

Robert Ford Campany. The Five "Confucian" Classics. *History of Religions*. Chicago: Feb. 2004, Vol. 43:3.

Robin R Wang. Dong Zhongshu's Transformation of Yin-yang Theory and Contesting of Gender Identity, 2005.

Philosophy East and West. Honolulu: Apr. Vol. 55:2.

Robin R Wang. Zhou Dunyi's Diagram of the Supreme Ultimate Explained (Taijitu shuo): A Construction of the Confucian Metaphysics. *Journal of the History of Ideas*. Baltimore: Jul. 2005, Vol. 66:3.

Romeyn Taylor. On Sacred Grounds: Culture, Society, Politics, and the Formation of the Cult of Confucius. *The Journal of Asian Studies*. Ann Arbor: May. 2005, Vol. 64:2.

Ruiping Fan. Reconsidering Surrogate Decision Making: Aristotelianism and Confucianism: Ideal Human Relations. *Philosophy East and West*. Honolulu: Jul. 2002, Vol. 52:3.

Ryan, James A. Conservatism and Coherentism in Aristotle, Confucius, and Mencius. *Journal of Chinese Philosophy*; Oxford: Sep. 2001, Vol. 28:3.

Sample Joseph C. Mencius on the Mind: Experiments in Multiple Definition. *Rhetoric Review*. 2004, Vol. 23:1.

Shaun O'Dwyer. Democracy and Confucian Values. *Philosophy East and West*. Honolulu: Jan. 2003, Vol. 53:1.

Shirley Chan. *The Confucian Shi, Official Service, and the Confucian Analects*. New York: The Edwin Mellen Press, 2004.

Shun, Kwong-loi. Self and Self-cultivation In Early Confucian Thought, in *Two Roads to Wisdom? Chinese and Analytic Philosophical*

Traditions, edited by Bo Mou. Peru. IL: Open Court, 2001.

Shusterman, Richard. Pragmatism and East-Asian Thought. *Metaphilosophy*. Jan. 2004, Vol. 35:1&2.

Simon Leys, trans. *The Analects of Confucius*. London and New York: W. W. Norton and Company, 1997.

Sin Yee Chan. Can Shu be the One Word that Serves as the Guiding Principle of Caring actions? *Philosophy East and West*. Honolulu: Oct. 2000, Vol. 50:4.

Sor-Hoon Tan. From Cannibalism To Empowerment: An Analects-inspired Attempt To Balance Community and Liberty. *Philosophy East & West*. Honolulu: Jan, 2004, Vol. 54:1.

Sor-Hoon Tan. Imagine Confucius: Paradigmatic Characters and Virtue Ethics. *Journal of Chinese Philosophy*. Oxford: 2005, Vol. 32: 3.

Stalnaker Aaron. Aspects of Xunzi's Engagement with Early Daoism. *Philosophy East & West*. Honolulu: Jan. 2003, Vol. 53:1.

Stalnaker Aaron. Rational Justification in Xunzi: On His Use of the Term Li. *International Philosophical Quarterly*. Bronx: Mar, 2004, Vol. 44:1.

Tao Julia, Brennan Andrew. Confucian and Liberal Ethics for Public Policy: Holistic or Atomistic? *Journal of Social Philosophy*. Dec. 2003, Vol. 34:4.

Tao Julia. Confucian Environmental Ethics: Relational Resonance with Nature. *Social Alternatives*; 4th Quarter. 2004, Vol. 23:4.

Thomas A. Wilson. Sacrifice and the Imperial Cult of Confucius. *History of Religions*. Chicago: Feb. 2002, Vol. 41:3.

Thomas Radice. A Return of the Warring States: Hu Shih and Intellectual Freedom in Modern China. *American Asian Review*. Fall. 2000, Vol. 18:3.

Tu Weiming. The Ecological Turn in New Confucian Humanism: Implications for China and the World. Daedalus. Boston: Fall. 2001,

Vol. 130 :4.

Tzi-ki Hon. Confucius Analects. *Journal of Chinese Philosophy*. Oxford: Jun. 2005, Vol. 32 :2.

Van Ess Hans. The Compilation of the Works of the Ch'eng Brothers and its Significance for the Learning of the Right Way of the Southern Sung Period. *T'oung Pao*. 2004, Vol. 90 :4.

Viren Murthy. The Democratic Potential of Confucian Minben Thought. *Asian Philosophy*. Abingdon: Mar. 2000, Vol. 10 :1.

Wai-yee Li. Foundations of Confucian Thought: Intellectual Life in the Chunqiu Period, 722-453 B. C. E. *Harvard Journal of Asiatic Studies*. Cambridge: Dec. 2005, Vol. 65 :2.

Wang Yunping. Are Early Confucians Consequentialists? *Asian Philosophy*. Abingdon: Mar. 2005, Vol. 15 :1.

Wayne Alt. Ritual and the Social Construction of Sacred Artifacts: an Analysis of Analects 6 :25. *Philosophy East and West*. 2005, Vol. 55 :3.

Willard Peterson. Cheng-Zhu Confucianism in the Early Qing: Li Guangdi (1642-1718) and Qing Learning. *The Journal of Asian Studies*. Ann Arbor: Nov. 2003, Vol. 62 :4.

Xinzhong Yao. Knowledge and Interpretation: a Hermeneutical Study of Wisdom in Early Confucian and Israelite Traditions. *Journal of Chinese Philosophy*. Oxford: Jun. 2005, Vol. 32 :2.

Xiusheng Liu and Philip J. Ivanhoe, eds. Essays on Moral Philosophy of Menzi. Indianapolis: Hackett Publishing Company Inc, 2002.

Yanming An. Western "sincerity" and Confucian "Cheng". *Asian Philosophy*. Abingdon: Jul. 2004, Vol. 14 :2

Yong Huang. Some Fundamental Issues in Confucian Ethics: a Selective Review of Encyclopedia of Chinese Philosophy. *Journal of Chinese Philosophy*. Oxford: Sep. 2005, Vol. 32 :3.

Yong Huang. Cheng Brothers' Neo-Confucian Virtue Ethics: The

Identity of Virtue and Nature. *Journal of Chinese Philosophy*. Oxford:
Sep. 2003, Vol. 30:3&4.

Yong Huang. Confucian Love and Global Ethics: How the Cheng
Brothers Would Help Respond to Christian Criticisms. *Asian Philosophy*.
Abingdon: Mar. 2005, Vol. 15:1.

Young-Bae Song. Crisis of Cultural Identity in East Asia: On the
Meaning of Confucian Ethics in the Age of Globalization. *Asian
Philosophy*. Abingdon: Jul. 2002, Vol. 12:2.

Zhaolu Lu. Fiduciary society and Confucian Theory of Xin on Tu
Wei-ming's Fiduciarity Proposal. *Asian Philosophy*. Abingdon: Jul.
2001, Vol. 11:2.

ZiJiang Ding. The Numerical Mysticism of Shao Yong and
Pythagoras. *Journal of Chinese Philosophy*; Oxford: Dec. 2005, Vol.
32:4.

英美科学哲学研究动向

朱志方

　　科学哲学是英美哲学研究最活跃的领域之一，与之密切相关的还有科学史、科学社会学、科学政策研究、技术哲学、科学技术学（Science and Technology Studies）等众多学科或领域。英美有多种专业科学哲学期刊，其他哲学期刊也发表科学哲学论文，每年还出版大批的科学哲学专著，每年都有多次科学哲学研讨会。出于时间、精力、能力、资料条件等多种因素的限制，要对一年英美科学哲学做全面的追述，是一项不可能完成的任务。因此，这一综述只是对 2005 年英美科学哲学的一个部分综述。这一综述的主要资料依据是以下七种期刊：《英国科学哲学》（British Journal for the Philosophy of Science），《认识》（Erkenntnis），《探索》（Inquiry），《国际科学哲学研究》（International Studies in the Philosophy of Science），《心灵》（Mind），《科学哲学》（Philosophy of Science），《综合》（Synthese）。本文是资料性的，文中的所有观点都来源于脚注所指明的文献。本文的重点是 2005 年发表在英美学术期刊上的创新成果和 2005 年期刊书评所显示的近年有创新观点的专著。限于篇幅，对于史料性的研究，一般不纳入这一综述。

一、基 本 走 向

　　这七种期刊 2005 年共 38 期（本）（个别期刊，如《科学哲学》，至 2006 年 7 月仍未出齐），共发表论文 244 篇（不包括书评，讨论等非论文文章）。论文主题分布如下。①

1. 科学说明、科学还原问题 21 篇；

2. 科学推理、归纳逻辑、概率逻辑问题 59 篇；

3. 科学的本质、科学合理性、科学认识论、心灵哲学问题 54 篇；

4. 意义、指称、实在论与科学真理问题 41 篇；

5. 科学史、具体科学的哲学、数学哲学问题 46 篇；

6. 后现代主义 2 篇；

7. 其他 21 篇。

以上数据表明，科学说明、科学合理性、科学实在论等问题仍然是英美科学哲学的主要问题，而解决或探讨这些问题、寻求答案的主要手段，仍然是意义、指称、归纳与概率逻辑、形式逻辑等基本概念。而在 20 世纪 80 年代以来，在其他领域特别时兴的后现代主义、女性主义等思想，在科学哲学界影响甚少，也很少受关注。在主流科学哲学期刊上，这样的论文非常少见。它们主要发表在综合性的哲学刊物上，数量也不多。有时，某些主流的科学哲学期刊发表学术会议论文集，后现代主义和女性主义的科学哲学作为一个专题出现。例如，《科学哲学》2004 年第 71 卷出版一期国际科学哲学研讨会的专刊，其中有一个女性主义科学哲学的栏目。

《综合》是国际性的"科学认识论、科学方法和科学哲学"期刊，2005 年共出版 12 期，每一期大多都有一个专题。第 143 卷的主题是科学说明问题，由著名的科学哲学家、芬兰赫尔辛基大学的欣迪卡和他的合作者哈罗嫩提供靶子论文。② 其他论文是对靶子论文的讨论和欣迪卡、哈罗嫩的回答。他们论证，寻求说明在于找到局部事实（local facts），局部事实与背景理论一起蕴含被说明项。

---

① 必须承认，我们对主题的分类只能是相对的和大致的。科学哲学的各个主题和各个问题，都有相互的联系，有的论文所讨论的内容，可能同时与多个主题相联系。所以，以上分类，只供参考，主要是为了说明当前科学哲学的大致走向和当前科学哲学界所关心的主要问题。

② Halonen, Ilpo & Hintikka, Jaakko. Toward a Theory of the Process of Explanation, *Synthese*; 2005（143）: 5-61.

覆盖律（the covering law）是说明过程的一个副产品，是将背景理论应用到需要说明的局部现象条件的产物。

与科学说明紧密联系的问题是自然律与趋向（disposition）问题。《综合》第 144 卷第 3 号发了一个专辑，9 篇论文。第一篇论文由阿姆斯特朗撰写。① 他考察了关于属性的本性的四个基本的哲学争论，争论的核心是，一方把属性看作直接的性质，而另一方把属性看作运动的趋向或能力。另一个核心问题是，如果某一具体事物具有某一属性，这一属性是必然的还是偶然的？阿姆斯特朗论证，属性是直接性质，但属性之间有着必然联系，正是这种必然联系使具体事物具有动力趋向或能力。海尔等人认为趋向不可还原为直接性质。海尔论证，趋向是世界所具有的实际的、内在的、不可还原的、必然的、一阶的特征。有 3 篇论文讨论趋向与自然律之间的关系。安德森（Erik Anderson）论证一种扩大的科学本质主义：自然种类必然具有它的一切能力、势能和趋向。而玖厄里（Alice Drewery）则主张，本质比规律更基本。另外 2 篇文章讨论自然律的性质。

《综合》还做了非单调推理、数学哲学、行动哲学等专题。有 1 期是专门讨论神经科学问题的②，有头知觉、认知的论文也比较集中；两期的专题是"知识、合理性和行动"。③

值得注意的是，关于因果性问题的论文多次出现。《英国科学哲学》所发表的论文多与马柯夫条件、时空分枝（一个把相对论空间和非决定论结合起来的严格理论）、麦基 inus 条件等相关。马柯夫条件说，对于任一变元 X 和任何一组不把 X 的结果包含在内的变元 Y，以 X 的直接原因为条件，X 在概率上独立于 Y。因果马柯夫定理说，对于非循环的、决定论的、外源变元概率独立的因果

---

① Armstrong, David. Four Dispute about Properties, *Synthese*, 2005 (144): 309-320.

② *Synthese*, (2005) 147, No. 3: *Neuroscience and Its Philosophy*.

③ *Synthese*, (2005) 144, No. 2: Knowledge, Rationality & Action; *Synthese*, 2005 (147), No. 2: *Knowledge, Rationality & Action*.

系统，马柯夫条件是真的。卡特莱特等人认为，因果马柯夫定理表明，马柯夫条件对于决定论系统比对于非决定论系统更可靠。① 斯第尔论证,② 马柯夫条件可以由决定论系统推广到非决定论系统。两种系统的唯一区别是，在非决定论系统下，一些外源变元不表示原因，只表示该系统的概率性的方面，而这对于因果马柯夫定理并不重要。卡特莱特提出了因果能力（causal powers）说，认为它可以说明科学方法的一些重要特征。希德莱斯顿③进一步发展了卡特莱特的理论，认为因果能力说可以用来解决因果理论中的一系列困难问题，如果先行事件、过度决定、传递性之谜等等。贝尔纳普发文④进一步阐明他早先提出的时空分枝（Branching Space-times）概念，并试图证明，某个结果事件的源点原因就是麦基 insu 条件集的结构。⑤ 米勒发展了贝尔纳普的因果理论,⑥ 他尝试提供一个形式上严格的系统，把单一因果性（贝尔纳普的源点原因理论）与单例概率统一起来。他的核心概念是因果概率空间，其样本空间是由因果选项构成的。这样一个概率空间基本上与乘积空间不同构。在此基础上，对马柯夫条件等概念做了因果分析。《认识》所发表的一组关于因果性与决定论的论文则偏重于因果性问题的形而上学

① Cartwright, Nancy. Causal Diversity and the Markov Condition, *Synthese*, 1999（121）：3-27.

② Steel, Daniel. Indeterminism and the Causal Markov Condition, *The British Journal for the Philosophy of Science*, 2005（56）：3-26.

③ Hiddleston, Eric. Causal Powers, *The British Journal for the Philosophy of Science*, 2005（56）：27-59.

④ Belnap, Nuel. A Theory of Causation：Cause Causantes（Originating Causes）as Inus Conditions in Branching Space-Time, *The British Journal for the Philosophy of Science*, 2005（56）：221-253.

⑤ 麦基（Mackie, J. L.）曾提出，原因形成一组 inus 条件，即一个非必要但充分的条件中的非充分但非多余部分。参见 J. L. Mackie. *The Cement of the Universe*, Oxford：Oxford University Press, 1974.

⑥ Müller, Thomas. Probability Theory and Causation：A Branching Space-Times Analysis, *The British Journal for the Philosophy of Science*, 2005（56）：487-520.

方面。查克拉瓦蒂为因果实在论提供了一个论证。① 因果实在论主张因果性是一种必然联系,而相反的观点则认为因果实在论概念本身是有内在矛盾的。查克拉瓦蒂认为,因果实在论之所以受到这样的批评,是因为因果现象的日常表达在形而上学细节方面常常是引人误会的。这些表达通常关照到事件或事态之间的关系,而忽略了因果属性的作用。他试图用因果过程的概念来更加严格地描述因果现象,从而摆脱矛盾。而因果必然性是因果属性之间的一种关系。与查克拉瓦蒂不同,豪斯曼尝试把两种因果关系综合起来。② 在哲学界,有两种关于因果性的陈述,一种是关于属性或类型的陈述,还有一种是关于个体或单例(tokens)的陈述。许多人认为与此相对应的是两种因果关系,而变元之间的因果关系是否属于以上两种关系之一还是个问题。豪斯曼论证,因果关系是单例之间的关系,而类型陈述是单例因果关系的概括。

一个有意思的事情,是在专业科学哲学期刊中,还发表了几篇关于合拍(fine-tuning)论证或设计论证的论文。其实这也是可以理解的。毕竟,科学与宗教的关系问题也是科学哲学的一个课题。为什么宇宙看起来适合于包括人在内的生物? 有两种说明,一种是设计论证:宇宙本来就与人类特别合拍,因为上帝是如此创造宇宙的。另一种是多宇宙论证:我们所处的几个宇宙碰巧适合于生物的生存。一批哲学家用概率论来论证上帝存在,而另一批则驳斥这类论证。近期则有一批文献对争论的两边都给予批判,因为两边的概率论直觉都缺乏严格的概率论基础。考伯斯基尝试用测度论来建立这样一个基础,但他并没有判定争论的双方哪一方是对的。③ 在反对设计论证或合拍论者中,索贝尔是比较突出的,他在 2002 ~ 2004 年发表系列论文,论证宇宙学的设计论证是不严密的,因为

---

① Chakravartty, Anjan. Causal Realism: Events and Processes, *Erkenntnis*, 2005 (63): 7-31.

② Hausman, Daniel Murray. Causal Relata: Tokens, Types, or Variables? *Erkenntnis*, 2005 (63): 33-54.

③ Koperski, Jeffrey. Should We Care about Fine-Tuning? *The British Journal for the Philosophy of Science*, 2005 (56): 303-319.

我们对宇宙的观察是受到观察选择效应（observation selection effect）的影响的。① 魏斯堡发表评论文章②，他论证说，在世俗事例中存在观察选择效应的说法，是出于没有弄清楚一个问题，即在估计似然率时，应该拿什么信息当作背景信息。因此，索贝尔并没有驳倒设计论证。魏斯堡也反对设计论证，但他认为应该提出更好的反论证。

二、论 文 论 点

（一）科学定律的性质

玖厄里发表"本质主义与自然律的必然性"，论证根本的形而上学问题依赖于经验事实。③

出于世界的哪些事实或特征，自然律有必然性？近期流行的看法是，自然律具有形而上学的必然性。对这个问题的标准答案是：将必然性或者归属于我们自己，或者归属于我们的推理实践的一些特征，或者发明某种弱于逻辑与形而上学必然性的物理必然性。

近期一些学者，提出自然律的必然性是形而上学的必然性，自

① 参见 Sober, Elliot. Intelligent Design and Probability Reasoning, *International Journal for the Philosophy of Religion*, 2002 (52)：65-80；The Design argument, in Mann, W. E. (ed.). *Blackwell Guide to the Philosophy of Religion*, Oxford：Blackwell Publishers, 2005：117-147.

② Weisberg, Jonathan. Firing Squads and Fine-Tuning：Sober on Design Argument, *The British Journal for the Philosophy of Science*, 2005 (56)：809-821.

③ Drewery, Alice. Essentialism and The Necessity of the Laws of Nature, *Synthese*, 2005 (144)：381-396.

然律是性质之间或性质与种类之间的形而上学的必然联系。① 形而上学必然性的论证主要有三种。一种是种类本质说（kind essentialist view）：自然律描述种类的本质或本性以确定的方式运动。这些本质包括趋向（dispositional）属性；一种是趋向属性说（dispositionalist view of properties），主张属性本质是因果能力（causal powers）的集合，具有某种原子结构这一属性就在于具有某种运动趋向。属性之间的联系在某种意义上是部分同一性，因此具有形而上学的必然性。第三种论证是分点式论证（piecemeal argument），具有克里普克和普特南式的风格。已知本质主义的前提，如水是具有某种化学结构的东西，科学告诉我们：使这种化学结构存在的事实保证那种化学结构以确实的方式运动。有些定律是形而上学必然的，但哪些定律是这样的定律，要由科学去确定。

玖厄里对以上三种论证进行了深入的考察，她得到的结论是，根本的形而上学问题依赖于经验事实。

艾里斯（B. Ellis）说，适用于这些种类的定律是直接奠基在它们的趋向属性之上的，这就是说，这些属性使有关定律成为必然真理。这些属性具有主动的因果律，决定事物是什么和如何运动。玖厄里认为，仅仅有某种趋向不足以使定律成为形而上学的必然真理。虽然拥有一种趋向说明了一个物体为什么以某种方式运动，但不能说明为什么它必定以那种方式运动。某些物体是否具有某种趋

---

① Harrév, R. & Madden, E. H. *Causal Powers*, Oxford: Blackwell, 1974; Shoemaker, S.: Causality and Proeperties, in van Inwagen, P. (ed.). *Time and Cause*, Dordrecht: D. Redel. 1980: 109-135. Swoyer, C. The Nature of Natural Laws, *Australian Journal of Philosphy*, 1982 (60): 203-223. Elder, C. L.. Laws, Nature, and Contingent Necessities, *Philosophy and Phenomenal Research*, 1994 (54): 649-667; Ellis, B. & Lierse, C.. Dispositional Essentialism, *Australian Journal of Philosphy*, 1994 (72): 27-45. Ellis, B.. *Scientific Essentialism*, Cambridge: Cambridge University Press, 2001; Ellis, B.. *The Philosophy of Nature*, Chesham: Acumen, 2002; Bird, A.. Necessarily, Salt Dissolves in Water, *Analysis*, 2001 (61): 267-274; Bird, A.. On Whether Some Laws are Necessary, *Analysis*, 2001 (62): 257-270.

向，一个种类的所有成员是否都具有某种趋向，也许是一件偶然的事情。

本质主义论证把定律的形而上学必然性建立在本质上，假定了本质先于定律。但是，本质概念不过是种类的必然性质集合的一个容器，那些性质构成种类的定律。如果一个种类 K 有一个本质属性集 p_1, …, p_n，那么其中每一本质属性都与一个形而上学的必然定律相对应：任何是 K 的事物有属性 p_i（$1 \leqslant i \leqslant n$）。一个本质属性 p 是这样一种属性，它使"K 的元素有属性 p"是形而上学必然的，因此"K 的所有元素具有性质 p"是形而上学必然的。反过来，如果"K 的所有元素具有性质 p"是形而上学必然的，那么 p 是 K 的一个本质属性。因此，本质和定律是相互定义的。法因（A. Fine）论证，① 并非所有的必然属性都是本质的。苏格拉底必然不同于埃菲尔铁塔，但这并不是苏格拉底的本质的一部分。法因维护一种非还原的本质观，他论证本质不能用必然性概念来分析，而必须用现实定义来理解。

种类本质论所说的"本质"是依赖于其他因素的。种类的某些必然属性描述它们与其他种类的相互作用。盐趋向于溶于水，这一趋向属于谁的本质？如果不存在水，盐还存在吗？或者反过来说，盐不存在，水还存在吗？马丁（C. B. Martin）和海尔（J. Heil）论证，一个趋向的显示是一个交互趋向偶（reciprocal dispositional partners）的显示②。玖厄里指出，不考虑电子如何趋向于与其他事物相互作用，就不可能确定电子的本质。即使传统的本质论能容纳这种可能性，这种电子本质说还是需要定律作补充，这样才能得出电子与其他物体的相互作用。因此，使用本质概念，并不能建立起定律的形而上学必然性。

---

① Fine, A.. Essence and Modality, *Philosophical Perspectives*, 1994（8）：1-16.

② Martin, C. B.. Replies to Armstrong and Place, in T. Crane（ed.），*Desipositions：A Debate*, London：Routledge, 1996：126-146；Heil, J.. Dispositions, *Synthese*, 2005（144）：343-356.

　　对于高层次种类，如铜、水，我们一般依赖结构属性来说明趋向属性。但我们不能先天地推断趋向属性随附于结构属性。伯德（A. Bird）论证说，盐必然溶于水，① 但他得出这个结论的理由不仅仅是盐和水的原子结构。盐溶于水是由于库伦定律，这个定律描述带电粒子之间的静电吸引。但是，先有了库伦定律（或另一可能世界中的类似定律），盐才可能存在；没有这个定律，氯化钠的离子结构不可能存在。因此，只要盐存在，库伦定律（或类似定律）就是真的，因此盐溶于水。因此这个定律是形而上学必然的。但盐的存在依赖于库伦定律或类似定律这个必然真理是纯经验的事情。

　　伯德把一些种类的示例和一些定律的成立叫做"向下再向上"的结构，即从示例向下到某个定律的存在，从定律的存在向上到种类的特定的运动趋向。盐的存在依赖于库伦定律，如果库伦定律是真的，那么盐溶于水，盐的存在确保它具有这一趋向。盐必然溶于水。但是，伯德也看到，这种向下再向上的结构是否在自然界成立，是经验科学决定的事情；不必预设本质主义或趋向属性论，也能由经验证明有些定律是形而上学必然的。如果可以证明这个向下再向上的结构对于世界的某些部分并不成立，那么就可能有一些定律并不是形而上学必然的。这完全是一个开放的经验问题，不可能有先天的解。水在 K 氏 373℃沸腾，不仅依赖于水的原子结构，而且依赖于其他基本常数的值。在另一世界，这些常数值可能不同，于是水在 K 氏 373℃并不沸腾。但是否如此，只能后天地确定。往下到最基本的物体，如电子，电子的趋向决定了它的定律是物理必然的（电子没有结构）。轻子或夸克是单纯依据其趋向（质量、电荷、自旋等）而个体化的，但它们也是由经验发现的基本种类，因此其本质是发现的，轻子、夸克有这些属性等事实并不是分析的。由于没有更深层的结构说明，于是我们面对个体化问题

① Bird, A.. Necessarily, Salt Dissolves in Water, *Analysis*, 2001 (61): 267-274; Bird, A.. On Whether Some Laws are Necessary, *Analysis*, 2002 (62): 257-270.

（individuation problem）：在何种程度上电子的实际运动趋向对于它属于哪一种类是必然的？电子的电荷如果稍有不同，它还是电子吗？种类本质主义似乎要求趋向的微小变化都会产生一个不同的种类。

设想世界有三种可能情况。（1）世界只能有一种状态：基本常数有确定的值，不可能有别的值。近期物理学的发现指向这一结论。在这种情况下，每一定律都是形而上学必然的。（2）基本常数可能有不同的值，因此，世界可能是多个样子。但这些常数的任何变化，不论多么微小，都会产生非常不同的种类。在这种情况下，每一个定律也是形而上学必然的。（3）世界是多个样子，有些基本常数的变化可能产生与现实世界完全不同的世界，有些变化产生的世界在一些方面与现实世界相同，而在另一些方面与现实世界完全不同，还有一些变化产生的世界与现实世界很相似，但在有些方面有细小的差异。如果这样，现实世界中的一些定律就不是物理必然的。

现行的定律是必然的，即在基本常数值相同的世界中，定律是相同的。但是，物理必然性与形而上学必然性是重合（如第（1）、（2）种情况）还是不重合（如第（3）种情况），这是一个经验问题，依赖于三种情况中哪一种是真的。

后天的研究可以说是研究本质，但说是研究形而上学的必然定律更有说服力，尤其当我们不能说明一个种类的行为随附于结构的时候就更加如此，而如果这种随附性是否普遍是一个开放的经验问题，那就越发如此了。定律是否由事物的实际本性得来，这个问题取决于事物的实际本性是否决定一切，而后者是一个经验问题。因此，种类本质论者不能先天地论证定律由于种类本性而成为形而上学必然的。

舒梅克（S. Shoemaker）认为，属性的同一性是由属性的因果能力给予的。他并不取消定律：我们需要定律来确定哪些条件能力（conditional power）的集合构成真正的属性。有些条件力集合具有因果统一性：它们按因果律共变。① 玖厄里论证，一个具体的基本物体（如电子）的条件能力不能转移到这样一些世界里：这里，某个基本常数值的变化产生运动方式不同的电子。舒梅克用因果充分性来定义条件能力，但在一个世界中产生运动的因果充分性在另一世界可能不具有因果充分性。

如果一些学科的定律（如物理学定律）是形而上学必然的，是否所有学科的定律都是如此？罗森堡认为，生命科学同人文社会科学一样是历史科学，并不具有物理学那样的定律。这就意味着，生命科学中的定律型的命题不可能是必然的。

罗森堡（Alex Rosenberg）"生物学对于人文科学的哲学的意义"② 一文中论证，人文社会科学属于生命科学，因为人文社会科学研究人的行为的原因和结果，而人是一个生物物种。生命科学和人文社会科学都是历史科学。我们对生物学和生物领域的理解，将有助于我们解决人文社会科学哲学中的一些突出问题，为理解社会科学和行为科学的范围、界限和方法提供新途径。

所有的生命科学或生物学，从遗传学到古生物学，说明模式都是对一个时期和地域的物种或事件的说明，而物理和化学的定律却是适合于整个宇宙的。生物分类学使生物学的历史特性更加明显，它反映了达尔文所说的生命之树状图谱。只要生物学的其他部分依赖于生物分类，它就必定是历史性的，正如现代综合进化论的奠基人多布赞斯基所说，没有进化论，一切生物学都是不可理解的。由于生物学是局部的，因此，生物学中并不存在真正的定律。而生物学概念主要是功能式的。事件、状态、过程、性状等，都要由它们经受自然选择的结果来确定。适应后的性状是盲目变异和自然选择的结果，只有依靠这些性状我们才有可能区分说明项和被说明项。自然选择使得功能种类基本上不可能有定律。任何被选择的结果都

---

① Shoemaker, S.. Causality and Properties, in van Inwagen, P. (ed.), *Time and Cause*, Dordrecht: D. Reidel, 1980: 109-135.

② Rosenburg, Alex. Lessons from Biology for Philosophy of the Human Sciences, *Philosophy of Social Sciences*, 2005 (35): 3-19.

可由相当多的不同物理结构来实现，而它们的其他结果则是异质的。几种不同的物理结构有一个共同的被选择的结果，而它们有第二个共同的被选择结果的概率是非常之低的。因此，生物学没有定律。而人文社会科学的意向词汇在更大的程度上是功能性的，因此，关于人类行为没有定律。

生物学只有一个定律，即自然选择原理。自然选择原理在一切阶段起作用。邓内特（D. Dennett）把这三个分阶段的生物分别称为达尔文型生物、斯金纳型生物和波普型生物（人类）。自然选择原理可全面应用到人类群体，即波普型生物群。自然选择作用于基因，在环境长期稳定的条件下产生非常稳定的生物模式。但这些模式并不是定律，因为它们有时间和地点的限制；一个物种对设计问题的解决往往给另一物种提出新设计问题。由于只有一个定律，所以生物学和人文社会科学中的说明只是历史性的说明概要，说明项和被说明项之间的联系是通过反复使用自然选择原理来维持的。

生物学和人文社会科学中的数学模型可能被误认作定律，以费希尔（Fisher）的性别比模型和市场模型为例。性别比模型说，根据一些假定，任何初始性别比最后都会趋于 50∶50。但在许多物种中和许多条件下这个模型并不成立；而且由于两性基因的军备竞赛，将来每个物种都有许多可能的方式，自然会背离这个模型的一些假定。打破平衡的不同方式的数量是不可知的。我们不可能把这个模型的"其他条件相同"式的概括转变成一个定律。市场模型的假定极为苛刻，真实的市场都远离于那些假定所规定的条件，如无穷多的全知的行动者、没有规模收益、完全期货市场等。按照进化对策论（博弈论），不仅性别比会达到 50∶50 的平衡态，而且，只要假定某些合理的报酬矩阵和足够长的重复选择过程，人类合作制度（公平、平等、财富）就一定会出现平衡的结果。但是，环境在变化，可能产生新的策略供选择。因此，我们不能指望一种策略互动模型可以应用到不同环境下的不同群体上，甚至不能指望它能够长久地应用到同一批有策略互动的人身上。多数人类对策都是策略性的，因此提供了更多的时机导致新策略选择，颠覆了以前的临时平衡点，这就使人文社会科学模型的预测能力远低于生物学。

由于以遗传编码的形式所表现的设计问题的解决方案比神经编码变化缓慢得多，所以在一个相当长的时期内，平衡模型能够得到逐步接近，于是生物学家误以为它们是在应用定律。生物学和人文社会科学只不过是讲故事而已。

生物学是历史，几乎所有的生物学说明都是或隐或显的故事。人文社会科学也是如此。不变的只是盲目变异和环境筛选。生物学和人文社会学的说明最终都回溯到自然选择机制。为什么6 500万年前哺乳动物取代恐龙？因为巨大的气候灾害。为什么有第一次世界大战？一些历史学家用历史事实来解释，那些事实反映了大国领导人的策略行动；一些历史学家则直接用大国的策略来解释。为什么有那些策略？有些策略由于适应环境而长期使用，有些新策略则产生于一些先行策略的盲目变异，这些策略变异改变了决策者在军备竞赛中的适应度。

生物学是一个随附性（supervenience，或附生性）的领域。在自然选择起作用的任何系统的历史中，都会有多重实现的问题。自然选择一些行为结果而筛掉另外一些。由于具有同样的适应结果的行为可以由不同的结构来实现，所以自然选择对于结构差异是盲目的。在生物学领域中，多重实现使得还原在认识论上不可行。方法论的个体主义只是想当然。我们不可能把高级功能种类（这是人文社会科学的领域）还原为一组可操纵的个体类型，因为这些种类的实例在自然选择过程中的进化起源都涉及多重实现。高级生物种类都有时空限定，因此不适合于普遍定律。在这里多重实现和非自然种类使得还原分析不可能。结果就是整体论。认识论上的还原论是不可能的，但这并不意味着形而上学的还原论也是不可能的。

（二）指称与实在论

布拉顿-米切提出一种关于指称的多层摹状词理论，论证科学理论名词的指称是稳定的。①

关于理论名词的传统指称理论主张，理论通过某种摹状词得到

---

① Braddon-Mitchel, David. The Subsumption of Reference, *The British Journal for the Philosophy of Science*, 2005（56）：157-178.

其指称，拉姆齐-卡尔纳普-刘易斯理论（Ramsey-Carnap-Lewis type of theory，简称 RCL）就是这样一种理论。① 但这样的摹状词很容易失去指称。库恩论证，科学革命就是指称的变化，劳丹的"悲观的元归纳"得出的结论是，我们当前的科学理论可能是错的，因此当前科学的理论名词没有指称。斯蒂奇（S. Stich）论证，有细微变化的实质性的因果指称理论在重要细节上提供大量的可选变种，而我们没有理由从中做出选择。②

布拉顿-米切尔提出一种多层摹状理论，这种理论使理论名词的指词不至于因为理论的变化而一同被取消，也不至于在有充分证据证明一个理论为假的情况下，它的核心名词始终有指称。以"猫"为例，③ 布拉顿-米切尔的核心命题是：

指称理论 T1：猫是具有正确理论 TT 所描述的那些性质的东西。(1)

现行理论是 T2：猫是具有现代生物学（包括进化论）所描述的那些性质的东西。T1、T2、TT 分别含有名词"猫1"，"猫2"，"猫T"。

T2 是关于猫的真理论，因此，"猫2"就是"猫T"。(2)

(2) 是关于当前科学理论的假定。由 (1) 和 (2) 推出：

猫是具有理论 T2 所描述的那些性质的事物；或者 T2 中与"猫2"相关的那一部分摹状词对于猫是真的。(3)

---

① Lewis, D.. How to Define Theoretical Terms, *Journal of Philosophy*, 1970 (67)：427-446.

② Kuhn, Thomas. *The Structure of Scientific Revolution*, Chicago：University of Chicago Press, 1962；Laudan, Lary. A Confutation of Convergent Realism, *Philosophy of Science*, 1981 (48)：19-49；Stich, Stephen. *The Fragmentation of Reason*：*Preface to a Pragmatic Theory of Cognitive Evaluation*, Cambridge, MA：MIT Press, 1990.

③ 这是普特南在讨论指称问题所使用的例子，参见：Putnam, H：A Problem about Reference, in Putnam, H.. *Reason, Truth and History*, Cambridge：Cambridge University Press, 1981：22-48.

克里普克在《命名与必然性》① 中提出了妖怪猫的假说：我们与猫相联系的所有知觉的原因都是妖怪。结果猫可能实际上是妖怪。这样猫不存在。指称取消不是基于 TT 假，而是基于 T1 假，即不存在关于猫的真理论。

于是，布拉顿-米切尔得出结论，在这样的多层模型中，摹状词理论成立。如果 T2 是真的，那么 T2 中关于猫的那些语句描述了猫存在的必要条件。如果 T2 是假的，T2 不是 TT，那么前提 B 是假的；这样，猫并不具有 T2 指派的那些属性，而是具有 TT 指派的那些属性。至于那些属性是什么，这不是意义理论问题而是经验科学问题：我们可以通过实验研究来回答。基于单层的 RCL 理论，以整体的方式用经验理论来定义词语，会产生严重的问题。经验理论的任何一部分为假，都会影响理论中的所有词语。这样的话，我们可以肯定"猫"没有指称。而按多层模型，整体论地使用 TT 理论是没有问题的。因为，对于猫，哪个理论是 TT 并无关系。我们不必指明 TT 是什么理论，"猫"也能有指称。我们只有在想知道猫的本性时才有必要指明 TT 理论。"一个具体的事物不是猫的标准并不是猫不存在的标准"。② 如果有一个哺乳动物理论 T2 是真的，我们可以判断，一个不是哺乳动物的东西不是猫。由此不能推出：不存在哺乳动物就不存在猫。

也许语言使用者关于"猫"的用法各不同相；也许差别只是表面的，而有着强大的趋同趋向。也许这个词是单义的。存在一些东西，如果它们是真实的，就是必要的（例如是哺乳动物而不是爬行动物），但它们不是 T1 的一部分。

万一猫形的事物是妖怪，那么我们许多人使用"猫"的方式将会导致指称取消。布拉顿-米切尔用模态逻辑语义学的真值表来考察陈述"猫存在"的真值论证，即使我们当前关于猫的理论是假的，我们也不能由此取消猫的指称。

---

① Kripke, S.. *Naming and Necessity*, Oxford：Blackwell, 1981.

② Braddon-Mitchel, David. The Subsumption of Reference，*The British Journal for the Philosophy of Science*, 2005（56）：161.

"猫存在"不是一个必然真或必然假的陈述。两个内涵概念都可以说明这一点。A 内涵：当我们认几个世界为真世界，并在所有这些实际世界中评价"猫存在"这个陈述时，这个陈述有时真有时假。这就是说，没有任何理由先天地排除没有猫，即猫不存在这一可能性不能先天排除。猫不存在是一个经验发现，发现妖怪的世界为真就是发现猫不存在。C 内涵：有些世界被看作实际世界，从虚拟世界的角度来评价"猫存在"这一陈述。它有时真有时假。例如，如果真实的世界是爬行动物，那么在只含有哺乳动物的虚拟世界中，我们判断猫不存在。

由于 A 内涵，指称取消是一种开放的可能性。后天的 C 内涵告诉我们，基于这些关于实际情况的假定，X 是一只猫是有一些必要条件的。这些假定使我们可以下结论：这些条件不出现的虚拟世界中不存在猫。但是，我们可以假定那些条件实际上不出现，但并不排除猫不存在的可能性。我们可能发现，实际上猫不可能存在，在这种情况下，猫的指称取消。

布拉顿-米切尔认为，他的多层摹状词理论优于以往的几种主要的指称理论。按照单层 RCL 理论：说一个理论 T 对于 T 设置的一个对象是近似真的，就需要存在一些 p（理论的理论名词）让 T 对于它们是近似真的。然而，按照 RCL，如果 T 只是近似地真，那么 p 没有指称，因此说 T 近似地真没有意义。而多层理论可以很好地解决这个问题。T1 有一个对象 p1，它具有 TT 所描述的属性。如果 T2 在结构上与 TT 足够相似，我们就可以说 T2 对于 p1 是近似真的。例如，假定"水具有真理论所说的那种化学结构，但事实表明并不存在 H_2O，而只有氘，但可以说老化学理论对于 P1 近似地真。

基切尔曾论证，指称有多种方式。① "燃素"有几种指称方式，如 RCL 方式，因果命名方式。按照 RCL，它没有指称；按照某种

---

① Kitcher, Philip. *The Advancement of Science*, Oxford: Oxford University Press, 1993.

因果理论，它有指称，即指称氧；按另一种因果理论，它没有指称。这里的困难是，在许多指称方式中，很难说哪一种正确。如果允许选择其中一组，那么在边缘处，很难判断如何在极少出现但有时出现的指称与根本没有指称这两者间划一条界线。如果有多种真理论，在具体场境下确定一种指称模式是非常困难的。

另一种是巴皮诺理论：如果一个理论的分析核（analytic core）是假的，则指称取消。① 巴皮诺认为，RCL 是对的。一个理论的某些部分是它的核心成分，不论理论怎样变化，只要核心保留，核心词语就有指称。可以设想，对于那种从天上落下来、在水管里、河里流动的东西，化学家发现不会使我们认为水不存在。化学家发现可能告诉我们水不是我们原来所想的那个样子。巴皮诺理论的问题在于，我们无法确定哪些是核？水管、河流显然不是化学理论的一部分。

刘文斯发表"实在论与强纲领"，论证科学知识社会学的强纲领与实在论是相容的。②

科学知识社会学（SSK）的强纲领在多大程度上能够为实在论者所接受？强纲领的核心是布洛尔（D. Bloor）的"4 个信条"，③ 这个核心使我们只承认非常微弱的相对主义和场境主义（contextualism），而这是成熟的实在论者可以接受的。关于科学的社会织造及其对科学信念的内容的影响，科学知识社会学发现了一些经验真理。实在论者否认这些真理，而科学知识社会学派却不必因为实在论者否认这些真理而拒绝实在论。持这种观点的学者有基

① Papineau, David. Theory-dependent Terms, *Philosophy of Science*, 1996 (63): 1-20.

② Lewens, Tim. Realism and The Strong Program, *The British Journal for the Philosophy of Science*, 2005 (56): 559-577.

③ Bloor, D.. *Knowledge and Social Imagery* (second edition), Chicago: University of Chicago Press, 1991.

切尔等多位学者。① 这里主要介绍 T. Lewens 在 2005 年所做的论证，他的论证主要针对巴恩斯（B. Barnes）和布洛尔（D. Bloor）的强纲领。与强纲领相对的是"弱纲领"。其区别主要在于对信念做社会学说明的范围不同。弱纲领主要说明"出轨的信念"，用社会学因素来说明不合理性、错误、偏差、证据歪曲等，而强纲领为一切科学信念提供社会学说明，不论是真信念还是假信念，合理的信念还是不合理的信念。

巴恩斯说过，他赞成的相对主义有"实在论的味道"②，他承认，谈论实在是完全有道理的、有意义的，在这个意义上，他的立场与实在论一致。但是，他又强调，我们不能说知识体与那个实在相符合或不能与之符合，或者并不提供关于那个实在的不可废弃的真理。布洛尔认为，强纲领与实在论是友好的，对于信念的形成，自然起核心作用。但这种实在论也是有保留的，他同时主张，人类关于自然的经验不能为人类描述自然的方式提供充分的因果说明。③

① Kitcher, P.. *The Advancement of Science*, Oxford: Oxford University Press, 1993; Kitcher, P.. *Science, Truth, and Democracy*, Oxford: Oxford University Press, 2001.

Dupré, J.. Is "Natural Kind" a Natural Kind Term? *Monist*, 2002 (85): 29-49.

Bird, A.. *Thomas Kuhn*, London: Acumen, 2000.

Hacking, I.. *The Social Construction of What*? Cambridge, MA: Harvard University Press, 1999.

Papineau, D.. Does Sociology of Science Discredit Science?, in R. Nola (ed.), *Relativism and Realism in Science*, Dordrecht: Kluwer, 1988.

Pettit, P.. The Strong Sociology of Knowledge without Relativism, in R. Nola (ed.), *Relativism and Realism in Science*, Dordrecht: Kluwer, 1988.

Lewens, T.. Realism and The Strong Program, *British Journal for the Philosophy of Science*, 2005 (56): 559-577.

② Barnes, B.. Realism, Relativism and Finitism, in D. Raven, L. van VuchtTijissen and J. de Wolf (eds.), *Cognitive Relativism and Social Science*, New Brunswick, NJ: Transaction Publishers, 1992: 135.

③ Bloor, D.. Anti-Latour, *Studies in History and Philosophy of Science*, 1999 (30): 102.

在布洛尔看来，"对于社会学家，知识就是人们当作知识的东西"。① 两个人受到同样的刺激，却会形成不同的信念。科学家的学科训练影响着他们对于实验数据的解释。

刘文斯的论证策略是阐明，实在论如何为科学信念的社会学说明留下一块地盘，从而阐明社会学说明并不威胁实在论。这样，实在论也就为强纲领的核心论断留下了一块地盘。但是，按布洛尔的论述，强纲领的四个信条还同另外两个论断联系在一起。一个论断是强唯名论：否认世界有某种事先存在的结构等待科学研究去发现；另一个是由维特根斯坦的"遵守规则论证"引出的意义怀疑论。这两个论断是与实在论相冲突的。于是，刘文斯把这两个论断先放在一边，致力于论证强纲领的 4 个信条与实在论相容。这样做有两个意义。首先，知识社会学根据科学家的社会和政治背景对科学理论的内容做因果说明，对这样的经验发现，实在论者不必感到不安。第二，社会学家和历史学家不应该把强纲领的经验发现看作反对实在论的证据。

布洛尔的强纲领由 4 个信条构成。

第一，信念和知识状态形成的条件是因果性的，社会因素和其他原因共同产生信念。同样，实在论一般也认为信念是有原因的，其中有社会原因，但社会原因不一定是直接原因。就感觉经验来说，我们组织经验、权衡证据的方式可能在后台影响着我们的经验。

第二，公平地对待真和假、合理性与不合理性、成功与失败。正反两面都需要说明。这一点实在论者也可以接受。布洛尔本人并没有说真与假、合理性与不合理性没有区别。

第三，说明方式是对称的，同一类型的原因可以说明真信念，也可以说明假信念。这就是"对称性原则"。这个原则后来又叫做等价原则。这个原则并不是说真信念和假信念都有相同的原因，而是说，所有的理论和信念都面临可靠性问题，都需要因果说明。实

---

① Bloor, D.. *Knowledge and Social Imagery*, second edition, Chicago: University of Chicago Press, 1991: 5.

在论者不必反对对称性原则，他们同样相信真信念可以得到因果说明，而关于什么理由算好理由的信念也需要因果说明。我相信分离规则是一个好的推理规则，但它不是自发地出现在我心中的，其后面一定有因果的、社会学的理由。

第四，自反性：说明模式原则上适用于社会学本身。这是一项普遍性要求，否则社会学就会被它自己的理论所反驳。这一条原则也不与实在论相冲突。

上面是对对称性原则的弱解释。刘文斯论证，强解释也与实在论相容。按照强解释，真信念和假信念、有根据的信念和无根据的信念，都有相同的社会原因。他使用可靠论（reliabilism）进行论证。可靠论说，一个信念是否有根据，依赖于它是否产生于可靠的机制。可靠论是一种外在论，辩护是可靠性问题，不论认识者是否知道或相信那种可靠性。以知觉信念为例。两个人可能处在相同的内部状态，获得相同的信念（例如，他们通过洞孔看到的房间是立体的）。但是，由于第一个人看的是一个正立方体房间，而另一个人看的是一个不规则的阿姆斯房（Ames Room）①，前者获得的是真的有根据的信念，而后者获得的是假的无根据的信念。

同样，如果信念是由社会原因产生的，产生真信念和假信念的社会因素也可以是同一的。你使我相信你捕到一条15英尺长的鳟鱼，我的信念的社会原因是相同的，但我的信念可以是真的也可能是假的。同样，得到辩护的和未得到辩护的信念也可以有相同的社会原因。例如，在一个社会中，刮鼻子是说真话的表现，而在另一个社会中是说假话的表现。

可靠论在一定程度上是一种场境主义的认识论。刘文斯所说的可靠论是很弱的，它仅仅否认信念形成过程的可靠性单纯地依赖有关相信者的事实。信念的形成所依赖的一些环境事实并不是由相信

---

① 阿姆斯房是美国眼科学家阿姆斯（Adelbert Ames, Jr.）1946年设计的，从一个洞孔往里看，会产生两种错觉。第一，用一只眼看，房间看起来是正立方形的，而实际上它是不规则的；第二，房间里面的人或物从一个角落移到另一个角落时看起来会变大或缩小。

者控制的。推理实践的可靠性（"总是相信一刮鼻子的人"）以及由此得出的辩护常常是依赖于共同体的。可靠性的共同体依赖性一般是证言性的信念获得过程的一个方面，而证言是社会学研究的题材。布洛尔并不是拿相对主义同实在论对立，而是同他所说的"绝对主义"（absolutism）对立。可靠论也与绝对主义对立，因为它认定信念形成的过程的可靠性是有条件的，在一些情景下可靠而在另一些情景下不可靠。另一方面，在合理性问题上，可靠论可以是绝对主义的：如果合理性就在于演绎推理，而不管输入信息是否可靠，那么就只有一种合理性。

强纲领与实在论在有些情况下也会产生冲突：强纲领的经验论断可能使实在论者关于知识的论断受到冲击。设想一个社会学家断定：达尔文的《物种起源》只不过是酒店里道听途说的言论的草率记录。那么相信达尔文理论的根据的实在论者就要同这位社会学家论战。但实在论没有先天的理由反对强纲领。马克思和恩格斯曾说到，进化论是从社会领域（霍布斯的"一切人对一切人的战争、马尔萨斯的人口论、资产阶级的竞争学说）转移到生物学的，然后又从生物学回到社会领域（社会达尔文主义）。实在论者可以吸收社会学家的论断。他可以探讨人口理论对于进化生物学的重要意义。这就是说，科学的内容可以受到社会和政治背景的强大影响。作这样的说明并不违背实在论对科学研究的基本可靠性的认定。

实在论者可以借助发现与辩护的区别来阐明强纲领与实在论的相容性。实在论的宗旨是要说明科学论断是得到证据的恰当支持的，这是辩护问题。而社会学家提出关于信念产生过程的因果说明，他说明科学家或科学家群体起初是如何得出一个信念或猜测的。这是发现的问题。假说如何产生与假说如何辩护是两个不同的问题，因此，实在论与强纲领并无冲突。当然，布洛尔本人对发现/辩护的区分持有怀疑的态度。

布洛尔的科学图画是：科学是一种集体活动，在这种活动中，结成社会组织的个人基于与自然的相互作用而形成信念，这个自然是有因果效力的、独立于心灵的。同时，布洛尔认为，由于"事实"对不同的科学家起着完全不同的作用，因此，知识社会学就要承担研究"事实"的不同效果的任务。虽然布洛尔在谈到事实时划上了引号，但是，这只不过是证据不充分决定理论的论证，与实在论并不冲突。布洛尔和巴恩斯宣称知识社会学的立场是相对主义的，但是，从他们的叙述看，他们的相对主义是一种非常温和的相对主义，而这种相对主义说到底只不过是"对称性"或"等价性"原则。这个原则说，真信念和假相信都需要社会学说明，在这个意义上，它们是等价的。这也与实在论相容。

布洛尔反对真理符合论，他说，符合或不符合实在，并不是信念与其指称之间的因果关系。实在论不必采取真理符合论的观点。实在论者可以是一个最简论者（minimalism）。在最简论的框架下，知识实在论者可以说，理论是关于独立于心灵的实在的论断，在科学中，信念形成的方法以可靠的方式揭示这个世界的本性。真理有两种说明功能，第一，符合说明为什么一个人相信他所相信的；第二，真信念引起的行动很有可能成功。布洛尔不赞成第一点，但这并不影响第二点，因为实在论者不必持有第一种观点。就算实在论者接受符合真理论，但符合论者同布洛尔一样并不认为符合是一种因果关系。但布洛尔要完全抛弃符合概念，这是实在论不能接受的。

虽然强纲领与实在论在总体上是相容的，但是在有些方面，实在论与知识社会学的确是对立的。布洛尔说：电子使米利肯相信并谈论电子，但也使他的同时代人艾伦哈夫（Felix Ehrenhaft）不相信电子，一旦我们认识到这一点，电子本身就从这个事情中滚蛋了，因为它是两种不同反应中的一个公因素，而我们感兴趣的是这种差异的原因。但是，在这种分歧中，一个显著的区别是，科学家A受到一个对象的影响，这个对象是A相信P的一个成分；而科学家B相信P，他没有受那个对象影响，或者与那个对象有完全不同的联系。我们可以引证关于非社会世界的本性的事实来说明为什么两个科学家有分歧。

知识社会学与实在论的另一个重大分歧，是前者认为只有局部合理性，而实在论主张有普遍的合理性。

（三）科学说明

哈罗嫩和欣迪卡发表"走向一种关于说明过程的理论"①。这是一篇 50 多页的长文。哈罗嫩和欣迪卡的论文集中讨论与覆盖律相关的说明，而打算另写论文讨论统计说明和因果说明。

经典的说明模型是亨普尔和奥本海姆提出的覆盖律模型（covering law model）。按照这个模型，科学说明是一个演绎推论，即从初始条件陈述 I_1，I_2，…和普遍定律 L_1，L_2，推演绎地推导出需要说明的事实或事件 E 来。由于遇到许多反例和遭到许多批评，连亨普尔本人也放弃了覆盖律模型。

在实际的科学实践中，说明并不在于从一个覆盖律加适当的初始条件推导出被说明项。一方面，这样的推导通常过于简单而没有价值。另一方面，从背景理论到说明性预测的推导是极其复杂的。例如，将牛顿引力理论应用到三体或多体系统中就是如此。

欣迪卡等人数十年来致力于建立和完善问答式研究模型。问答模型自动提供一个说明模型。它表明，说明不只是一个演绎过程。在问答模型中，提问和回答起关键作用。通过问答模型，我们可以解释科学说明是一个回答为什么的问题的过程。在说明过程中，覆盖律仍然是起作用的。设被说明项的形式为 P（b），说明的焦点是 b，要求回答的问题是：为什么 b 有性质 P? 设背景理论是 T [P]，I [b] 是初始条件，说明就是从背景理论 T [P] 加初始条件 I [b]演绎地推导出 P（b）来。以下几个条件必须满足：

（i）b 不再出现在 T [P] 中。

（ii）P 不出现在 I [b] 中。

（iii）I [b] 不是自相矛盾的。

（iv）T [P] 不单独蕴含被说明项。

（v）I [b] 不单独蕴含被说明项。

（vi）I [b] 与 T [P] 相容，即环境（contextual）证据并不证伪背景理论。

① Halonen, Ilpo & Hintikka, Jaakko. Toward a Theory of the Process of Explanation, *Synthese*, 2005 (143): 5-61.

在此基础上，欣迪卡提出一个覆盖律定理。如果

(1) (T [P] & I [b]) ⊢ P (b)

并且如果条件（i）—（iv）得到满足，那么存在一个公式 H [b]
使得

(a) I [b] ⊢ H [b]

(b) T [P] ⊢ (x) (H [x] →P (x))

(c) P 不出现在 H [x] 中。

覆盖律定理表明，虽然遇到许多批评，但覆盖律是存在的。但覆盖律定理不表明覆盖律说明模型是正确的。说明是问答推论的一个子类。覆盖律定理所说的是，如果那些问答推论满足一些简单的条件，那么说明就会产生一个覆盖律，它与背景理论和被说明项有重要联系。因此，覆盖律定理并不保证覆盖律适用于所有的说明类型。关键之处是，关于 P 和 b 的知识是相互独立地获得的。定理中的公式（b）表明，说明中的演绎部分出现在经欣迪卡改进后的覆盖律模型适用的事例中。关键不在于从覆盖律推演出被说明项而在于从背景理论推演出覆盖律。但这种推演独立于背景理论的具体应用，即独立于 I [b]。但是，从背景理论开始的达到被说明项的推演并不是纯演绎的，初始条件 I [b] 要由经验来获取。这就是问答求知模型所提供的说明方式。

一位验尸官要确定死亡原因，即对一次死亡事件做出说明。初始条件是（i）某某吃了羊肚菌，并且（ii）某某没有把羊肚菌弄干或没有煮熟。单是这些条件还不构成一个说明。验尸官还需要加上一些事实，即（iii）新鲜羊肚菌含有化学物质鹿花菌碱，（iv）鹿花菌碱可由干燥或者煮沸去除。此外，验尸官还需要背景理论，（v）鹿花菌碱是致命的毒素。从（i）到（v）可以合逻辑地推导出某某死亡。这可以由以下条件式来表达

(x) (y) (x 吃了 y 并且 y 含有鹿花菌碱→x 死亡)。

在上例中，背景理论的一个推断（v）很像是一个覆盖律，这就容易导致混淆。真正的背景理论是一个生物医学理论，它陈述各种化学物质对人体的影响。

说明过程是哈罗嫩和欣迪卡的问答式求知模型（model of

inquiry）的一部分。在求知模型中，他们区分了为什么问句中的关节常项（critical constant）与疑问常项（queried constant）。如：

① 为什么汤姆周一飞往纽约？

② 为什么汤姆周一飞往纽约？（为什么不是别人）

③ 为什么汤姆周一飞往纽约？（为什么不是别的时间）

④ 为什么汤姆周一飞往纽约？（为什么不乘火车）

⑤ 为什么汤姆周一飞往纽约？（为什么不是别处）

在以上事例中，被解释项都是 P（b）。在其中一个问句中，P 是疑问常项，即说明所指向的对象，而 b 是关节项。在另一句中，这个关系颠倒过来了。关节项与疑问项的区分不只是语用学的区分，也是逻辑和语义的区分，关节项和疑问项不同，对问句的回答也就不同了。

对说明过程作这样的分析，有一个优点：它表明每一事例都要求不同的说明。差异的根据是，在不同事例中，允许在背景理论和初始条件中出现的常项是不同的。它还表明，从背景理论到被说明项的推导不是一个单纯的演绎过程。于是问答—律则模型取代了演绎—律则模型（deductive-nomological model）。

哈罗嫩和欣迪卡还证明了第二个覆盖律定理。假定定理一中的条件（i）—（iii），而条件（iv）代之以

（v）并非 I [b] ⊢ P [b]，

即单单从初始条件或"自然的回答"不能推导出被说明项。然后把克莱格插入定理（Craig's interpolation theorem）应用到以下蕴含式上

（1）T [P] ⊢（I [b] →P (b)）。

于是得到一个插入公式 H [P]，它具有以下特性：

（a）T [P] ⊢ H [P]

（b）H [P] ⊢（I [b] →P (b)）

（c）B 不出现在 H [P] 中

（d）P 可出现在 H [P] 中

（e）H [P] 的其他非逻辑常项都出现在 T [P] 和 I [b] 中。

由（b）得

（2）H［P］⊢（x）（I［x］→P（x））。

在这里，说明仍然在于从背景理论和 I［b］推导出被说明项。这个 I［b］可以看作自然对说明者提出的问题的回答，这些回答不是背景理论的一部分。第二覆盖律定理是独立于第一定理的条件（ii）的。在第二定理中，仍然存在一种覆盖律，即

（3）（x）（I［x］→P（x））。

但是，这个覆盖律在说明过程中并不起作用，可以把它看作说明过程的一个副产品。这两种覆盖律分别叫做第一种覆盖律和第二种覆盖律。第一种覆盖律表明，有一些事实上的情景 H［b］是说明者可获得的观察的结果或可比较信息 I（b）的结果，或者说，它们可从独立于求知者的背景理论中获得。从背景理论可以推出，发现这些情景就蕴含着被说明项。可以说，第一种覆盖律为被说明项提供环境说明。第二种覆盖律提供的是另一种信息。在这里插入句 I［P］里没有环境信息，它是由背景理论所蕴含的并表达了背景理论与说明有关的内容。这种关系就是蕴含（3）。这种覆盖律说明可以叫做理论说明。

哈罗嫩和欣迪卡的说明过程理论表明，说明并不是把一个现象归属于一个普遍定律之下。说明是从背景理论加环境前提推导被说明项，而环境前提是通过观察和实验获得的。覆盖律并不是这种说明推理的前提或结论。背景理论与覆盖律的区别具有重要的方法论意义。寻求说明意味着什么？按照哈罗嫩和欣迪卡所提出的模型，背景理论是已经认定的。寻求说明就在于找到局部事实（初始条件）。局部事实与背景理论一起蕴含被说明项。覆盖律是一项成功研究的副产品，可以看作是把背景理论应用到需要说明的局部现象条件的结果，而经验概括本身并不提供真正的说明。

在同一期，萨尔蒙和克莱能联合发文，论证哈罗嫩和欣迪卡的说明理论虽然逻辑手段高超，但不能解决关于说明的根本问题。①一方面，他们对哈罗嫩和欣迪卡的科学说明模型中的一些前提进行

---

① Keränen, Jukka and Salmon, Wesley. Explanatoriness: Cause Versus Craig. *Synthese*, 2005 (143), Nos. 1-2: 125-147.

了批评；另一方面，他们指出，自 1948 年亨普尔和奥本海姆提出一个严格的逻辑模型以来，后来出现过演绎—统计模型、归纳—统计模型，亨普尔本也提出了演绎—律则模型。随着说明的逻辑研究的发展，说明过程中的非形式因素越来越受重视。例如，一个说明必须揭示被说明事件产生的因果机制，而因果性是很难形式化的。如果因果性是说明不可缺少的，而因果性又不能形式化，那么，很显然，欣迪卡的逻辑技术是不能解决说明问题的。

（四）后现代科学哲学

日涅夫发表"反对后现代科学哲学的政治"，批评以劳斯为代表的后现代科学哲学。①

劳斯（J. Rouse）后现代科学哲学的主要代表人物之一，极力鼓吹后现代科学哲学的政治学。自 1987 年出版《知识和权力》②以后，发表多篇论文和三部著作，建立科学哲学的政治学。劳斯的科学哲学纲领的核心是对知识采取收缩论的观点（deflationism）。按照收缩论，科学知识不是一个独立的认知体系，而是分散在科学实践的动态过程之中。科学的认知内容并不具有理论统一性。科学知识没有一个本质，它总是在场境中、在处境中，因此，科学没有认知独特性或专门性。劳斯的反本质主义的科学观还同另外两种立场相结合，这就是"尊重科学研究的局部场境，并抵制任何可能限制局部研究的全局解释"。③ 在近期，劳斯的实用主义的收缩论又发展为一种自然主义，这是两种自然主义立场的联合。一种是元哲学的自然主义，强调哲学是经验科学的继续；一种是形而上学的自然主义，主张有价值的哲学规范都来自于经验科学所揭示的自然律的领域。这两种自然主义都反对把哲学的条条框框强加到科学上，因此都与实用主义的收缩论站在同一路线上。劳斯把他的自然

① Ginev, Dimitri. Against the Politics of Postmodern Philosophy of Science, *International Studies in the Philosophy of Science*, 2005 (19)：191-208.

② Rouse, J.. *Knowledge and Power*, Ithaca, NY：Cornell University Press, 1987.

③ Rouse, J.. *Engaging Science*：*How to Understand Its Practices Philosophically*. Ithaca, NY：Cornell University Press, 1996：74.

主义叫做"尼采式的自然主义"。

日涅夫论证，科学知识的处境论并不要求收缩论也不要求尼采式的自然主义。劳斯没能提出一种恰当的哲学框架来讨论科学实践的动态过程的科学知识的场境性（contextuality）问题。劳斯未能从哲学上理解科学实践。劳斯的科学观没有提供适当的资源使他可以阐明科学理论知识的解释构成，而科学理论知识在连续不断的场境重构过程中是能够保持结构稳定的。劳斯没有提供真正的论证来反对科学的认识自主性。

首先，劳斯把实践比作"交通"（traffic）的观点不足以取消科学研究的认识独特性和自主性。对这种自主性的成功的非本质主义的阐明，将会瓦解后现代科学哲学政治学的信条。劳斯的科学观有一个预设：只有采取关于科学方法、语言、合理性的本质主义观点，才能够对科学与其余文化领域进行划界。这是一个错误的预设。他没有看到"认知生存论"（cognitive existentialism）的可能性。在这方面，劳斯与规范认识论者一样预设了科学合理性规则是科学的认知自主性的前提。坚持科学的认知独特性并不需要任何一种本质主义或符号实物论。非线性运动学和远离平衡态的化学反应热力学的发展就是一个很好的例证。非线性化学反应领域不是凭借任何专门的方法、合理性或科学真理概念来达到它的认识自主性的，没有任何一种认知本质使它获得认识论的独特性。然而，存在一个专门的开放可能性的视界，在这个视界内，科学家能够判定什么东西在理论上和经验上存在。这是这个领域的观念化视界（horizon of idealization）。它并不是作为一个静态结构（本质）被给予科学家的。它是作为一个向着可能性的研究过程被筹划的。这些可能性的"解释的占有"导致一系列对象的构成。这些对象在别的可能性视界中并不存在。这个领域的认识自主性并不是由设定认识论的合理性法则或基本结构来取得的，而是凭借观念化视界内理论对象的解释构成来取得的。

其次，劳斯没有说明，交谈（discursive）实践理论如何与后现代科学图画相融合，这是交谈实践理论与文化研究之间的相容性问题。劳斯经常谈到的科学实践有：给具体情况建模型、联结、扩充、模型配合、把理论模型同实验系统联系起来等。这些实践的特征是由各种行为的规范可阐述性（normative accountability）来表达的。如果说实践包含了某些深层的规则性和共性，那就承认了本质主义的实践概念。仅从规范可阐述性来理解，构成一个交谈实践的行为必须被看作是应对正确与不正确的规范的。这样，行为就必须由实践的理解和解释视界来融合。行为的规范可阐述性是出于被筹划的可能性的解释性占有。交谈实践的特征要由三个解释学的要素来表达：理解的视界、可能性的筹划、可能性的解释占有。从历史的观点看，文化研究与整体主义理论相对立，后者具有双重的解释结构。文化研究没有足够的资源来容纳交谈实践的解释学要素。

第三，劳斯批评奎因式的自然主义，他的尼采式的自然主义不需要奎因的自然化的认识论。但是，他的论题无法用自然主义来辩护。人被抛入的世界并不是一个自然世界，而是人在世的世界。劳斯在一定程度上是注意到这个事实的，他说，科学理解总是处于被理解的世界中。

（五）意识的说明

神经科学是第二代认知科学的理论基础和核心。20 世纪 90 年代以来英美哲学界对认知科学和心灵哲学高度关注，认知科学的重要经验发现使传统哲学的基本概念受到严峻挑战。《综合》2005 年第 3 期第 147 卷第三号发表神经科学的哲学问题专辑。共发表 5 篇论文。切梅罗和黑塞尔用神经科学、行为遗传学和心理药物学中的一个实验范式，即对象综述实验，来论证心理概括不能还原为神经科学的概括。① 莫萨乔则主张感觉性质和心理都是物理性质，并试图说明为什么它们看起来不是物理的。② 基利（B. F. Keely）在 2002 年提出，神经科学家给感觉分类的方式有助于我们对感觉概念作哲学分析。对此，格雷用一些反例来论证：基利没有充分说明

① Chemero, Anthony & Heyser, Charles. Object Exploration and a Problem with Reductionism, *Synthese*, 2005 (147): 403-423.

② Musacchio, José. Why do Qualia and the Mind seem Nonphysical? *Synthese*, 2005 (147): 425-460.

在神经科学和相关科学中感觉被个体化的实际方式，他试图改进基利观点，解决困难事例并为科学的感觉分类方式提供解释。① 霍斯特用认知科学的案例研究论证，与现象学的感觉相关的说明缺口不能完全由认知科学来填补，但是科学能够说明部分现象学事实，例如为什么人类颜色空间采取了芒舍尔单色（the Musell color solid）形式，为什么有现象学单纯的黄色，而没有现象学单纯的橙色。② 费卡辽致力于反驳取消论的唯物主义，主张认识论的世界或心理世界与神经世界一样具有客观实在性。③ 这里着重介绍莫萨乔的观点。

为什么感觉性质（qaulia）和心灵看起来是非物理的？莫萨乔认为，这是一个高度复杂的问题，因为有关感觉性质和心灵的多数细节还没有弄清楚。尽管我们的知识还不完全，但是，大量的科学研究，如关于疾病的破坏性后果的研究、生物化学研究、神经生理学研究、大脑外科介入研究等等，已经确立了心灵过程的物理性质。而且，现代关于大脑功能的神经成像研究也已经确立了大脑与心灵的同一性。然而，对于心灵的非物理性这一错觉，各种各样的理论反应中还有许多混乱的因素。一个因素是我们倾向于把抽象的东西实物化，把它们当作非物理的存在物，而非物理的存在物在本体论上是可疑的。另一个因素是我们把文化分割成不同的学科，每个学科都要求有自己的独立性，从而阻碍了知识的统一性。

然而，最重要的因素还是经验的透明性。经验的透明性不仅有助于说明经验的生物学用途，而且有助于说明它们的一些令人疑惑的特征。一方面是经验的透明性，另一方面是经验的内在机制的不可感知性，这都是没有一个感觉器来感觉大脑本身的结果。这一方面避免了感觉器的无穷递推，但也造成了心灵是非物理的这种普遍

---

① Gray, R.. On the Concept of a Sense, *Synthese*, 2005 (147): 461-475.

② Horst, Steven. Modeling, Localiztion and the Explanation of Phenomenal Properties: Philosophy and the Cognitive Sciences at the Beginning of the Millennium, *Synthese*, 2005 (147): 477-513.

③ l Vacariu, Gabrie. Mind, Brain, and Epistemologically Different Worlds, *Synthese*, 2005 (147): 515-548.

的错觉。这也意味着，从第一人称视点看事物的现象学作为一种哲学方法是不能信赖的。因为经验提供的是像什么，而像什么不等于是什么。

性质经验把信息内在化，这种内在化具有一定程度的同构性，但其同构性因感觉不同而有差异。此外，因机体需要而产生的性质经验是认知信号，并不具有同构内容。它们的生物学价值极大地依赖于它们的指向性（aboutness），这种指向性有的是先天确立的，有的是通过习得的联想确立的。这一切都表明，主体视点或第一人称视点的认知局限性必须由科学提供的经验知识来补充。感觉性质是独立于语言的认知通路，它的作用就像很容易解释的信号，引向与它们相关的指向性。

感觉外部世界，认识食物和天敌，这些都是使动物和人得以生存的认知能力。感觉信息是内在化了的有实际发生的物理转换，具有不同程度的同构性，这种物理转换叫做神经对偶（neural surrogates）。内像的存在是靠不住的，因为这意味着无穷递推。此外，指向机体需要的经验多数具有很低的同构性，把内像用作一个隐喻来描述这种情况也没什么作用。由于任何事物内在化后都不是它本身，所以内在化的信息及其指向应该被解释为实在本身。神经对偶所起的作用实际就是外部世界的属性和事物的同一性。因此，即使神经对偶只是部分地与外部世界中的事物同构，但它们是一些物理转换，构成了世界信息内在化的最基本的方式。当它们进入有意识的经验之后，它们就变成了性质经验，创造了我们所处的对偶实在。

来自神经科学的发现表明，现象知识显然是生物学过程的结果，其特征是不能通过主体的第一人称视点得到了解的。能够迅速有效地认识环境的有机体具有生存的优势。因此，"有用的"变异有更多的机会遗传给下一代。感觉环境并以一种独立于语言的方式将信息内在化是发展命题性知识和推理能力的绝对前提。自然通过发展性质经验，从实践上解决了信息由感觉内在化的问题。要理解感觉性质，我们就必须了解我们的感觉和认知的生物学。要理解感觉，必须考虑一些第一人称视点看不到的事实。我们的大脑只能够内在化神经动作电位，因此我们没有直接通路到达我们叫做实在或外部世界的那种经验。感觉依赖于随机的遗传变异和环境产生的进化压力。这表明我们只能感知信号，这些信号即使是可靠的物理转换，其本来的样子也是不可认知的，因为它们并不具有任何内在意义或指向。

神经对偶这个概念具有极大的说明力，它可以说明"未感觉到的疼痛"、未留意的感觉、无意识的过程、对感觉输入的自动的反应（在有机体有意识地感知到刺激之前即产生反应）等等。当神经对偶进入意识过程之后，它们可以说明正常的经验、睡梦、错觉、幻觉等等。神经对偶的物理性消除了"心理"因果性问题。

（六）归纳推理

斯第尔发表"实质事实：论诺顿的实质归纳理论"①，论证归纳推理的根本要素是目标和标准。

诺顿提出实质归纳理论，② 主张一切归纳的可允许性都来自于与归纳的材料相关的事实。例如，简单枚举归纳设定了归纳所关涉的事物在相关方面是同质的，这些关于同质性的事实就是实质的事实。因此，实质的归纳理论主张，有价值的问题是，归纳推理所需要的实质事实是否得到满足。诺顿的实质归纳理论的一个推断是多元论。因为所有的归纳推理方式都依赖于这种或那种实质事实，而实质的事实在不同的事例中可能显著地不同。因此，没有理由认为有一种单一的归纳推理模式把所有的事例统一起来。所以，多种对立的归纳方法可以和平共处。

对于实质归纳理论，斯第尔认为有两种可能的解释。第一，归纳的可允许性全部来自于（或至少主要来自于）相关的实质事实；第二，归纳的可允许性部分来自于相关的实质事实。第二种解释特别弱，几乎没有价值；而第一种解释是经不起考察的。哪种归纳推

---

① Steel, Daniel. The Facts of the Matter: A Discussion of Norton's Material Theory of Induction, *Philosophy of Science*, 2005（72）：197-198.

② Norton, John D.. A Material Theory of Induction, *Philosophy of Science*, 2003（70）：647-670.

理是适当的，不仅依赖于实质事实，而且依赖于归纳推理的根本因素。不同的归纳推理导致不同的恰当性标准。对立方法之间的争论一般是关于一组标准对比另一组标准的适当性的，这些争论不是关于实质事实的，而是围绕着哪些目的和标准适合于科学来进行的。

斯第尔把归纳的目标和标准叫做归纳的根本要素（desiderata）。归纳的内在特征是，它在有限时间内不能保证产生正确的结果，因此，归纳推理必须在相互冲突的目标之中做出选择或平衡，得出有内容的结论和避免错误就是两个相冲突的目标，经典统计学中就有平衡第 I 类错误和第 II 错误的方法。

一个有吸引力的归纳原则是可靠性：如果科学的目的是追求真理、逼真性或预测准确性，那么归纳方法的选择就应该适合这些目的。这种关于归纳推理的观点叫做可靠论（reliabilism）。可靠性概念主要有以下 3 种。

1. 逻辑的极限可靠性。在那些与我们的背景知识相一致的每一种情形下，这种方法在极限上收敛于正确答案。

2. 概率的极限可靠性。在那些与我们的背景知识相一致的每一种情形下，这种方法在极限上以概率 1 收敛于正确答案。

3. 有限的概率可靠性。基于一个特定的有限样本容量，这种方法将产生具有可接受的低错误概率的结果。

几种主要的归纳理论之间的争论，主要在于这三个标准中哪一个是科学所要求的。凯利认为，1 是适合于归纳推理的首要可靠性标准。[①] 他批评贝耶斯主义的收敛定理，认为那些定理只揭示了 2 所规定的可靠性，而这种可靠性只是行动者的相信度：贝耶斯主义的行动者相信他在极限上收敛于真理，而不是他实际上将收敛于真理。有些非贝耶斯主义的方法达到可靠性标准 1，而贝耶斯方法则达不到。标准 3 是经典统计学所接受的可靠性标准，如统计显著性检验。贝耶斯方法受到的另一批评是，它虽然达到标准 2，但不能

---

① Kelly, Kelvin. *The Logic of Reliable Inquiry*, Oxford: Oxford University Press, 1996.

达到标准3。① SGS 的因果推理方法（Spirtes-Glymour-Scheines 方法）② 也能达到2，但不能达到3。

持有不同的可靠性标准的人在实质事实上可能是完全一致的，因此他们之间的分歧处于更深的层次。就统计推理来说，存在着第 I 类错误与第 II 类错误之间的平衡问题。假定大家都采取共同的可靠性标准3，接下来要确定的是在具体情况下的应用问题。对于具体问题，我们应该坚持多大的可靠性？而贝耶斯主义与经典统计学的争论产生于更基本的问题：哪种可靠性标准作为科学推理的标准是合适的？

可靠性只是一个方面。求助于合理性原则构成另一个出发点。例如，我们不能判断一个假说和它的否定的概率都大于一半。即使我们持有这样的信念使我们可以达到某些目的，但是这样的信念仍然是不合理的。这是理性论（rationalism）观点：归纳推理必须受合理信念原则的支配，其基础是内在的而不是实用的。荷兰赌（Dutch book）论证表明合理论证必须遵守概率公理。而马海耳却全面批评荷兰赌论证，③ 提出了一个表达定理（representation theorem）来论证他的观点：合理相信度必须符合概率演算。

可靠论与理性论之间的争论比对立的可靠性标准之间的争论更加根本。从可靠论的观点看，接受合理性原则是有限度的，即必须促进（至少不阻碍）可靠的求知。可靠论认为可靠性高于合理性原则。理性论虽然不会完全抛弃可靠论，但可能认为我们应该在可靠性与合理性规范之间寻求平衡。

这些争论表明，诺顿的实质归纳理论是不成立的。它也不能为多元论提供辩护。考虑到贝耶斯主义与经典统计理论之间的分歧所

① Mayo, Deborah. *Error and the Growth of Experimental Knowledge*, Chicago: University of Chicago Press, 1996.

② Spirtes, Peter; Glymour, Clark & Scheines, Richard. *Causation*, *Prediction*, *and Search*, 2ⁿᵈ ed., Cambridge, MA: MIT Press, 2000.

③ Maher, Patrick. Depragmatized Dutch Book Arguments, *Philosophy of Science*, 1997 (64): 291-305.

在：停止规则是否与统计推理相关。停止规则规定研究者何时停止搜集数据并进入分析阶段，例如，停止规则规定做 100 次观察，然后进行显著性检验，以判定是否接受零假说。贝耶斯主义与经典的内曼-皮尔森统计理论对于停止规则在统计推理中的地位持有完全相反的立场。有关的争论与实质事实无关（他们可能都接受同一组实质事实）。贝耶斯主义批评经典统计学，认为停止规则违反合理性规范。而经典统计学主张，停止规则对于可靠性标准 3 是必需的，如果接受这个可靠性标准要求拒绝某些合理性规范，那就拒绝好了。

关于停止规则的争议突显了贝耶斯主义与经典统计方法关于基本目标和标准的分歧。马约（Mayo）论证说，贝耶斯主义是完全错误的，他由此来驳斥那些试图把经典统计学与贝耶斯主义结合起来的多元论者。由于实质事实在这一争论中没有关联，因此不能用来为多元论做论证。假定一个人接受可靠论和标准 3，那么他会认为贝耶斯主义是完全错误的，而不是在一些场合对而在另一些场合错。因此，实质归纳理论没有为归纳多元论提供适当的辩护。

三、新 著 新 说

在这一部分，我们将选介一些 2005 年发表在主流科学哲学期刊上的书评，以期为近几年出版的科学哲学专著提供部分信息。在前面提到的 7 种期刊中，《英国科学哲学》、《综合》、《探索》没有书评，《认识》偶尔有一篇。《心灵》的书评最多，2005 年 1 月号的书评占了整个篇幅的正好一半，但科学哲学类的书评只占其中一小部分。《国际科学哲学研究》、《科学哲学》都有书评。以下新书观点述评是科学哲学类书评的选介，是对原书评的整理和改写。这里所选录的主要是对 2001 年后出版的那些原创性的专著的评论，而论文集和史料研究类的著作基本不予考虑。

（一）关于科学合理性与科学推理

苏珊·哈克的《逻辑哲学》已被中国许多哲学学者所了解，

最近出版新著《保卫科学——理性之内：科学主义与犬儒主义之间》,①休斯敦大学的帕森斯（Keith. M. Parsons）对该书进行了评论。②

20 世纪 90 年代，愤怒的科学家开始反击人文学科和社会科学的左翼阵营对科学的意识形态式的攻击，一些著作揭露了攻击者的狂妄和无知。对科学的全面怀疑是没有根据的，盲从的态度也是没有根据的。我们需要一个指南，使我们可以了解有关科学合理性的争论，写这个指南的人要坚决地拒绝科学批判的犬儒主义，还要学术精深，可以很好地处理实质性的哲学问题。苏珊·哈克的《保卫科学——理性之内》是这个方面到目前为止最好的一本书。

哈克一贯走中间路线。她说，真理常常走中间路线。所谓"新犬儒主义"和"旧盲从主义"——一方面是毫无根据地轻视科学，另一方面则是盲目地崇拜科学——都是她所反对的。这种立场并不新颖，但是 20 世纪 90 年代的"科学之战"使科学合理性的争论越出了专业科学哲学的界线。哈克是在向对这些争论有兴趣的更广大的读者讲话。

哈克把她的观点叫做"批判的常识论"。任何真正研究经验问题的人都有办法来检查假说，都有一些方法来防止错误和偏见。科学研究在方法论上是日常求知活动的继续，只是科学更加精致一些。自然科学的假说比日常的假说受到更严格的限制，这并不是由于科学家具有任何独有的"科学方法"。

实际上，哈克对科学合理性的"自然性"的处理还可以更精细一些。顿巴的著作③记录了原始文化、小孩、甚至动物运用假说检验的"科学"方法的例子，这些例子有力地支持哈克的观点：科学是有组织的常识，科学方法是自然的、自发的认知实践的提

① Haack, Susan. *Defending Science—Within Reason: Between Scientism and Cynicism*, Amherst, NY: Prometheus Books, 2003.

② *Philosophy of Science*, 2005（72），No. 2: 390-395.

③ Dunbar, Robin. *The Trouble with Science*, Cambridge, MA: Harvard University Press, 1995.

炼。但是，顿巴也注意到，有许多科学必须的理智工具并不是自然得来的，而是经过极大的努力学习得来的。

哈克承认，观察以各种方式依赖于理论，因此科学总是可误的和可修改的。但是，她否认科学陈述总是相对的和主观的这一极端的认识论结论。她不赞成范弗拉森的建构经验论和济埃尔（Ronald Giere）"没有定律的科学"和"没有真理的实在论"等说法，但是她更加激烈地反对科学知识社会学的主张。

对科学合理性问题做了比较全面的论述之后，哈克转向了科学与定律、科学与宗教等具体问题。她对后一问题的处理特别精彩。近期有人论证说，科学与宗教并不冲突，因为它们分别处理事实和价值两个不同领域。哈克认为，科学与宗教在许多领域有着现实的和潜在冲突。

由于哈克的书谈到了如此多的题目，这就不可避免读起来像个宣言，而一些论证的细节留给了其他时间和其他地点。然而，宣言是应时代精神的呼唤而写出来的。近些年，左派右派齐上阵，攻击科学变成了业余爱好。科学之战比普通的学术争吵来得猛烈得多。这些争论提出了科学技术的未来命运这个至关重要的问题。在危急关头，一个既有激情又有论证力量的宣言听来就是理性的声音。

卡苏罗出版《先天辩护》①，德拉华大学（University of Delaware）的普斯特（Joel Pust）发表评论②说：这是一部严谨的著作，其目的如它所说，是"系统地处理与先天相关的认识论问题，这些问题在认识论领域的近期发展中备受关注"。卡苏罗非常成功地达到了这个目的，即使那些不赞成近期发展（如外在论和自然主义）的人也能从他的精辟的讨论中学到很多东西。本书的4个主要论题是：（1）先天辩护概念是一个最简的非经验辩护概念；（2）这个领域的基本问题是，得到辩护的信念是否有非经验的来源；（3）要阐明先天辩护概念并确立这种辩护的来源是存在的，

---

① Casullo, Albert. *A Priori Justification*, New York: Oxford University Press, 2003.

② *Mind*, 2005 (114), No. 453: 124-128.

需要做经验的研究；（4）在先天问题上，关于必然性与分析性的通常观点是错位的。本书的优点是精确的量化论证的表述，真正有启发性的区分，和坚持认为把先天与后天辩护分开处理需要论证的观点。

罗特的新著《变化、选择和推理：信念、修改和非单调推理研究》① 对科学逻辑的研究超越了逻辑经验主义的经典逻辑传统。威勒（Gregory Wheeler）发表书评②指出：当前，我们正在经历着形式认识论的复兴。越来越多的来自哲学、人工智能、统计学、经济学、应用逻辑和应用数学等领域的研究者正在探讨认识论的核心问题。在这个网络中，人工智能与形式认识论之间的联系特别密切，在某种意义上也已经成熟了。形式认识论的一个根本问题是传统认识应该在多大程度上介入。罗特的壮观而重要的著作《变化、选择和推理》中的许多有价值的观念之一，是他的一个方法论观点，他提出把信念变化理论看作传统认识的一个必要成分。罗特指出，传统的分析认识论的一个缺点，就是依赖于一些没有明确定义的关键概念，如勒雷尔（Lehrer）的个人辩护和未驳倒的辩护（undefeated justification）。但罗特并不因此而抛弃传统认识论，而是要转向一个牢固建立的信念变化理论，以此来理解传统认识论的一些概念，包括辩护和可驳倒（defeasibility）。罗特的纲领是为信念变化提供一个全新的决策论基础，并在这个基础上研究认识概念和认识关系，从而把传统认识论与形式认识论统一起来。他提出要把信念变化理论和非单调推理都建立在决策论的基础上，并把整个计划置于传统的、分析哲学的范围之内。

罗特的纲领可以看作是对莱维（Issac Levi）在形式认识论方面的开拓性的工作的直接回应。罗特的这本书读起来并不容易。前三章对罗特的纲领做了非形式的阐述。最丰富的观念出现在后三章中。不幸的是，最容易读的一章是最弱的一章：第二章写得有点仓

① Rott, Hans. *Change, Choice and Inference: A Study of Belief and Revision and Nonmonotonic Reasoning.* New York: Oxford University Press, 2001.

② *Philosophy of Sciecne*, 2005 (72), No. 3: 498-503.

促，他力图把可靠论与外在论结合起来，但在使用"基础主义"、"融贯论"这样含义过多的词语时，没有注意辩护理论与知识理论之间的区分。但这些错误只是一些小缺点。第三章对信念变化问题做了很好的描述。罗特的论题是，合理选择必须满足融贯性公理，合理选择根置于优序（preference）关系，这种关系是初始的。第四章阐述文献中出现的几种合理性公设，有关于 AGM 式信念变化算子的公设和关于非单调推理算子的公设。第五章研究具体的信念变化的直接模式。第六章介绍经典合理选择理论。第七章是罗特著作的最重要的贡献。罗特把模型层次上定义的选择函数与语句集合上定义的选择函数结合起来，凭借合理选择理论为信念变化和非单调推理提供了一个基础。最后一章重新阐述了认识加固关系（relation of epistemic entrenchment）。

这本书也是对广义的形式认识论的一个重要贡献，因为这个纲领与莱维纲领之间的冲突强化了形式认识论中的一些基本概念，使我们关注一些核心的方法论问题，如形式概念如何应用到哲学问题上。

科学发现与科学辩护之间的区分在当代已经变得越来越模糊。关于科学发现问题，著名科学社会学家默顿与巴贝尔最近发表新著《思伦的普的旅行与历险：社会语义学与科学社会学研究》，① 对科学发现的路径问题做了很有意义的探讨，书评作者（K. Brad Wray）对这部书给予了高度评价。② 正如导言所说的，本书的大部分内容写于 20 世纪 50 年代。后记是默顿在合作者巴贝尔去逝后单独写的。在这本书付印的时候，两位作者都去世了。

本书从"思伦的普"（serendipity）这一概念开始。瓦普尔（Horace Walpole）在 1754 年给朋友写信说，他自己有一种异常的

① Merton, Rober K. & Barber, Elinor. *The Travels and Adventure of Serendipity*: *A Study in Social Semantics and the Sociology of Science*, Princeton: Princeton University Press, 2004.

② *International Studies in the Philosophy of Science*, 2005 (19), No. 2: 220-222.

能力，能找到他想找的任何东西。瓦普尔解释说，他是从童话《三个思伦的普王子》（The Three Princes of Serendip）里得到这个词的。这个童话讲述三个斯里兰卡王子旅行的故事，他们有许多发现，有时靠运气有时靠精明。瓦普尔讲了其中一个故事。一位王子推断，走在他们前面的一只驴右眼是瞎的，因为它只吃路左边的草，而实际上路右边的草更肥一些。默顿和巴贝尔指出，这部童话实际上叫做《三位思伦的普王子的旅行和历险》，而走在王子前面的那只动物其实是一只骆驼。

本书有很大一部分是在追述这个词的用法和意义的变化。在这个方面，它是社会语义学研究。许多意义变化似乎是偶然的。渐渐有人相信并报道说，这个童话是瓦普尔写的。后来，"思伦的普"的意思不再是找到在寻找的东西，而是表示许多意思，如找到不想寻找的东西的能力，碰巧找到有价值的东西的能力。后来，这个词还同买古董和买书联系起来。某人可能碰巧遇到一本想买的书，不过在买书的时候，他是在找另一本书。

再后来，"思伦的普"同科学发现联系起来。如伦琴的 X 射线的发现和弗莱明的青霉素的发现就是思伦的普式的发现。20 世纪初，哈佛医学院的生理学教授加能（Walter B. Cannon）说，思伦的普在科学发现中起着重要的不可缺少的作用。

对于哲学家来说，后记是本书最重要最有价值的部分。在后记中，默顿对思伦的普作了精彩的论述。他认为，思伦的普在科学中起着重要的、却没有被承认的作用。人们之所以低估思伦的普的作用，是因为撰写科学论文的标准形式歪曲科学发现的过程，思伦的普的作用因而被埋没了。他断定，华生（James D. Watson）的《双螺旋》和克里克（Francis Crick）的《疯子的追求》对科学发现中的思伦的普的描述是正确的。两个都承认一系列偶然的或意外的事件使他们有可能做出发现。具体地说，两人都承认他们与结晶学家唐纳休（Jerry Donahue）的偶然相遇和交往阻止他们走上错误的道路，否则他们是要在错路上走下去的。而在发表的论文中，讲到唐纳休的贡献时则是含糊其辞的。

默顿还论证，思伦的普是一个社会学概念也是一个心理学概念。思伦的普是人的特性。一些科学家有妙招认识一个偶然的机遇，所有的科学家都有认识偶然事件的重要性的倾向。默顿还认为，思伦的普也是特定的制度和环境的一种属性，有的研究环境有助于思伦的普式的发现，如斯坦福的行为科学高级研究中心，哈佛的教师协会，这些环境把不同学科的有创造性的人集聚在一起，鼓励建设性的跨学科交流。库恩写作《科学革命的结构》就得益于他在这两个研究机构的思伦的普式的交往。

默顿对思伦的普的两个维度的分析是一个重要的贡献。他的分析为我们探讨发现的本性提供了洞见。科学发现不仅要求有聪慧敏锐的科学家，还要有精心设计的制度和环境。由于制度设计可能推动也可能阻碍科学发现，因此，发现的范围值得科学知识的社会认识论家仔细研究。

这本书谈论科学的内容并不多，它是一本有吸引力的、令人愉快的读物。但是，它有足够多的章节专门讨论科学发现，为哲学家、社会学家、科学史家提供了重要的见解。

（二）关于行动与合理决策

魏里奇出版《决策空间：多维效用分析》，① 维尼贝（Susan Vineberg）进行了评论。② 评论说，当决策论最初建立的时候，正值逻辑经验主义盛行的时候。因此，决策论的建立者们尽量避免那些不满足经验意义条件的词语。虽然有许多决策论形态隐含地拒绝这些严格的标准，但《决策空间》全面讨论了一种可供选择的观点——场境经验论——它放松了逻辑经验主义施加给理论名词的标准。场境主义可以引入内在效用，这使魏里奇建立的效用理论在统一性和说明力上都有增强。魏里奇论述了三种不同的效用分析：内在效用分析、期望效用分析、群体效用分析。这三种分析的统一性在于它们都可以从利害原则推导出来。这个基础性的原则规定，可选行动方案分成有利和有害两个方面，正权重分配给有利，而负权

① Weirich, Paul. *Decision Space*: *Multidimensional Utility Analysis*, Cambridge: Cambridge University Press, 2001.

② *Philosophy of Sciecne*, 2005（72），No. 3：503-506.

重分配给有害。每一行动方案的效用决定于利害之和。在分别阐述了三种分析之后，魏里奇把它们结合起来，得出各种多维效用分析形式。

内在效用是合理的个人向往度。魏里奇认定一个行动者有一组基本内在态度（BITs），即向往、反感和无差别的对象，它们引起其他的内在向往。内在效用分析按行动者的目标来估计效用，而期望效用分析考虑可能结果，用它们的概率来衡量。群体效用与组成群体的个人的效用相关，是群体成员效用的加权和。引入内在效用增加了决策论的说明力。但一个问题是在考察实际选择时，内在效用无法与外在效用区分开来。拒绝操作主义的意义理论是一件事，而允许一些理论对象存在，它们又不能由观察来间接地证实，这就是另外一回事了。电子得到广泛承认，不只是因为它们作为理论对象具有说明力，而是因为我们能够检测它们并测量它们的电荷。虽然场境主义允许引入内在效用，但内在效用的说明力与科学所寻求的经验证实并不同道。

总体来说，魏里奇通过建立多维效用分析，达到了决策论的高度统一。这本书细节丰富，专家会有兴趣。由于它论述清晰，它的技术表达和哲学论证都是可以理解的。

抽彩悖论是决策逻辑、行动哲学和形式认识论中的一个重大问题，霍桑出版《知识与抽彩》，① 提出了一个解决抽彩悖论的方案。布吕克纳（Anthony Brueckner）撰写了书评。② 霍桑的专著以抽彩悖论为核心展开讨论。假设我想一想我的财务状况，我很有把握地说

（1）我知道我今年没有钱去非洲旅行。[K（¬A）]
我也很有把握说

（2）我不知道我买的加州彩票不会中数百万美元的奖金。[¬K（¬W）]

¬A 推出¬W，如果我中彩，我就有钱去非洲旅行。我似乎可

① Hawthorn, John. *Knowledge and Lottery*, Oxford：Larendon Press, 2004.
② *Mind*, 2005 (114), No. 453：160-165.

以从知道¬A推导出我知道¬W。但是，按照（2），¬W不是我能知道的，即使我后来事实上中彩了。

把¬A叫做O命题，即我们通常说我们知道的命题。把¬W叫做L命题（或抽彩命题），这个命题说，我不会中彩，我们通常说我们不知道这种命题为真。考虑¬W′＝我现在没有中彩，悖论就产生了。以下每一对命题都会产生抽彩悖论：

（3）我的车停在路边。

（4）我的车没被偷。

（5）今年后期我将在法国。

（6）下周我不会患致命的心脏病。

（7）我看见一张桌子。

（8）我没有看见一个桌子样子的表面，它的内部正在发生量子力学事件。按照霍桑的专著，我们要说我们知道O命题（3）、（5）、（7），但不知道我们没有赢得车被偷、发心脏病、量子力学事件等抽彩。但是，每对命题的第一个推导出第二个。

抽彩悖论有三种简单答案。第一种是怀疑论：我不知道O命题。第二种肯定我从知道O命题推导出我知道L命题。第三种是否定演绎闭合原则。此外还有场境主义的答案。对于这些答案，霍进行了逐一的反驳。

霍桑自己的答案是灵动的温和不变论（sensitive moderate invariantism），简称为SI。拿场境主义者所注重的定性者因子（attributor factors，如说话者注意的事情、兴趣、突出因素、风险等）。按照SI，这些因子被归为主体（而不是定性者），它们决定关于主体的知识断定的真假。这样，场境主义的说话者灵动规则（speaker-sensitive rules）就转换成主体灵动规则（subject-sensitive rules）。按SI，一个知识定性语句的真值依赖于两种因素，一种是通常的主体因素，如主体的信念、证据、命题（它们是知识对象）的真假，一种是新主体因子（从说话者转向主体）。

如果赢得抽彩的可能性对于S是突出的，那么我们有¬K（¬W）（即S不知道¬W）。这与¬K（L）直觉是相符的。在这种情况下，我们也有¬K（¬A）。这是SI与其他答案之间的一个区别。另一方面，如果赢得抽彩的可能性对于 S 是不突出的，那么我们有 K（¬ W）和 K（¬ A）。用元语言的话来说，K（¬ W）和 K（¬ A）或者在所有的场境中都真，或者在所有的场境中都假，不管说话者的兴趣、意图、突出性是什么。

霍桑的专著在细节上非常简明，却极为精致和重要。对当代知识论有兴趣的人都值得一读。

（三）关于科学知识的性质

拉波尔出版《自然种类与概念变化》①，卡里第（Huhammad Ali Khalidi）撰写了书评。② 拉波尔从全新的角度考察人们熟悉的问题：科学种类的自然性、种类词的语言意义、意义经历理论变化的稳定性。他所采取的立场使这些问题不容易统一起来，而初看起来那些立场是不相容的。他是一个本质主义者，但主张个体并不在本质上属于它的种类，本质具有历史性，科学种类是规定的而不是发现的。他相信有自然种类，但也认为自然性是由场境决定的，并且是一个程度问题。他认为因果指称理论对于科学名词的指称固定是一个很好的说明，但不能说明它们经历理论变化的指称稳定性。他相信科学名词的意义常常随着重大的理论变化发生改变，他并不认为这是科学进步的障碍。他赞同克里普克的论断，即在科学中存在后天必然真理，但把这一点看作恢复分析性的理由。拉波尔的重要成就是论证这些表面上相冲突的论断是可以协调起来的。他的三个最引人注目的论断是种类的自然性、坚持人本主义、断定科学种类是规定的而不是发现的。

拉波尔主张，意义变化要与理论变化区分开来，因为科学家在理论变化前后研究的是同样的对象，因此，我们不用担心得不到关于一个共有的世界的真理。但是，拉波尔的观点有一个张力，一面是自然主义，强调说明目的，另一面是一种因场境而改变的形而上学的实在论。但是，他的著作为探讨一些熟悉的哲学问题提供了新

---

① LaPorte, Joseph. *Natural Kinds and Conceptual Change*. Cambridge：University of Cambridge Press, 2003.

② *Philosphy of Science*, 2005（72）：519-523.

途径，他采用了来自科学实践和科学史的真实的实例，而不是哲学文献中常见的那些好玩的例子。

利文斯通提出了很有新意的科学知识地理学的观点。对于利文斯通的新著《让科学归位：科学知识的地理学》，① 古堆（Graeme Gooday）的评论②反映了该书的基本内容。至少从主流的英美哲学看，科学是一种普遍的知识形式，而不是一个杂物袋，装满分布在各个地域的信念。利文斯通提出了科学的空间性。一方面科学研究发生在高科技实验室、遥远的考察站、天文台等高度专业化的场所；另一方面，在这些特殊环境中产生的知识可以全球出卖。科学既是局部的又是全球的，既是特殊的又是普遍的，既是区域的又是先验的。在利文斯通看来，根本的问题是，在科学过程中局部的经验是如何转变成普遍概括的。他提出要对知识进行地理学研究：知识是如何在不同的场所复制的。

利文斯通的科学地理学纳入了文化史、人类学、社会学等多种成分。哲学家有望从这本书中收获什么？利文斯通引导我们思考：科学的无地点特性实际上是如何取得的？它不是本来就有的，而是通过专门的、有地点的人类劳动、组织和文化取得的。哲学家把科学看作没有地点的"一个玻璃缸中的大脑"的图像，这是利文斯通所反对的。他认为哲学家的科学形象无助于科学地理学家去完成他们的任务：弄清楚科学如何是一种人类实践。我们需要做某些事情，到达某些场所，察看某些事物，与某些人交谈。

利文斯通是否在挑战分析的科学哲学家？显然没有。他没有反驳那些主张普遍主义的科学评价的人。一些人一门心思去考察科学真正是什么或应该是什么，而不愿费心去看看科学是如何成为这个样子的。对于这些人，这本书只不过是提供了一些有代表性的、多彩多姿的科学贝壳。科学哲学家不必感到自己要重新练习做一个地

① Livingston, David N.. *Putting Science in its Place: Geography of Scientific Knowledge*, Chicago: University of Chicago Press, 2003.

② *International Studies in the Philosophy of Science*, 2005 (19), No. 2: 216-220.

理学家。但是，如果他们想要把科学理解为科学家所做、所经历的科学，而不是像秘传的柏拉图主义的怪想那样的无身体的追问，那么，《让科学归位》提供了大量的武器，让那些欺骗自己的人回到自己的位置上。

（四）关于医学与物理学哲学

霍顿出版《健康之战：论现代医学的全球前沿》，① 讨论当前医学哲学的紧迫问题。评论者斯德第（Steve Sturdy）看到，② 霍顿的视点基本上有两个焦点。一组问题是，在国际和全球发展的格局中，医学处于什么样的地位。人口密度在增加，人口流动速度在加快，造成新式感染的危险增加，其后果可能超出以前瘟疫和传染病所造成的灾难。但是未来的全球灾难不应掩盖我们早就面临的深刻的医学社会学问题，特别是贫穷问题。经济和社会不平等在加大，导致全国和国际范围的健康状况下降，而疾病反过来又导致社会和经济上的剥夺。霍顿对这些问题的思考本质上是哲学的思考。他认为，我们应该有一个全面的政治哲学框架，用以确定医疗发展的共同原则，同时又要注意局部的政治、社会、文化环境。他认为，这样一个框架可以从罗尔斯的自由主义的人本主义正义概念得出来，他提出了几条原则，认为这几条原则可以在健康与政治学之间架起一座桥梁。最后，他采取了谨慎的乐观主义态度：这样一些原则开始受到注意并纳入发展政策之中，如国际卫生组织。同时，他还主张医疗专家应更加积极地参与制定这样的政策。

霍顿讨论的第二组问题是公众对医学的信任度下降，特别是在发达国家。媒体对新科学发现的报导夸大其辞，甚至弄虚作假，一些科学家也同流合污，导致公众对医学家采取不信任的态度。病人的就医经验使这类问题更加严重。在医疗场所，病人被当作技术和行政处置的物体，医生不听病人的陈述，医疗人员向调配人员隐瞒

---

① Horton, Richard. Health Wars: *On the Global Front Lines of Modern Medicine*, New York: New York Review Books, 2003.

② *International Studies in the Philosophy of Science*, 2005 (19), No. 3: 340-344.

自己的错误。这致使病人越来越多地认为医疗系统受着自身利益的驱使，追求利润，搞医疗政治。科学本身不能回答医药所面临的问题，霍顿求助于哲学，特别是认识论，来回答这些问题。他认为，公众应该对于医学中的科学进展持更现实的观点，医生和记者都应该理解，科学的论断是可误的。同时，医学本身需要改变才能重新赢得公众的信任。现代医学要改变过度技术主义的取向，以更加人道的方式看待病人在医疗系统中的地位。霍顿把这一点看作一个医学认识论问题。传统的诊所技巧、经验、判断、直觉、类比式和叙事式的说明形式等等，都可以纳入医学认识论。

霍顿关于医学认识方式的新见解既有启发性也有时代性。但是，认识论如何能够达到霍顿所追求的目标，这还是可疑的。此外，霍顿还应该更多地吸收近期科学社会学和医学社会学方面的成果。为了把上述两类问题统一起来，霍顿建议引入另一个重要的哲学概念，即尊严。当然，像尊严、正义抑或健康这样的伦理学概念在重新评价医学的目的和方法时应当有一席之地。但是这些概念不能取代我们对医学（作为一个高度复杂的社会制度、知识和实践体系）的实际运行方式的理解。

阿尔伯特的《时间和概率》① 试图用精彩的实例和非技术的语言来向读者讲解神秘的量子理论，而同时又阐发和建立了一种原创性的哲学立场。本书的哲学内容是深刻的、复杂的、激发思考的，它不仅谈到了时间不对称的起源，而且讨论了记忆和自由意志的本性，把统计力学的基础与量子物理学结合在一起。阿尔伯特最有创见性的论题是关于统计力学概率的起源。标准观点认为，这种概率是主观的，产生于我们对个体粒子的精确轨道的无知。阿伯特认为，概率是客观的，概率的客观性就在量子力学之中。具体地说，它们与波函数的失效相联系，阿尔伯特依据著名的测量问题的所谓GRW解来论证他的答案。在给定时刻，对于一个量子系统的相关波函数，总是有一个有限的失效概率。为什么在那一时间和那一地

① Albert, David. *Time and Chance*, Cambridge：Harvard University Press, 2003. 评论者为 Steven French，书评发表于 *Mind*, 2005 (114)，No. 543：114-116.

点失效，这是不会有答案的，否则，概率就不是客观的。对于单粒子系统，这个概率是非常低的，但系统中的粒子越多，概率就越高。因此，对于宏观物体，波函数失效的概率几乎为1。这种思路的一个优点，是它把物理学中的两种概率简化为一种。它为新的普遍的统计力学提供了基础，完全排除了主观成分。

（五）关于意识的说明

尼柯尔斯和老牌心灵哲学家斯第奇出版《阅读心灵：对假装、自我意识和理解其他心灵的综合说明》，① 黑尔（Jane Heal）发表评论。② 按尼柯尔斯和斯第奇的定义，心灵阅读就是"心理状态的定性、预测和说明"。在 20 世纪 80 年代中期，他们是"刺激理论"的令人注目的反对者。但后来他们的观点有了很大的改变。本书采取了折中主义的立场，刺激主义的核心因素与其他一些观点结合起来，得出一幅复杂的整体图画。尼柯尔斯和斯第奇正确地认为，心灵哲学中有一种倾向，即专注于一批有限的现象并提供单一的说明。因此，他们大范围的创新研究是值得欢迎的，本书还提供了一些有意思的新建议。

引论是一个历史考察并提出了两个核心的假定，第一，心灵含有两种功能不同的成分，即信念和欲望。第二，心灵和欲望是与表象的关系。此外，这一章还支持关于心理结构的"包箱论"（boxological）的表现方法。心灵是由信念包箱、欲望包箱、知觉过程、身体监控系统、推理机制、决策系统等等包箱构成的。第二章讨论假装。尼柯尔斯和斯第奇认为，心灵中存在一个"可能世界包箱"（PWB），它与信念包箱有许多相同之处，但功能不同。它使主体有能力进行可能情况的思考，这对于计划行动是很有用的。第三章讨论第三人称心灵阅读。儿童根据自己的世界观用欲望和计划系统来预测别人的行为，而能够运用 PWB 是一个进步。第四章

---

① Nichols, Shaun & Stich, Stephen P.. *Mindreading: An Integrated Account of Pretense, Self-Awareness and Understanding Other Minds*, Oxford: Clarendon Press, 2003.

② *Mind*, 2005 (114), No. 453: 181-184.

讨论心理状态的自我定性。

对于尼柯尔斯和斯第奇的假装概念和信念与欲望的截然区分可以提出疑问，而且他们的心灵理论如何与经验自然科学相联系也有问题。但是，如果我们不尝试，我们永远不会有答案。因此，这本书值得喝彩和推荐。

格利默著《心灵之箭：贝耶斯网与心理学中的图形因果模型》，由托第（Charles Twardy）撰写书评。①《心灵之箭》的几篇长文由一个命题统一起来：心理学应该使用图形因果模型。格利默从人类因果推理开始，综述神经心理学，最后对大部分社会统计学进行了批判。《时间之箭》对于心理学家、心理学哲学家、心灵哲学，是一个有用的读物。那些不熟悉编程（Patricia Cheng）的工作的人将能理解格利默的叙述，这一点和它关于 CBN（因果贝耶斯网）在神经心理学中的作用的宽广的观点，是本书的主要贡献。

格雷的《意识：艰深问题探索》，正如书名所表示的，探讨关于意识的艰深问题。② 本书是一位神经科学家为跨学科的读者撰写的。查尔默斯（David Chalmers）区分了关于意识的艰深问题和浅易问题。后者是关于意识的功能问题，如注意、权衡、语言报告；艰深问题是：为什么有一些东西使主体可以实施这些功能？科学家使用艰深问题一词时更随便一些。格雷把这个问题变成：大脑是如何创造感觉性质（qualia）的？格雷把大脑活动与意识之间的关系看作因果关系。因此他的观点是一种突现论（emergentism）。哲学家通常把突现论看作二元论，但格雷反对他所说的二元论。哲学家可能会说格雷概念混乱，但格雷对这些概念的使用是连贯的，而且也反映了科学家对这些概念的共同理解。格雷所说的二元论是指，意识现象不能用物理概念来说明，其中包括因果说明。物理主义是

————————————

① Glymour, Clark. *The Mind's Arrows*: *Bayes Nets and Graphical Causal Models in Psychology*, Cambridge, MA: MIT Press,2001. 书评见 *Philosophy of Science*, 2005 (72), No. 3: 494-498.

② Gray, Jeffrey. *Consciousness*: *Creeping up to the Hard Problem*, Oxford: Oxford University Press, 2004. 评论见 *Mind*, 2005 (114), No. 454: 417-421.

二元论的对立面，主张意识是可以由大脑活动来说明的，至少是因果说明。格雷的书所隐含的立场可以叫做包容的物理主义：我们最终将能证明意识现象完全是由大脑活动引起的，它们之间的规律性的关系与已确立的神经科学和物理学规律相一致。因此，意识现象是一种物理现象。这里的操作原则是：如果一种现象能够得到这样的说明：它完全是由物理现象因果地决定的，并遵循物理定律，那么这一现象就是物理现象。

格雷讨论了三种主要立场：功能主义、意向主义和占据者功能主义。哲学的功能主义与科学的功能主义意义不同。对于科学的功能主义，格雷的反驳是联觉论证。所谓词语—颜色联觉是指在听到一个词时产生一种颜色经验。每当辛西亚听到"马"，她就感觉到绿色。通过一系列实验，格雷说明，在正常主体那里由视觉表象的功能作用引起的绿色经验与在辛西亚那里由词语的功能作用引起的绿色经验是相同的。由此可以推定科学上的功能主义是错误的，因为科学上的功能主义蕴含着不同的功能作用必定产生不同的经验。格雷对意向主义的反驳是"双重脱钩"：存在着没有意向性的意识，也存在着没有意识的意向性。前者如痒、疲倦；后者的证据是语义引发实验：一个经无意识处理的刺激的语义性质引发主体对有意识知觉到的刺激做出反应。有一种非标准的功能主义把意识等同于相关的功能作用性质的占据者或实现者。这种观点可以叫做"占据者功能主义"，澳大利亚功能主义者阿姆斯特朗和刘一斯就持这种观点。格雷的观点是一种占据者功能主义。他的思路是首先弄清意识的功能，然后寻找哪些大脑区域和机制行使那些功能。然后就可以断定，这种两步方法所确定的神经生理学对象就是意识的神经对应者，因此就是意识的原因。

四、简短的结论

英美科学哲学是一个非常活跃的领域，它与语言哲学、心灵哲学、认识论、哲学逻辑等学科有很多重叠，因此，我们有时候很难把它们划分开来。对于哲学研究者来说，这种划分并不重要，重要的是我们看到，在 2005 年一年内，英美科学哲学产生了许多新的原创性的观点。仅仅从我们介绍和综述的一部分论文和著作来看，不仅有许多新论题，而且还有许多新概念和新词汇（对于这些新词的翻译，是笔者碰到的一大难题，欢迎学者提供更好的翻译）。更重要的是，对于这些原创性的观点，作者都尽可能做出有力的论证，这是英美哲学的一贯严谨学风。英美哲学一贯拒绝诗化的哲学、流动的意念、形而上学的玄想和妄想，这种风格在科学哲学中表现的特别明显。同时我们也看到，认识论研究的主流是形式认识论。而在 20 世纪末，认知科学（尤其是神经科学与意识问题）方面的哲学研究成为哲学研究的热点，这种趋势在 2005 年的英美哲学中也充分反映出来。

参 考 文 献

Albert, David. *Time and Chance*, Cambridge. Harvard University Press, 2003.

Anderson, Erik. How General is Generalized Scientific Essentialism? *Synthese*(144), 2005, No. 3.

Armstrong, David. Four Dispute about Properties, *Synthese*(144), 2005

Barnes, B.. Realism, Relativism and Finitism, in D. Raven, L. van VuchtTijissen and J. de Wolf (eds.), *Cognitive Relativism and Social Science*, New Brunswick, NJ: Transaction Publishers, 1992.

Batens, Diderik. The Theory of the Process of Explanation Generalized to Include the Inconsistent Case. *Synthese*, 2005 (143), Nos. 1-2.

Belnap, Nuel. A Theory of Causation: Cause Causantes (Originating Causes) as Inus Conditions in Branching Space-Time, *The British Journal for the Philosophy of Science*, 2005(56): 221-253.

Bird, Alexander. Explanation and Metaphysics, *Synthese*, 2005 (143), Nos. 1-2.

Bird, A.. Necessarily, Salt Dissolves in Water, *Analysis*, 2001 (61).

Bird, A.. On Whether Some Laws are Necessary, *Analysis*, 2002 (62).

Bird, A.. *Thomas Kuhn*, London: Acumen, 2000.

Bloor, D.. *Knowledge and Social Imagery* (second edition), Chicago: University of Chicago Press, 1991.

Bloor, D.. Anti-Latour, Studies in History and Philosophy of Science, 1999(30).

Braddon-Mitchel, David. The Subsumption of Reference, *The British Journal for the Philosophy of Science*, 2005(56).

Cartwright, Nancy. Causal Diversity and the Markov Condition, *Synthese*, 1999(121).

Casullo, Albert. *A Priori Justification*, New York: Oxford University Press, 2003.

Chakravartty, Anjan. Causal Realism: Events and Processes, *Erkenntnis*, 2005(63).

Chemero, Anthony & Heyser, Charles. Object Exploration and a Problem with Reductionism, *Synthese*, 2005(147).

Cross, Troy. What Is a Disposition? *Synthese*, 2005(144), Nos. 3.

Drewery, Alice. Essentialism and the Necessity of the Laws of Nature. *Synthese*, 2005(144), Nos. 3.

Dunbar, Robin. *The Trouble with Science*, Cambridge, MA: Harvard University Press, 1995.

Dupré, J.. Is "Natural Kind" a Natural Kind Term? *Monist*, 2002 (85).

Elder, C. L.. Laws, Nature, and Contingent Necessities, *Philosophy and Phenomenal Research*, 1994(54).

Ellis, B. & Lierse, C.. Dispositional Essentialism, *Australian Journal of Philosphy*, 1994(72).

Ellis, B.. *Scientific Essentialism*, Cambridge: Cambridge

University Press,2001.

Ellis, B.. *The Philosophy of Nature*, Chesham: Acumen,2002

Fine, A.. Essence and Modality, *Philosophical Perspectives*,1994 (8).

Ginev, Dimitri. Against the Politics of Postmodern Philosophy of Science, *International Studies in the Philosophy of Science*,2005(19).

Glymour, Clark. *The Mind's Arrows: Bayes Nets and Graphical Causal Models in Psychology*, Cambridge, MA: MIT Press,2001.

Gray, R.. On the Concept of a Sense, *Synthese*,2005(147).

Gray, Jeffrey. *Consciousness: Creeping up to the Hard Problem*, Oxford: Oxford University Press,2004.

Haack, Susan. *Defending Science—Within Reason: Between Scientism and Cynicism*,Amherst, NY: Prometheus Books,2003.

Hacking, I.. *The Social Construction of What?*, Cambridge, MA: Harvard University Press, 1999

Halonen, Ilpo & Hintikka, Jaakko. Toward a Theory of the Process of Explanation,*Synthese*,2005(143).

Harrév, R. & Madden, E. H.. *Causal Powers*, Oxford: Blackwell, 1974.

Hausman, Daniel Murray. Causal Relata: Tokens, Types, or Variables? *Erkentnis*, 2005(63).

Hawthorn, John. *Knowledge and Lottery*,Oxford: Larendon Press, 2004.

Heil, J.. Dispositions, *Synthese*(144).

Hitchcock, Christopher. and Away from a Theory of Explanation Itself. *Synthese*,2005(143), Nos. 1-2.

Hiddleston, Eric. Causal Powers, *The British Journal for the Philosophy of Science*,2005(56).

Hintikka, Jaakko and Halonen, Ilpo. Explanation: Retrospective Reflections. *Synthese*,2005(143), Nos. 1-2.

Horst, Steven. Modeling, Localiztion and the Explanation of

Phenomenal Properties: Philosophy and the Cognitive Sciences at the Beginning of the Millennium, *Synthese*, 2005 (147).

Horton, Richard. *Health Wars: On the Global Front Lines of Modern Medicine*, New York: New York Review Books, 2003.

Keränen, Jukka and Salmon, Wesley. Explanatoriness: Cause versus Craig. *Synthese*, 2005 (143), Nos. 1-2.

Kelly, Kelvin. *The Logic of Reliable Inquiry*, Oxford: Oxford University Press, 1996.

Kitcher, P.. *The Advancement of Science*, Oxford: Oxford University Press, 1993.

Kitcher, P.. *Science, Truth, and Democracy*, Oxford: Oxford University Press, 2001.

Koperski, Jeffrey. Should We Care about Fine-Tuning? *The British Journal for the Philosophy of Science*, 2005 (56).

Kripke, S.. *Naming and Necessity*, Oxford: Blackwell, 1981.

Kuhn, Thomas. *The Structure of Scientific Revolution*, Chicago: University of Chicago Press, 1962.

Lange, Marc. Laws and Their Stability. *Synthese*, 2005 (144), Nos. 3.

La Porte, Joseph. *Natural Kinds and Conceptual Change*, Cambridge: University of Cambridge Press, 2003.

Laudan, Lary. A Confutation of Convergent Realism, *Philosophy of Science*, 1981 (48).

Lewens, Tim. Realism and The Strong Program, *The British Journal for the Philosophy of Science*, 2005 (56).

Lewis, D.. How to Define Theoretical Terms, *Journal of Philosophy*, 1970 (67).

Livingston, David N.. *Putting Science in Its Place: Geography of Scientific Knowledge*, Chicago: University of Chicago Press, 2003.

Mackie, J. L.. *The Cement of the Universe*, Oxford: Oxford University Press, 1974.

Maher, Patrick. Depragmatized Dutch Book Arguments, *Philosophy of Science*, 1997(64).

Martin C. B.. Replies to Armstrong and Place, in T. Crane (ed.), *Desipositions: A Debate*, London: Routledge, 1996.

Mayo, Deborah. *Error and the Growth of Experimental Knowledge*, Chicago: University of Chicago Press, 1996.

McKitrick, Jennifer. Are Dispositions Causally Relevant? *Synthese*, 2005(144), Nos. 3.

Merton, Rober K. & Barber, Elinor. *The Travels and Adventure of Serendipity: A Study in Social Semantics and the Sociology of Science*, Princeton: Princeton University Press, 2004.

Mumford, Stephen. Laws and Lawfulness. *Synthese*, 2005(144), Nos. 3.

Musacchio, José. Why do Qualia and the Mind Seem Nonphysical? *Synthese*, 2005(147).

Müller, Thomas. Probability Theory and Causation: A Branching Space-Times Analysis, *The British Journal for the Philosophy of Science*, 2005(56).

Nichols, Shaun & Stich, Stephen P.. *Mindreading: An Integrated Account of Pretense, Self-Awareness and Understanding Other Minds*, Oxford: Clarendon Press, 2003.

Norton, John D.. A Material Theory of Induction, *Philosophy of Science*, 2003(70).

Papineau, David. Theory-dependent Terms, Philosophy of Science, 1996(63).

Papineau, D. Does Sociology of Science Discredit Science? in R. Nola (ed.), *Relativism and Realism in Science*, Dordrecht: Kluwer, 1988.

Pettit, P.. The Strong Sociology of Knowledge without Relativism, in R. Nola (ed.), *Relativism and Realism in Science*, Dordrecht: Kluwer, 1988.